DANIEL MÉRILLON

LA LOI MILITAIRE

SUR LE

RECRUTEMENT DE L'ARMÉE

ET LA

LOI SUR LE RENGAGEMENT DES SOUS-OFFICIERS

COMMENTÉES et ANNOTÉES

PARIS ET LIMOGES

HENRI CHARLES-LAVAUZELLE

Imprimeur-Éditeur Militaire

70.00

COMMENTAIRE

DE

LA LOI MILITAIRE

DU 15 JUILLET 1889

SUR LE RECRUTEMENT DE L'ARMÉE

ET DE LA LOI DU 18 MARS 1889

SUR LE RENGAGEMENT DES SOUS-OFFICIERS

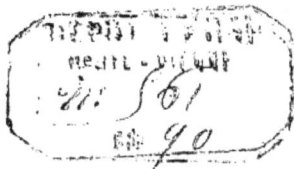

COMMENTAIRE

DE

LA LOI MILITAIRE

DU 15 JUILLET 1889

SUR LE RECRUTEMENT DE L'ARMÉE

SUIVIE DU COMMENTAIRE DE LA LOI SUR LE

RENGAGEMENT DES SOUS-OFFICIERS

DU 18 MARS 1889

Par Daniel MÉRILLON ✳

SUBSTITUT DU PROCUREUR GÉNÉRAL PRÈS LA COUR D'APPEL DE PARIS
ANCIEN DÉPUTÉ
ET SECRÉTAIRE DE LA COMMISSION DE L'ARMÉE

PARIS	LIMOGES
11, Place Saint-André-des-Arts.	46, Nouvelle Route d'Aixe, 46.

IMPRIMERIE ET LIBRAIRIE MILITAIRES

HENRI CHARLES-LAVAUZELLE

Éditeur.

—

1890

(C.)

TABLEAU CHRONOLOGIQUE

DES

Lois, Décrets, Arrêtés, Instructions et Circulaires reproduits dans le commentaire de la loi sur le recrutement.

LOIS ABROGÉES.

LOIS, DÉCRETS, ETC., EN VIGUEUR.

INDEX ALPHABÉTIQUE

Des matières traitées dans le commentaire de la loi sur le recrutement.

(Le chiffre correspondant à la matière indiquée est le numéro de l'ouvrage sous lequel cette matière est traitée.)

A.

F.

H.

I.

J.

L.

M.

N.

O.

P.

R.

T.

Taille. — Condition de taille pour les divers services, 307. — Pour les rengagements dans l'armée de mer, 482. — Pour les engagements volontaires, 407, 431.

Taxe militaire. — Principes de la taxe, 275. — Assujettis à la taxe, 276. — Dispenses de taxe, 276 *bis*. — Indigence notoire, 276 *ter*. — Etablissement du rôle, 276 *ter*. — Composition et montant de la taxe, 277. — Réduction de la taxe proportionnellement au service effectué, 277 *bis*. — Cas d'exonération de la taxe fixe, 277 *ter*. — Point de départ de la taxe, 278. — Cessation normale de la taxe, 278 *bis*. — Cessation par service accompli, 278 *ter*. — En temps de guerre, 278 (4°). — Cessation par inscription maritime, 278 (5°). — Qui doit la taxe, 279. — Responsabilité de l'ascendant, 279 *bis*. — Où la taxe est exigible, 279 *ter*. — Comment elle est payable, 279 (4°). — Pénalité en cas de retard, 279 (5°). — Recouvrement de la taxe, réclamations, 279 (6°). — Centimes additionnels, 279 (7°). — Algérie et colonies, 280.

Tentatives de crimes et délits. — Cas visés par la loi, 539. — V. *Médecins, Fonctionnaires, Insoumis.*

Territoriaux. — V. *Sursis d'appel, Manœuvres, Soutiens de famille.* — Répartition dans les réserves, 347. — Obligations militaires sous les drapeaux, 374. — Cas spéciaux assimilables, 375. — Cas d'atténuation, 376. — Obligations hors du corps quand ils sont en tenue, 377. — Sanction de ces obligations, 378. — Rassemblements tumultueux, 380. — Changement de résidence. V. ce mot. — Crimes et délits pour lesquels ils sont soumis à la juridiction militaire. V. ce mot. — Mariage, 395. — Maintien sous les drapeaux, 298.

Tirage au sort. — Son utilité, 60. — Son fonctionnement, 61. — Modèle de la liste du tirage, 62. — Modèle du procès-verbal, 63.

Troupes coloniales. — Ce qu'elles comprennent, 316. — Répartition du contingent dans les troupes coloniales, 318. — Aptitude, 319. — Permutation entre l'armée de terre et les troupes coloniales, 320. — Composition des troupes coloniales, 321. — Situation des dispensés relativement aux troupes coloniales, 322. — Exceptions à la limitation de l'engagement volontaire, 415. — V. *Engagements volontaires, Rengagements.*

V.

Vétérans. — Leur organisation, 23.

Veuve. — V. *Dispenses.*

Visite. — V. *Conseil de revision.*

Vote. — Interdiction de voter; exception, 31. — Réserve et territoriale, 32.

LOI

RECRUTEMENT DE L'ARMÉE

Paris, le 15 juillet 1889.

Le Sénat et la Chambre des députés ont adopté,

Le Président de la République promulgue la loi dont la teneur suit:

TITRE Ier.

DISPOSITIONS GÉNÉRALES.

Art. 1er. Tout Français doit le service militaire personnel.

Art. 2. L'obligation du service militaire est égale pour tous. Elle a une durée de vingt-cinq années.

Le service militaire s'accomplit selon le mode déterminé par la présente loi.

Art. 3. Nul n'est admis dans les troupes françaises s'il n'est Français ou naturalisé Français, sauf les exceptions déterminées par la présente loi.

Art. 4. Sont exclus de l'armée, mais mis, soit pour leur temps de service actif, soit en cas de mobilisation, à la disposition du Ministre de la marine et des colonies, qui détermine par arrêtés les services auxquels ils peuvent être affectés:

1° Les individus qui ont été condamnés à une peine afflictive et infamante ou à une peine infamante dans le cas prévu par l'article 177 du Code pénal;

2° Ceux qui, ayant été condamnés à une peine correctionnelle de deux ans d'emprisonnement et au-dessus, ont été, en outre, par application de l'article 42 du Code pénal, frappés de l'interdiction de tout ou partie de l'exercice des droits civiques, civils ou de famille ;

3° Les relégués collectifs.

Les relégués individuels sont incorporés dans les corps de disciplinaires coloniaux. Le Ministre de la marine et des colonies désigne le corps auquel chacun d'eux est affecté en cas de mobilisation.

Art. 5. Les individus reconnus coupables de crimes et condamnés seulement à l'emprisonnement par application de l'article 463 du Code pénal ;

Ceux qui ont été condamnés correctionnellement à trois mois de prison au moins pour outrage public à la pudeur, pour délit de vol, escroquerie, abus de confiance ou attentat aux mœurs prévu par l'article 334 du Code pénal ;

Ceux qui ont été l'objet de deux condamnations au moins, quelle qu'en soit la durée, pour l'un des délits spécifiés dans le paragraphe précédent,

Sont incorporés dans les bataillons d'infanterie légère d'Afrique.

Ceux qui, au moment de l'appel de leur classe, se trouveraient retenus, pour ces mêmes faits, dans un établissement pénitentiaire, seront incorporés dans lesdits bataillons à l'expiration de leur peine, pour y accomplir le temps de service prescrit par la présente loi.

Après un séjour d'une année dans ces bataillons, les hommes désignés au présent article, qui seraient l'objet de rapports favorables de leurs chefs, pourront être envoyés dans d'autres corps par le Ministre de la guerre.

Art. 6. Les dispositions des articles 4 et 5 ci-dessus ne sont pas applicables aux individus qui ont été condamnés pour faits politiques ou connexes à des faits politiques.

En cas de contestation, il sera statué par le tribunal civil du lieu du domicile, conformément à l'article 31 ci-après.

Ces individus suivront le sort de la première classe appelée après l'expiration de leur peine.

Art. 7. Nul n'est admis dans une administration de l'Etat s'il ne justifie avoir satisfait aux obligations imposées par la présente loi.

Art. 8. Tout corps organisé, quand il est sous les armes, est soumis aux lois militaires, fait partie de l'armée et relève, soit du Ministre de la guerre, soit du Ministre de la marine.

Il en est de même des corps de vétérans que le Ministre de la guerre est autorisé à créer en temps de guerre, et qui seraient recrutés par voie d'engagements volontaires parmi les hommes ayant accompli la totalité de leur service militaire.

Art. 9. Les militaires et assimilés de tous grades et de toutes armes des armées de terre et de mer ne prennent part à aucun vote quand ils sont présents à leur corps, à leur poste ou dans l'exercice de leurs fonctions. Ceux qui, au moment de l'élection, se trouvent en résidence libre, en non-activité ou en possession d'un congé, peuvent voter dans la commune sur les listes de laquelle ils sont régulièrement inscrits. Cette dernière disposition s'applique également aux officiers et assimilés qui sont en disponibilité ou dans le cadre de réserve.

TITRE II.

DES APPELS.

CHAPITRE Iᵉʳ.

DU RECENSEMENT ET DU TIRAGE AU SORT.

Art. 10. Chaque année, pour la formation de la classe, les tableaux de recensement des jeunes gens ayant atteint l'âge de 20 ans révolus dans l'année précédente et domiciliés dans l'une des communes de canton sont dressés par les maires :

1° Sur la déclaration à laquelle sont tenus les jeunes gens, leurs parents ou leurs tuteurs ;

2° D'office, d'après les registres de l'état civil et tous autres documents et renseignements.

Ces tableaux mentionnent la profession de chacun des jeunes gens inscrits.

Ils sont publiés et affichés dans chaque commune suivant les formes prescrites par les articles 63 et 64 du Code civil. La dernière publication doit avoir lieu au plus tard le 15 janvier.

Un avis publié dans les mêmes formes indique le lieu et le jour où il sera procédé à l'examen desdits tableaux et à la désignation par le sort des numéros assignés à chaque jeune homme inscrit.

Art. 11. Les individus déclarés Français en vertu de l'article 1ᵉʳ de la loi du 16 décembre 1874 sont portés, dans les communes où ils sont domiciliés, sur les tableaux de recensement de la classe dont la formation suit l'époque de leur majorité. Ils sont soumis au service militaire s'ils n'établissent pas leur qualité d'étranger.

Les individus nés en France d'étrangers et résidant en France sont également portés, dans les communes où ils sont domiciliés, sur les tableaux de recensement de la classe dont la formation suit l'époque de leur majorité telle qu'elle est fixée par la loi française. Ils peuvent réclamer contre leur inscription lors de l'examen du tableau de recensement et lors de leur convocation au conseil de revision, conformément à l'article 16 ci-après. S'ils ne réclament pas, le tirage au sort équivaudra pour eux à la déclaration prévue par l'article 9 du Code civil. S'ils se font rayer, ils seront immédiatement déchus du bénéfice dudit article.

Les mêmes dispositions sont applicables aux individus résidant en France et nés en pays étranger, soit d'un étranger qui depuis lors a été naturalisé Français, soit d'un Français ayant perdu la qualité de Français, mais qui l'a recouvrée ultérieurement, si ces individus étaient mineurs lorsque leurs parents ont acquis ou recouvré la nationalité française.

Art. 12. Les individus devenus Français par voie de naturalisation, réintégration ou déclaration faite conformément aux lois, sont portés sur les tableaux de recensement de la première classe formée après leur changement de nationalité.

Les individus inscrits sur les tableaux de recensement en vertu du présent article et de l'article précédent ne sont assujettis qu'aux obligations de service de la classe à laquelle ils appartiennent par leur âge.

Art. 13. Sont considérés comme légalement domiciliés dans le canton :

1° Les jeunes gens même émancipés, engagés, établis au dehors, expatriés, absents ou en état d'emprisonnement, si d'ailleurs leur père, leur mère ou leur tuteur est domicilié dans une des communes du canton, ou si leur père, expatrié, avait son domicile dans une desdites communes ;

2° Les jeunes gens mariés dont le père, ou la mère, à defaut du père, sont domiciliés dans le canton, à moins qu'ils ne justifient de leur domicile réel dans un autre canton ;

3° Les jeunes gens mariés et domiciliés dans le canton, alors même que leur père et leur mère n'y seraient pas domiciliés ;

4° Les jeunes gens nés et résidant dans le canton qui n'auraient ni leur père, ni leur mère, ni un tuteur ;

5° Les jeunes gens résidant dans le canton qui ne seraient dans aucun des cas précédents et qui ne justifieraient pas de leur inscription dans un autre canton.

Les jeunes gens résidant soit en Algérie, soit aux colonies, sont inscrits sur les tableaux de recensement du lieu de leur résidence. Sur la justification de cette inscription, ils sont, dans ce cas, rayés des tableaux de recensement où ils auraient pu être portés en France, par application des dispositions du présent article.

Art. 14. Sont, d'après la notoriété publique, considérés comme

ayant l'âge requis pour l'inscription sur les tableaux de recensement, les jeunes gens qui ne peuvent produire ou n'ont pas produit, avant la vérification des tableaux de recensement, un extrait
des registres de l'état civil constatant un âge différent, ou qui, à
défaut des registres de l'état civil, ne peuvent prouver ou n'ont pas
prouvé leur âge conformément à l'article 46 du Code civil.

Art. 15. Si, dans les tableaux de recensement des années précédentes, des jeunes gens ont été omis, ils sont inscrits sur les
tableaux de recensement de la classe qui est appelée après la
découverte de l'omission, sauf le cas prévu à l'article 69 ci-après,
à moins qu'ils n'aient 45 ans accomplis à l'époque de la clôture
des tableaux, et sont soumis à toutes les obligations de cette
classe.

Toutefois, ils sont libérés à titre définitif à l'âge de 48 ans au
plus tard.

Art. 16. L'examen des tableaux de recensement et le tirage au
sort sont faits au chef-lieu de canton en séance publique, devant
le sous-préfet assisté des maires du canton.

Dans les communes qui forment un ou plusieurs cantons, le sous-
préfet est assisté du maire et de ses adjoints.

Dans les villes divisées en plusieurs arrondissements, chaque
arrondissement est représenté par un officier municipal.

Les tableaux de recensement de chaque commune sont lus à
haute voix. Les jeunes gens, leurs parents ou représentants sont
entendus dans leurs observations.

Les tableaux sont ensuite arrêtés et visés par le sous-préfet et
par les maires.

Dans les cantons composés de plusieurs communes, l'ordre dans
lequel elles sont appelées pour le tirage est chaque fois indiqué
par le sort.

Art. 17. Le sous-préfet inscrit en tête de la liste du tirage :

1° Le nom des jeunes gens qui se trouvent dans l'un des cas
prévus par l'article 69 de la présente loi ;

2° Le nom de ceux qui se trouvent dans les cas prévus par l'article 15.

Les premiers numéros leur sont attribués de droit.

Ces numéros sont, en conséquence, extraits de l'urne avant
l'opération du tirage.

Avant de commencer les opérations du tirage, le sous-préfet
compte publiquement les numéros et les dépose dans l'urne, après
s'être assuré que leur nombre est égal à celui des jeunes gens
appelés à y prendre part ; il en fait la déclaration à haute voix.

Aussitôt après, chacun des jeunes gens, appelé dans l'ordre du
tableau, prend dans l'urne un numéro qui est immédiatement pro-

clamé. Pour les absents. le numéro est tiré par les parents ou, à défaut, par le maire de la commune.

L'opération du tirage continue sans interruption jusqu'à ce que le dernier numéro soit extrait de l'urne. Elle ne peut être recommencée dans aucun cas.

Les jeunes gens qui ne se trouveraient pas pourvus de numéros seront inscrits à la suite avec des numéros supplémentaires et tireront entre eux pour déterminer l'ordre suivant lequel ils seront inscrits.

La liste de tirage est dressée à mesure que les numéros sont proclamés.

Elle est lue à haute voix, puis arrêtée et signée de la même manière que le tableau de recensement et annexée avec ledit tableau au procès-verbal des opérations. Elle est publiée et affichée dans chaque commune du canton.

CHAPITRE II.

SECTION Ire.

DU CONSEIL DE REVISION CANTONAL. — DES EXEMPTIONS, DES DISPENSES ET DES AJOURNEMENTS. — DES LISTES DE RECRUTEMENT CANTONAL.

Art. 18. Les opérations du recrutement sont revues, les réclamations auxquelles ces opérations peuvent donner lieu sont entendues, les causes d'exemption et de dispense prévues par les articles 20, 21, 22, 23 et 50 de la présente loi sont jugées en séance publique par le conseil de revision, composé :

Du préfet, président; à son défaut du secrétaire général, et, exceptionnellement, du vice-président du conseil de préfecture ou d'un conseiller de préfecture délégué par le préfet;

D'un conseiller de préfecture désigné par le préfet;

D'un membre du conseil général du département autre que le représentant élu dans le canton où la revision a lieu, désigné par la commission départementale, conformément à l'article 82 de la loi du 10 août 1871 ;

D'un membre du conseil d'arrondissement, autre que le représentant élu dans le canton où la revision a lieu, désigné comme ci-dessus, et, dans le territoire de Belfort, d'un deuxième membre du conseil général;

D'un officier général ou supérieur désigné par l'autorité militaire.

Un sous-intendant militaire, le commandant de recrutement, un médecin militaire ou, à défaut, un médecin civil désigné par l'autorité militaire, assistent aux opérations du conseil de revision. Le conseil ne peut statuer qu'après avoir entendu l'avis du médecin.

Cet avis est consigné dans une colonne spéciale, en face de chaque nom, sur les tableaux de recensement.

Le sous-intendant militaire est entendu dans l'intérêt de la loi toutes les fois qu'il le demande, et peut faire consigner ses observations au procès-verbal de la séance.

Le sous-préfet de l'arrondissement et les maires des communes auxquelles appartiennent les jeunes gens appelés devant le conseil de revision assistent aux séances. Ils ont le droit de présenter des observations.

En cas d'empêchement des membres du conseil général ou du conseil d'arrondissement, le préfet les fait suppléer d'office par des membres appartenant à la même assemblée que l'absent; ces membres, désignés d'office, ne peuvent être les représentants élus du canton où la revision a lieu.

Si, par suite d'une absence, le conseil de revision est réduit à quatre membres, il peut néanmoins délibérer lorsque le président, l'officier général ou supérieur et deux membres civils restent présents; la voix du président n'est pas prépondérante. La décision ne peut être prise qu'à la majorité de trois voix. En cas de partage, elle est ajournée.

Dans les colonies, les attributions du préfet, des conseillers de préfecture et des conseillers d'arrondissement sont dévolues aux directeurs de l'intérieur, aux conseillers privés et aux conseillers généraux. Dans les colonies où il n'existe ni conseil privé, ni conseils généraux, des décrets régleront la composition des conseils de revision,

Art. 19. Le conseil de revision se transporte dans les divers cantons. Toutefois, le préfet peut, exceptionnellement, réunir plusieurs cantons et faire exécuter les opérations dans un même lieu.

Les jeunes gens portés sur les tableaux de recensement, ainsi que ceux des classes précédentes qui ont été ajournés, conformément à l'article 27 ci-après, sont convoqués, examinés et entendus par le conseil de revision au lieu désigné. Ils peuvent faire connaître l'arme dans laquelle ils désirent être placés.

S'ils ne se rendent pas à la convocation, s'ils ne s'y font pas représenter ou s'ils n'ont pas obtenu un délai, il est procédé comme s'ils étaient présents.

Art. 20. Sont exemptés par le conseil de revision, siégeant au chef-lieu de canton, les jeunes gens que leurs infirmités rendent impropres à tout service actif ou auxiliaire.

Il leur est délivré, pour justifier de leur situation, un certificat qu'ils sont tenus de représenter à toute réquisition des autorités militaire, judiciaire ou civile.

Art. 21. En temps de paix, après un an de présence sous les drapeaux, sont envoyés en congé dans leurs foyers, sur leur demande, jusqu'à la date de leur passage dans la réserve :

1º L'aîné d'orphelin de père et de mère, ou l'aîné d'orphelins de mère dont le père est légalement déclaré absent ou interdit ;

2º Le fils unique ou l'aîné des fils, ou, à défaut de fils ou de gendre, le petit-fils unique ou l'aîné des petits-fils d'une femme actuellement veuve ou d'une femme dont le mari a été légalement déclaré absent ou interdit, ou d'un père aveugle ou entré dans sa 70ᵉ année ;

3º Le fils unique ou l'aîné des fils d'une famille de sept enfants au moins.

Dans les cas prévus par les trois paragraphes précédents, le frère puîné jouira de la dispense si le frère aîné est aveugle ou atteint de toute autre infirmité incurable qui le rende impotent ;

4º Le plus âgé des deux frères inscrits la même année sur les listes de recrutement cantonal ;

5º Celui dont un frère sera présent sous les drapeaux au moment de l'appel de la classe, soit comme officier, soit comme appelé ou engagé volontaire pour trois ans au moins, soit comme rengagé, breveté ou commissionné après avoir accompli cette durée de service, soit enfin comme inscrit maritime levé d'office, levé sur sa demande, maintenu ou réadmis au service, quelle que soit la classe de recrutement à laquelle il appartient.

Ces dispositions sont applicables aux frères des officiers mariniers des équipages de la flotte appartenant à l'inscription maritime et servant en qualité d'officiers mariniers du cadre de la maistrance ;

6º Celui dont le frère sera mort en activité de service ou aura été réformé ou admis à la retraite pour blessures reçues dans un service commandé ou pour infirmités contractées dans les armées de terre ou de mer.

La dispense accordée conformément aux paragraphes 5º et 6º ci-dessus ne sera appliquée qu'à un seul frère pour un même cas, mais elle se répétera dans la même famille autant de fois que les mêmes droits s'y reproduiront.

Les demandes, accompagnées de documents authentiques justifiant de la situation des intéressés, sont adressées, avant le tirage au sort, au maire de la commune où les jeunes gens sont domiciliés. Il en sera donné récépissé.

L'appelé ou l'engagé qui, postérieurement, soit à la décision du conseil de revision, soit à son incorporation, entre dans l'une des catégories prévues ci-dessus, est, sur sa demande, et dès qu'il compte un an de présence au corps, envoyé en congé dans ses foyers jusqu'à la date de son passage dans la réserve.

Le jeune homme omis, qui ne s'est pas présenté ou fait représenter par ses ayants cause devant le conseil de revision, ne peut être admis au bénéfice des dispenses indiquées par le présent article, si les motifs de ces dispenses ne sont survenus que postérieurement à la décision de ce conseil.

Le présent article n'est applicable qu'aux enfants légitimes. Les enfants naturels reconnus par le père ou par la mère ne pourront jouir que de la dispense organisée par l'article suivant et dans les conditions prévues par cet article.

Art. 22. En temps de paix, après un an de présence sous les drapeaux, peuvent être envoyés en congé dans leurs foyers sur leur demande, jusqu'à la date de leur passage dans la réserve, les jeunes gens qui remplissent effectivement les devoirs de soutiens indispensables de famille.

Les demandes sont adressées, avant le tirage au sort, au maire de la commune où les jeunes gens sont domiciliés. Il en sera donné récépissé. Elles doivent comprendre à l'appui :

1° Un relevé des contributions payées par la famille et certifié par le percepteur ;

2° Un avis motivé de trois pères de famille résidant dans la commune et ayant un fils sous les drapeaux ou, à défaut, dans la réserve de l'armée active, et jouissant de leurs droits civils et politiques.

La liste de ces jeunes gens est présentée par le maire au conseil de revision, avec l'avis motivé du conseil municipal.

Le nombre des jeunes gens dispensés par le conseil départemental de revision, à titre de soutiens indispensables de famille, ne peut dépasser 5 p. 100 du contingent à incorporer pour trois ans.

Toutefois, le Ministre de la guerre peut autoriser les chefs de corps à délivrer, en plus du chiffre fixé ci-dessus, des congés à titre de soutiens indispensables de famille aux militaires comptant un an et deux ans de présence sous les drapeaux.

Le nombre des congés accordés en vertu du paragraphe précédent ne pourra pas dépasser 1 p. 100 après la première année et 1 p. 100 après la seconde.

Il sera calculé d'après l'effectif des hommes de la classe appartenant au corps.

Les intéressés devront produire les justifications mentionnées ci-dessus.

Tous les ans, le maire de chaque commune présente au conseil de revision, siégeant au chef-lieu de canton, une délibération du conseil municipal faisant connaître la situation des jeunes gens qui ont été renvoyés dans leurs foyers comme soutiens de famille. Il est tenu de signaler au conseil de revision les plaintes des personnes dans l'intérêt desquelles l'envoi en congé a eu lieu en vertu du présent article et de l'article précédent.

Le conseil départemental de revision décide s'il y a lieu ou non de maintenir ces dispenses. Les jeunes gens dont le maintien en congé n'est pas admis sont soumis à toutes les obligations de la classe à laquelle ils appartiennent.

Art. 23. En temps de paix, après un an de présence sous les drapeaux, sont envoyés en congé dans leurs foyers, sur leur demande, jusqu'à la date de leur passage dans la réserve :

1° Les jeunes gens qui contractent l'engagement de servir pendant dix ans dans les fonctions de l'instruction publique, dans les institutions nationales des sourds-muets ou des jeunes aveugles, dépendant du ministère de l'intérieur, et y rempliront effectivement un emploi de professeur, de maître répétiteur ou d'instituteur ;

Les instituteurs laïques, ainsi que les novices et membres des congrégations religieuses vouées à l'enseignement et reconnues d'utilité publique qui prennent l'engagement de servir pendant dix ans dans les écoles françaises d'Orient et d'Afrique subventionnées par le Gouvernement français ;

2° Les jeunes gens qui ont obtenu ou qui poursuivent leurs études en vue d'obtenir :

Soit le diplôme de licencié ès lettres, ès sciences, de docteur en droit, de docteur en médecine, de pharmacien de 1re classe, de vétérinaire, ou le titre d'interne des hôpitaux nommé au concours dans une ville où il existe une faculté de médecine ;

Soit le diplôme délivré par l'École des chartes, l'École des langues orientales vivantes et l'École d'administration de la marine;

Soit le diplôme supérieur délivré aux élèves externes par l'École des ponts et chaussées, l'École supérieure des mines, l'École du génie maritime ;

Soit le diplôme supérieur délivré par l'Institut national agronomique, l'École des haras du Pin aux élèves internes, les Écoles nationales d'agriculture de Grandjouan, de Grignon et de Montpellier, l'École des mines de Saint-Etienne, les Écoles des maîtres ouvriers mineurs d'Alais et de Douai, les Écoles nationales des arts et métiers d'Aix, d'Angers et de Châlons, l'École des hautes études commerciales et les écoles supérieures de commerce reconnues par l'Etat ;

Soit l'un des prix de Rome, soit un prix ou médaille d'Etat dans les concours annuels de l'Ecole nationale des beaux-arts, du Conservatoire de musique et de l'Ecole nationale des arts décoratifs ;

3° Les jeunes gens exerçant les industries d'art qui sont désignés par un jury d'Etat départemental formé d'ouvriers et de patrons. Le nombre de ces jeunes gens ne pourra en aucun cas dépasser 1/2 p. 100 du contingent à incorporer pour trois ans ;

4° Les jeunes gens admis, à titre d'élèves ecclésiastiques, à continuer leurs études en vue d'exercer le ministère dans l'un des cultes reconnus par l'Etat.

En cas de mobilisation, les étudiants en médecine et en pharmacie et les élèves ecclésiastiques sont versés dans le service de santé.

Tous les jeunes gens énumérés ci-dessus seront rappelés pendant quatre semaines dans le cours de l'année qui précédera leur passage dans la réserve de l'armée active. Ils suivront ensuite le sort de la classe à laquelle ils appartiennent.

Des règlements d'administration publique détermineront : les conditions dans lesquelles sera contracté l'engagement décennal visé au paragraphe 1°. les justifications à produire par les jeunes gens visés aux paragraphes 2° et 4°, soit au moment de leur demande, soit chaque année pendant la durée de leurs études; la nomenclature des industries d'art qui donneront lieu à la dispense prévue au paragraphe 3°; le mode de répartition de ces dispenses entre les départements, le mode de constitution du jury d'Etat pour les ouvriers d'art, ainsi que les justifications annuelles d'aptitude, de travail et d'exercice régulier de leur profession, que les jeunes gens dispensés sur la proposition du jury devront fournir jusqu'à l'âge de 26 ans.

Les mêmes règlements fixeront le nombre des diplômes supérieurs à délivrer annuellement, en vue de la dispense du service militaire, par chacune des écoles énumérées au 3° alinéa du paragraphe 2°. et définiront ceux de ces diplômes qui ne sont pas définis par la loi; ils fixeront également le nombre des prix et des médailles visés au quatrième alinéa du même paragraphe.

Art. 24. Les jeunes gens visés au paragraphe 1° de l'article précédent qui, dans l'année qui suivra leur année de service, n'auraient pas obtenu un emploi de professeur, de maître-répétiteur ou d'instituteur, ou qui cesseraient de le remplir avant l'expiration du délai fixé;

Ceux qui n'auraient pas obtenu avant l'âge de 26 ans les diplômes ou les prix spécifiés aux alinéas du paragraphe 2°;

Les jeunes gens visés au paragraphe 3° qui ne fourniraient pas les justifications professionnelles prescrites;

Les élèves ecclésiastiques mentionnés au paragraphe 4°, qui, à l'âge de 26 ans, ne seraient pas pourvus d'un emploi de ministre de l'un des cultes reconnus par l'Etat;

Les jeunes gens visés par les articles 21, 22 et 23 qui n'auraient pas satisfait, dans le cours de leur année de service, aux conditions de conduite et d'instruction militaire déterminées par le Ministre de la guerre;

Ceux qui ne poursuivraient pas régulièrement les études en vue desquelles la dispense a été accordée,

Seront tenus d'accomplir les deux années de service dont ils avaient été dispensés.

Art. 25. Quand les causes de dispenses prévues aux articles 21, 22 et 23 viennent à cesser, les jeunes gens qui avaient obtenu ces dispenses sont soumis à toutes les obligations de la classe à laquelle ils appartiennent.

Ils peuvent se marier sans autorisation.

Art. 26. La liste des jeunes gens de chaque département, dispensés en vertu des articles 21, 22, 23 et 50, sera publiée au *Bulletin administratif,* et les noms des dispensés de chaque commune seront affichés dans leur commune, à la porte de la mairie.

En cas de guerre, ils sont appelés et marchent avec les hommes de leur classe.

Les dispositions de l'article 55 ci-après leur sont applicables.

Art. 27. Peuvent être ajournés deux années de suite à un nouvel examen du conseil de revision, les jeunes gens qui n'ont pas la taille réglementaire d'un mètre cinquante-quatre centimètres, ou qui sont reconnus d'une complexion trop faible pour un service armé.

Les jeunes gens ajournés reçoivent, pour justifier de leur situation, un certificat qu'ils sont tenus de représenter à toute réquisition des autorités militaire, judiciaire ou civile.

A moins d'une autorisation spéciale, ils sont astreints à comparaître à nouveau devant le conseil de revision du canton devant lequel ils ont comparu.

Ceux qui, après l'examen définitif, sont reconnus propres au service armé ou auxiliaire, sont soumis, selon la catégorie dans laquelle ils sont placés, aux obligations de la classe à laquelle ils appartiennent.

Ils peuvent faire valoir les motifs de dispenses énoncés aux articles 21, 22 et 23.

Les droits à la dispense prévus au paragraphe numéroté 5° de l'article 21 qui existaient au moment de l'ajournement peuvent être valablement invoqués l'année suivante, lors même que pendant l'ajournement le frère du réclamant aurait cessé d'être présent sous les drapeaux.

Art. 28. Les jeunes gens reçus à l'Ecole polytechnique, à l'Ecole forestière ou à l'Ecole centrale des arts et manufactures, qui sont reconnus propres au service militaire, n'y sont définitivement admis qu'à la condition de contracter un engagement volontaire de trois ans pour les deux premières écoles, et de quatre ans pour l'Ecole centrale.

Ils sont considérés comme présents sous les drapeaux dans l'armée active pendant tout le temps passé par eux dans lesdites écoles. Ils reçoivent, dans ces écoles, l'instruction militaire complète et sont à la disposition du Ministre de la guerre.

S'ils ne peuvent satisfaire aux examens de sortie ou s'ils sont renvoyés pour inconduite, ils sont incorporés dans un corps de troupe pour y terminer le temps de service qu'il leur reste à faire.

Les élèves de l'Ecole polytechnique admis dans l'un des services civils recrutés à l'Ecole, ou quittant l'Ecole après avoir satisfait aux examens de sortie, sans entrer dans aucun de ces services, et les élèves de l'Ecole forestière admis dans l'administration des forêts, sont nommés sous-lieutenants de réserve et accomplissent en cette qualité, dans un corps de troupe, leur troisième année de service.

Ceux qui viendraient à quitter le service civil dans lequel ils ont été admis n'en resteront pas moins soumis aux obligations indiquées par le paragraphe précédent.

Ceux qui donneraient leur démission d'officier de réserve avant

l'accomplissement de leur troisième année de service n'en resteront pas moins soumis à toutes les conséquences de l'engagement
volontaire de trois ans contracté par eux lors de leur entrée à
l'Ecole.

Les élèves de l'Ecole centrale des arts et manufactures quittant
l'Ecole après avoir satisfait aux examens de sortie accomplissent
une année de service dans un corps de troupe. A la fin de cette
année de service, ils peuvent être nommés sous-lieutenants de
réserve.

Les conditions d'aptitude physique, pour l'entrée à ces Ecoles,
des jeunes gens qui, au moment de leur admission, ne sont pas
aptes au service militaire, sont fixées par un règlement d'administration publique.

Art. 29. Les élèves du service de santé militaire et les élèves
militaires des écoles vétérinaires contractent, en entrant à l'école,
l'engagement de servir dans l'armée active pendant six ans au
moins, à dater de leur nomination au grade de médecin aide-major
de 2⁰ classe ou d'aide-vétérinaire.

Ceux qui n'obtiendraient pas le grade d'aide-major ou d'aide-
vétérinaire ou qui ne réaliseraient pas l'engagement sexennal sont
incorporés dans un corps de troupe pour trois ans, sans déduction
aucune du temps écoulé depuis leur entrée à l'école.

Ces dispositions sont également applicables aux élèves de l'Ecole
de médecine navale.

Art. 30. Sont considérés comme ayant satisfait à l'appel de leur
classe :

1° Les jeunes gens liés au service dans les armées de terre ou
de mer en vertu d'un brevet ou d'une commission ;

2° Les jeunes marins portés sur les registres matricules de l'inscription maritime, conformément aux règles prescrites par les
articles 1, 2, 3, 4 et 5 de la loi du 25 octobre 1795 (3 brumaire
an IV).

Les premiers, s'ils cessent leur service, et les seconds, s'ils se
font rayer de l'inscription maritime, sont tenus d'en faire la déclaration au maire de leur commune dans les deux mois, de retirer
une expédition de leur déclaration et de la soumettre au préfet du
département, sous les peines portées par l'article 76 ci-après.

Les uns et les autres accomplissent, dans l'armée active, le service prescrit par la présente loi, puis ils suivent le sort de la classe
à laquelle ils appartiennent.

Toutefois, le temps déjà passé par eux au service de l'Etat est
déduit du nombre d'années pendant lesquelles tout Français fait
partie de l'armée active.

Art. 31. Lorsque les jeunes gens portés sur les tableaux de
recensement ont fait des déclarations dont l'admission ou le rejet
dépend de la décision à intervenir sur des questions judiciaires

relatives à leur état ou à leurs droits civils, le conseil de revision ajourne sa décision ou ne prend qu'une décision conditionnelle.

Les questions sont jugées contradictoirement avec le préfet, à la requête de la partie la plus diligente. Le tribunal civil du lieu du domicile statue sans délai, le ministère public entendu.

Le délai de l'appel et du recours en cassation est de quinze jours francs à partir de la signification de la décision attaquée.

Le recours est, ainsi que l'appel, dispensé de la consignation d'amende.

L'affaire est portée directement devant la chambre civile.

Les actes faits en exécution du présent article sont visés pour timbre et enregistrés gratis.

Les paragraphes 2, 3, 4, 5 et 6 du présent article sont applicables au cas prévu par l'article 6.

Art. 32. Hors les cas prévus par les articles 6 et 31, les décisions du conseil de revision sont définitives. Elles peuvent, néanmoins, être attaquées devant le Conseil d'Etat pour incompétence, excès de pouvoir ou violation de la loi.

Le recours au Conseil d'Etat n'aura pas l'effet suspensif, et il ne pourra en être autrement ordonné.

L'annulation prononcée sur le recours du Ministre de la guerre profite aux parties lésées.

Art. 33. Après que le conseil de revision a statué sur les cas d'exemption, ainsi que sur toutes les réclamations auxquelles les opérations peuvent donner lieu, la liste de recrutement cantonal de la classe est définitivement arrêtée et signée par le conseil de revision.

Cette liste, divisée en sept parties, comprend, par ordre de numéros de tirage :

1° Tous les jeunes gens déclarés propres au service militaire et qui ne doivent pas être classés dans les catégories suivantes ;

2° Les jeunes gens dispensés en vertu de l'article 21 ;

3° Les jeunes gens dispensés en vertu des articles 23 et 50 ;

4° Les jeunes gens liés au service en vertu d'un engagement volontaire, d'un brevet ou d'une commission, et les jeunes marins inscrits ;

5° Les jeunes gens qui sont ajournés conformément à l'article 27 ci-dessus ;

6° Les jeunes gens qui ont été classés dans les services auxiliaires de l'armée ;

7° Les jeunes gens exclus en vertu des dispositions de l'article 4.

SECTION II.

DU CONSEIL DE REVISION DÉPARTEMENTAL. — DE LA TAXE MILITAIRE.

Art. 34. Quand les listes de recrutement de tous les cantons du département ont été arrêtées, le conseil de revision, composé ainsi qu'il est dit à l'article 18 ci-dessus, mais auquel seront adjoints deux autres membres du conseil général, se réunit au chef-lieu du département et prononce, en séance publique, sur les demandes de dispenses à titre de soutiens de famille, stipulées à l'article 22.

Les trois conseillers généraux et le conseiller d'arrondissement sont spécialement désignés à cet effet par la commission départementale.

Les ajournés de l'année précédente concourent entre eux dans les mêmes conditions.

Art. 35, § 1er. — A partir du 1er janvier qui suivra la mise en vigueur de la présente loi, seront assujettis au payement d'une taxe militaire annuelle ceux qui, par suite d'exemption, d'ajournement, de classement dans les services auxiliaires ou dans la seconde partie du contingent, de dispense, ou pour tout autre motif, bénéficieront de l'exonération du service dans l'armée active.

§ 2. — Sont seuls dispensés de cette taxe :

1° Les hommes réformés ou admis à la retraite pour blessures reçues dans un service commandé ou pour infirmités contractées dans les armées de terre ou de mer ;

2° Les contribuables se trouvant dans un état d'indigence notoire.

§ 3. — La taxe militaire se compose de : 1° une taxe fixe de six francs (6 fr.) ; 2° une taxe proportionnelle égale au montant en principal de la cote personnelle et mobilière de l'assujetti.

Si cet assujetti a encore ses ascendants du premier degré ou l'un d'eux, la cote est augmentée du quotient obtenu en divisant la cote personnelle et mobilière de celui de ses ascendants qui est le plus imposé à cette contribution, en principal, par le nombre des enfants vivants et des enfants représentés dudit ascendant.

Au cas de non-imposition des ascendants du premier degré, il sera procédé comme il vient d'être dit sur la cote des ascendants du second degré, en tenant compte des enfants de l'ascendant de chaque degré.

Il n'est plus tenu compte de la cote des ascendants lorsque l'assujetti a atteint l'âge de 30 ans révolus et qu'il a un domicile distinct de celui de ses ascendants.

Les cotisations imposables sont celles qui sont portées aux rôles de la commune du domicile des contribuables. Elles sont déterminées sans égard aux prélèvements qui peuvent servir à les acquitter sur les produits de l'octroi.

§ 4. — La taxe fixe et la taxe proportionnelle sont réduites à proportion du temps pendant lequel l'assujetti n'a pas bénéficié de l'exonération établie à son profit dans le service de l'armée active.

La taxe fixe n'est pas due par les hommes exemptés pour des infirmités entraînant l'incapacité absolue du travail.

§ 5. — La taxe est établie au 1er janvier pour l'année entière.

Elle cesse par trois ans de présence effective des assujettis sous les drapeaux ou par leur inscription sur les registres matricules de l'inscription maritime.

Elle cesse également à partir du 1er janvier qui suit le passage de la classe de l'assujetti dans la réserve de l'armée territoriale.

Tout mois commencé est exigible en entier.

§ 6. — La taxe militaire est due par l'assujetti. A défaut de payement constaté par une sommation restée sans effet, elle est payée en son acquit par celui de ses ascendants dont la cotisation a été prise pour élément du calcul de la taxe, conformément au paragraphe 3° du présent article. Les ascendants ne sont plus responsables quand la taxe cesse d'être calculée sur leur cote, conformément au paragraphe 3° ci-dessus.

La taxe est exigible dans la commune où le redevable a son domicile à la date du 1er janvier.

Elle est recouvrée et les demandes en remise ou en décharge sont instruites et jugées comme en matière de contributions directes.

En cas de retard de payement de trois douzièmes consécutifs constaté par un commandement resté sans effet, il sera dû une taxe double pour les douzièmes échus et non payés.

§ 7. — Il est ajouté au montant de la taxe :

1° Cinq centimes par franc pour couvrir les décharges ou remises ainsi que les frais d'assiette et de confection des rôles. En cas d'insuffisance, il est pourvu au déficit par un prélèvement sur le montant de la taxe ;

2° Trois centimes par franc pour frais de perception.

§ 8. — Un règlement d'administration publique déterminera les mesures nécessaires pour l'exécution du présent article, qui n'aura pas d'effet rétroactif.

CHAPITRE III.

DU REGISTRE MATRICULE.

Art. 36. Il est tenu par subdivision de région un registre matricule sur lequel sont portés tous les jeunes gens inscrits sur les listes de recrutement cantonal.

Ce registre mentionne l'incorporation de chaque homme inscrit ou la position dans laquelle il est laissé et, successivement, tous les changements qui peuvent survenir dans sa situation jusqu'à sa libération définitive.

Tout homme inscrit sur le registre matricule reçoit un livret individuel, qu'il est tenu de représenter à toute réquisition des autorités militaire, judiciaire ou civile.

En cas d'appel à l'activité ou de convocation pour des manœuvres, exercices ou revues, la représentation du livret individuel doit avoir lieu dans les vingt-quatre heures de la réquisition.

En tout autre cas, le délai est de huit jours.

TITRE III.

DU SERVICE MILITAIRE.

CHAPITRE Ier.

BASES DU SERVICE.

Art. 37. Tout Français reconnu propre au service militaire fait partie successivement :

De l'armée active pendant trois ans ;

De la réserve de l'armée active pendant sept ans ;

De l'armée territoriale pendant six ans ;

De la réserve de l'armée territoriale pendant neuf ans.

Art. 38. Le service militaire est réglé par classe.

L'armée active comprend, indépendamment des hommes qui ne proviennent pas des appels, tous les jeunes gens déclarés propres au service militaire et faisant partie des trois dernières classes appelées.

La réserve de l'armée active comprend tous les hommes qui ont accompli le temps de service prescrit pour l'armée active.

L'armée territoriale comprend tous les hommes qui ont accompli depuis moins de six ans le temps de service prescrit pour l'armée active et sa réserve.

La réserve de l'armée territoriale comprend les hommes qui ont accompli le temps de service prescrit pour cette dernière armée.

Art. 39. Chaque année, après l'achèvement des opérations du recrutement, le Ministre de la guerre fixe sur la liste du tirage au sort de chaque canton et proportionnellement, en commençant par les numéros les plus élevés, le nombre d'hommes qui seront envoyés dans leurs foyers en disponibilité après leur première année de service. Ces jeunes soldats resteront néanmoins à la disposition du Ministre, qui pourra les conserver sous les drapeaux ou les rappeler si leur conduite et leur instruction laissent à désirer, ou si l'effectif budgétaire le permet.

Art. 40. La durée du service compte du 1er novembre de l'année de l'inscription sur les tableaux de recensement, et l'incorporation du contingent doit avoir lieu, au plus tard, le 16 novembre de la même année.

En temps de paix, chaque année, au 31 octobre, les militaires qui ont accompli le temps de service prescrit :

1º Soit dans l'armée active ;
2º Soit dans la réserve de l'armée active ;
3º Soit dans l'armée territoriale ; .
4º Soit dans la réserve de l'armée territoriale,
Sont envoyés respectivement :
1º Dans la réserve de l'armée active ;
2' Dans l'armée territoriale ;
3º Dans la réserve de l'armée territoriale ;
4º Dans leurs foyers, comme libérés à titre définitif.

Mention de ces divers passages et de la libération est faite sur le livret individuel.

Après les grandes manœuvres, la totalité de la classe dont le service actif expire le 31 octobre suivant peut être renvoyée dans ses foyers en attendant son passage dans la réserve.

Dans le cas où les circonstances paraîtraient l'exiger, le Ministre de la guerre et le Ministre de la marine sont autorisés à conserver provisoirement sous les drapeaux la classe qui a terminé sa troisième année de service.

Notification de cette décision sera faite aux Chambres dans le plus bref délai possible.

En temps de guerre, les passages et la libération n'ont lieu qu'après l'arrivée de la classe destinée à remplacer celle à laquelle les militaires appartiennent. Cette disposition est exceptionnellement applicable, dès le temps de paix, aux hommes servant aux colonies.

Les militaires faisant partie de corps mobilisés peuvent y être maintenus jusqu'à la cessation des hostilités, quelle que soit la classe à laquelle ils appartiennent.

En temps de guerre, le Ministre peut appeler par anticipation la classe qui ne serait appelée que le 1er novembre suivant.

Art. 41. Ne compte pas pour les années de service exigées par la présente loi dans l'armée active, la réserve de l'armée active et l'armée territoriale, le temps pendant lequel un militaire de l'armée active, un réserviste ou un homme de l'armée territoriale a subi la peine de l'emprisonnement en vertu d'un jugement, si cette peine a eu pour effet de l'empêcher d'accomplir, au moment fixé, tout ou partie des obligations d'activité qui lui sont imposées par la présente loi ou par les engagements qu'il a souscrits.

Ces individus seront tenus de remplir leurs obligations d'activité, soit à l'expiration de leur peine s'ils appartiennent à l'armée active, soit au moment de l'appel qui suit leur élargissement s'ils font partie de la réserve de l'armée active ou de l'armée territoriale.

Toutefois, quelles que soient les déductions de service opérées, les hommes qui en sont l'objet sont rayés des contrôles en même temps que la classe à laquelle ils appartiennent.

CHAPITRE II.

DU SERVICE DANS L'ARMÉE ACTIVE.

Art. 42. Le contingent à incorporer est formé par les jeunes gens inscrits dans la première partie des listes de recrutement cantonal.

Il est mis, à dater du 1er novembre, à la disposition du Ministre de la guerre, qui en arrête la répartition.

Art. 43. Sont affectés à l'armée de mer :

1° Les hommes fournis par l'inscription maritime ;

2° Les hommes qui ont été admis à s'engager ou à contracter un rengagement dans les équipages de la flotte suivant les conditions spéciales déterminées aux articles 59 et 63 ci-après ;

3° Les jeunes gens qui, au moment des opérations du conseil de revision, auront demandé à entrer dans les équipages de la flotte et auront été reconnus aptes à ce service ;

4° A défaut d'un nombre suffisant d'hommes compris dans les trois catégories précédentes, les hommes du contingent auxquels les numéros les moins élevés ont été attribués en vertu de l'article 17 de la présente loi, ou sont échus par l'effet du tirage au sort.

Art. 44. Sont affectés aux troupes coloniales :

1° Les contingents coloniaux provenant des colonies autres que la Guadeloupe, la Martinique, la Guyane et la Réunion ;

2° Les hommes qui ont été admis à s'engager ou à contracter un rengagement dans lesdites troupes suivant les conditions spéciales déterminées aux articles 59 et 63 ci-après ;

3° Les jeunes gens qui, au moment des opérations du conseil de revision, auront demandé à entrer dans les troupes coloniales et auront été reconnus propres à ce service ;

4° A défaut d'un nombre suffisant d'hommes compris dans les catégories précédentes, les jeunes gens dont les numéros suivent immédiatement ceux des hommes affectés à l'armée de mer.

La proportion d'hommes à fournir par chaque canton sera calculée sur l'ensemble des jeunes gens reconnus propres au service.

Les dispositions des articles 43 et 44 ne sont pas applicables aux jeunes gens dispensés en vertu des articles 21, 22 et 23.

Art. 45. La durée du service actif ne pourra pas être interrompue par des congés, sauf le cas de maladie ou de convalescence, ou en exécution des articles 21, 22 et 23 de la présente loi.

Art. 46. Le nombre d'hommes entretenus sous les drapeaux est, en cas d'excédent, ramené à l'effectif déterminé par les lois au moyen du renvoi dans leurs foyers, après une année de service, des hommes dont les numéros de tirage précèdent immédiatement ceux qui ont été désignés pour la disponibilité aux termes de l'article 39.

Art. 47. Les militaires qui, pendant la durée de leur service, auront subi des punitions de prison ou de cellule, seront maintenus au corps après le départ des hommes de leur classe, pendant un nombre de jours égal au nombre de journées de prison ou de cellule qu'ils auront subies.

Cette disposition ne sera pas applicable aux militaires qui, au moment du départ des hommes de leur classe, seront en possession du grade de sous-officier ou de celui de caporal ou brigadier.

Si le total de ces journées de prison ou de cellule dépasse soixante, la durée du maintien au corps sera fixée par le conseil de discipline statuant en dernier ressort ; elle ne pourra être inférieure à trois mois, ni supérieure à un an.

CHAPITRE III.

DU SERVICE DANS LES RÉSERVES.

Art. 48. Les hommes envoyés dans la réserve de l'armée active, dans l'armée territoriale et dans la réserve de ladite armée sont affectés aux divers corps de troupe et services de l'armée active ou de l'armée territoriale.

Ils sont tenus de rejoindre leur corps en cas de mobilisation, de rappel de leur classe ordonné par décret, et de convocation pour des manœuvres ou exercices.

A l'étranger, les ordres de mobilisation, de rappel ou de convocation sont transmis par les soins des agents consulaires de France.

Le rappel de la réserve de l'armée active peut être fait d'une manière distincte et indépendante pour l'armée de terre, pour l'armée de mer ou pour les troupes coloniales ; il peut être fait pour un, plusieurs ou tous les corps d'armée, et, s'il y a lieu, distinctement par arme. Dans tous les cas, il a lieu par classe, en commençant par la moins ancienne.

Les mêmes dispositions sont applicables à l'armée territoriale.

La réserve de l'armée territoriale n'est rappelée à l'activité qu'en cas de guerre et à défaut de ressources suffisantes fournies par l'armée territoriale. Le rappel se fait par classe ou par fraction de classe en commençant par la moins ancienne.

En cas de mobilisation, les militaires de la réserve domiciliés dans la région, et, en cas d'insuffisance, les militaires de la réserve domiciliés dans d'autres régions, complètent les effectifs des divers corps de troupe et des divers services qui entrent dans la composition de chaque corps d'armée.

Les corps de troupe et services qui n'entrent pas dans la composition des corps d'armée sont complétés avec des militaires de la réserve pris sur l'ensemble du territoire.

Mention du corps d'affectation est portée sur le livret individuel.

Les hommes désignés dans l'article 5 comme devant être incorporés dans les bataillons d'infanterie légère d'Afrique, et qui n'auront point été jugés dignes d'être envoyés dans d'autres corps au moment où ils passeront dans la réserve, seront, lors de leur passage dans la réserve, affectés à ces mêmes corps.

En temps de paix, ils accompliront leurs périodes d'exercices dans des compagnies spécialement désignées à cet effet.

Les dispositions des deux derniers paragraphes seront appliquées aux hommes qui, après avoir quitté l'armée active, ont encouru les condamnations spécifiées à l'article 5.

Art. 49. Les hommes de la réserve de l'armée active sont assujettis, pendant leur temps de service dans ladite réserve, à prendre part à deux manœuvres, chacune d'une durée de quatre semaines.

Les hommes de l'armée territoriale sont assujettis à une période d'exercices dont la durée sera de deux semaines.

Peuvent être dispensés de ces manœuvres ou exercices, comme soutiens indispensables de famille, et s'ils en remplissent effectivement les devoirs, les hommes de la réserve et de l'armée territoriale qui en font la demande.

Le maire soumet les demandes au conseil municipal, qui opère comme il est prescrit à l'article 22 ci-dessus.

Les listes de demandes annotées sont envoyées par les maires aux généraux commandant les subdivisions, qui statuent.

Ces dispenses peuvent être accordées, par subdivision de région, jusqu'à concurrence de 6 p. 100 du nombre des hommes appelés momentanément sous les drapeaux ; elles n'ont d'effet que pour la convocation en vue de laquelle elles sont délivrées.

Peuvent être dispensés de ces manœuvres ou exercices les fonctionnaires et agents désignés au tableau B de la présente loi.

Art. 50. En temps de paix, les jeunes gens qui, avant l'âge de 19 ans révolus, ont établi leur résidence à l'étranger, hors d'Europe, et qui y occuperont une situation régulière, pourront, sur l'avis du consul de France, être dispensés du service militaire pendant la durée de leur séjour à l'étranger. Ils devront justifier de leur situation chaque année.

S'ils rentrent en France avant l'âge de 30 ans, ils devront accomplir le service actif prescrit par la présente loi, sans toutefois pouvoir être retenus sous les drapeaux au delà de l'âge de 30 ans. Ils sont ensuite soumis à toutes les obligations de la classe à laquelle ils appartiennent.

S'ils rentrent après l'âge de 30 ans, ils ne seront soumis qu'aux obligations de leur classe.

Pendant la durée de leur établissement à l'étranger, ils ne pourront séjourner accidentellement en France plus de trois mois, et sous la réserve d'aviser le consul de leur absence.

Art. 51. En cas de mobilisation, nul ne peut se prévaloir de la fonction ou de l'emploi qu'il occupe pour se soustraire aux obligations de la classe à laquelle il appartient.

Sont seuls autorisés à ne pas rejoindre immédiatement, dans le cas de convocation par voie d'affiches et de publications sur la voie publique, les titulaires des fonctions et emplois désignés aux tableaux A, B et C annexés à la présente loi, sous la condition qu'ils occupent ces fonctions ou emplois depuis six mois au moins.

Les fonctionnaires et agents portés au tableau A, qui ne relèvent pas déjà des Ministres de la guerre ou de la marine, sont mis à la disposition de ces Ministres et attendent leurs ordres dans leur situation respective.

Les fonctionnaires et agents du tableau B, qui ne comptent plus dans la réserve de l'armée active, et les fonctionnaires et agents du tableau C, même appartenant à la réserve de l'armée active, ne rejoignent leurs corps que sur ordres spéciaux.

Les hommes autorisés à ne pas rejoindre immédiatement sont, dès la publication de l'ordre de mobilisation, soumis à la juridiction des tribunaux militaires, par application de l'article 57 du Code de justice militaire.

Art. 52. Sous les drapeaux, les hommes de la réserve et de l'armée territoriale sont soumis à toutes les obligations imposées aux militaires de l'armée active par les lois et règlements en vigueur.

Ils sont justiciables des tribunaux militaires, en temps de paix comme en temps de guerre :

1° En cas de mobilisation, à partir du jour de leur appel à l'activité jusqu'à celui où ils sont renvoyés dans leurs foyers ;

2° Hors le cas de mobilisation, lorsqu'ils sont convoqués pour des manœuvres, exercices ou revues, depuis l'instant de leur réunion en détachement pour rejoindre, ou de leur arrivée à destination s'ils rejoignent isolément, jusqu'au jour où ils sont renvoyés dans leurs foyers ;

3° Lorsqu'ils sont placés dans les hôpitaux militaires ou dans les salles des hôpitaux civils affectées aux militaires et lorsqu'ils voyagent comme militaires sous la conduite de la force publique, qu'ils se trouvent détenus dans les établissements, prisons et pénitenciers militaires ou qu'ils subissent dans un corps de troupe une peine disciplinaire.

Toutefois, des circonstances atténuantes pourront être accordées, alors même que le Code de justice militaire n'en prévoit pas, aux hommes qui, n'ayant pas trois mois de présence sous les drapeaux, se trouveront dans l'une des positions indiquées aux paragraphes 2° et 3° ci-dessus.

Art. 53. Lorsque les hommes de la réserve et de l'armée territoriale, même non présents sous les drapeaux, sont revêtus d'effets d'uniforme, ils doivent à tout supérieur hiérarchique, en uniforme, les marques extérieures de respect prescrites par les règlements militaires, et sont considérés sous tous les rapports comme des militaires en congé.

Art. 54. Le seul fait, pour les hommes inscrits sur le registre matricule prévu à l'article 36 ci-dessus, de se trouver revêtus d'effets d'uniforme dans un rassemblement tumultueux et contraire à l'ordre public, et d'y demeurer contrairement aux ordres des agents de l'autorité ou de la force publique, les rend passibles des peines édictées à l'article 225 du Code de justice militaire.

Art. 55. Tout homme inscrit sur le registre matricule est astreint, s'il se déplace, aux obligations suivantes :

1° S'il se déplace pour changer de domicile ou de résidence, il fait viser dans le délai d'un mois son livret individuel par la gendarmerie dont relève la localité où il transporte son domicile ou sa résidence;

2° S'il se déplace pour voyager pendant plus d'un mois, il fait viser son livret avant son départ par la gendarmerie de sa résidence habituelle;

3° S'il va se fixer en pays étranger, il fait de même viser son livret avant son départ, et doit, en outre, dès son arrivée, prévenir l'agent consulaire de France, qui lui donne récépissé de sa déclaration et en envoie copie dans les huit jours au Ministre de la guerre.

A l'étranger, s'il se déplace pour changer de résidence, il en prévient, au départ et à l'arrivée, l'agent consulaire de France, qui en informe le Ministre de la guerre.

Lorsqu'il rentre en France, il se conforme aux prescriptions du paragraphe 1er ci-dessus.

Art. 56. Les hommes qui se sont conformés aux prescriptions de l'article précédent ont droit, en cas de mobilisation ou de rappel de leur classe, à des délais supplémentaires pour rejoindre, calculés d'après la distance à parcourir.

Ceux qui ne s'y sont pas conformés sont considérés comme n'ayant pas changé de domicile ou de résidence.

Art. 57. Les hommes de la réserve de l'armée active, de l'armée territoriale ou de sa réserve, sont justiciables des tribunaux militaires, en temps de paix comme en temps de guerre, pour les crimes et délits prévus et punis par les articles du Code de justice militaire énumérés dans le tableau D annexé à la présente loi, lorsqu'après avoir été appelés sous les drapeaux ils ont été renvoyés dans leurs foyers.

L'application de ces articles est faite aux inculpés sous la réserve des dispositions spéciales indiquées audit tableau.

Toutefois, les hommes appartenant à l'armée territoriale ou à la réserve de cette armée ne sont plus justiciables des tribunaux militaires, en temps de paix, pour les crimes et délits prévus par les deux paragraphes précédents, lorsqu'ils ont été renvoyés dans leurs foyers depuis plus de six mois, à moins que, au moment où les faits incriminés ont été commis, les délinquants fussent revêtus d'effets d'uniforme.

Art. 58. Les hommes de la disponibilité et de la réserve de l'armée active peuvent se marier sans autorisation. Ils restent soumis néanmoins à toutes les obligations de service imposées à leur classe.

Les réservistes qui sont pères de quatre enfants vivants passent de droit dans l'armée territoriale.

TITRE IV.

DES ENGAGEMENTS VOLONTAIRES. DES RENGAGEMENTS ET DES COMMISSIONS.

CHAPITRE Ier.

DES ENGAGEMENTS VOLONTAIRES.

Art. 59. Tout Français ou naturalisé Français, comme il est dit aux articles 11 et 12 de la présente loi, ainsi que les jeunes gens qui doivent être inscrits sur les tableaux de recensement ou qui sont autorisés par les lois à servir dans l'armée française, et les jeunes gens nés en pays étrangers d'un Français qui aurait perdu la qualité de Français, peuvent être admis à contracter un engagement volontaire dans l'armée active, aux conditions suivantes :

L'engagé volontaire doit :

1° S'il entre dans l'armée de mer, avoir 16 ans accomplis, sans être tenu d'avoir la taille prescrite par la loi;

S'il entre dans l'armée de terre, avoir 18 ans accomplis et au moins la taille réglementaire d'un mètre cinquante-quatre centimètres;

2° N'être ni marié, ni veuf avec enfants;

3° N'avoir jamais été condamné pour vol, escroquerie, abus de confiance, attentat aux mœurs, et n'avoir subi aucune des peines prévues par l'article 5 de la présente loi, à moins qu'il ne veuille contracter son engagement pour un bataillon d'infanterie légère d'Afrique;

4° Jouir de ses droits civils;

5° Etre de bonne vie et mœurs;

6° S'il a moins de vingt ans, être pourvu du consentement de ses père, mère ou tuteur; ce dernier doit être autorisé par une délibération du conseil de famille. Le consentement du directeur de l'Assistance publique dans le département de la Seine, et du préfet dans les autres départements, est nécessaire et suffisant pour les moralement abandonnés.

L'engagé volontaire est tenu, pour justifier les conditions prescrites aux paragraphes 3°, 4° et 5° ci-dessus, de produire un extrait de son casier judiciaire et un certificat délivré par le maire de son dernier domicile.

S'il ne compte pas au moins une année de séjour dans cette commune, il doit également produire un autre certificat du maire de la commune où il était antérieurement domicilié.

Le certificat doit contenir le signalement du jeune homme qui veut s'engager, et mentionner la durée du temps pendant lequel il a été domicilié dans la commune.

La faculté de contracter l'engagement volontaire cesse dès que le jeune homme est inscrit par le conseil de révision sur la liste de recrutement cantonal.

Toutefois, il peut devancer l'appel pour entrer dans la marine ou dans les troupes coloniales.

Les hommes exemptés ou classés dans les services auxiliaires peuvent, jusqu'à l'âge de 32 ans accomplis, être admis à contracter des engagements volontaires, s'ils réunissent les conditions d'aptitude physique exigées.

Les conditions relatives, soit à l'aptitude physique et à l'admissibilité dans les différents corps de l'armée, soit aux époques de l'année où les engagements peuvent être contractés, sont déterminées par des décrets insérés au *Bulletin des Lois*.

Il ne pourra être reçu d'engagements volontaires que pour la marine et les troupes coloniales, et pour les corps d'infanterie, de cavalerie, d'artillerie et du génie.

La durée de l'engagement volontaire est de trois, quatre ou cinq ans.

L'engagé volontaire admis, après concours, à l'Ecole normale supérieure, à l'Ecole centrale des arts et manufactures, ou à l'une des écoles spéciales visées à l'article 23, pourra bénéficier des dispositions dudit article, après un an de présence sous les drapeaux, à la condition que la demande ait été formulée au moment de l'engagement.

Le service militaire fixé par l'article 37 ci-dessus compte du jour de la signature de l'acte d'engagement.

Art. 60. Les jeunes gens remplissant les conditions stipulées à l'article précédent peuvent être admis à contracter, dans les troupes coloniales, des engagements volontaires d'une durée de cinq ans, donnant droit pendant les deux dernières années à une prime dont le montant sera fixé par décret.

Cette disposition est applicable aux jeunes gens du contingent qui, affectés aux équipages de la flotte ou aux troupes coloniales, contractent l'engagement de servir pendant cinq ans.

Le mode de payement de ces primes sera déterminé par un règlement d'administration publique.

Les jeunes gens remplissant les conditions stipulées par le précédent article peuvent être admis à contracter, dans les équipages de la flotte, soit des engagements à long terme dans les conditions de la loi du 22 juillet 1886, soit des engagements de cinq ans, soit enfin des engagements de trois ans.

Ces derniers engagements ne donnent droit à aucune prime. Le Ministre de la marine aura la faculté d'allouer des hautes payes, dans la limite des crédits prévus à cet effet par la loi de finances, aux hommes des professions ou spécialités utilisables dans la marine et dont le recrutement, dans les conditions ordinaires, s'opère difficilement.

Art. 61. En cas de guerre, tout Français ayant accompli le temps de service prescrit pour l'armée active, la réserve de ladite armée et l'armée territoriale, est admis à contracter, dans un corps de son choix, un engagement pour la durée de la guerre.

Cette faculté cesse pour les hommes de la réserve de l'armée territoriale, lorsque leur classe est rappelée à l'activité.

Art. 62. Les engagements volontaires sont contractés dans les formes prescrites par les articles 34, 35, 36, 37, 38, 39, 40, 42 et 44 du Code civil, devant les maires des chefs-lieux de canton.

Les conditions relatives à la durée de ces engagements sont insérées dans l'acte même.

Les autres conditions sont lues aux contractants avant la signature, et mention en est faite à la fin de l'acte.

CHAPITRE II.

DES RENGAGEMENTS.

Art. 63. Les soldats décorés ou médaillés ou inscrits sur les listes d'aptitude pour le grade de caporal ou brigadier, ainsi que les caporaux ou brigadiers, pourront être admis à contracter des rengagements pour deux, trois ou cinq ans, pendant le cours de leur dernière année de service sous les drapeaux.

Tout homme des troupes coloniales peut être admis à contracter un rengagement pour deux, trois ou cinq ans après six mois de service.

Les rengagements datent du jour de l'expiration légale du service dans l'armée active. Ils sont renouvelables jusqu'à une durée totale de quinze années de service effectif.

Les caporaux ou brigadiers et les soldats qui contractent un premier rengagement de cinq ans ont droit à une prime payable immédiatement après la signature de l'acte. Le montant de cette prime sera fixé comme il est indiqué à l'article 60 ci-dessus.

Ceux qui contractent un premier rengagement de deux ou trois ans ont droit à une prime réduite, fixée au tiers de la prime totale dans le premier cas, et à la moitié dans le second. S'ils contractent un second rengagement avant l'expiration du premier, de manière à parfaire cinq ans de rengagement, ils reçoivent le complément de la prime totale telle qu'elle est fixée dans les conditions de l'article 60 au moment de ce rengagement.

En outre, des hautes payes journalières sont allouées aux rengagés à partir du jour où leur rengagement commence à courir.

Les valeurs de ces hautes payes journalières, distinctes pour les caporaux et brigadiers d'une part, et pour les soldats de l'autre, seront fixées par les tarifs de solde.

Après cinq années de rengagement, ces hautes payes seront augmentées de moitié pour les caporaux ou brigadiers et d'un tiers pour les soldats.

Après quinze ans de service effectif, les rengagés auront droit à une pension proportionnelle égale aux 15/25 du minimum de la pension de retraite du grade dont ils seront titulaires depuis deux ans au moins, augmentés de 1/25 pour chaque année de campagne.

Le taux des pensions proportionnelles et de retraite est décompté d'après les articles non abrogés de la loi du 11 avril 1831 et d'après les lois des 25 juin 1861, 18 août 1879 et le tarif joint à la loi du 19 mars 1889.

Les autres conditions sont déterminées par un règlement inséré au *Bulletin des lois*.

Dans les équipages de la flotte, les rengagements d'une durée de trois ou de cinq ans sont contractés dans le cours de la dernière année de service. Ils peuvent exceptionnellement être reçus à la fin de la première année de service, lorsqu'il s'agit d'hommes admis à suivre les cours d'une des écoles spéciales de la marine. Ces rengagements sont renouvelables jusqu'à une durée totale de vingt-cinq années de service effectif.

Art. 64. Tout homme appartenant à la cavalerie peut contracter un rengagement d'un an dans le cours de sa troisième année de service. Il aura droit, pendant la quatrième année, à une haute paye dont le taux sera fixé par les tarifs de solde.

Par dérogation aux dispositions de l'article 37, il ne restera que trois ans dans la réserve de l'armée active; il passera dans l'armée territoriale et par suite dans la réserve de cette armée trois ans avant la classe à laquelle il appartient.

Art. 65. Dans les troupes coloniales, les premiers rengagements des caporaux ou brigadiers et des soldats donnent droit à une prime payée au moment de la signature de l'acte et à des gratifications annuelles.

Les rengagements ultérieurs ne donnent droit qu'aux gratifications annuelles.

Le montant des primes et gratifications est fixé par décret.

Les hautes payes journalières pour les caporaux ou brigadiers et pour les soldats seront augmentées de trois ans en trois ans. Cette augmentation sera déterminée par les tarifs de solde.

Peuvent être admis à se rengager pour les troupes coloniales, avec le bénéfice des avantages mentionnés ci-dessus :

1° Les militaires de toutes armes ;

2° Les hommes de la réserve de l'armée active, âgés de moins de 28 ans ;

3° Les hommes des régiments étrangers, autorisés par le Ministre de la guerre.

Le bénéfice des dispositions du paragraphe précédent est applicable, sans aucune restriction ni réserve, aux hommes résidant ou domiciliés en Algérie ou aux colonies avant leur incorporation, ou après leur passage dans la réserve de l'armée active.

Dans le corps des équipages de la flotte, les rengagements des quartiers-maîtres et marins provenant du recrutement donnent droit aux mêmes avantages pécuniaires que ceux qui sont accordés aux quartiers-maîtres et marins provenant de l'inscription maritime.

Art. 66. Les rengagements sont contractés devant les sous-intendants militaires, dans la forme prescrite par l'article 63 ci-dessus, sur la preuve que le contractant peut rester ou être admis dans le corps pour lequel il se présente.

Art. 67. Tout rengagé qui, étant sous les drapeaux, subit une condamnation à l'emprisonnement d'une durée de trois mois au moins, est déchu de tous ses droits à la gratification annuelle et à la haute paye. Il est dirigé, à l'expiration de sa peine, sur un bataillon d'infanterie légère d'Afrique pour y terminer son temps de service.

CHAPITRE III.

DES COMMISSIONS.

Art. 68. Peuvent être maintenus sous les drapeaux, en qualité de commissionnés :

1° Les sous-officiers de toutes armes, dans les conditions indiquées par la loi du 18 mars 1889 ;

2° Les militaires de la gendarmerie, les militaires du régiment de sapeurs-pompiers de Paris et le personnel employé dans les écoles militaires ;

3° Les caporaux ou brigadiers et soldats affectés dans les divers corps et services à certains emplois déterminés par le Ministre de la guerre.

Tout militaire commissionné pourra être mis à la retraite après vingt-cinq ans de service ; il ne pourra être maintenu sous les drapeaux que jusqu'à l'âge de 50 ans,

Toutefois, les militaires de la gendarmerie et de la justice militaire pourront rester en activité au delà de cette limite dans les conditions fixées par les règlements constitutifs de cette arme et de ce service.

Peuvent être réadmis en la même qualité, dans les catégories mentionnées aux paragraphes 2° et 3° ci-dessus, les militaires ayant accompli le temps de service exigé dans l'armée active, et rentrés dans leurs foyers depuis moins de trois ans.

Les militaires commissionnés ont droit à la haute paye de leur grade dans les mêmes conditions que les rengagés.

En cas d'inconduite de la part du commissionné, le Ministre de la guerre peut, sur l'avis conforme d'un conseil de discipline, soit suspendre les effets de la commission, soit révoquer définitivement le militaire commissionné, suivant la gravité des faits reprochés.

Tout militaire commissionné quittant les drapeaux après quinze années de service effectif aura droit à une pension proportionnelle, dont le taux sera décompté comme il est prescrit à l'article 63 ci-dessus, pour chaque année de service et pour chaque campagne, à raison de 1/25 du minimum de la pension de retraite du grade dont il sera titulaire depuis deux ans au moins.

Ceux qui obtiendraient d'être commissionnés après avoir quitté les drapeaux ne pourront réclamer ladite pension proportionnelle qu'après avoir servi cinq ans en cette nouvelle qualité.

Les militaires commissionnés sont soumis aux lois et règlements militaires.

Il ne peuvent quitter leur emploi sans avoir reçu notification de l'acceptation de leur démission. La décision du Ministre de la guerre devra être transmise dans un délai maximum de deux mois, augmenté hors de France des délais de distance, à partir de la date de la remise de la démission. En cas de guerre, les démissions ne sont jamais acceptées.

TITRE V.

DISPOSITIONS PÉNALES.

Art. 69. Toutes fraudes ou manœuvres par suite desquelles un jeune homme a été omis sur les tableaux de recensement sont déférées aux tribunaux ordinaires et punies d'un emprisonnement d'un mois à un an.

Sont déférés aux mêmes tribunaux et punis de la même peine:

1° Les jeunes gens appelés qui, par suite d'un concert frauduleux, se sont abstenus de comparaître devant le conseil de revision;

2° Les jeunes gens qui, à l'aide de fraudes ou manœuvres, se font exempter ou dispenser par un conseil de revision, sans préjudice de peines plus graves en cas de faux.

Les auteurs ou complices sont punis des mêmes peines.

Si le jeune homme omis a été condamné comme auteur ou complice de fraudes ou manœuvres, les dispositions des articles 15 et 17 de la présente loi lui sont appliquées lors des premières opérations de recensement qui ont lieu après l'expiration de sa peine.

Le jeune homme indûment exempté ou indûment dispensé est rétabli en tête de la première partie de la classe appelée, après qu'il a été reconnu que l'exemption ou la dispense avait été indûment accordée.

Art. 70. Tout homme prévenu de s'être rendu impropre au service militaire, soit temporairement, soit d'une manière permanente, dans le but de se soustraire aux obligations imposées par la présente loi, est déféré aux tribunaux, soit sur la demande des conseils de revision, soit d'office. S'il est reconnu coupable, il est puni d'un emprisonnement d'un mois à un an.

Sont également déférés aux tribunaux et punis de la même peine, les jeunes gens qui, dans l'intervalle de la clôture de la liste cantonale à leur mise en activité, se sont rendus coupables du même délit.

A l'expiration de leur peine, les uns et les autres sont mis à la disposition du Ministre de la guerre pour tout le temps du service militaire qu'ils doivent à l'Etat, et sont envoyés dans une compagnie de discipline.

La peine portée au présent article est prononcée contre les complices.

Si les complices sont des médecins, des officiers de santé ou des pharmaciens, la durée de l'emprisonnement est pour eux de deux mois à deux ans, indépendamment d'une amende de 200 francs à 1,000 francs qui peut être aussi prononcée, et sans préjudice de peines plus graves, dans les cas prévus par le Code pénal.

Art. 71. Les médecins militaires ou civils qui, appelés au conseil de revision à l'effet de donner leur avis conformément aux articles 18, 19, 20 et 27 de la présente loi, ont reçu des dons ou agréé des promesses pour être favorables aux jeunes gens qu'ils doivent examiner, sont punis d'un emprisonnement de deux mois à deux ans.

Cette peine leur est appliquée, soit qu'au moment des dons ou promesses ils aient déjà été désignés pour assister au conseil de revision, soit que les dons ou promesses aient été agréés en prévision des fonctions qu'ils auraient à y remplir.

Il leur est défendu, sous la même peine, de rien recevoir, même pour une exemption ou dispense justement prononcée.

Ceux qui leur ont fait des dons ou promesses sont punis de la même peine.

Art. 72. Tout fonctionnaire ou officier public, civil ou militaire qui, sous quelque prétexte que ce soit, a autorisé ou admis des exclusions, exemptions ou dispenses autres que celles déterminées par la présente loi, ou qui aura donné arbitrairement une extension quelconque, soit à la durée, soit aux règles ou conditions des appels, des engagements ou des rengagements, sera coupable d'abus d'autorité et puni des peines portées dans l'article 185 du Code pénal, sans préjudice de peines plus graves prononcées par ce Code dans les autres cas qu'il a prévus.

Art. 73. Tout jeune soldat appelé, au domicile duquel un ordre de route a été régulièrement notifié, et qui n'est pas arrivé à sa destination au jour fixé par cet ordre, est, après un délai d'un mois en temps de paix, et de deux jours en temps de guerre, et hors le cas de force majeure, puni, comme insoumis, d'un emprisonnement d'un mois à un an en temps de paix, et de deux à cinq ans en temps de guerre. Dans ce dernier cas, à l'expiration de sa peine, il est envoyé dans une compagnie de discipline.

En temps de guerre, les noms des insoumis sont affichés dans toutes les communes du canton de leur domicile ; ils restent affichés pendant toute la durée de la guerre. Le condamné pour insoumission ou désertion en temps de guerre sera, en outre, privé de ses droits électoraux.

Ces dispositions sont applicables à tout engagé volontaire qui, sans motifs légitimes, n'est pas arrivé à sa destination dans le délai fixé par sa feuille de route.

En cas d'absence du domicile, l'ordre de route est notifié au maire de la commune dans laquelle l'appelé a été porté sur la liste de recensement.

A l'égard des appelés, le délai d'un mois sera porté :

1° A deux mois, s'ils demeurent en Algérie, en Tunisie ou en Europe ;

2° A six mois s'ils demeurent dans tout autre pays.

En temps de guerre ou en cas de mobilisation par voie d'affiches et de publications sur la voie publique, les délais ci-dessus seront diminués de moitié.

L'insoumis est jugé par le conseil de guerre de la région de corps d'armée dans laquelle il est arrêté.

Le temps pendant lequel l'engagé volontaire ou le jeune soldat appelé aura été insoumis ne compte pas dans les années de service exigées.

La prescription contre l'action publique résultant de l'insoumission ne commence à courir que du jour ou l'insoumis a atteint l'âge de 50 ans.

Art. 74. Quiconque est reconnu coupable d'avoir sciemment recélé ou pris à son service un insoumis est puni d'un emprisonnement qui ne peut excéder six mois. Selon les circonstances, la peine peut être réduite à une amende de 50 à 500 francs.

Quiconque est convaincu d'avoir favorisé l'évasion d'un insoumis est puni d'un emprisonnement d'un mois à un an.

La même peine est prononcée contre ceux qui, par des manœuvres coupables, ont empêché ou retardé le départ des jeunes soldats.

Si le délit a été commis à l'aide d'un attroupement, la peine sera double.

Si le délinquant est fonctionnaire public, employé du Gouvernement ou ministre d'un culte salarié par l'Etat, la peine peut être portée jusqu'à deux années d'emprisonnement, et il est, en outre condamné à une amende qui ne pourra excéder 2,000 francs.

Art. 75. En temps de paix, les militaires en congé rappelés sous les drapeaux, les hommes de la réserve et ceux de l'armée territoriale convoqués pour des manœuvres ou des exercices ou appartenant à des classes rappelées par décret, qui ne seront pas rendus le jour fixé au lieu indiqué par les ordres de rappel ou affiches, seront passibles d'une punition disciplinaire.

En cas de récidive, les pénalités de l'article 73 ci-dessus, concernant l'insoumission des jeunes soldats appelés, seront applicables aux hommes désignés au paragraphe précédent.

En cas de mobilisation, les hommes appelés sont déclarés insoumis s'ils n'ont pas rejoint dans le délai de deux jours, sauf dans le cas prévu à l'article 56 de la présente loi.

Tout homme qui n'a pas rejoint au jour indiqué pour des manœuvres ou exercices peut être astreint par l'autorité militaire à faire ou à compléter dans un corps de troupe le temps de service pour lequel il était appelé.

Art. 76. Les hommes liés au service dans les conditions mentionnées à l'article 30 ci-dessus, qui n'ont pas fait les déclarations prescrites audit article, sont déférés aux tribunaux ordinaires et punis d'une amende de 10 fr. à 200 fr. Il peuvent, en outre, être condamnés à un emprisonnement de quinze jours à trois mois.

En temps de guerre, la peine est double.

Art. 77. Les peines prononcées par les articles 71, 72 et 74 de la présente loi sont applicables aux tentatives des délits prévus par ces articles.

Art. 78. Dans tous les cas non prévus par les dispositions précédentes, les tribunaux civils et militaires appliqueront les lois pénales ordinaires aux délits auxquels pourra donner lieu l'exécution du mode de recrutement déterminé par la présente loi.

Lorsque la peine d'emprisonnement est prononcée par la présente loi, les juges peuvent, sauf dans les cas prévus par les articles 73 et 75 ci-dessus, user de la faculté exprimée par l'article 463 du Code pénal.

Art. 79. Les crimes et délits prévus à l'article 57 ci-dessus, et énumérés dans le tableau D annexé à la présente loi, sont punis des peines portées par les articles visés dans ce tableau ; il pourra toutefois être accordé des circonstances atténuantes, alors même que le Code de justice militaire ne les prévoit pas, aux hommes ayant moins de trois mois de présence sous les drapeaux.

En temps de guerre, aucune circonstance atténuante n'est admise.

Art. 80. Lorsque, par application de la faculté accordée par les articles 52 et 79 de la présente loi, les tribunaux militaires auront admis des circonstances atténuantes en faveur des inculpés de crimes et délits pour lesquels le Code de justice militaire ne les prévoit pas, les peines prononcées par ce Code seront modifiées ainsi qu'il suit :

Si la peine prononcée par la loi est celle de la mort, le conseil de guerre appliquera la peine des travaux forcés à perpétuité ou celle des travaux forcés à temps, sauf dans les cas prévus par les articles 209, 210, 211, 213, 217, 218, 220, 222, 223, 226, 227 et 228 du Code de justice militaire, où la peine appliquée sera celle de la détention. Dans le cas de l'article 221 dudit Code, la peine appliquée sera celle des travaux forcés à perpétuité, des travaux forcés à temps ou de la détention, suivant les circonstances.

Si la peine est celle des travaux forcés à perpétuité, le conseil de guerre appliquera la peine des travaux forcés à temps ou celle de la réclusion.

Si la peine est celle des travaux forcés à temps, le conseil de guerre appliquera la peine de la réclusion, ou celle de la dégradation militaire avec emprisonnement de deux à cinq ans.

Si la peine est celle de la détention ou de la réclusion, le conseil de guerre appliquera la peine de la dégradation militaire avec emprisonnement de un à cinq ans.

Toutefois, si la peine prononcée par la loi est le maximum d'une peine afflictive, le conseil de guerre pourra toujours appliquer le minimum de cette peine.

Si la peine est celle de la dégradation militaire, le conseil de guerre appliquera un emprisonnement de trois mois à deux ans.

Si la peine est celle des travaux publics, le conseil de guerre appliquera un emprisonnement de deux mois à cinq ans.

Dans tous les cas où la peine de l'emprisonnement est prononcée par le Code de justice militaire, le conseil de guerre est autorisé à faire application de l'article 463 du Code pénal, sans toutefois que la peine de l'emprisonnement puisse être remplacée par une amende.

Nonobstant toute réduction de peine par suite de l'admission de circonstances atténuantes, la peine de la destitution sera toujours appliquée par le conseil de guerre dans les cas où elle est prononcée par le Code de justice militaire.

TITRE VI.

RECRUTEMENT EN ALGÉRIE ET AUX COLONIES.

Art. 81. Les dispositions de la présente loi sont applicables dans les colonies de la Guadeloupe, de la Martinique, de la Guyane et de la Réunion.

Elles sont également applicables en Algérie et dans toutes les colonies non désignées au paragraphe précédent, mais sous les réserves suivantes :

En dehors d'exceptions motivées et dont il serait fait mention dans le compte rendu prévu par l'article 86 ci-après, les Français et naturalisés Français résidant en Algérie ou dans l'une des colonies, autres que la Guadeloupe, la Martinique, la Guyane et la Réunion, sont incorporés dans les corps stationnés soit en Algérie, soit aux colonies, et, après une année de présence effective sous les drapeaux, envoyés dans la disponibilité s'ils ont satisfait aux conditions de conduite et d'instruction militaire déterminées par le Ministre de la guerre.

S'il ne se trouve pas de corps stationné dans un rayon fixé par arrêté ministériel, ces jeunes gens sont dispensés de la présence effective sous les drapeaux. Dans le cas où cette situation se modifierait avant qu'ils aient atteint l'âge de 30 ans révolus, ils accompliraient une année de service dans le corps de troupe le plus voisin.

En cas de mobilisation générale, les hommes valides qui ont terminé leurs vingt années de service sont réincorporés avec la réserve de l'armée territoriale, sans cependant pouvoir être appelés à servir hors du territoire de l'Algérie et des colonies.

Si un Français ou naturalisé Français ayant bénéficié des dispositions du paragraphe 2 du présent article, transportait son établissement en France avant l'âge de 30 ans accomplis, il devrait compléter, dans un des corps de la métropole le temps de service dans l'armée active prescrit par l'article 37 de la présente loi, sans toutefois pouvoir être retenu sous les drapeaux au delà de l'âge de 30 ans.

Les Français ou naturalisés Français établis dans un pays de protectorat où seront stationnées des troupes françaises pourront être admis, sur leur demande, à bénéficier des dispositions qui précèdent.

Art. 82. Les jeunes gens inscrits sur les listes de recrutement de la métropole, résidant dans une colonie ou un pays de protectorat où il n'y aurait pas de troupes françaises stationnées, pourront, sur l'avis conforme du gouverneur ou du résident, bénéficier des dispositions contenues dans l'article 50 ci-dessus.

La même disposition s'applique aux jeunes gens inscrits sur les listes de recrutement d'une colonie autre que celle où ils résident.

Art. 83. Les conditions spéciales de recrutement des corps étrangers et indigènes sont réglées par décret, jusqu'à ce qu'une loi spéciale ait déterminé les conditions du service militaire des indigènes.

TITRE VII.

DISPOSITIONS PARTICULIÈRES.

Art. 84. A partir du 1er novembre de la troisième année qui suivra la mise en vigueur de la présente loi, nul ne pourra être admis à exercer certains emplois salariés par l'Etat ou les départements si, n'ayant pas été déclaré impropre au service militaire à l'appel de sa classe, il ne compte au moins cinq années de service actif dans les armées de terre ou de mer, dont deux comme officier, sous-officier, caporal ou brigadier, ou si, avant la date ci-dessus mentionnée, il n'a été retraité ou réformé.

Un règlement d'administration publique, qui devra être promulgué un an au plus après la mise en vigueur de la présente loi, déterminera les emplois ainsi réservés, les conditions auxquelles les candidats devront satisfaire pour les obtenir et le mode de recrutement de ces emplois en cas d'insuffisance de candidats remplissant les conditions voulues.

Art. 85. Une loi spéciale déterminera :

1º Les mesures à prendre pour rendre uniforme, dans tous les lycées et établissements d'enseignement, l'application de la loi du 27 janvier 1880, imposant l'obligation des exercices ;

2º L'organisation de l'instruction militaire pour les jeunes gens de 17 à 20 ans et le mode de désignation des instructeurs.

Art. 86. Chaque année, avant le 30 juin, il sera rendu compte aux Chambres, par le Ministre de la guerre, de l'exécution des dispositions contenues dans la présente loi pendant l'année précédente.

TITRE VIII.

DISPOSITIONS TRANSITOIRES.

Art. 87. Les dispositions de la présente loi seront appliquées au plus tard dans les six mois qui suivront la date de sa promulgation.

Art. 88. Les jeunes soldats ayant accompli trois ans de service dans l'armée active au moment de la mise en vigueur de la présente loi seront envoyés dans la réserve.

Toutefois, pendant un délai de deux années, le Ministre de la guerre pourra conserver sous les drapeaux, dans les limites prévues par l'article 36 de la loi du 27 juillet 1872, les jeunes gens déjà incorporés conformément aux prescriptions de ladite loi.

Mention spéciale des décisions prises sera faite dans le compte rendu prescrit par l'article 86 ci-dessus.

Les mêmes dispositions sont applicables aux engagés volontaires qui en feront la demande.

Art. 89. Les jeunes soldats qui, au moment de la mise en vigueur de la présente loi, appartiendraient à la deuxième portion du contingent à raison de leur numéro de tirage au sort, et qui n'auraient pas encore accompli le temps de service prescrit par l'article 40 de la loi du 27 juillet 1872, seront, à l'expiration de ce temps, envoyés en congé dans leurs foyers.

Art. 90. Les sous-officiers qui se trouveront dans leur quatrième année de service au moment de la mise en vigueur de la présente loi pourront être maintenus sous les drapeaux, par décision ministérielle, jusqu'à l'expiration de cette quatrième année de service, alors même que la classe à laquelle ils appartiennent serait renvoyée dans ses foyers.

Les sous-officiers ainsi maintenus sous les drapeaux recevront la même haute paye que les sous-officiers rengagés et auront le droit de concourir pour les emplois civils visés par l'article 84 ci-dessus.

Art. 91. Les jeunes gens qui, avant la mise en vigueur de la présente loi, seront admis à contracter un engagement conditionnel d'un an et ceux qui se trouvent dans la situation prévue par la loi du 31 décembre 1875, bénéficieront des dispositions des articles 53 à 57 inclus de la loi du 27 juillet 1872 ; mais les dispositions de l'article 38 de la loi du 24 juillet 1873 cesseront de leur être applicables.

Art. 92. Les jeunes gens dispensés conditionnellement du service actif en temps de paix avant la mise en vigueur de la présente loi, conformément à l'article 20 de la loi du 27 juillet 1872, conserveront la situation qui leur est faite par ladite loi au point de vue des obligations du service militaire, sous la réserve des dispositions contenues dans l'article 93 ci-après.

Art. 93. La présente loi est applicable aux hommes appelés en vertu des lois antérieures, libérés ou non du service militaire, jusqu'à ce qu'ils aient atteint l'âge de 45 ans.

Art. 94. Dès la mise en vigueur de la présente loi, seront et demeureront abrogées :

La loi du 27 juillet 1872, sur le recrutement de l'armée ;

La loi du 6 novembre 1875, ayant pour objet de déterminer les conditions suivant lesquelles les Français domiciliés en Algérie seront soumis au service militaire ;

La loi du 18 novembre 1875, ayant pour objet de coordonner les lois des 27 juillet 1872, 24 juillet 1873, 13 mars, 19 mars et 6 novembre 1875 avec le Code de justice militaire ;

Les lois des 30 juillet, 4 décembre et 31 décembre 1875, et la loi du 29 juillet 1886, modifiant divers articles de la loi du 27 juillet 1872 ;

Et, d'une manière générale, toutes dispositions contraires à la présente loi.

La présente loi, délibérée et adoptée par le Sénat et par la Chambre des députés, sera exécutée comme loi de l'Etat.

Fait à Paris, le 15 juillet 1889.

Signé : CARNOT.

Par le Président de la République :

Le Ministre de la guerre,

Signé : C. DE FREYCINET.

ANNEXES.

TABLEAU A.

Personnel placé sous les ordres des Ministres de la guerre et de la marine ou mis à leur disposition, en cas de mobilisation.

(Application de l'art. 51 de la loi sur le recrutement de l'armée.)

Services :

MINISTÈRE DE LA GUERRE.

Administration centrale ;
Etablissements.

MINISTÈRE DE LA MARINE.

Administration centrale ;
Etablissements métropolitains et coloniaux.

MINISTÈRE DE L'INTÉRIEUR.

Sapeurs-pompiers des places de guerre n'appartenant plus à la réserve de l'armée active ;
Cantonniers n'appartenant plus à la réserve de l'armée active ;
Médecins et chirurgiens des hospices ;
Médecins chefs de service des hospices ;
Médecins des services pénitentiaires, maisons centrales, pénitenciers ;
Chirurgiens des services pénitentiaires, maisons centrales, pénitenciers ;
Pharmaciens internes des services pénitentiaires, maisons centrales, pénitenciers.

MINISTÈRE DES TRAVAUX PUBLICS (non compris l'administration centrale et les cantonniers faisant partie de la réserve de l'armée active).

Forêts (agents et préposés, organisés militairement).

MINISTÈRE DES FINANCES.

Douaniers (bataillons, compagnies et sections) ;
Postes et télégraphes.

CHEMINS DE FER.

Sections techniques ;
Personnel de l'exploitation technique ;
Administration centrale.

TABLEAU B.

SERVICES PUBLICS.

Désignation des fonctionnaires et agents qui, en cas de mobilisation, sont autorisés à ne pas rejoindre immédiatement, quand ils n'appartiennent pas à la réserve de l'armée active.

(Application de l'art. 51 de la loi sur le recrutement de l'armée.)

Personnel de l'administration du Sénat et de la Chambre des députés.

Secrétaires généraux ;
Chefs de service ;
Chefs adjoints ou sous-chefs.

MINISTÈRE DES FINANCES.

Administration centrale.

Secrétaire général ;
Directeur général de la comptabilité publique ;
Directeur ;
Chef de la division du contentieux ;
Caissier-payeur central du Trésor ;
Payeur central de la dette publique ;
Contrôleur central ;
Chefs de bureau ;
Contrôleur spécial près le receveur central de la Seine.

Inspection générale des finances.

Inspecteurs généraux des finances ;
Inspecteurs et adjoints à l'inspection.

Trésorerie.

Trésoriers-payeurs généraux ;
Receveurs particuliers ;
Percepteurs ;
Un fondé de pouvoirs de chaque trésorier payeur général, désigné par le Ministre des finances.

Trésorerie d'Afrique, de la Cochinchine et du Tonkin.

Trésoriers-payeurs ;
Payeurs particuliers ;
Payeurs adjoints.

Administration des contributions directes.

Directeur général ;
Administrateurs ;
Chefs de bureau ;
Directeurs ;
Inspecteurs ;
Premiers commis de direction ;

Administration de l'enregistrement, des domaines et du timbre.

Directeur général ;
Administrateurs ;
Chefs de bureau ;
Directeurs ;
Inspecteurs ;
Conservateurs des hypothèques.

Administration des douanes.

Directeur général ;
Administrateurs ;
Chefs de bureau ;
Directeurs ;
Inspecteurs ;
Sous-inspecteurs.

Administration des contributions indirectes (France) et contributions diverses (Algérie).

Directeur général ;
Administrateurs ;
Chefs de bureau ;
Directeurs ;
Sous-directeurs, chefs de service dans un arrondissement ;
Inspecteurs ;
Receveurs principaux ;
Receveurs particuliers ;
Entreposeurs ;
Contrôleurs ;
Receveurs ambulants ;
Receveurs buralistes.

Administration des manufactures de l'Etat (Tabacs).

Directeur général ;
Administrateurs ;
Chefs de bureau ;
Directeurs ;
Contrôleurs des manufactures ;
Inspecteurs ;
Entreposeurs des tabacs en feuilles ;
Vérificateurs et commis de culture.

Administration des monnaies et médailles.

Directeur général ;
Caissier agent comptable ;
Contrôleur principal.

Banque de France.

Gouverneur ;
Sous-gouverneurs ;
Secrétaire général ;
Contrôleur ;
Caissier principal ;
Caissiers particuliers et sous-caissiers ;
Chefs de bureau;
Inspecteurs ;
Ouvriers de l'imprimerie des billets ;
Directeurs des succursales ;
Caissiers des succursales.

Banque d'Algérie.

Directeur ;
Sous-directeur ;
Secrétaire général ;
Inspecteur ;
Caissier principal ;
Chefs de bureau ;
Directeurs des succursales ;
Caissiers.

Caisse des dépôts et consignations.

Directeur général ;
Chefs de division ;
Caissier général ;
Chefs de bureau.

MINISTÈRE DE L'INTÉRIEUR.

Administration centrale.

Directeurs ;
Chefs de bureau.

Etablissements nationaux de bienfaisance.

Directeurs ;
Médecins en chef.

Services pénitentiaires, maisons centrales, pénitenciers.

Inspecteurs ;

Economes ;
Agents comptables ;
Commis-greffiers.

Sûreté publique.

Commissaires divisionnaires ;
Commissaires spéciaux de police ;
Inspecteurs spéciaux.

Administration départementale.

Préfets, sous-préfets et secrétaires généraux ;
Chefs de division de préfecture ;
Inspecteurs des enfants assistés ;
Chef du bureau militaire de préfecture ;
Agents voyers en chef et agents voyers d'arrondissement ;
Directeurs des asiles publics d'aliénés ;
Médecins titulaires des asiles publics d'aliénés.

Administration communale.

Secrétaires chefs du bureau militaire des mairies des chefs-lieux de département, d'arrondissement, ainsi que des communes qui, n'étant pas chefs-lieux de département ou d'arrondissement, ont plus de 4,000 habitants ;
Receveurs d'octroi ;
Préposés en chef d'octroi ;
Commissaires de police ;
Sergents de ville ou gardiens de la paix ;
Gardes champêtres.

Services spéciaux de la ville de Paris ressortissant de la préfecture de la Seine.

Directeurs des hôpitaux et hospices ;
Receveurs des hôpitaux et hospices ;
Economes des hôpitaux et hospices.
Agents du service des eaux :
Contrôleurs et sous-contrôleurs ;
Conducteurs municipaux ;
Gardes cantonniers des eaux.
Agents de l'assistance publique :
Directeur de l'administration centrale ;
Chefs de division ;
Inspecteurs des enfants assistés.
Agents de la direction des travaux autres que ceux du service vicinal :
Directeurs et chefs de bureau de la préfecture de la Seine ;
Secrétaires chefs de bureau des mairies des vingt arrondissements de Paris.

Services spéciaux de la ville de Paris ressortissant de la préfecture de police.

Chef de division et chefs de bureau de la préfecture de police ;
Chef et chef adjoint de la police municipale.

Inspecteurs divisionnaires ;
Officiers de paix ;
Inspecteurs de police ;
Secrétaires des commissariats de police ;
Inspecteurs de commissariats ;
Contrôleurs de services extérieurs ;
Gardiens de la paix de la ville de Paris ;
Sergents de ville des communes du département de la Seine.

ADMINISTRATION DE L'ALGÉRIE.

Secrétaire général du gouvernement ;
Chefs de bureau du gouvernement général ;
Administrateurs des communes mixtes.

MINISTÈRE DES TRAVAUX PUBLICS.

Administration centrale.

Directeurs ;
Chefs de bureau.

CHEMINS DE FER.

Personnel sédentaire : Contentieux, service des titres.

MINISTÈRE DE L'INSTRUCTION PUBLIQUE ET DES BEAUX-ARTS.

Administration centrale.

Directeurs ;
Chefs de bureau ;
Proviseurs et principaux des lycées et collèges de l'Etat ;
Directeurs des écoles normales primaires de l'Etat ;

ADMINISTRATION DES CULTES.

Directeur ;
Chefs de bureau ;
Les ministres des cultes reconnus par l'Etat, chargés du service d'une paroisse ;
Les aumôniers des lycées, des hôpitaux, des prisons et des établissements pénitentiaires.

MINISTÈRE DES AFFAIRES ÉTRANGÈRES.

Administration centrale.

Directeurs ;
Sous-directeurs,
Chefs de division ;
Chefs de bureau.

Recrutement. 5

Agents en fonctions à l'étranger.

Ambassadeurs ;
Ministres plénipotentiaires ;
Conseillers d'ambassade ;
Consuls généraux ;
Consuls ;
Vice-consuls rétribués ;
Secrétaires d'ambassade, 1re, 2e et 3e classe ;
Consuls suppléants ;
Chanceliers ;
Commis de chancellerie ;
Interprètes et drogmans.

PAYS DE PROTECTORAT.

Résidents généraux ou supérieurs ;
Résidents ;
Vice-résidents ;
Chanceliers de résidence ;
Commis de résidence.

MINISTÈRE DE LA JUSTICE.

Directeurs ;
Chefs de bureau ;
Procureurs généraux ;
Procureurs de la République ;
Dans chaque tribunal de première instance, parmi les magistrats inamovibles composant ce tribunal, les deux magistrats appartenant aux classes de mobilisation les plus anciennes, dans le cas où leur maintien serait indispensable pour que le tribunal ne soit pas réduit à moins de deux juges ; dans les tribunaux d'Algérie et des colonies, deux magistrats.

MINISTÈRE DE L'AGRICULTURE.

Directeurs ;
Chefs de bureau ;
Directeurs des écoles vétérinaires ;
Directeurs et gagistes des dépôts d'étalons.

MINISTÈRE DU COMMERCE.

Directeurs et chef de division de la comptabilité ;
Chefs de bureau.

TABLEAU C.

Désignation des fonctionnaires et agents qui, en cas de mobilisation, sont autorisés à ne pas rejoindre immédiatement, même quand ils appartiennent à la réserve de l'armée active.

(Application de l'art. 51 de la loi sur le recrutement de l'armée.)

MINISTÈRE DES FINANCES.

Trésorerie d'Afrique, de Cochinchine et du Tonkin.

Commis de trésorerie.

Administration de l'enregistrement, des domaines et du timbre.

Sous-inspecteurs ;
Receveurs.

Administration des douanes.

Receveurs ;
Contrôleurs et contrôleurs adjoints.

Administration des contributions indirectes (France) et contributions diverses (Algérie).

Commis principaux ;
Commis ;
Préposés.

MINISTÈRE DE L'INTÉRIEUR.

Services pénitentiaires, maisons centrales pénitenciers.

Directeurs ;
Greffiers ;
Gardiens ou surveillants ;
Gardien-comptable en chef, gardiens-comptables et seconds gardiens des transports cellulaires ;
Gardiens-chefs des prisons annexes de l'Algérie.

TABLEAU D.

Articles du Code de justice militaire (Livre IV, titre II) applicables dans les cas prévus par les articles 57 et 79 de la loi sur le recrutement de l'armée.

Art. 204, 205, 206, 208. — Trahison, espionnage et embauchage.
Art. 219, § 1ᵉʳ. — Violation de consigne.
Art. 220. — Violences envers une sentinelle.

L'article 220 ne sera applicable aux hommes renvoyés dans leurs foyers depuis plus de six mois que s'ils étaient, au moment du fait incriminé, revêtus d'effets d'uniforme.

Art. 223 et 224. — Voies de faits et outrages envers un supérieur.

Pour l'application du premier paragraphe de chacun de ces articles, le fait incriminé ne sera considéré comme ayant eu lieu à l'occasion du service que s'il est le résultat d'une vengeance contre un acte d'autorité légalement exercé.

Le deuxième paragraphe de ces mêmes articles ne sera applicable que dans les cas où le supérieur et l'inférieur seraient l'un et l'autre revêtus d'effets d'uniforme.

Art. 225. — Rébellion.

Cet article n'est applicable qu'aux hommes revêtus d'effets d'uniforme et, en outre, dans les cas prévus par l'article 77 du Code de justice militaire.

Art. 226, 228, 229. — Abus d'autorité.

Pour l'application de l'article 229, il est nécessaire que le supérieur et l'inférieur soient l'un et l'autre revêtus d'effets d'uniforme.

Art. 242, § 1ᵉʳ. — Provocation à la désertion.
Art. 248. — Vol.

L'avant-dernier paragraphe de cet article n'est applicable que si le délinquant était logé militairement dans la maison où il a commis le vol.

Art. 249. — Blessures faites à un blessé pour le dépouiller.
Art. 250, 251, 252, 253, 254, 255. — Pillage, destruction, dévastation d'édifices.

Art. 258. — Meurtre chez l'habitant.

Cet article est applicable sous la réserve indiquée ci-dessus pour l'article 248.

Art. 266. — Port illégal d'insignes.

Cet article n'est applicable qu'en cas de port illégal, soit d'effets d'uniforme militaire, soit d'insignes, décorations ou médailles sur des effets d'uniforme militaire.

PRÉAMBULE

La loi sur le recrutement de 1872 n'existe plus;
une charte militaire nouvelle vient d'être donnée au
pays le 15 juillet 1889 après une longue et laborieuse
préparation. Mais si la loi de 1872 disparaît, ses
effets se feront encore longtemps sentir; car c'est
le caractère d'une loi sur le recrutement de ne produire ses résultats qu'après de nombreuses années
d'application. Aussi le pays doit-il, tout en se rendant compte des progrès réalisés, conserver une
vive reconnaissance à ceux qui, au lendemain de
désastres sans précédent, lui ont fait une loi militaire
sous laquelle la France a pu reconstituer une armée
plus puissante, plus nombreuse et plus expérimentée
qu'aucune de celles qui l'ont précédée.

De toutes les lois qui régissent une nation, la plus
intéressante pour le citoyen, celle qu'il doit le mieux
connaître est certainement la loi où sont inscrits ses
devoirs envers la patrie. Il faut que chaque citoyen,
connaissant ses devoirs militaires, s'habitue à les
remplir comme il le ferait d'une occupation journalière et volontaire, et qu'il arrive à les considérer
comme les plus précieux de ses droits. Il importe
à la défense du pays que chacun y connaisse exac-

tement son rôle et sa place. Nul n'est censé ignorer la loi, c'est là une formule légale; chacun doit savoir pratiquer la loi militaire de son pays, c'est une nécessité patriotique. Faut-il ajouter que cela ne suffit pas? Tant que la loi a été en discussion, il a été permis de l'attaquer et de la vouloir meilleure; il est également permis d'en désirer l'amélioration même après sa promulgation; mais, dès ce jour, elle est devenue la loi du pays; c'est sur elle que reposent sa grandeur et sa sécurité; il n'appartient à personne de la critiquer sans mesure et d'en diminuer la force. Tous doivent l'exécuter avec loyauté, l'accepter avec confiance et lui faire donner dans l'application le maximum de ses résultats.

Nous avons pensé que le commentaire complet de la loi du 15 juillet 1889, en permettant aux citoyens de se familiariser avec leurs devoirs de soldat, ne serait pas une œuvre inutile, non seulement à chacun de ceux qui peuvent y trouver des indications nécessaires, mais au pays lui-même, et c'est à la France que nous dédions ce livre, qui a la seule prétention d'être un livre sérieux et utile.

Une loi sur le recrutement, votée par la Chambre sous la législature 1881-85, avait été transmise au Sénat lorsqu'elle fut retirée par le Ministre de la guerre qui crut devoir lui substituer un projet d'ensemble destiné à être une législation militaire complète.

Le seul résultat de cette mesure fut de prolonger la discussion, et la nécessité de diviser le travail pour aboutir ne tarda pas à s'imposer à la Chambre, qui détacha du projet le titre Ier : *Du recrutement*, et le titre II : *Du rengagement des sous-officiers,* pour en faire deux lois spéciales.

Ces deux titres, votés par la Chambre le 9 juillet 1887, furent transmis au Sénat, votés par lui avec modifications le 12 juillet 1888 et revinrent à la Chambre. La Chambre maintint la plus grande partie de ses dispositions, vota à nouveau le 21 janvier 1889 et le projet retourna au Sénat. Le Sénat le modifia encore sur certains points, auxquels tenait particulièrement la majorité de la Chambre, et quand la loi revint pour la deuxième fois à la Chambre, on pouvait craindre que l'accord ne s'établît jamais (1). La commission de l'armée demanda alors de se réunir avec la commission du Sénat en commission mixte. Les deux commissions se réunirent au commencement de juillet 1889; elles étaient ainsi composées :

Pour le Sénat : MM. le général Deffis, *Président et Rapporteur;* Berthelot, général Campenon, *Vice-Présidents;* Chalamet, *Secrétaire;* amiral Peyron, général Billot, Roger, de Pressensé, Le Monnier, général Grévy, George, Guyot-Lavaline, Tolain,

---

(1) L'accord s'était établi sur le tire II qui fut promulgué le 18 mars 1889.

colonel Meinadier, Clamageran, Margaine, Tézenas, Garrisson.

Pour la Chambre : MM. Mézières, *Président;* Rivière, Royer, *Vice-Présidents;* Le Hérissé, Méril- lon, *Secrétaires;* Comte de Lanjuinais, Michelin, Chevillon, Jamais, Steenackers, Rondeleux, Obis- sier Saint-Martin, baron Reille, Frogier de Ponle- voy, Paul Guyot, Labordère, Thiers, Guyot-Dessai- gne (1), Antonin Dubost, Hanotaux, Tony Révillon, Millerand, Lombard, Dureau de Vaulcomte, Gaillard (Puy-de-Dôme), Astima, Deproge, de Jouvencel, Farcy, Levet, Gadaud, Pesson, Keller.

Malgré les intentions les plus conciliantes de part et d'autre, on s'aperçut bientôt que le dissentiment portait presque uniquement sur des questions de dispenses, sur lesquelles une transaction ne donnait satisfaction à personne, et la commission mixte se sépara sans avoir pu arrêter de solution.

La commission de la Chambre restée seule en pré- sence du projet du Sénat, placée en fin de législature dans la nécessité d'accepter les modifications du Sénat ou de renoncer aux avantages acquis de la nouvelle loi, prit le parti de céder et, d'accord avec le gouvernement, proposa à la Chambre d'adopter le projet voté au Sénat. La Chambre suivit ce système,

---

(1) M. Guyot-Dessaigne, nommé ministre, avait été remplacé par M. Dupuy, de l'Aisne.

vota le projet sans y rien changer, et la loi fut promulguée le 15 juillet 1889.

Le caractère principal de la loi de 1889 est la réduction du service militaire à trois années et l'obligation
de servir pour tous ceux sans exception qui en sont
physiquement capables.

Sans doute elle contient encore pour certaines catégories de citoyens un avantage fondé soit sur les
nécessités matérielles, soit sur l'utilité sociale; mais
les dispenses accordées ne sont plus que des réductions de temps de service et jamais une dispense complète.

La seconde portion désignée par le sort et astreinte
seulement à un an de service a bien aussi été maintenue pour permettre de réduire le nombre d'hommes
sous les drapeaux aux effectifs prévus par le
budget ; mais cette seconde portion n'a plus du
tout le même caractère que sous l'ancienne loi. Pour
l'application exacte de la loi de 1872, qui retenait
une partie du contingent pendant cinq ans sous les
drapeaux, il était nécessaire de renvoyer au bout
d'un an l'autre portion ; en réduisant à trois années le
temps de service, on a évidemment permis de conserver sous les drapeaux beaucoup plus d'hommes avec
les mêmes crédits, et la faculté de les renvoyer au
bout d'un an n'est plus devenue qu'une véritable soupape de sûreté qui est appelée à ne plus jouer bientôt

avec les augmentations d'effectif votées par le Parlement.

En somme, les dispensés de 1872 qui ne faisaient aucun service sont devenus maintenant, pour la plupart, des soldats faisant un an de service; ce sont eux qui sont aujourd'hui la seconde partie du contingent, de sorte que le grand progrès réalisé par la nouvelle loi consiste à ne laisser dans l'armée aucun soldat qui n'ait fait au moins un an de service, et à ne laisser en dehors de l'armée aucun citoyen valide. Il en résultera évidemment pour l'armée, après une application de quelques années, une grande amélioration, si l'on admet que trois années complètes de service font d'aussi bons soldats que cinq années incomplètes, ce qui est aujourd'hui presque incontesté. Sans doute le court temps de service est encore attaqué par ceux qui le trouvent insuffisant pour la formation des cadres de sous-officiers, mais la loi sur le rengagement donne dès à présent des résultats qui permettent d'avoir une pleine et entière confiance dans la constitution solide des cadres inférieurs.

Une autre modification importante est l'extension des obligations militaires jusqu'à 45 ans.

Le progrès réalisé se traduit admirablement par des chiffres; il se trouve clairement résumé dans le discours prononcé dans la séance du 21 janvier 1889, à la Chambre des députés, par M. de Freycinet, Ministre de la guerre :

La loi de 1872 a constitué, à l'époque où elle a été promulguée, un progrès considérable et, certes, l'armée qu'elle nous a donnée était digne de la France, comme le sera l'armée que celle-ci nous donnera. (Applaudissements à gauche.)

Mais il a manqué à l'armée de 1872 une chose : il lui a manqué le nombre. Quelque considérable qu'elle fût par rapport aux armées qui l'avaient précédée, il lui a manqué encore le surcroît qu'ont rendu nécessaire les progrès accomplis autour de nous.

Les deux millions de combattants que la loi de 1872 a mis sur pied, et qui constituaient un progrès immense sur les époques antérieures, sont devenus insuffisants devant les efforts qui se sont accomplis au delà de nos frontières. Il faut aujourd'hui que la France mette en ligne jusqu'à trois millions de combattants. Ces trois millions de combattants, la loi que vous allez voter vous les donnera.

Vous oubliez que, d'après la loi de 1872, tous les ans, les trois dixièmes environ de la classe ne recevaient qu'une instruction nominale, ou plutôt n'en recevaient aucune. En fait, l'instruction éventuelle que la loi avait prévue n'a jamais pu être donnée. C'est seulement l'année dernière, et pendant deux ou trois mois, qu'on a essayé de donner aux hommes provenant de ces trois dixièmes le rudiment d'instruction que le législateur de 1872 avait autorisé, mais qui n'avait pas trouvé place jusque-là dans les dotations budgétaires.

Il y avait donc trois dixièmes de chaque classe qui échappaient tous les ans à l'instruction régulière; deux dixièmes sur les sept dixièmes restant ne faisaient qu'un an de service.

En résumé, sous la loi de 1872, la classe se divisait ainsi : cinq dixièmes faisant un exercice nominal de cinq ans, qui, dans la réalité, s'abaissait à quatre ans ou trois ans et demi; deux dixièmes faisant un an et trois dixièmes quelques mois par occasion. (C'est cela! Très bien! à gauche.)

La loi actuelle, au contraire, saisit et instruit la totalité de la classe, y compris les trois dixièmes qui échappaient précédemment; en outre, elle prolonge la durée totale du service de 40 à 45 ans, et par ces deux causes réunies, elle augmente le nombre des combattants de un million environ.

Quant à l'instruction générale des classes, je prétends que la nouvelle loi donnera une moyenne supérieure à celle que procurait la loi de 1872. Je soutiens que trois dixièmes d'une classe recevant en moyenne trois ans et demi ou quatre ans d'instruction, et cinq dixièmes ne faisant que quelques mois, ne sont pas à comparer avec une classe dont la presque totalité recevra trois ans d'instruction et dont un cinquième ou un dixième fera un an. (Très bien! Très bien! à gauche et au centre!) C'est un résultat absolument mathématique.

Il tombe sous le sens qu'une classe dont la presque totalité fera un service de trois ans et le restant un service d'une durée minima d'un an sera très supérieure, comme instruction moyenne, à une classe dont la moitié seulement recevrait une instruction de trois ans et demi à quatre ans, deux dixièmes une instruction d'un an, et dont trois dixièmes ne recevaient pas d'instruction du tout. (Applaudissements a gauche et au centre.)

Et le Ministre terminait ainsi :

Par conséquent, au point de vue militaire, la loi peut vous inspirer toute confiance, et je ne crois pas que les déclarations même si éloquentes que vous avez entendues tout à l'heure soient de nature à vous faire changer d'opinion.

Je vous demande de garder dans le vote d'ensemble cette unanimité que vous avez déjà montrée lors du vote des articles et d'attendre avec confiance l'application de cette loi. (Vifs applaudissements à gauche et au centre.)

Ces paroles du Ministre de la guerre sont la plus éloquente préface des commentaires de la loi de 1889; y ajouter un mot serait en affaiblir la haute valeur et la portée patriotique.

COMMENTAIRE DE LA LOI

TITRE I.

DISPOSITIONS GÉNÉRALES.

ARTICLE 1.

Tout Français doit le service militaire personnel.

1. Cet article est le même que l'article 1 de la loi de 1872. Il place en tête de la loi le principe absolu que le service militaire est une obligation personnelle à chaque citoyen, pour laquelle aucune substitution ni rachat ne sont permis.

Cet article entraîne cette conséquence qu'il faut être Français pour être soumis au service militaire en France. Nous verrons plus loin, sous les articles 11 et 12, comment on devient Français.

On peut aussi perdre la qualité de Français, notamment par la naturalisation en pays étranger. Il est certain qu'en ce cas la loi militaire cesse d'être applicable à l'individu qui n'est plus Français. Mais les circonstances particulières de la naturalisation ainsi obtenue peuvent être telles que les tribunaux y reconnaissent une véritable fraude aux lois françaises. Si, par exemple, un jeune homme, arrivé à l'âge de servir, se fait naturaliser citoyen des Etats-Unis et rentre ensuite en France comme citoyen américain, ayant ainsi évité toute obligation militaire, le gouvernement peut parfaitement considérer qu'il n'a agi que pour se soustraire à la loi et par fraude, et l'arrêter comme insoumis, la fraude rendant nulle la naturalisation américaine. C'est ce que vient de décider, au commencement de février 1890, la Cour de Paris, et ce que confirmera sans aucun doute la Cour de cassation.

On comprend bien qu'une pareille thèse puisse donner lieu à des réclamations diplomatiques ; mais il est certain que ces réclamations ne se produiront que dans les cas sérieux, et que les nations étrangères qui reconnaîtront la fraude laisseront sans aucun doute agir les autorités civiles ou militaires de l'ancien pays du citoyen nouvellement créé, dont elles n'auront pas lieu d'être fières.

ARTICLE 2.

L'obligation du service militaire est égale pour tous. Elle a une durée de vingt-cinq années.

Le service militaire s'accomplit selon le mode déterminé par la présente loi.

3. Cet article apporte à la loi de 1872 une importante modification. La durée du service militaire est portée de vingt à vingt-cinq années, de telle sorte que, normalement, le Français n'est libéré complètement de ses obligations militaires qu'à l'âge de 45 ans ; mais ce n'est pas l'âge qui libère, c'est l'accomplissement de vingt-cinq années de service qui peuvent se terminer, suivant le cas, soit avant, soit après 45 ans. Nous verrons sous les articles 37 et 40 la date d'origine du service militaire et la distribution des vingt-cinq années de service entre les différentes catégories de l'armée.

4. La question pouvait se poser de savoir si la loi de 1889 s'appliquerait aux hommes appelés déjà en vertu de lois antérieures, et dont la situation se trouvait ainsi réglée définitivement. Il semble bien qu'elle eût été applicable dans ses modifications à tous ceux encore soumis aux lois militaires, mais qu'eût-on décidé pour les hommes libérés définitivement ? L'article 93 a prévu la difficulté ; mais son texte donnera lieu évidemment à contestation quant à la durée du service militaire. Il rend en effet la loi *applicable aux hommes libérés ou non du service militaire*, mais en ajoutant : *jusqu'à ce qu'ils aient atteint l'âge de 45 ans*.

Quelle sera, en présence de ces deux articles, la situation des hommes reculés, sous l'ancienne loi, d'une ou plusieurs classes, par omission ou par sursis ?

Devront-ils épuiser leurs vingt-cinq années de service, suivant l'article 2, ou seront-ils en tous cas libérés à 45 ans ?

Le texte de l'article 93, qui leur est spécialement applicable, ne permet pas de doute : contrairement à la règle générale de l'article 2, il arrête à 45 ans les obligations militaires de ces hommes.

A vrai dire, dans son instruction du 31 décembre 1889, le Ministre de la guerre ne fait pas cette distinction ; il nous paraît cependant que la loi l'impose.

ARTICLE 3.

Nul n'est admis dans les troupes françaises s'il n'est Français ou naturalisé Français, sauf les exceptions déterminées par la présente loi.

5. C'est le principe de la loi militaire de faire du service dans les armées du pays un titre d'honneur.

La première condition imposée est la qualité de Français. L'article 3, en parlant d'exception, se réfère surtout à l'article 83, qui renvoie lui-même à un décret la réglementation du service dans les corps étrangers.

6. On ne peut, en effet, considérer comme des exceptions au principe de l'article 3 l'inscription sur les tableaux de recensement de certaines catégories de jeunes gens que nous retrouverons à l'article 11, et la faculté de s'engager qui leur est aussi accordée par l'article 59, puisque par le fait ils deviennent Français, conformément à la loi sur la nationalité.

7. En cas de contestation sur une question de nationalité, ce sont les tribunaux civils qui sont compétents. Le Ministre de la guerre, chargé de l'exécution de la loi, a qualité pour contester la nationalité de tous les hommes sous les drapeaux. (Cour de Paris, 1er décembre 1885.)

ARTICLE 4.

Sont exclus de l'armée, mais mis, soit pour leur temps de service actif, soit en cas de mobilisation, à la disposition du Ministre de la marine et des colonies, qui détermine par arrêtés les services auxquels ils peuvent être affectés :

1° Les individus qui ont été condamnés à une peine afflictive et infamante ou à une peine infamante dans le cas prévu par l'article 177 du Code pénal ;

2° Ceux qui, ayant été condamnés à une peine correctionnelle de deux ans d'emprisonnement et au-dessus, ont été, en outre, par application de l'article 42 du Code pénal, frappés de l'interdiction de tout ou partie de l'exercice des droits civiques, civils et de famille ;

3° Les relégués collectifs.

Les relégués individuels sont incorporés dans les corps de disciplinaires coloniaux. Le Ministre de la marine désigne le corps auquel chacun d'eux est affecté en cas de mobilisation.

8. Partant de ce principe que le service militaire est un honneur, la loi devait exclure de l'armée tout citoyen indigne d'y figurer. Le système de la loi de 1872 était plus simple, il excluait de l'armée, sans leur imposer aucune obligation :

1° Tous les individus condamnés à une peine afflictive ou infamante ;

2° Les condamnés à une peine correctionnelle de deux ans d'emprisonnement et au-dessus, si en même temps ils étaient placés par le jugement de condamnation sous la surveillance de la haute police et interdits de tout ou partie des droits civiques, civils et de famille.

Ce système n'a pas paru équitable et il a été profondément modifié.

L'indignité est dorénavant une cause d'exclusion, mais sans libération absolue.

L'article 4, en excluant les indignes de l'armée, les met soit pour leur temps de service actif, soit pour la mobilisation, à la disposition du Ministre de la marine qui les utilise à sa volonté. L'application de cette mesure n'a pas encore été réglée par le Ministre de la marine, qui peut d'ailleurs procéder à ce règlement par simple voie d'arrêté.

9. Le même article ajoute au cas prévu par la loi de

1872 les relégués collectifs, et fait une situation spéciale aux relégués individuels qui doivent être incorporés dans les corps de disciplinaires coloniaux.

10. Il n'exclut pas d'ailleurs de l'armée, comme la loi de 1872, tous les condamnés à une peine afflictive ou infamante : il exige que la peine soit afflictive et infamante, et ne relève la peine seulement infamante que dans le cas de l'article 177 du Code pénal, c'est-à-dire le cas de fonctionnaires reconnus coupables de s'être laissés corrompre.

Comme les peines seulement infamantes sans être afflictives sont le bannissement et la dégradation civique, elles ne sont appliquées seules, sauf le cas de l'article 177, que pour des faits qui ont toujours un caractère politique. (Art. 114, 119, 121, 126 du Code pénal.)

11. L'article 4 règle la situation des hommes condamnés avant le recrutement et de ceux condamnés après leur service actif. Ces derniers ne sont plus compris dans les réserves, ils tombent de plein droit, à toute époque, sous l'application de l'article 4.

ARTICLE 5.

Les individus reconnus coupables de crimes et condamnés seulement à l'emprisonnement par application de l'article 463 du Code pénal ;

Ceux qui ont été condamnés correctionnellement à trois mois de prison au moins pour outrage public à la pudeur, pour délit de vol, escroquerie, abus de confiance ou attentat aux mœurs prévu par l'article 334 du Code pénal ;

Ceux qui ont été l'objet de deux condamnations au moins, quelle qu'en soit la durée, pour l'un des délits spécifiés dans le paragraphe précédent,

Sont incorporés dans les bataillons d'infanterie légère d'Afrique.

Ceux qui, au moment de l'appel de leur classe, se trouveraient retenus, pour ces mêmes faits, dans un établissement pénitentiaire, seront incorporés dans lesdits bataillons à l'expiration de leur peine, pour y accomplir le temps de service prescrit par la présente loi.

Après un séjour d'une année dans ces bataillons, les hommes désignés au présent article qui seraient l'objet de rapports favorables de leurs chefs, pourront être envoyés dans d'autres corps par le Ministre de la guerre.

12. L'article 5 crée une catégorie nouvelle. Entre les hommes exclus comme indignes, et les conscrits purs de tout antécédent, il y a, on le comprend, une large marge. L'article 5 fait la distinction entre ceux que leur passé doit priver de l'avantage d'entrer de plain pied dans une honnête famille comme l'armée, et ceux qui n'ont subi que de légères condamnations. Ces derniers sont admis au service militaire comme tous les citoyens. Les autres font un service spécial, ils sont incorporés dans les bataillons d'infanterie légère d'Afrique ; mais, après un an de séjour dans ces bataillons, ils peuvent être envoyés par le Ministre de la guerre dans d'autres corps s'ils sont l'objet de rapports favorables de leurs chefs.

L'article 5 place dans cette nouvelle catégorie les individus reconnus coupables de crime et condamnés seulement à l'emprisonnement grâce aux circonstances atténuantes de l'article 463 du Code pénal. Il est bien entendu que ces condamnés ne peuvent être placés dans cette catégorie que si la condamnation à l'emprisonnement n'a pas été de deux années avec en outre l'interdiction.

En ce cas, c'est l'article 4 qui leur est applicable. L'article 5 n'a nullement entendu y déroger.

ARTICLE 6.

Les dispositions desarticles 4 et 5 ci-dessus ne sont pas applicables aux individus qui ont été condamnés pour faits politiques ou connexes à des faits politiques.

En cas de contestation, il sera statué par le tribunal civil du lieu du domicile, conformément à l'article 31 ci-après.

Ces individus suivront le sort de la première classe appelée après l'expiration de leur peine.

13. Cet article est une innovation de la loi de 1889. Les condamnations politiques ne sont pas considérées cmme eontraînant l'indignité. Le principe a été admis sans difficulté; mais il n'en a pas été de même de la formule à trouver, notamment pour la connexité. On avait d'abord pensé à n'admettre la connexité que quand elle serait reconnue dans le jugement de condamnation; mais, outre que les jugements sont souvent muets à cet égard, la difficulté peut être aussi grande pour le fait politique lui-même que pour le fait connexe.

Aussi on a pris une mesure générale. Ou le fait soit direct, soit connexe, aura un caractère politique évident et sera reconnu comme tel par l'autorité militaire; ou il y aura contestation.

14. En ce cas, c'est le tribunal civil qui statuera, et la procédure suivie sera celle que nous retrouverons à l'article 31 de la loi. Le tribunal compétent sera celui du domicile du condamné.

15. Il reste à se demander quelles limites la loi a entendu donner à la liberté d'appréciation du tribunal. Le texte de l'article 6 laisse cette appréciation absolument entière. Mais suffira-t-il que le tribunal reconnaisse à une condamnation quelconque un caractère politique, ou connexe, pour que l'article 6 soit applicable? Telle n'est pas la portée de la loi. Le tribunal apprécie quand une condamnation est politique; mais son appréciation est enfermée dans les limites du droit établi en matière de crimes et délits politiques.

Or, dans loi du 8 octobre 1830, on trouve ce que le législateur entend par l'expression « crimes et délits politiques ». (Conseil de revision 14 août 1871, Sirey 1872, 2, 113.)

L'article 7 de cette loi les énumère comme suit : Sont réputés politiques les délits prévus : 1° par les chapitres I et II du titre I du livre III du Code pénal; 2° par les paragraphes 2 et 4 de la section III et par la section VII du chapitre III des mêmes livre et titre; 3° par l'article 9 de la loi du 25 mars 1822.

Diverses lois postérieures ont reconnu le caractère politique à d'autres faits (10 décembre 1830, 7 juin 1848, 28 juillet 1848, 15 mars 1849).

Mais la question reste de savoir d'abord si la loi de 1830 subsiste encore comme règle de la matière et ensuite quel est, même en ce cas, le caractère de son énumération.

L'article 69 de la charte de 1830 invitait les Chambres à pourvoir spécialement et promptement à l'énumération des crimes et délits politiques. La loi de 1830 paraît bien être une première exécution de cette injonction; mais elle s'en tient aux délits politiques avec le seul but de les déférer aux cours d'assises.

Or la loi de 1830 a été abrogée par le décret du 25 février 1852, au moins quant à la compétence sur les délits politiques; elle a également disparu comme loi sur la presse; elle ne serait donc plus qu'une loi fixant le caractère et la nature des délits politiques. L'énumération donnée par cette loi sera-t-elle alors limitative ? Si l'on s'en réfère à la discussion de la loi, on acquiert la conviction que le législateur n'a entendu faire qu'une énumération indicative; mais la Cour de cassation ne l'a pas interprété ainsi, et elle limite strictement les délits politiques à ceux désignés dans l'article 7 de la loi de 1830, complétée, bien entendu, par les lois subséquentes et sus-indiquées.

Que décider maintenant pour les crimes politiques ?

Aucune énumération n'en ayant été faite, il faut évidemment s'en référer à la loi de 1830 et donner la qualification de politiques aux crimes prévus dans la partie du Code pénal à laquelle renvoie pour les délits la loi de 1830.

16. Pour la connexité, la règle doit être la même, sauf, bien entendu, les facilités qu'accorde à une extension du caractère politique la liberté d'appréciation en matière de faits connexes.

Mais ce qui peut être affirmé, c'est qu'en laissant aux tribunaux le soin d'apprécier si une condamnation est intervenue pour un fait politique, le législateur a entendu ne pas englober tous les faits auxquels la politique pourrait être mêlée, mais comprendre seulement ce qu'on appelle *spécialement* les crimes et délits politiques.

ARTICLE 7.

Nul n'est admis dans une administration de l'Etat s'il ne justifie avoir satisfait aux obligations imposées par la présente loi.

17. Cet article, nouveau dans la loi militaire, est très limité dans son application. Il ne veut dire ni qu'il

faut avoir été soldat pour être admis dans une administration de l'État, ni qu'il faut avoir 45 ans : il suffit
d'être en règle avec la loi militaire à un titre quelconque, y compris la réforme, et à quelque âge que ce
soit. Mais, comme les obligations militaires sont
sanctionnées et qu'on ne peut s'y soustraire, l'article 7
ne sera plus utile que pour les cas de prescriptions
spéciales prévus par la loi sur le recrutement ou
autres cas particuliers.

18. Ainsi, les insoumis qui, trois années après 50 ans,
suivant l'article 73, ont prescrit l'action publique, ont
échappé aux obligations de la loi ; il sont atteints par
l'article 7.

Seraient également, à notre avis, soumis à l'article 7 les insoumis de fait acquittés par le conseil de
guerre et, par suite, libérés du service actif.

19. La question est plus délicate pour les omis.

Un jeune homme omis sur les tableaux de recensement de sa classe est inscrit plus tard sur les tableaux
de la classe appelée après la découverte de l'omission.
S'il a 45 ans, il ne peut plus être inscrit, et, en tous
cas, il est libéré définitivement à 48 ans. Sera-t-il
considéré comme ayant rempli les obligations imposées par la présente loi ?

Nous estimons que non. Il est, même de bonne foi,
en faute de s'être laissé omettre, car l'article 10
porte que les tableaux sont dressés sur la déclaration
à laquelle sont tenus les jeunes gens, leurs parents
ou leurs tuteurs. Sans doute, cette obligation n'a pas
de sanction pénale, mais elle en trouve une précisément dans l'article 7. On resterait même fidèle au texte
et à l'esprit de la loi en appliquant aux parents et

tuteurs qui n'ont pas rempli l'obligation de l'article 10 l'incapacité de l'article 7.

Cependant, si l'omission, résultat évident d'une erreur matérielle, était promptement réparée par les intéressés, les obligations militaires pourraient être considérées comme remplies. C'est ce qui arrive le plus fréquemment, puisque l'omis, pouvant servir jusqu'à 48 ans, aura, même avec trois années d'omission, le temps d'accomplir complètement ses vingt-cinq ans de service.

ARTICLE 8.

Tout corps organisé, quand il est sous les armes, est soumis aux lois militaires, fait partie de l'armée et relève, soit du Ministre de la guerre, soit du Ministre de la marine.
Il en est de même des corps de vétérans que le Ministre de la guerre est autorisé à créer en temps de guerre, et qui seraient recrutés par voie d'engagements volontaires parmi les hommes ayant accompli la totalité de leur service militaire.

20. La première partie de cet article pose en principe qu'il ne peut y avoir de corps organisé sous les armes qui ne soit pas une dépendance de l'armée. C'est facile à comprendre ; mais ce qui est plus difficile, c'est de déterminer quels sont les corps ainsi visés.

21. Il est certain que ce ne sont pas les sociétés de tir, de gymnastique ou d'instruction militaire, qui ne sont pas et ne doivent jamais être sous les armes, dans le vrai sens de cette expression. La loi n'a pas voulu soumettre les associations patriotiques placées sous la dépendance du Ministre de l'intérieur aux lois militaires.

22. Il reste donc, pour l'application de l'article 8, les

sapeurs-pompiers, les douaniers et les forestiers.
Quelle situation leur fait l'article 8 ? Il faut remarquer
d'abord qu'il est presque intégralement, dans sa première partie, la reproduction de l'article 6 de la loi
de 1872.

Il apparaît donc que rien n'est changé à l'état
antérieur. Ces corps sont, en effet, soumis à des règlements spéciaux et sous la dépendance d'administrateurs civils.

Mais la loi nouvelle a précisé la portée de la mesure
adoptée déjà en 1872 et qui paraissait inexécutée en
remplaçant : *tout corps organisé en armes*, par ces
mots : *tout corps organisé, quand il est sous les armes.*

Cela veut dire que ces différents corps resteront,
comme corps spéciaux, soumis à leurs règles habituelles ; mais, dès que les hommes qui les composent
se réunissent armés, ils deviendront des corps militaires soumis aux lois militaires et dépendront de
l'autorité militaire.

Cette disposition a le grand avantage, s'ils sont
obligés de prendre les armes, en temps de guerre,
pour la défense du territoire sur lequel ils se trouveront, de leur assurer la qualité de belligérants.

23. La deuxième partie de l'article 8 répond d'ailleurs
à la même préoccupation. On peut prévoir la nécessité, après des appels successifs absorbant les dernières classes de l'armée territoriale, de confier la
défense des places ou des villes aux hommes de
45 ans et plus, encore valides et disposés à s'enrôler
volontairement. Il peut alors être utile de faire de ces
engagés des corps spéciaux de vétérans. L'article 8

assure à ces corps le caractère de belligérants en les comprenant dans l'armée, et leur évite ainsi le danger d'être traités comme des francs-tireurs.

24. La situation militaire des douaniers et des forestiers est spécialement réglée par des décrets qui ne sont en rien modifiés.

Ces corps importants font partie de l'armée dès la mobilisation, et nous croyons utile, sous cet article 8 qui les vise, de donner intégralement le texte de leur organisation au point de vue militaire.

Quant aux sapeurs-pompiers, bien que leur situation ne soit pas réglée militairement pour les cas de guerre, ils sont souvent armés et, comme tels, soumis aux dispositions de l'article 8 ; il sera utile, également, de joindre à cet article le décret qui les constitue.

Les décrets visant les douaniers et les forestiers sont tous deux du 22 septembre 1882.

---

25. Décret réorganisant sur de nouvelles bases le corps militaire des douanes en France :

Art. 1er. Conformément aux dispositions de l'article 6 de la loi du 27 juillet 1872 et de l'article 8 de la loi du 24 juillet 1873, le personnel du service actif des douanes entre dans la composition des forces militaires du pays.

A dater de l'ordre de mobilisation, aucune démission donnée par un fonctionnaire, un officier, un sous-officier ou préposé dudit service actif, n'est valable qu'après avoir été acceptée par le Ministre de la guerre.

Art. 2. Le personnel des douanes est partagé en deux catégories :

La première catégorie comprend les préposés stationnés à proximité des places et des ouvrages fortifiés ; elle est constituée en compagnies et sections de forteresse affectées à la défense des places et des forts.

La deuxième catégorie comprend tout le personnel valide non compris dans la première catégorie ; elle est constituée en sections, compagnies et bataillons actifs appelés à seconder, dans leur région de leur service de paix, les opérations des armées actives.

En temps de paix, les compagnies et sections de forteresse relèvent des commandants de bataillon dans la circonscription desquels elles se trouvent.

Art. 3. La composition des bataillons, compagnies et sections est arrêtée par le Ministre de la guerre après entente avec le Ministre des finances.

Autant que possible, les préposés sont placés sous les ordres de leurs chefs du temps de paix.

Art. 4. Les cadres de bataillons, compagnies et sections de douanes sont pris dans le personnel de cette administration.

Ceux des compagnies actives ou de forteresse comprendront :

Un capitaine commandant ;
Deux lieutenants ;
Un sergent-major ;
Cinq sergents dont un fourrier ;
Huit caporaux ;
Deux clairons ou tambours.

Le cadre des sections de forteresse varie suivant l'importance de ces sections, mais sans jamais dépasser le cadre d'une demi-compagnie.

L'état-major du bataillon comprend un chef de bataillon et un adjudant-major du grade de capitaine ou de lieutenant qui pourra être pris parmi les officiers de l'armée active, de la réserve ou de l'armée territoriale.

Le petit état-major du bataillon se compose d'un sergent vague-mestre.

Les cadres en supplément sont mis à la suite des compagnies.

Art. 5. L'assimilation suivante est observée pour les différents grades :

Douanes.	Armée.
Sous-brigadier ;	Caporal ;
Brigadier ;	Sous-officier ;
Lieutenant ;	Lieutenant ;
Capitaine ;	Capitaine ;
Sous-inspecteur ou inspecteur.	Chef de bataillon.

Les préposés ont rang de soldat de première classe.

Les dispositions des articles 43 et 57 de la loi du 13 mars 1875, sur les cadres de l'armée, sont applicables aux officiers des bataillons de douanes.

Art. 6. Le Ministre de la guerre indique les lieux de rassemblement des sections, compagnies et bataillons.

Dès que l'ordre de mobilisation de l'armée est donné, les bataillons, compagnies et sections de douanes sont à la disposition du Ministre de la guerre pour être employés ainsi qu'il est dit à l'article 2 ci-dessus.

Le Ministre de la guerre fait connaître d'avance au Ministre des finances les bataillons, compagnies et sections dont les hommes doivent être mis à la disposition de l'autorité militaire dès la publication de l'ordre de mobilisation.

Art. 8. A dater du jour de leur appel à l'activité, les bataillons, compagnies et sections de douanes font partie intégrante de l'armée, et jouissent des mêmes droits, honneurs et récompenses que les corps de troupe qui la composent.

Sous le rapport des pensions pour infirmités et blessures et des pensions de veuves, les officiers, sous-officiers, caporaux et soldats jouissent notamment de tous les droits attribués aux militaires de même grade dans l'armée active.

Les lois et règlements qui régissent cette dernière leur sont applicables.

Conformément aux dispositions de la loi du 24 juillet 1873, les bataillons, compagnies ou sections de douanes, appelés à l'activité, sont assimilés à l'armée active pour la solde et les prestations, allocations et indemnités de toute nature.

Art. 9. L'uniforme et les insignes du grade restent tels qu'ils existent actuellement.

Le département de la guerre pourvoit à l'armement des bataillons de douanes. Il leur fait distribuer également les divers objets de campement.

Le département des finances continue à assurer l'habillement et le petit équipement des préposés, ainsi que l'entretien des armes en temps de paix.

Art. 10. Les bataillons, compagnies ou sections de douanes sont soumis, dans la période de paix, à des inspections générales dans la forme déterminée par le Ministre de la guerre, de concert avec le Ministre des finances.

Les réunions des troupes de douanes, appelées à être inspectées, auront lieu par fractions assez réduites pour ne pas occasionner de déplacement onéreux et ne pas compromettre le service spécial des douanes.

Art. 11. L'organisation de guerre, visée par le présent décret, sera préparée, sans retard, par les administrations de la guerre et des douanes.

Cette organisation comprendra la constitution des bataillons, compagnies et sections et l'indication du lieu de leur rassemblement en cas d'envahissement, par l'ennemi, de la région sur laquelle s'exerce leur service de paix.

Art. 12. Les officiers sont nommés par le Président de le République, sur la présentation du Ministre de la guerre et d'après les propositions du Ministre des finances.

Après la première formation, il ne sera plus conféré de grade qu'en remplacement d'officiers promus ou qui auront quitté le service actif des douanes.

Les lettres de service des officiers rayés des cadres sont renvoyées au Ministre de la guerre, en même temps qu'un nouvel état de propositions.

Art. 13. Dès que les contrôles des compagnies et sections seront arrêtés, le directeur des douanes adressera aux commandants des bureaux de recrutement les noms des hommes faisant partie de ces compagnies et astreints au service dans l'armée active ou l'armée territoriale.

Il tiendra ensuite ces officiers au courant de toutes les mutations concernant ces hommes et ceux de la même catégorie qui seraient admis ultérieurement dans les compagnies de sa direction.

Les commandants des bureaux de recrutement n'affectent ces hommes à aucun corps de l'armée active ou de l'armée territoriale tant qu'ils restent dans le service actif des douanes.

Ils conservent les feuillets mobiles qui les concernent.

26. Un seul changement a été apporté à ce décret par le décret du 15 mars 1890 qui, en réalité, le confirme entièrement. Voici ce décret :

Art. 1er. Le 2e paragraphe de l'article 7 du décret du 22 septembre 1882 sera modifié ainsi qu'il suit :

« Le Ministre de la guerre fait connaître d'avance au Ministre des finances les bataillons, compagnies et sections dont les hommes doivent être mis, *en totalité ou en partie*, à la disposition de l'autorité militaire dès la publication de l'ordre de mobilisation. »

L'article 8 du même décret sera complété ainsi qu'il suit :

Après le paragraphe 3, ajouter :

« Toutes ces dispositions sont également applicables aux agents de tous grades appelés individuellement à l'activité. »

27. A la même date un second décret réglait comme suit la situation militaire des douanes algériennes laissées de côté par le décret du 22 septembre 1882 :

Art. 1er. Conformément aux dispositions des articles 8 et 81 de la loi du 15 juillet 1889 et de l'article 8 de la loi du 24 juillet 1873, le personnel du service actif des douanes stationné en Algérie entre dans la composition des forces militaires du pays.

A dater de l'ordre de mobilisation, aucune démission donnée par un fonctionnaire, un officier, un sous-officier ou préposé dudit service actif n'est valable qu'après avoir été acceptée par le Ministre de la guerre.

Art. 2. Le personnel à pied du service actif des douanes, y compris les matelots, employé dans chacune des divisions d'Alger, d'Oran et de Constantine, forme une compagnie.

Chaque compagnie est divisée en sections dont le nombre est fixé par le Ministre de la guerre, après entente avec le Ministre des finances.

Le personnel des brigades à cheval de la même administration, employé dans chacune des divisions d'Oran et de Constantine, forme un peloton de cavalerie. Chaque peloton de cavalerie est rattaché, pour l'administration, à la compagnie de douanes de la province dont il fait partie.

Art. 3. La composition des compagnies et pelotons est arrêtée par le Ministre de la guerre, après entente avec le Ministre des finances.

Autant que possible, les préposés et matelots sont placés sous les ordres de leurs chefs du temps de paix.

Art. 4. Les cadres des compagnies et pelotons de douanes sont pris dans le personnel de cette administration.

Le cadre d'une compagnie comprend :

Un capitaine commandant, un lieutenant ou sous-lieutenant par section, un sergent-major, un sergent fourrier, un sergent par section, deux caporaux par section, deux clairons ou tambours.

Les cadres de chaque peloton de cavalerie comprennent :

Un lieutenant ou sous-lieutenant commandant, deux maréchaux des logis, quatre brigadiers, un trompette.

Les cadres de supplément sont mis à la suite des compagnies ou pelotons.

Art. 5. L'assimilation suivante est observée pour les différents grades :

Douanes.	*Armée.*
Sous-brigadier (ou sous-patron),	Caporal ou brigadier,
Brigadier (ou patron),	Sous-officier,
Sous-lieutenant,	Sous-lieutenant,
Lieutenant,	Lieutenant,
Capitaine.	Capitaine.

Les préposés, matelots et cavaliers ont rang de soldat de 1re classe.

Les dispositions des articles 43 et 57 de la loi du 13 mars 1875 sur les cadres de l'armée sont applicables aux officiers du service des douanes.

Art. 6. Dès que l'ordre de mobilisation, totale ou partielle, de l'armée est donné, les compagnies et pelotons de douanes sont à la disposition du général commandant le 19e corps d'armée pour être employés à la surveillance du littoral et à la défense du pays.

Le Ministre de la guerre fait connaître d'avance au Ministre des finances les nombres de gradés et de soldats de chaque compagnie qui doivent être appelés à l'activité dès la publication de l'ordre de mobilisation.

Après la publication de l'ordre de mobilisation, le général commandant le 19e corps d'armée appelle à l'activité, en sus des nombres primitivement fixés, tous les gradés et soldats des douanes dont il juge la présence nécessaire pour les besoins de la défense du territoire.

La mobilisation des compagnies et pelotons et leur mise en activité sont opérées par les soins du directeur des douanes en Algérie.

Art. 7. A dater du jour de leur appel à l'activité, les unités de douanes font partie intégrante de l'armée et jouissent des mêmes droits, honneurs et récompenses que les corps de troupe qui la composent.

Sous le rapport des pensions pour infirmités et blessures et des pensions de veuves, les officiers, sous-officiers, caporaux et soldats jouissent notamment de tous les droits attribués aux militaires du même grade de l'armée active.

Les lois et règlements qui régissent cette dernière leur sont applicables.

Toutes ces dispositions s'appliquent également aux agents de tous grades qui peuvent être appelés individuellement à l'activité.

Conformément à l'article 35 de la loi du 24 juillet 1873, les compagnies et pelotons de douanes appelés à l'activité sont assimilés à l'armée active pour la solde et les prestations, allocations et indemnités de toute nature.

Art. 8. L'uniforme et les insignes des grades restent tels qu'ils existent actuellement.

Le département de la guerre pourvoit à l'armement des compagnies et pelotons de douanes. Il leur fait délivrer également les divers objets de campement.

Le département des finances continue à assurer l'habillement et le petit équipement des préposés, ainsi que l'entretien des armes en temps de paix.

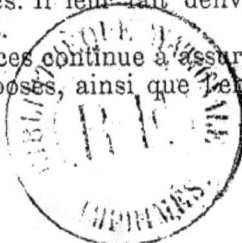

Recrutement.

7

Art. 9. Les compagnies et pelotons de douanes sont soumis, pendant la période de paix, à des inspections générales dans la forme déterminée par le Ministre de la guerre, de concert avec le Ministre des finances.

L'époque de ces inspections est fixée par le général commandant le 19e corps, de concert avec le directeur des douanes en Algérie.

Les réunions des troupes de douanes appelées à être inspectées ont lieu par fractions assez réduites pour ne pas occasionner de déplacements onéreux et ne pas compromettre le service spécial des douanes.

Art. 10. L'organisation des compagnies et pelotons visée par le présent décret sera préparée sans retard par les administrations de la guerre et des douanes.

Cette organisation comprendra la constitution des compagnies et pelotons, le fractionnement des compagnies en sections, la délimitation de la zone de surveillance assignée à chaque section.

Art. 11. Les officiers sont nommés par le Président de la République sur la présentation du Ministre de la guerre, d'après les propositions du Ministre des finances.

Les lettres de service des officiers rayés des cadres de l'administration des douanes sont renvoyées au Ministre de la guerre en même temps que les nouveaux états de proposition.

Art. 12. Le directeur des douanes en Algérie adresse au commandant du bureau de recrutement de chaque division les noms des hommes faisant partie des compagnies de douanes et astreints au service dans l'armée active ou dans l'armée territoriale.

Il tient ces officiers au courant de toutes les mutations concernant ces hommes qui ne sont affectés à aucun corps de l'armée active ou de l'armée territoriale tant qu'ils restent dans le service actif des douanes.

Les commandants des bureaux de recrutement conservent les feuillets mobiles qui les concernent.

Art. 13. Le décret du 23 octobre 1876 est abrogé.

----

28. Décret réorganisant sur de nouvelles bases le corps militaire des chasseurs forestiers (22 septembre 1882) :

Art. 1er. Conformément aux dispositions de l'article 6 de la loi du 27 juillet 1872 et de l'article 8 de la loi du 24 juillet 1873, le personnel de l'administration des forêts entre dans la composition des forces militaires du pays.

A dater de l'ordre de mobilisation, aucune démission donnée par un agent ou préposé de cette administration n'est valable qu'après avoir été acceptée par le Ministre de la guerre.

Art. 2. Les agents et préposés sont organisés, suivant l'effectif disponible, en compagnies ou sections qui prennent la dénomination de compagnies ou sections de chasseurs forestiers.

Art. 3. Les compagnies ou sections sont divisées en deux catégories :

La première catégorie comprend les agents et préposés stationnés à proximité des ouvrages fortifiés; elle forme des compagnies et sections de forteresse destinées à la défense de ces ouvrages.

La deuxième catégorie comprend tout le reste du personnel valide ; elle est constituée en compagnies ou sections actives destinées à seconder les armées opérant dans la région du service de paix de ces compagnies ou sections.

La composition des compagnies et sections de forteresse et actives est arrêtée par le Ministre de la guerre, après entente avec le Ministre de l'agriculture.

Les préposés restent, autant que possible, sous les ordres de leurs chefs du temps de paix.

Art. 4. Les cadres des compagnies actives ou de forteresse sont pris dans le personnel forestier et comprennent :

Un capitaine commandant;
Un capitaine en second ;
Deux lieutenants (ou un lieutenant et un sous-lieutenant) ;
Un sergent-major ;
Cinq sergents dont un fourrier ;
Huit caporaux ;
Deux clairons.

Les commandants de compagnie sont montés en cas d'appel à l'activité.

Le cadre des sections actives ou de forteresse varie avec leur effectif, mais ne dépassera jamais un demi-cadre de compagnie.

Art. 5. Les sous-officiers sont pris parmi les brigadiers forestiers, et les caporaux, parmi les brigadiers ou les gardes forestiers de 1re classe.

Les gardes ont rang de soldat de 1re classe.

Le règlement d'administration publique prévu par l'article 36 de la loi du 24 juillet 1873 détermine les assimilations de grade et les emplois d'officiers qui peuvent être donnés aux élèves de l'Ecole forestière entrés dans le service forestier.

Les mêmes assimilations sont observées pour tous les agents forestiers, quelle que soit leur origine.

Les dispositions des articles 43 et 57 de la loi du 13 mars 1875 sont applicables aux officiers du corps des chasseurs forestiers.

Art. 6. Les élèves de l'Ecole forestière reçoivent une instruction militaire pendant leur séjour à l'Ecole.

Un officier désigné par le Ministre de la guerre est chargé de cet engagement.

Art. 7. Le Ministre de la guerre détermine les lieux de formation des compagnies et sections.

Art. 8. Dès que l'ordre de mobilisation de l'armée est donné, le corps des chasseurs forestiers est à la disposition du Ministre de la guerre pour être employé ainsi qu'il est dit à l'article 3 ci-dessus.

Le Ministre de la guerre fait connaître d'avance au Ministre de l'agriculture les compagnies ou sections dont les hommes devront être mis à la disposition de l'autorité militaire dès la publication de l'ordre de mobilisation.

Art. 9. A dater du jour de l'appel à l'activité, les compagnies ou sections de chasseurs forestiers font partie intégrante de l'armée et jouissent des mêmes droits, honneurs et récompenses que les corps de troupe qui la composent. Sous le rapport des pensions pour infirmités et blessures, et des pensions de veuves, les officiers, les sous-officiers, caporaux et soldats jouissent de tous les droits attribués aux militaires de même grade dans l'armée active.

Les lois et règlements qui régissent cette dernière leur sont applicables.

Conformément aux dispositions de l'article 35 de la loi du 24 juillet 1873, les compagnies ou sections de chasseurs forestiers appelés à l'activité sont assimilées à l'armée active pour la solde, les prestations, allocations et indemnités de toute nature.

Art. 10. L'uniforme du corps de chasseurs forestiers est fixé par le Ministre de l'agriculture. Les insignes de grade sont réglés par le Ministre de la guerre et le Ministre de l'agriculture.

Le département de la guerre pourvoit à l'armement et au grand équipement des chasseurs forestiers, ainsi qu'à la fourniture du havresac; il leur fait distribuer également les divers objets de campement.

Le département de l'agriculture assure l'habillement et le petit équipement des préposés domaniaux et communaux, et l'entretien des armes en temps de paix.

Art. 11. Les compagnies ou sections de chasseurs forestiers sont soumises, dans la période de paix, à des inspections générales dans la forme déterminée par le Ministre de la guerre, de concert avec le Ministre de l'agriculture.

Les réunions des compagnies ou sections appelées à être inspectées doivent avoir lieu par fractions de troupe assez réduites pour ne pas occasionner de déplacements onéreux et ne pas compromettre le service forestier.

Art. 12. L'organisation de guerre, visée par le présent décret, sera préparée sans retard par le Ministre de la guerre et la direction des forêts.

Cette organisation comprendra la constitution des compagnies et sections et l'indication du lieu de leur rassemblement en cas d'envahissement de la région sur laquelle est exercée leur service de paix.

Art. 13. Les officiers sont nommés par le Président de la République, sur la présentation du Ministre de la guerre, d'après les propositions du Ministre de l'agriculture.

Leur titre de nomination mentionne leur affectation à une compagnie ou à une section déterminée.

Dans le cas où la direction des forêts les ferait passer dans une résidence située en dehors de la circonscription de leur compagnie ou section, leur nomination sera annulée de plein droit et leur lettre de service sera renvoyée au Ministre de la guerre. Ils ne pourront être pourvus d'un grade dans la compagnie ou section de leur nouvelle résidence que si un emploi de ce grade s'y trouve vacant, et ils recevront, dans ce cas, une nouvelle lettre de service.

Art. 14. Dès que les contrôles de guerre seront arrêtés, le conservateur des forêts adressera aux commandants des bureaux de recrutement les noms des hommes faisant partie du personnel placé sous ses ordres et astreints au service dans l'armée active ou dans l'armée territoriale. Il tiendra ensuite ces officiers au courant de toutes les mutations concernant ces hommes et ceux de la même catégorie qui seraient admis ultérieurement dans les compagnies ou sections de sa conservation.

Le directeur de l'Ecole forestière fournira les mêmes renseignements aux commandants des bureaux de recrutement, en ce qui concerne les élèves de cette Ecole.

Les commandants des bureaux de recrutement n'affectent les agents forestiers, les élèves de l'Ecole forestière, les préposés forestiers, les gardes auxiliaires et les élèves des Ecoles primaire et secondaire des Barres, à aucun corps de l'armée active ou territoriale, tant qu'ils resteront dans le service forestier.

Ils conservent les feuillets mobiles qui les concernent.

-----

29. Décret sur l'organisation des corps de sapeurs-pompiers (29 décembre 1875) :

TITRE Ier.

DISPOSITIONS GÉNÉRALES.

Art. 1er. Les corps des sapeurs-pompiers sont spécialement chargés du service des secours contre les incendies.

Ils peuvent être exceptionnellement appelés, en cas de sinistre autre que l'incendie, à concourir à un service d'ordre ou de sauvetage, et à fournir, avec l'assentiment de l'autorité militaire supérieure, des escortes dans les cérémonies publiques.

Art. 2. Les corps des sapeurs-pompiers relèvent du Ministre de l'intérieur.

Ils peuvent, néanmoins, recevoir des armes de l'Etat; mais ils ne peuvent se réunir en armes qu'avec l'assentiment de l'autorité militaire.

Art. 3. Ils sont organisés par commune, en vertu d'arrêtés préfectoraux qui fixent leur effectif d'après la population et l'importance du matériel de secours en service dans la commune.

Art. 4. Ils peuvent être suspendus ou dissous.

La suspension est prononcée par arrêté préfectoral pour une durée qui ne peut dépasser une année. Elle cesse d'avoir effet si elle n'est confirmée dans le délai de deux mois par le Ministre de l'intérieur.

La dissolution est prononcée par un décret du Président de la République.

Art. 5. Les officiers sont nommés pour cinq ans par le Président de la République sur la proposition des préfets.

Ils peuvent être suspendus par le préfet et révoqués par décret. La suspension ne peut pas excéder six mois. Les sous-officiers et caporaux sont nommés par les chefs de corps.

TITRE II.

FORMATION DES CORPS DE SAPEURS-POMPIERS.

Art. 6. Toute commune qui veut obtenir l'autorisation de former un corps de sapeurs-pompiers doit justifier qu'elle possède un matériel de secours suffisant ou des ressources nécessaires pour l'acquérir. Elle doit, en outre, s'engager à subvenir, pendant une période minimum de cinq ans, aux dépenses énumérées dans l'article 29. La délibération, qui est transmise au préfet, énonce les voies et moyens à l'aide desquels le conseil municipal compte pourvoir à la dépense, et indique les avantages et immunités qu'il se propose d'accorder aux sapeurs-pompiers.

Art. 7. Les sapeurs-pompiers se recrutent au moyen d'engagements volontaires parmi les hommes qui ont satisfait à la loi du recrutement ou qui, bien qu'appartenant à l'armée active, à la réserve ou à l'armée territoriale, sont laissés ou renvoyés dans leurs foyers.

Ils restent soumis à toutes les obligations que leur impose la loi militaire.

Ils sont choisis de préférence parmi les anciens officiers, sous-officiers et soldats du génie et de l'artillerie, les agents des ponts et chaussées, des mines et du service vicinal, les ingénieurs, les architectes et les ouvriers d'art.

Art. 8. Le service des sapeurs-pompiers est incompatible avec les fonctions de maire et d'adjoint.

Art. 9. Sont exclus des corps de sapeurs-pompiers les individus privés par jugement de tout ou partie de leurs droits civils.

Art. 10. L'admission est prononcée :

S'il s'agit de corps déjà constitués, par le conseil d'administration des corps ; s'il s'agit de corps à créer ou à réorgarniser, par une commission composée du maire ou de son adjoint, président ; de deux membres du conseil municipal nommés par le conseil et de trois délégués choisis par le préfet.

En cas de partage, la voix du président est prépondérante.

Art. 11. Tout sapeur-pompier prend, au moment de son admission, l'engagement de servir pendant cinq ans et de se soumettre à toutes les obligations résultant du règlement du service tel qu'il sera arrêté en exécution de l'article 16.

Cet engagement est constaté par écrit. Il est toujours renouvelable.

Il ne peut être résilié que pour des causes reconnues légitimes par le conseil d'administration.

Tout sapeur-pompier qui se retire avant l'expiration de son engagement, ou qui est rayé des contrôles, perd tous ses droits aux avantages pécuniaires ou autres auxquels il pouvait prétendre.

Art. 12. Les sapeurs-pompiers d'une commune forment, suivant l'effectif, une subdivision de compagnie, une compagnie ou un bataillon.

Tout corps dont l'effectif, cadre compris, est inférieur à 51 hommes, forme une subdivision de compagnie.

Les compagnies sont de 51 hommes au moins, de 250 au plus.

Lorsque l'effectif dépasse 250 hommes, il peut, avec l'autorisation du Ministre de l'intérieur, être formé un bataillon ; dans aucun cas, la force numérique d'un bataillon ne peut dépasser 500 hommes.

Art. 13. Les cadres des divers corps sont réglés de la manière suivante, quant au nombre et au grade des officiers, sous-officiers et caporaux :

Cadre d'une subdivision.

GRADES.	NOMBRE TOTAL D'HOMMES		
	de 14 à 25.	de 26 à 40.	de 41 à 50.
Lieutenant...	»	»	1
Sous-lieutenant.	1	1	1
Sergents.	1	2	3
Caporaux.	2	4	4
Tambours ou clairons.	1	1	1

Cadre d'une compagnie.

GRADES.	NOMBRE TOTAL D'HOMMES		
	de 51 à 100	de 101 à 150	de 151 à 250
Capitaine en premier.	1	1	1
Capitaine en second.	»	»	1
Lieutenant.	1	1	2
Sous-lieutenants.	1	2	2
Sergent-major.	1	1	1
Sergent fourrier.	1	1	1
Sergents.	4	6	8
Caporaux.	8	12	16
Tambours ou clairons.	1		2

Il peut être attaché à chaque compagnie un chirurgien sous-aide-major.

Art. 14. Un corps de musique peut être attaché aux subdivisions, compagnies ou bataillons de sapeurs-pompiers.

Les musiciens ne comptent pas dans l'effectif.

Ils sont choisis par le chef de musique.

Leurs obligations sont déterminées par le règlement de service.

Les chefs de musique ont rang de lieutenant ou de sous-lieutenant, suivant qu'ils sont attachés à un bataillon, une compagnie ou une subdivision.

Art. 15. Le conseil d'administration, dont les attributs sont déterminés par les articles 10, 11 et 24 du présent règlement, est composé :

1° Pour les subdivisions :

De l'officier commandant, président ; du sous-officier ou du plus ancien sous-officier et d'un sapeur-pompier désigné par ses collègues.

2° Pour les compagnies :

Du chef de corps, président ;
Des deux officiers les plus anciens ;
Du plus ancien sous-officier ;
D'un caporal ou d'un sapeur-pompier désigné par les caporaux ou les sapeurs-pompiers réunis.

L'arrêté ministériel qui autorise la création d'un bataillon règle la composition du conseil d'administration.

Les désignations prévues aux alinéas 5 et 10 du présent article sont faites pour cinq ans au scrutin secret et à la majorité absolue des suffrages exprimés. Au deuxième tour, la pluralité des voix suffit.

TITRE III.

RÈGLEMENT DU SERVICE. — COMMANDEMENT.

Art. 16. Le service est réglé dans chaque commune par un arrêté municipal pris sur la proposition du chef de corps et soumis à l'approbation du préfet.

Le règlement doit être combiné de façon à laisser aux sapeurs-pompiers le temps et la liberté nécessaires à l'accomplissement de leurs devoirs religieux les dimanches et jours de fête.

Art. 17. Les commandants peuvent, en se conformant aux dispositions du règlement prévu ci-dessus, prendre toutes les mesures et donner tous les ordres relatifs au service ordinaire, aux revues, aux manœuvres et exercices. Ils doivent, au préalable, en aviser l'autorité municipale.

Art. 18. Hors les cas d'incendie et les services d'escorte ou autres prévus au règlement, aucun rasssemblement de sapeurs-pompiers avec ou sans uniforme ne peut avoir lieu sans l'autorisation préalable du maire de la commune.

Le maire doit avertir en temps utile le sous-préfet ou le préfet, qui peuvent toujours les ajourner ou les interdire.

Les réunions en dehors de la commune, sauf le cas d'incendie, ne peuvent avoir lieu sans l'autorisation expresse du préfet.

L'autorisation du Ministre de l'intérieur est nécessaire lorsque la réunion doit avoir lieu en dehors des limites du département.

Art. 19. Tout homme faisant partie d'un corps de sapeurs-pompiers doit obéissance à ses supérieurs.

Les chefs de corps doivent obtempérer aux réquisitions du maire, du sous-préfet, du préfet ou de l'autorité militaire, qu'il s'agisse, soit d'organiser un service d'ordre ou un service d'honneur, soit de porter secours en cas d'incendie ou autre sinistre dans les limites ou hors des limites de la commune.

Art. 20. En cas d'incendie, la direction et l'organisation des secours appartiennent exclusivement à l'officier commandant ou au sapeur-pompier le plus élevé en grade, qui donne seul des ordres aux travailleurs.

L'autorité locale conserve ses droits pour le maintien de l'ordre pendant le sinistre.

Art. 21. Lorsque les corps de plusieurs communes se trouvent réunis sur le lieu d'un sinistre, le commandement appartient à l'officier le plus élevé en grade, et en cas d'égalité de grade, au plus ancien.

A égalité de grade, l'officier qui dirige les premières opérations conserve le commandement.

Art. 22. Dans les localités où les troupes, soit de l'armée de terre, soit de l'armée de mer, peuvent être appelées à concourir avec les corps des sapeurs-pompiers à l'un des services énoncés à l'article 1er, il n'est point dérogé, par le présent décret, aux règlements militaires en vigueur et spécialement à l'article 214 du décret du 13 octobre 1863.

TITRE IV.

DISCIPLINE.

Art. 23. Les peines disciplinaires sont pour les sous-officiers, caporaux et sapeurs :

1° La réprimande ;
2° La mise à l'ordre ;
3° Un service hors tour ;
4° La privation totale ou partielle, pendant un certain temps, des immunités ou avantages accordés aux sapeurs-pompiers ;
5° L'amende ;
6° La privation du grade ;
7° L'exclusion temporaire ;
8° La radiation définitive des contrôles.

Art. 24. Les trois premières peines sont infligées par l'officier qui commande le corps ou le détachement. Les autres sont infligées par le conseil d'administration.

Art. 25. Le maximum de l'amende est déterminé par le règlement du service suivant l'importance de la solde, des gratifications, ou des autres avantages accordés aux sapeurs-pompiers.

Elle est recouvrée au moyen d'une retenue exercée sur ces soldes ou gratifications, et, à défaut, par les soins du commandant.

Le refus d'acquitter une amende imposée entraîne l'exclusion.

Le produit des amendes est versé dans la caisse de secours du corps.

Art. 26. Si un officier néglige ses devoirs, commet une faute contre la discipline, ou tient une conduite qui compromet son caractère et porte atteinte à l'honneur du corps, le maire, ou le chef de corps par l'intermédiaire du maire, en réfère au préfet qui prononce ou provoque l'application des mesures prévues au paragraphe 2 de l'article 5.

UNIFORME. — ARMEMENT.

Art. 27. L'uniforme est obligatoire pour tous les officiers.

Il est obligatoire pour les sous-officiers, caporaux et sapeurs-pompiers des chefs-lieux de département et d'arrondissement et dans toutes les communes qui ont une population agglomérée de plus de 3,000 âmes. Dans les autres communes, une petite tenue peut être suffisante.

L'uniforme déterminé par le décret du 14 juin 1852 est maintenu. Il peut être modifié par arrêté ministériel.

Art. 28. Les communes sont responsables, sauf leur recours contre les sapeurs-pompiers, des armes que le gouvernement peut leur délivrer. Les armes restent la propriété de l'État.

L'entretien de l'armement est à la charge du sapeur-pompier; les réparations en cas d'accident causé par le service sont à la charge des communes.

En cas de suspension ou de dissolution d'un corps de sapeurs-pompiers, les armes qui lui sont confiées doivent être immédiatement réintégrées dans les arsenaux par les soins de l'autorité militaire et aux frais de la commune.

En cas de réintégration d'armes dans les arsenaux de l'État, les procès-verbaux constatant le montant des réparations à la charge des communes sont dressés par les soins de l'autorité militaire et transmis au Ministre de l'intérieur qui les notifie aux communes et fait poursuivre le recouvrement des sommes dont elles sont constituées débitrices.

TITRE VI.

DÉPENSES, SECOURS ET PENSIONS.

Art. 29. Les dépenses prévues à l'article 6 pour les communes qui demandent l'autorisation de créer un corps de sapeurs-pompiers sont :

1° Les frais d'habillement et d'équipement des sous-officiers, caporaux et sapeurs-pompiers qui ne peuvent s'habiller et s'équiper à leurs frais ;

2° L'achat des tambours et clairons ;

3° Le loyer, l'entretien, le chauffage, l'éclairage et le mobilier du corps de garde ;

4° Le loyer du local où sont remisées les pompes, l'entretien des pompes et des accessoires ;

5° La solde des tambours et clairons ;

6° Les réparations, l'entretien et le prix des armes détériorées ou détruites, sauf recours contre les sapeurs-pompiers, conformément à l'article 28 ;

7° Les frais de registres, livrets, papiers, contrôle et tous les menus frais de bureau ;

8° Les secours ou pensions alloués aux sapeurs-pompiers victimes de leur dévouement dans le service, ainsi qu'à leurs veuves et à leurs enfants, conformément aux dispositions de la loi du 5 avril 1851.

9° Les frais de réintégration des armes, s'il y a lieu, dans les arsenaux de l'Etat.

Les dépenses sont réglées par le maire sur mémoires visés par le chef de corps et acquittés de la même manière que les autres dépenses municipales.

Art. 30. Dans les communes possédant un corps de sapeurs-pompiers où il sera créé une caisse de secours et de retraites, cette caisse pourra être constituée et administrée conformément aux articles 8 et 10 de la loi du 5 avril 1851.

Elle pourra être aussi organisée sous forme de société de secours mutuels approuvée, et sera alors régie par les lois et décrets relatifs aux associations de cette nature.

Art. 31. Les ressources de ces caisses se composent :

1° Des allocations votées par les conseils municipaux ;

2° Des cotisations des membres honoraires ou participants ;

3° Du produit des amendes prévues à l'article 23 ;

4° D'une part prélevée sur le produit des services rétribués (bals, concerts) et dont l'importance est fixée par le règlement local ;

5° Des subventions qui peuvent leur être allouées par le conseil général ou l'Etat ;

6° Du produit des dons et legs qu'elles peuvent être autorisées à recevoir ;

7° Des dons et souscriptions provenant des compagnies d'assurances contre l'incendie.

TITRE VII.

DISPOSITIONS DIVERSES.

Art. 32. Les sapeurs-pompiers qui compteront trente années de service et qui auront fait constamment preuve de dévouement pourront recevoir du Ministre de l'intérieur un diplôme d'honneur.

Des médailles seront accordées par décret du Président de la République à ceux d'entre eux qui se seront particulièrement signalés.

En cas de condamnation criminelle ou correctionnelle, la médaille pourra être retirée par décret.

Art. 33. Il pourra être créé dans le département où le conseil général aura voté les fonds nécessaires un emploi d'inspecteur du service des sapeurs-pompiers, lequel sera nommé par le préfet.

Plusieurs départements pourront être réunis en une seule inspection par arrêté du Ministre de l'intérieur, qui pourvoira dans ce cas à la nomination.

---

30. Décret sur l'organisation des sapeurs-pompiers en Algérie (2 février 1876) :

Art. 1er. Le décret du 29 décembre 1875, sur l'organisation des corps de sapeurs-pompiers en France, est déclaré applicable à l'Algérie. A cet effet, il y sera publié et promulgué à la suite du présent décret, qui sera inséré au *Bulletin des lois*.

ARTICLE 9.

Les militaires et assimilés de tous grades et de toutes armes des armées de terre et de mer ne prennent part à aucun vote quand ils sont présents à leurs corps, à leur poste ou dans l'exercice de leurs fonctions. Ceux qui, au moment de l'élection, se trouvent en résidence libre, en non-activité ou en possession d'un congé, peuvent voter dans la commune sur les listes de laquelle ils sont régulièrement inscrits. Cette dernière disposition s'applique également aux officiers et assimilés qui sont en disponibilité ou dans le cadre de réserve.

31. Cet article est la reproduction exacte de l'article 2 de la loi électorale de 1875, qui est lui-même le développement de l'article 5 de la loi de 1872.

L'interprétation de cette disposition a été arrêtée d'un commun accord par les Ministres de la guerre et de la marine et insérée aux pages 211 et suivantes du *Bulletin officiel* du ministère de l'intérieur de 1873.

Sont seuls admis à voter :

1° Les militaires et assimilés de tous grades et de toutes armes en activité qui se trouvent en congé régulier dans la commune où ils ont leur domicile légal et sur les listes de laquelle ils sont inscrits ;

2° Les officiers généraux du cadre de réserve, les officiers en disponibilité ou en non-activité ;

3° Les jeunes gens du contingent et les engagés volontaires qui se trouvent dans leurs foyers avant d'avoir paru sous les drapeaux ;

4° Les militaires de la réserve de l'armée active et tous ceux envoyés en congé où en disponibilité dans leurs foyers.

Par militaire en congé régulier, on doit entendre les militaires qui sont pourvus d'une autorisation régulière d'absence de plus de trente jours. Les autorisations d'absence de cette durée présentent seules, aux termes du décret du 27 novembre 1868, article 2, les conditions d'un congé.

Les militaires en permission d'un mois, ce qui est le maximum d'une permission, doivent être considérés comme présents au corps dans le sens de l'article 9.

Sur l'avis conforme du Ministre de la guerre, le Ministre de l'intérieur a reconnu que la permission, si longue qu'en soit la durée, ne donne point le droit de prendre part aux opérations électorales. Seuls, les militaires munis d'un titre régulier de congé peuvent participer au vote sans contrevenir aux dispositions prohibitives de la loi du 27 février 1872. (Note insérée à la page 585 du *Bulletin officiel* du ministère de l'intérieur de 1874.)

Les présidents des bureaux électoraux doivent, par suite, refuser le vote des militaires qui ne produiront pas leur titre régulier de congé.

Il résulte de l'article 45 que les seuls congés pouvant être accordés aujourd'hui sont ceux pour cause de maladie ou de convalescence et ceux des articles 21, 22 et 23.

32. Il résulte des dispositions arrêtées que les hommes de la réserve et de l'armée territoriale qui ont le droit de voter perdent ce droit quand ils sont appelés pour une période d'instruction; car, aux termes de l'article 52, ils sont sous les drapeaux et, comme tels, soumis à toutes les prescriptions de la loi.

Le vote d'un réserviste en période d'instruction devrait donc être refusé, même s'il était en permission. Aussi, pour ne pas priver de leur droit un grand nombre d'électeurs, le Ministre de la guerre et le Ministre de l'intérieur se mettent toujours d'accord pour fixer les dates d'élection en dehors des périodes d'ins-truction.

TITRE II.

DES APPELS.

CHAPITRE Ier.

DU RECENSEMENT ET DU TIRAGE AU SORT.

ARTICLE 10.

Chaque année, pour la formation de la classe, les tableaux de recensement des jeunes gens ayant atteint l'âge de 20 ans révolus dans l'année précédente et domiciliés dans l'une des communes du canton sont dressés par les maires :

1° Sur la déclaration à laquelle sont tenus les jeunes gens, leurs parents ou leurs tuteurs ;

2° D'office, d'après les registres de l'état civil et tous autres documents et renseignements.

Ces tableaux mentionnent la profession de chacun des jeunes gens inscrits.

Ils sont publiés et affichés dans chaque commune suivant les formes prescrites par les articles 63 et 64 du Code civil. La dernière publication doit avoir lieu au plus tard le 15 janvier.

Un avis publié dans les mêmes formes indique le lieu et le jour où il sera procédé à l'examen desdits tableaux et à la désignation par le sort des numéros assignés à chaque jeune homme inscrit.

33. L'article 10 est la reproduction de l'article 8 de la loi de 1872, mais son exécution matérielle se trouve modifiée par les prescriptions nouvelles de la loi de 1889 qui rejaillissent forcément sur la formation des tableaux de recensement. Nous ne pouvons mieux faire, pour cet article et les suivants qui règlent des questions d'exécution administrative, que de relever ce qui intéresse chacun de ces articles dans l'instruction très complète du Ministre de la guerre, en date du 4 décembre 1889, pour les opérations préliminaires de l'appel des classes.

34.
1. Recensement annuel des jeunes gens.

Les maires procèdent chaque année, dans le mois de décembre, au recensement des jeunes gens nés ou domiciliés dans leur commune qui ont atteint l'âge de 20 ans ou atteindront cet âge avant l'expiration de ladite année.

2. Documents à consulter.

Ils compulsent, à cet effet, les registres de l'état-civil (naissances et décès) et tous les autres documents auxquels ils jugent utile d'avoir recours.

3. Avis à publier par les maires.

Ils provoquent, en même temps, au moyen d'avis publics, la déclaration à laquelle sont tenus, par l'article 10 de la loi, les jeunes gens, leurs parents ou tuteurs. Ils font ressortir l'intérêt que les familles ont à faire elles-mêmes ces déclarations, puisque ceux des jeunes gens appelés par la loi qui seraient omis sont repris lors du recensement de la classe appelée après la découverte de l'omission, quand même, au moment de cette découverte, ils auraient 45 ans (art. 15 de la loi) et sont privés des chances du tirage au sort par l'inscription d'office en tête de la liste (art. 17 de la loi, § 2°).

L'avis du maire pourrait également rappeler aux parents et tuteurs la sanction de l'article 7, c'est-à-dire l'incapacité aux emplois administratifs.

4. Dispositions que doivent rappeler ces avis.

Ces avis rappellent aussi qu'aux termes de l'article 14 de la loi les jeunes gens sont, d'après la notoriété publique, considérés comme ayant l'âge requis et tenus de suivre la chance du numéro qui leur échoit au tirage, à moins qu'il ne produisent avant ce tirage un extrait de naissance régulier, ou, à défaut, un document authentique (art. 46 du Code civil, constatant un âge différent.

Les maires rappellent également les dispositions des articles 15, 17 et 69 de la loi portant que les jeunes gens omis sur les tableaux de recensement par suite de fraudes et de manœuvres seront déférés aux tribunaux ; qu'ils pourront être punis d'un emprisonnement d'un mois à un an, et que, dans le cas de condamnation, les premiers numéros du tirage leur seront attribués de droit.

5. Renseignements sur les jeunes gens domiciliés hors de la commune où ils sont nés.

Les maires transmettent immédiatement à leurs collègues, qui leur en accusent réception, les documents et renseignements concernant l'état civil des jeunes gens domiciliés hors de la commune où ils sont nés, ces jeunes gens devant être portés sur les tableaux de recensement de leur domicile.

Les maires apportent à ce travail un soin particulier, l'inexactitude ou l'insuffisance des documents ou des renseignements transmis ayant pour résultat de retarder la participation au tirage et, par suite, la libération des jeunes gens dont il s'agit.

6. Liste des omis à dresser par les préfets.

De leur côté, les préfets font également dresser, dans le mois de décembre, pour chaque commune, et transmettent aux maires, par l'intermédiaire des sous-préfets, la liste des jeunes gens qui ont été signalés comme omis sur les tableaux de recensement des années précédentes et qui, aux termes de l'article 15 de la loi du 15 juillet 1889, doivent être inscrits sur les tableaux de recensement en préparation.

Ils indiquent sur cette liste les omis condamnés par les tribunaux conformément à l'article 69 de la loi, afin que mention de la condamnation soit reproduite sur les tableaux de recensement.

35.

7. Minute des tableaux de recensement.

A l'aide des renseignements ainsi recueillis, les maires établissent la minute des tableaux de recensement qui doit être terminée le 31 décembre au plus tard.

Cette minute mentionnera toutes les demandes d'inscription présentées par les familles, lors même que le maire, pour un *motif quelconque,* croirait ne pas devoir y donner suite. Le motif du refus d'inscription sera indiqué dans la colonne d'observations.

Il importe que l'administration puisse trouver trace de toute demande d'inscription et des causes de rejet, pour être à même d'apprécier ultérieurement les réclamations que présenteraient les intéressés, au cas où ils seraient appelés comme omis à tirer au sort.

8. Tableaux de recensement ouverts le 1er janvier.

Les tableaux de recensement des jeunes gens qui doivent faire partie de la classe appelée sont ouverts le 1er janvier de chaque année ; ils sont conformes au modèle ci-joint (n° 1).

9. Inscription des jeunes gens de la classe et des classes antérieures.

Les maires inscrivent sur les tableaux de recensement :

1° Les jeunes gens dont ils ont fait le recensement dans le courant du mois de décembre précédent et qu'ils ont reconnus devoir y figurer ;

2° Ceux que les autres maires leur ont signalés et dont ils ont constaté le domicile légal dans leur commune.

Afin d'éviter que des jeunes gens soient inscrits dans deux cantons à la fois, les maires du lieu du domicile légal donnent avis de l'inscription aux maires du lieu de la résidence ;

3° Les omis des classes antérieures qui leur ont été signalés ou qu'ils ont découverts eux-mêmes.

11. Jeunes gens absents ou condamnés.

Les maires consignent dans la colonne d'observations des tableaux de recensement les renseignements qu'ils ont obtenus, soit des parents, soit de la population, sur les jeunes gens absents. Ils y inscrivent également les indications qu'ils possèdent sur les jeunes gens qui ont été frappés de condamnations pouvant entraîner l'application des articles 4 (1) et 5 de la loi ; mais ces dernières indications ne figureront pas sur le tableau destiné à être affiché.

34. Mention sur les tableaux de la profession des jeunes gens.

Les maires ne manquent pas d'obéir à la prescription de la loi qui exige (art. 10) que la profession de chacun des jeunes gens soit mentionnée dans les tableaux de recensement.

Il importe que les professions des jeunes gens soient vérifiées avec tout le soin possible ; car des indications fournies à ce sujet par les tableaux de recensement dépend, en grande partie, l'affectation que donnent aux hommes les commandants des bureaux de recrutement. Les mécaniciens, cordonniers, tailleurs d'habits, selliers, bourreliers, maréchaux ferrants, et les jeunes gens ayant l'habitude de monter à cheval ou de conduire les voitures doivent tout particulièrement être signalés.

---

(1) Les jeunes gens visés par l'article 4 de la loi ne sont plus, comme sous l'empire de la législation précédente, rayés par le sous-préfet au moment du tirage. Le conseil de revision les inscrit sur la septième partie de la liste de recrutement.

35. Instruction des jeunes gens.

Dans le même but, les maires prennent sur l'instruction des jeunes gens des renseignements précis, qui sont indiqués de la manière suivante, en regard de chaque nom, dans la colonne ouverte à cet effet sur le tableau de recensement :

Par les chiffres :

0, pour le jeune homme qui ne sait ni lire ni écrire ;
1, pour le jeune homme qui sait lire ;
2, pour le jeune homme qui sait lire et écrire ;
3, pour le jeune homme qui sait lire, écrire et compter ;
4, pour celui qui a obtenu le brevet de l'enseignement primaire ;
5, pour les bacheliers ès lettres, ès sciences, ou les bacheliers de l'enseignement secondaire spécial;

Par la lettre X, pour le jeune homme sur le degré d'instruction duquel aucun renseignement n'aura pu être obtenu.

Les maires réclament le concours des instituteurs publics pour être plus complètement fixés sur le degré d'instruction des jeunes gens qu'ils ont à inscrire, surtout en ce qui concerne les absents.

Les connaissances en musique doivent également être mentionnées sur les tableaux de recensement, surtout en ce qui concerne les instrumentistes appartenant aux musiques municipales ; enfin, on indiquera, le cas échéant, les prix de tir ou de gymnastique obtenus.

Les maires s'attacheront à faire comprendre aux familles qu'elles ont tout intérêt à fournir ces renseignements de la manière la plus exacte, attendu qu'ils donnent les moyens de classer les jeunes gens dans les corps de la façon qui peut leur être le plus profitable.

Il est ouvert sur la minute des tableaux de recensement (modèle n° 1 de la présente instruction) une colonne n° 13 assez large pour recevoir avec la mention « Certifié véritable » écrite de leur main, les signatures des jeunes gens qui se sont fait inscrire, ou des personnes qui se sont présentées pour eux.

Ceux qui ne savent pas signer apposent une croix.

Pour les absents inscrits d'office, le maire porte le mot « absent ».

Les expéditions des tableaux de recensement (n° 41 de la présente instruction) doivent contenir également cette colonne, dans laquelle les maires inscrivent la mention que le jeune homme ou son représentant a signé, ou qu'il a apposé une croix, ou qu'il est absent.

36. ### 33. Mention sur les tableaux de recensement des motifs d'exemption et de dispense.

Les maires provoquent et mentionnent sur les tableaux de recensement les réclamations que les jeunes gens auraient à faire valoir soit pour être exemptés, soit pour être dispensés (art. 20, 21, 22, 23 et 50 de la loi du 15 juillet 1889), soit pour obtenir l'application des articles 28, 29 et 30 de la même loi; ils indiquent à ces jeunes gens ou aux personnes qui les représentent les pièces qu'ils auront à produire pour justifier de leurs droits, en les invitant à se les procurer en temps opportun. (Voir les modèles annexés à la présente instruction) (1). Ils les invitent à faire, sans aucun retard, les démarches nécessaires pour réunir les pièces justificatives de leurs droits, et rappellent à ceux qui seraient dans le cas d'invoquer la dispense comme frères de militaires que la demande du certificat de présence doit être faite par lettre affranchie au président du conseil d'administration du corps où se trouve le militaire.

Afin de faciliter aux jeunes gens le moyen de se procurer les certificats d'activité de leurs frères, les maires dressent, dès la publication des tableaux de recensement, les états nominatifs de ces jeunes gens et les envoient immédiatement aux préfets, qui écrivent directement aux conseils d'administration des corps pour la délivrance des certificats d'activité des hommes appartenant à l'armée de terre.

Il devra en être de même lorsqu'il s'agira d'obtenir l'extrait mortuaire d'un militaire dont le décès est récent. Dans les autres cas, la demande doit être adressée au maire de la commune où le militaire était domicilié au moment de son entrée au service ; si l'acte de décès n'avait pas été transcrit sur les registres de ladite commune, la famille le réclamerait au Ministre de la guerre (*Bureau des Archives administratives*).

Pour les hommes de l'armée de mer, les préfets devront s'adresser directement au Ministre de la marine.

Mais il demeure bien entendu que l'intervention de l'autorité, en cette circonstance, est purement officieuse et n'engage en aucune façon sa responsabilité au sujet des erreurs, des irrégularités ou des retards qui pourraient avoir lieu. Il est essentiel que les maires et les sous-préfets aient grand soin de ne pas le laisser ignorer aux jeunes gens et à leurs familles.

En ce qui concerne les jeunes gens ayant des titres aux diverses dispenses prévues à l'article 21 de la loi, et ceux qui se proposent de réclamer comme soutiens de famille l'application de l'article 22, le maire insiste tout particulièrement sur l'obligation imposée par la loi aux intéressés de déposer entre ses mains, *avant le tirage au sort*, leur demande accompagnée des pièces justificatives (11e alinéa de l'art. 21, et 2e alinéa de l'art. 22).

Le maire donne aux déposants récépissé de leur demande et des pièces y annexées.

_____

(1) Ces modèles sont placés aux articles auxquels ils s'appliquent.

Pour les jeunes gens absents et qui ne seraient pas représentés, les maires s'éclairent, soit en consultant ceux de leurs administrés qui connaitraient les absents, soit par tout autre moyen qu'ils jugent convenable.

Ils doivent d'ailleurs s'informer de tous les changements survenus dans la position des jeunes gens pendant le temps qui s'écoule entre le tirage au sort et la décision du conseil de revision, afin d'être toujours au courant de leur situation, jusqu'au jour où il est définitivement statué à leur égard.

36. Pièces non assujetties au timbre.

Les certificats, les extraits d'actes de l'état civil, et généralement toutes les pièces que les jeunes gens ont à produire, soit pour leur inscription sur les tableaux de recensement, soit pour la justification devant les conseils de revision de leurs droits à la dispense, sont affranchis du droit de timbre, et doivent, en outre, être délivrés sans frais. Afin de prévenir toute difficulté en ce qui concerne la législation des extraits d'actes de l'état civil, il a été arrêté, de concert entre les départements de la justice et de la guerre, que les préfets et sous-préfets légaliseraient ces extraits.

37. Indication de l'emploi qui doit en être fait.

Les fonctionnaires qui délivrent, visent et légalisent lesdites pièces veillent à ce que l'emploi spécial qui doit en être fait y soit expressément mentionné.

37.

27. Tableaux modifiés tant qu'ils ne sont pas définitifs.

Les tableaux de recensement ne sont définitifs que lorsqu'ils ont été examinés et arrêtés par les sous-préfets assistés des maires du canton, opération qui a lieu le jour même du tirage; jusqu'à ce moment, ils ne sont que provisoires et peuvent subir toutes les modifications qu'exige la position des jeunes gens.

28. Mutations survenues parmi les inscrits.

Les maires tiennent exactement note des mutations concernant les jeunes gens de la classe dans l'intervalle qui peut s'écouler entre le moment de l'ouverture des tableaux de recensement (1er janvier) et celui de la publication; ils vérifient, dans cet intervalle, l'exactitude des renseignements qui leur ont été fournis et ils dressent l'expédition qui doit être affichée.

29. Jeunes gens qui changent de domicile.

Au cas où les jeunes gens établissent, avant le jour fixé pour le tirage, qu'ils ont leur domicile dans une autre commune, le maire, après s'être assuré que les réclamants sont inscrits à leur nouveau domicile, les raye des tableaux de recensement, et notifie cette radiation à son collègue dans le plus bref délai.

38.

38. Publication des tableaux de recensement.

Les tableaux de recensement sont publiés et affichés dans chaque commune les premier et deuxième dimanches du mois de janvier, sauf les années ou le 1er janvier tombe un dimanche ; dans ce cas, la publication a lieu les deuxième et troisième dimanches (1).

Les préfets ont soin de rappeler chaque année ces prescriptions par un avis inséré, dans les premiers jours de décembre, au Recueil des actes administratifs.

Cette publication a lieu suivant les formes prescrites par les articles 63 et 64 du Code civil (2).

39. Fixation des époques auxquelles doivent s'effectuer l'examen des tableaux et le tirage au sort.

Un décret fixe, chaque année, les époques auxquelles doivent s'effectuer l'examen des tableaux de recensement et le tirage

---

(1) Les tableaux qui seront publiés ne devront contenir que les colonnes 1 à 9 inclusivement du modèle n° 1.

(2) Articles 63 et 64 du Code civil :

ART. 63. Avant la célébration du mariage, l'officier de l'état civil fera deux publications à huit jours d'intervalle, un jour de dimanche, devant la porte de la maison commune. Ces publications et l'acte qui en sera dressé énonceront les prénoms, noms, professions et domiciles des futurs époux, leur qualité de majeurs ou de mineurs, et les prénoms, noms, professions et domiciles de leurs pères et mères. Cet acte énoncera, en outre, les jours, lieux et heures où les publications auront été faites ; il sera inscrit sur un seul registre qui sera côté et paraphé comme il est dit en l'article 41, et déposé, à la fin de chaque année, au greffe du tribunal de l'arrondissement.

ART. 64. Un extrait de l'acte de publication sera et restera affiché à la porte de la maison commune pendant les huit jours d'intervalle de l'une à l'autre publication. Le mariage ne pourra être célébré avant le troisième jour depuis et non compris celui de la seconde publication.

au sort. Aussitôt après la réception de ce décret, les préfets font publier et afficher dans toutes les communes un arrêté indiquant ces époques.

40. Avis à publier.

Les maires publient, dans les formes indiquées ci-dessus, d'après les arrêtés des préfets, l'avis qui, aux termes du dernier paragraphe de l'article 10 de la loi sur le recrutement, doit indiquer les lieu, jour et heure où il sera procédé à l'examen desdits tableaux et à la désignation par le sort du numéro assigné à chaque jeune homme inscrit.

Cet avis emporte convocation pour les jeunes gens de la classe appelée, leurs parents ou tuteur, et l'obligation de se présenter doit y être expressément mentionnée.

41. Remise par les maires de deux expéditions des tableaux.

Quelques jours avant l'époque fixée par le tirage au sort, les maires établissent deux expéditions des tableaux de recensement de leur commune, pour être remises au sous-préfet ou au fonctionnaire chargé de présider à la revision de ces tableaux et au tirage au sort.

42. Ordre d'inscription.

Tous les jeunes gens sont inscrits sur ces expéditions dans l'ordre alphabétique rigoureux de leurs noms de famille.

(Art. 10.)

9.

MODÈLE N° 1.

(N° 8 de l'instruction.)

DÉPARTEMENT d

CANTON d

COMMUNE d

TABLEAU DE RECENSEMENT

DES

JEUNES GENS DE LA CLASSE DE 189 .

DÉPARTEMENT
d

ARRONDISSEMENT
d

CANTON
d

COMMUNE

TABLEAU de Recensement des jeunes gens de la classe de 18 .

Numéros d'ordre.	1° Nom 2° Prénoms; 3° Surnoms.	1° Date et lieu de la naissance, et résidence personnelle des jeunes gens; 2° Noms, prénoms et domicile des père et mère.	TAILLE des jeunes gens.		PROFESSION : 1° Des jeunes gens; 2° De leurs père et mère.	RENSEIGNEMENTS sur les jeunes gens inscrits au présent tableau.		MOTIFS D'EXEMPTION ou de dispense que les jeunes gens ou les représentants qui les proposent se font valoir devant le conseil de révision.			Degré d'instruction des jeunes gens (A).	Signature des jeunes gens.	EXAMEN et rectification du tableau par le sous-préfet.		Nombre échu à chacun des jeunes gens.	RESULTAT des opérations du conseil de révision		OBSERVATIONS.
			Mètres.	Millimètres.		Indiquer s'ils ont été inscrits.	Indiquer, pour les uns, des classes antérieures.	Indication des motifs.	OBSERVATIONS du maire.	du sous-préfet.			Indication :	Motifs de la décision du sous-préfet.		jusqu'à la clôture du contingent;	postérieurement à la clôture de la liste du contingent;	
1	2	3	4	5	6	7	8		10	11	12	13	14	15	16	17	18	19
1																		
	1°				1°	1°	1°									1°		
	2°				2°	2°	2°									2°		
	3°				3°	3°										3°		
2																		
	1°				1°	1°	1°									1°		
	2°				2°	2°	2°									2°		
	3°															3°		

(A) Donner cette indication de la manière suivante :

Par le chiffre (0), celui qui ne sait ni lire ni écrire.
Par le chiffre (1), celui qui sait lire.
Par le chiffre (2), celui qui sait lire et écrire.
Par le chiffre (3), celui qui sait lire, écrire et compter.
Par le chiffre (4), celui qui a obtenu le brevet de l'enseignement primaire.

Par le chiffre (5), les bacheliers ès lettres ou ès sciences et les bacheliers de l'enseignement secondaire spécial.
Par la lettre (X), celui qui est absent et sur l'instruction duquel le maire de la commune ou les parents n'ont pu donner de renseignements certains.

Certifié par nous, Maire de la commune de

A , le

(Colonnes 1 à 10.)

Vérifié et arrêté par nous, Sous-Préfet de l'arrondissement d

18

A , le

en présence du maire, qui a signé avec nous. (Colonnes 1 à 15.)

18

Nota. Le tableau qui sera publié et affiché ne comprendra que les colonnes 1 à 9 inclusivement.

ARTICLE 11.

Les individus déclarés Français en vertu de l'article 1er de la loi du 16 décembre 1874 sont portés, dans les communes où ils sont domiciliés, sur les tableaux de recensement de la classe dont la formation suit l'époque de leur majorité. Ils sont soumis au service militaire s'ils n'établissent pas leur qualité d'étranger.

Les individus nés en France d'étrangers et résidant en France nt également portés, dans les communes où ils sont domiciliés, r les tableaux de recensement de la classe dont la formation it l'époque de leur majorité telle qu'elle est fixée par la loi française. Ils peuvent réclamer contre leur inscription lors de l'examen du tableau de recensement et lors de leur convocation au conseil de revision, conformément à l'article 16 ci-après. S'ils ne réclament pas, le tirage au sort équivaudra pour eux à a déclaration prévue par l'article 9 du Code civil. S'ils se font rayer, ils seront immédiatement déchus du bénéfice dudit article.

Les mêmes dispositions sont applicables aux individus résidant en France et nés en pays étranger, soit d'un étranger qui depuis lors a été naturalisé Français, soit d'un Français ayant perdu la qualité de Français, mais qui l'a recouvrée ultérieurement, si ces individus étaient mineurs lorsque leurs parents ont acquis ou recouvré la nationalité française.

40. Cet article de la loi militaire doit être sans retard corrigé par une loi nouvelle, car il peut donner lieu, dans son application, aux plus grosses difficultés. Il est le résultat de la plus bizarre des coïncidences. Pendant qu'on discutait au Sénat cet article de la loi militaire, un projet de loi sur la nationalité était sur le point d'aboutir. Les jurisconsultes du Sénat demandèrent que les dispositions de l'article 11 fussent mises d'accord avec la loi non encore votée, mais presque adoptée. Après de longues discussions, on décida de laisser l'article 11 tel qu'il était, se référant aux lois existantes, par ce motif que la loi prochaine sur la nationalité apporterait à cet article les modifications nécessaires. C'était trop sage. En effet, pendant que la loi militaire faisait son trajet du Sénat à la Chambre, la loi sur la nationalité était votée et promulguée le 26 juin 1889.

La Chambre votait alors la loi militaire ; mais les nécessités politiques et la fin de la session l'obligeaient à voter le texte du Sénat sans modification, et la loi militaire était promulguée le 15 juillet 1889 avec l'article 11 antérieur comme discussion à la loi du 26 juin, mais postérieur comme loi, de telle sorte que ce n'est plus, comme il était entendu, la loi sur la nationalité qui abroge toutes dispositions contraires de la loi sur l'armée, mais la loi sur l'armée qui abroge toute disposition contraire de la loi sur la nationalité.

Les conséquences de cette substitution sont fort graves.

L'article 11 fait-il revivre l'article 1er de la loi de 1874 en s'y référant malgré son abrogation ? La thèse est très soutenable. Si elle était admise, il en résulterait que l'individu né en France d'un étranger qui lui-même y est né, ne serait plus nécessairement Français et conserverait son droit d'option à sa majorité. Il ne devrait, en tout cas, être porté sur les tableaux de recensement qu'avec la classe qui suivrait l'époque de sa majorité. En effet, en admettant que, la loi de 1874 n'existant plus, il ne puisse se soustraire au service militaire en établissant une qualité d'étranger qu'il n'a plus, toujours est-il qu'il est désigné, par le renvoi à la loi de 1874, comme ne devant être porté sur les tableaux de recensement qu'après sa majorité.

41. Ainsi trois solutions se présentent.

Elles se résument ainsi :

1re Solution. — Le 1er paragraphe de l'article 11
est incontestablement en contradiction avec les dispositions de la loi sur la nationalité ; or, l'article 94
de la loi sur le recrutement abroge toutes les dispositions contraires à la présente loi ; donc, les dispositions de la loi sur la nationalité relatives à l'individu
né en France d'un étranger qui lui-même y est né,
sont abrogées, puisque la loi militaire est postérieure
à la loi sur la nationalité. Comme conséquence, la loi
de 1874 revit, une disposition d'une loi nouvelle pouvant toujours remettre en vigueur une loi abrogée.

2° Solution. — Quand une loi a été abrogée, elle
ne peut revivre que par la stipulation précise d'une loi
postérieure à l'abrogation. Cette stipulation ne peut
se déduire d'une citation dont les causes et les conditions sont connues et n'ont jamais eu d'autre portée
qu'une simple référence à une loi existante. Cette loi
n'existant plus, et la volonté de ne pas la faire revivre
étant certaine, la stipulation doit être considérée
comme non écrite, s'appliquant à une loi abrogée.

3e Solution. — La loi de 1874 est abrogée et l'article 11 n'a pas pour résultat de la faire revivre ; les
individus visés par cet article sont donc Français,
mais au point de vue des obligations militaires spéciales à la loi sur le recrutement, l'article 11, qui les
désigne très suffisamment, leur crée un avantage qui
se trouve devenir une exception au droit commun des
Français, celui de n'être incorporé qu'après leur
majorité et de gagner ainsi un an de service. C'est

évidemment inexplicable et injustifiable, mais c'est écrit dans la loi et ce n'est contraire à aucune autre loi. Ils peuvent revendiquer cet avantage.

La seconde solution nous paraît préférable à la première, mais elle doit subir certainement, au point de vue juridique, la modification de la troisième solution qui est ainsi celle à laquelle doit remédier sans délai une mesure législative.

Le Ministre de la guerre, dans son instruction du 4 décembre, interprète la loi comme si la loi sur la nationalité était postérieure. Nous reprenons ses décisions sous la réserve des observations qui précèdent.

17. Questions de nationalité à examiner lors du recensement.

L'attention des préfets et des maires est spécialement appelée sur la loi du 26 juin 1889 qui a refondu et codifié notre législation en matière de nationalité.

Cette loi énumère d'abord (art. 8 du Code civil modifié) cinq catégories de Français :

1° L'individu né *d'un Français* en France ou à l'étranger ;

2° L'individu né *en France de parents inconnus* ou dont la nationalité est inconnue ;

3° L'individu né *en France d'un étranger qui lui-même y est né* ;

4° L'individu né *en France d'un étranger* et qui, à sa majorité, est *domicilié en France*, à moins que, dans l'année de sa majorité, il ne répudie la qualité de Français en produisant les justifications prescrites ;

5° L'étranger naturalisé.

A ces cinq catégories d'individus, la loi du 15 juillet 1889 impose indistinctement l'obligation du service militaire. Il n'y a de différence que pour l'époque à laquelle ils doivent être inscrits sur les tableaux de recensement.

18. Jeunes gens nés en France ou à l'étranger de parents français.

Le fils de Français, qu'il soit né en France ou à l'étranger, est tenu à se faire inscrire avec sa classe.

Il importe de remarquer : 1° que la loi du 26 juin 1889 range dans cette catégorie l'enfant naturel dont la filiation française est établie lors même qu'elle ne le serait qu'à l'égard de l'un seulement des auteurs ; 2° que, si la preuve est établie successivement pour le père et la mère, l'enfant suit la nationalité de celui des deux à l'égard duquel elle a d'abord été faite; 3° enfin, que, si la preuve résulte pour les deux auteurs du même acte de reconnaissance ou du même jugement, l'enfant suit la nationalité du père.

19. Jeunes gens nés en France de parents inconnus ou dont la nationalité est inconnue.

Est Français de plein droit, par le seul fait de sa naissance sur le sol français, l'individu dont les parents sont inconnus ou avaient une nationalité inconnue. Par suite, tous les hommes de cette catégorie doivent, comme les précédents, être inscrits sur les tableaux de recensement de la classe que leur assigne leur âge.

20. Jeunes gens nés en France *d'un étranger qui lui-même y est né.*

Quant aux jeunes gens nés d'un étranger qui lui-même y est né, le 1ᵉʳ alinéa de l'article 11 de la loi du 15 juillet 1889 contient à leur égard une disposition abrogée.

En visant, en effet, la loi du 16 décembre 1874, l'article 11 reconnaît à ces jeunes gens la faculté de répudier la qualité de Français dans l'année qui suit leur majorité et prescrit de retarder leur inscription jusqu'au recensement de la classe formée après l'époque de leur majorité.

D'après la loi du 26 juin 1889 (art. 8, § 3, du Code civil modifié), intervenue entre le vote au Sénat de la loi militaire et sa promulgation, cette faculté n'existe plus. Ces jeunes gens, au lieu de la qualité de Français sous condition résolutoire que leur reconnaissait la législation ancienne, tiennent aujourd'hui du fait de leur naissance cette qualité à titre définitif et irrévocable. En conséquence, il faut les inscrire, dès la formation de la classe à laquelle ils appartiennent par leur âge.

21. Jeunes gens nés en France d'un père étranger qui n'y est pas né *et qui sont domiciliés en France* à leur majorité. — Fils mineurs d'un père ou d'une mère survivant qui se font naturaliser ou réintégrer Français.

Pour les individus nés en France d'un étranger et domiciliés en France lors de leur majorité, la loi du 26 juin 1889 les déclare Français, mais sous condition résolutoire, c'est-à-dire à moins qu'ils ne répudient la qualité de Français dans l'année de leur majorité telle qu'elle est fixée par la loi française (art. 8, § 4, du Code civil modifié).

Sont également Français, sous condition résolutoire dans les termes ci-dessus spécifiés, les enfants mineurs d'un père ou d'une mère survivant, qui se font naturaliser ou réintégrer Français (art. 12, § 3, et art. 18 du Code civil modifié).

Leur situation sous le rapport du recrutement est régie par l'article 11, § 2, de la loi militaire stipulant qu'ils sont inscrits avec la classe dont la formation suit l'époque de leur majorité.

Il résulte de ce texte que le maire doit, conformément à l'article 10, § 2, de la loi du 15 juillet 1889, les inscrire d'office sur les tableaux de recensement de la classe formée après l'époque de leur majorité sans attendre qu'ils aient atteint l'âge de 22 ans révolus.

Si, après leur inscription, ils répudient la qualité de Français, ils ne devront être rayés, soit lors du tirage au sort, soit au moment de la revision, que s'ils produisent les justifications suivantes exigées par l'article 8, § 4, du Code civil modifié, à savoir :

1° Une *déclaration* souscrite par eux à l'effet de décliner la qualité de Français, et enregistrée au ministère de la justice ; 2° une *attestation* en due forme de leur gouvernement annexée à la déclaration précitée ; 3° un *certificat* constatant qu'ils ont satisfait à la loi militaire dans leur pays (1).

Les affiches posées, lors des opérations préliminaires de chaque classe, rappelleront ces formalités aux individus nés en France d'un étranger qui n'y est point né, ainsi qu'aux enfants mineurs lors de la naturalisation ou de la réintégration de leurs parents. Elles attireront aussi l'attention sur les dispositions justement rigoureuses des articles 15 et 69 de la loi militaire relativement aux jeunes gens omis, soit par négligence, soit par fraude.

26. Jeunes gens dont la nationalité soulève une question judiciaire.

Les maires n'hésiteront pas d'ailleurs à inscrire les jeunes gens sur la nationalité desquels ils auraient des doutes ; mais ils signaleront d'urgence les cas douteux aux préfets qui statueront ou introduiront, au nom de l'Etat, une instance devant le tribunal du domicile de l'inscrit, pour obtenir un jugement soit avant le tirage, soit, au plus tard, à l'époque de la réunion du conseil de revision.

Si, lors de cette réunion, une solution judiciaire n'était pas intervenue, le conseil de revision rendrait une décision conditionnelle, conformément à l'article 31 de la loi.

L'instruction ministérielle n'indique pas à quelles obligations seront soumis les jeunes gens de ces

---

(1) Si, dans le pays dont se réclame le déclarant, le service militaire n'existe pas (comme en Angleterre), ou s'il en est dispensé pour ce motif qu'il appartient à une classe d'individus qui n'y est pas astreinte (comme les chrétiens en Turquie), un certificat constatant cette situation doit être produit au lieu et place du certificat exigé sous le n° 3.

diverses catégories dont l'inscription aux tableaux de recrutement est postérieure à leur majorité ; mais la solution de cette question ne fait aucun doute. Le 2e paragraphe de l'article 12, qui ne soumet les jeunes gens qu'aux obligations de la classe à laquelle ils appartiennent par leur âge, s'applique également à l'article 11, et profite par suite à tous ceux qui, dans les conditions de ces deux articles, sont inscrits après leur majorité.

44. Il faut cependant faire attention que cette application ne bénéficie pas dans tous les cas à tous ceux dont il peut être question dans l'article 11. Cet avantage est strictement limité aux cas où l'inscription n'est retardée que conformément à la loi.

Si, par exemple, par suite d'une erreur, un jeune homme né en France d'un étranger qui lui-même y est né, n'était porté sur les tableaux de recensement qu'après sa majorité, il serait considéré comme omis et suivrait la classe de son inscription.

De même, si l'inscription des jeunes gens qui ne doivent être inscrits qu'après leur majorité était retardée, ces jeunes gens rentreraient dans la catégorie des omis.

La seule question est de savoir si comme tels ils seraient absolument soumis à toutes les obligations de la classe de leur inscription en vertu de l'article 15 concernant les omis, et si, par suite, ils perdraient le bénéfice de leur année de retard.

Nous pensons qu'il est impossible de décider autrement en présence des termes formels de l'article 15 qui ne fait aucune distinction entre les différents omis. Le bénéfice de l'article 12 ne peut être acquis à ces jeunes gens que si l'inscription est faite régulièrement dès leur majorité. Cette solution est imposée par une raison matérielle et une raison morale.

La raison matérielle, c'est qu'il faut nécessairement opter entre deux classes : la classe de l'âge de l'article 12 ou la classe de l'inscription de l'article 15. Un procédé intermédiaire n'existe pas. Or, choisir le système de l'article 12, ce serait faire bénéficier les individus d'une omission, ce que la loi repousse absolument.

La raison morale, c'est que la loi sur le recrutement considère toujours comme une faute grave l'omission, même involontaire et de bonne foi. Les jeunes gens doivent connaître la loi et se soumettre d'eux-mêmes à leurs obligations militaires. Par suite, le jeune homme qui, par sa déclaration dans l'année de sa majorité, est devenu Français, doit savoir qu'il doit être inscrit et réclamer son inscription. S'il ne le fait pas, il est en faute, et doit perdre le bénéfice d'une inscription en temps voulu qu'il pouvait et devait solliciter.

ARTICLE 12.

Les individus devenus Français par voie de naturalisation, réintégration ou déclaration faite conformément aux lois sont portés sur les tableaux de recensement de la première classe formée après leur changement de nationalité.

Les individus inscrits sur les tableaux de recensement en vertu du présent article et de l'article précédent ne sont assujettis qu'aux obligations de service de la classe à laquelle ils appartiennent par leur âge.

15. Grâce à la généralité de ses termes, cet article ne donne pas lieu aux mêmes difficultés que le précédent.

Voici comment le Ministre en a réglé l'application :

22. Individus devenus Français par *naturalisation ou réintégration*.

Comblant une lacune de l'ancienne législation, la loi du 15 juillet 1889 (art. 12) assujettit formellement les naturalisés et les réintégrés au service militaire et prescrit de porter ces individus sur les tableaux de recensement de la première classe formée après leur changement de nationalité. Ils ne sont d'ailleurs astreints qu'aux obligations de service dues par la classe à laquelle ils appartiennent par leur âge.

Dès qu'ils auront connaissance de la naturalisation ou de la réintégration accordée à ces hommes, les maires devront les inscrire d'office sur les tableaux de recensement, à moins qu'ils n'aient 45 ans révolus.

46. 23. Jeunes gens nés en France d'un étranger né hors de France et qui n'y sont pas domiciliés à leur majorité (déclaration de l'article 9 du Code civil).

L'individu qui, étant né en France d'un étranger, n'est point domicilié en France à sa majorité, peut, jusqu'à l'âge de 23 ans accomplis, devenir Français par voie de déclaration, moyennant trois formalités : 1° faire sa soumission de fixer en France son domicile devant l'agent diplomatique ou consulaire de France le plus proche ; 2° l'y établir effectivement dans l'année à compter de l'acte de soumission ; 3° souscrire dans le même délai, devant le juge de paix du canton où il réside, la déclaration prévue par l'article 9 du Code civil modifié (§ 1er).

Ces mêmes formalités peuvent être accomplies au profit de l'enfant mineur par ses représentants légaux (art. 9 du Code civil modifié, § 2°).

Si la déclaration est souscrite par un majeur, les maires l'inscriront avec la première classe formée après l'enregistrement de la déclaration.

Si elle est souscrite par un mineur, ce dernier sera inscrit d'office dès la formation de la classe à laquelle il appartient par son âge.

Si, en l'absence de déclaration, un jeune homme de cette catégorie avait été inscrit par erreur sur les tableaux de recensement et qu'il eût pris part au tirage sans exciper de son extranéité, il deviendrait Français de plein droit et ne devrait pas être rayé des listes du recrutement (art. 9 du Code civil modifié, § 3).

24. Individus nés en France ou à l'étranger de parents dont l'un a perdu la qualité de Français.

Aux termes de l'article 10 du Code civil modifié, les formalités et la déclaration prévues par l'article 9 précité pour l'acquisition de la qualité de Français sont permises à *tout âge* à l'individu né en France ou à l'étranger de parents dont l'un a perdu la qualité de Français, à moins que, domicilié en France et appelé sous les drapeaux lors de sa majorité, il n'ait revendiqué la qualité d'étranger.

En conséquence, les maires devront inscrire ces individus sur les tableaux de recensement de la première classe formée après l'acceptation de leur déclaration, à moins qu'ils n'aient 45 ans révolus.

25. Enfants majeurs de l'étranger naturalisé ou réintégré Français.

Les enfants majeurs de l'étranger naturalisé ou réintégré Français peuvent devenir eux-mêmes Français de deux manières : 1° par le décret qui confère la naturalisation à leur père ou à leur mère ; 2° à l'aide des formalités et de la déclaration prévues par l'article 9 du Code civil modifié.

Dans l'un et l'autre cas, les maires inscriront ces individus avec la première classe formée après leur changement de nationalité, tant qu'ils n'ont pas l'âge de 45 ans accomplis.

47. L'observation finale faite à l'article précédent et relative aux retards dans l'inscription des jeunes gens sur les tableaux de recensement s'applique également aux personnes visées par l'article 12. Elles peuvent aussi tomber, par ce retard, dans la catégorie des omis et perdre le bénéfice de leur âge.

ARTICLE 13.

Sont considérés comme légalement domiciliés dans le canton :

1° Les jeunes gens, même émancipés, engagés, établis au dehors, expatriés, absents ou en état d'emprisonnement, si d'ailleurs leur père, leur mère, ou leur tuteur est domicilié dans une des communes du canton, ou si leur père, expatrié, avait son domicile dans une desdites communes ;

2° Les jeunes gens mariés dont le père, ou la mère, à défaut de père, sont domiciliés dans le canton, à moins qu'ils ne justifient de leur domicile réel dans un autre canton ;

3° Les jeunes gens mariés et domiciliés dans le canton, alors même que leur père ou leur mère n'y seraient pas domiciliés ;

4° Les jeunes gens nés et résidant dans le canton qui n'auraient ni leur père, ni leur mère, ni un tuteur ;

5° Les jeunes gens résidant dans le canton qui ne seraient dans aucun des cas précédents et qui ne justifieraient pas de leur inscription dans un autre canton.

Les jeunes gens résidant soit en Algérie, soit aux colonies, sont inscrits sur les tableaux de recensement du lieu de leur résidence. Sur la justification de cette inscription, ils sont, en ce cas, rayés des tableaux de recensement où ils auraient pu être portés en France, par application des dispositions du présent article.

48. Il ne suffisait pas de décider que les jeunes gens domiciliés dans l'une des communes du canton devaient être portés sur les tableaux de recensement de cette commune, et s'en référer aux règles ordinaires du domicile légal.

La nécessité d'assurer le service militaire de tous les jeunes gens arrivés à 20 ans, a conduit à créer pour ceux-ci une présomption légale de domicile qui ne laisse personne échapper au service, grâce à un domicile douteux ou incertain.

Voici les articles du Code civil qui règlent le domicile des citoyens :

Art. 102. Le domicile de tout Français, quant à l'exercice de ses droits civils, est au lieu où il a son principal établissement.

Art. 103. Le changement de domicile s'opérera par le fait d'une habitation réelle dans un autre lieu, joint à l'intention d'y fixer son principal établissement.

Art. 104. La preuve de l'intention résultera d'une déclaration expresse faite tant à la municipalité du lieu qu'on quittera qu'à celle du lieu où l'on aura transféré son domicile.

Art. 105. A défaut de déclaration expresse, la preuve de l'intention dépendra des circonstances.

Art. 106. Le citoyen appelé à une fonction publique temporaire ou révocable conservera le domicile qu'il avait auparavant, s'il n'a pas manifesté d'intention contraire.

Art. 107. L'acceptation de fonctions conférées à vie emportera translation immédiate du domicile du fonctionnaire dans le lieu où il doit exercer ses fonctions.

Art. 108. La femme mariée n'a point d'autre domicile que celui de son mari; le mineur non émancipé aura son domicile chez ses père, mère ou tuteur ; le majeur interdit aura le sien chez son tuteur.

Art. 109. Les majeurs qui servent ou travaillent habituellement chez autrui auront le même domicile que la personne qu'ils servent ou chez laquelle ils travaillent, lorsqu'ils demeurent dans la même maison.

Ces articles sont la base des décisions du maire, en

ce sens qu'ils établissent le domicile des parents ; mais pour les mineurs, et d'une façon générale pour tous les jeunes gens soumis à la loi militaire, le principe de l'article 13 est de les considérer comme domiciliés avec leurs parents, à moins de preuves contraires, et il est bien entendu que la preuve contraire a pour conséquence l'inscription dans une autre commune.

49. L'instruction ministérielle fournit à cet égard les indications suivantes qui ne sont que l'application de cette règle :

12. Majeurs non mariés inscrits au domicile de leurs parents.

Les jeunes gens qui atteignent leur majorité avant le tirage au sort doivent être inscrits au domicile de leurs parents, alors même qu'ils auraient un domicile distinct de celui de leur père ou de leur mère.

Il est fait exception à cette règle pour les jeunes gens mariés, qu'ils soient majeurs ou mineurs, lorsqu'ils ont un domicile autre que celui de leur père ou de leur mère.

13. Jeunes gens expatriés ou résidant soit à l'étranger, soit dans les pays de protectorat.

Les jeunes gens établis avec leur famille soit à l'étranger, soit dans les pays de protectorat, doivent être portés sur les listes de la classe à laquelle ils appartiennent par leur âge (art. 13 de la loi), quelque éloignée que soit la date de leur départ, toutes les fois que leur existence est certaine. Elle doit être considérée comme certaine s'ils ont donné de leurs nouvelles pendant l'année qui précède leur inscription sur lesdites listes, ce dont les maires prendront soin de s'assurer dès les derniers mois de la même année.

Si, au contraire, les nouvelles reçues de ces jeunes gens remontent à une date plus ancienne, tout en procédant à l'inscription, les maires les signalent immédiatement au préfet du département, en lui indiquant, aussi exactement que possible, le lieu de leur résidence à l'étranger. De son côté, le préfet doit s'adresser sans délai au département des affaires étrangères ou au département des colonies suivant le cas, afin d'obtenir par son intermédiaire les renseignements nécessaires pour éclairer le conseil de revision sur la décision à rendre à leur égard.

Les jeunes gens dont la famille est domiciliée en France, et qui se trouvent en pays étranger ou en pays de protectorat, doivent être inscrits au tableau de recensement de la commune où leur père, leur mère ou leur tuteur a son domicile.

14. Jeunes gens dont le père est interdit ou légalement déclaré absent.

Quand le père est interdit et qu'il n'habite pas au même lieu que la mère ou lorsqu'il a été légalement déclaré absent, c'est au domicile de la mère, et, si elle est décédée, au domicile soit du tuteur, soit du jeune homme s'il n'a pas de tuteur, que doit être effectuée l'inscription.

15. Elèves des hospices civils.

Les jeunes gens placés sous la tutelle des commissions administratives des hospices sont, par mesure d'ordre, inscrits sur les tableaux de recensement de la commune où ils résident au moment de la formation de ces tableaux.

En conséquence, que ces jeunes gens soient mineurs, ou qu'ils soient majeurs à l'époque déterminée pour le tirage, ils doivent être inscrits dans la commune où ils résident et concourir au tirage dans le canton auquel appartient cette commune.

Chaque année, aussitôt que l'époque des opérations de la classe à appeler a été déterminée, les préfets dressent un état de tous les élèves des hospices civils de leur département qui appartiennent par leur âge à la classe.

Pour ceux qui résident dans le département, ils envoient au maire de la commune tous les renseignements nécessaires à leur inscription sur les tableaux de recensement.

Pour ceux qui habitent dans d'autres départements, ils transmettent aux préfets de ces départements les renseignements dont il s'agit.

16. Jeunes gens en Algérie ou aux colonies.

L'article 81 de la loi du 15 juillet 1889 supprime, au point de vue du recensement, toute distinction entre le territoire de la France et le territoire de l'Algérie ou des colonies.

En conséquence, les jeunes gens domiciliés avec leur famille en Algérie ou aux colonies doivent, comme les jeunes gens domiciliés en France, être inscrits sur les tableaux de recensement au lieu de leur domicile, c'est-à-dire soit en Algérie, soit aux colonies.

Les jeunes gens résidant en Algérie ou aux colonies, dont la famille est domiciliée en France, sont inscrits au lieu de leur résidence, c'est-à-dire soit en Algérie, soit aux colonies.

S'ils avaient été portés sur les tableaux de recensement au domicile de leur famille, ils en seraient rayés sur la justification de l'inscription au lieu de leur résidence.

Des décrets ultérieurs régleront les détails du recensement dans les colonies.

En Algérie, les règles tracées par la présente instruction seront appliquées dès à présent, sauf en ce qui concerne le tirage au sort, cette opération étant sans objet puisque tous les jeunes soldats du contingent algérien sont appelés pour une année seulement (art. 81 de la loi, § 3).

ARTICLE 14.

Sont, d'après la notoriété publique, considérés comme ayant l'âge requis pour l'inscription sur les tableaux de recensement, les jeunes gens qui ne peuvent produire ou n'ont pas produit, avant la vérification des tableaux de recensement, un extrait des registres de l'état civil constatant un âge différent ou qui, à défaut des registres de l'état civil, ne peuvent prouver ou n'ont pas prouvé leur âge conformément à l'article 46 du code civil.

50. L'article 46, visé ci-dessus, est ainsi conçu :

Lorsqu'il n'aura point existé de registres ou qu'ils seront perdus, la preuve en sera reçue tant par titres que par témoins ; et, dans ce cas, les mariages, naissances et décès pourront être prouvés tant par les registres et papiers émanés des pères et mères décédés que par témoins.

La preuve ainsi faite constitue évidemment l'état civil et produit les mêmes effets; en dehors de cette preuve et des actes de l'état civil, c'est la notoriété publique qui règle la situation.

51. Voici, d'après les instructions ministérielles, comment s'établit cette notoriété publique.

10. Jeunes gens non inscrits sur les registres de l'état civil.

Si un jeune homme présumé appartenir à la classe de l'année ne produit pas son acte de naissance et n'est pas porté sur les registres de l'état civil, il y a lieu de consulter sur son âge la notoriété publique (art. 14 de la loi). Le maire procède, à cet effet, à une enquête administrative ; il ne se borne pas, dans cette enquête, à recevoir les déclarations des personnes qui lui sont présentées par les parties, mais il provoque lui-même les déclarations des notables habitants et principalement des habitants qui ont des fils inscrits sur les tableaux de la classe.

Il n'est pas nécessaire, en l'absence des registres de l'état civil, de consulter la notoriété publique pour les jeunes gens qui produisent, à la place de leur acte de naissance, un jugement régulier constatant leur âge et rendu contradictoirement avec le ministère public.

52. Une question peut se présenter. Si un jeune homme arrivé d'après la notoriété publique à 20 ans et porté comme tel sur les tableaux obtient par la preuve de l'article 46 un jugement constatant qu'il a un âge plus avancé, quelle sera sa situation? Sera-t-il considéré comme omis ou ajourné? Il n'est pas douteux qu'il sera inscrit parmi les omis; car il est absolument dans les termes de l'article 15 concernant cette catégorie de jeunes gens.

Il sera donc soumis aux obligations de la classe de son incription, ce qui est parfaitement équitable; mais il subira aussi l'inscription en tête de la liste du tirage de l'article 17 et éventuellement l'incapacité de l'article 7, ce qui peut être très dur et très injuste, car, contrairement au cas général d'omission, il peut n'avoir rien à se reprocher, pas même la plus légère négligence.

Supposons, en effet, qu'il ait cru, comme tout le monde, n'avoir pas 20 ans et qu'il ait trouvé par succession, ou autrement, la preuve de son âge exact dans les documents qu'il ne pouvait matériellement connaître avant; il subit évidemment une situation indépendante de sa volonté.

En ce cas, très rare, il appartiendra au Ministre de la guerre d'atténuer les conséquences de sa situation par des mesures gracieuses, et l'administration pourra toujours considérer qu'il a rempli les obligations de la loi militaire autant qu'il était en son pouvoir, et le relever de l'incapacité de l'article 7.

ARTICLE 15.

Si dans les tableaux de recensement des années précédentes, des jeunes gens ont été omis, ils sont inscrits sur les tableaux de recensement de la classe qui est appelée après la découverte de l'omission, sauf le cas prévu à l'article 69 ci-après, à moins qu'ils n'aient 45 ans accomplis à l'époque de la clôture des tableaux, et sont soumis à toutes les obligations de cette classe.

Toutefois, ils sont libérés à titre définitif à l'âge de 48 ans au plus tard.

53. La règle de l'article 15 est générale et absolue.

Toutes les fois qu'un individu, quelqu'âge qu'il ait, a été omis sur les tableaux de recensement sur lesquels la loi indique qu'il devrait être inscrit, il est placé dans la catégorie des omis sur les tableaux de recensement de la classe qui est appelée après la découverte de l'omission. Nous avons vu précédemment l'application de cette règle générale aux cas spéciaux des articles 11, 12 et 14.

54. Pour que l'individu omis échappe à l'inscription, il faut qu'il atteigne 45 ans avant la clôture des tableaux.

La clôture des tableaux s'entend de leur règlement définitif par le sous-préfet avant le tirage au sort. Par suite, un homme qui aurait 45 ans entre la clôture des tableaux et le conseil de revision ne pourrait être rayé par le conseil de revision; il devrait être incorporé jusqu'à 48 ans.

55. Il faut remarquer qu'en fixant à 48 ans la libération définitive des omis qui n'auraient pas encore vingt-cinq ans de service à cet âge, la loi ne modifie en rien la nature de leur service avant cet âge; ils passent dans les diverses catégories comme s'ils devaient les accomplir toutes intégralement, et la limite de 48 ans les libère seulement du service qui leur resterait à faire. On voit, par suite, qu'ils sont toujours et en tous cas astreints à trois années d'incorporation.

56. Le cas prévu à l'article 69 est celui où l'omission a été obtenue par fraude et où une condamnation est intervenue. En ce cas, l'inscription n'est faite que sur les tableaux qui suivent l'expiration de la peine.

57. La loi d'amnistie du 19 juillet 1889 pour les insoumis et les déserteurs apporte à la situation des omis actuels une modification qui soulève quelques difficultés.

Le paragraphe 7 de l'article 2 de cette loi est ainsi conçu : « *Néanmoins les hommes désignés dans le paragraphe précédent ne seront pas astreints à un service actif au delà de leur trentième année révolue. Le bénéfice de cette disposition s'étendra aux hommes omis dans les tableaux de recensement.* »

C'est la seule clause de la loi qui concerne les omis. Quelle en sera l'étendue? S'appliquera-t-elle à tous les les omis avant le 19 juillet 1889 à quelque époque qu'ils soient inscrits? Ou bien cessera-t-elle son effet après les premiers tableaux de recensement de janvier 1890?

Il est certain que l'omission peut être considérée comme une faute successive qui se renouvelle à chaque formation des tableaux, et en ce cas l'amnistie ne pourrait s'appliquer qu'aux omis antérieurs inscrits en 1890; c'est ce qu'a décidé le Ministre de la guerre par une circulaire du 9 décembre 1889.

Par une note en date du 15 janvier 1890, il a encore décidé que le paragraphe 9 du même article 2 serait aussi applicable aux omis; il est ainsi conçu : « *Les insoumis et déserteurs âgés de moins de 30 ans qui seraient mariés ou veufs avec un ou plusieurs enfants, ne seraient pareillement soumis qu'aux obligations de la classe à laquelle ils appartiennent par leur âge.* »

C'est tout à fait équitable et conforme à l'esprit de la loi; mais c'est certainement en dehors de ses dispositions; en admettant que ce soit une illégalité, personne ne réclamera.

Il est entendu que la même solution donnée plus haut pour les omis du paragraphe 7 sera appliquée à ceux du paragraphe 9.

Mais tous les omis profiteront-ils de cet avantage? Il y a deux catégories d'omis très distinctes : les omis de l'article 15 et les omis par fraude de l'article 69. Ces derniers jouiront de la mesure de clémence spéciale accordée à tous les omis sans distinction; mais ils resteront soumis aux poursuites et aux peines de l'article 69; il est impossible à cet égard de rien ajouter à la loi d'amnistie qui est muette sur ce point, bien qu'il soit bizarre que cette catégorie soit moins bien traitée que les déserteurs.

En résumé, et c'est là ce qu'il importe de connaître, les effets de la loi d'amnistie sont épuisés depuis la fin des opérations de recensement, et les omis qui n'en ont pas profité retombent sous le coup de la loi de recrutement.

ARTICLE 16.

L'examen des tableaux de recensement et le tirage au sort sont faits au chef-lieu de canton, en séance publique, devant le sous-préfet assisté des maires du canton.

Dans les communes qui forment un ou plusieurs cantons, le sous-préfet est assisté du maire et de ses adjoints.

Dans les villes divisées en plusieurs arrondissements, chaque arrondissement est représenté par un officier municipal.

Les tableaux de recensement de chaque commune sont lus à haute voix. Les jeunes gens, leurs parents ou représentants sont entendus dans leurs observations.

Les tableaux sont ensuite arrêtés et visés par le sous-préfet et par les maires.

Dans les cantons composés de plusieurs communes, l'ordre dans lequel elles sont appelées pour le tirage est chaque fois indiqué par le sort.

58. Le Ministre de la guerre a réglé comme suit l'exécution de cet article :

43. Sous-préfets assistés des maires pour l'examen des tableaux.

Les sous-préfets, ou les fonctionnaires qui les remplacent légalement, président à l'examen des tableaux de recensement dans l'étendue de leur arrondissement.

Conformément aux prescriptions de l'article 16 de la loi, ils sont assistés, dans les cantons composés de plusieurs communes, des maires du canton ; dans les communes qui forment un ou plusieurs cantons, du maire et de ses adjoints.

Dans les villes divisées en plusieurs arrondissements, le préfet ou son délégué est assisté d'un officier municipal de l'arrondissement (art. 16 de la loi).

44. Fonctionnaires chargés de présider à l'examen des tableaux dans les arrondissements chefs-lieux.

Le secrétaire général de la préfecture, ou un conseiller de préfecture désigné par le préfet, pourra présider à l'examen des tableaux des cantons formant l'arrondissement du chef-lieu du département.

Pour les arrondissements des chefs-lieux de département qui ont beaucoup de cantons, les préfets peuvent désigner plusieurs conseillers de préfecture, qui opèrent simultanément avec le secrétaire général de la préfecture.

45. Maires suppléés par leurs adjoints.

Lorsque des motifs légitimes les empêchent d'assister à l'examen des tableaux de recensement, les maires doivent être remplacés par un de leurs adjoints.

Chacun d'eux est porteur, ainsi qu'il a été dit précédemment, des deux expéditions du tableau de recensement de sa commune et les remet au fonctionnaire chargé de présider au tirage.

46. Présence de la gendarmerie.

Un officier de gendarmerie et, suivant les circonstances, une ou deux brigades de cette arme doivent, sur la réquisition du sous-préfet, se rendre au lieu de la réunion pour maintenir le bon ordre.

47. Examens de tableaux au chef-lieu de canton.

L'examen des tableaux de recensement et le tirage au sort devant avoir lieu par canton, le sous-préfet se transporte à cet effet dans chaque chef-lieu de canton.

48. Lecture des tableaux.

59.

Après avoir donné lecture publique du tableau de recensement de chacune des communes du canton, le sous-préfet demande aux personnes présentes si elles ont quelques observations ou réclamations à présenter, tant au sujet des inscriptions portées sur ledit tableau qu'à l'égard des omissions qui auraient pu être commises.

Dans tous les cas, le sous-préfet ne statue qu'après avoir pris l'avis des maires (art. 16 de la loi).

49. Jeunes gens inscrits d'après la notoriété publique.

Sont maintenus sur les tableaux de recensement les jeunes gens que la notoriété publique a désignés comme ayant l'âge requis, et qui n'ont pas justifié d'un âge différent dans les formes voulues par l'article 14 de la loi.

50. Jeunes gens non inscrits et signalés par la notoriété publique.

A moins de preuves irrécusables, le sous-préfet doit refuser d'inscrire d'après la notoriété publique les jeunes gens qui, n'ayant pas été portés sur les tableaux de recensement par les maires, n'ont pas été mis en demeure de justifier de leur âge conformément à l'article 14 de la loi ; mais il prend note de leur position pour qu'ils soient inscrits, s'il y a lieu, dans la commune de leur domicile, sur les tableaux de la classe suivante.

51. Radiation des omis.

Sont rayés des tableaux de recensement :

Les omis qui justifient qu'ils ont 45 ans accomplis (art. 15 de la loi).

52. Le sous-préfet statue sur les refus d'inscription par les maires.

S'il y a contestation relativement à des refus d'inscription provenant du fait des maires, le sous-préfet statue conformément à la loi et effectue les inscriptions qu'il juge devoir être faites.

53. Dans les cas douteux, le sous-préfet doit s'abstenir.

Les jeunes gens qui auraient été portés mal à propos sur les tableaux de recensement en sont rayés ; toutefois, dans les cas douteux, le sous-préfet s'abstient de prononcer et maintient les réclamants sur les tableaux, sauf décision définitive du conseil de revision (art. 17 de la loi).

54. Annotations sur l'expédition du tableau.

Le sous-préfet annote sur l'une des expéditions du tableau de recensement qui lui a été remise, dans la colonne ménagée à cet effet, tous les changements et corrections auxquels l'examen a donné lieu ; il y fait connaître les motifs de ces changements ou corrections.

55. Tableaux de recensement rectifiés et signés.

Le tableau rectifié de chaque commune est définitivement arrêté par le sous-préfet, et signé, séance tenante, tant par lui que par l'officier municipal qui l'a assisté (art. 16 de la loi).

56. Derniers avertissements aux jeunes gens.

Les jeunes gens, leurs parents ou tuteurs sont prévenus en même temps que les réclamations qu'ils auraient encore à faire relativement à la formation et à la rectification de ces tableaux doivent désormais être portées devant le conseil de revision.

ARTICLE 17.

Le sous-préfet inscrit en tête de la liste du tirage :

1° Le nom des jeunes gens qui se trouvent dans l'un des cas prévus par l'article 69 de la présente loi ;

2° Le nom de ceux qui se trouvent dans les cas prévus par l'article 15.

Les premiers numéros leur sont attribués de droit (1).

Ces numéros sont, en conséquence, extraits de l'urne avant l'opération du tirage.

Avant de commencer les opérations du tirage, le sous-préfet compte publiquement les numéros et les dépose dans l'urne, après s'être assuré que leur nombre est égal à celui des jeunes gens appelés à y prendre part ; il en fait la déclaration à haute voix.

Aussitôt après, chacun des jeunes gens, appelé dans l'ordre du tableau, prend dans l'urne un numéro qui est immédiatement proclamé. Pour les absents, le numéro est tiré par les parents ou, à défaut, par le maire de la commune.

L'opération du tirage continue sans interruption jusqu'à ce que le dernier numéro soit extrait de l'urne. Elle ne peut être recommencée dans aucun cas.

Les jeunes gens qui ne se trouveraient pas pourvus de numéros seront inscrits à la suite avec des numéros supplémentaires et tireront entre eux pour déterminer l'ordre suivant lequel ils seront inscrits.

La liste de tirage est dressée à mesure que les numéros sont proclamés.

Elle est lue à haute voix, puis arrêtée et signée de la même manière que le tableau de recensement et annexée avec ledit tableau au procès-verbal des opérations. Elle est publiée et affichée dans chaque commune du canton.

---

80. L'opération du tirage au sort a perdu beaucoup de son importance dans la loi actuelle. Sous la loi de 1872, il désignait les jeunes gens appelés à faire partie de la 2ᵉ portion du contingent, c'est-à-dire à ne faire que six mois ou un an de service, et, norma-

---

(1) Corrigé comme suit par une loi dont la promulgation est imminente : « Le sous-préfet inscrit en tête de la liste du tirage le nom des jeunes gens qui se trouvent dans l'un des cas prévus par l'article 69 de la présente loi. Les premiers numéros leur sont attribués de droit suivant l'ordre indiqué entre eux par la voie du sort. »

lement, cette portion avait une importance qui donnait aux conscrits à peu près une chance sur trois.

Aujourd'hui, la 2° portion du contingent n'est plus qu'un moyen laissé au Ministre de dégager l'excédent des ressources du recrutement par rapport aux effectifs prévus. Non seulement, comme on le prévoyait dans la discussion, la chance du bon numéro se réduira à presque rien, mais l'augmentation d'effectifs a été telle qu'il est fort probable que dès à présent la 2e portion sera absorbée.

Le tirage au sort restera toujours utile pour la désignation des hommes affectés à l'armée de mer et à l'armée coloniale, aux termes des articles 43 et 44.

61. L'exécution de l'article 17 est réglée par le Ministre de la guerre comme suit :

57. Tirage au sort.

Les opérations du tirage au sort commencent immédiatement après que les tableaux de recensement de toutes les communes du canton ont été rectifiés et définitivement arrêtés.

58. Ordre dans lequel les communes doivent tirer au sort.

Dans les cantons composés de plusieurs communes, le souspréfet, en présence des maires qui l'assistent, fait d'abord inscrire sur des carrés de papier de la même dimension les noms de toutes les communes composant le canton ; il en donne ensuite lecture à haute voix, et, après avoir fermé et roulé tous les bulletins de la même manière, il les jette et les mêle dans l'urne destinée à les recevoir. A mesure que le nom d'une commune est tiré de l'urne, ce nom est inscrit sur une liste particulière devant servir à régler, conformément à l'article 17 de la loi du 15 juillet 1889, l'ordre dans lequel l'appel des communes sera fait au moment où les jeunes gens doivent prendre leur numéro.

59. Liste préparée à l'avance.

La liste de tirage est établie sur un cadre imprimé conforme au modèle ci-joint n° 2; elle est préparée à l'avance pour chaque canton par les soins du sous-préfet (1).

60. Numéros de tirage imprimés.

Les numéros de tirage sont imprimés sur des bulletins individuels uniformes et parafés par le sous-préfet.

61. Numéros formant une série continue.

La totalité des bulletins forme, depuis le n° 1er, une série continue de numéros égale au nombre des jeunes gens appelés à concourir au tirage et inscrits sur les tableaux de recensement rectifiés.

62. Bulletins vérifiés par le sous-préfet.

Le sous-préfet compte lui-même publiquement les bulletins, vérifie le numéro de chacun d'eux et, après s'être assuré qu'il n'y a erreur ni dans la quantité des bulletins, ni dans l'inscription des numéros, il en fait la déclaration à haute voix (art. 17 de la loi).

63. Numéros attribués aux omis.

Le sous-préfet met de côté les premiers numéros en nombre égal à celui des jeunes gens omis des classes antérieures, qu'ils aient ou non été condamnés par les tribunaux.

Les premiers d'entre les numéros ainsi mis de côté sont attribués aux omis condamnés, les suivants aux omis non condamnés.

Le sous-préfet inscrit successivement, en tête de la liste du tirage, ces deux catégories de jeunes gens en observant, pour chaque catégorie, l'ordre où les jeunes gens se trouvent portés sur les tableaux de recensement, ainsi que l'ordre dans lequel les communes doivent participer au tirage (art. 17 de la loi) (2).

64. Numéros placés dans des olives.

Après le retranchement des numéros attribués aux omis, le sous-préfet place chacun des numéros restants dans un étui ou olive de la même forme et de la même dimension, vérifie de

---

(1) C'est-à-dire que tous les blancs qui peuvent être remplis avant le tirage le sont, et que la série des numéros sera portée à l'avance.

(2) Depuis la loi dont il est question au renvoi 1 de la page 145, les omis non condamnés ne sont plus inscrits en tête de la liste.

nouveau si le nombre en est égal à celui des jeunes gens appelés à tirer au sort et les mêle dans l'urne destinée à les recevoir (1).

65. Ordre d'appel des jeunes gens.

Le tirage au sort pour chaque commune s'effectue d'après l'ordre qui a été réglé par le sort, ainsi qu'il est dit au n° 58 de la présente instruction ; mais les jeunes gens sont appelés dans l'ordre de leur inscription sur les tableaux de recensement.

66. Identité des jeunes gens constatée.

Afin de constater l'identité des jeunes gens, le sous-préfet fait décliner à chacun d'eux, au moment où il vient prendre un numéro dans l'urne, ses nom et prénoms, ainsi que ceux de ses père et mère, et lui adresse des questions sur sa famille, sa filiation, sa profession, etc. Il est très essentiel de procéder avec le soin le plus minutieux à ces constatations, surtout quand sur le tableau de recensement figurent l'un à la suite de l'autre plusieurs jeunes gens dont les noms de famille sont identiques, ou présentent des consonnances analogues, circonstances qui peuvent amener les jeunes gens à tirer un numéro à l'appel d'un autre nom que le leur et à ne pas répondre à l'appel de leur propre nom.

D'autres encore, soit par ignorance, soit par calcul, prennent part au tirage au sort à la place de frères plus âgés portés sur les tableaux de recensement, bien qu'ils soient décédés en bas âge (2).

67. Tirage et proclamation des numéros.

Chaque jeune homme prend dans l'urne un numéro, qui est remis au sous-préfet et proclamé immédiatement par ce fonctionnaire (art. 17 de la loi).

68. Absents suppléés.

Les parents ou, à leur défaut, le maire de la commune, tirent à la place des absents, toujours en suivant l'ordre dans lequel ils sont inscrits sur les tableaux de recensement (art. 17 de la loi).

---

(1) Si, par exemple, dans un canton il existe 250 jeunes gens appelés à concourir, et que sur ce nombre il y ait trois condamnés pour omission et deux omis non condamnés, il ne devra être déposé dans l'urne que 245 numéros ou olives, à partir du n° 6, puisque les n°ˢ 1, 2 et 3 auront été mis à l'écart et affectés aux trois omis condamnés, et les n°ˢ 4 et 5 aux omis non condamnés.

(2) Dans de telles circonstances, l'inscription opérée sur les tableaux de recensement se rapportant au jeune homme décédé, et non à son frère puîné, ce dernier ne saurait se prévaloir des conséquences du tirage au sort, si elles lui sont favorables, pas plus que, si elles lui sont contraires, elles ne sauraient lui être opposées. Il y a lieu dès lors de rayer purement et simplement desdits tableaux le jeune homme décédé, tandis que le frère puîné doit être reporté au tirage de la classe à laquelle il appartient par son âge.

69. Inscription des jeunes gens sur la liste.

Aussitôt qu'un numéro a été proclamé, les nom, prénoms et surnoms du jeune homme auquel il appartient sont inscrits en regard de ce numéro sur la liste de tirage préparée à l'avance.

70. L'opération du tirage ne peut être recommencée.

L'inscription prévue sous le n° 69 est définitive; et le numéro proclamé reste attribué au jeune homme dont le nom avait été appelé par le sous-préfet, lors même qu'un autre inscrit se serait substitué à celui qui devait tirer. L'opération du tirage ne peut en effet, sous aucun prétexte, être recommencée (art. 17 de la loi).

71. Responsabilité en cas d'erreur.

Toute erreur en matière de tirage au sort a une extrême gravité. Les fonctionnaires chargés de présider à cette opération doivent donc, sous peine d'engager sérieusement leur responsabilité, se conformer scrupuleusement à toutes les recommandations ci-dessus.

72. Nombre des numéros inférieur à celui des inscrits.

Cependant la loi prévoit le cas où, malgré les précautions prises, il arriverait que le nombre des numéros déposés dans l'urne fût inférieur à celui des jeunes gens inscrits. Dans ce cas, ceux qui ne se trouvent pas pourvus de numéros sont placés sur la liste cantonale à la suite des jeunes gens qui ont participé au tirage au sort. Il est procédé entre eux, *séance tenante*, à un tirage supplémentaire qui détermine l'ordre de leur inscription sur ladite liste.

73. Jeunes gens au sujet desquels aucun motif d'exemption ou de dispense n'aura été indiqué.

Des annotations sur la liste de tirage font connaître :

1° Les jeunes gens qui, s'étant présentés, n'auraient à faire valoir aucun motif d'exemption ou de dispense (1);

2° Les jeunes gens qui, absents, ont été représentés par leurs parents ou par les maires et au sujet desquels aucune observation n'aura été faite pour réclamer l'exemption ou la dispense (2);

3° Les absents qui ne se sont pas fait représenter (3).

---

(1) On mettra en regard du nom de chacun de ces jeunes gens : *présent, point de réclamation.*

(2) On mettra en regard du nom de chacun de ces jeunes gens : *absent, s'est fait représenter, point de réclamation.*

(3) On mettra en regard du nom de chacun de ces jeunes gens : *absent, ne s'est pas fait représenter.*

74. Mention spéciale relativement aux infirmités présumées simulées
ou aux mutilations volontaires.

Lorsque les jeunes gens sont dans le cas de demander l'exemption pour infirmités, et que ces infirmités sont de nature à faire
naître des soupçons, le sous-préfet consulte le maire de la commune, et, s'il résulte de sa déclaration ou de la notoriété publique
que les infirmités peuvent être simulées ou paraissent provenir
de mutilation volontaire, une annotation dans ce sens est portée
sur la liste de tirage.

75. Jeunes gens examinés dans le lieu de leur résidence.

Le sous-préfet annote sur la liste de tirage les jeunes gens qui
demandent ou ont déjà demandé à être visités dans le lieu de
leur résidence (nos 30 et 31 de la présente instruction).

76. Degré d'instruction des jeunes gens.

Les sous-préfets s'assurent avec le plus grand soin de l'exactitude des renseignements portés sur les tableaux de recensement au
sujet du degré d'instruction et de la profession des jeunes gens,
soit en questionnant ces jeunes gens eux-mêmes, soit par tout
autre moyen qu'ils jugent convenable, et ils rectifient ceux de
ces renseignements qu'ils reconnaissent inexacts.

77. Liste de tirage lue à haute voix.

Toutes les opérations du tirage étant terminées, la liste de
tirage est lue à haute voix (art. 17 de la loi).

78. Liste signée par le sous-préfet et par les maires.

Elle est ensuite arrêtée et signée par le sous-préfet et par les
maires du canton et annexée, avec les tableaux de recensement
rectifiés, au procès-verbal des opérations (art. 17 de la loi).

79. Procès-verbal des opérations.

Ce procès-verbal, dressé par le sous-préfet et signé tant par
lui que par tous les maires du canton, mentionne avec soin : la
date et la nature des opérations, leur durée, le nombre des jeunes
gens par commune compris définitivement sur les tableaux de
recensement et appelés à tirer au sort, l'ordre dans lequel les
communes ont été désignées pour le tirage, les noms et prénoms
des omis auxquels les premiers numéros ont dû être affectés, enfin
tous les incidents qui, à raison de leur nature ou de leur importance, doivent être signalés.

Il est rédigé suivant la formule ci jointe (modèle no 3).

80. Destruction des bulletins.

Tous les bulletins ayant servi au tirage au sort sont détruits immédiatement.

81. Publication de la liste.

La liste de tirage est publiée et affichée dans chaque commune du canton, conformément au dernier paragraphe de l'article 17 de la loi.

82. Modèle de la liste à publier.

L'affiche est conforme au modèle annexé à la présente instruction sous le n° 2 et comprend tous les jeunes gens du canton (1).

83. Documents adressés aux préfets.

Immédiatement après les opérations du tirage de chaque canton, le sous-préfet envoie au préfet du département une expédition authentique de la liste de tirage (modèle n° 2), ainsi que du procès-verbal qui a été dressé (modèle n° 3).

84. Documents relatifs aux jeunes gens à examiner au lieu de leur résidence.

Le sous-préfet adresse en outre, au préfet, dans le plus bref délai, un extrait particulier de la liste de tirage (modèle n° 12) concernant chacun des jeunes gens qui demandent à être examinés dans le département de leur résidence. Il y joint une feuille individuelle (modèle n° 13), ainsi qu'il est dit aux n°s 30 et 31 de la présente instruction (2).

85. Seconde expédition des tableaux.

Le sous-préfet remet aux maires la seconde expédition des tableaux de recensement après y avoir fait inscrire : 1° les rectifications convenables pour qu'elle soit conforme à celle qui est restée entre ses mains ; 2° tous les renseignements qui ont été portés sur la liste de tirage, conformément aux n°s 73, 74 et 75 de la présente instruction.

86. Renseignements à adresser au Ministre de la guerre.

Immédiatement après le tirage au sort, le préfet rend compte au Ministre de la guerre (*Bureau du Recrutement*) de la manière dont se sont effectuées les opérations du recensement et

---

(1) Les listes de tirage qui seront publiées comprendront seulement les colonnes 1 à 6 inclusivement du modèle n° 2.

(2) Voir à l'article 19.

du tirage, en faisant connaître, avec détail, toutes les circonstances importantes qui se rattachent à l'exécution de la loi, ainsi que les erreurs qui ont pu être commises.

Il joint à ce compte rendu :

1° Un état (modèle n° 14) indiquant par canton le nombre des jeunes gens inscrits sur la tiste de tirage ;

2° Un exemplaire des arrêtés qu'il a pris et des instructions qu'il a adressées, tant aux sous-préfets qu'aux maires, pour l'exécution de ces opérations.

(Art. 17.)

Modèle n° 2.
—
N° 59 de l'Instruction.

DÉPARTEMENT d

CANTON d

LISTE DU TIRAGE AU SORT

DES JEUNES GENS DE LA CLASSE DE 18 .

DÉPARTEMENT d

ARRONDISSEMENT d

CANTON

CLASSE DE 18

LISTE du tirage des jeunes gens de la classe.

1 NUMÉRO ÉCHU AU TIRAGE.	2 1° Nom; 2° Prénoms; 3° Surnoms.	3 PROFESSION.	4 COMMUNE à laquelle appartiennent les JEUNES GENS.	5 NUMÉRO D'INSCRIPTION sur le tableau de recensement rectifié.	6 MOTIFS D'EXEMPTION ou de dispense que les jeunes gens ou ceux qui les représentent se proposent de faire valoir devant le conseil de révision.	7 1° DATE, LIEU DE NAISSANCE et résidence personnelle des jeunes gens; 2° NOMS, prénoms et domicile des père et mère.	8 TAILLE des JEUNES GENS. Mètres. Millimètres.	10 DEGRÉ d'instruction des JEUNES GENS.	DÉCISIONS prises PAR LE CONSEIL DE RÉVISION jusqu'à la clôture de la liste du contingent. 11 Décision. 12 Motifs de la décision.	DÉCISIONS après LA CLÔTURE DE LA LISTE du contingent cantonal. 13 Décision. 14 Motifs de la décision.	15 OBSERVATIONS.
1	1° 2° 3°					Né le à canton d département d résidant à canton d département d fils de et de domicilié à					
2	1° 2° 3°					Né le à canton d département d résidant à canton d département d fils de et de domicilié à					

Arrêté par nous, Sous-Préfet de l'arrondissement d en présence des maires des communes d qui ont signé avec nous. (Colonnes 1 à 6.)

A , le 18 .

Le Maire de la commune d
Le Maire de la commune d

Le Maire de la commune d
Le Maire de la commune d
Le Sous-Préfet d

NOTA. La liste qui sera affichée et publiée contiendra seulement les colonnes 1 à 6 inclusivement.

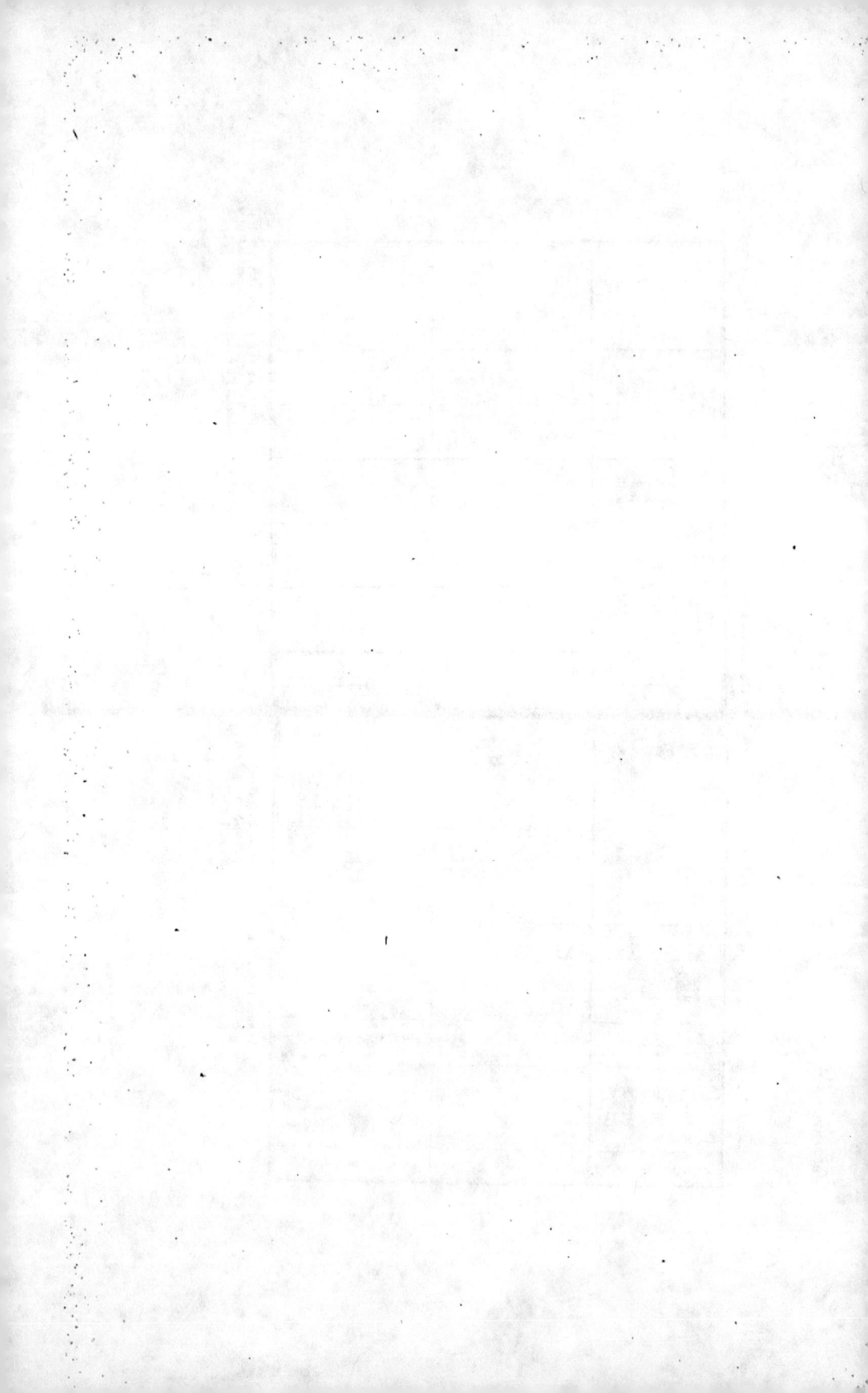

63. DÉPARTEMENT
d

ARRONDISSEMENT
d

CANTON
d

CLASSE D

PROCÈS-VERBAL

*de l'examen des tableaux de recensement et des
opérations du tirage pour le canton d*

(1) On mettra, selon le cas, ou *Sous - Préfet de l'arrondissement d , départe-ment d* ou *membre du conseil de préfecture du département d , délégué par le préfet ;* ou *secrétaire général de la préfecture du département d ; délégué par le préfet.*

(2) Indiquer la localité où la réunion a eu lieu, soit la salle ordinaire des séances de la mairie, soit toutes autres.

(3) Indiquer le nombre des communes composant le canton.

(4) Indiquer le nombre des gendarmes.

Cejourd'hui, mil huit cent à l'heure de , nous soussigné (1) , procédant pour l'appel de la classe de 18 , dans le canton d en exécution des articles 16, 17 et 18 de la loi du 15 juillet 1889 ; du décret en date du ; des instructions de M. le Ministre de la guerre, et en conformité de l'avis que M. le Préfet a fait publier, nous nous sommes rendu à chef-lieu du canton précité, dans l (2) , où nous avons trouvé réunis MM. les maires ou adjoints des (3) communes qui com-posent ce canton, et où s'était rendu aussi un officier de gendarmerie avec (4) gendar-mes, pour maintenir le bon ordre.

Nous avons ouvert la séance, après avoir pris les dispositions nécessaires pour que, confor-mément à la loi, elle fût publique ; nous nous sommes ensuite fait remettre, en double expédi-tion, par MM. les maires ou adjoints, le tableau de recensement de chaque commune, et nous avons successivement fait faire lecture à haute voix ; nous avons demandé, en même temps, aux personnes présentes si elles avaient quelques observations ou réclamations à présenter, tant au sujet des inscriptions portées sur lesdits ta-bleaux qu'à l'égard des omissions qui auraient pu être commises.

Ces observations ou réclamations entendues, nous avons, de concert avec MM. les maires ci-dessus désignés, procédé à l'examen et à la recti-fication des tableaux que nous avons définitive-ment arrêtés, après avoir pris l'avis de ces fonctionnaires. Ces tableaux présentent les ré-sultats suivants :

DÉSIGNATION DES COMMUNES.	NOMBRE d'ins-criptions que pré-sentait le tableau dressé par le maire.	RÉSULTATS des RECTIFICATIONS		NOMBRE d'inscriptions maintenues sur les tableaux rectifiés et égal à celui des jeunes gens devant participer au tirage au sort.	OBSERVATIONS.
		Nombre d'inscriptions retranchées.	Nombre d'inscriptions ajoutées.		
TOTAUX...					

Nous avons immédiatement signé, avec MM. les maires, les tableaux de recensement, et nous avons prévenu les jeunes gens et leurs parents que les réclamations qu'ils auraient à faire, relativement à la formation et à la rectification de ces tableaux, devaient être portées devant le conseil de revision.

(5) Indiquer le nombre des communes.

Nous nous sommes ensuite occupé de régler l'ordre dans lequel les (5)   communes composant le canton seraient appelées au tirage; en conséquence, après avoir fait établir un bulletin nominatif pour chacune de ces communes, nous avons fermé et roulé lesdits bulletins, et les avons jetés et mêlés dans l'urne disposée à cet effet, et le sort a déterminé l'ordre ci-après, dont il a été pris note, au fur et à mesure du tirage, sur une liste spéciale :

    1° Commune d

    2°

    3°

    4°, etc.

Passant aux opérations du tirage au sort entre

les jeunes gens, nous avons préalablement fait disposer et nous avons parafé les bulletins individuels nécessaires et portant un numéro différent, depuis le n° 1 jusqu'à celui de (6) inclus. Nous avons ensuite compté publiquement ces bulletins, et leur nombre ayant été reconnu égal à celui des jeunes gens inscrits sur les tableaux de recensement rectifiés, nous en avons fait la déclaration à haute voix.

Les bulletins portant les n°s (7) ont été mis de côté et divisés en deux séries ; les numéros de la première série ont été attribués de droit aux omis condamnés en vertu de l'article 69 de la loi ; les numéros de la seconde série, aux omis non condamnés. Nous avons inscrit ces divers omis dans l'ordre suivant, en tête de la liste de tirage, savoir :

(6) Indiquer le nombre en toutes lettres.

(7) Indiquer les numéros.

NUMÉRO AFFECTÉ à chacun des omis.	NOMS ET PRÉNOMS des jeunes gens.	DÉSIGNATION de la commune à laquelle ils appartiennent.	NUMÉRO de leur instruction sur les tableaux de recensement rectifiés.	OBSERVATIONS.
1				
2				
3				
4				
5				

(8) Indiquer ce nombre en toutes lettres.
(9) Indiquer le numéro (ce doit être celui qui suit immédiatement le dernier numéro retiré pour les omis.)

Les autres bulletins restant, au nombre de (8) , et formant une série continue, depuis le n° (9) , après avoir été placés chacun dans un étui ou olive de la même forme et de la même dimension, ont été jetés et mêlés dans l'urne destinée à les recevoir.

Le tirage a commencé alors, en suivant pour chaque commune l'ordre précédemment déterminé, et pour les jeunes gens, l'ordre de leur inscription sur les tableaux de recensement.

A mesure que les jeunes gens appelés se sont présentés, nous avons requis MM. les maires de déclarer s'ils sont les mêmes que ceux qui sont dénommés sur les tableaux de recensement, et, sur leurs réponses affirmatives, ces jeunes gens ont été admis successivement à tirer au sort. Le numéro que chacun d'eux a pris a été immédiatement proclamé et inscrit tant sur la liste de tirage que sur les tableaux de recensement.

Les parents des absents, ou, à leur défaut, les maires ou adjoints ont tiré à leur place.

Le tirage étant achevé, nous avons fait donner lecture de la liste de tirage ; après quoi cette liste a été arrêtée et signée de la même manière que les tableaux de recensement pour rester annexée, avec un double desdits tableaux, au présent procès-verbal.

Les bulletins ayant servi au tirage ont été immédiatement détruits.

(10)

(10) On relatera ici tous les incidents qui, à raison de leur nature ou de leur importance, devront être signalés.

Toutes les circonstances relatives à l'examen des tableaux de recensement et au tirage au sort pour le canton d   se trouvant constatées, nous avons clos le présent procès-verbal, qui, après lecture, a été signé tant par les maires ou adjoints qui nous ont assisté que par nous, les jour, mois et an que dessus, et à l'heure de

Le Maire de la commune d   *Le Maire de la commune* d

Le Maire de la commune d   *Le Maire de la commune* d

Le Maire de la commune d   *Le Maire de la commune* d

Le Sous-Préfet,

(Art. 17.)

DÉPARTEMENT

d

—

CLASSE DE 18   .

MODÈLE N° 14.

—

N° 86 de l'Instruction.

ÉTAT indiquant par canton le nombre des jeunes gens inscrits sur les listes de tirage de la classe de 18   , dans le département d   .

DÉSIGNATION		ÉPOQUE du tirage au sort dans chaque can- ton.	NOMBRE de jeunes gens inscrits sur la liste de ti- rage.	TOTAL par arrondisse- ment.	OBSERVA- TIONS.
des arrondissements.	des cantons.				
		TOTAL.........			

A   , le   18   .

Le Préfet du département d

CHAPITRE II.

PREMIÈRE SECTION.

DU CONSEIL DE REVISION CANTONAL. — DES EXEMPTIONS. DES DISPENSES ET
DES AJOURNEMENTS. — DES LISTES DE RECRUTEMENT CANTONAL.

ARTICLE 18.

Les opérations du recrutement sont revues, les réclamations auxquelles ces opérations peuvent donner lieu sont entendues, les causes d'exemption et de dispense prévues par les articles 20, 21, 22, 23 et 50 de la présente loi sont jugées en séance publique par un conseil de revision composé :

Du préfet, président ; à son défaut, du secrétaire général, et, exceptionnellement, du vice-président du conseil de préfecture ou d'un conseiller de préfecture délégué par le préfet ;

D'un conseiller de préfecture désigné par le préfet ;

D'un membre du conseil général du département autre que le représentant élu dans le canton où la revision a lieu, désigné par la commission départementale, conformément à l'article 82 de la loi du 10 août 1871 ;

D'un membre du conseil d'arrondissement autre que le représentant élu dans le canton où la revision a lieu, désigné comme ci-dessus, et, dans le territoire de Belfort, d'un deuxième membre du conseil général ;

D'un officier général ou supérieur désigné par l'autorité militaire.

Un sous-intendant militaire, le commandant de recrutement, un médecin militaire ou, à défaut, un médecin civil désigné par l'autorité militaire, assistent aux opérations du conseil de revision. Le conseil ne peut statuer qu'après avoir entendu l'avis du médecin.

Cet avis est consigné dans une colonne spéciale, en face de chaque nom, sur les tableaux de recensement.

Le sous-intendant militaire est entendu dans l'intérêt de la loi toutes les fois qu'il le demande, et peut faire consigner ses observations au procès-verbal de la séance.

Le sous-préfet de l'arrondissement et les maires des communes auxquelles appartiennent les jeunes gens appelés devant le conseil de revision assistent aux séances. Ils ont le droit de présenter des observations.

En cas d'empêchement des membres du conseil général ou du conseil d'arrondissement, le préfet les fait suppléer d'office par des membres appartenant à la même assemblée que l'absent ; ces membres, désignés d'office, ne peuvent être les représentants élus du canton où la revision a lieu.

Si, par suite d'une absence, le conseil de revision est réduit à quatre membres, il peut néanmoins délibérer lorsque le président, l'officier général ou supérieur et deux membres civils restent présents ; la voix du président n'est pas prépondérante. La décision ne peut être prise qu'à la majorité de trois voix. En cas de partage, elle est ajournée.

Dans les colonies, les attributions du préfet, des conseillers de préfecture et des conseillers d'arrondissement sont dévolues aux directeurs de l'intérieur, aux conseillers privés et aux conseillers généraux. Dans les colonies où il n'existe ni conseil privé, ni conseils généraux, des décrets régleront la composition des conseils de revision.

64. L'article 18 n'apporte à la loi de 1872 que des corrections peu importantes. Il décide notamment que le conseil ne pourra délibérer quand il sera réduit à quatre membres que si ces quatre membres sont le président, l'officier général ou supérieur et deux membres civils. Il exige aussi que l'avis du médecin soit consigné dans une colonne spéciale des tableaux de recensement.

Mais si le fonctionnement du conseil de revision est sensiblement le même, les décisions à prendre sont tout à fait différentes. L'instruction ministérielle du 28 mars 1890 indique très nettement les différents cas sur lesquels le conseil a à statuer. Nous les reproduirons sous chaque article visé par elle.

65. Il faut remarquer que c'est par suite d'une erreur que l'article 22, sur les soutiens de famille est visé dans l'article 18 ; car les causes de dispenses de l'article 22 ne sont pas jugées par le conseil de revision cantonal. Elles sont spécialement réservées au conseil de revision départemental institué par l'article 34 pour cette unique opération. Il y a là une contradiction formelle qui doit être corrigée.

66. L'instruction ministérielle du 28 mars 1890 règle comme suit la composition du conseil de revision :

COMPOSITION DES CONSEILS.

8. Présidence du préfet.

Les préfets doivent présider en personne les conseils de revision.

Ils peuvent sans doute être remplacés, soit par le secrétaire général, soit exceptionnellement par le vice-président du conseil de préfecture, ou même par un conseiller délégué; mais, dans l'intérêt des populations, non moins que dans l'intérêt de l'État, les cas d'absence doivent être rares. Les circonstances qui les motiveraient seront signalées immédiatement au Ministre de la guerre.

67.
9. Conseiller de préfecture, membre du conseil.

Le conseiller de préfecture qui fait partie du conseil ne peut remplacer le préfet comme président qu'en raison d'événement imprévu. Si l'absence du préfet se prolonge et s'il ne peut être suppléé ni par le secrétaire général, ni par le vice-président du conseil de préfecture, un nouveau conseiller est immédiatement appelé dans le conseil.

68.
10. Désignation des membres du conseil général et du conseil d'arrondissement.

Les membres des conseils généraux et des conseils d'arrondissement appelés à faire partie du conseil de revision doivent, aux termes de l'article 18 de la loi du 15 juillet 1889, être désignés par la commission départementale, conformément à l'article 82 de la loi du 10 août 1871.

Les préfets veillent, en exécution des prescriptions de la même loi, à ce que les membres ainsi désignés soient autres que les représentants élus dans les cantons où la revision a lieu.

Pour le territoire de Belfort et pour l'Algérie, la commission départementale est appelée à désigner un second conseiller général pour chaque canton ou centre de réunion, à défaut de membre du conseil d'arrondissement.

11. Absence du conseiller général ou du conseiller d'arrondissement.

Lorsque le conseiller général ou le conseiller d'arrondissement se trouve dans l'impossibilité d'assister au conseil de revision, il doit en prévenir le préfet assez à temps, afin qu'avant l'époque fixée pour la séance, ce fonctionnaire puisse convoquer la commission de permanence pour la désignation d'un suppléant.

Si l'avis lui parvient tardivement, le préfet est autorisé par la loi à désigner un suppléant d'office, autre que le représentant élu du canton visité.

69.

12. Membre militaire du conseil de revision.

La loi appelle à siéger au conseil de revision un officier général ou supérieur dont la désignation est faite par le général commandant le corps d'armée.

Le membre militaire doit tout particulièrement insister auprès du conseil pour faire ajourner ou classer dans le service auxiliaire les jeunes gens qui lui paraîtraient trop faibles et veiller à ce que ceux dont la taille se rapproche sensiblement du minimum ($1^m,54$) soient toisés avec le plus grand soin.

Son attention se porte également sur les notes que le commandant du bureau de recrutement est appelé à prendre en vue de l'affectation ultérieure des jeunes soldats aux différentes armes.

70.

13. Sous-intendant militaire.

La loi du 15 juillet 1889 exige la présence au conseil de revision d'un sous-intendant militaire. Les adjoints à l'intendance ne peuvent donc plus aujourd'hui être délégués près du conseil de revision.

Afin d'éviter que le sous-intendant reste trop longtemps éloigné de son poste, l'intendant militaire directeur du service de l'intendance peut, quand il le jugera nécessaire, demander au général commandant le corps d'armée la désignation d'un deuxième fonctionnaire dans les départements qui comptent plus de trente-six cantons.

14. Son rôle auprès du conseil de revision.

Le sous-intendant n'a pas voix délibérative, mais il est spécialement chargé de veiller à la stricte application de la loi et des instructions ministérielles.

Il remplit en quelque sorte, près du conseil de revision, les fonctions du ministère public auprès des tribunaux civils, et la loi lui donne toute latitude pour faire insérer au procès-verbal les observations qu'il juge convenable. Il rend compte de ces observations au Ministre, à l'issue de la séance, dans un rapport spécial.

Hors de sa présence, le conseil ne peut ni délibérer, ni prendre une décision.

Le préfet doit, comme président du conseil, veiller à ce que ce fonctionnaire puisse efficacement et librement remplir la mission importante que la loi lui confie.

71. 15. Assistance du commandant du bureau de recrutement.

Le commandant du bureau de recrutement devant, aux termes de la loi, assister aux séances de tous les cantons qui composent la subdivision de région, les itinéraires des départements dont le territoire ne coïncide pas avec la délimitation des subdivisions devront être réglés de manière à faciliter à cet officier supérieur l'accomplissement de sa mission.

En cas d'empêchement matériel, cet officier supérieur est remplacé par le capitaine adjoint au bureau de recrutement. Le Ministre de là guerre est immédiatement avisé par le général commandant le corps d'armée.

16. Notes qu'il prend pendant la séance.

Dès que l'itinéraire a été arrêté, le commandant du bureau de recrutement reçoit, par les soins du préfet, une expédition de la liste de tirage de chaque canton.

A l'aide de ce document, qui doit lui servir ultérieurement à établir le registre matricule prescrit par l'article 36 de la loi, il dresse un carnet de tournée sur lequel, au cours des séances, il prend note de l'aptitude militaire de chaque homme, tant sous le rapport de la profession que de la taille et de la constitution physique. Il inscrit l'arme à laquelle l'homme demande à être affecté et celle à laquelle il est apte.

Cette dernière inscription n'est faite qu'après avis du médecin et approbation du membre militaire.

17. Un sous-officier de recrutement assiste le commandant.

Un sous-officier de recrutement assiste le commandant pendant toute la tournée. Il est spécialement chargé de prendre le signalement des jeunes gens examinés.

72. 18. Assistance et désignation du médecin militaire.

A moins d'impossibilité absolue, des médecins militaires, ayant au moins le grade de médecin-major, doivent être exclusivement employés auprès des conseils de revision.

Ils sont désignés par le général commandant le corps d'armée, sur la proposition du directeur du service de santé, au moment du règlement de l'itinéraire. Ils peuvent être pris au besoin dans la subdivision même où ils doivent opérer; mais ils sont suppléés par un médecin pris dans l'une des subdivisions voisines pour la visite des cantons de la ville où ils tiennent garnison.

Le même médecin doit, autant que possible, faire toute la tournée. En cas d'empêchement absolu, le préfet rend compte au géneral commandant le corps d'armée, qui envoie sans délai un autre médecin militaire. Si ce médecin ne peut arriver en temps utile, le préfet a le droit de requérir provisoirement un médecin civil.

Pour que les médecins militaires puissent échapper à toute espèce d'obsession, il convient de tenir rigoureusement confidentiels les noms des médecins désignés, jusqu'au jour le plus rapproché possible du commencement des opérations.

Il est expressément interdit aux médecins d'examiner les jeunes gens hors de la présence du conseil de revision.

La loi spécifie (art. 71) les peines qu'ils encourraient s'ils recevaient des dons ou s'ils agréaient des promesses pour favoriser les jeunes gens soumis à leur examen.

19. Deux médecins peuvent être désignés au besoin pour un même canton.

Quelques cantons ont un chiffre d'inscrits trop élevé pour que la visite puisse être faite par un seul médecin, sans inconvénients pour le double intérêt des populations et de l'armée.

Les préfets sont autorisés dans ce cas à demander au général commandant le corps d'armée la désignation d'un second médecin. Il n'useront de cette faculté qu'avec la plus grande réserve et seulement quand le nombre des inscrits approchera de 300.

20. Compte à rendre au Ministre quand deux médecins sont jugés nécessaires.

Les préfets font connaître au Ministre de la guerre (*Bureau du Recrutement*) les cantons pour lesquels ils ont été obligés de demander à l'autorité militaire la désignation d'un second médecin. Ils indiquent en même temps le nombre des inscrits à visiter dans ces cantons.

Il est bien entendu que le médecin supplémentaire n'accompagnera le conseil que dans les cantons où il aura été indispensable de le convoquer exceptionnellement.

73.   21. Présence du sous-préfet aux séances du conseil de revision.

Le sous-préfet, ou le fonctionnaire qui a présidé à sa place l'opération du tirage au sort, est appelé par la loi à assister aux séances du conseil de révision, afin que ce conseil soit à même de se renseigner et de statuer, séance tenante, sur toutes les réclamations que peuvent former les jeunes gens, tant au sujet de la vérification des tableaux de recensement que de l'opération même du tirage.

Il a voix consultative.

22. Présence des maires.

Les maires de toutes les communes du canton sont tenus, pour le même motif, d'être présents au conseil de revision. Ceux qui, sans excuse légitime, s'abstiendraient d'y assister manqueraient à un devoir que la loi leur impose.

23. Utilité de la présence des maires.

Le conseil les consultera utilement, soit pour la constatation de l'identité des jeunes gens, soit pour certaines infirmités sur lesquelles la notoriété publique doit venir en aide à l'appréciation du médecin, soit enfin dans le cas où s'élèveraient contre un appelé des présomptions de mutilation volontaire.

Le conseil les invitera, surtout lorsqu'un jeune homme ne se présentera pas, à déclarer que son existence n'est pas douteuse, et à indiquer autant que possible les motifs de son absence.

Dans le cas de production de dossiers incomplets à l'appui de demandes de dispense, c'est aux maires qu'incombe le soin d'expliquer au conseil les causes qui ont empêché les jeunes gens de se procurer les pièces réglementaires. Ils doivent, au besoin, réclamer en faveur de leurs administrés des délais pour se les procurer.

74.　　　　SÉANCE DES CONSEILS DE REVISION.

24. Tenue, marques distinctives des membres du conseil et des fonctionnaires assistants.

Les membres du conseil de revision, ainsi que les fonctionnaires civils ou militaires que la loi désigne comme devant assister aux séances, doivent s'y rendre revêtus du costume ou des insignes extérieurs auxquels on peut reconnaître leur caractère public.

25. Leur place et leur rang.

Le général ou l'officier supérieur prend, quel que soit son grade, rang après le président; il s'assied à sa droite.

Le conseiller de préfecture se place à la gauche du président.

Le conseiller général occupe la seconde place à droite, et le conseiller d'arrondissement la seconde à gauche.

Le sous-intendant militaire, n'ayant que voix consultative, ne siège point parmi les membres du conseil de revision, mais il doit avoir une place spéciale immédiatement à la droite du conseil.

Le président du conseil de revision donne au commandant du bureau de recrutement toute facilité pour choisir une place qui lui permette de remplir les fonctions spéciales que la loi lui assigne.

26. Publicité des séances ; elles doivent s'ouvrir à l'heure fixée.

Les séances des conseils de revision sont publiques. Il est essentiel qu'elles soient ouvertes à l'heure précise fixée par la convocation. Les procès-verbaux devront donc indiquer, non seulement les heures d'ouverture et de levée des séances, mais aussi celle de la convocation, et signaler les causes des retards qui auraient pu se produire.

27. Présence et service de la gendarmerie.

Le président du conseil requiert un officier de gendarmerie et le nombre de gendarmes qu'il juge nécessaire pour l'exécution de toutes les mesures qui intéressent la police des séances et l'accomplissement des prescriptions de la loi.

L'officier de gendarmerie ne peut se dispenser, sur la réquisition du préfet, d'assister en personne aux séances du conseil de revision.

Les militaires de la gendarmerie sont employés près du conseil pour assurer le bon ordre et prêter main-forte, au besoin, pour l'exécution de la loi. Un gendarme pourra être chargé de faire l'appel des jeunes gens convoqués, et de les toiser.

DÉCISIONS DES CONSEILS DE REVISION.

75.

32. Nombre de voix nécessaires.

L'avant-dernier alinéa de l'article 18 spécifie que, lorsque le conseil de revision se trouve réduit à quatre membres par une absence inopinée, il peut néanmoins délibérer ; mais la loi subordonne expressément cette faculté (restriction que ne contenait pas la législation précédente) à la présence du *président*, de *l'officier général ou supérieur* et de *deux membres civils*.

Dans ce cas, d'ailleurs, les décisions ne sont valables que si elles sont rendues à la majorité de trois voix ; s'il y a partage, elles sont ajournées.

33. Comment les voix sont recueillies.

Les voix sont recueillies en commençant par celle du membre qui prend séance le dernier (le conseiller d'arrondissement) et en remontant successivement jusqu'au président.

ARTICLE 19.

Le conseil de revision se transporte dans les divers cantons. Toutefois, le préfet peut, exceptionnellemrnt, réunir plusieurs cantons et faire exécuter les opérations dans un même lieu.

Les jeunes gens portés sur les tableaux de recensement, ainsi que ceux des classes précédentes qui ont été ajournés, conformément à l'article 27 ci-après, sont convoqués, examinés et entendus par le conseil de revision au lieu désigné. Ils peuvent faire connaitre l'arme dans laquelle ils désirent être placés.

S'ils ne se rendent pas à la convocation, s'ils ne s'y font pas représenter, ou s'ils n'ont pas obtenu un délai, il est procédé comme s'ils étaient présents.

76. L'instruction ministérielle du 28 mars 1890 donne sur cet article toutes les explications utiles.

ITINÉRAIRE ET TOURNÉE DES CONSEILS DE REVISION.

4. Itinéraire des conseils de revision.

Les prefets règlent l'itinéraire, de concert avec les généraux commandant les corps d'armée, et de manière à réduire les dépenses au minimum.

Tout séjour sans séance dans une localité, même au chef-lieu du département, et toute interruption de la tournée doivent être évités à moins d'absolue nécessité. Lorsqu'une interruption sera indispensable, sa durée devra être calculée de manière que les membres militaires du conseil de revision puissent rentrer à leur poste sans que les frais du voyage (aller et retour) soient supérieurs à l'indemnité de recrutement qu'ils toucheraient pour séjour.

5. Fixation du lieu et du jour des séances.

Les séances doivent, en principe, être tenues au chef-lieu de canton. Toutefois, les préfets ont, aux termes de l'article 19 de la loi, la faculté de convoquer et de visiter les jeunes gens dans une localité à leur choix, même hors du canton.

Ils peuvent également visiter le même jour deux cantons, soit dans la même localité, soit dans des localités différentes.

Ils n'useront de cette faculté qu'avec une extrême réserve.

6. Fixation de l'heure d'ouverture des séances.

Les préfets feront en sorte que le conseil de revision soit réuni de bonne heure dans la localité où il doit siéger, afin qu'il puisse examiner sans précipitation les jeunes gens et entendre leurs réclamations.

Il est essentiel que le conseil ait le temps de recueillir, sur les lieux mêmes, les renseignements nécessaires pour statuer en connaissance de cause à l'égard des jeunes gens qui ont négligé de répondre à leur ordre de convocation, et plus particulièrement encore, au sujet de ceux qui sont atteints d'infirmités faciles à simuler, telles que la surdité, l'épilepsie, l'idiotisme, etc.

7. Envoi au Ministre de la guerre d'un exemplaire de l'itinéraire.

Aussitôt que l'itinéraire est arrêté, les préfets en adressent au Ministre de la guerre (*Bureau du Recrutement*), sans lettre d'envoi, une expédition manuscrite, établie sur format tellière ($0^m,32 \times 0^m,21$).

Si le préfet a convoqué un ou plusieurs cantons hors du chef-lieu, cette expédition est accompagnée d'une lettre explicative. Les départements de la Corse et de l'Algérie sont dispensés de fournir ces explications.

77.   CONVOCATION DES JEUNES GENS DEVANT LE CONSEIL DE REVISION.

1. Tous les jeunes doivent être convoqués.

Aux termes de la loi du 15 juillet 1889, tout Français valide est appelé à faire partie de l'armée active et des réserves.

De cette prescription résulte la nécessité de faire comparaître chaque année tous les inscrits devant le conseil de revision.

2. Ordre de convocation.

A cet effet, les préfets établissent, conformément au modèle ci-joint n° 1, des ordres individuels de convocation indiquant les lieu, jour et heure de la réunion du conseil de revision pour chaque canton.

3. Notification à domicile.

Ces ordres sont notifiés par les soins des maires de chaque commune, à domicile et huit jours au moins d'avance :

1° A tous les jeunes gens maintenus sur le tableau de recensement tel qu'il a été rectifié le jour du tirage ;

2° Aux jeunes gens ajournés les années précédentes.

DÉPARTEMENT

—

CANTON

—

COMMUNE

Modèle Nº 1.

CLASSE D

CONVOCATION

devant le conseil de revision, adressée par le Préfet et notifiée par le Maire.

(1) Nom et prénoms,

(2) Jour et date.

(3) Localité où a lieu la réunion.

Le sieur (1)   , inscrit sur les tableaux de recensement de la commune d   , est invité à se présenter devant le conseil de revision qui se réunira le (2)   , à   heures (3)   pour procéder à la formation de la classe de

Le Préfet du département

d

(Signature du Préfet.)

Notifié au jeune homme ci-dessus dénommé, le

Le Maire de la commune

d

(Signature.)

AVIS.

Les jeunes gens doivent se présenter devant le conseil au jour et à l'heure fixés par la présente convocation.

S'ils ne se présentent pas, ou s'ils ne se font pas représenter, ou s'ils n'obtiennent pas de délai, il est procédé comme s'ils étaient présents.

Les jeunes gens qui ont à réclamer le bénéfice des articles 21, 23, 28, 29, 30, 50 et 82 de la loi du 15 juillet 1889, doivent présenter leurs réclamations au conseil de revision le jour fixé par la présente convocation.

Toute réclamation faite ultérieurement serait nulle et non avenue. (Art. 18 de la loi.)

Les réclamations doivent être accompagnées, suivant les cas, des pièces justificatives énumérées d'autre part.

29. Tous les jeunes gens doivent se faire visiter.

Tous les jeunes gens, sauf ceux dont l'exemption est prononcée pour infirmités, devant aujourd'hui le service militaire, ils ont un intérêt majeur à ne pas négliger de se présenter devant le conseil de revision.

Les préfets et les maires auront soin de le leur rappeler, en ajoutant que la réforme d'un homme compris dans le contingent comme absent n'est prononcée que s'il est absolument impossible de l'utiliser dans un service quelconque.

78.

VISITE DES JEUNES GENS.

28. La visite médicale a lieu à huis clos.

La constatation de l'aptitude physique des jeunes gens a lieu à huis clos, mais en présence du conseil de revision tout entier.

Cette prescription, qui a pour but de soustraire les jeunes gens à une indiscrète curiosité, ne saurait être considérée comme contraire au principe de la publicité des séances du conseil de revision.

Le préfet pourra d'ailleurs permettre l'entrée du lieu réservé pour cette opération au père ou au tuteur du jeune homme examiné.

31. Mesures étalonnées.

Tous les chefs-lieux de canton doivent tenir à la disposition du conseil de revision un double mètre étalonné. L'état de ces instruments est contrôlé annuellement par le vérificateur des poids et mesures, et, autant que possible, avant la tournée du conseil.

Dans le cas où les jeunes gens seraient visités hors du chef-lieu de canton, le conseil aurait à transporter avec lui un double-mètre.

34. Conseils seuls juges des documents.

Les droits des parties sont constatés par des certificats ainsi que des documents authentiques, sur la valeur desquels les conseils de revision ont seuls qualité pour se prononcer.

79. 37. Délais accordés pour production de pièces ou pour se présenter.

Les jeunes gens peuvent obtenir du conseil de revision des délais soit pour se présenter, soit pour réunir, à l'appui des réclamations par eux formulées, les pièces justificatives qu'ils n'auraient pu se procurer au jour de la séance.

38. Durée de ce délai.

Les conseils de revision convoquent, pour telle séance qu'ils jugent convenable, les jeunes gens auxquels ils accordent ces délais. Mais, dans aucun cas, ils ne pourront s'étendre au delà du dixième jour suivant la date fixée par décret pour la fin de la tournée, jour où le conseil se réunit au chef-lieu de département pour prononcer la clôture de ses opérations.

39. Constatation de l'identité du jeune homme qui se présente après avoir obtenu un délai.

Quand le conseil de revision statue sur les jeunes gens auxquels des délais ont été accordés, il s'assure de leur identité, afin d'éviter des substitutions de personnes d'autant plus faciles que l'appelé se présente alors dans un canton où il n'est souvent pas connu.

80. 40. Vérification des tableaux de recensement et de l'opération du tirage.

Le conseil de revision constate la validité des inscriptions effectuées sur les tableaux de recensement et la régularité de l'opération du tirage.

L'attention du conseil de revision se porte tout particulièrement sur l'application des dispositions de l'article 17 de la loi, imposant les premiers numéros de tirage aux omis condamnés ou non, volontaires ou involontaires.

Dans le cas où ces dispositions n'auraient pas été appliquées, le conseil de revision annule le numéro tiré par l'omis, et le porte en tête de la liste avec les autres omis suivant les règles tracées par le n° 63 de l'instruction du 4 décembre 1889.

81. 41. Le conseil de revision indique la classe avec laquelle doivent marcher les jeunes gens visés par les articles 11 et 12 de la loi.

Les jeunes gens appelés à participer au tirage au sort dans les conditions spécifiées aux articles 11 et 12 de la loi ne sont assujettis qu'aux obligations de service de la classe à laquelle ils appartiennent par leur âge.

Le président signale ces jeunes gens à l'attention du conseil de revision, qui rend à leur égard une décision indiquant la classe avec laquelle ils marchent.

Cette décision est consignée en regard du nom de l'inscrit.

Ces jeunes gens ne sont pas des omis; ils peuvent réclamer les dispenses survenues postérieurement à la formation de la classe à laquelle ils sont ainsi reportés.

82.

42. Radiations.

Le conseil de revision raye de la liste, après avoir entendu le sous-préfet en ses observations, tout jeune homme qui lui paraît avoir été inscrit contrairement aux prescriptions de la loi et de l'instruction du 4 décembre 1889, et statue sur toutes les réclamations qui peuvent lui être présentées au sujet du tirage.

Il raye également les jeunes gens qui, depuis le tirage, sont décédés ou qui justifient, par la production d'un jugement, avoir perdu la nationalité française.

Il raye enfin les jeunes gens résidant soit en Algérie, soit aux colonies, qui justifient avoir été inscrits sur les tableaux de recensement du lieu de leur résidence (dernier alinéa de l'art. 13 de la loi).

43. Décisions annotées sur les listes de tirage.

Les préfets veilleront à ce que les décisions du conseil de revision soient annotées sur les listes de tirage.

83. Quant aux jeunes gens résidant hors de leur domicile ou à l'étranger désirant passer la visite au lieu où ils se trouvent, ils doivent suivre les prescriptions suivantes indiquées dans la circulaire ministérielle du 4 décembre 1889, sous les numéros 30, 31 et 32.

30. Jeunes gens visités au lieu de leur résidence.

Les maires ont soin de prévenir leurs administrés que les jeunes gens résidant hors du département qui sollicitent l'autorisation de se faire visiter par le conseil de revision du département où ils se trouvent, doivent faire leur demande, le jour même du tirage au sort, au fonctionnaire chargé de présider à cette opération dans le canton.

Cette demande, transmise au préfet, peut être accueillie si elle est motivée sur des considérations laissées à l'appréciation de ce fonctionnaire.

Tout homme qui, avant l'ouverture des opérations des conseils de revision, n'aurait pas été avisé que sa demande a été accueillie, doit se présenter dans le canton où il a participé au tirage au sort.

84.   31. Visite des jeunes gens qui résident à l'étranger.

Les préfets autorisent également la visite au lieu de leur résidence des jeunes gens qui séjournent à l'étranger, mais la demande doit en être faite au maire de la commune du domicile, le 15 janvier au plus tard. Dès cette époque, les maires adressent aux préfets, par l'intermédiaire des sous-préfets, un extrait particulier des tableaux de recensement (modèle n° 12) concernant chacun de ces jeunes gens.

Ils y joignent une feuille individuelle (modèle n° 13) contenant tous les renseignements qui sont de nature à éclairer sur la position de famille de ces jeunes gens et à mettre à même d'en reconnaître l'identité.

Les préfets, sans avoir besoin de réclamer l'autorisation du Ministre de la guerre ni l'intermédiaire du Ministre des affaires étrangères, les signalent sans retard à nos agents à l'étranger, en leur transmettant tous les renseignements qu'ils ont recueillis.

Nos agents, aussitôt après la réception de ces pièces, font procéder, en leur présence, par le médecin attaché à l'ambassade ou au consulat, à la visite des jeunes gens qui leur ont été ainsi signalés, après avoir au préalable constaté leur identité. Ils transmettent sans retard et *directement* aux préfets le résultat de cette visite.

Mais les préfets ne doivent autoriser les jeunes gens résidant à l'étranger à se faire visiter au lieu de leur résidence que dans les cas exceptionnels, et alors seulement que ces jeunes gens ont à invoquer, comme motif d'exemption, une infirmité d'une nature telle que l'inaptitude au service militaire ne puisse faire doute pour personne. Les frais de visite sont à leur charge.

(Art. 19,)

MODÈLE N° 12.
—
Nos 31 et 84
de l'instruction.

DÉPARTEMENT
d
ARRONDISSEMENT
d
CANTON
d

Recrutement.

CLASSE d

EXTRAIT du tableau de recensement rectifié et de la liste de tirage du canton
en ce qui concerne un jeune homme du département d
à examiner } par le conseil de revision du département d
en présence du consul de France à

NUMÉRO échu au tirage.	1° NOM DE FAMILLE. 2° PRÉNOMS. 3° SURNOMS.	DATE ET LIEU de NAISSANCE.	1° RÉSIDENCE PERSONNELLE du jeune homme. 2° NOMS, PRÉNOMS ET DOMICILE de ses père et mère. 3° SA TAILLE.	PROFESSION 1° du jeune homme ; 2° de ses père et mère.	NUMÉRO d'inscription sur le tableau de recensement rectifié.	MOTIF D'EXEMPTION ou de dispense qu'il se propose de faire valoir.	OBSERVATIONS et indication, autant que possible, du signalement du jeune homme.
1	2	3	4	5	6	7	8
	1° 2° 3°	Né le à	1° Résidant à canton d département d 2° Fils de domiciliés à et d 3° Un mètre millimètres.	1° 2°			

VU :
Le Préfet,

A , le 18 .

POUR EXTRAIT CONFORME :
Le Sous-Préfet,

Résultat de la visite faite } par le conseil de revision du département d
en présence du Consul de France à

DATE DE L'AVIS.	AVIS.	MOTIFS DE L'AVIS.	SIGNALEMENT.	OBSERVATIONS.
			Cheveux sourcils yeux Front nez bouche teint Menton visage Marques particulières Taille d'un mètre millimètres.	

CERTIFIÉ véritable par nous } préfet du département d
consul de France.

A , le 18 .

(Art. 19.)

MODÈLE Nᵒ 13.

Nᵒˢ 31 et 84
de l'instruction.

DÉPARTEMENT
d

ARRONDISSEMENT
d

CANTON
d

CLASSE d

COMMUNE d

Feuille de renseignements sur la famille d'un jeune homme absent de la classe d .

Le sieur et la dame
père et mère du nommé , de la classe
de , nᵒ , ont contracté légalement mariage
le de l'année ; de ce mariage
sont issus les enfants dont les noms suivent :

(1) Les enfants des deux sexes, tant vivants que morts, seront portés les uns à la suite des autres, et suivant la date de leur naissance.

(2) On indiquera, dans cette colonne, si les enfants mâles sont présents dans la commune ou à l'armée.
Pour les filles, on indiquera si elles sont mariées et le lieu où elles résident.

PRÉNOMS des ENFANTS (1).	DATE de leur naissance	DATE DU DÉCÈS pour ceux qui sont morts.	POSITION ACTUELLE de chaque enfant (2).	OBSERVATIONS.

Je soussigné, Maire de la commune d ,
certifie véritables les renseignements portés au présent tableau.

A , le 18 .

Vᵤ :
Le Sous-Préfet de l'arrondissement d

Vᵤ :
Le Préfet du département d

85. 32. Le conseil de revision du domicile prend seul une décision définitive.

Les jeunes gens qui demandent à être visités hors de leur département doivent être prévenus que le conseil de revision de la résidence ne fait qu'émettre un avis qui servira sans doute à éclairer le conseil de revision du domicile, mais que ce dernier n'est pas tenu de suivre pour sa décision.

A plus forte raison, l'avis émis pour les jeunes gens résidant à l'étranger ne saurait-il enchaîner la décision du conseil de revision. Les maires et les sous-préfets ne manquent pas de faire comprendre aux jeunes gens quelles sont les conséquences auxquelles ils s'exposent, en ne comparaissant pas devant le conseil de revision de leur domicile appelé exclusivement à prendre une décision définitive à leur égard.

86. L'examen des jeunes gens ainsi autorisés est réglé comme suit par l'instruction du 28 mars 1890 :

JEUNES GENS EXAMINÉS AU LIEU DE LEUR RÉSIDENCE.

44. Convocation des jeunes gens étrangers au département.

Les jeunes gens qui ont été autorisés à se faire visiter hors de leur département sont convoqués par le préfet du département de la résidence pour la première séance que le conseil de revision tient au chef-lieu, quelle que soit la résidence des jeunes gens dans le département.

Si les jeunes gens à examiner sont en trop grand nombre, le conseil de revision consacre plusieurs séances à leur visite.

45. Ils peuvent être visités avant l'époque fixée pour l'ouverture des opérations.

Rien ne s'oppose même à ce que ces jeunes gens soient examinés quelques jours avant l'époque fixée pour le commencement des opérations, afin que le conseil de revision du domicile soit mis en mesure de statuer à leur égard sans être obligé de leur accorder un délai.

46. Constatation de leur identité.

Lorsque les jeunes gens se présentent, ils doivent être munis de toutes les pièces authentiques qui peuvent servir à constater leur identité et à justifier qu'ils sont réellement en résidence dans la localité.

47. Mesures à prendre en cas de doute sur leur identité.

Si leur identité ne paraît pas complètement établie, le conseil de revision s'abstient de donner un avis sur leur aptitude physique. Dans ce cas, il transmet immédiatement l'extrait de la liste de tirage au préfet du domicile, après y avoir consigné les circonstances qui laissent des doutes sur l'identité; il renvoie en même temps les jeunes gens devant le conseil de revision de leur domicile.

48. Le conseil de revision du domicile peut seul statuer.

Le conseil de revision de la résidence est appelé à donner simplement *un avis*. C'est au conseil de revision du domicile seul qu'il appartient, d'après la loi, de prendre une *décision* pour accorder ou refuser l'exemption ou la dispense. Ce dernier conseil a donc toujours le droit, dans l'intérêt des jeunes gens comme dans l'intérêt de l'armée, d'examiner de nouveau le jeune homme qui a été visité au lieu de sa résidence, s'il se présente devant lui en temps utile.

49. Renvoi des pièces.

Le préfet du département de la résidence doit renvoyer au préfet du département du domicile l'extrait de la liste, avec l'*avis* du conseil de revision, dans les *deux jours* qui suivent la date fixée pour la visite des jeunes gens. Le signalement des individus examinés sera annexé à l'extrait de la liste de tirage.

50. Demande de délai.

Le conseil de revision de la résidence n'a point à accorder de délai à ces jeunes gens. S'ils ne se rendent pas à la séance, leur non-comparution est constatée sur l'extrait de la liste de tirage, qui doit toujours être renvoyé au préfet du département de leur domicile, à l'époque indiquée ci-dessus.

87. L'article 19 permet aux jeunes gens de faire connaître l'arme dans laquelle ils désirent être placés. A cet effet et pour permettre au commandant de recrutement d'opérer sa répartition, l'aptitude aux différentes armes doit être relevée au conseil de revision, suivant les règles ci-après tracées par l'instruction du 17 mars 1890.

V. APTITUDE PARTICULIÈRE AUX DIFFÉRENTES ARMES.

Les jeunes gens déclarés propres au service actif sont répartis par les commandants de recrutement dans les différentes armes, suivant leurs aptitudes physiques et professionnelles, en se conformant aux fixations déterminées chaque année par une instruction ministérielle.

Les principales qualités physiques nécessaires à certaines armes sont d'abord la taille, puis l'aptitude à la marche, à l'équitation, au tir, au service d'exploration, à porter la charge du soldat, aux manœuvres de force; et l'une ou l'autre de ces aptitudes doit être entière, pour que l'homme puisse concourir utilement au rôle affecté à son arme en temps de guerre.

La première de ces aptitudes, étant particulièrement fixée pour chaque arme, est facile à constater à l'aide d'une toise ; mais la détermination préalable des autres est plus complexe, et la compétence spéciale d'un médecin militaire pour apprécier les qualités physiques des hommes est souvent nécessaire. En conséquence, il peut être appelé à donner son avis sur l'aptitude physique, soit avant l'incorporation dans les bureaux de recrutement, soit après l'incorporation, devant les chefs de corps ou devant les commissions départementales, lorsque ces dernières ont à statuer sur des changements d'armes. Dans ces circonstances, on se guidera sur les principes suivants :

88.   INFANTERIE.

L'*aptitude à l'infanterie* comporte :

1° L'*aptitude à la marche* résultant de l'intégrité des membres inférieurs et de leur bonne conformation ;

2° L'*aptitude à porter le fusil*, les *munitions* et l'*équipement*, fardeau actuellement de 28 kilogrammes environ, qui exige une grande vigueur musculaire et que l'on imposerait inutilement à des sujets grêles ;

3° L'*aptitude au tir à longue portée*, qui n'est possible qu'à la condition de posséder une *acuité visuelle normale*, au moins pour l'un des deux yeux, le tir pouvant s'effectuer, par l'habitude, avec autant de précision de l'œil gauche que de l'œil droit.

Les hommes incorporés dans l'infanterie qui ne réunissent pas ces aptitudes ne peuvent être employés utilement que dans les services accessoires des corps.

La deuxième condition d'aptitude n'est pas indispensable pour les *officiers de l'arme*, ceux-ci n'étant pas soumis à l'obligation de porter la *charge du soldat*.

89. CAVALERIE.

L'*aptitude à la cavalerie* comporte :

1° L'*aptitude physique à l'équitation*, qui demande plus de souplesse que de vigueur, exclut l'obésité et des cuisses trop courtes ; la conformation des jambes et celle des pieds peut d'ailleurs n'être pas irréprochable ;

2° L'*aptitude au service d'exploration* qui exige une *acuité visuelle* normale, sinon des deux yeux, du moins de l'un d'eux, et un *champ de vision binoculaire bilatéral* supérieur à 1/2.

Il faut ajouter que les hommes employés comme télégraphistes doivent pouvoir distinguer nettement *le vert du rouge*.

Les conditions d'aptitude relatives à l'*équitation* et au *service d'exploration* sont indispensables aux *officiers de l'arme*, les obligations du service étant sous ces rapports pour eux au moins égales, sinon plus importantes, que celles des hommes de troupe.

90. ARTILLERIE.

L'*aptitude à l'artillerie* comporte, pour les servants *à pied* ou *à cheval, les conducteurs de batteries de montagne et les pontonniers :*

1° L'*aptitude à la marche*, qui résulte de l'intégrité des membres inférieurs et de leur bonne conformation ;

2° L'*aptitude aux manœuvres de force*, c'est-à-dire être vigoureusement musclés et sans hernie ;

3° L'*aptitude au pointage des pièces* pour le tir à longue portée qui exige une *acuité visuelle normale*, au moins pour l'un des deux yeux.

Les pontonniers doivent, en outre, pouvoir distinguer *le vert du rouge*.

Ces aptitudes ne sont pas indispensables à l'*officier de l'arme*, même celles qui sont relatives au *tir*, attendu qu'il peut, à l'aide d'une lunette de campagne, donner satisfaction aux besoins de ce service.

En revanche, l'aptitude physique à l'*équitation* lui est nécessaire, ainsi qu'aux servants à cheval et aux conducteurs des batteries montées et à cheval. Ces derniers doivent être assez vigoureux pour porter des fardeaux, mais la conformation des jambes et celle des pieds peut ne pas être irréprochable.

91. GÉNIE ET SAPEURS-POMPIERS.

L'*aptitude au service du génie* comporte :

1° Les *aptitudes physiques* nécessaires à l'*infanterie*, surtout au point de vue de la marche ;

2° Les *aptitudes aux manœuvres de force ;*

3° Les *perfections de la vue* sont moins indispensables que dans l'*infanterie*, le tir à longue portée n'étant qu'accidentel pour l'arme du génie, où les aptitudes professionnelles deviennent particulièrement prépondérantes ; mais les hommes du régiment de chemins de fer doivent pouvoir distinguer nettement *le vert du rouge.*

Les *conducteurs du génie* sont en petit nombre et ils sont triés au régiment même, après l'incorporation, dans les mêmes conditions que ceux de l'artillerie.

Les aptitudes physiques des *officiers du génie* doivent être identiques à celles des officiers d'infanterie, les obligations matérielles du service étant semblables.

92. TRAIN DES ÉQUIPAGES.

L'*aptitude au train des équipages* comporte pour les conducteurs de mulets de bât :

1° L'*aptitude à la marche ;*
2° L'*aptitude aux manœuvres de force.*

Les autres cavaliers du train doivent réunir les mêmes conditions physiques que les conducteurs à cheval de l'artillerie ; c'est-à-dire posséder l'aptitude physique à l'équitation et être assez *vigoureux* pour porter des fardeaux. Les hommes *dont les membres sont mal conformés pour la marche et ceux dont la vision n'est pas irréprochable peuvent satisfaire à ce service.*

Pour les officiers de l'arme, les obligations du service n'exigent que l'*aptitude physique* à l'*équitation.*

93. ARTIFICIERS, OUVRIERS D'ARTILLERIE ET D'ADMINISTRATION, INFIRMIERS MILITAIRES.

Dans les compagnies d'*ouvriers d'artillerie* et d'*artificiers*, dans les sections de *commis et ouvriers d'administration*, et dans les sections d'*infirmiers*, les aptitudes professionnelles sont prépondérantes et les aptitudes physiques secondaires : l'aptitude à la marche peut être médiocre, et la vision imparfaite. Cependant, les ouvriers des sections d'administration doivent posséder la vigueur nécessaire pour porter des fardeaux, et il faut écarter des sections d'infirmiers les hommes de constitution chétive qui offriraient peu de résistance à l'atteinte des maladies contagieuses auxquelles ils sont particulièrement exposés ; des hommes assez vigoureux y sont aussi nécessaires pour exécuter la manœuvre de force qui consiste à soulever un malade dans son lit ou à le porter seul d'un lit à un autre.

ARTICLE 20.

Sont exemptés par le conseil de revision, siégeant au chef-lieu de canton, les jeunes gens que leurs infirmités rendent impropres à tout service actif ou auxiliaire.

Il leur est délivré, pour justifier de leur situation, un certificat qu'ils sont tenus de représenter à toute réquisition des autorités militaire, judiciaire ou civile.

94. Cet article contient l'énoncé de la fonction principale du conseil de revision. C'est, après la visite des jeunes gens, la décision à prendre sur leur état physique. A cet égard le conseil peut s'arrêter à trois partis : exempter le jeune homme comme impropre à tout service, le déclarer bon pour le service actif ou l'envoyer dans les services auxiliaires. Il peut également l'ajourner comme nous le verrons sous l'article 27.

95. On entend par services auxiliaires tous les services accessoires dépendant de l'armée, comme les bureaux, les magasins, les ateliers. On comprend que des jeunes gens impropres à porter un fusil ou à faire le métier actif de soldat puissent être, au contraire, d'excellents employés ou ouvriers.

96. A cet égard et pour prendre une détermination, le conseil ne dépend que de sa conscience; mais des instructions ministérielles ont pris soin d'établir des règles qui servent de base à ses décisions.

L'instruction ministérielle du 28 mars 1890 fixe comme suit les principes généraux :

EXEMPTIONS.

51. Avis du médecin sur les infirmités motivant l'exemption.

Le conseil de revision ne peut accorder l'exemption que pour infirmités incompatibles avec le service militaire et après avoir entendu l'avis du médecin.

Le président donnera aux médecins tout le temps nécessaire pour qu'ils puissent procéder à un examen très attentif. Il veillera à ce que ces médecins exposent au conseil les caractères des infirmités constatées, avec toute la netteté possible pour l'éclairer sur les causes qui motivent l'exemption de préférence à l'ajournement ou au classement dans le service auxiliaire.

52. Infirmités qui motivent l'exemption ou l'affectation au service auxiliaire.

Une instruction du conseil de santé des armées fait connaître les infirmités qui rendent absolument impropre au service militaire et doivent motiver l'exemption, ainsi que les infirmités qui permettent aux jeunes gens de faire partie du service auxiliaire de l'armée.

97. 53. Visite à domicile.

Quand un jeune homme établit par documents authentiques qu'il est atteint d'une maladie ou d'une infirmité le mettant dans l'impossibilité matérielle absolue de se rendre devant le conseil de revision, un délai doit lui être accordé si les motifs allégués permettent d'espérer qu'il pourra comparaître en personne. Dans le cas contraire, le conseil autorise la visite du réclamant à domicile, par un médecin militaire, assisté d'un officier de gendarmerie.

Le préfet avise de cette autorisation le général commandant la subdivision qui désigne le médecin et l'officier chargés de cette mission.

98. 54. Enquêtes à faire pour les infirmités faciles à simuler.

Lorsque l'exemption est demandée pour surdité, bégaiement, épilepsie, etc., et généralement pour les cas où l'infirmité, n'étant pas apparente, peut être facilement simulée, les conseils de revision doivent suspendre leur décision et faire procéder à des investigations scrupuleuses, au besoin même à des enquêtes sur les lieux, afin d'être complètement éclairés sur la réalité des infirmités alléguées.

55. Les jeunes gens ne peuvent être envoyés dans les hôpitaux.

Il ne peuvent cependant, dans aucun cas, envoyer un jeune homme à l'hôpital pour y être placé en observation.

99. 30. Cas où le conseil peut statuer en l'absence des jeunes gens.

Comme la loi laisse aux conseils de revision la faculté de déterminer, suivant les circonstances, le mode de visite des jeunes gens qui sont convoqués, ce conseil, en vertu de son pouvoir discrétionnaire, peut appliquer l'exemption à un individu absent dont l'inaptitude lui parait suffisamment établie tant par les pièces produites que d'après les renseignements pris par l'administration locale. Cependant, afin d'éviter l'abus et la fraude, le conseil ne doit user de cette faculté que dans les cas qui sont de notoriété publique ou sur lesquels les justifications ne laissent aucune incertitude.

100.   56. Certificats à délivrer aux exemptés.

L'homme exempté pour infirmités doit, aux termes de l'article 20 de la loi, recevoir un certificat pour justifier de sa situation.

Ce certificat, établi par le préfet, est conforme au modèle ci-joint (n° 3).

(Art. 20.)

Modèle n° 3.

RÉPUBLIQUE FRANÇAISE.

LIBERTÉ, ÉGALITÉ, FRATERNITÉ.

PRÉFECTURE D

CLASSE DE

COMMUNE
d

ARRONDISSEMENT
d

CANTON
d

N°   de tirage.

CERTIFICAT

CONSTATANT L'EXEMPTION

(Art. 20 de la loi du 15 juillet 1889.)

Le Préfet d   , soussigné, certifie que le sieur

né à   , département de

le   18   , fils d

et d   , ayant la taille d'un mètre   millimètres, et exerçant

la profession d   , a été inscrit sur les tableaux de recensement de la classe

de 18   , et qu'il a été exempté, par le conseil de revision, pour infirmités.

Fait à   , le   189   .

(Signature.)

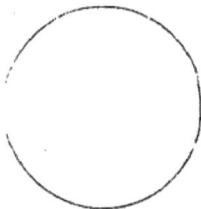

101.

62. Définition du service auxiliaire.

Le conseil de revision s'inspirera, pour le classement dans le service auxiliaire, des considérations ci-après résultant des définitions données lors de la discussion de la loi, tant à la Chambre des députés qu'au Sénat.

Le service auxiliaire comprend deux catégories de jeunes gens : d'abord ceux qui n'ont pas la taille de 1^m,54 ; puis, ceux qui sont atteints d'infirmités ou de difformités qui, sans motiver l'exemption, les rendent absolument incapables d'un service actif.

Ces jeunes gens ne sont jamais appelés, si ce n'est dans le cas de mobilisation ou de guerre.

Ils sont répartis entre diverses catégories susceptibles d'être utilisées : notamment dans les lieux de concentration pour le service d'alimentation; dans les stations haltes-repas; dans les diverses places lors de la mobilisation; pour la réquisition des chevaux et voitures ; dans les bureaux de l'intendance, du recrutement et des corps de troupe en temps de guerre.

102. L'instruction du conseil de santé visée ci-dessus complète et détaille les instructions générales.

Celle du 22 février 1877, qui réglait la matière, vient d'être revisée par une nouvelle en date du 17 mars 1890 que nous donnons presque entière. C'est, en effet, un document très intéressant et très utile.

I. — CONSIDÉRATIONS PRÉLIMINAIRES.

Exemption.

La loi sur le recrutement de l'armée, du 15 juillet 1889, *exempte* du service militaire les jeunes gens que leurs infirmités rendent impropres à tout service (art. 20).

Cette exemption est prononcée en séance publique par un conseil de revision, assisté d'un médecin, qui examine les jeunes gens et donne son avis sur leur aptitude au service militaire (art. 18).

Cet avis est consigné dans une colonne spéciale en face de chaque nom sur les tableaux de recensement.

La présente instruction a pour but d'aider la mémoire du médecin dans ces expertises médico-légales, en lui donnant des indications : d'abord sur les points qui doivent faire particulièrement l'objet de son examen pour reconnaître l'aptitude au service militaire, puis sur les infirmités qui sont incompatibles avec ce service ; enfin, sur les conclusions qu'il peut légitimement formuler à la suite de certaines constatations, mais beaucoup de ces indications n'ont rien d'absolu.

II. MODE D'EXAMEN DES HOMMES.

103.

L'homme à examiner devant le conseil de revision doit se présenter entièrement nu, et s'il montre quelques appréhensions à ce sujet, le médecin doit chercher à les dissiper avec bienveillance en s'entourant de précautions pour mettre l'examiné à l'abri d'une curiosité indiscrète, et, dans tous les cas, ménager les légitimes susceptibilités des familles.

Dès que l'homme s'avance devant le conseil, on juge d'un coup d'œil général s'il existe des défectuosités saillantes dans la conformation ou dans la marche, et on complète cet examen d'ensemble en plaçant le sujet debout sur une natte, les talons rapprochés, les bras pendant sur les côtés du corps, les mains *ouvertes* et la paume dirigée en avant.

On passe ensuite successivement à l'examen détaillé des différentes parties du corps, en commençant par la tête et en procédant de chaque région de l'extérieur à l'intérieur ; on interroge chaque organe et on s'assure, par tous les moyens d'investigation :

1° S'ils sont sains, bien conformés, et si rien ne porte obstacle à la plénitude des mouvements nécessaires à la profession des armes ;

2° Si aucune partie ne peut souffrir du port des vêtements, de l'équipement et des armes ;

3° Si, par suite de faiblesse organique, de prédispositions morbides ou de maladie déjà existante, la santé et la vie du sujet ne seraient pas directement compromises par les circonstances habituelles de la vie militaire ;

4° Si quelque infirmité ou maladie, sans gêner l'exercice des fonctions, est de nature à être transmise ou à exciter le dégoût, et, par cela même, incompatible avec la vie en commun des soldats.

On peut, dans cet examen, recourir à tous les moyens d'exploration exempts d'inconvénients, tels que stéthoscopes, rubans métriques, instruments optométriques, ophtalmoscopes, otoscopes, spéculums, etc.

L'emploi local des mydriatiques, étant reconnu inoffensif, est autorisé devant les conseils de revision ; mais l'usage des anesthésiques généraux est interdit.

Les difficultés habituelles du diagnostic médical sont souvent augmentées par des tentatives de fraude contre lesquelles la sagacité du médecin doit toujours être en garde.

Les *maladies simulées* sont fréquentes chez les appelés ; ce n'est qu'en se livrant à des investigations approfondies, en usant des méthodes de mensuration précises, en étudiant les antécédents et en comparant les renseignements fournis par l'examiné et par la notoriété publique, que l'on parvient généralement à découvrir l'imposture et à démontrer la simulation.

Les *maladies provoquées* ne sont pas rares non plus chez les appelés ; lorsque certaines infirmités existent, qui, par leur essence et leur gravité, rendent impropre au service militaire, il reste encore à établir si elles n'ont pas été provoquées à dessein, et il faut être très circonspect avant d'exposer, par une accusation de cette nature, à des poursuites judiciaires ou aux sévérités de la loi (art. 69 et 70).

Les *maladies dissimulées* peuvent aussi échapper à un examen rapide, et les maladies internes qui n'ont pas entraîné des désordres généraux sont souvent difficiles à soupçonner. La dissimulation est rare chez les appelés, mais elle est fréquente chez les engagés volontaires, les rengagés et les commissionnés.

Devant le conseil de revision, dont les opérations sont rapides, il n'est pas toujours possible de résoudre, séance tenante, toutes ces questions de diagnostic, et, dans les cas douteux, le médecin peut demander au conseil de suspendre sa décision, soit jusqu'à la fin de la séance, soit jusqu'à une autre séance, pour permettre un examen médical plus approfondi ou pour attendre les documents d'une enquête, si elle est reconnue nécessaire.

Le conseil a aussi la faculté de renvoyer, à la fin et avant la clôture de ses opérations, l'examen des hommes qui sont atteints de maladies aiguës ou d'affections dont la guérison est possible dans un laps de temps restreint ; mais, si le médecin prévoit que le temps nécessaire pour obtenir le rétablissement doit dépasser l'époque de l'incorporation aux termes de la loi, l'ajournement à un an peut être prononcé.

Un même sujet peut offrir à la fois plusieurs maladies ou infirmités, qui, prises isolément, sont compatibles avec les exigences du service militaire, tandis que, réunies, elles peuvent constituer un ensemble assez défectueux pour motiver l'*exemption*, le classement dans les *services auxiliaires* ou la *réforme*.

En principe, l'aptitude au service militaire doit être générale, c'est-à-dire comporter la possibilité de servir dans toutes les armes ; sinon l'envoi dans les *services auxiliaires*, l'*exemption* ou la *réforme* s'impose.

Toutes les armes ne nécessitent cependant pas des aptitudes identiques, puisque leurs attributions diffèrent. Dans les unes, certaines aptitudes physiques doivent être prépondérantes ; dans les autres, certaines imperfections physiques sont peu gênantes ; il appartient à l'autorité militaire de tenir compte de ces détails, afin de répartir dans les corps les hommes conformément à leurs aptitudes et aux besoins des diverses armes.

Les conseils de revision sont généralement disposés à accorder l'*exemption* pour des infirmités visibles on palpables, quoique souvent légères, et ils se montrent plus rigoureux au sujet d'altérations viscérales dont ne peuvent se rendre compte les personnes étrangères à la médecine ; il appartient alors à l'expert de ne pas se borner à une simple déclaration de ses conclusions, mais de faire apprécier par quelques explications les motifs légitimes d'inaptitude au service militaire.

Lorsque le sujet à examiner au point de vue de l'aptitude militaire est incorporé, la tâche devient plus facile, pour le médecin, que devant les conseils de revision, car on n'est plus dans l'obligation de poser, séance tenante, un diagnostic souvent compliqué ; on a le temps de s'éclairer par des enquêtes, le sujet peut être étudié à loisir, et, s'il est besoin, il peut être mis en observation dans un hôpital militaire, où aucun moyen d'exploration ne fait défaut.

Les instruments nécessaires pour procéder à l'examen médical des hommes dans les bureaux de recrutement et devant les conseils de revision, sont délivrés gratuitement comme pour les corps de troupe, sur une demande en double expédition adressée par les commandants de recrutement au directeur du service de santé du corps d'armée. Il est produit, en fin d'année, un compte de gestion de ce matériel. (Voir articles 76 et 93 du règlement du service de santé de l'armée.)

104. ## III. MALADIES, INFIRMITÉS OU VICES DE CONFORMATION QUI RENDENT IMPROPRE AU SERVICE MILITAIRE.

Les hommes d'une constitution robuste et irréprochable ne sont pas les plus nombreux, et en n'importe quel pays le recrutement de l'armée serait très difficile si l'aptitude générale au service militaire, même dans l'armée active, n'était par expérience compatible avec certaines maladies, infirmités ou vices de conformation. Ces mêmes affections peuvent, cependant, légitimer l'exemption quand elles atteignent certains degrés, et ceux-ci sont indiqués dans la nomenclature suivante, qui comprend, en outre, les affections absolument incompatibles avec le service militaire.

105.

AFFECTIONS EN GÉNÉRAL.

---

1. Faiblesse de constitution.

La *faiblesse de constitution*, suivant ses degrés, motive l'*exemption*, l'*ajournement* ou l'envoi dans les *services auxiliaires*.

2. Maigreur.

La *maigreur* exagérée, si elle n'est pas due à la misère, est rarement indépendante d'une maladie et motive, ordinairement, l'*exemption ;* elle justifie la *réforme* lorsqu'elle est occasionnée par une maladie chronique ou par une usure prématurée.

3. Obésité.

L'*obésité* apportant un obstacle sérieux à la marche, ainsi qu'aux obligations variées de la vie militaire, entraîne, suivant ses degrés, le classement dans les *services auxiliaires*, l'*exemption* et la *réforme*. Cependant, l'*exemption* ne sera pas prononcée s'il n'existe qu'une tendance à l'embonpoint attribuable à la profession, et qui peut disparaître sous l'influence d'une vie active.

4. Anémie.

L'*anémie* ne justifie l'*exemption* ou la *réforme* que lorsqu'elle est rebelle et prononcée.

5. Cachexies.

Les diverses *cachexies, paludéennes, scorbutiques, saturnines, mercurielles, pellagreuses* profondément accusées, accompagnées de lésions d'organes ou de viscères et dont on ne peut prévoir la guérison à bref délai, nécessitent l'*exemption* et la *réforme*.

6. Rhumatisme, goutte et gravelle.

Les *dyscrasies rhumatismales, goutteuses* et les *gravelles* dans les formes les plus accentuées, quand les accès sont fréquents et ont laissé des altérations organiques manifestes, justifient l'*exemption* et la *réforme*.

7. Diabète et albuminurie.

Le *diabète* et l'*albuminurie* persistants motivent l'*exemption* et la *réforme*.

8. Tuberculose.

Les indices de *tuberculose* généralisée ou localisée dans un organe quelconque motivent toujours l'*exemption* et la *réforme* immédiates. Il importe de ne pas attendre les déclarations des malades et d'assurer, par les enquêtes et examens nécessaires, l'exclusion absolue de l'armée des militaires atteints de cette affection.

9. Scrofulose.

Les scrofules caractérisées entraînent l'*exemption*, et, lorsqu'elles sont rebelles, la *réforme*.

Les *stigmates*, les *éruptions*, les *ulcères*, les *suppurations scrofuleuses* peuvent être imités par des caustiques, des vésicants et des rubéfiants. Si la constitution et le tempérament sont bons, si les lésions sont superficielles, sans indurations ganglionnaires, et si elles n'ont pas l'aspect caractéristique, la simulation est à soupçonner.

10. Syphilis.

Les *ulcères phagédéniques* étendus, les *syphilides ulcéreuses* graves, les *nécroses syphilitiques* avec perte de substance et déformation notables ; enfin, les *lésions syphilitiques* du système nerveux et des viscères, sont des *causes d'exemption* ou de classement dans les *services auxiliaires* et peuvent aussi justifier la *réforme*.

11. Morve et farcin.

La *morve* et le *farcin chronique* entraînent nécessairement l'*inaptitude* au service dans l'armée.

12. Eczéma et impétigo chroniques.

L'*eczéma* ou l'*impétigo chroniques*, tenace et sujet à récidive, donnent lieu à l'*exemption*; ils motivent la *réforme*, dans le cas d'incurabilité.

13. Lichen chronique et psoriasis.

Le *lichen chronique* et le *psoriasis*, occupant de grandes surfaces, motivent l'*exemption*, et la *réforme* s'ils sont rebelles au traitement.

14. Pityriasis et ichtyose.

Les mêmes conclusions sont applicables au *pityriasis* et à l'*ichtyose*.

15. Ecthyma, rupia et pemphigus.

Ces affections cutanées ne motivent l'*exemption* et la *réforme* que si elles sont chroniques, rebelles et sous la dépendance d'une mauvaise constitution ou d'une altération profonde de l'organisme.

16. Acné et couperose.

L'*acné chronique* ne peut motiver l'*exemption* ou la *réforme* que si l'affection siège à la face et donne un aspect repoussant.

17. Lupus.

Le *lupus*, sous toutes ses formes, entraîne l'inaptitude au service militaire.

18. Sycosis.

Le *sycosis tuberculeux* comporte l'*ajournement* ou l'*exemption*, très rarement la *réforme*.

Le *sycosis* peut être simulé avec de l'huile de croton ou de la pommade stibiée; on découvre la supercherie à l'aide du microscope et en soumettant l'homme à une surveillance assidue.

19. Éléphantiasis.

L'*éléphantiasis* est *incompatible* avec le service militaire.

20. Ulcères.

Les *ulcères* peuvent être provoqués par l'application de substances irritantes ou entretenus volontairement, ou être simplement le résultat de la malpropreté, des frottements de vêtements ou d'un travail professionnel. S'ils dépendent d'un état diathésique ou d'une mauvaise constitution, si leur ancienneté est constatée, s'ils sont causés par des varices ou par des troubles trophiques, ils motivent l'*exemption ;* enfin, s'ils sont rebelles à tout traitement, ils déterminent la *réforme*.

21. Cicatrices.

Les *cicatrices* étendues, difformes, sujettes à s'ulcérer, gênant le fonctionnement des organes ou l'exercice des mouvements et le port d'un vêtement militaire, sont des motifs d'*exemption* et souvent de *réforme*.

22. Tumeurs bénignes.

Les *tumeurs bénignes* ne doivent motiver l'*exemption* que si, par leur volume et leur position, elles occasionnent de la gêne ou causent une difformité. Elles ne donnent lieu à la *réforme* qu'autant qu'elles ne peuvent être enlevées ou traitées.

23. Productions cornées.

Les *productions cornées* volumineuses entraînent l'*exemption* si elles sont exposées à des pressions gênantes ou si elles s'opposent au libre mouvement des parties voisines, et la *réforme* si elles ne peuvent être détruites par les moyens chirurgicaux.

24. Tumeurs malignes.

Toutes les *tumeurs malignes* motivent l'*exemption* ou la *réforme*.

25. Varices et fistules lymphatiques.

La *varice* et la *fistule lymphatiques* motivent l'*exemption* et la *réforme*.

26. Adénite.

L'*adénite aiguë* ne constitue un cas d'*ajournement* ou d'*exemption* que lorsqu'elle s'accompagne de décollements et de trajets fistuleux dont la guérison est jugée difficile. L'adénite chronique de nature scrofuleuse ou tuberculeuse, les *hypertrophies* et les *dégénérescences ganglionnaires* volumineuses exigent l'*exemption* et la *réforme* lorsqu'elles ont été réfractaires à tout traitement.

27. Nœvi materni et tumeurs érectiles.

Les *nœvi materni* et les *tumeurs érectiles* motivent l'*exemption* s'ils siègent à la face, ou si, sur d'autres régions, ils sont étendus ou exposés à des pressions habituelles.

28. Anévrismes.

Les *anévrismes*, qu'elle qu'en soit la variété, sont des causes d'*exemption* et de *réforme*.

29. Névralgies.

Les *névralgies*, à moins d'être persistantes ou récidivées, mettent rarement dans l'impossibilité de faire un *service actif*.

30. Névrômes.

Les *névrômes* douloureux motivent l'*exemption* et la *réforme*.

31. Paralysie.

Les *paralysies* provenant d'une affection des centres nerveux sont graves et souvent incurables; elles entraînent l'*exemption* et la *réforme*. Au contraire, les paralysies de nature syphilitique, rhumatismale, par intoxication saturnine ou par maladie infectieuse ; celles qui sont produites par une lésion traumatique peu considérable, une contusion, une compression prolongée, etc., étant susceptibles de guérison, ne motivent l'*exemption* que si elles entraînent des troubles fonctionnels importants. Il en est de même pour la *réforme*, qui exige que l'incurabilité soit démontrée.

Les *paralysies de la locomotion* peuvent être simulées, notamment les paralysies partielles, qui sont les plus faciles à imiter. La paralysie, lorsqu'elle existe depuis quelque temps, amène dans la partie paralysée des changements qu'on ne peut simuler, et qui sont dus aux troubles trophiques : atrophie des membres, décoloration de la peau, flaccidité des chairs, relâchement des articulations, abaissement de la température. En outre, chaque paralysie a des caractères particuliers qui, échappant le plus souvent au simulateur, mettent sa supercherie à découvert. Dans les cas douteux, on recueillera les renseignements qui seront fournis par les autorités locales. S'il s'agit d'un militaire, on le surveillera attentivement et on le soumettra à l'électrisation ou aux autres moyens capables d'éclairer le diagnostic.

32. Contractures.

Les *contractures musculaires*, symptomatiques d'affections des centres nerveux, nécessitent l'*exemption*. Il en est de même des contractures d'une origine différente quoique moins graves, toutes les fois qu'elles sont anciennes et qu'elles déterminent soit une gêne prononcée des mouvements, soit des positions vicieuses. On doit en excepter les contractions ou roideurs musculaires passagères, produites par le refroidissement ou par une autre cause. La contracture n'entraîne la *réforme* que si elle est incurable.

La contracture du cou, de la colonne vertébrale ou des membres est souvent *feinte :* on est fondé à le soupçonner quand elle est prétendue ancienne et que néanmoins les parties contracturées ne sont pas amaigries.

33. Spasmes.

Les *spasmes fonctionnels*, ou contractions musculaires spasmodiques involontaires et continues, indolentes ou douloureuses, qui se manifestent à l'occasion de certains mouvements ou exercices, comme la crampe des écrivains, etc., sont des causes d'*exemption* et de *réforme*, quand elles entravent des fonctions dont l'intégrité est indispensable pour la vie militaire.

34. Tremblement.

Le *tremblement habituel* dû à une affection des centres nerveux, et particulièrement à l'alcoolisme, aux émanations de plomb et de mercure, à la paralysie agitante et à la sclérose en plaques de la moelle, rend *impropre* au service militaire.

Cette affection est quelquefois *simulée*, mais elle se reconnaît à des caractères spéciaux. Les contractions musculaires qui la constituent se font avec une grande vivacité et en plusieurs temps : par exemple, le malade qui veut plier le bras ne peut y parvenir en une seule fois, mais par une suite de contractions saccadées produisant le tremblement. Ces phénomènes ne sont jamais assez bien imités pour tromper le médecin qui, en examinant le malade, doit rechercher la cause et la lésion auxquelles cette infirmité peut être attribuée. On a recours à l'enquête, s'il en est besoin.

35. Ruptures et hernies des muscles.

La *rupture* ou la *section* des fibres musculaires ou des tendons, la hernie des muscles, ne justifient l'*exemption* ou la *réforme* qu'autant qu'il en résulte la perte ou la diminution définitive des fonctions d'un organe important.

36. Adhérences et rétractions musculaires.

Les *adhérences* et les *rétractions* musculaires ou tendineuses, apportant un obstacle à l'exécution de mouvements importants, sont presque toujours des causes d'*incapacité* de servir. La *réforme* ne sera accordée que si le traitement était resté inefficace.

37. Atrophie musculaire.

L'*atrophie partielle* des muscles, de causes diverses, motive l'*exemption* ou la *réforme* si elle a pour résultat la perte ou l'affaiblissement de mouvements importants, si elle n'est pas incurable et si elle n'a pas été provoquée.

38. Synovite tendineuse.

L'altération grave des gaines tendineuses motive l'*inaptitude* au service militaire.

39. Arthrite chronique, hydarthrose.

L'*arthrite chronique* et l'*hydarthrose* sont des causes d'*exemption* et de *réforme* lorsqu'il est démontré qu'elles sont anciennes et qu'elles ont été traitées sans succès.

40. Tumeurs blanches.

Les *tumeurs blanches* mettent dans *l'impossibilité absolue* de servir.

41. Corps mobiles.

Les *corps mobiles* des articulations donnent droit à l'*exemption* et à la *réforme*; mais il est quelquefois difficile d'en constater la présence, surtout s'il n'existe ni épanchement ni engorgement articulaires. Les renseignements fournis peuvent venir en aide au médecin qui, dans les cas douteux, pourra demander de procéder à un nouvel examen, après la tournée du conseil et avant la clôture de ses opérations.

42. Ankylose.

L'*ankylose vraie* entraine l'*exemption* et la *réforme*, suivant l'importance de l'articulation qui en est le siège.

L'*ankylose fausse*, résultant d'altérations de la synoviale, des tissus périarticulaires, et, quelquefois, de déformations des extrémités osseuses, entraine l'*exemption* et la *réforme*, suivant l'importance des troubles fonctionnels qui en résultent. A la différence de l'ankylose vraie, elle n'abolit pas tous les mouvements de l'articulation, et, le plus souvent, elle ne fait que les limiter dans une étendue plus ou moins considérable ; cette dernière circonstance donne lieu fréquemment à la *simulation* ou à l'*exagération* d'un obstacle au jeu normal de l'article.

Les maladies articulaires et le traitement employé laissent fréquemment des traces qui peuvent éclairer le diagnostic, mais qui peuvent aussi être invoquées par le simulateur comme preuve de l'infirmité qu'il allègue.

Dans l'*ankylose incomplète*, les mouvements de l'articulation, volontaires ou communiqués, ne sont ordinairement pas douloureux ; faciles dans une certaine limite, qui est toujours la même, ils sont bornés, soit par une rétraction des muscles ou des ligaments, soit par une déformation des surfaces articulaires, et alors il se produit quelquefois un choc au moment où le mouvement de l'articulation se trouve arrêté.

Lorsque l'infirmité est *simulée*, les sujets accusent une douleur vive, contractent leurs muscles afin de s'opposer aux mouvements dont l'étendue n'a rien de fixe. Pour mettre à découvert la fraude, on détournera l'attention du simulateur en l'interrogeant, et, en même temps, on imprimera des mouvements rapides de flexion et d'extension de manière à fatiguer les muscles, puis, tout à coup, on cherchera à compléter, par une impulsion brusque, le mouvement dont la possibilité est contestée. Un autre moyen qui réussit souvent consiste à faire cesser la contraction simulée soit en soumettant les muscles à une tension continue à l'aide des mains ou d'une bande élastique, soit en faisant exécuter simultanément aux deux membres le même mouvement.

43. Déformation, distension, relâchement,

Les *déformations, distensions* et *relâchements* articulaires, consécutifs à l'entorse, à la luxation et à d'autres causes, sont des motifs d'*exemption* et de *réforme* s'ils occasionnent une faiblesse notable de l'articulation ou la déviation du membre.

44. Abcès.

Les *abcès* froids et les abcès par congestion entraînent généralement l'*exemption* ou la *réforme*.

45. Périostite.

La *périostite* chronique suppurée, l'hyperostose volumineuse avec déformation et les tumeurs du périoste peuvent entraîner l'exemption. Si la constitution est altérée, l'incapacité de servir sera déclarée.

46. Ostéite.

L'*ostéite chronique* non suppurée ou avec suppuration occasionnant une gêne fonctionnelle notable, ou s'accompagnant d'un état débile de la constitution est cause d'*exemption,* à moins qu'elle ne soit superficielle et qu'elle ne doive se terminer par une guérison prompte et complète. Elle entraîne la *réforme* si elle a résisté aux moyens de traitement employés ou si elle entrave l'accomplissement des fonctions de la partie malade ; à plus forte raison si elle se termine par nécrose ou carie.

47. Périostose, exostose.

Les *périostoses* et les *exostoses* ne sont compatibles avec le service militaire qu'autant qu'elles n'apportent pas de gêne dans les parties où elles siègent ; dans le cas contraire, elles justifient l'*exemption*.

48. Tumeurs osseuses.

Les *tumeurs osseuses* diverses peuvent rendre impropre au service militaire.

Les *déformations* des os, leur *courbure* exagérée, leur *raccourcissement* par suite de rachitisme ou de fractures vicieusement consolidées, déterminent également l'*exemption* et la *réforme*.

AFFECTIONS LOCALISÉES.

06.

—

Crâne.

49. Teignes.

Nécessitent l'*exemption* et la *réforme* : le *favus* ou *teigne faveuse* (*achorion*) et la *pelade*.

La teigne faveuse est simulée avec de l'acide azotique employé en pommade ou déposé goutte à goutte sur le cuir chevelu. On s'aperçoit de la fraude à l'absence de l'odeur caractéristique du favus, à la forme des croûtes qui ne sont pas en godets, à la présence de petites plaies superficielles entourées d'une auréole enflammée et circonscrite que l'on découvre en enlevant les croûtes. Les individus atteints de favus sont ordinairement chétifs, lymphatiques et affectés d'engorgement des ganglions cervicaux.

L'huile de cade, l'huile de croton, le tartre stibié, des poudres diverses jetées dans les cheveux servent à simuler d'autres affections cutanées.

La *dissimulation* du favus s'opère en faisant tomber les croûtes à l'aide d'un cataplasme. Elle est reconnue à la rougeur de la peau et à l'altération et à la rareté des cheveux au niveau des parties malades.

50. Alopécie et calvitie.

L'*alopécie* reconnue incurable, occupant une grande étendue, lorsque les cheveux seront rares, grêles, courts, rabougris et cassants, motivent l'*exemption* ou la *réforme*.

La *simulation* en est facile à constater ; dans l'alopécie réelle, le cuir chevelu est lisse, luisant, et a une teinte blanche ; dans l'alopécie simulée, la peau est mate et parsemée de points bleuâtres correspondant aux ouvertures des bulbes pileux.

En passant les doigts dans les cheveux, on s'apercevra de l'application des pièces postiches destinées à *dissimuler* l'alopécie.

La *calvitie* indépendante de toute éruption cutanée ne motive par la *réforme*.

51. Tumeurs de la tête.

Toute *tumeur volumineuse* de la tête, qu'elle ait sa racine dans l'épaisseur des parties molles ou dans la paroi osseuse, réclame l'*exemption*. Quand les tumeurs sont petites et bénignes, on ne doit s'y arrêter qu'autant qu'elles se montrent dans une région où elles seraient comprimées douloureusement par la coiffure. Les petites tumeurs bénignes peuvent souvent être enlevées par une opération chirurgicale légère et ne motivent pas toujours l'exemption. Les tumeurs de mauvaise nature, quel que soit leur volume, sont toujours un motif d'*exemption* et de *réforme*.

52. Ossification imparfaite.

L'*ossification imparfaite* des os du crâne, reconnaissable à la persistance de la fontanelle fronto-pariétale, et quelquefois à l'écartement, à la mobilité, à la dépressibilité élastique des bords des os, est un motif d'*exemption* et de *réforme*. Il en est de même de l'hyperostose étendue.

53. Cicatrices, lésions étendues.

Les *cicatrices* étendues, inégales, fragiles, qui sillonnent largement la surface du crâne, celles qui proviennent de grandes lésions ou de plaies profondes, de dépressions, d'enfoncement, d'exfoliation ou d'extraction des os, sont des causes d'*exemption* et de *réforme*.

107. ## Centres nerveux.

---

54. Idiotie, crétinisme, aliénation mentale.

Parmi les maladies des centres nerveux qui sont *incompatibles* avec le service militaire, se rangent l'*idiotie*, le *crétinisme* et l'*aliénation mentale* sous toutes ses formes.

Ces affections offrent de grandes facilités à la *simulation*, contre laquelle le médecin doit être en garde. Lorsqu'on opère devant le conseil de revision, on n'a souvent ni le temps ni les moyens d'asseoir son jugement, et il faut s'en rapporter à l'enquête. Le médecin pourra néanmoins, dans certains cas, arriver à de sérieuses présomptions fondées sur l'habitude extérieure, l'expression de la physionomie et l'interrogation du sujet. Dans les hôpitaux, il est plus facile, avec de la patience et une connaissance exacte de ces affections, de dévoiler la fraude.

55. Paralysie générale progressive.

La *paralysie générale progressive* est incompatible avec le service militaire.

56. Delirium tremens.

Le *delirium tremens,* avec accès fréquents et de grande intensité, entraîne l'*exemption* et la *réforme*.

L'*alcoolisme chronique* justifie les mêmes conclusions.

57. Epilepsie.

L'*épilepsie* est fréquemment *simulée;* ce n'est qu'à l'aide d'une connaissance très exacte des signes qui la caractérisent qu'on parvient à reconnaître la fraude.

La constatation exige une observation minutieuse qui doit faire l'objet d'un rapport spécial. Elle doit être dûment attestée au conseil de revision ou étudiée après l'incorporation.

Les *simulateurs* habiles parviennent à reproduire plus ou moins bien plusieurs des symptômes de l'*épilepsie;* quelques-uns triomphent des épreuves auxquelles on les soumet pour constater l'existence de l'insensibilité, mais ils ne peuvent imiter l'immobilité de la pupille, les mouvements fibrillaires des muscles, les divers changements de coloration de la face, les troubles de la respiration, etc.

Les épileptiques se font parfois des blessures au visage, à la langue et ailleurs, qui laissent des cicatrices qu'on peut utiliser pour le diagnostic. A la suite d'épilepsie ancienne avec accès très répétés, la physionomie prend chez quelques malades une expression particulière de tristesse, de timidité et de stupidité, l'intelligence s'affaiblit et les dents incisives sont usées en avant.

Le conseil de revision n'a généralement pour baser sa décision que les renseignements fournis par la notoriété publique; mais les médecins des corps et des hôpitaux doivent constater *de visu* la réalité de l'épilepsie avant de proposer pour la *réforme* les sujets qui en sont atteints.

58. Catalepsie, somnambulisme, chorée, tétanie.

La *catalepsie*, le *somnambulisme naturel*, les *mouvements choréi-formes* et la *tétanie partielle* nécessitent l'*exemption* lorsque l'affection est dûment constatée par une enquête. Si la dernière maladie persiste à se reproduire par accès fréquents, elle peut motiver la *réforme*.

59. Nostalgie.

La *nostalgie* n'est pas une maladie proprement dite, mais une cause prochaine de maladie qui n'existe que chez l'homme sous les drapeaux. Un congé temporaire suffit le plus souvent pour ramener le courage du jeune soldat; dans les cas où la nostalgie persiste, amène une altération profonde de l'organisme et menace la vie, elle nécessite la *réforme*.

60. Aphasie.

L'*aphasie* est symptomatique de certaines lésions organiques ou traumatiques du cerveau; quelquefois congénitale, elle dépend de l'imperfection de l'organe de l'ouïe, comme chez l'idiot et le sourd-muet. Cette affection comporte l'*exemption* et même la *réforme* lorsqu'elle est persistante.

61. Ataxie locomotrice.

L'*ataxie locomotrice* entraîne l'*impossibilité de servir*.

62. Atrophie musculaire progressive.

L'*atrophie musculaire progressive*, localisée à un groupe de muscles, a plus ou moins de tendance à se généraliser et entraîne l'*inaptitude* au service.

64. Sclérose musculaire.

La *sclérose musculaire progressive* ou la *paralysie pseudo-hyper-trophique* et les *paralysies infantiles* sont *incompatibles* avec le service militaire.

Organes de l'audition.

108.

L'examen des organes de l'audition comprend :

1° L'examen du pavillon, du méat et du conduit auditif externe ;
2° La constatation de l'état de l'ouïe, ce qui se fait en adressant au sujet examiné quelques questions à voix basse, afin de ne pas méconnaître une surdité qui ne serait accompagnée d'aucune lésion extérieure, ou une surdité *dissimulée*.

Cet examen doit être complété, s'il y a lieu, par l'application des moyens d'exploration propres à révéler l'état des parties profondes de l'appareil auditif. Les instruments d'otoscopie peuvent être employés séance tenante; ils permettent, dans un grand nombre de cas, de donner immédiatement une appréciation motivée. Quant aux autres procédés d'exploration : cathétérisme de la trompe d'Eustache, auscultation de la caisse du tympan, etc., ils sont d'une exécution trop délicate et trop incertaine dans une seule application pour être d'une grande utilité devant les conseils de revision; ils doivent être réservés pour l'examen des hommes admis dans les hôpitaux.

64. Perte du pavillon, atrophie, hypertrophie, tumeurs.

La *perte du pavillon de l'oreille* entraîne généralement l'imperfection de l'ouïe. Alors même qu'elle ne produit pas ce résultat, elle constitue une difformité qui doit être considérée comme un motif d'*exemption*, mais qui n'entraîne pas nécessairement la *réforme*.

L'*atrophie* ou l'*hypertrophie* prononcée du pavillon de l'oreille, son envahissement par des *tumeurs* volumineuses ou de mauvaise nature, par des *ulcères* chroniques, son *adhérence* aux parois du crâne, ses *déformations* ou *malformations* sont des cas d'*exemption*, soit en raison de la diminution de l'ouïe, qui en résulte, soit de l'obstacle qu'ils opposent à la coiffure, soit des dangers d'aggravation qu'ils présentent. Les mêmes motifs doivent faire demander la *réforme* lorsque les affections sont de nature à résister aux opérations chirurgicales qui pourraient être indiquées.

65. Atrésie du conduit auditif.

L'*atrésie*, *l'oblitération complète* et la *déviation* du conduit auditif, avec gêne notable de l'audition, sont susceptibles de motiver l'*exemption* et, dans certains cas, la *réforme*.

66. Polypes.

Les *polypes* rencontrés dans le conduit auditif sont toujours un motif d'*exemption;* nés souvent des parties profondes de l'oreille et perforant la membrane du tympan, ils peuvent être un motif de *réforme*.

67. Corps étrangers.

Lss *corps étrangers* introduits dans le conduit auditif, soit fortuitement, soit dans un but de simulation, et les *concrétions céromineuses*, diminuent plus ou moins l'audition. Ils ne motiveraient l'*exemption* qu'autant que l'ablation paraîtrait difficile, ou qu'ils auraient déterminé de graves désordres.

La *simulation* des maladies de l'oreille par l'introduction dans le conduit auditif de substances et de corps divers est facilement reconnue au moyen de l'exploration otoscopique. Ces manœuvres frauduleuses peuvent déterminer une maladie réelle qui, selon qu'elle est légère et curable, n'empêche pas le sujet de servir, ou, selon qu'elle est grave et incurable, entraîne l'*exemption* ou la *réforme*.

68. Affections aiguës, chroniques, de l'oreille externe et de l'oreille moyenne.

Les *affections aiguës* de l'oreille peuvent motiver le délai d'examen jusqu'à la fin de la tournée du conseil, en raison de leurs terminaisons variables.

Les *maladies chroniques* avec ou sans écoulement puriforme ou purulent, sont des motifs d'*exemption* et peuvent nécessiter la *réforme*; telles sont : l'*otite externe* suivie de l'inflammation de la membrane du tympan, l'*otite moyenne*, qu'elle soit catarrhale, sèche ou purulente, avec ou sans perforation de la membrane du tympan.

Dans ces cas, l'application de l'otoscope révèle l'existence de lésions organiques dans la membrane du tympan et de la caisse.

L'inspection des fosses nasales, de la bouche et du pharynx, par la vue seule, suffit ordinairement pour reconnaître les maladies connexes de l'otite moyenne, catarrhale ou purulente, savoir : le coryza chronique, l'hypertrophie des amygdales, la pharyngite granuleuse, muco-purulente, diathésique, etc. ; la paralysie diphthérique du voile du palais, les tumeurs diverses comprimant, déplaçant ou obstruant le pavillon de la trompe d'Eustache.

On s'assure de la perméabilité de la trompe en faisant faire au sujet des efforts d'expiration, la bouche et les narines étant fermées, pour chasser l'air dans la caisse. Ce procédé, seul applicable séance tenante devant les conseils de revision, n'est susceptible de donner un résultat positif qu'autant que la membrane du tympan est perforée et que l'air insufflé s'échappe par le conduit auditif, en produisant un bruit appréciable.

69. Inflammation des cellules mastoïdiennes.

L'inflammation aiguë ou chronique des *cellules mastoïdiennes*, primitive ou consécutive, qu'il ne faut pas confondre avec le *phlegmon superficiel*, est grave et nécessite l'*exemption* et la *réforme*.

70. Affections de l'oreille interne.

Les *maladies de l'oreille interne*, échappant à l'exploration directe, ne peuvent être reconnues que par les signes subjectifs et les caractères de la surdité à laquelle elles donnent lieu.

Les signes subjectifs sont : le bourdonnement continu, la sensa-

tion de bruits réguliers ou musicaux, une céphalée temporo-occi-
pitale fixe, des étourdissements fréquents, le vertige, quelquefois
des vomissements, l'hébétude, la somnolence, la titubation ; enfin,
l'impulsion au mouvement de rotation latérale.

71. Surdité.

La *surdité* dépend de l'altération des organes nerveux ou de
l'appareil acoustique. La surdité nerveuse se distingue de la surdité provenant de l'altération de la caisse par deux caractères :
1° elle est plus souvent complète et totale ; et, lorsqu'elle est
incomplète, elle est surtout partielle, c'est-à-dire qu'elle ne consiste pas dans la diminution de l'acuité auditive générale, mais
dans l'abolition de la perception de certains sons, alors que les
autres sons peuvent être entendus ; 2° l'oreille perd incomplètement ou complètement la faculté de recevoir les vibrations
sonores transmises par les os du crâne. C'est le contraire de ce
qui se passe dans les maladies de l'oreille externe et de l'oreille
moyenne, qui laissent le nerf auditif indemne, tout en occasionnant une diminution ou une suppression de l'ouïe.

La constatation du degré de sensibilité de l'oreille à la transmission des vibrations par les parois du crâne se fait au moyen
d'une montre placée sur le sommet de la tête, sur la région tem-
poro-mastoïdienne ou entre les dents et, mieux encore, à l'aide
d'un diapason en vibration appliqué sur les mêmes points que la
montre.

A l'état normal, les vibrations du diapason arrivent distinctement avec une égale intensité dans l'une et l'autre oreille libres
ou fermées. Quand une seule oreille est fermée, elle ressent plus
vivement que l'autre les vibrations de l'instrument.

A l'état pathologique, l'épreuve appliquée aux maladies de
l'oreille externe et de l'oreille moyenne donne des résultats identiques. L'oreille affectée ou l'oreille la plus malade ressent plus
vivement que l'autre l'impression du diapason. Mais quand l'oreille
interne et l'appareil nerveux sont altérés, les vibrations ne sont
plus ressenties ou sont affaiblies, et si l'une des oreilles est encore
saine ou légèrement atteinte, elle seule perçoit les vibrations, que
le conduit auditif soit libre ou fermé.

Les moyens propres à constater l'état de la fonction auditive
consistent : 1° à chercher la portée du champ de l'audition pour le
langage, en mesurant la distance à laquelle cesse d'être entendue
la parole énoncée à voix basse, à voix ordinaire, ou à voix haute ;
2° à déterminer le degré d'acuité de l'ouïe pour les bruits faibles et
réguliers, en mesurant la distance à laquelle le mouvement d'une
montre à cylindre commence à être entendu.

Ces épreuves supposent une entière bonne foi du sujet examiné :
elles n'ont plus qu'une valeur relative dès que la véracité de l'intéressé peut être mise en suspicion par le défaut de rapport entre

ses réponses et l'état constaté de l'oreille. A l'état normal, la portée de l'ouïe, dans un milieu paisible, s'étend en moyenne à
25 mètres pour l'audition de la parole sur le ton ordinaire, et à
1^m,20 ou 1^m,25 pour l'audition du bruit d'une montre.

En prenant pour base la distance moyenne à laquelle s'exécute
le commandement du chef de file dans les différentes armes, on
peut déclarer *impropre* au service tout homme qui n'entend pas
distinctement la parole sur le ton ordinaire d'un interlocuteur placé
en arrière au moins jusqu'à 4 mètres et la voix haute jusqu'à 12
mètres.

La *simulation* de la surdité sans maladie apparente de l'oreille
est facile ; la simulation de la surdité complète est plus rare que
l'exagération de la dureté de l'ouïe, dont le point de départ peut
être plus ou moins appréciable. Le véritable sourd, dont l'intelligence n'est pas amoindrie, offre ordinairement dans les traits,
dans l'expression du visage et des yeux, une sorte d'attention
interrogatrice et cherche à saisir, par le mouvement des lèvres de
l'interlocuteur, le sens des paroles qui lui sont adressées. Le faux
sourd, au contraire, se détourne, baisse les yeux, évite les regards
de l'explorateur, prend un air hébété, feint de ne pas comprendre
qu'on s'adresse à lui, et prétend le plus souvent n'entendre absolument rien, si haut et de si près qu'on lui parle.

Aux renseignements sur l'état social et la profession du sujet,
on joindra, pour déjouer la fraude, les moyens de surprise que
peuvent suggérer l'expérience et l'habileté.

En résumé, les sourds ou ceux qui se prétendent tels peuvent
être classés en trois catégories : 1° ceux qui sont atteints d'une
maladie de l'oreille curable, qui n'est pas de nature à occasionner
une gêne de l'audition telle que celle qu'ils accusent. Ils devront
être déclarés propres au service ; 2° ceux qui sont atteints d'une
maladie de l'oreille susceptible d'entraver l'audition à un point
qu'il est difficile et quelquefois impossible d'apprécier séance
tenante. Ils doivent être renvoyés à un nouvel examen après la
séance du conseil de revision ou à la fin de sa tournée et avant la
clôture de ses opérations ; 3° ceux chez lesquels l'examen ne révèle
aucune lésion. Dans cette troisième catégorie, les uns prétendent
n'entendre que la voix haute et avouent cependant percevoir les
vibrations du diapason comme à l'état normal ; les autres, contrairement aux conditions physiologiques de l'expérience, disent ne
recevoir les vibrations que dans l'oreille laissée ouverte lorsqu'on
ferme alternativement l'une et l'autre oreille ; d'autres enfin prétendent ne pas ressentir les vibrations du diapason, tandis qu'ils
répondent aux questions qui leur sont faites à haute voix. Les
hommes rentrant dans la 3° catégorie sont suspects de simulations
et doivent être gardés en observation.

Tout doute doit être levé pour ceux qui n'entendent absolument
rien, ni les bruits extérieurs, ni la voix, ni les vibrations du diapason, lorsqu'ils produisent un certificat de notoriété et d'enquête,

attestant la réalité de leur état. La surdité reconnue motive l'*exemption* et la *réforme*.

72. Surdi-mutité.

La *surdi-mutité* de notoriété publique confère nécessairement l'*exemption*.

Face.

73. Aspect général.

La *laideur extrême*, résultant, soit d'une vicieuse conformation des traits ou d'un défaut de proportion entre eux, soit de l'atrophie d'une partie de la face, soit, enfin, d'un manque de symétrie entre les deux côtés du visage, peut motiver l'*exemption*.

74. Difformités du front.

La *protubérance*, la *difformité*, les *exostoses* du front ne permettant pas l'usage des coiffures militaires, exigent l'*exemption*.

75. Mutilations.

Les *mutilations* de la face consécutives à des fractures ou à des opérations chirurgicales, suivant leur étendue, la gêne qu'elles apportent aux fonctions et l'aspect qu'elles donnent à la physionomie peuvent entraîner l'*exemption* et la *réforme*.

76. Tumeurs diverses.

Les *kystes* de diverses natures, les *tumeurs érectiles*, les *exostoses*, quand ces affections sont considérables, entraînent l'*exemption*. Mais elles ne motiveraient la réforme qu'autant qu'elles ne sont pas susceptibles de guérison par des procédés thérapeutiques appropriés.

77. Ulcères.

Les *ulcères* siégeant à la face entraînent l'*exemption* s'ils sont d'une nature grave ; ils n'exigent la *réforme* qu'après avoir résisté à un traitement convenable.

78. Fistules.

Les *fistules* autres que les fistules dentaires nécessitent toujours l'*exemption*.

79. Névralgies.

La *prosopalgie faciale*, ou tic douloureux de la face, doit entraîner l'*exemption*; elle motivera la *réforme* après un traitement infructueux.

80. Paralysies.

Les *paralysies partielles* et *récentes* de la face, pouvant tenir à des causes essentiellement passagères, ne motivent pas l'*exemption*.

L'*hémiplégie faciale* ancienne ou symptomatique d'une affection cérébrale entraine l'*exemption* et la *réforme*.

81. Maladies des sinus de la face.

Les maladies graves des *sinus frontaux* et des *sinus maxillaires* ayant amené leur déformation, leur oblitération ou leur perforation, à la suite de plaies, de fistules, d'ulcères, de fractures avec enfoncement, de corps étrangers, de polypes, de phlogose et de suppurations chroniques, d'exostoses, de carie, de nécrose avec ulcération fistuleuse, entrainent l'*exemption* et la *réforme*.

82. Difformités des os maxillaires.

Les *difformités des os maxillaires* sont incompatibles avec le service militaire.

83. Mutilations, lésions pathologiques.

Les *fractures non* ou *mal consolidées*, les *pertes de substance* des os maxillaires, suites de coups de feu ou d'une opération chirurgicale, sont *incompatibles* avec le service militaire.

Les *ostéites*, les *exostoses*, les *caries*, les *nécroses*, particulièrement la *nécrose phosphorée*, les *kystes* osseux, doivent presque toujours entrainer l'*exemption* et la *réforme*.

84. Lésions diverses.

Les lésions graves de l'*articulation temporo-maxillaire* rendent *inapte* au service ; telles sont la *luxation mal réduite*, la *luxation survenant avec une grande facilité* et même *volontaire*, état qui s'observe chez quelques sujets; la *constriction* ou le resserrement des mâchoires, qui peut être congénitale, accidentelle ou symptomatique, l'*ankylose*, d'ailleurs très rare, motivent l'exemption.

Pour s'assurer de la réalité de cet état, il faut plonger le doigt indicateur dans chacune des dépressions limitées par l'apophyse mastoïde et la branche montante du maxillaire inférieur, et comprimer fortement les branches du nerf facial à leur point d'émergence; la douleur met fin rapidement à la constriction quand elle est *simulée*.

10. ### Organes de la vision.

85. Acuité visuelle et champ visuel.

Tout vice ou toute lésion des organes de la vision qui réduit l'*acuité visuelle à distance* au-dessous de 1/2 pour l'un des yeux et de 1/10 pour l'autre œil, ou qui rétrécit le champ visuel binoculaire du côté des tempes de plus de la moitié, entraîne l'*exemption*, à moins que ce vice ou cette lésion ne puisse être corrigé par des verres. La *réforme* sera prononcée dans les mêmes conditions si la diminution de l'*acuité* et du *champ visuel* est due à une maladie incurable.

86. Myopie.

La *myopie* entraîne l'*exemption* et la *réforme* : 1° quand elle est supérieure à 4 dioptries ; 2° quand l'*acuité visuelle* n'est pas ramenée, par des verres correcteurs, au moins à 1/2 pour un œil et 1/10 pour l'autre ; 3° quand les altérations de la *choroïde* sont assez étendues et assez profondes pour indiquer une *myopie progressive ;* 4° enfin quand il existe une *asthénopie musculaire* prononcée ou un *strabisme* divergent accompagnés d'une diminution de l'acuité visuelle dans les limites précitées.

87. Hypermétropie, astygmatisme et anisométropie.

L'*hypermétropie*, l'*astygmatisme* et l'*anisométropie* entraînent l'*exemption* et la *réforme* lorsqu'elles déterminent un abaissement de l'*acuité visuelle à distance* au dessous des limites fixées pour chacun des yeux. La kératoscopie permet d'apprécier rapidement ces états amétropiques et dirige les vérifications optométriques.

88. Amblyopie.

Il existe un certain nombre de cas dans lesquels la diminution de l'acuité visuelle ne répond à aucune altération appréciable de l'œil. Si la pupille est moyennement dilatée, peu sensible aux projections lumineuses directes, et au contraire sensible aux excitations de la rétine de l'autre œil ; s'il y a une déviation en dehors de l'œil affaibli, si l'examen fait constater un léger degré d'hypermétropie, les allégations du sujet peuvent être regardées comme vraisemblables.

La *simulation* de l'amblyopie unilatérale est fréquente ; les procédés qui permettent de la déjouer sont de deux ordres. Les premiers font constater l'exagération et la mauvaise foi du sujet, mais sans préciser le degré d'acuité visuelle que possède en réalité l'œil prétendu affaibli ; les seconds au contraire permettent de déterminer exactement l'état de la vision de l'œil dit amblyope et de prendre immédiatement une décision formelle.

Aux procédés de la première catégorie appartiennent :

1° La production de la diplopie par interposition d'un prisme devant l'œil sain ;

2° Le procédé de Grœfe ;

3° Le procédé de Flees et ses dérivés.

A la deuxième catégorie appartiennent :

1° Le procédé de Chauvel, dont la boîte est garnie de verres translucides, portant les caractères du n° 1 au n° 10 de l'échelle typographique de Perrin, à l'aide desquels on peut obtenir la mesure de l'acuité visuelle de l'œil prétendu affaibli en même temps que la preuve de simulation. Deux diaphragmes dont cet appareil est muni permettent en outre de donner à volonté des images directes et des images croisées ;

2° Le procédé de Javal-Cuignet, qui consiste à interposer, sur le trajet des rayons lumineux allant des yeux à l'objet mis en vue, un corps opaque, tel que crayon, porte-plume, règle, doigt, de façon à cacher une partie de l'objet. Si l'on veut obtenir exac-tement le degré de l'acuité visuelle, il faut encore substituer à l'objet des points ou des caractères typographiques de grandeur déterminée en rapport avec la distance d'observation ;

3° Le procédé de Stilling, dans lequel on place le sujet à la dis-tance de 5 mètres devant un carton portant une échelle typogra-phique de couleur rouge ou verte sur fond noir; on fait alors lire, les deux yeux largement ouverts, de façon à déterminer l'acuité. On interpose ensuite devant l'œil sain une lame de verre d'une couleur complémentaire de celle du tableau typographique et on fait lire de nouveau, les deux yeux bien ouverts, comme précédemment ;la vision de l'œil sain se trouvant ainsi annihilée, celle de l'œil pré-tendu affaibli subsiste seule et l'épreuve donne immédiatement la mesure de son acuité visuelle ;

4° Le procédé de Michaud, lequel repose encore sur ce principe que des traits au crayon rouge sur papier blanc cessent d'être visibles à travers une lame de verre rouge. Un mot étant tracé en noir avec des caractères typographiques d'un numéro déterminé, on transforme ces lettres au crayon rouge en leur ajoutant certains jambages de manière à faire, par exemple une F d'un I, un E d'une L ou un O d'un C et à obtenir un mot d'une signification différente ; si on place le verre rouge devant l'œil sain, les traits noirs resteront visibles, mais les traits rouges ne seront plus visi-bles que pour l'œil supposé affaibli, et si l'on invite le sujet à lire rapidement les deux yeux largement ouverts, on aura facilement la preuve de la simulation et en même temps une mesure de l'acuité visuelle ;

5° Une épreuve consistant à faire lire par l'examiné des échelles typographiques ordinaires, après avoir placé un verre de vitre devant l'œil prétendu affaibli et un verre concave de quatre dioptries devant l'œil sain; ce dernier est de la sorte annulé pour la vision à distance et il devient facile de prendre la mesure de l'acuité de l'autre œil, tout en faisant la preuve de la simulation.

89. — Affections des paupières.

Entraînent l'*exemption* :

La *destruction*,
La *division étendue*,
Les *cicatrices vicieuses*,
L'*ankyloblépharon* et le *symblépharon* étendus et gênants,
L'*entropion* et l'*ectropion* prononcés,
Les *tumeurs volumineuses* ou de mauvaise nature,
La *blépharite ciliaire* ancienne et déformante,
Le *trichiasis* avec *pannus* de la cornée.
Le *ptosis* congénital ou paralytique,
Le *blépharospasme* invétéré.

La *réforme* ne sera prononcée pour ces affections que si elles ont résisté à un traitement rationnel.

La *blépharite* peut être *provoquée* par des cautérisations répétées; l'acuité des phénomènes, la limitation des lésions, leur aspect spécial attireront l'attention. Plus simple encore est le diagnostic du *blépharospasme provoqué* par l'introduction d'un corps étranger sous les paupières, par une éraflure de la cornée. Si le blépharospasme accompagne un tic prononcé de la face, il y a lieu de recourir à une enquête sur l'état antérieur du sujet.

90. Affections des voies lacrymales.

Rendent impropre au service :

Les *tumeurs* de la glande lacrymale,
L'*épiphora* chronique et prononcé,
La *dacryocystite* chronique et suppurée,
La *fistule lacrymale*.

L'incurabilité dans les mêmes affections entraîne seule la *réforme*.

91. Affections de la conjonctive.

Les *conjonctivites chroniques*, en particulier la *conjonctivite granuleuse ;*
Le *ptérygion* atteignant le centre de la cornée ;
Les *tumeurs* volumineuses ou malignes de la conjonctive et de la caroncule lacrymale entraînent l'*exemption*, et peuvent, si elles sont rebelles au traitement, nécessiter la *réforme*.

92. Affections de la cornée.

Les *kératites* anciennes, spécialement les *kératites vasculaires, panniformes* étendues ;
Les *abcès* et les *ulcérations* profondes des cornées ;
Les *staphylômes* transparent et opaque ;
Les *taies ou opacités* invétérées qui déterminent une diminution de l'acuité visuelle à distance ou du champ visuel binoculaire dépassant les limites fixées, nécessitent l'*exemption* et la *réforme* si elles sont incurables.

93. Affections de la sclérotique et de l'iris.

Entraînent l'*exemption* :

Le *staphylôme* antérieur de la sclérotique,
La *sclérite* et l'*épisclérite* anciennes,
Les *vices de conformation de l'iris* qui diminuent l'acuité visuelle au-dessous des limites fixées,
Les *synéchies* antérieures ou postérieures avec atrésie ou occlusion de la pupille,
La *mydriase paralytique*,
L'*iritis chronique*,
Les *tumeurs de l'iris* de nature maligne ou envahissante.
La *réforme* ne sera prononcée qu'en cas d'incurabilité.

La *mydriase* peut être aisément provoquée, et la paralysie artificielle ne se distingue pas facilement d'une paralysie morbide. Le degré de dilatation plus considérable de la pupille, son insensibilité absolue à la lumière, ne constituent pas des signes suffisants pour admettre une simulation. En l'absence de données étiologiques acceptables, il y a lieu de prononcer l'admission dans l'armée, un examen sérieux et prolongé dans un hôpital étant nécessaire pour déjouer la supercherie.

94. Affections du cristallin.

Les *déplacements*, l'*opacité du cristallin* et de sa *capsule*, l'*absence de la lentille*, si elles réduisent l'acuité au dessous des limites fixées, entrainent l'*exemption* et la *réforme*.

95. Affections du corps vitré.

Les *opacités du corps vitré* sont dans le même cas.

96. Affections de la choroïde.

Le *coloboma* étendu,
L'*absence de pigment* (albinisme),

Les *tumeurs de la choroïde* à marche progressive,
Les *choroïdites,*
Le *glaucome,* entrainent l'*exemption* et nécessitent la *réforme*
après un traitement infructueux.

97. Affections de la rétine et du nerf optique.

Les diverses variétés de la *rétinite,*
Le *décollement de la retine,*
La *neurorétinite* et la *névrite optique,*
L'*atrophie des nerfs optiques,* quel qu'en soit le dégré, nécessite
l'*exemption* et la *réforme* quand elle est reconnue incurable.

98. Affections du globe oculaire.

Entrainent l'*exemption* et la *réforme :*

La *perte* ou la *désorganisation* de l'œil ou des deux yeux,
Les *tumeurs intra-oculaires,*
L'*exophtalmie.*

99. Affections des muscles de l'œil.

Le *strabisme fonctionnel,* lorsqu'il détermine un abaissement de
l'acuité visuelle ou du champ visuel binoculaire du côté des
tempes au-dessous des limites admises, et la *paralysie* de l'un ou de
plusieurs muscles de l'œil, nécessitent l'*exemption.* La *réforme* ne
sera prononcée qu'après l'échec d'un traitement rationnel.

Le *nystagmus* entraine les mêmes conclusions dans les mêmes
conditions.

100. Affections de l'orbite.

Les *tumeurs progressives* ou *malignes* de la cavité orbitaire, les
ostéites chroniques, avec déformations prononcées, adhérences
étendues et gênantes, nécessitent l'*exemption* et la *réforme* si elles
sont incurables.

111.

Nez.

101. Difformité.

La *difformité* du nez portée au point de gêner manifestement la
respiration et la parole, ou seulement l'une de ces fonctions, est
un cas d'*exemption* et de *réforme :* la racine trop enfoncée, les ailes
trop rapprochées et comme pressées contre la cloison, ou au contraire un volume excessif, sont les conditions de cette difformité.

102. Polypes.

Les *polypes* des cavités nasales doivent faire *exempter ;* ils ne doivent faire l'objet d'une demande de *réforme* qu'autant qu'ils ont résisté aux moyens de traitement appropriés.

Les polypes ont été *simulés* avec des testicules de poulets ou des reins de jeunes lapins. La conformation normale du nez, le bon état de la membrane interne des fosses nasales, l'insensibilité des tumeurs, mettraient sur la voie de la ruse, qu'il serait facile de constater par l'extraction du corps étranger, ou par son expulsion provoquée à l'aide de l'éternuement.

103. Ozène.

La *punaisie* ou *ozène* entraîne l'*exemption*, voire même la *réforme* si elle n'est pas curable.

On *simule* cette puanteur en introduisant dans les cavités nasales des éponges imprégnées de matières putrides, des morceaux de fromage décomposé, etc.

112. Bouche.

Sont incompatibles avec le service militaire :

104. Bec-de-lièvre.

Le *bec-de-lièvre* congénital ou accidentel, à moins qu'il ne soit peu étendu et qu'il n'altère pas sensiblement la physionomie.

105. Cicatrices.

Les *difformités* résultant de *cicatrices vicieuses* ou d'*adhérences*, qui rétrécissent d'une manière notable l'orifice buccal ou gènent les mouvements des lèvres.

106. Hypertrophie.

L'*hypertrophie de la lèvre supérieure*, par suite d'engorgement chronique du tissu cellulaire et des glandes, qui s'observe chez les sujets scrofuleux, lorsqu'elle constitue une difformité notable et et une gène pour la prononciation. Elle se distingue facilement de la tuméfaction qui provient d'une inflammation passagère, pour laquelle il n'y a pas lieu de prononcer l'exemption, et de l'inflammation qui est quelquefois provoquée ; elle diffère également du développement trop considérable de la muqueuse, qui forme un bourrelet volumineux et repousse la lèvre en dehors, difformité rarement assez grande pour exiger l'*exemption*.

107. Tumeurs.

Les *tumeurs érectiles* et les *tumeurs épithéliales*, fréquentes dans cette région.

De ces diverses lésions ou difformités, celles qui peuvent être modifiées ou guéries par une opération ou par un traitement approprié ne donnent lieu à la *réforme* qu'après tentatives de guérison.

108. Paralysie de l'orbiculaire.

La *paralysie de l'orbiculaire* des lèvres est presque toujours concomitante de la paralysie faciale et concourt à la déformation de la face, en même temps qu'elle apporte de la gêne dans la prononciation et dans la préhension des aliments. Elle doit donc être prise en considération pour l'*exemption* de service, si elle est ancienne et ne paraît pas susceptible de guérison.

Il est une autre paralysie labiale qui se lie à la paralysie musculaire progressive de la langue et du voile du palais; cette affection beaucoup plus grave, à terminaison funeste, entraîne l'*exemption* et la *réforme*.

109. Stomatite.

La *stomatite ulcéreuse*, la *stomatite gangréneuse* et la *stomatite chronique* avec décollement, gonflement et état fongueux des gencives, motivent l'*exemption*, lorsqu'elles résultent d'un état scorbutique ou d'une altération profonde de l'organisme, ou si, les dents étant déchaussées et les gencives atrophiées ou détruites par l'ulcération, la guérison doit être longue à obtenir. Dans ces conditions, la *réforme* devient quelquefois nécessaire.

Les *simulateurs* produisent assez aisément le gonflement et l'ulcération des gencives et de la muqueuse buccale, mais ils imitent plus difficilement l'état fongueux, qui se distingue à une grande mollesse des tissus, à leur teinte bleuâtre ou violacée et à leur tendance à saigner au moindre attouchement. Les ulcérations consécutives à l'usage des mercuriaux ne sont pas des causes d'exemption et se reconnaissent à la salivation abondante, à l'odeur et à l'acuité des symptômes qui les accompagnent.

110. Epulis.

L'*épulis* motive l'*exemption*, si elle envahit de grandes surfaces; susceptible de guérison à l'aide de moyens chirurgicaux, elle exige rarement la *réforme*.

111. Dents mauvaises.

Une bonne denture est la première condition d'une bonne alimentation; par contre, un *mauvais état des dents* est incompatible avec le service militaire. L'*exemption* peut être prononcée toutes les fois que la mastication est difficile et incomplète, par suite de la perte ou de l'altération d'un grand nombre de dents, surtout si ce mauvais état des dents s'accompagne de ramollissement, d'ulcération et d'état fongueux des gencives, ou si la constitution du sujet est faible et détériorée. La *réforme* sera prononcée dans les mêmes conditions.

L'*absence de dents* peut être le résultat d'une manœuvre coupable; on ne peut cependant l'affirmer, lors même que les dents restantes sont saines et que la constitution est bonne. Toutefois, il est permis en pareil cas de se montrer plus rigoureux pour prononcer l'*exemption*.

112. Dents surnuméraires.

Les *dents surnuméraires* ou déviées ne peuvent que très rarement entrainer l'*exemption*.

113. Fistules dentaires.

Les *fistules dentaires* qui s'ouvrent à la face sont généralement guéries par l'avulsion de la dent malade, et ne constituent pas une cause d'*inaptitude* au service militaire.

114. Fétidité de l'haleine.

La *fétidité de l'haleine,* qu'elle dépende du mauvais état des dents ou d'une autre cause, doit déterminer l'*exemption,* lorsqu'elle est tellement prononcée qu'elle peut être insupportable pour les autres personnes. Il faut auparavant s'assurer si elle ne tient pas à la malpropreté de la bouche ou à une supercherie.

113.   Langue.

—

115. Difformités de la langue.

Les *difformités* de la langue : sa *perte partielle,* son *atrophie,* sa *division congénitale* ou *accidentelle,* ses *adhérences anormales,* lorsqu'elles sont assez étendues pour gêner la phonation et la déglutition, sont autant de causes d'*exemption.* Elles motivent également la *réforme,* lorsqu'elles sont au-dessus des ressources de la chirurgie.

Le *gonflement* de la langue, suite d'inflammation, est généralement passager. L'*exemption* ne s'applique qu'à son *hypertrophie* qui, ordinairement, se complique de la *procidence* de cet organe.

Des *engorgements partiels* peuvent être entretenus par le frottement de dents cariées, qu'il suffit d'enlever pour obtenir la guérison.

La *paralysie* de la langue, qui a pour effet d'entraver la mastication, la déglutition et la parole, nécessite l'*exemption*.

116. Tumeurs.

Les *tumeurs cancéreuses* et les *ulcères de mauvaise nature* sont des motifs d'*exemption* et de *réforme*.

117. Bégaiement.

Le *bégaiement,* quand il est assez prononcé pour empêcher de crier *qui vive* ou de transmettre intelligiblement une consigne, est *incompatible* avec le service militaire.

Cette infirmité, souvent *simulée* ou *exagérée*, doit toujours être confirmée par une enquête publique. L'examen auquel on soumet les sujets qui s'en disent atteints ne conduit généralement qu'à des probabilités, et ne permet pas d'affirmer que le bégaiement soit vrai ou simulé.

Dans le bégaiement, l'hésitation porte principalement sur les consonnes K, T, G, L, mais cette particularité n'est pas constante et peut être imitée avec de l'exercice. Il en est de même de l'agitation convulsive des muscles vocaux qui se propage à la face, mais le simulateur l'exagère, tandis que le véritable bègue s'efforce, au contraire, de la maîtriser. Pour découvrir la fraude, il faut observer l'individu pendant plusieurs jours, le faire surveiller à son insu par des personnes qui le font parler. On le soumet à différentes épreuves, à la lecture ou à la récitation d'après une des méthodes employées pour la guérison du bégaiement, on le fait chanter et on juge s'il est sincère à ses efforts pour corriger le vice de sa prononciation.

118. Mutisme.

Le *mutisme,* qu'il soit congénital ou acquis, *exclut* du service militaire.

Cette infirmité, comme la précédente, est souvent invoquée par des *simulateurs*. On examinera si elle n'est pas la conséquence d'une lésion de la langue (paralysie, atrophie, hypertrophie, adhérences), d'une chute ancienne ou d'un coup reçu jadis sur la tête, d'une affection cérébrale. C'est à tort qu'on nierait la mutité parce que la langue aurait conservé toute sa mobilité. Il convient encore ici de faire appel à l'enquête.

114.

Glandes salivaires.

119. Grenouillette.

La *grenouillette,* lorsqu'elle a acquis un certain développement, rend *impropre* au service.

120. Tumeurs des glandes salivaires.

Les *engorgements chroniques* des glandes salivaires (parotides, sous-maxillaires et sublinguales) augmentées notablement de volume, leur envahissement par le cancer, rendent *impropre* au service militaire.

121. Fistules salivaires.

Les *fistules salivaires* qui ont leur siège à la face motivent l'*exemption*, mais non la *réforme*, à moins d'incurabilité.

122. Hypertrophie des amygdales.

L'*hypertrophie des amygdales* n'est une cause d'*exemption* que dans le cas où elle est assez considérable pour gêner la respiration et la déglutition. Elle n'entraine pas la *réforme*, l'excision des amygdales étant une opération généralement simple.

115.   Palais.

123. Vices de conformation.

Les *vices de conformation* de la voûte palatine et du voile du palais : *divisions* et *pertes de substance*, qui altèrent la voix et nuisent à la déglutition, motivent l'*exemption* et la *réforme*. Ils peuvent être *dissimulés* par des pièces prothétiques, dont la présence est facile à reconnaitre.

124. Adhérences pharyngiennes.

Les *adhérences pharyngiennes* du voile du palais, offrant les mêmes inconvénients, donnent lieu aux mêmes décisions.

125. Paralysie du voile du palais.

La *paralysie du voile du palais*, qui suit la diphthérie, guérit en général promptement et n'est pas un obstacle au service militaire ; mais si elle dépend d'une autre cause et qu'elle nuise à la phonation et à la déglutition, elle entraine l'*exemption*.

126. Tumeurs.

Les *tumeurs* de la voûte palatine et du voile du palais, quelle que soit leur nature, déterminent l'*exemption*, et même la *réforme* quand elles ne peuvent disparaître sans opération sérieuse.

127. Hypertrophie de la luette.

L'*hypertrophie simple de la luette* n'est pas une cause d'*exemp-*

tion. Il n'en est pas de même des *tumeurs* et *ulcérations* de nature cancéreuse ou diathésique.

Cou.

128. Vices de conformation.

Les *vices de conformation* du cou de nature à gêner notablement ses fonctions et les organes importants qu'il renferme, les lésions ou difformités de cette région sont *incompatibles* avec le service militaire.

C'est ainsi que le *développement exagéré* du cou, par rapport à celui du thorax et de la tête, peut être exceptionnellement une cause d'*exemption*.

129. Plaies.

Les *traumastismes* de cette région, suivant leur gravité et les infirmités qui peuvent en être la conséquence, motivent aussi l'*exemption*.

130. Abcès, cicatrices.

Les *engorgements*, les *abcès ganglionnaires*, les *ulcérations* et les *cicatrices difformes* qui sont des manifestations de la scrofule et de la tuberculose motivent l'*exemption*, lorsque l'étendue et la fragilité des cicatrices sont considérables.

131. Adénites.

Les *adénites cervicales chroniques* entraînent également l'*exemption* si les tumeurs sont multiples ou volumineuses. Il n'en est pas de même de l'*adénite aiguë* et des *adénopathies* de *nature syphilitique*, dont la guérison est moins difficile. La *réforme* ne doit être prononcée que si ces affections sont rebelles aux agents thérapeutiques.

132. Tumeurs de la parotide.

Les *engorgements chroniques* de la glande parotide, les *enchondromes* et autres *tumeurs*, dont la région parotidienne peut être le siége, rendent *impropre* au service et nécessitent la *réforme* lorsqu'ils sont incurables.

133. Goître, kystes du corps thyroïde.

Les tumeurs désignées sous le nom générique de *goître*: l'*hypertrophie*, les *kystes de la glande thyroïde*, le *développement* même peu considérable du lobe médian, quand il atteint la fourchette sternale et se prolonge au-dessous d'elle, déterminent l'*inaptitude* à la profession des armes. Cependant, dans les pays où le goître est endémique, cette affection, lorsqu'elle est récente, peu développée, sans induration, sans complication de kystes, étant susceptible de guérison par le fait seul du changement de climat et d'habitudes qu'amène la vie militaire, ne saurait être une cause suffisante d'*exemption*, surtout du service auxiliaire. Quant à la *réforme*, elle ne doit être prononcée que si l'engorgement glandulaire résiste à une médication prolongée.

134. Tumeurs diverses.

Le *goitre* exophtalmique rend impropre à tout service militaire, Les *kystes*, les *lipomes*, les *anévrismes* motivent l'exemption, soit par leur nature, soit par la gêne qu'ils apportent dans les fonctions; ils déterminent la *réforme* dans les cas où la chirurgie ne peut intervenir.

135. Torticolis.

Le *torticolis* provenant de contractions permanentes, de rétractions des muscles du cou, de paralysies musculaires, de cicatrices, d'engorgements ganglionnaires ou de lésions de la colonne vertébrale, rend *inapte* au service militaire, et entraîne la *réforme*, lorsqu'on juge le mal au-dessus des ressources de l'art.

Le torticolis est quelquefois *simulé* devant les conseils de revision, mais on parvient facilement à déjouer la fraude, en se rappelant les caractères propres à chaque variété de cette affection.

117. ## Larynx.

Les maladies du larynx sont souvent difficiles à diagnostiquer, et il est nécessaire que le médecin fasse usage du laryngoscope lorsqu'il doute de la nature, de la gravité ou de l'existence de la maladie, l'*aphonie* étant fréquemment *simulée*. L'examen avec le laryngoscope n'est pas sans offrir certaines difficultés: on a à lutter, tantôt contre l'appréhension ou le mauvais vouloir du sujet, tantôt contre l'intolérance du pharynx, etc. Cette opération devra donc être remise à la fin de la séance ou des opérations du conseil de revision. L'examen laryngoscopique ne doit pas dispenser le médecin, lorsqu'un homme se présente avec des altérations de la voix, de rechercher s'il n'y a pas à l'extérieur, dans le voisinage du larynx, des tumeurs, des cicatrices susceptibles de modifier les conditions physiques de l'organe vocal ou d'intéresser les nerfs laryngés.

136. Plaies, fractures.

Les *lésions traumatiques : plaies* ou *fractures* récentes du larynx, sont le plus souvent graves et entraînent l'*exemption*. Elles justifient la *réforme* si elles sont suivies d'altération de la voix et de gêne de la respiration.

137. Laryngites.

La *laryngite chronique*, caractérisée par un épaississement de la muqueuse ou par des ulcérations, ou qui s'accompagne de déformations de l'épiglotte ou des cordes vocales, et la laryngite liée à la *tuberculisation*, sont *incompatibles* avec le service militaire.

La *laryngite syphilitique* et les autres affections laryngées de même nature ne déterminent l'*exemption* que si les altérations du larynx sont assez graves pour exiger un traitement prolongé, ou si elles doivent porter atteinte à la phonation ; telles sont les *ulcérations* des cordes vocales, les *rétractions cicatricielles* qui en sont la conséquence.

Dans tous ces cas, la *réforme* n'est prononcée que si l'affection est reconnue incurable.

138. Déformation, destruction de l'épiglotte.

La *déformation* ou la *destruction de l'épiglotte* par suite d'inflammation chronique, d'ulcérations ou de lésions traumatiques, motivent l'*exemption* et la *réforme*, s'il en résulte une gêne dans la déglutition ou la phonation.

139. Rétrécissement, déformation du larynx.

Le *rétrécissement* et toute *déformation* du larynx qui entrave les fonctions de cet organe sont, comme les affections précédentes, des causes d'*exemption* et de *réforme*.

140. Polypes.

Les *polypes* du larynx, qui altèrent la voix et donnent lieu souvent à des troubles sérieux de la respiration, sont *incompatibles* avec la vie militaire.

141. Nécrose.

La *nécrose* du larynx est une affection grave qui exige presque toujours l'*exemption* et la *réforme*.

142. Aphonie.

L'*aphonie*, suite de lésions traumatiques ou pathologiques du larynx ou de paralysie persistante des nerfs laryngiens, est une cause d'*exemption* et de *réforme* lorsqu'elle se montre rebelle aux moyens thérapeutiques.

La *simulation* de l'aphonie est fréquente, et l'on devra être en garde contre la fraude. C'est alors qu'il est surtout nécessaire d'employer le laryngoscope pour reconnaître s'il existe des lésions matérielles auxquelles l'aphonie puisse être attribuée. L'examen laryngoscopique dispense généralement des autres épreuves que l'on fait subir au sujet examiné, telles que la provocation de l'éternuement et de la toux, qui sont presque toujours insuffisantes.

Dans les cas douteux, une enquête est nécessaire.

118. Pharynx.

143. Anomalies, rétrécissements du pharynx.

Les *anomalies du pharynx*, assez rares d'ailleurs, les *rétrécissements* résultant d'adhérences vicieuses ou de rétractions cicatricielles qui font obstacle au passage des aliments, sont des motifs d'*exemption* et de *réforme*.

144. Lésions traumatiques.

Les *lésions traumatiques*, la présence de *corps étrangers* ne déterminent l'*incapacité* de servir que si elles doivent être suivies d'une infirmité capable d'entraver la déglutition. La décision du conseil peut être renvoyée, s'il y a lieu, à la fin de ses opérations.

145. Pharyngites.

Les *pharyngites chronique* et *granuleuse*, affections gênantes et rebelles, prennent rang parmi les causes d'*exemption*, et peuvent entraîner la *réforme*. Il en est de même des *abcès rétro-pharyngiens*, le plus souvent symptomatiques de lésions du rachis. Toutefois, il faut faire une réserve au point de vue de la réforme pour les *abcès diopathiques*, qui offrent moins de gravité.

146. Ulcères.

Les *ulcères de mauvaise nature* motivent l'*exclusion* de l'armée: les *ulcères syphilitiques*, pouvant se guérir promptement, ne sont des causes d'*exemption* que s'ils s'accompagnent de destruction des parties profondes et s'il doit en résulter des difformités. Dans ces cas, la *réforme* peut aussi être prononcée.

119. Œsophage.

147. Rétrécissement de l'œsophage.

Le *rétrécissement* de l'œsophage motive l'*exemption* et la *réforme*, qu'il soit consécutif à des lésions traumatiques (plaies, déchirures, brûlures) ou qu'il provienne d'ulcération ou de dégénérescence carcinomateuse de ce conduit. Il en est de même quand la déglutition est gênée par une tumeur qui comprime l'œsophage.

Le plus souvent, à moins que la coarctation ne soit ancienne et ne s'accompagne d'une altération de la nutrition, aucun signe extérieur ne révèle le rétrécissement, et il faut pratiquer le cathétérisme de l'œsophage pour pouvoir affirmer l'existence de la lésion.

148. Dilatation.

La *dilatation* de l'œsophage est généralement la conséquence de l'affection précédente et, comme elle, nécessite l'*exemption* et la *réforme*.

149. Corps étrangers.

Des *corps étrangers* peuvent s'arrêter dans l'œsophage et produire des accidents graves. En pareille circonstance, l'*exemption* est indiquée, et quelquefois la *réforme* devient indispensable.

150. Ulcérations, cancer.

Les *ulcérations de toute nature*, les *dégénérescences carcinomateuses* motivent absolument l'*exclusion* de l'armée.

151. Œsophagisme.

L'*œsophagisme*, ou spasme de l'œsophage, s'il n'est pas lié à une lésion organique de ce canal, est peu grave et ne doit pas entraîner l'*exemption* ni la *réforme*.

152. Paralysie de l'œsophage.

La *paralysie de l'œsophage et du pharynx* est une affection qui, rarement idiopathique, se rattache à des lésions graves et *incompatibles* avec le service militaire. Les *simulateurs* peuvent essayer de faire croire à l'existence de cette affection en faisant des contorsions et des efforts simulés pour avaler, et en provoquant le retour des liquides par les narines. Mais l'abattement, l'amaigrissement, la débilité générale feront distinguer le malade du simulateur.

120.

Thorax.

153. Difformités.

Les *difformités congénitales ou acquises* de la poitrine : les *fissures*, le *défaut d'ossification* du sternum, *l'absence du cartilage* d'une ou plusieurs côtes (lésions qui sont assez rares) ;

La *proéminence du thorax* en forme de carène, s'accompagnant d'une diminution notable de la courbure des côtes;

Les *enfoncements* assez considérables de la partie inférieure du sternum ou de l'appendice xiphoïde, avec renversement de cet appendice soit en dedans, soit en dehors;

Les *déviations partielles* du sternum ou des côtes et de leur cartilages, par suite de fractures vicieusement consolidées ou de luxations non réduites;

Le *rétrécissement* d'un côté de la poitrine, consécutif à un épanchement pleurétique;

Les *difformités* dépendant du rachitisme, qui sont fréquentes et affectent ordinairement toute la cage thoracique,

Sont autant de causes qui rendent *impropre* au service militaire, à moins que le thorax ait une capacité suffisante et que les difformités ne soient pas visibles, l'homme étant habillé.

Les *voussures de la poitrine* n'ont guère d'importance qu'en raison des affections qui les déterminent et qui entraînent presque toujours la *réforme* et l'*exemption*.

Les *arrêts de développement*, les *courbures difformes* ou irrégulières de la clavicule, ces dernières provenant de causes organiques ou de fractures anciennes vicieusement consolidées, qui gênent le port du sac ou entravent les mouvements, les *pseudarthroses*, les *luxations complètes non réduites* de l'une ou de l'autre extrémité de cet os, motivent l'*exemption*, mais ne nécessitent pas toujours la *réforme*.

L'*omoplate* peut être aussi le siège de *difformités* qui sont *incompatibles* avec la profession militaire.

154. Lésions traumatiques.

Les *contusions*, les *compressions brusques* de la poitrine n'ont de gravité, en général, que par la lésion des organes internes, qui les complique quelquefois. Il en de même des *plaies* qui, lorsqu'elles sont pénétrantes, peuvent, comme les contusions, donner lieu immédiatement à des accidents sérieux et consécutivement à des altérations qui déterminent l'*inaptitude* au service militaire.

155. Ostéite, carie, nécrose, etc.

L'*ostéopériostite suppurée*, due le plus souvent à la tuberculose, la *carie*, la *nécrose*, l'*ostéo-sarcôme* des côtes, du sternum, de la clavicule, de l'omoplate, entraînent l'*exemption*, et motivent assez souvent la *réforme*.

156. Maladies de la glande mammaire.

Les *inflammations de la glande mammaire* sont rarement des causes d'*exemption*, mais on observe quelquefois des hypertrophies glandulaires assez développées pour la motiver. La *réforme* n'est prononcée que si l'affection est incurable.

131.

Poumon.

157. Lésions traumatiques du poumon.

Les *contusions, déchirures, plaies du poumon*, constituent en général des lésions graves qui entraînent le plus souvent l'*exemption*. Toutefois, elles peuvent guérir sans laisser d'infirmités, et, dans le doute, le médecin devra attendre la fin des opérations du conseil de revision pour se prononcer.

158. Hernie du poumon.

La *hernie du poumon*, qu'elle soit congénitale ou de cause traumatique ou le résultat d'un effort de toux, motive l'*exemption* et la *réforme*.

159. Tuberculose pulmonaire.

Le médecin doit apporter dans cet examen la plus grande attention; la *tuberculose pulmonaire*, qu'il faut surtout se garder d'importer dans l'armée, n'est pas toujours facile à reconnaître à son début, et, fréquemment, les signes fournis par la percussion et l'auscultation peuvent être douteux : mais assez souvent l'habitus externe permet, jusqu'à un certain point, d'affirmer la prédisposition à la tuberculisation.

Non-seulement la *tuberculose confirmée* est une cause d'*exemption* et de *réforme*, mais l'exemption doit encore être prononcée toutes les fois qu'il y a *imminence de tuberculisation* pulmonaire, et la *réforme* est urgente, *même lorsque la maladie est à son début.*

160. Hémoptysie.

L'*hémoptysie*, qui se lie à la tuberculisation pulmonaire ou à une affection du cœur, etc., motive l'*exemption* et la *réforme*. L'hémoptysie est facile à *simuler*.

161. Bronchite et pneumonie chroniques.

La *bronchite* et la *pneumonie chroniques*, avec dépérissement de la constitution, motivent toujours l'*exemption* et la *réforme*.

162. Emphysème pulmonaire.

L'*emphysème pulmonaire* entraine nécessairement l'*exemption*. C'est une affection assez fréquente dans l'armée; elle n'exigerait la *réforme* que si elle était assez étendue pour provoquer des accès de suffocation.

163. Asthme.

L'*asthme*, affection quelquefois *essentielle*, sans lésions organiques apparentes, est le plus souvent sous la dépendance d'une altération du cœur, des gros vaisseaux ou des poumons ; dans l'un ou l'autre cas, il s'oppose à la vie active et rend *impropre* au service militaire. L'*asthme nerveux*, d'une constatation difficile, exige une enquête. Les autres variétés se reconnaissent aux lésions qui les déterminent.

164. Epanchements pleuraux.

Les *épanchements pleurétiques* sont toujours des cas d'*exemption* ; ils exigent la *réforme* lorsqu'ils ont résisté à un traitement rationnel, qu'ils ont altéré la constitution ou déformé le thorax.

122. Cœur et aorte.

165. Cyanose.

La *cyanose*, résultant ou non de la persistance du trou de Botal, motive l'*exemption*.
La *cyanose* peut être *simulée*, mais la fraude est facile à reconnaître.

166. Transposition des organes.

La *transposition des organes pectoraux* de gauche à droite n'est pas une cause d'incapacité de servir, quand il n'y a pas de troubles fonctionnels.

167. Péricardite et endocardite.

La *péricardite* et l'*endocardite aiguës* laissent souvent après elles des altérations graves qui doivent faire prononcer l'*exemption* ; il en est de même pour la *péricardite chronique* et l'*hydropéricardite*. Ces affections peuvent aussi nécessiter la *réforme*, si elles sont rebelles.

168. Hypertrophie du cœur.

L'*hypertrophie* du cœur s'oppose formellement à l'*admission* dans l'armée ; elle entraîne la *réforme*.

169. Dilatation du cœur.

La *dilatation du cœur avec amincissement* des parois déter-

mine, comme l'hypertrophie, une augmentation de la matité précordiale, mais elle s'en distingue par l'affaiblissement des contractions du cœur, la diminution de son impulsion, l'absence de
voussure de la région précordiale. Elle motive *l'exclusion* de
l'armée lorsqu'elle présente tous les signes qui affirment sa permanence et son incurabilité.

170. Insuffisance et rétrécissement des orifices cardiaques.

L'*insuffisance* ou le *rétrécissement* des orifices cardiaques sont
des affections qui rendent le sujet *impropre* au service militaire :
le médecin ne doit pas se méprendre sur la valeur du bruit de
souffle, qui n'est quelquefois qu'un signe d'anémie.

171. Anévrisme de l'aorte thoracique.

L'*anévrisme de l'aorte thoracique*, qui échappe le plus souvent à
l'observation tant qu'il n'a pas déterminé de troubles fonctionnels
assez importants pour attirer l'attention, est *incompatible* avec la
profession militaire.

Abdomen.

172. Affections des parois abdominales.

Les *contusions*, les *plaies*, les *ruptures musculaires*, les *inflammations*, quand elles ont pour effet de diminuer la force de résistance des parois de l'abdomen à la pression des organes intérieurs,
de prédisposer aux hernies, de réagir sur les viscères, nécessitent
l'exemption et la *réforme*.

Les fistules ou les trajets fistuleux entretenus par une lésion
osseuse ou par une lésion des viscères intra ou extra-péritonéaux,
constituent des cas d'*exemption*, et peuvent aussi entraîner la
réforme.

173. Hernies.

Toute *hernie abdominale*, inguinale, crurale, ombilicale, épigas-
trique, etc., simple ou compliquée, réductible ou non, motive
l'exemption.

Les hernies inguinales et crurales ne s'étendant pas au delà de
l'orifice externe du canal sont *compatibles* avec le service auxiliaire.

La *réforme* doit être prononcée dans les cas suivants : 1° éven-
tration ; 2° hernie double, inguinale ou crurale ; 3° hernie volumineuse, difficile à réduire et à maintenir réduite ; 4° hernie péri-
tonéo-vaginale avec descente incomplète ou adhérence du testicule en avant du canal inguinal externe.

La hernie ne peut être *simulée :* quelquefois des fourbes cherchent à donner le change en portant un bandage herniaire.

Elle peut être *dissimulée* par les engagés volontaires et par tous ceux qui ont intérêt à se faire admettre dans l'armée. Il convient d'examiner la ligne blanche, la région inguinale et la région crurale supérieure. Non-seulement il faut appliquer la main sur les orifices qui peuvent livrer passage aux viscères, mais encore porter le doigt dans le canal, afin d'en reconnaître la dilatation et sentir si une portion de viscère ne se présente pas à l'orifice interne. Dans le doute, on fait soulever par le sujet un fardeau qui exige d'assez grands efforts.

174. Affections du péritoine.

La *péritonite chronique* rend *impropre* au service militaire. La *péritonite aiguë*, quoique étant une affection grave, peut se terminer heureusement. Le médecin tiendra donc compte, pour formuler son opinion, de la cause de cette affection, de son étendue, de son intensité. S'il le juge utile, il demandera le renvoi de l'examen à la fin des opérations du conseil de revision.

175. Ascite.

L'*ascite,* qui peut être déterminée par des causes très variées, motive l'*exemption,* et peut nécessiter la *réforme,* si elle résiste aux moyens thérapeutiques.

176. Tympanite.

La *tympanite* est le plus ordinairement d'une courte durée, et, à moins d'être liée à une affection grave, ne nécessite pas l'*exemption.*

Des *simulateurs,* jouissant de la faculté d'avaler de l'air, produisent quelquefois une tympanite qui ne pourrait en imposer qu'à une personne sans expérience.

177. Tumeurs de l'abdomen.

Les *tumeurs* de l'abdomen : *engorgements ganglionnaires* volumineux, *tumeurs tuberculeuses ou carcinomateuses,* etc., entraînent l'*incapacité* absolue de servir.

178. Maladies de l'estomac et des intestins.

Les *affections chroniques* de l'*estomac* et des *intestins,* lorsque leur existence est bien démontrée, sont des motifs d'*exemption,* et font prononcer la *réforme,* si elles sont réfractaires à toute médication.

179. Lésions organiques, hématémèse.

L'*hématémèse* est *incompatible* avec la vie militaire, mais il ne faut pas se laisser tromper par les *simulateurs* qui ingèrent secrètement une certaine quantité de sang qu'ils vomissent devant les personnes dont ils invoquent ensuite le témoignage. Lorsque l'hématémèse est liée à une affection grave, elle donne toujours lieu à divers symptômes qui en révèlent l'existence, et lorsque l'hémorragie s'est répétée, elle détermine un affaiblissement et un amaigrissement marqués.

Les *lésions organiques* de *l'estomac* et des *intestins, ulcères chroniques, cancer, rétrécissements* ou *obstructions* intestinaux sont autant d'affections qui rendent *impropre* au service militaire.

180. Affections du foie et de la rate.

Les *affections du foie* de longue durée, telles que l'hépatite chronique, les abcès, les tumeurs acéphalocystes, le cancer, la cirrhose, les calculs de la vésicule biliaire, motivent l'*exemption*, et fréquemment la *réforme*.

Les *engorgements chroniques* volumineux de la rate, les *abcès* et les *tumeurs* de cet organe sont dans le même cas.

Toutefois, dans les contrées palustres, où des fièvres intermittentes sont endémiques, il n'est pas rare de rencontrer des engorgements de la rate et du foie qui disparaissent sous l'influence d'une médication appropriée, et surtout d'un changement de résidence. Ces considérations sont de nature à imposer une certaine réserve au médecin chargé de faire connaître son opinion au conseil. Il devra toujours se prononcer pour l'admission des sujets qui n'ont qu'un engorgement peu considérable et dont l'état général est d'ailleurs satisfaisant.

Rachis.

181. Spina-bifida.

Le *spina-bifida* ou *hydrorachis* persistant jusque dans l'âge adulte, motive l'*exemption*.

182. Déviations du rachis.

La lordose et la scoliose latérale impliquent l'*impossibilité de servir*, si elles sont assez prononcées pour constituer une difformité.

Les déviations offrent beaucoup de ressources à la *simulation* : on voit des sujets se présenter le dos voûté, la poitrine creusée en avant et prétendant ne pouvoir pas se redresser. On déjoue cette supercherie soit en faisant coucher l'individu sur le ventre, lui serrant fortement les lombes à l'aide d'une ceinture et lui étendant ensuite les bras au-dessus de la tête, soit, au contraire, en le plaçant sur le dos et en ôtant tout point d'appui à ses extrémités.

D'autres simulent des déviations latérales en les provoquant à l'aide d'agents mécaniques, et quelquefois arrivent à produire des courbures permanentes qui constituent une infirmité réelle et irrémédiable. Dans la déviation latérale simulée, la courbure est unique, étendue, et comprend les régions lombaire et dorsale : le tronc est plus ou moins incliné du côté opposé à la convexité de la courbure, suivant que le bassin est plus ou moins élevé de ce dernier côté. Il n'y a pas, comme dans la déviation spontanée, une torsion de la colonne vertébrale ; l'épaule correspondante à la convexité est plus élevée que l'autre, mais ne fait pas de saillie en arrière, et le thorax n'est pas sensiblement déformé. En dedans de la courbure, la peau présente des plis parallèles assez profonds, tandis que, dans la scoliose vraie, ces plis sont peu marqués, siègent sous l'aisselle, si la courbure opposée est à la région dorsale ; entre les fausses côtes et la crête iliaque, lorsque la courbure est dorso-lombaire.

Les déviations *provoquées* se reconnaissent aux mêmes signes : à l'absence de courbures multiples et de torsion des vertèbres. Les simulateurs parviennent quelquefois, en combinant certains moyens, à produire des courbures alternes, mais ils n'arrivent jamais à obtenir la torsion de la colonne vertébrale. Toutefois, il ne faut pas oublier que les déviations latérales déterminées par la claudication sont le plus souvent limitées à une courbure simple et sans torsion des vertèbres ; mais alors le médecin pourra constater soit un raccourcissement réel d'un des membres inférieurs, soit une affection de l'articulation de la hanche, luxation ou coxalgie. Du reste, quelle que soit la présomption que l'on puisse avoir relativement à la provocation, elle ne s'élève jamais à un degré de certitude suffisant pour motiver une accusation, et, du moment que l'infirmité existe et qu'elle est irrémédiable, l'*exemption* doit être prononcée.

183. Raccourcissement de la taille, simulation.

Quand la taille de l'homme ne dépasse que fort peu le minimum légal, il peut, en courbant la colonne vertébrale ou par des attitudes obliques, se rapetisser et obtenir ainsi une exemption pour défaut de taille. On évite des erreurs de ce genre en pratiquant la mensuration du sujet après l'avoir fait étendre sur le sol, de façon à redresser la colonne vertébrale ainsi que les membres inférieurs.

184. Fractures, luxations et caries.

Les *fractures* et les *luxations*, l'*ostéite* tuberculeuse des vertèbres, l'*arthrite* et l'*ankylose* des articulations vertébrales peuvent amener des déformations du rachis ou gibbosités, qui se distinguent des déviations précédentes ; elles motivent toujours l'*exemption* et souvent la *réforme*.

185. Lumbago.

Le *rhumatisme lombaire* ou *lumbago* n'est pas une cause d'exemption ; mais la douleur des lombes peut être terminée par d'autres lésions qui ont plus de gravité. On doit donc apporter, dans cet examen, la plus grande attention et s'assurer que le lumbago ne se rapporte pas à une affection du rachis, de la moelle ou des reins. Le médecin se rappellera aussi que le rhumatisme chronique des lombes est souvent invoqué par les *simulateurs*.

186. Hernies lombaires.

Les *hernies lombaires* motivent l'*exemption* ; elles sont fort rares, mais il importe de connaître leur possibilité et de pouvoir en porter le diagnostic.

Bassin.

125.

187. Vices de conformation.

Les *vices de conformation* du bassin, résultant d'une étroitesse, d'un développement exagéré ou d'une déviation anormale, les *déformations consécutives* à une fracture vicieusement consolidée ou à toute autre lésion, motivent l'*exclusion* de l'armée.

188. Relâchement des symphyses.

Le *relâchement* des symphyses nécessite l'*exemption* et la *réforme*. Ces conclusions ne s'appliquent ni à l'entorse, ni à la luxation du coccyx, affections légères qui ont rarement des conséquences sérieuses.

189. Arthropathies.

L'arthrite sacro-iliaque donne lieu à des accidents graves, qui mettent dans *l'impossibilité* de servir.

190. Psoïtis.

Le *psoïtis* est susceptible d'une terminaison heureuse ; mais on le voit aussi amener des abcès, des rétractions du membre inférieur sur le bassin, accidents qui déterminent *l'incapacité* de servir dans l'armée.

191. Phlegmons et abcès.

Les *phlegmons* et *abcès de la fosse iliaque*, quelle qu'en soit l'origine, nécessitent *l'exemption* ; la *réforme* n'est prononcée qu'en cas d'incurabilité.

192. Plaies, contusions.

Les *plaies* et les *contusions* du *périnée*, lorsqu'elles intéressent l'urèthre, peuvent être graves et provoquer *l'exemption* ; elles amènent fréquemment à leur suite des rétrécissements uréthraux qui nécessitent quelquefois la *réforme*.

193. Plaies à l'anus.

Les *plaies* ou *déchirures* de l'anus, à moins de complications, ne motivent pas l'*exemption*.

194. Phlegmons et abcès du périnée.

Les *phlegmons* et les *abcès* du périnée, déterminés par une lésion des voies urinaires ou symptomatiques de lésions osseuses, entraînent l'*exemption* et quelquefois la *réforme*.

195. Fissure de l'anus.

La *fissure à l'anus*, le plus souvent liée à des hémorroïdes ou à la syphilis, même compliquée de contracture du sphincter anal, ne doit déterminer que rarement l'*exemption*. Cette affection est quelquefois très pénible pour les malades, mais la guérison en est facile à l'aide d'un traitement approprié ou d'une opération chirurgicale peu importante.

196. Fistules urinaires et fistules à l'anus.

Les *fistules* siégeant au périnée ou au pourtour de l'anus, qu'elles soient en communication avec les voies urinaires ou avec le tube digestif, ou symptomatiques de carie, de nécrose des os du bassin, les *fistules anales incomplètes*, compliquées d'un décollement étendu du rectum, entraînent l'*exemption*. Les moyens chirurgicaux doivent avoir été employés sans succès avant de proposer la *réforme*.

197. Affections du rectum.

Les *affections du rectum : ulcérations de mauvaise nature, carcinômes*, sont des causes absolues d'*exemption* et de *réforme*.

198. Rétrécissement du rectum.

Le *rétrécissement du rectum*, qui peut être la conséquence de lésions diverses, de plaies, d'ulcérations, d'affections syphilitiques, carcinomateuses, etc., qu'il siège à l'orifice anal ou sur un point plus élevé que l'intestin, est une cause d'*exclusion* de l'armée, et entraîne la *réforme* s'il ne peut être combattu avec succès.

199. Hémorroïdes.

Les *hémorroïdes volumineuses*, internes ou externes, ou compliquées d'ulcérations, de fongosités de la muqueuse, motivent l'*exemption*. La *réforme* doit être rarement prononcée, les hémorrhoïdes pouvant être rendues tolérables par un traitement approprié.

On essaye quelquefois, à l'aide de moyens grossiers, de *simuler* les hémorroïdes, ou on les exagère en prenant des bains de siège très chauds.

200. Chute du rectum.

La *chute du rectum* et la *procidence de la membrane muqueuse* du rectum à travers l'ouverture anale, qu'elle soit la conséquence d'hémorroïdes anciennes et volumineuses ou d'une autre cause, sont des motifs d'*exemption;* mais elles ne nécessitent la *réforme* que dans les cas où elles résistent à tout traitement.

201. Incontinence des matières fécales.

L'*incontinence des matières fécales* est généralement la suite d'une paralysie étendue à d'autres organes que le rectum ; elle peut être aussi déterminée par un relâchement du sphincter et par une chute du rectum. Dans tous les cas, elle est une cause d'*exemption*, et elle peut motiver la *réforme*, si elle est au-dessus des ressources de l'art.

Reins.

202. Lésions traumatiques des reins.

Les *lésions traumatiques des reins :* plaies, contusions, peuvent donner lieu à un pronostic plus ou moins grave, qui servira de guide au médecin-expert pour faire prononcer l'*admission* ou l'*exemption*.

203. Néphrites.

La *néphrite albumineuse*, la *néphrite calculeuse*, motivent l'*exclusion* de l'armée. La *néphrite simple*, sans complication, sans purulence, ne doit faire prononcer l'*exemption* que si elle paraît assez sérieuse pour exiger un traitement prolongé et faire craindre une aggravation.

204. Calculs rénaux, abcès, kystes.

Les calculs rénaux sont une cause d'*exemption*, et même de *réforme* si les accidents qu'ils provoquent sont répétés et assez intenses pour empêcher la vie active.

Les *abcès*, les *kystes*, les *dégénérescences* des reins déterminent l'*incapacité* de servir.

127.   Vessie.

205. Vices de conformation.

Les *vices de conformation de la vessie* : *absence complète, atrophie, extrophie* de cet organe et *fistules urinaires ombilicales* dépendant de la perméabilité de l'ouraque, sont autant de motifs d'*inadmissibilité.*

206. Lésions traumatiques.

Les *plaies*, les *contusions*, les *ruptures* de la vessie ont une gravité immédiate telle qu'on les rencontre rarement devant un conseil de revision ; cependant, si la guérison semblait devoir se produire sans laisser de traces, l'*admission* pourrait être prononcée.

207. Cystites.

L'*inflammation chronique* de la vessie nécessite l'*exemption*. La *cystite aiguë*, suivant son intensité et les causes qui la déterminent, peut être une cause d'*exemption ;* on attendra, si cela est nécessaire, pour prendre une décision, la fin des opérations du conseil de revision. Il importe de ne pas ignorer que cette affection est quelquefois *provoquée* dans un but de fraude.

208. Corps étrangers, calculs vésicaux.

Les *corps étrangers* introduits parfois dans la vessie, à la suite d'un traumatisme, d'un accident, soit par suite d'un cathétérisme ; les *calculs vésicaux* qui annoncent leur présence par de la douleur, un sentiment de pesanteur vers le bas-fond de la vessie, des troubles de la miction, de l'hématurie, une altération de l'urine, etc., motivent l'*exemption*. La *réforme* n'est prononcée qu'après l'emploi infructueux des divers moyens thérapeutiques.

209. Lésions organiques.

Les *lésions organiques de la vessie* : *polypes, fongus*, etc., sont *incompatibles* avec la vie militaire.

210. Incontinence d'urine.

L'*incontinence d'urine nocturne* dûment attestée par un acte de notoriété publique entraîne l'*exemption de fait*.

Hors de là, quand elle est simplement alléguée, elle n'empêche pas l'admission dans l'armée, sous réserve d'un examen ultérieur dans les hôpitaux, où l'observation déjouera la *simulation*.

L'*incontinence permanente*, reconnaissant toujours pour cause une lésion organique, soit une opération antérieure, a des conséquences en rapport avec la gravité de cette lésion. Dans les cas incurables, elle motive l'*exemption* et la *réforme*.

211. Rétention d'urine.

La *rétention d'urine* est souvent symptomatique d'affections plus sérieuses qui font obstacle au cours de l'urine : engorgement de la prostate, valvules du col vésical, rétrécissement du canal uréthral ; elle nécessite alors l'*exemption ;* la *réforme* est réservée aux cas incurables.

Elle est difficile à *simuler,* la moindre pression sur l'hypogastre permettant de vaincre la résistance du col de la vessie et amenant la sortie de l'urine.

Urèthre.

128.

212. Vices de conformation.

L'*épispadias* et l'*hypospadias*, ainsi que les autres anomalies du canal de l'urèthre, rendent impropre au service. Toutefois, l'hypospadias est compatible avec la vie militaire lorsque l'ouverture du canal est située immédiatement en arrière de la base du gland, que l'urine peut être projetée à distance, et que l'orifice est assez large pour que la miction s'accomplisse sans difficulté.

213. Fistules uréthrales.

Les *fistules uréthrales* exposant les individus, chaque fois qu'ils urinent, à souiller leurs vêtements qui s'imprègnent d'une odeur désagréable pour les voisins, motivent l'*exemption*. Si elles surviennent après l'incorporation, on doit préalablement en entreprendre la guérison, quand il y a lieu de l'espérer ; dans le cas contraire, la *réforme* est indiquée.

214. Corps étrangers.

Les *corps étrangers* introduits dans l'urèthre ne justifient l'*exemption* que dans le cas où leur extraction qui, le plus souvent, se pratique facilement, paraît nécessiter une opération grave. On devra recourir à cette opération chez les militaires, et ne proposer la *réforme* que si l'opération restait sans succès.

215. Rétrécissements.

Les *rétrécissements* de l'urèthre, appréciables à la diminution du jet de l'urine, sont généralement d'une guérison difficile et entraînent des inconvénients *incompatibles* avec le service militaire. Cependant, lorsqu'ils se déclarent chez des hommes présents sous les drapeaux, ils ne motivent la *réforme* qu'après un traitement prolongé sans bon résultat.

216. Maladies de la prostate.

Les *abcès*, l'*hypertrophie* de la *prostate*, les *calculs* prostatiques, déterminent l'*exemption*, et quelquefois la *réforme* si la guérison n'en peut être obtenue.

129.　　　　Organes génitaux.

217. Vices de conformation. Affections du pénis.

L'*hermaphrodisme*, l'*absence du pénis*, la *perte partielle ou totale du pénis* par suite de blessures ou de mutilations, nécessitent l'*exemption* et la *réforme*.

L'*atrophie* du pénis, si prononcée qu'elle soit, ne saurait motiver l'*exemption*, à moins qu'elle ne se complique ou ne s'accompagne d'une atrophie des testicules.

Le *phimosis* et le *paraphimosis*, auxquels il est facile de porter remède, ne réclament ni l'*exemption* ni la *réforme*. Il en est de même des *ulcérations* et des *végétations syphilitiques*, à l'exception, cependant, des ulcères phagédéniques qui auraient détruit une partie notable de la verge.

218. Affections des bourses.

Les *affections cutanées*, qui causent une démangeaison insupportable et ne peuvent que s'aggraver sous l'influence du frottement occasionné par la marche et le contact des vêtements de laine, exigent l'*exemption*, plus rarement la *réforme*.

Les *plaies*, les *déchirures du scrotum*, les *contusions*, les *infiltrations* de sang, entraînent rarement l'*exemption*. Il importe de noter que la cicatrisation de ces plaies se fait facilement et presque toujours sans adhérences, en raison de la laxité des tissus.

Les *phlegmons*, les *abcès* ne comportent l'*exemption* que s'ils se rattachent à des lésions des voies urinaires.

L'*œdème* et l'*emphysème du scrotum* sont quelquefois *provoqués* à l'aide d'injections d'eau ou d'air. Dans aucun cas, ces lésions, fussent-elles spontanées, ne donnent lieu à l'*exemption*, à moins d'être liées à d'autres états morbides.

L'*éléphantiasis du scrotum*, extrèmement rare en France, est incompatible avec la vie militaire.

219. Varicocèle.

Le *varicocèle* n'entraîne l'*impossibilité* de servir qu'autant qu'il est douloureux ou que, par son volume considérable, il détermine une gène prononcée dans la marche, et ces cas sont exceptionnels.

220. Hydrocèle. Hématocèle.

L'*hydrocèle* simple du cordon ou de la tunique vaginale, peu volumineuse et susceptible de guérir par un procédé thérapeutique ordinairement sans danger, ne motive pas l'*exemption*.

Au contraire, l'*hydrocèle* volumineuse ou symptomatique d'une lésion appréciable des organes, et l'*hématocèle* de la tunique vaginale entraînent l'*exemption* et la *réforme*, si elles sont incurables.

221. Perte, atrophie des testicules.

La *perte des deux testicules* par suite d'opération ou d'accident, l'*atrophie* de ces deux organes, acquise ou congénitale, portée à un haut degré, entraînent l'*exemption*. La *perte* ou l'*atrophie* d'un testicule, l'autre restant sain, est compatible avec le service militaire.

222. Anorchidie et cryptorchidie.

L'*exemption* est réservée aux cas où le testicule est retenu à l'anneau ou dans le canal ou tout contre l'orifice inguinal, en raison des douleurs qu'il provoque, de la prédisposition aux hernies qu'il entraîne et de l'obstacle qu'il présente à l'application d'un bandage.

223. Tumeurs du testicule.

Les *orchites chroniques, tuberculeuse, syphilitique,* rendent *inapte* au service militaire.

L'*enchondrôme,* l'*encéphaloïde* et les autres dégénérescences du testicule sont des causes absolues d'*exemption* et de *réforme*.

224. Spermatorrhée.

La *spermatorrhée* ne peut être constatée devant un conseil de revision; d'ailleurs, cet état morbide, généralement curable, ne peut être considéré comme une cause d'*exemption*.

130. Membres.

225. Anomalie des membres.

Toute *anomalie* dans le nombre, dans la forme, dans les rapports des membres, est *incompatible* avec le service militaire.

226. Inégalité.

L'*inégalité* des membres thoraciques ou abdominaux, portée au degré de compromettre l'harmonie des mouvements, entraîne l'*incapacité* de servir.

227. Déviation.

L'avant-bras, au lieu de continuer dans son articulation avec le bras la ligne presque droite que le membre entier doit présenter, forme parfois un angle plus prononcé ouvert en dehors. Il peut résulter de cette disposition vicieuse l'impossibilité d'exécuter avec régularité et précision certains temps du maniement des armes. Cette difformité entraîne l'*exemption* ou le classement dans les services auxiliaires.

Les jambes déviées, *cagneuses* ou *bancales*, peuvent apporter dans la marche une gêne, une irrégularité allant jusqu'à la claudication; le rapprochement excessif des genoux s'oppose à la jonction des talons, leur éloignement détermine dans la marche un balancement disgracieux et devient rapidement une cause de fatigue. Ces difformités, suivant leur degré, entraînent l'*incapacité* de servir ou la désignation pour le service auxiliaire.

228. Atrophie.

L'*atrophie* congénitale constitue un motif manifeste d'*inaptitude* au service militaire. L'atrophie acquise doit être étudiée dans ses causes; elle constitue ou ne constitue pas un motif d'*incapacité*, selon la possibilité ou l'impossibilité d'un retour prochain à l'état normal.

La plupart des lésions traumatiques récentes déterminent l'atrophie; le médecin expert s'assurera que l'atrophie n'est pas provoquée ou entretenue dans un but coupable.

229. Lésions traumatiques.

Les *lésions traumatiques* qui affectent les membres et leurs articulations méritent la plus sérieuse attention, en raison des accidents actuels qu'elles déterminent et des difformités qu'elles peuvent laisser après elles. Le jugement à porter se déduira nécessairement de leur gravité, de leur étendue, de leur siège, de la nature des parties intéressées, des conséquences enfin qu'elles ont eues ou qu'elles peuvent avoir.

L'*amputation* et la *résection*, les *courbures défectueuses* et très prononcées des os longs, les *dépressions* profondes, les *inégalités*, les *déviations*, le *raccourcissement*, la *fausse articulation* provenant de fractures simples ou compliquées, ou reconnaissant pour cause les distensions articulaires, l'*entorse* violente et la *luxation* ancienne, incomplètement réduite ou non réduite, le *relâchement des capsules et des ligaments articulaires* avec mobilité anormale et luxation fréquente volontaire ou involontaire, l'*ankylose vraie*, la *fausse ankylose*, sont des causes d'*exemption*, et peuvent être des causes de *réforme*.

230. Lésions pathologiques.

Les *déformations rachitiques*, les *engorgements chroniques* résultant de phlegmons ou d'autres causes, l'*œdème*, consécutif à des lésions vasculaires constatées et contre la *provocation* duquel il convient d'être en garde, les *tumeurs blanches* et les *hydropisies anciennes des articulations*, les *fistules osseuses et articulaires*, les *corps mobiles* constatés des articulations, motivent l'*exemption*. Ces maladies, dont les caractères sont généralement faciles à reconnaître, n'indiquent la *réforme* que lorsque les ressources thérapeutiques ont été épuisées.

231. Varices.

Les *varices* ne constituent un cas d'exemption que lorsqu'elles se présentent au 2e degré, c'est-à-dire avec des flexuosités et des nœuds très apparents, ou lorsque la dilatation variqueuse atteint à la fois le réseau superficiel et profond, ou bien lorsqu'elle occupe les deux membres ou un seul membre avec un varicocèle prononcé; il en est de même lorsque les varices se compliquent d'altérations trophiques de la peau et d'ulcères.

232. Hygroma et altérations synoviales.

L'*hygroma* volumineux du genou avec altération des téguments et, en général, toutes les altérations graves des synoviales, motivent l'*exemption* et la *réforme*.

233. Névralgies, rhumatisme, goutte.

Les *névralgies* habituelles, telles que la *sciatique*, les *douleurs rhumatismales,* lorsqu'elles sont accompagnées d'atrophie ou de rétraction susceptibles d'amener un trouble fonctionnel appréciable, sont une cause *d'exemption.* Elles ne peuvent entrainer la *réforme* qu'autant que toutes les ressources de la thérapeutique ont échoué.

La *goutte,* le *rhumatisme noueux,* rares dans la jeunesse, sont des motifs *d'incapacité* de servir.

234. Lésions et mutilations des doigts de la main.

Les lésions et mutilations suivantes motivent l'*exemption* ou la *réforme :*

1° Perte ou luxation du pouce ou d'une de ses phalanges ;

2° Perte de l'indicateur droit ou de deux de ses phalanges avec ankylose ou extension permanente de la phalange conservée ;

3° Perte de deux doigts ou de deux phalanges de deux doigts ;

4° Perte simultanée de trois phalanges intéressant l'index et le médius ;

5° Perte simultanée d'une phalange de l'index, du médius et de l'annulaire.

235. Incurvation, flexion et extension permanente des doigts.

La *raideur,* l'*incurvation,* la *flexion* ou l'*extension permanente* d'un ou de plusieurs doigts peuvent être congénitales ou acquises et reconnaitre des causes très diverses : cicatrices, rétractions fibreuses, sections et adhérences musculaires ou tendineuses, paralysies, altérations des phalanges ou de leurs articulations. Elles déterminent l'*incapacité* de servir, excepté dans les cas où elles sont très limitées, et n'entravent pas les fonctions de la main, ou lorsque la flexion, quoique assez marquée, porte sur l'auriculaire, disposition assez fréquente chez les hommes habitués aux travaux manuels.

Les *doigts surnuméraires* sont une cause *d'exemption.*

236. Doigts palmés.

Les *doigts palmés* sont une cause *d'exemption* du service militaire, lorsque la membrane qui les réunit s'oppose au libre exercice de leurs fonctions.

237. Difformités professionnelles des membres.

Développées dans certaines régions par le travail professionnel, les *difformités* des membres ne sont une cause *d'exemption* que lorsqu'elles entrainent une gêne notable dans les fonctions.

238. Pied bot.

Les *pieds bots,* quels qu'en soient la variété et le degré, entrainent l'*inaptitude* au service. Un faible degré de pied bot peut être provoqué par une mauvaise attitude du pied, soit permanente, soit momentanée.

239. Pied plat.

Le *pied plat*, avec saillie anormale de l'astragale et du scaphoïde au-dessous de la malléole interne et projection de l'axe de la jambe en dedans de l'axe du pied, peut seul *exempter* du service militaire.

Le simple effacement de la voûte n'est pas un motif d'incapacité de servir, surtout dans la cavalerie ou le service auxiliaire.

240. Pied creux.

Le *pied creux* ne doit entraîner l'*exemption* que lorsqu'il nécessite une chaussure spéciale ou lorsqu'il a une origine pathologique.

241. Orteils surnuméraires.

Les *orteils surnuméraires*, quelle que soit leur disposition, exemptent du service, s'il en existe plus d'un à chaque pied et si leur disposition gêne le port de la chaussure.

242. Direction vicieuse des orteils, chevauchement.

Le *chevauchement* d'un ou de plusieurs orteils, s'il existe à un degré exagéré, s'il est complet, permanent et gêne plus ou moins la progression, devient une cause fréquente de blessures dans la marche et à ce titre peut nécessiter l'*exemption* du service actif et même du service auxiliaire.

On reconnaît que cette difformité est *provoquée* en s'assurant que l'orteil déplacé ne s'est pas creusé une loge dans les orteils sur lesquels il appuie.

243. Orteils en marteau, marche sur l'ongle.

L'*orteil en marteau*, assez prononcé pour amener l'ongle au contact du sol et déterminer un angle saillant et douloureux de l'articulation phalango-phalanginienne, motive l'*exemption* du service actif, mais n'exempte pas du service auxiliaire.

244. Orteils palmés.

311. Les *orteils palmés* n'exemptent du service actif que dans les cas où ils sont tous intimement accolés entre eux jusqu'à leur phalange unguéale inclusivement.

245. Mutilation des orteils.

312. La *perte totale et la luxation non réduite du gros orteil* ou d'une *phalange* du gros orteil, la *perte simultanée* de deux orteils voisins, la *perte totale* d'une *phalange* aux *quatre derniers orteils*, entrainent l'*incapacité* de servir.

246. Exostose sous-unguéale du gros orteil.

313. L'*exostose sous-unguéale* du gros orteil peut entraîner l'*exemption* du service quand elle est assez développée pour gêner le port de la chaussure réglementaire et la marche.

247. Cors, oignons.

314. Les *cors* ne constituent, en général, qu'une incommodité; cependant ils peuvent avoir acquis assez de développement pour apporter une gêne notable dans la marche. Dans des circonstances tout à fait exceptionnelles, ils peuvent motiver l'*exemption* du service actif et du service auxiliaire.

Les *oignons* développés sur les orteils motivent l'*exemption* et la *réforme* lorsque l'affection s'étend au delà de l'épiderme et du derme et atteint les tissus péri-articulaires ou les os eux-mêmes.

248. Mal perforant.

Le *mal perforant* des pieds doit être considéré comme une cause d'*incapacité* de servir.

249. Affections des ongles.

La *déviation* et l'*hypertrophie des ongles*, assez développées pour gêner le port de la chaussure, sont des cas d'inaptitude au service. Elles peuvent devenir des causes de *réforme* si elles sont au-dessus des ressources de l'art.

L'*onyxis simple* et l'*onyxis syphilitique* ne sont pas des causes d'exemption. L'*ongle incarné* ne motive l'*exemption* et la *réforme* que lorsqu'il a amené des désordres assez étendus pour rendre difficile ou impossible une guérison complète.

250. Transpiration fétide des pieds.

La *transpiration fétide* et abondante des pieds peut être *simulée* ou *dissimulée :* lorsqu'elle est réelle, elle détermine habituellement une macération de l'épiderme et une odeur *sui generis*. Elle est une cause de *réforme* lorsqu'elle n'est pas susceptible d'être suffisamment atténuée par l'usage de préparations désodorantes.

251. Claudication.

La *claudication*, à moins qu'elle ne soit due à une affection aiguë et passagère, motive l'*exemption* et la *réforme*. Cette infirmité est souvent *simulée* et mérite un examen très attentif. Il ne suffit pas de s'assurer que les membres inférieurs sont égaux et ne présentent aucune difformité: il faut encore rechercher s'il n'existe pas dans leur continuité ou dans leurs articulations quelque lésion capable de produire la claudication, et si cette infirmité ne résulte pas d'une déviation du bassin ou de la colonne vertébrale.

———

131. **Nomenclature des maladies, infirmités ou vices de conformation qui rendent impropre au service militaire, relevés dans l'instruction ci-dessus.**

———

AFFECTIONS EN GÉNÉRAL.

	Nᵒˢ de l'instruction.
Faiblesse de constitution	1
Maigreur	2
Obésité	3
Anémie	4
Cachexies	5
Rhumatisme, goutte et gravelle	6
Diabète et albuminurie	7
Tuberculose	8
Scrofulose	9
Syphilis	10
Morve et farcin	11
Eczéma chronique	12
Lichen chronique et psoriasis	13
Ptyriasis et ichtyose	14
Impétigo chronique, ecthyma, rupia et pemphigus	15
Acné et couperose	16
Lupus	17
Sycosis	18
Éléphantiasis	19
Ulcères	20
Cicatrices	21
Tumeurs bénignes	22
Productions cornées	23
Tumeurs malignes	24
Varices et fistules lymphatiques	25
Adénite	26
Nœvi materni et tumeurs érectiles	27
Anévrismes	28
Névralgies	29
Névrômes	30
Paralysies	31
Contractures	32

AFFECTIONS LOCALISÉES.

Crâne.

Centres nerveux.

Organes de l'audition.

Face.

Vessie.

Urèthre.

Organes génitaux.

Membres.

132. Pour le service auxiliaire, les règles d'examen indiquées par la circulaire ministérielle sont les suivantes :

IV. APTITUDE AU SERVICE AUXILIAIRE.

Les jeunes gens reconnus impropres au service actif ou armé ne doivent être désignés pour le service auxiliaire que s'ils ont l'aptitude physique nécessaire pour remplir les obligations qui leur incomberont lorsqu'ils seront appelés à servir. Ils ne doivent avoir aucune maladie ou infirmité qui puisse diminuer d'une manière notable la faculté de travailler ou constituer une difformité repoussante. Toutefois, n'ayant pas, au même degré que les jeunes gens classés dans le service actif, à supporter des fatigues et des privations prolongées, ils peuvent présenter certaines infirmités légères compatibles avec leurs fonctions.

Parmi les infirmités qui permettent l'admission dans le service auxiliaire, il en est qui, à un degré moins prononcé, sont également compatibles avec le service armé. De cette circonstance peut résulter quelque hésitation à classer les sujets dans l'un ou dans l'autre de ces deux services. C'est pour faire cesser toute indécision à cet égard qu'a été établie la seconde partie de cette instruction, à laquelle on n'a pas jugé nécessaire de donner autant d'étendue qu'à la première relative au service armé. Si quelques infirmités, pouvant donner lieu à l'admission dans le service auxiliaire, ne s'y trouvent pas comprises, on pourra facilement suppléer à cette lacune en s'inspirant des conditions où se trouveront ces hommes, dans les bureaux, magasins, arsenaux, ateliers, chantiers de terrassements, etc., services dans lesquels ils sont à l'avance répartis pour le temps de guerre.

133. Infirmités ou difformités compatibles avec le service auxiliaire.

Sont compatibles avec le service auxiliaire :

1. L'*alopécie*, les *tumeurs bénignes du crâne* : loupe, exostose; les *productions cornées*, les *cicatrices* qui n'ont d'autre inconvénient que d'apporter une gêne à la coiffure militaire : casque ou shako.

2. La *perte*, l'*atrophie* du pavillon de l'oreille, ou son *adhérence* aux parois du crâne.

3. Le *rétrécissement* d'un des conduits auditifs avec une diminution de l'ouïe peu prononcée.

4. La *perforation de la membrane du tympan* sans complication d'otorrhée.

5. Le *rétrécissement* ou l'*oblitération* de la trompe d'Eustache avec une faible diminution de l'ouïe.

6. L'*affaiblissement de l'ouïe* porté à un degré qui permet d'entendre la voix à une petite distance.

7. Le *symblépharon* qui, sans amener une grande gêne dans le mouvement des paupières, n'est pas un obstacle à la fonction visuelle.

8. La *blépharite ciliaire* ancienne sans renversement des paupières.

9. Les *opacités de la cornée*, les *exsudats de la pupille* et toute cause de diminution de l'acuité visuelle entre 1/2 et 1/4 de l'un des yeux, à la condition que l'acuité de l'autre œil ne soit pas inférieure à 1/10.

10. La *myopie* de 4 à 7 dioptries, à condition que l'acuité soit ramenée par les verres correcteurs au moins à 1/2 pour l'un des deux yeux, et qu'il n'y ait pas de lésions choroïdiennes étendues.

11. L'*hypermétropie*, l'*astygmatisme* et l'*anisométropie*, jusqu'à 4 dioptries, à condition que l'acuité soit ramenée au moins à 1/2 par les verres correcteurs pour l'un des deux yeux.

12. Le *strabisme* à un degré incompatible avec le service armé, lorsque la vision de l'œil non dévié n'est pas sensiblement altérée.

13. Les *difformités de la face, du nez*, qui excluent du service armé, mais qui, cependant, ne sont pas exagérées et n'entraînent aucun trouble fonctionnel important.

14. Le *bec-de-lièvre* congénital ou accidentel simple et peu étendu.

15. Le *bégaiement*, à moins qu'il ne soit très prononcé.

16. Les *tumeurs du cou* : le *goitre*, les *kystes séreux*, les *adénites*, peu développées, qui ne sont une cause de l'exclusion du service armé qu'en raison de la gêne causée par l'habillement militaire.

17. Les *déformations de la poitrine : enfoncement* ou *saillie* du sternum ou des côtes, qui ne nuisent pas aux fonctions des organes internes ; les *arrêts de développement*, les *courbures vicieuses*, les *pseudarthroses* de la clavicule, les *déformations* de l'omoplate, qui n'entravent pas les mouvements des membres supérieurs.

18. Les *tumeurs bénignes : kystes, lipômes*, etc., les *cicatrices* qui, en dehors de l'obstacle qu'elles apportent au port du sac et du ceinturon, ne causent pas une grande gêne.

19. L'*obésité*, à moins qu'elle ne soit exagérée.

20. Les *hernies inguinale* et *crurale* ne dépassant pas l'orifice externe du canal.

21. La *cryptorchidie*, lorsque le sujet présente les caractères généraux de la virilité.

22. Le *varicocèle* volumineux et indolent ne diminuant pas sensiblement l'aptitude au travail.

23. Les *difformités* congénitales ou acquises des membres qui n'entravent pas notablement leurs fonctions, telles que : un *cal volumineux* et même légèrement difforme ; une *incurvation modérée* des membres supérieurs ou inférieurs ; l'*inégalité* des membres supérieurs ; le *raccourcissement* d'un membre inférieur, s'il n'en résulte qu'une légère claudication.

24. Les *varices*, à moins qu'elles ne soient très étendues, qu'elles ne forment des saillies très apparentes, qu'elles ne produisent de l'œdème ou de l'engourdissement du membre, ou qu'elles ne soient disposées à se rompre ou compliquées d'ulcérations.

25. L'*hygroma chronique*, les *kystes synoviaux* assez prononcés pour exclure du service armé, ne compromettant pas néanmoins le jeu des articulations.

26. La *faiblesse d'une articulation* consécutive à une entorse ou à une luxation sans relâchement des ligaments ou engorgement des tissus, si l'on peut croire qu'elle disparaîtra avec le temps.

27. La *raideur* d'une articulation avec diminution légère de l'étendue des mouvements et qui ne nuit pas très sensiblement à l'action des membres, telles que : l'*extension incomplète* de l'avant-bras sur le bras, la *flexion incomplète* de la jambe sur la cuisse, les mouvements opposés étant entièrement libres ; la *flexion permanente et complète de l'auriculaire* de l'une ou l'autre main, la *flexion incomplète de plusieurs doigts*.

28. L'*incurvation*, la *perte* ou la *mutilation* des doigts ou des orteils, non compatibles avec le service armé, qui ne gênent pas notablement les fonctions de la main et du pied.

29. Les *doigts* et les *orteils surnuméraires* qui se présentent dans les mêmes conditions.

30. Les *pieds plats* avec une déviation peu considérable, mais suffisante pour rendre impropre au service actif.

34. L'examen de l'article 20 établissant et distinguant le service actif et le service auxiliaire nécessite une observation relative à une décision de l'autorité militaire, déjà prise sous l'ancienne loi et qui nous paraît contraire à la pensée du législateur.

Le conseil de revision classe les jeunes gens dans une des deux catégories, et les absents notamment sont classés dans le service actif.

Quand lés jeunes gens arrivent au régiment, ils

sont soumis à la visite de corps. Il se produit souvent, et principalement pour les absents que le conseil n'a pas visités et a déclarés *bons absents,* que les jeunes gens sont reconnus impropres au service. Ils passent alors devant une commission qui les réforme s'il y a lieu. Le même cas peut se produire pour les soldats pendant toute la durée du service.

Or, l'autorité militaire décide que les hommes ainsi réformés sont, quelle que soit la cause de leur réforme, définitivement et complètement exemptés.

Nous pensons que cette décision est contraire à la loi qui exige que tout homme qui peut donner un service militaire quelconque soit assujetti à le donner.

La réforme devrait donc être, soit une exemption, soit un versement au service auxiliaire, suivant les circonstances.

Il faut remarquer que la décision ministérielle peut produire de graves inégalités entre ceux qui se sont rendus devant le conseil de revision et ceux qui se sont laissés déclarer *bons absents.* Sans doute on pourra ne pas réformer ces derniers; mais ils seront un embarras et dans la pratique on préfère s'en débarrasser.

Le motif allégué par la circulaire ministérielle pour justifier le parti adopté est la nécessité de ne pas encombrer les services auxiliaires d'hommes dont l'emploi serait impossible.

La raison ne serait pas valable contre les stipulations de la loi; mais en outre, elle paraît peut pratique.

Le contingent auxiliaire est une vaste réserve, où le Ministre peut puiser suivant ses besoins, il n'emploie que ce qui lui est utile, et à cet égard il a tout intérêt à augmenter des ressources qui sont facultatives. C'est peut-être dans les hommes ainsi exemptés qu'il aurait trouvé des ouvriers et des employés d'une catégorie où il peut en manquer à un moment donné. Il y a donc tout intérêt à exécuter la loi qui doit être d'ailleurs respectée.

ARTICLE 21.

En temps de paix, après un an de présence sous les drapeaux, sont envoyés en congé dans leurs foyers, sur leur demande, jusqu'à la date de leur passage dans la réserve :

1° L'aîné d'orphelins de père et de mère, ou l'aîné d'orphelins de mère dont le père est légalement déclaré absent ou interdit ;

2° Le fils unique ou l'aîné des fils, ou, à défaut de fils ou de gendre, le petit-fils unique ou l'aîné des petits-fils, d'une femme actuellement veuve ou d'une femme dont le mari a été légalement déclaré absent ou interdit, ou d'un père aveugle ou entré dans sa soixante-dixième année ;

3° Le fils unique ou l'aîné des fils d'une famille de sept enfants au moins.

Dans les cas prévus par les trois paragraphes précédents, le frère puîné jouira de la dispense si le frère aîné est aveugle ou atteint de toute autre infirmité incurable qui le rende impotent ;

4° Le plus âgé des deux frères inscrits la même année sur les listes de recrutement cantonal (1) ;

5° Celui dont un frère sera présent sous les drapeaux au moment de l'appel de la classe, soit comme officier, soit comme appelé ou engagé volontaire pour trois ans au moins, soit comme rengagé, breveté ou commissionné après avoir accompli cette durée de service, soit enfin comme inscrit maritime levé d'office, levé sur sa demande, maintenu ou réadmis au service, quelle que soit la classe de recrutement à laquelle il appartient.

Ces dispositions sont applicables aux frères des officiers mariniers des équipages de la flotte appartenant à l'inscription maritime et servant en qualité d'officiers mariniers du cadre de la maistrance (2) ;

Note. Les renvois ci-dessous sont une modification de la loi dont le vote est imminent.

(1) Ou faisant partie du même appel.

(2) Les dispositions des §§ 4 et 5 doivent toujours être appliquées de manière que, sur deux frères se suivant à moins de trois années d'intervalle et reconnus tous deux aptes au service, l'un des deux ne fasse qu'une année en temps de paix.

Si ces deux frères servent comme appelés, le dispensé qui en fera la demande ne sera incorporé qu'après l'expiration du temps obligatoire de service de l'autre frère.

6° Celui dont le frère sera mort en activité de service ou aura été réformé ou admis à la retraite pour blessures reçues dans un service commandé ou pour infirmités contractées dans les armées de terre ou de mer.

La dispense accordée conformément aux paragraphes 5° et 6° ci-dessus ne sera appliquée qu'à un seul frère pour un même cas, mais elle se répétera dans la même famille autant de fois que les mêmes droits s'y reproduiront.

Les demandes, accompagnées de documents authentiques justifiant de la situation des intéressés, sont adressées, avant le tirage au sort, au maire de la commune où les jeunes gens sont domiciliés. Il en sera donné récépissé.

L'appelé ou l'engagé qui, postérieurement, soit à la décision du conseil de revision, soit à son incorporation, entre dans l'une des catégories prévues ci-dessus, est, sur sa demande, et dès qu'il compte un an de présence au corps, envoyé en congé dans ses foyers jusqu'à la date de son passage dans la réserve.

Le jeune homme omis, qui ne s'est pas présenté ou fait représenter par ses ayants cause devant le conseil de revision, ne peut être admis au bénéfice des dispenses indiquées par le présent article, si les motifs de ces dispenses ne sont survenus que postérieurement à la décision de ce conseil.

Le présent article n'est applicable qu'aux enfants légitimes. Les enfants naturels reconnus par le père ou par la mère ne pourront jouir que de la dispense organisée par l'article suivant et dans les conditions prévues par cet article.

135. Cet article a été longuement et vivement discuté au Parlement. Deux systèmes étaient en présence : ou maintenir l'ancienne distinction entre les dispensés de droit et les soutiens de famille, ou placer tous les jeunes gens dans une unique catégorie de soutiens de famille en ne considérant les anciennes dispenses de droit que comme des éléments de décision dont le conseil de revision départemental devrait tenir compte. C'est l'ancien système qui l'a emporté ; l'article 21 reproduit les catégories de jeunes gens auxquels leur situation de famille assure de droit la dispense, et l'article 22 règle la dispense des jeunes gens qui, en dehors des catégories précédentes, peuvent être renvoyés comme soutiens de famille. Mais la loi nouvelle apporte sous ces articles de grands changements à la

loi de 1872. D'abord les dispensés quels qu'ils soient
ne sont plus véritablement des dispensés ; ils sont
tenus de faire une année de service et ne sont renvoyés
dans leurs foyers qu'après cette année accomplie.

136. Mais il a été introduit dans la loi par le Sénat une
modification importante qui est une véritable transaction entre le système des catégories de droit et le système de la catégorie unique des soutiens de famille, et
qui fait certainement disparaître la critique la plus
sérieuse contre les dispenses de droit.

L'article 22 décide que les soutiens de famille doivent rester soutiens de famille pour jouir de la dispense
ou plus exactement du congé, et chaque année le conseil de revision départemental décide s'il y a lieu ou
non de maintenir ces dispenses suivant une procédure
que nous retrouvons sous l'article 22. Or, cette stipulation est applicable à l'article 21, pourvu qu'il y ait une
plainte des personnes dans l'intérêt desquelles a eu
lieu l'envoi en congé.

Il résulte de ce texte que si une veuve, par exemple,
a sujet de se plaindre de la conduite de son fils qui, au
lieu de l'aider et de la soutenir, est pour elle une cause
de ruine et de chagrin, elle n'a qu'à porter plainte au
maire de sa commune et son fils peut être déclaré
déchu de sa dispense et rappelé sous les drapeaux par
le conseil de revision départemental.

137. Mais à quel moment peut se produire cette plainte ?
Peut-elle saisir le maire et le conseil de revision pendant l'année de service pour s'opposer à l'envoi en
congé, ou ne peut-elle intervenir *qu'après* cet envoi en
congé pour le faire supprimer ?

Nous verrons, à cet égard, la solution qu'il convient

d'adopter, pour les soutiens de famille, sous l'article 22 ; mais, pour les jeunes gens des catégories de l'article 21, au préjudice desquels, tant qu'existe la cause de dispense, il n'y a d'autre déchéance que celle de l'article 22, cette déchéance doit être strictement enfermée dans les termes précis de la loi. Or, l'article 22 considéré isolément ne prévoit que le cas où ces jeunes gens ont été déjà renvoyés dans leurs foyers. Il en résulte que les personnes dans l'intérêt desquelles a été créée la dispense ne peuvent en demander la suppression que dans l'année qui suit l'envoi en congé. C'est d'ailleurs absolument logique, car on ne conçoit pas sur quels motifs serait basée une plainte contre un jeune homme retenu au service et dont la conduite peut être excellente dès l'envoi en congé.

138. Les différents cas de dispense de l'article 21 sont énumérés et expliqués très complètement comme suit par l'instruction ministérielle du 28 mars 1890 :

DISPENSES.

63. Aîné d'orphelins. Justifications qu'il doit produire.

La législation nouvelle accorde la dispense à titre d'aîné d'orphelins, non seulement aux orphelins de père et de mère, mais encore aux orphelins de mère dans le cas où le père est légalement déclaré absent ou interdit.

Le jeune homme qui réclame la dispense comme aîné d'orphelins doit justifier qu'il n'existe pas d'enfant mâle plus âgé que lui, et qu'il a un ou plusieurs frères, une ou plusieurs sœurs, nés après lui.

Il importe donc que le certificat des trois pères de famille appelés à attester le droit du réclamant indique, d'une manière précise, les noms, prénoms et dates de naissance de tous les membres de la famille.

64. Exemples de cas où la dispense comme aîné d'orphelins doit être prononcée.

La dispense à titre d'aîné d'orphelins ne saurait être refusée par le motif que les grands-pères paternels ou maternels seraient vivants.

Elle doit être accordée :

1° A celui qui a un ou plusieurs frères, une ou plusieurs sœurs du même lit, alors même que la mère serait décédée après un second mariage et que le second mari serait encore vivant ;

2° A celui qui a une sœur plus jeune que lui, même si elle est mariée.

65. Exemples de cas où elle doit être refusée.

N'est pas aîné d'orphelins et n'a, dès lors, point droit à la dispense :

1° Le jeune homme qui n'a que des sœurs plus âgées que lui ;

2° Le jeune homme seul survivant d'un premier lit et dont les frères ou sœurs d'un second lit ont conservé leur mère.

66. Fils et petit-fils de veuve ou d'une femme dont le mari a été légalement déclaré absent ou interdit.

Est assimilé au fils de la veuve le fils d'une femme dont le mari a été légalement déclaré absent ou interdit.

Il ressort de cette disposition que celui qui ne peut présenter l'acte de décès de son père doit s'adresser aux tribunaux pour faire, soit établir l'acte de décès, soit déclarer légalement l'absence. Le décès du père d'un jeune homme réclamant la qualité de fils de veuve ne saurait, en effet, être considéré comme suffisamment constaté par la production d'un acte de notoriété.

Quant à l'interdiction, elle doit résulter d'un jugement.

67. Conditions exigées pour qu'un homme soit légalement déclaré absent.

Le jugement ordonnant l'enquête en vue de constater l'absence ne suffit pas pour établir le droit à la dispense. Il faut que l'absence soit déclarée. Or, le jugement de déclaration d'absence ne peut être rendu qu'un an après le jugement qui a ordonné l'enquête (art. 119 du Code civil).

68. Fils de veuve ayant des frères consanguins plus âgés.

Le fils aîné ou unique d'un deuxième lit, quand son père est décédé, a droit à la dispense, à titre de fils de veuve, alors même qu'il aurait des frères consanguins plus âgés que lui.

69. Petit-fils d'une veuve dont le gendre est veuf sans enfants.

La dispense est due au petit-fils d'une femme veuve dont le gendre vit encore, mais est veuf sans enfant : ce dernier est en effet devenu étranger à la famille.

70. Petit-fils d'une veuve remariée.

Lorsqu'une femme veuve se remarie et que son second mari est septuagénaire ou aveugle, le fils issu du premier mariage ne peut obtenir la dispense ni comme fils de veuve, puisque sa mère est remariée, ni comme fils de septuagénaire ou d'aveugle, puisque le septuagénaire ou l'aveugle n'est pas son père.

140.

71. Fils d'un père aveugle.

La dispense à titre de fils d'un père aveugle ne saurait être accordée qu'autant que la cécité est complète. L'état du père doit être constaté en présence du conseil de revision par le médecin attaché à ce conseil.

141.

72. Fils de septuagénaire.

Aux termes de la loi, la dispense est acquise au fils de l'homme entré dans sa 70e année. C'est donc à tort que les conseils de revision exigeraient la preuve que le père du réclamant a 70 ans révolus.

73. Les dispositions du paragraphe numéroté 2º de l'article 21 de la loi ne sont susceptibles d'aucune extension.

La dispense ne peut être accordée, par extension des dispositions du paragraphe numéroté 2º de l'article 21 de la loi du 15 juillet 1889, au fils d'un homme impotent, aliéné, etc. En pareil cas, c'est l'article 22 de la loi qui est applicable ; le président du conseil de revision invite le réclamant à se mettre en instance pour obtenir l'inscription sur la liste des soutiens de famille.

142.

74. Aîné d'une famille de sept enfants.

Un nouveau cas de dispense est ouvert en faveur de l'aîné des fils ou du fils unique d'une famille composée de sept enfants vivants.

L'attention du conseil de revision est appelée sur l'obligation imposée au réclamant d'établir la composition de sa famille non seulement par la déclaration de trois pères de famille, mais par la production de certificats de vie de ses frères ou sœurs (bordereau nº 2).

Si tous les membres de la famille habitent la même commune, un certificat de vie collectif pourra être dressé.

143.

75. Fils puîné admis au bénéfice de la dispense.

Dans les cas prévus par les paragraphes numérotés 1º, 2º et 3º de l'article 21 de la loi, lorsque le fils aîné est aveugle ou atteint d'une infirmité incurable qui le rend impotent, la dispense est due au puîné, alors même que l'aîné l'aurait déjà lui-même obtenue au même titre.

L'état d'impotence du plus âgé des deux frères doit être constaté en présence du conseil de revision par le médecin.

Il doit être tel que le définissent les instructions du conseil de santé des armées(1); il ne saurait se présumer du fait que le frère aurait été exempté pour infirmités lors de la formation de sa classe, ou réformé sous les drapeaux.

Si l'aîné d'une famille d'orphelins de père et de mère est impotent, la dispense est due au puîné, lors même qu'il n'existerait pas d'autre frère ou sœur.

Mais la dispense à titre de petit-fils de veuve n'est pas due à un jeune homme dont la grand'mère a un fils ou un gendre impotent. C'est, en effet, l'impotence seule du frère aîné qui peut donner ouverture au droit à la dispense en faveur du puîné.

76. Cas où l'impotent ne peut pas se présenter devant le conseil de revision.

Lorsque les hommes appelés devant le conseil de revision pour faire constater leur impotence sont hors d'état de se présenter, le conseil délègue, pour les examiner, un médecin militaire. Dans ce cas, on procède à la visite comme il est dit plus haut (n° 53).

144.
77. Aîné de deux frères concourant au même tirage.

Lorsque deux frères concourent au même tirage, la dispense est due à l'aîné, du moment que le cadet est inscrit par le conseil de revision sur l'une quelconque des sept parties de la liste du recrutement cantonal.

C'est dans le cas seulement où le cadet est exempté pour infirmités que la dispense n'est pas due.

De ces dispositions, il résulte que, si l'aîné des deux frères est appelé par son numéro de tirage à être visité le premier, le conseil de revision doit ajourner sa décision jusqu'à ce qu'il ait examiné

---

(1) *Extrait de l'instruction du* 17 *mars* 1890. — Le conseil de revision confère la *dispense du service militaire* à des jeunes gens qui doivent être considérés comme chefs de famille par suite de la cécité, de l'incurabilité ou de l'impotence de certains parents (art. 21).

D'autre part, il dispense de la *taxe fixe* les hommes exemptés du service militaire pour infirmités entraînant l'impotence (art. 35).

Qu'il s'agisse d'une infirmité congénitale ou acquise, l'*impotence* résulte aussi bien de l'impossibilité manifeste d'exercer une profession, en rapport avec les aptitudes du sujet, capable de procurer les ressources nécessaires pour pourvoir à sa propre subsistance et de venir en aide à sa famille, que de l'incapacité absolue du travail.

Dans les deux cas, le médecin est appelé à visiter les personnes qui motivent la demande de dispense et à déclarer l'*incurabilité* ou l'*impotence*.

le plus jeune. Dans le cas où ce dernier ne se présente pas, la dispense ne peut être prononcée.

145.   78. Frères concourant par suite d'omission au même tirage.

Les dispositions du numéro qui précède sont applicables au cas où les deux frères auraient pris part au tirage comme omis d'une même classe.

146.   79. Constatation de la primogéniture dans le cas de deux frères jumeaux.

Lorsque les deux frères concourant au même tirage sont jumeaux, la dispense est acquise à celui qui, d'après son acte de naissance, est venu au monde le premier.

Si l'acte de naissance n'indique point l'ordre de primogéniture et s'il s'élève une contestation à ce sujet, le conseil de revision fait procéder à une enquête sur les lieux et renvoie au besoin la contestation devant les tribunaux civils.

147.   80. Frères concourant au même tirage et ayant un autre frère sous les drapeaux.

Lorsque deux frères concourant au même tirage justifient, en outre, de la présence d'un autre frère sous les drapeaux, cette justification n'a d'objet que pour le cas où l'un des frères serait exempté.

Dans aucun cas, en effet, le plus jeune des deux frères concourant au même tirage ne saurait bénéficier de la dispense prévue par le paragraphe numéroté 5° de l'article 21 de la loi, quand il procure lui-même la dispense à son frère aîné, en vertu du paragraphe numéroté 4°.

148.   81. Frères de militaires dans l'armée active.

D'après la nouvelle législation (§ numéroté 5° de l'art. 21), il ne suffit plus, pour dispenser un frère, d'être présent sous les drapeaux au moment de la réunion du conseil de revision, il faut s'y trouver encore au moment où ce frère doit être appelé à l'activité avec sa classe, c'est-à-dire du 1er au 16 novembre.

C'est pour répondre à cette double exigence de la loi que le certificat (modèle W) annexé à l'instruction du 4 décembre 1889 contient, relativement à la présence du militaire, une double attestation.

Aussi, cette année, la dispense ne saurait être accordée aux frères des militaires des classes de 1884 et 1885, attendu qu'au 1er novembre prochain tous les hommes de ces classes qui sont encore aujourd'hui sous les drapeaux auront été renvoyés dans leurs foyers.

Quant aux militaires de la classe de 1886, ils doivent être admis à dispenser leurs frères ; mais, comme une partie de cette classe sera renvoyée avant la mise en route de la classe de 1889, ceux qui accepteront leur envoi en congé feront perdre à leurs frères le bénéfice de la dispense.

149. 82. Frères de rengagés, brevetés ou commissionnés.

Les militaires rengagés, brevetés ou commissionnés confèrent la dispense sous la condition d'avoir accompli trois ans de service actif antérieurement au rengagement ou à la délivrance du brevet ou de la commission.

150. 83. Frères d'inscrits maritimes et d'officiers mariniers.

La loi nouvelle élargit l'aptitude des inscrits maritimes à conférer la dispense à leurs frères.

Tandis qu'ils ne pouvaient, d'après la loi de 1872, procurer la dispense que durant les cinq années que leur classe devait passer sous les drapeaux, ils pourront désormais dispenser leurs frères, quelle que soit leur classe de recrutement, *pourvu qu'ils soient levés* au moment de la réunion du conseil de revision, et au moment de l'appel de leurs frères.

Il n'y a pas à distinguer d'ailleurs s'ils sont levés d'office, levés sur leur demande, maintenus ou réadmis au service.

Ces dispositions sont applicables aux frères des officiers mariniers des équipages de la flotte appartenant à l'inscription maritime et servant en qualité d'officiers mariniers du cadre de la maistrance.

151. 84. Frères d'officiers.

L'officier, dans quelque position qu'il se trouve (sauf le cas de mise en réforme par mesure disciplinaire), procure à son frère la dispense prévue par le paragraphe numéroté 5° de l'article 21.

152. 85. Frères de militaires retenus sous les drapeaux au delà de leur temps de service.

Les militaires et marins qui sont retenus au drapeau postérieurement à l'époque où, d'après la loi, ils devraient passer dans la réserve de l'armée active, procurent, tant qu'ils se trouvent dans cette position, la dispense à leurs frères.

153. 86. Frères de jeunes gens dispensés en vertu des articles 21, 22 et 23.

La loi exige, lorsque la dispense est réclamée du chef d'un appelé ou d'un engagé volontaire, qu'il soit lié au service pour trois ans au moins.

Les hommes qui bénéficient des dispositions des articles 21, 22 et 23 ne confèrent donc pas la dispense.

Toutefois, le droit de dispenser un frère revit :

1° Pour les jeunes gens dispensés en vertu des articles 21 et 22, quand ils sont maintenus sous les drapeaux pour y compléter sans interruption trois ans de service en exécution des articles 24 ou 25 ;

2° Pour les dispenses de l'article 23, quand ils sont maintenus sans interruption, ou rappelés au corps après interruption pour compléter trois ans de service (art. 24 de la loi).

154. 87. Jeunes gens qui ne confèrent pas la dispense.

Ne confèrent dans aucun cas la dispense :

1° Les hommes de la 2e portion du contingent (art. 39 de la loi) ;
2° Les hommes du contingent algérien (art. 81) ;
3° Ceux du contingent des colonies autres que la Guadeloupe, la Martinique, la Guyane et la Réunion (art. 81).

155. 88. Frères des élèves de l'Ecole centrale des arts et manufactures, de l'Ecole forestière ou de l'Ecole polytechnique.

Les élèves de l'Ecole centrale des arts et manufactures et ceux de l'Ecole forestière, quoique réputés présents sous les drapeaux dans l'armée active pendant leur séjour à l'Ecole (art. 28 de la loi), ne sauraient procurer la dispense à leurs frères.

L'engagement spécial que ces élèves ont souscrit, et en vertu duquel ils sont censés dans l'armée active pendant la durée de leurs études, n'a d'autre but, en effet, que de leur permettre de terminer ces études avant d'aller au corps accomplir l'année à laquelle se trouve en réalité réduite pour eux l'obligation du service d'activité.

Quant aux élèves de l'Ecole polytechnique, en déclarant s'obliger à entrer dans les services militaires à la sortie de l'Ecole, ils confèrent la dispense. Ils produisent, dans ce cas, un certificat du général commandant l'Ecole qui reçoit leur déclaration.

156. 89. Frères des élèves du service de santé militaire, des élèves militaires des écoles vétérinaires, et des élèves de l'Ecole de médecine navale.

Les élèves du service de santé militaire, les élèves militaires des écoles vétérinaires et les élèves de l'Ecole de médecine navale dispensent leurs frères. En effet, aux termes de l'engagement spécial qu'ils contractent, ils sont appelés sous les drapeaux pour trois ans, sans aucune déduction du temps passé à l'Ecole, s'ils n'obtiennent pas : les uns, le grade de médecin aide-major de 2e classe ou d'aide-vétérinaire ; les autres, le grade de médecin ou de pharmacien de 2e classe de la marine, et même si, après avoir obtenu ces grades, ils ne servent pas pendant six ans.

157. 90. Frères de militaires détenus en vertu d'un jugement.

Le militaire détenu en vertu d'un jugement est privé, pendant la durée de sa détention, du droit de conférer la dispense à son frère ; mais il pourra, une fois rentré sous les drapeaux, à l'expiration de sa peine, soit procurer au même frère le bénéfice des dispositions finales de l'article 21, soit procurer ultérieurement la dispense à un autre frère.

158. 91. Frères de militaires admis à la retraite, réformés ou décédés.

La loi assimile, au point de vue du droit à la dispense, les frères de militaires morts en activité de service et les frères de militaires admis à la retraite ou réformés, soit pour blessures reçues dans un service commandé, soit pour infirmités contractées dans les armées de terre ou de mer. Dans les deux derniers cas, les conseils de revision n'ont donc à tenir compte que des causes de la retraite ou de la réforme, et ne doivent pas exiger la preuve que le militaire est encore vivant.

De même pour le militaire décédé en activité de service, le conseil de revision ne doit pas se préoccuper de la durée du service auquel l'homme était astreint au moment de son décès ; la dispense est due de ce chef même au frère de l'homme classé dans l'armée territoriale qui *meurt au drapeau* pendant qu'il accomplit sa période d'instruction.

92. Justifications à exiger des frères de militaires disparus aux armées.

Sur le vu d'un acte de disparition appuyé d'un relevé de services établi au ministère de la guerre (*Bureau des Archives administratives*), le conseil de revision prononce la dispense du frère d'un militaire signalé comme disparu ou présumé mort aux armées.

159. 93. La dispense est accordée à un seul frère pour un même cas.

Un militaire ne peut, durant tout le cours de son service, conférer qu'une seule dispense, soit par le fait de sa présence au drapeau, soit par le fait de son décès, de sa réforme ou de son admission à la retraite.

Mais si le dispensé meurt avant d'avoir été envoyé en congé, la cause de dispense, n'ayant pas profité à la famille, peut être invoquée de nouveau par un autre frère.

160. 94. La dispense n'est due qu'aux enfants légitimes.

La loi du 15 juillet 1889 consacre de nouveau le principe que les dispenses de l'article 21 ne sont dues qu'aux enfants légitimes.

Les enfants naturels, même légalement reconnus, en sont exclus d'une manière formelle. Ils ne peuvent prétendre qu'à la dispense à titre de soutiens de famille (art. 22).

161. 95. Enfants légitimés ou adoptifs.

Les enfants légitimés ont droit, comme les enfants légitimes, au bénéfice de l'article 21. Il en est de même des enfants adoptifs.

162. 96. Les frères germains, consanguins et utérins constituent une seule famille.

Pour les dispenses conférées par un frère à un frère (§§ numérotés 3°, 5° et 6°), on ne saurait établir une distinction entre les frères germains, consanguins et utérins. Ils forment une seule et même famille.

L'enfant naturel légalement reconnu, lors même qu'il ne le serait que par un de ses auteurs, entre en ligne de compte pour ouvrir en faveur de l'enfant légitime soit la dispense à titre d'aîné de sept enfants vivants, soit la dispense à titre de frère de militaire présent ou mort sous les drapeaux. En effet, si la loi exige la légitimité chez le frère qui obtient la dispense, elle ne l'exige nullement de celui qui la confère.

162 (bis). Toutes les solutions données pour la dispense relative aux frères ne parlent que du temps de service et ne décident rien quant à l'incorporation. Il semble par suite que deux frères puissent se trouver en même temps sous les drapeaux par voie d'appel. C'est précisément ce qu'a pour but d'empêcher la modification à l'article 21 citée en note sous le texte de cet article, page 253.

163. Toutes les dispenses doivent être établies devant le conseil de revision par des justifications complètes.

L'instruction du 4 décembre 1889 donne le bordereau des pièces à produire dans chaque cas et le modèle des certificats compris dans ces pièces.

Nous reproduisons ce bordereau et ces modèles très utiles à consulter par l'intéressé.

BORDEREAU des pièces à produire au conseil de revision pour les jeunes gens qui se trouvent dans un des cas de dispense prévus par l'article 21 de la loi du 15 juillet 1889 sur le recrutement de l'armée.

INDICATION DES CAS DE DISPENSE prévus par l'article 21 de la loi.	INDICATION DES PIÈCES A PRODUIRE.
§ 1er DE L ARTICLE 21. Aîné d'orphelins de père et de mère, ou aîné d'orphelins de mère, dont le père est légalement déclaré absent ou interdit.......................	Acte de mariage des père et mère. Actes de décès des père et mère. Certificat de trois pères de famille, approuvé par le maire, visé par le sous-préfet, et conforme au modèle A ci-annexé. En cas d'absence ou d'interdiction du père, remplacer l'acte de décès de ce dernier par une copie du jugement déclarant l'absence ou prononçant l'interdiction, et remplacer le certificat modèle A par le certificat de trois pères de famille, modèle B.
§ 2 DE L'ARTICLE 21. Fils unique ou aîné des fils d'une femme actuellement veuve............	Acte de mariage des père et mère. Acte de décès du père. Certificat de trois pères de famille, modèle C.
Petit-fils unique ou aîné des petits-fils d'une femme actuellement veuve....	Acte de mariage des aïeuls. Acte de mariage des père et mère. Actes de décès des père et mère. Acte de décès de l'aïeul. Certificat de trois pères de famille, modèle D.
Fils unique ou aîné des fils d'une femme dont le mari est légalement déclaré absent ou interdit............	Acte de mariage des père et mère. Copie du jugement déclarant l'absence ou prononçant l'interdiction. Certificat de trois pères de famille, modèle E.
Petit-fils unique ou aîné des petits-fils d'une femme dont le mari est légalement déclaré absent ou interdit.....	Acte de mariage des aïeuls. Acte de mariage des père et mère. Actes de décès des père et mère. Copie du jugement déclarant l'absence ou prononçant l'interdiction. Certificat de trois pères de famille, modèle F.
Fils unique ou aîné des fils d'un père aveugle.........................	Acte de mariage des père et mère. Certificat de trois pères de famille, modèle G.
Petit-fils unique ou aîné des petits-fils d'un grand-père aveugle...........	Acte de mariage des aïeuls. Acte de mariage des père et mère. Actes de décès des père et mère. Certificat de trois pères de famille, modèle H (1).

(1) Dans ce cas, le conseil de revision ne statue qu'après avoir constaté lui-même ou fait constater l'état physique du père aveugle.

INDICATION DES CAS DE DISPENSE prévus par l'article 21 de la loi.	INDICATION DES PIÈCES A PRODUIRE.
Fils unique ou aîné des fils d'un père entré dans sa 70e année...........	Acte de mariage des père et mère. Acte de naissance du père. Certificat de trois pères de famille, modèle I.
Petit-fils unique ou aîné des petits-fils d'un grand-père entré dans sa 70e année.......................	Acte de mariage des père et mère. Actes de décès des père et mère. Acte de naissance de l'aïeul. Acte de mariage des aïeuls. Certificat de trois pères de famille, modèle J.
§ 3 DE L'ARTICLE 21. Fils unique ou aîné des fils d'une famille de sept enfants au moins......	Acte de mariage des père et mère. Actes de naissance des enfants. Certificat de trois pères de famille, modèle K.
5e ALINÉA DE L'ARTICLE 21. Puîné d'orphelins de père et de mère ou puîné d'orphelins de mère dont le père est légalement déclaré absent ou interdit (l'aîné des orphelins étant aveugle ou impotent)..............	Acte de mariage des père et mère, Actes de décès des père et mère. Certificat de trois pères de famille, modèle L (1). En cas d'absence ou d'interdiction du père, remplacer l'acte de décès de ce dernier par une copie du jugement déclarant l'absence ou prononçant l'interdiction, et produire, au lieu du certificat modèle L, le certificat modèle M.
Fils puîné d'une femme actuellement veuve (lorsque l'aîné des fils est aveugle ou impotent)..............	Acte de mariage des père et mère. Acte de décès du père. Certificat de trois pères de famille, modèle N (1).
Petit-fils puîné d'une femme actuellement veuve (lorsque l'aîné des petits-fils est aveugle ou impotent)........	Acte de mariage des père et mère. Actes de décès des père et mère. Acte de mariage des aïeuls. Acte de décès de l'aïeul. Certificat de trois pères de famille, modèle O (1).
Fils puîné d'une femme dont le mari est légalement déclaré absent ou interdit (lorsque l'aîné des fils est aveugle ou impotent)...................	Acte de mariage des père et mère. Copie du jugement déclarant l'absence ou prononçant l'interdiction. Certificat de trois pères de famille, modèle P (1).
Petit-fils puîné d'une femme dont le mari est légalement déclaré absent ou interdit (lorsque l'aîné des petits-fils est aveugle ou impotent)........	Acte de mariage des aïeuls. Copie du jugement déclarant l'absence ou prononçant l'interdiction. Acte de mariage des père et mère. Actes de décès des père et mère. Certificat de trois pères de famille, modèle Q (1).
Fils puîné d'un père aveugle ou entré dans sa 70e année (lorsque l'aîné des fils est lui-même aveugle ou impotent)................................	Acte de mariage des père et mère. Acte de naissance du père. Certificat de trois pères de famille, modèle R (2).

(1) Dans ce cas, le conseil de revision ne statue qu'après avoir constaté lui-même ou fait constater l'état physique du frère.

(2) Le conseil de révision constate lui-même ou fait constater l'état physique du père aveugle, ainsi que celui du fils aîné.

INDICATION DES CAS DE DISPENSE prévus par l'article 21 de la loi.	INDICATION DES PIÈCES A PRODUIRE.
Petit-fils puîné d'un grand-père aveugle ou entré dans sa 70° année (lorsque l'aîné des petits-fils est lui-même aveugle ou impotent).............	Acte de mariage des aïeuls. Acte de mariage des père et mère. Actes de décès des père et mère. Acte de naissance de l'aïeul. Certificat de trois pères de famille, modèle S (1).
Puîné d'une famille de sept enfants au moins (lorsque l'aîné des fils est aveugle ou impotent)................	Acte de mariage des père et mère. Actes de naissance des enfants. Certificat de trois pères de famille, modèle T (2).
§ 4 DE L'ARTICLE 21. Aîné de deux frères inscrits la même année sur les listes du recrutement cantonal.........................	Acte de mariage des père et mère. Actes de naissance des deux frères. Certificat de trois pères de famille, modèle U.
§ 5 DE L'ARTICLE 21. Jeune homme dont un frère sera présent sous les drapeaux au moment de l'appel de la classe, comme officier, appelé, engagé volontaire pour trois ans, rengagé, breveté ou commissionné après avoir accompli trois ans de service, inscrit maritime, levé d'office, levé sur sa demande, maintenu ou réadmis au service, quelle que soit la classe à laquelle il appartienne, officier marinier des équipages de la flotte..................	Acte de mariage des père et mère. Actes de naissance des deux frères. Certificat de trois pères de famille, modèle V. Certificat de présence, modèle W. (Si le frère est inscrit maritime, on produira, au lieu du certificat précédent, un certificat du commissaire de la marine, modèle X.)
§ 6 ET DERNIER DE L'ARTICLE 21. Frère d'un militaire mort en activité de service, ou réformé, ou admis à la retraite pour blessures reçues dans un service commandé, ou infirmités contractées dans les armées de terre ou de mer.......................	Acte de mariage des père et mère. Actes de naissance des deux frères. Certificat de trois pères de famille, modèle Y. (Indépendamment de ce certificat, le décès, les blessures, la réforme ou l'admission à la retraite du frère seront justifiés par l'acte de décès, ou le congé de réforme, ou le titre ou la copie certifiée du titre de pension de ce frère, ou par tout autre document authentique faisant connaître les droits à la dispense.)

(1) Le conseil de revision constate lui-même ou fait constater l'état physique de l'aïeul aveugle, ainsi que celui du petit-fils aîné.
(2) Dans ce cas, le conseil de revision ne statue qu'après avoir constaté lui-même ou fait constater l'état physique du frère.

164.

DÉPARTEMENT

d

—

CANTON

d

—

COMMUNE

d

MODÈLE A.

NOTA. Les maires aide-ront, au besoin, les pères de famille pour la rédac-tion de ce certificat.

(1) Noms, prénoms et domiciles des trois pères de famille.

(2) Nom et prénoms du jeune homme pour lequel le certificat est délivré.

(3) Date de sa nais-sance.

(4) Prénoms du père du jeune homme.

(5) Nom de famille et prénoms de la mère du jeune homme.

(6) Enoncer la classe à laquelle appartient le jeune homme.

(7) Indiquer le nombre de ses frères et sœurs.

(8) Indiquer les noms et prénoms des frères et sœurs, et la date de leur naissance.

(9) Date du jour où le certificat est délivré.

(10) Indiquer les nom et prénoms de la personne sur la demande de la-quelle le certificat est délivré, et en quelle qua-lité elle agit.

(11) Signatures des trois pères de famille, ou dé-claration qu'ils ne savent signer.

(12) Signature de la personne qui a réclamé le certificat, ou déclara-tion qu'elle ne sait signer.

CERTIFICAT de trois pères de famille domiciliés dans le canton, pour établir les droits d'un jeune homme à la dispense, comme ainé *d'orphelins de père et de mère.* (Article 21 de la loi sur le recrutement, § 1er.)

Nous soussignés, (1)

pères de jeunes gens soumis à l'appel, ou qui, ayant été appelés, sont encore liés au service,

Certifions, sous notre responsabilité person-nelle, que le nommé (2)

né le (3)   , fils de
feu (4)   et de
feue (5)   , inscrit sur les
tableaux de recensement de la classe de (6)
                    n'a pas de frère plus âgé que lui, et qu'il
est l'ainé de (7)   enfants
orphelins, comme lui, de père et de mère, et qui
sont actuellement vivants, savoir : (8)

Fait à   , le (9)   , sur la
demande de (10)

                                        (11)

(12)

Approuvé par nous, Maire de la commune.

A   , le   18

Vu par le Sous-Préfet de l'arron-dissement d

DÉPARTEMENT

d

CANTON

d

—

COMMUNE

d

MODÈLE B.

CERTIFICAT de trois pères de famille domiciliés dans le canton, pour établir les droits d'un jeune homme à la dispense, comme aîné d'orphelins de mère et dont le père est légalement déclaré absent ou interdit. (Article 21 de la loi sur le recrutement, § 1er.)

NOTA. Les maires aide-ront au besoin, les pères de famille pour la rédaction de ce certificat.

(1) Noms, prénoms et domiciles des trois pères de famille.
(2) Nom et prénoms du jeune homme pour lequel le certificat est délivré.
(3) Date de sa naissance.
(4) Prénoms du père du jeune homme.
(5) Nom de famille et prénoms de la mère du jeune homme.
(6) Enoncer la classe du jeune homme.
(7) Indiquer le nombre de ses frères et sœurs.
(8) Indiquer les noms et prénoms des frères et sœurs, et la date de leur naissance.
(9) Soit interdit, soit légalement déclaré absent.
(10) Date du jour où le certificat est délivré.
(11) Indiquer les nom et prénoms de la personne sur la demande de laquelle le certificat est délivré, et en quelle qualité elle agit.
(12) Signatures des trois pères de famille, ou dé-claration qu'ils ne savent signer.
(13) Signature de la personne qui a réclamé le certificat, ou déclaration qu'elle ne sait signer.

Nous soussignés, (1)

pères de jeunes gens soumis à l'appel, ou qui, ayant été appelés, sont encore liés au service,

Certifions, sous notre responsabilité person-nelle, que le nommé (2)

né le (3)·   , fils de
(4)   et de
feue (5)   , inscrit sur les tableaux de recensement de la classe de (6)
               , n'a pas de frère plus âgé que lui, qu'il est l'aîné de (7)   enfants actuellement vivants, comme lui orphelins de mère, savoir : (8)

et que leur père a été (9)

Fait à   , le (10)   , sur la demande de (11)
                                        (12)
(13)

Approuvé par nous, Maire de la commune.
A   , le   18 .

Vu par le Sous-Préfet de l'arron-dissement d

(Art. 21.)

Modèle C.

DÉPARTEMENT

d

CANTON

d

COMMUNE

d

Nota. Les maires aideront, au besoin, les pères de famille pour la rédaction de ce certificat.

(1) Indiquer si c'est comme fils unique ou comme l'aîné des fils.

(2) Noms, prénoms et domiciles des trois pères de famille.

(3) Nom et prénoms du jeune homme.

(4) Date de sa naissance.

(5) Prénoms du père du jeune homme.

(6) Énoncer la classe du jeune homme.

(7) Indiquer s'il est le fils unique ou le fils aîné.

(8) Nom de famille et prénoms de la mère.

(9) Date du jour où le certificat est délivré.

(10) Indiquer les nom et prénoms de la personne sur la demande de laquelle le certificat est délivré, et en quelle qualité elle agit.

(11) Signatures des trois pères de famille, ou déclaration qu'ils ne savent signer.

(12) Signature de la personne qui a réclamé le certificat, ou déclaration qu'elle ne sait signer.

CERTIFICAT de trois pères de famille domiciliés dans le canton, pour établir les droits d'un jeune homme à la dispense, comme (1) *d'une femme actuellement veuve.* (Article 21 de la loi sur le recrutement, § 2.)

Nous soussignés, (2)

pères de jeunes gens soumis à l'appel, ou qui, ayant été appelés, sont encore liés au service,

Certifions, sous notre responsabilité personnelle, que le nommé (3)
né le (4)
fils de feu (5)   , inscrit
sur les tableaux de recensement de la classe de (6)

1° Est le (7)   de dame (8) ,
                veuve dudit (5)
père du sieur (3)

2° Que ladite dame (8)
         est toujours veuve.

Fait à   , le (9)
            , sur la demande de (10)
                      (11)

      (12)

Approuvé par nous, Maire de la commune.

A   , le   18   .

Vu par le Sous-Préfet de l'arrondissement d

DÉPARTEMENT

d

CANTON

d

COMMUNE

d

(1) Indiquer si c'est comme petit-fils unique ou comme l'aîné des petits-fils.

(2) Noms, prénoms et domiciles des trois pères de famille.

(3) Nom et prénoms du jeune homme.

(4) Date de sa naissance.

(5) Indiquer la classe du jeune homme.

(6) Prénoms et nom de famille de la veuve.

(7) Nom et prénoms du grand-père du jeune homme.

(8) Date du jour où le certificat est délivré.

(9) Indiquer les nom et prénoms de la personne sur la demande de laquelle le certificat est délivré, et en quelle qualité elle agit.

(10) Signatures des trois pères de famille, ou déclaration qu'ils ne savent signer.

(11) Signature de la personne qui a réclamé le certificat, ou déclaration qu'elle ne sait signer.

CERTIFICAT de trois pères de famille domiciliés dans le canton, pour établir les droits d'un jeune homme à la dispense, comme (1)
d'une femme actuellement veuve.
(Article 21 de la loi sur le recrutement, § 2.)

Nous soussignés, (2)

pères de jeunes gens soumis à l'appel, ou qui, ayant été appelés, sont encore liés au service,

Certifions, sous notre responsabilité personnelle, que le nommé (3)
né le (4)   , inscrit sur les tableaux de recensement de la classe de (5)

Est (1)   de dame (6)
, veuve de (7)   ,
grand-père du sieur (3)   ,
laquelle n'a ni fils ni gendre et est toujours veuve.

Fait à   , le (8)   ,
sur la demande de (9)

(10)

(11)

Approuvé par nous, Maire de la commune.

A   , le   18   .

Vu par le Sous-Préfet de l'arrondissement d

(Art. 21.)

DEPARTEMENT
d

—

CANTON
d

—

COMMUNE
d

Modèle E.

CERTIFICAT de trois pères de famille domiciliés dans le canton, pour établir les droits d'un jeune homme à la dispense comme (1) *d'une femme dont le mari est légalement déclaré absent ou interdit.* (Article 21 de la loi sur le recrutement, § 2.)

NOTA. Les maires aideront, au besoin, les pères de famille pour la rédaction de ce certificat.

(1) Indiquer si c'est comme fils unique ou comme l'aîné des fils.

(2) Noms, prénoms et domiciles des trois pères de famille.

(3) Nom et prénoms du jeune homme.

(4) Date de sa naissance.

(5) Prénoms du père du jeune homme.

(6) Énoncer la classe du jeune homme.

(7) Indiquer s'il est le fils unique ou le fils aîné.

(8) Nom de famille et prénoms de la mère.

(9) Certifier, selon le cas, soit que le père a été interdit, soit qu'il a été légalement déclaré absent et qu'il n'a pas reparu depuis la déclaration d'absence.

(10) Date du jour où le certificat est délivré.

(11) Indiquer les nom et prénoms de la personne sur la demande de laquelle le certificat est délivré, et en quelle qualité elle agit.

(12) Signatures des trois pères de famille, ou déclaration qu'ils ne savent signer.

(13) Signature de la personne qui a réclamé le certificat, ou déclaration qu'elle ne sait signer.

Nous soussignés, (2)

pères de jeunes gens soumis à l'appel, ou qui, ayant été appelés, sont encore liés au service,

Certifions, sous notre responsabilité personnelle, que le nommé (3)   , né le (4)   , fils de (5)   , inscrit sur les tableaux de recensement de la classe de (6)

1° Est le (7)   de dame (8)
femme dudit (5)   , père du sieur (3)

2° Que ledit (5)   a été (9)

Fait à   , le (10)   ,
sur la demande de (11)
              (12)
       (13)

Approuvé par nous, Maire de la commune.

A   , le   18 .

Vu par le Sous-Préfet de l'arrondissement d

(Art. 21.)

Modèle F.

DÉPARTEMENT

d

—

CANTON

d

—

COMMUNE

d

Nota. Les maires ai-deront au besoin, les pè-res de famille pour la rédaction de ce certificat.

(1) Indiquer si c'est comme petit-fils unique ou comme l'aîné des pe-tits fils.

(2) Noms, prénoms et domiciles des trois pères de famille.

(3) Nom et prénoms du jeune homme.

(4) Date de sa nais-sance.

(5) Indiquer la classe du jeune homme.

(6) Nom de famille et prénoms de la grand'-mère.

(7) Nom et prénoms du grand-père du jeune homme.

(8) Certifier, selon le cas, soit que le grand-père a été interdit, soit qu'il a été légalement déclaré absent et qu'il n'a pas reparu depuis la déclaration d'absence.

(9) Date du jour ou le certificat est délivré.

(10) Indiquer les nom et prénoms de la personne sur la demande de la-quelle le certificat est délivré, et en quelle qua-lité elle agit.

(11) Signatures des trois pères de famille, ou dé-claration qu'ils ne savent signer.

(12) Signature de la personne qui a réclamé le certificat ou déclara-tion qu'elle ne sait si-gner.

CERTIFICAT de trois pères de famille domiciliés dans le canton pour établir les droits d'un jeune homme à la dispense, comme (1) *d'une femme dont le mari est légalement déclaré absent ou interdit.* (Article 21 de la loi sur le recrutement, § 2.)

Nous soussignés, (2)

pères de jeunes gens soumis à l'appel, ou qui, ayant été appelés, sont encore liés au service,

Certifions, sous notre responsabilité person-nelle, que le nommé (3)

né le (4)   , inscrit sur les tableaux de recensement de la classe de (5)

1° Est le (1)   de dame (6)

, femme de (7)

grand-père du sieur (3)

2° Que ledit (7)   a été (8)

et que la dite dame (6)

n'a ni fils ni gendre.

Fait à   , le (9)   ,

sur la demande de (10)

(11)

(12)

Approuvé par nous, Maire de la commune.

A   , le   18   .

Vu par le Sous-Préfet de l'arron-dissement d

18

(Art. 21.)

Modèle G.

DÉPARTEMENT

d

—

CANTON

d

—

COMMUNE

d

—

(1) Indiquer s'il est le
fils unique ou l'aîné des
fils.

(2) Noms, prénoms et
domiciles des trois pères
de famille.

(3) Nom et prénoms du
jeune homme.

(4) Date de sa nais-
sance.

(5) Enoncer la classe du
jeune homme.

(6) Nom et prénoms du
père.

(7) Date du jour où le
certificat est délivré.

(8) Indiquer les nom et
prénoms de la personne
sur la demande de la-
quelle le certificat est délivré, et en quelle qua-
lité elle agit.

(9) Signatures des trois
pères de famille, ou dé-
claration qu'ils ne savent
signer.

(10) Signature de la
personne qui a réclamé le
certificat, ou déclaration
qu'elle ne sait signer.

*CERTIFICAT de trois pères de famille domiciliés
dans le canton, pour établir les droits d'un
jeune homme à la dispense, comme (1)
d'un père aveugle.* (Article 21 de la loi
sur le recrutement, § 2.)

Nous soussignés, (2)

pères de jeunes gens soumis à l'appel, ou qui,
ayant été appelés, sont encore liés au service,

Certifions, sous notre responsabilité personnelle, que le nommé (3)
né le (4) , inscrit sur les tableaux
de recensement de la classe de (5)

Est (1) du sieur (6)
notoirement aveugle.

Fait à , le (7) , sur la
demande de (8)

(9)

(10)

Approuvé par nous, Maire de la
commune.

A , le 18 .

Vu par le Sous-Préfet de l'arrondissement d

(Art. 21.)

Modèle H.

DÉPARTEMENT

d

—

CANTON

d

—

COMMUNE

d

CERTIFICAT de trois pères de famille domiciliés dans le canton, pour établir les droits d'un jeune homme à la dispense, comme (1) d'un grand-père aveugle. (Article 21 de la loi sur le recrutement, § 2.)

Nota. Les maires aideront, au besoin, les pères de famille pour la rédaction de ce certificat.

(1) Indiquer s'il est le petit-fils unique ou l'aîné des petits-fils.

(2) Noms, prénoms et domiciles des trois pères de famille.

(3) Nom et prénoms du jeune homme.

(4) Date de sa naissance.

(5) Enoncer la classe du jeune homme.

(6) Nom et prénoms du grand-père.

(7) Date du jour où le certificat est délivré.

(8) Indiquer les nom et prénoms de la personne sur la demande de laquelle le certificat est délivré, et en quelle qualité elle agit.

(9) Signatures des trois pères de famille, ou déclaration qu'ils ne savent signer.

(10) Signature de la personne qui a réclamé le certificat, ou déclaration qu'elle ne sait signer.

Nous soussignés, (2)

pères de jeunes gens soumis à l'appel, ou qui, ayant été appelés, sont encore liés au service,

Certifions, sous notre responsabilité personnelle, que le nommé (3)
né le (4)   , inscrit sur les tableaux de recensement de la classe de (5)

Est (1)   du sieur (6)
lequel est notoirement aveugle et n'a ni fils ni gendre.

Fait à   , le (7)   , sur la demande de (8)
                        (9)
            (10)

Approuvé par nous, Maire de la commune.

A   , le   18   .

Vu par le Sous-Préfet de l'arrondissement d

(Art. 21.)

MODÈLE I.

DÉPARTEMENT

d

—

CANTON

d

—

COMMUNE

d

CERTIFICAT de trois pères de famille domiciliés dans le canton, pour établir les droits d'un jeune homme à la dispense, comme (1) *d'un père entré dans sa 70ᵉ année.* (Article 21 de la loi sur le recrutement, § 2.)

NOTA. Les maires aideront, au besoin, les pères de famille pour la rédaction de ce certificat.

(1) Indiquer s'il est le fils unique ou l'aîné des fils.

(2) Noms, prénoms et domiciles des trois pères de famille.

(3) Nom et prénoms du jeune homme.

(4) Date de sa naissance.

(5) Enoncer la classe du jeune homme.

(6) Nom et prénoms du père.

(7) Date de la naissance du père.

(8) Date du jour où le certificat est délivré.

(9) Indiquer les nom et prénoms de la personne sur la demande de laquelle le certificat est délivré, et en quelle qualité elle agit.

(10) Signatures des trois pères de famille, ou déclaration qu'ils ne savent signer.

(11) Signature de la personne qui a réclamé le certificat, ou déclaration qu'elle ne sait signer.

Nous soussignés, (2)

pères de jeunes gens soumis à l'appel, ou qui, ayant été appelés, sont encore liés au service,

Certifions, sous notre responsabilité personnelle, que le nommé (3)

né le (4) ,

inscrit sur les tableaux de recensement de la classe de (5)

Est (1) de (6) lequel est entré dans sa 70ᵉ année, étant né le (7)

Fait à , le (8) ,

sur la demande de (9)

(10)

(11)

Approuvé par nous, Maire de la commune.

A , le 18 .

Vu par le Sous-Préfet de l'arrondissement d

(Art. 21.)

DÉPARTEMENT

—

CANTON

—

COMMUNE

d

CERTIFICAT de trois pères de famille domiciliés dans le canton, pour établir les droits d'un jeune homme à la dispense, comme (1)
d'un grand-père entré dans sa 70ᵉ année.
(Article 21 de la loi sur le recrutement, § 2.)

Nota. Les maires aide-ront, au besoin, les pères de famille pour la rédaction de ce certificat.

(1) Indiquer s'il est le petit-fils unique ou l'aîné des petits-fils.

(2) Noms, prénoms et domiciles des trois pères de famille.

(3) Nom et prénoms du jeune homme.

(4) Date de sa naissance.

(5) Enoncer la classe du jeune homme.

(6) Nom et prénoms du grand-père.

(7) Date de la naissance du grand-père.

(8) Date du jour où le certificat est délivré.

(9) Indiquer les nom et prénoms de la personne sur la demande de laquelle le certificat est délivré, et en quelle qualité elle agit.

(10) Signatures des trois pères de famille ou décla-ration qu'ils ne savent si-gner.

(11) Signature de la per-sonne qui a réclamé le certificat, ou déclaration qu'elle ne sait signer.

Nous soussignés, (2)

pères de jeunes gens soumis à l'appel, ou qui, ayant été appelés, sont encore liés au service,

Certifions, sous notre responsabilité person-nelle, que le nommé (3)

, né le (4)   ,
inscrit sur les tableaux de recensement de la classe de (5)

Est (1)   du sieur
(6)   lequel est entré
dans sa 70ᵉ année, étant né le (7)   ,
et n'a ni fils ni gendre.

Fait à   , le (8)   ,
sur la demande de (9)

(10)

(11)

Approuvé par nous, Maire de la commune.

A   , le   18   .

Vu par le Sous-Préfet de l'arron-dissement d

DÉPARTEMENT

d

—

CANTON

d

—

COMMUNE

d

MODÈLE K.

CERTIFICAT de trois pères de famille domiciliés dans le canton, pour établir les droits d'un jeune homme à la dispense, comme fils unique ou aîné des fils d'une famille de sept enfants au moins. (Article 21 de la loi sur le recrutement, § 3.)

NOTA. Les maires aideront, au besoin, les pères de famille dans la rédaction de ce certificat.

(1) Noms, prénoms et domiciles des trois pères de famille.

(2) Nom et prénoms du jeune homme pour lequel le certificat est délivré.

(3) Date de sa naissance.

(4) Prénoms du père du jeune homme.

(5) Nom et prénoms de la mère du jeune homme.

(6) Enoncer la classe du jeune homme.

(7) Indiquer le nombre de ses frères et sœurs, s'il est supérieur à sept.

(8) Indiquer les noms et prénoms des frères et sœurs, et la date de leur naissance.

(9) Date du jour où le certificat est délivré.

(10) Indiquer les nom et prénoms de la personne sur la demande de laquelle le certificat est délivré, et en quelle qualité elle agit.

(11) Signatures des trois pères de famille, ou déclaration qu'ils ne savent signer.

(12) Signature de la personne qui a réclamé le certificat, ou déclaration qu'elle ne sait signer.

Nous soussignés, (1)

pères de jeunes gens soumis à l'appel, ou qui, ayant été appelés, sont encore liés au service,

Certifions, sous notre responsabilité personnelle, que le nommé (2)

né le (3)   , fils de (4)
                    et de (5)   ,
inscrit sur les tableaux de recensement de la classe de (6)   , n'a pas de frère plus âgé que lui et qu'il est le fils unique ou l'aîné des fils d'une famille de sept enfants (7) qui sont actuellement vivants, savoir : (8)

Fait à   , le (9)   , sur la demande de (10)

(11)

(12)

Approuvé par nous, Maire de commune.

A   , le   18   .

Vu par le Sous-Préfet de l'arrondissement d

DÉPARTEMENT

d

CANTON

d

COMMUNE

d

CERTIFICAT de trois pères de famille domiciliés dans le canton, pour établir les droits d'un jeune homme à la dispense, comme puîné d'orphelins *de père et mère.* (Article 21 de la loi sur le recrutement, 5ᵉ alinéa.)

NOTA. Les maires aideront, au besoin, les pères de famille pour la rédaction de ce certificat.

(1) Noms, prénoms et domiciles des trois pères de famille.

(2) Nom et prénoms du jeune homme.

(3) Date de sa naissance.

(4) Prénoms du père.

(5) Nom et prénoms de la mère.

(6) Enoncer la classe du jeune homme.

(7) Nom et prénoms du frère aîné du jeune homme.

(8) Dire si le frère aîné est aveugle ou impotent.

(9) Date de la délivrance du certificat.

(10) Indiquer les nom et prénoms de la personne sur la demande de laquelle le certificat est délivré et en quelle qualité elle agit.

(11) Signatures des trois pères de famille, ou déclaration qu'ils ne savent signer.

(12) Signature de la personne qui a réclamé le certificat, ou déclaration qu'elle ne sait signer.

Nous soussignés, (1)

pères de jeunes gens soumis à l'appel, ou qui, ayant été appelés, sont encore liés au service,

Certifions, sous notre responsabilité personnelle, que le nommé (2)
né le (3)   , fils de feu (4)
                et de feue (5)   ,
inscrit sur les tableaux de recensement de la classe de (6)

1° Est le frère puîné d (7)   ,
orphelin comme lui de père et de mère ;

2° Qu'il n'a pas d'autre frère plus âgé que lui ;

3° Que son frère aîné est notoirement (8)

Fait à   , le (9)   , sur la demande de (10)

(11).

(12)

Approuvé par nous, Maire de la commune.

A   , le   18   .

Vu par le Sous-Préfet de l'arrondissement d

(Art. 21.)

Modèle M.

DÉPARTEMENT
d

CANTON
d

COMMUNE
d

NOTA. Les maires aideront, au besoin, les pères de famille pour la rédaction de ce certificat.

(1) Noms, prénoms et domiciles des trois pères de famille.
(2) Nom et prénoms du jeune homme.
(3) Date de sa naissance.
(4) Nom et prénoms de la mère.
(5) Prénoms du père.
(6) Enoncer la classe du jeune homme.
(7) Nom et prénoms du frère aîné.
(8) Certifier, selon le cas, que le père a été, soit interdit, soit légalement déclaré absent, et qu'il n'a pas reparu depuis la déclaration d'absence
(9) Dire si le frère aîné est aveugle ou impotent.
(10) Date du jour où le certificat est délivré.
(11) Indiquer les nom et prénoms de la personne sur la demande de laquelle le certificat est délivré, et en quelle qualité elle agit.
(12) Signatures des trois pères de famille, ou déclaration qu'ils ne savent signer.
(13) Signature de la personne qui a réclamé le certificat, ou déclaration qu'elle ne sait signer.

CERTIFICAT de trois pères de famille domiciliés dans le canton, pour établir les droits d'un jeune homme à la dispense, comme puîné d'orphelins de mère dont le père est légalement déclaré absent ou interdit. (Article 21 de la loi sur le recrutement, 5e alinéa.)

Nous soussignés, (1)

pères de jeunes gens soumis à l'appel, ou qui, ayant été appelés, sont encore liés au service,

Certifions, sous notre responsabilité personnelle, que le nommé (2)

né le (3)   , fils de feue (4)
            et de (5)   ,
inscrit sur les tableaux de recensement de la classe de (6)

1° Est le frère puîné de (7)
            , orphelin comme lui de mère, et dont le père a été (8)

2° Qu'il n'a pas d'autre frère plus âgé que lui;

3° Que son frère aîné est notoirement (9)

Fait à   , le (10)   ,
sur la demande de (11)
            (12)

    (13)

Approuvé par nous, Maire de la commune.

A   , le   18 .

Vu par le Sous-Préfet de l'arrondissement d

(Art. 21.)

DÉPARTEMENT
d

—

CANTON
d

—

COMMUNE
d

Nota. Les maires aide-
ront, au besoin, les pè-
res de famille pour la rédaction de ce certificat.

(1) Noms, prénoms et
domiciles des trois pères
de famille.

(2) Nom et prénoms du
jeune homme.

(3) Date de sa nais-
sance.

(4) Énoncer la classe
du jeune homme.

(5) Nom et prénoms du
frère aîné du jeune
homme.

(6) Nom et prénoms de
la mère veuve.

(7) Dire si le fils aîné
est aveugle ou impotent.

(8) Date de la déli-
vrance du certificat.

(9) Indiquer les nom
et prénoms de la per-
sonne sur la demande de
laquelle le certificat est
délivré, et en quelle qualité elle agit.

(10) Signatures des trois
pères de famille, ou dé-
claration qu'ils ne savent
signer.

(11) Signature de la
personne qui a demandé
le certificat, ou déclara-
ration qu'elle ne sait signer.

*CERTIFICAT de trois pères de famille domici-
liés dans le canton, pour établir les droits d'un
jeune homme à la dispense, comme* fils puîné
d'une femme actuellement veuve. (Article 21 de
la loi sur le recrutement, 5e alinéa.)

Nous soussignés, (1)

pères de jeunes gens soumis à l'appel, ou qui,
ayant été appelés, sont encore liés au service,

Certifions, sous notre responsabilité personnelle que le nommé (2)

né le (3)   , inscrit sur les listes
de la classe de (4)

1º Est le frère puîné de (5)

2º Qu'il est, comme son frère aîné, fils de la
dame (6)
laquelle *est toujours veuve, et n'a pas d'autre fils
plus âgé que ceux dénommés ci-dessus;*

3º Que son frère aîné est notoirement (7)

Fait à   , le (8)
sur la demande de (9)
                                        (10)
            (11)

Approuvé par nous, Maire de la
commune.

A   , le   18   .

Vu par le Sous-Préfet de l'arrondissement d

(Art. 21.)

Modèle O.

DÉPARTEMENT

d

—

CANTON

d

—

COMMUNE

d

CERTIFICAT de trois pères de famille domiciliés dans le canton, pour établir les droits d'un jeune homme à la dispense, comme petit-fils puiné *d'une femme actuellement veuve.* (Article 21 de la loi sur le recrutement, 5° alinéa.)

Nota. Les maires aideront, au besoin, les pères de famille pour la rédaction de ce certificat.

(1) Noms, prénoms et domiciles des trois pères de famille.

(2) Nom et prénoms du jeune homme.

(3) Date de sa naissance.

(4) Enoncer la classe du jeune homme.

(5) Nom et prénoms du frère du jeune homme.

(6) Nom et prénoms de la grand'mère veuve.

(7) Dire si le frère aîné est aveugle ou impotent.

(8) Date du jour où le certificat est délivré.

(9) Indiquer les nom et prénoms de la personne sur la demande de laquelle le certificat est délivré, et en quelle qualité elle agit.

(10) Signatures des trois pères de famille, ou déclaration qu'ils ne savent signer.

(11) Signature de la personne qui a demandé le certificat, ou déclaration qu'elle ne sait signer.

Nous soussignés, (1)

pères de jeunes gens soumis à l'appel, ou qui, ayant été appelés, sont encore liés au service,

Certifions, sous notre responsabilité personnelle, que le nommé (2)

, né le (3)

inscrit sur les tableaux de recensement de la classe de (4)

1° Est le frère puiné de (5)

2° Qu'il est, comme son frère aîné, petit-fils de la dame (6) laquelle est *toujours veuve et n'a ni fils, ni gendre, ni petit-fils plus âgé que ceux dénommés ci-dessus ;*

3° Que son frère aîné est notoirement (7)

Fait à , le (8) sur la demande de (9)

(10)

(11)

Approuvé par nous, Maire de la commune.

A , le 18 .

Vu par le Sous-Préfet de l'arrondissement d

(Art. 21.)

DÉPARTEMENT

d
—

CANTON

d
—

COMMUNE

d

MODÈLE P.

CERTIFICAT de trois pères de famille domiciliés dans le canton, pour établir les droits d'un jeune homme à la dispense, comme fils puîné d'une femme dont le mari est légalement déclaré absent ou interdit. (Article 21 de la loi sur le recrutement, 5e alinéa.)

NOTA. Les maires aideront, au besoin, les pères de famille pour la rédaction de ce certificat.

(1) Noms, prénoms et domicile des trois pères de famille.

(2) Nom et prénoms du jeune homme.

(3) Date de sa naissance.

(4) Enoncer la classe du jeune homme.

(5) Nom et prénoms du frère aîné du jeune homme.

(6) Nom et prénoms de la mère du jeune homme.

(7) Prénoms du père du jeune homme.

(8) Certifier, selon le cas, soit que le père a été interdit, soit qu'il a été légalement déclaré absent et n'a pas reparu depuis la déclaration d'absence.

(9) Dire si le frère aîné est aveugle ou impotent.

(10) Date de la délivrance du certificat.

(11) Indiquer les nom et prénoms de la personne sur la demande de laquelle le certificat est délivré, et en quelle qualité elle agit.

(12) Signatures des trois pères de famille, ou déclaration qu'ils ne savent signer.

(13) Signature de la personne qui a demandé le certificat, ou déclaration qu'elle ne sait signer.

Nous soussignés, (1)

pères de jeunes gens soumis à l'appel, ou qui, ayant été appelés, sont encore liés au service,

Certifions, sous notre responsabilité personnelle, que le nommé (2),

, né le (3)
inscrit sur les tableaux de recensement de la classe de (4)

1° Est le frère puîné de (5)

2° Qu'il est, comme son frère aîné, fils de la dame (6)   dont le mari, le sieur (7)   a été (8)
                   et qu'il n'a pas d'autre fils plus âgé que ceux dénommés ci-dessus ;

3° Que son frère aîné est notoirement (9)

Fait à   , le (10)
18   , sur la demande de (11)

(12)

(13)

Approuvé par nous, Maire de la commune.

A   , le   18 .

Vu par le Sous-Préfet de l'arrondissement d

(Art. 21.)

DÉPARTEMENT

—

d

CANTON

—

d

COMMUNE

d

Nota. Les maires aideront, au besoin, les pères de famille pour la rédaction de ce certificat.

(1) Noms, prénoms et domiciles des trois pères de famille.

(2) Nom et prénoms du jeune homme.

(3) Date de sa naissance.

(4) Énoncer la classe du jeune homme.

(5) Nom et prénoms du frère du jeune homme.

(6) Nom et prénoms de la grand-mère du jeune homme.

(7) Prénoms du grand-père du jeune homme.

(8) Certifier, selon le cas, soit que le grand-père a été interdit, soit qu'il a été légalement déclaré absent et n'a pas reparu depuis la déclaration d'absence.

(9) Dire si le frère aîné est aveugle ou impotent.

(10) Date du jour où le certificat est délivré.

(11) Indiquer les nom et prénoms de la personne sur la demande de laquelle le certificat est délivré, et en quelle qualité elle agit.

(12) Signatures des trois pères de famille ou déclaration qu'ils ne savent signer.

(13) Signature de la personne qui a demandé le certificat, ou déclaration qu'elle ne sait signer.

CERTIFICAT *de trois pères de famille domiciliés dans le canton, pour établir les droits d'un jeune homme à la dispense, comme* petit-fils puîné *d'une femme dont le mari a été légalement déclaré absent ou interdit.* (Article 21 de la loi sur le recrutement, 5e alinéa.)

———

Nous soussignés, (1)

pères de jeunes gens soumis à l'appel, ou qui, ayant été appelés, sont encore liés au service,

Certifions, sous notre responsabilité personnelle, que le nommé (2)
né le (3)   , inscrit sur les tableaux de recensement de la classe de (4)

1° Est le frère puîné de (5)

2° Qu'il est, comme son frère aîné, petit-fils de la dame (6)   dont le mari, le sieur (7)   a été (8)
et qui n'a ni fils, ni gendre, ni petit-fils plus âgés que ceux dénommés ci-dessus;

3° Que son frère aîné est notoirement (9)

Fait à   , le (10)
          , sur la demande de (11)
               (12)

     (13)

Approuvé par nous, Maire de la commune.

          A   , le   18 .

Vu par le Sous-Préfet de l'arrondissement d

(Art. 21.)

DÉPARTEMENT
d

—

CANTON
d

—

COMMUNE
d

Modèle R.

CERTIFICAT de trois pères de famille domiciliés dans le canton, pour établir les droits d'un jeune homme à la dispense comme fils puiné d'un père (1)
(Article 21 de la loi sur le recrutement, 5e alinéa.)

NOTA. Les maires aideront, au besoin, les pères de famille pour la rédaction de ce certificat.

(1) Aveugle ou entré dans sa 70e année.

(2) Noms, prénoms et domiciles des trois pères de famille.

(3) Nom et prénoms du jeune homme.

(4) Date de sa naissance.

(5) Énoncer la classe du jeune homme.

(6) Nom et prénoms du frère aîné.

(7) Nom et prénoms du père.

(8) Indiquer si le père est aveugle ou entré dans sa 70e année.

(9) Dire si le frère aîné est aveugle ou impotent.

(10) Date de la délivrance du certificat.

(11) Indiquer les nom et prénoms de la personne sur la demande de laquelle le certificat est délivré, et en quelle qualité elle agit.

(12) Signature des trois pères de famille, ou déclaration qu'ils ne savent signer.

(13) Signature de la personne qui a demandé le certificat ou déclaration qu'elle ne sait signer.

Nous soussignés, (2)

pères de jeunes gens soumis à l'appel, ou qui, ayant été appelés, sont encore liés au service,

Certifions, sous notre responsabilité personnelle, que le nommé (3)
né le (4)   , inscrit sur les tableaux de recensement de la classe de (5)

1° Est le frère puiné d (6)

2° Qu'il est, comme son frère aîné, fils d (7)
lequel est (8)
et n'a pas n'autre fils plus âgé que ceux dénommés ci-dessus;

3° Que son frère aîné est notoirement (9)

Fait à   le (10)
sur la demande d (11)
(12)
(13)

Approuvé par nous, Maire de la commune.

A   , le   18   .

Vu par le Sous-Préfet de l'arrondissement d

DÉPARTEMENT

d

—

CANTON

d

—

COMMUNE

d

NOTA. Les maires aide-
ront, au besoin, les pères
de famille pour la rédac-
tion de ce certificat.

(1) Aveugle ou entré
dans sa 70e année.
(2) Noms, prénoms et
domiciles des trois pères
de famille.
(3) Nom et prénoms du
jeune homme.
(4) Date de sa nais-
sance.
(5) Enoncer la classe
du jeune homme.
(6) Nom et prénoms du
frère du jeune homme.
(7) Nom et prénoms de
l'aïeul.
(8) Indiquer si l'aïeul
est aveugle ou entré dans
sa 70e année.
(9) Dire si le frère aîné
est aveugle ou impotent.
(10) Date de la déli-
vrance du certificat.
(11) Indiquer les nom
et prénoms de la per-
sonne sur la demande de
laquelle le certificat est
délivré, et en quelle qualité elle agit.
(12) Signatures des
trois pères de famille,
ou déclaration qu'ils ne
savent signer.
(13) Signature de la
personne qui a demandé
le certificat, ou déclaration qu'elle ne sait si-
gner.

CERTIFICAT *de trois pères de famille domiciliés
dans le canton pour établir les droits d'un jeune
homme à la dispense comme* petit-fils puîné
d'un grand-père (1)   (Article 21 de
la loi sur le recrutement, 5e alinéa.)

Nous soussignés, (2)

pères de jeunes gens soumis à l'appel, ou qui,
ayant été appelés, sont encore liés au service,

Certifions, sous notre responsabilité personnelle, que le nommé (3)
né le (4)   , inscrit sur les tableaux
de recensement de la classe (5)

1° Est le frère puîné d (6)

2° Qu'il est, comme son frère aîné, petit-fils
d (7)   , lequel est (8)
        et n'a *ni fils, ni gendre, ni petit-
fils plus âgés que ceux dénommés ci-dessus;*

3° Que son frère aîné est notoirement (9)

Fait à   , le (10)
sur la demande d (11)
                (12)

        (13)

            Approuvé par nous, Maire de la
        commune.
            A   , le   18 .

Vu par le Sous-Préfet de l'arrondissement d

(Art. 21.)

DÉPARTEMENT

d

—

CANTON

d

—

COMMUNE

d

Modèle T.

(1) Noms, prénoms et
domiciles des trois pères
de famille.

(2) Nom et prénoms du
jeune homme.

(3) Date de sa nais-
sance.

(4) Prénoms du père du
jeune homme.

(5) Nom et prénoms de
la mère.

(6) Enoncer la classe du
jeune homme.

(7) Nom et prénoms du
frère aîné du jeune hom-
me.

(8) Dire si le frère aîné
est aveugle ou impotent.

(9) Date du jour où le
certificat est délivré.

(10) Indiquer les nom
et prénoms de la per-
sonne sur la demande de
laquelle le certificat est
délivré, et en quelle qualité elle agit.

(11) Signatures des
trois pères de famille, ou
déclaration qu'ils ne
savent signer.

(12) Signature de la
personne qui a réclamé
le certificat, ou déclaration qu'elle ne sait si-
gner.

*CERTIFICAT de trois pères de famille domiciliés
dans le canton, pour établir les droits d'un jeune
homme à la dispense, comme* fils puiné *d'une
famille de sept enfants, l'aîné étant aveugle
ou impotent.* (Article 21 de la loi sur le recrutement, 5e alinéa.)

Nous soussignés, (1)

pères de jeunes gens soumis à l'appel, ou qui,
ayant été appelés, sont encore liés au service,

Certifions, sous notre responsabilité personnelle, que le nommé (2)
né le (3)   , fils de (4)
et de (5)   , inscrit sur les tableaux
de recensement de la classe d (6)

1° Est le frère puiné de (7)   ,
fils aîné d'une famille de sept enfants actuellement vivants, savoir :

2° Que son frère aîné est notoirement (8)

Fait à   , le (9)   ,
sur la demande de (10)
                    (11)
          (12)

Approuvé par nous, Maire de la
commune.

A   , le   18   .

Vu par le Sous-Préfet de l'arrondissement d

(Art. 21.)

MODÈLE U.

DÉPARTEMENT

d —

CANTON

d —

COMMUNE

d —

NOTA. Les maires ai-
deront, au besoin, les pères de famille pour la rédaction de ce certificat.

(1) Noms, prénoms et
domiciles des trois pères
de famille.

(2) Nom et prénoms du
jeune homme.

(3) Date de sa nais-
sance.

(4) Enoncer la classe du
jeune homme.

(5) Nom et prénoms du
frère puîné du jeune
homme.

(6) Date de la naissance
du frère puîné.

(7) Enoncer la classe
du frère puîné.

(8) Date du jour où le
certificat est délivré.

(9) Indiquer les nom et
prénoms de la personne
sur la demande de la-
quelle le certificat est délivré, et en quelle qualité
elle agit.

(10) Signatures des trois
pères de famille, ou dé-
claration qu'ils ne savent
signer.

(11) Signature de la
personne qui a réclamé
le certificat, ou déclaration qu'elle ne sait signer

*CERTIFICAT de trois pères de famille domiciliés
dans le canton pour établir les droits d'un jeune
homme à la dispense, comme étant le plus âgé
de deux frères inscrits la même année sur les
listes du recrutement. (Article 21 de la loi sur
le recutement, § 4.)*

Nous soussignés (1)

pères de jeunes gens soumis à l'appel, ou qui,
ayant été appelés, sont encore liés au service,

Certifions, sous notre responsabilité personnelle, que le nommé (2)
né le (3)   , inscrit sur
les tableaux de recensement de la classe de (4)

Est le frère aîné de (5)
né le (6)   , également
inscrit sur les tableaux de recensement de la
classe de (7)

Fait à   , le (8)
sur la demande d (9)

(10)

(11)

Approuvé par nous, Maire de la
commune.

A   , le   18 .

Vu par le Sous-Préfet de l'arron-
aissement d

DÉPARTEMENT

CANTON
d

COMMUNE
d.

NOTA. Les maires ai-
deront, au besoin, les pères de famille pour la rédaction de ce certificat.

(1) Noms, prénoms et
domiciles des trois pères
de famille.
(2) Nom et prénoms du
jeune homme.
(3) Date de sa nais-
sance.
(4) Enoncer la classe
du jeune homme.
(5) Nom et prénoms du
frère sur la position du-
quel le jeune homme
fonde ses droits.
(6) Indiquer le grade de
ce frère et le corps où
il sert ; désigner la classe
à laquelle il appartient.
(7) Indiquer si c'est
comme officier, comme
engagé volontaire, ren-
gagé, appelé, breveté,
commissionné, inscrit
maritime, officier mari-
nier des équipages de la
flotte.
(8) Date du jour où le
certificat est délivré.
(9) Indiquer les nom et
prénoms de la personne
sur la demande de la-
quelle le certificat est délivré, et en quelle qualité
elle agit.
(10) Signatures des trois
pères de famille, ou dé-
claration qu'ils ne savent
signer.
(11) Signature de la per-
sonne qui a réclamé le
certificat, ou déclaration
qu'elle ne sait signer.

(A) Dans le cas où les frères
seraient de plusieurs lits et
porteraient des noms de famille différents, on indiquerait
ces noms.

*CERTIFICAT de trois pères de famille domiciliés
dans le canton, pour établir les droits d'un
jeune homme à la dispense, comme* ayant un
frère qui sera présent sous les drapeaux au
moment de l'appel de la classe. (Article 21 de
la loi sur le recrutement, § 5.)

Nous soussignés, (1)

pères de jeunes gens soumis à l'appel ou qui,
ayant été appelés, sont encore liés au service,

Certifions, sous notre responsabilité personnelle, que le nommé (2)
, né le (3)   , inscrit
sur les tableaux de recensement de la classe de
(4)

1° Est frère de (5)
présentement (6)
lié au service comme (7)

2° Et que la position de chacun des frères du
sieur (2)   sous le
rapport du recrutement, est telle que l'indique
le tableau ci-après :

PRÉNOMS DES FRÈRES (A).	DATE de leur naissance.	CLASSE au tirage de laquelle ils ont concouru	POSITION de chacun des frères sous le rapport du recrutement.	OBSERVA- TIONS.
1	2	3	4	5

Fait à   , le (8)   ,
sur la demande d (9)
(10)

(11)

Approuvé par nous, Maire de la commune.
A   , le   18   .

Vu par le Sous-Préfe t de l'arrondissement d

CERTIFICAT DE PRÉSENCE sous les drapeaux d'un militaire dont le frère réclame la dispense prévue par le paragraphe 5 de l'article 21 de la loi du recrutement.

```
(1)
```

(1) Indication du corps dans le cadre ci-contre.

(2) Nom et grade du chef de corps.

(3) Nom, prénoms et grade du militaire.

(4) Spécifier si le militaire est entré au service comme appelé ou comme engagé volontaire.

Je soussigné, (2)

Président du conseil d'administration d (1)

Certifie que le sieur (3)
né le   , à
canton d   , département
d   , fils d
et d   , domiciliés à

A été reçu sous les drapeaux le
             , comme (4)

Qu'il est, à la date de ce jour, présent au corps ;

Et qu'il ne cessera pas d'être lié au service d'activité avant le

Fait à   , le   18 .

Le Président du conseil d'administration,

(Art. 21.)

MODÈLE X.

INSCRIPTION
MARITIME.
—
QUARTIER

d

CERTIFICAT *pour servir à constater les droits d'un jeune homme à la dispense comme* frère *d'un inscrit maritime.* (Article 21 de la loi sur le recrutement, § 5.)

Nous, commissaire de la marine soussigné, chargé de l'inscription maritime au quartier d

(1) Nom et prénoms de l'inscrit.

Certifions que le nommé (1)
né à   , canton d   ,
département d   , le   ,
fils d   et d   ,
a été légalement et définitivement inscrit, en qualité de marin, sur le rôle de l'inscription maritime, folio   , n°   , le   .

Qu'il figure toujours sur ledit rôle et qu'il est (2)

(2) Suivant le cas et quelle que soit la classe de recrutement à laquelle il appartient, inscrire la mention :
Soit *levé d'office ;*
Soit *levé sur sa demande ;*
Soit *maintenu ou réadmis au service.*

Fait à   , le   18   .

Le Commissaire de la marine,

(Art. 21.)

DÉPARTEMENT d

CANTON d

COMMUNE d

MODÈLE Y.

CERTIFICAT de trois pères de famille domiciliés dans le canton, pour établir les droits d'un jeune homme à la dispense, comme frère d'un militaire (1) (Article 21 de la loi sur le recrutement, § 6.)

NOTA. Les maires aideront, au besoin, les pères de famille pour la rédaction de ce certificat.

(1) Indiquer si le militaire est mort en activité de service, ou réformé, ou admis à la retraite pour blessures reçues dans un service commandé ou infirmités contractées dans les armées de terre ou de mer.

(2) Noms, prénoms et domiciles des trois pères de famille.

(3) Nom et prénoms du jeune homme.

(4) Date de sa naissance.

(5) Enoncer la classe du jeune homme.

(6) Nom et prénoms du frère sur la position duquel le jeune homme fonde ses droits.

(7) Indiquer si ce frère est mort en activité de service, ou s'il a été réformé, ou admis à la retraite pour blessures reçues dans un service commandé ou infirmités contractées dans les armées de terre ou de mer.

(8) Date du jour où le certificat est délivré.

(9) Indiquer les nom et prénoms de la personne sur la demande de laquelle le certificat est délivré, et en quelle qualité elle agit.

(10) Signatures des trois pères de famille, ou déclaration qu'ils ne savent signer.

(11) Signature de la personne qui a réclamé le certificat, ou déclaration qu'elle ne sait signer.

(A) Dans le cas où les frères seraient de plusieurs lits et porteraient des noms de famille différents, on indiquerait ces noms.

Nous soussignés, (2)

pères de jeunes gens soumis à l'appel, ou qui, ayant été appelés, sont encore liés au service,

Certifions, sous notre responsabilité personnelle, que le nommé (3)

, né le (4)

inscrit sur les tableaux de recensement de la classe de (5)

1° Est frère de (6)

(7) et sur lequel il fonde sa réclamation ;

2° Et que la position de chacun des frères du sieur (3)

sous le rapport du recrutement, est telle que l'indique le tableau ci-après :

PRÉNOMS DES FRÈRES (A).	DATE de leur naissance.	CLASSE au tirage de laquelle ils ont concouru	POSITION de chacun des frères sous le rapport du recrutement.	OBSERVATIONS.
1	2	3	4	5

Fait à , le (8) , sur la demande d (9)

(10)

(11)

Approuvé par nous, Maire de la commune.

A , le 18 .

Vu par le Sous-Préfet de l'arrondissement d

65.   L'avant-dernier paragraphe de l'article 21 établit le droit pour les jeunes gens entrés dans une des catégories de cet article, soit depuis leur incorporation s'ils sont engagés, soit depuis le conseil de revision s'ils sont appelés, d'être envoyés en congé après une année de présence sous les drapeaux.

Une circulaire ministérielle du 12 décembre 1889 règle les conditions dans lesquelles s'exécute cette stipulation de la loi comme suit :

Il résulte de ce texte :

1° Que les situations de famille existant pour l'appelé, avant le conseil de revision, et pour l'engagé, avant son incorporation, ne peuvent être invoquées pour l'envoi en congé ;

2° Que les rengagés n'ont jamais droit à l'envoi en congé dans les conditions ci-dessus énoncées.

66.   Les militaires qui réclament le bénéfice de ces dispositions doivent en faire la demande par écrit au président du conseil d'administration du corps où ils servent.

Ils produisent, à l'appui de cette demande, un certificat de trois pères de famille, conforme au modèle (n° 1) joint à la présente circulaire ; et, suivant la situation de famille qu'ils invoquent, les pièces énumérées au tableau ci-annexé sous le n° 2.

Le conseil d'administration du corps, après vérification des pièces produites, prononce l'envoi en congé et transmet le dossier au commandant du bureau de recrutement de la subdivision à laquelle appartient le militaire. Il n'établit aucun titre spécial de congé au nom de l'homme et se borne à mentionner, sur son livret individuel ainsi que sur son livret matricule, les motifs du renvoi. Le commandant du bureau de recrutement prend note de la position de ces hommes qu'il est appelé à surveiller jusqu'à leur passage dans la réserve, et dont il provoque le rappel sous les drapeaux, dès que la situation de famille qui a motivé l'envoi en congé a cessé d'exister (art. 25 de la loi).

J'appelle, d'une manière toute spéciale, l'attention des conseils d'administration des corps de troupe sur ces deux points :

1° Que les enfants légitimes seuls ont droit à ces congés ;

2° Qu'un militaire ayant, par sa présence, procuré à l'un de ses frères, soit la dispense devant le conseil de revision, soit l'envoi en congé, ne peut créer, pour un second frère, un nouveau droit à congé, s'il vient ultérieurement, soit à être réformé, soit à être retraité, ou s'il décède en activité de service.

167. Mais, d'autre part, quand un militaire a procuré à son frère la dispense ou l'envoi en congé, il n'en est pas moins susceptible d'être placé lui-même en congé, sur sa demande, s'il vient ultérieurement à entrer dans l'une quelconque des six catégories de dispenses que prévoit l'article 21 de la loi du 15 juillet 1889, et qui sont énumérées ci-dessus.

Seulement, dans ces cas, l'article 25 de la loi doit être appliqué et le commandant du bureau de recrutement met en route le frère primitivement dispensé ou congédié, pour terminer le temps de service qui reste à courir jusqu'à son passage dans la réserve.

168. La même circulaire donne le modèle du certificat exigé en ce cas pour l'application de l'article 21 et le bordereau des pièces à produire.

(Art. 21.)

DEPARTEMENT

d

—

CANTON

d

—

COMMUNE

d

MODÈLE N° 1.
(Annexé à la circulaire
du
12 décembre 1889.)

CERTIFICAT

destiné à établir les droits d'un jeune homme à l'envoi en congé après une année de service actif, en exécution de la loi du 15 juillet 1889 (art. 21).

(A) Indiquer les noms et prénoms des trois pères de famille.

(B) Dans tous les cas où la réclamation sera basée sur la position de *petit-fils* de *veuve*, de *septuagénaire*, ou d'*aveugle*, la colonne 1 devra comprendre, non seulement la descendance de l'aïeul au petit-fils, mais encore désigner tous les enfants de l'aïeul, de quelque sexe qu'ils soient, et leur descendance.

Nous soussignés, maire de la commune d
canton d   département d
et (A)
pères de jeunes gens en activité de service ou désignés par le sort pour concourir à la formation de la classe,

Certifions, sous notre responsabilité personnelle que la famille du sieur
né le   à
canton d   département d

Lequel demande son envoi en congé comme
, se compose des membres inscrits au tableau ci-dessous.

Que ce jeune homme est enfant légitime.

NOMS ET PRÉNOMS des PÈRE, MÈRE, FRÈRES, ET SŒURS (B).	DATE de leur NAISSANCE.	CÉLIBATAIRE, marié ou veuf.	CLASSE AU TIRAGE de laquelle ont concouru les frères.	POSITION de CHACUN DES FRÈRES sous le rapport du recrutement.	OBSERVATIONS.
1	2	3	4	5	6

NOMS et PRENOMS des PÈRE, MÈRE, FRÈRES ET SŒURS (b).	DATE de leur NAISSANCE.	CÉLIBATAIRE, marié, ou veuf.	CLASSE AU TIRAGE de laquelle ont concouru les frères.	POSITION de CHACUN DES FRÈRES sous le rapport du recrutement.	OBSERVATIONS.
1	2	3	4	5	6

Fait à   , le   189 .

Le Maire,   *Les trois-pères de famille* {

CERTIFIÉ les indications consignées dans la colonne 5 du tableau ci-dessus.

A   , le   189 .

Le Sous-Préfet,

INDICATION DES SITUATIONS prévues par l'article 21 de la loi du 15 juillet 1889.	INDICATION DES PIÈCES A PRODUIRE.
§ 1er DE L'ARTICLE 21. Aîné d'orphelins de père et de mère, ou aîné d'orphelins de mère, dont le père est légalement déclaré absent ou interdit	Acte de mariage des père et mère. Actes de décès des père et mère. En cas d'absence ou d'interdiction du père, remplacer l'acte de décès de ce dernier par une copie du jugement déclarant l'absence ou prononçant l'interdiction.
§ 2 DE L'ARTICLE 21. Fils unique ou aîné des fils d'une femme actuellement veuve	Acte de mariage des père et mère. Acte de décès du père.
Petit-fils unique ou aîné des petits-fils d'une femme actuellement veuve	Acte de mariage des aïeuls. Acte de mariage des père et mère. Actes de décès des père et mère. Acte de décès de l'aïeul.
Fils unique ou aîné des fils d'une femme dont le mari est légalement déclaré absent ou interdit	Acte de mariage des père et mère. Copie du jugement déclarant l'absence ou prononçant l'interdiction.
Petit-fils unique ou aîné des petits-fils d'une femme dont le mari est légalement déclaré absent ou interdit	Acte de mariage des aïeuls. Acte de mariage des père et mère. Actes de décès des père et mère. Copie du jugement déclarant l'absence ou prononçant l'interdiction.
Fils unique ou aîné des fils d'un père aveugle	Acte de mariage des père et mère. Certificat délivré par la commission spéciale de réforme.
Petit-fils unique ou aîné des petits-fils d'un grand-père aveugle	Acte de mariage des aïeuls. Acte de mariage des père et mère. Actes de décès des père et mère. Certificat délivré par la commission spéciale de réforme.
Fils unique ou aîné des fils d'un père entré dans sa 70e année	Acte de mariage des père et mère. Acte de naissance du père.
Petit-fils unique ou aîné des petits-fils d'un grand-père entré dans sa 70e année	Acte de mariage des père et mère. Actes de décès des père et mère. Acte de naissance de l'aïeul.
§ 3 DE L'ARTICLE 21. Fils unique ou aîné des fils d'une famille de sept enfants au moins	Acte de mariage des père et mère. Actes de naissance des enfants. Certificats de vie des membres de la famille.
5e ALINÉA DE L'ARTICLE 21. Puîné d'orphelins de père et de mère ou puîné d'orphelins de mère dont le père est légalement déclaré absent ou interdit (l'aîné des orphelins étant aveugle ou impotent)	Acte de mariage des père et mère. Actes de décès des père et mère. Certificat délivré par la commission spéciale de réforme. En cas d'absence ou d'interdiction du père, remplacer l'acte de décès de ce dernier par une copie du jugement déclarant l'absence ou prononçant l'interdiction.
Fils puîné d'une femme actuellement veuve (lorsque l'aîné des fils est aveugle ou impotent)	Acte de mariage des père et mère. Acte de décès du père. Certificat délivré par la commission spéciale de réforme.
Petit-fils puîné d'une femme actuellement veuve (lorsque l'aîné des petits-fils est aveugle ou impotent)	Acte de mariage des aïeuls Acte de décès de l'aïeul. Acte de mariage des père et mère. Actes de décès des père et mère. Certificat délivré par la commission spéciale de réforme.

INDICATION DES SITUATIONS prévues par l'article 21 de la loi du 15 juillet 1859.	INDICATION DES PIÈCES A PRODUIRE.
Fils puîné d'une femme dont le mari est légalement déclaré absent ou interdit (lorsque l'aîné des fils est aveugle ou impotent).....................	Acte de mariage des père et mère. Copie du jugement déclarant l'absence ou prononçant l'interdiction. Certificat délivré par la commission spéciale de réforme.
Petit-fils puîné d'une femme dont le mari est légalement déclaré absent ou interdit (lorsque l'aîné des petits-fils est aveugle ou impotent)........	Acte de mariage des aïeuls. Acte de mariage des père et mère. Actes de décès des père et mère. Copie du jugement déclarant l'absence ou prononçant l'interdiction. Certificat délivré par la commission spéciale de réforme.
Fils puîné d'un père aveugle ou entré dans sa 70e année (lorsque l'aîné des fils est lui-même aveugle ou impotent)	Acte de mariage des père et mère. Acte de naissance du père. Certificat délivré par la commission spéciale de réforme.
Petit-fils puîné d'un grand-père aveugle ou entré dans sa 70e année (lorsque l'aîné des petits-fils est lui-même aveugle ou impotent)	Acte de mariage des aïeuls. Acte de mariage des père et mère. Actes de décès des père et mère. Acte de naissance de l'aïeul. Certificat délivré par la commission spéciale de réforme.
Puîné d'une famille de sept enfants au moins (lorsque l'aîné des fils est aveugle ou impotent)	Acte de mariage des père et mère. Actes de naissance des enfants. Certificats de vie des membres de la famille. Certificat délivré par la commission spéciale de réforme.
§ 4 DE L'ARTICLE 21. Aîné de deux frères inscrits la même année sur les listes du recrutement cantonal...........................	Acte de mariage des père et mère. Actes de naissance des deux frères. Certificat du commandant du recrutement indiquant la décision rendue par le conseil de revision à l'égard du plus jeune des deux frères.
§ 5 DE L'ARTICLE 21. Jeune homme dont un frère sera présent sous les drapeaux, comme officier, appelé, engagé volontaire pour trois ans, rengagé, breveté ou commissionné après avoir accompli trois ans de service, inscrit maritime, levé d'office, levé sur sa demande, maintenu ou réadmis au service, quelle que soit la classe à laquelle il appartienne, officier marinier des équipages de la flotte.	Acte de mariage des père et mère. Actes de naissance des deux frères. Certificat de présence. (Si le frère est inscrit maritime, on produira, au lieu du certificat précédent, un certificat du commissaire de marine.)
§ 6 ET DERNIER DE L'ARTICLE 21. Frère d'un militaire mort en activité de service, ou réformé, ou admis à la retraite pour blessures reçues dans un service commandé, ou infirmités contractées dans les armées de terre ou de mer....................	Acte de mariage des père et mère. Actes de naissance des deux frères. (Le décès, les blessures, la réforme ou l'admission à la retraite du frère seront justifiés par l'acte de décès, ou le congé de réforme, ou le titre ou la copie certifiée du titre de pension de ce frère, ou par tout autre document authentique.)

69. Il faut remarquer que l'article 21 applique le même traitement favorable aux engagés et aux appelés auxquels surviennent des cas de dispenses, après le moment où ils pouvaient être considérés comme y renonçant, c'est-à-dire pour les appelés le conseil de revision, et pour les engagés l'incorporation. C'est tout à fait équitable ; car les conditions de l'engagement se trouvent absolument modifiées, et des devoirs nouveaux naissent pour le jeune homme qui devient soutien de famille. L'article 21 ne parle que de l'incorporation parce que l'incorporation suit immédiatement l'engagement ; cependant, si, par exemple, un jeune homme devenait fils aîné de veuve dans le court espace de temps qui sépare son engagement de son incorporation, il pourrait évidemment demander le bénéfice de l'article 21.

L'engagé présent sous les drapeaux ne peut être admis à faire valoir devant le conseil de revision les causes de dispenses prévues aux articles 21, 22 et 23 de la loi.

C'est à l'autorité militaire seule qu'il appartient d'apprécier les titres qu'il peut avoir à ces dispenses.

70. Les jeunes gens envoyés en congé en exécution de l'article 21 cessent de compter au corps où ils ont accompli leur service ; ils sont affectés à l'un des corps de leur arme, alimenté par la subdivision de leur domicile.

ARTICLE 22.

En temps de paix, après un an de présence sous les drapeaux, peuvent être envoyés en congé dans leurs foyers sur leur demande, jusqu'à la date de leur passage dans la réserve, les jeunes gens qui remplissent effectivement les devoirs de soutiens indispensables de famille.

Les demandes sont adressées, avant le tirage au sort, au maire de la commune où les jeunes gens sont domiciliés. Il en sera donné récépissé. Elles doivent comprendre à l'appui :

1° Un relevé des contributions payées par la famille et certifié par le percepteur ;

2° Un avis motivé de trois pères de famille résidant dans la commune et ayant un fils sous les drapeaux ou, à défaut, dans la réserve de l'armée active, et jouissant de leurs droits civils et politiques.

La liste de ces jeunes gens est présentée par le maire au conseil de revision, avec l'avis motivé du conseil municipal.

Le nombre des jeunes gens dispensés par le conseil départemental de revision, à titre de soutiens indispensables de famille, ne peut dépasser 5 p. 100 du contingent à incorporer pour trois ans.

Toutefois, le Ministre de la guerre peut autoriser les chefs de corps à délivrer, en plus du chiffre fixé ci-dessus, des congés à titre de soutiens indispensables de famille aux militaires comptant un an et deux ans de présence sous les drapeaux.

Le nombre des congés accordés en vertu du paragraphe précédent ne pourra pas dépasser 1 p. 100 après la première année et 1 p. 100 après la seconde.

Il sera calculé d'après l'effectif des hommes de la classe appartenant au corps.

Les intéressés devront produire les justifications mentionnées ci-dessus.

Tous les ans, le maire de chaque commune présente au conseil de revision, siégeant au chef-lieu de canton, une délibération du conseil municipal faisant connaître la situation des jeunes gens qui ont été renvoyés dans leurs foyers comme soutiens de famille. Il est tenu de signaler au conseil de revision les plaintes des personnes dans l'intérêt desquelles l'envoi en congé a eu lieu en vertu du présent article et de l'article précédent.

Le conseil départemental de revision décide s'il y a lieu ou non de maintenir ces dispenses. Les jeunes gens dont le maintien en congé n'est pas admis sont soumis à toutes les obligations de la classe à laquelle ils appartiennent.

171. L'instruction du 28 mars 1890 règle comme suit les opérations du conseil de revision relativement aux soutiens de famille de l'article 22.

DISPENSÉS A TITRE PROVISOIRE (SOUTIENS DE FAMILLE).

106. Les soutiens de famille sont incorporés avec leur classe pour une année.

La dispense accordée aux jeunes gens qui remplissent effectivement les devoirs de soutiens indispensables de famille n'a plus pour conséquence, comme autrefois, le maintien de ces jeunes gens dans leurs foyers pendant tout le temps que leur classe est appelée à pàsser sous les drapeaux.

Ils sont maintenant incorporés sans aucun sursis en même temps que la classe, pour une année, à l'expiration de laquelle ils sont placés en congé jusqu'à leur passage dans la réserve.

172.   107. Le conseil municipal n'émet sur les demandes qu'un simple avis.

Sous l'empire de la législation précédente, le conseil municipal dressait la liste des jeunes gens qui lui paraissaient mériter la dispense à titre de soutiens de famille. En dehors de cette liste. le conseil de revision ne pouvait faire de désignation.

Aux termes de l'article 22 de la loi du 15 juillet 1889, c'est désormais le maire qui dresse une liste de tous les jeunes gens ayant produit à l'appui de leur demande :

1° Un relevé des contributions payées par la famille, et certifié par le percepteur ;

2° Un avis motivé de trois pères de famille résidant dans la commune et ayant un fils sous les drapeaux ou, à défaut, dans la réserve de l'armée active, et jouissant de leurs droits civils et politiques.

A cette liste, le maire joint un avis motivé du conseil municipal.

De cette modification résulte pour le conseil de revision le droit d'accorder la dispense de soutien de famille, même contrairement à l'avis du conseil municipal, et par conséquent l'obligation de prendre sur les lieux tous les renseignements nécessaires pour s'éclairer sur la décision à rendre.

108. Les soutiens de famille sont choisis dans la première partie de la liste du recrutement.

Les soutiens de famille sont choisis parmi ceux qui ont été reconnus propres au service et qui se trouvent compris dans la première partie des listes du recrutement cantonal.

173.   109. Chiffre maximum des désignations.

La proportion des jeunes soldats susceptibles, en temps de paix, d'être dispensés, à titre provisoire, comme soutiens indispensables de famille, peut s'élever, par département, à 5 p. 100 (1) ; elle ne saurait être dépassée, mais elle peut aussi ne pas être atteinte.

---

(1) Une fraction de 1 à 20 donne droit à un soutien de famille ; une fraction de 21 à 40 donne droit à deux, etc. Si donc l'ensemble des premières parties des listes du recrutement cantonal comprend 1,201 à 1,220 jeunes soldats, le conseil de revision pourra en dispenser 61.

Si le total des jeunes soldats s'élève de 1,241 à 1,260 hommes, le chiffre des soutiens de famille pourra monter à 63.

Les jeunes gens reconnus aptes au service armé après un premier ajournement concourent entre eux dans la même proportion.

174.   110. Epoque de la désignation des soutiens de famille.

Après la clôture des listes du recrutement cantonal et à la date annuellement fixée par le Ministre de la guerre, le conseil de revision, constitué conformément aux prescriptions de l'article 34 de la loi, arrête la liste des soutiens de famille.

Cette liste est adressée sans retard par le préfet au général commandant la subdivision, qui la fait parvenir au commandant du bureau de recrutement.

175.   111. La liste arrêtée ne peut être modifiée que par radiations.

Une fois que le conseil de revision a arrêté la liste des soutiens de famille, cette liste ne saurait recevoir d'autre modification que par la radiation des jeunes gens décédés ou déclarés indignes.

La radiation pour cause de décès est effectuée d'office par le commandant du bureau de recrutement.

La radiation pour cause d'indignité est prononcée par le conseil de revision départemental que le préfet réunit avant la mise en route s'il y a lieu. Les hommes ainsi rayés ne peuvent plus participer aux congés que les chefs de corps sont autorisés à accorder après un an ou deux de service. Le commandant du bureau de recrutement les signale au conseil d'administration du corps sur lequel ils sont dirigés.

176. 112. Compte à rendre chaque année au conseil de revision sur les jeunes gens dipensés en vertu des articles 21 et 22 de la loi.

Tous les ans, le maire présente au conseil de revision cantonal une délibération du conseil municipal faisant connaître la situation des jeunes gens de sa commune qui ont été renvoyés dans leurs foyers comme soutiens de famille, soit d'après la désignation du conseil de revision, soit par les corps de troupe.

Il signale également les plaintes dont ces jeunes gens, ainsi que ceux qui ont été dispensés en vertu de l'article 21, ont été l'objet de la part des personnes dans l'intérêt desquelles l'envoi en congé a eu lieu.

Le conseil de revision cantonal recueille sur les lieux les renseignements nécessaires pour éclairer le conseil départemental sur la décision qu'il doit rendre.

Les jeunes gens que ce conseil juge devoir priver du bénéfice de l'envoi en congé sont immédiatement mis en route par le commandant du bureau de recrutement à qui le préfet notifie la décision rendue. Ils rejoignent les drapeaux pour terminer, quelle qu'en soit la durée, le temps de service d'activité de la classe à laquelle ils appartiennent.

177. Il est à remarquer que c'est le conseil de revision départemental qui décide sur les suppressions de dispenses, de même qu'elles sont accordées par lui.

Le texte formel de l'article 22 supprime à cet égard la jurisprudence adoptée sous l'ancienne loi qui consacrait cette bizarrerie de faire décider par le conseil cantonal le retrait de dispenses accordées par le conseil départemental.

Nous avons vu sous l'article précédent que la plainte nécessaire pour motiver la déchéance des dispenses de cet article ne pouvait saisir le conseil de revision qu'après l'envoi en congé. Il n'en est pas de même pour les soutiens de famille pour lesquels la plainte n'est qu'un accessoire. Chaque année le maire doit signaler au conseil de revision les jeunes gens qui ne sont plus soutiens de famille et il doit comprendre, parmi eux ceux mêmes qui font leur année de service et dont la situation aurait changé. L'article 25 qui prévoit les changements de situation est en effet général et absolu et s'applique à toutes les périodes. Il en serait en ce cas des soutiens de famille qui cessent de l'être, comme de fils de veuve dont la mère se remarie ; ils ne seraient pas envoyés en congé ; tandis que les jeunes gens qui conservent leur situation de droit doivent d'abord être envoyés en congé pour qu'on puisse sur une plainte légitime leur infliger la déchéance.

178. L'article 22 règle également l'attribution des congés de soutiens de famille par les chefs de corps dans une proportion restreinte. Cette matière est déterminée par les articles 39, 40 et 41 du règlement du 1er mars 1890.

Des congés à titre de soutien de famille.

Art. 39. Les chefs de corps ou de service sont autorisés à délivrer des congés à titre de soutien de famille aux militaires ayant un an ou deux de présence sous les drapeaux.

Le nombre des congés ainsi accordés ne peut pas dépasser 1 p. 100 après la première année, et 1 p. 100 après la seconde.

Il est calculé d'après l'effectif des hommes de la classe appartenant au corps.

Ces congés sont valables jusqu'à l'époque du passage des titulaires dans la réserve de l'armée active.

Les hommes renvoyés comme soutiens de famille sont rayés de leur corps d'origine et affectés à l'un des corps alimentés par la subdivision de leur domicile.

Aucun titre ne leur est remis; il est simplement fait mention de leur renvoi, sur le livret individuel.

179. Art. 40. Chaque demande doit comprendre à l'appui :

1° Un relevé des contributions payées par la famille et certifié par le percepteur ;

2° Un certificat spécial (n° 5) portant l'avis motivé de trois pères de famille, ainsi que celui du conseil municipal.

Les chefs de corps ou de service examinent les demandes qui leur parviennent et s'assurent que les justifications qui les accompagnent sont régulières au point de vue des règlements.

Ils prennent auprès de la gendarmerie les renseignements qui peuvent leur être utiles pour classer ces demandes suivant leur degré d'urgence.

Les militaires qui sollicitent des congés à titre de soutien de famille doivent posséder une instruction militaire suffisante et n'avoir rien laissé à désirer sous le rapport de la conduite et de la manière de servir.

180. Art. 41. Les sous-officiers, les caporaux ou brigadiers et les soldats de 1re classe envoyés en congé de soutien de famille n'auront pas à faire la remise de leurs galons.

(Art. 22.)

181.

Modèle nº 5.

DÉPARTEMENT d

CANTON d

COMMUNE d

Numéro de tirage :

Recrutement

CERTIFICAT DE POSITION DE FAMILLE

du nommé

soldat au

l'envoi en congé à titre de soutien de famille, conformément à l'article 22 de la loi du 15 juillet 1889.

réclamant

POSITION DES ASCENDANTS ET DES FRÈRES ET SŒURS DU RÉCLAMANT.

NOMS, PRÉNOMS ET PROFESSION.	Sexe et âge.	Céliba-taire, marié, veuf.	Nombre d'enfants	Infirmités et autres causes qui les empêchent de travailler.	AVIS MOTIVÉ
					de trois pères de famille ayant un fils sous les drapeaux ou, à défaut, dans la réserve de l'armée active.
					Nous, soussignés, résidant dans la commune d ou jouissant de nos droits civils et politiques, émettons l'avis, sous notre responsabilité personnelle, que

Signatures :

AVIS MOTIVÉ DU CONSEIL MUNICIPAL.

L'an mil huit cent , le , à heures du , le conseil municipal de la commune d s'est réuni à la mairie, sous la présidence de M. , maire.

Étaient présents : MM.

absents : MM.

Les membres présents formant la majorité, le maire déclare la séance ouverte et communique au conseil une demande d'envoi en congé de soutien de famille, formée par le nommé , jeune soldat de la classe de

Le conseil, après avoir délibéré, émet l'avis

Ainsi fait et délibéré à les jour, mois et an susdits, et ont signé les membres présents.

Vu pour légalisation de la signature du maire :

Le Sous-Préfet,

Certifié conforme au registre des délibérations du conseil municipal de la commune d et vu pour légalisation de la signature des trois pères de famille dénommés ci-dessus, qui remplissent les conditions voulues par la loi.

À , le 189 .

Le Maire,

20

ARTICLE 23.

En temps de paix, après un an de présence sous les drapeaux, sont envoyés en congé dans leurs foyers, sur leur demande, jusqu'à la date de leur passage dans la réserve :

1° Les jeunes gens qui contractent l'engagement de servir pendant dix ans dans les fonctions de l'instruction publique, dans les institutions nationales des sourds-muets ou des jeunes aveugles, dépendant du ministère de l'intérieur, et y rempliront effectivement un emploi de professeur, de maître répétiteur ou d'instituteur ;

Les instituteurs laïques ainsi que les novices et membres des congrégations religieuses voués à l'enseignement et reconnues d'utilité publique qui prennent l'engagement de servir pendant dix ans dans les écoles françaises d'Orient et d'Afrique subventionnées par le Gouvernement français ;

2° Les jeunes gens qui ont obtenu ou qui poursuivent leurs études en vue d'obtenir :

Soit le diplôme de licencié ès lettres, ès sciences, de docteur en droit, de docteur en médecine, de pharmacien de 1re classe, de vétérinaire, ou le titre d'interne des hôpitaux nommé au concours dans une ville où il existe une faculté de médecine ;

Soit le diplôme délivré par l'Ecole des chartes, l'Ecole des langues orientales vivantes et l'Ecole d'administration de la marine :

Soit le diplôme supérieur délivré aux élèves externes par l'Ecole des ponts et chaussées, l'Ecole supérieure des mines, l'Ecole du génie maritime ;

Soit le diplôme supérieur délivré par l'Institut national agronomique, l'Ecole des haras du Pin aux élèves internes, les Ecoles nationales d'agriculture de Grandjouan, de Grignon et de Montpellier, l'Ecole des mines de Saint-Etienne, les Ecoles des maîtres ouvriers mineurs d'Alais et de Douai, les Ecoles nationales des arts et métiers d'Aix, d'Angers et de Châlons, l'Ecole des hautes études commerciales et les écoles supérieures de commerce reconnues par l'Etat ;

Soit l'un des prix de Rome, soit un prix ou médaille d'Etat dans les concours annuels de l'Ecole nationale des beaux-arts, du Conservatoire de musique et de l'Ecole nationale des arts décoratifs ;

3° Les jeunes gens exerçant les industries d'art qui sont désignés par un jury d'état départemental formé d'ouvriers et de patrons. Le nombre de ces jeunes gens ne pourra en aucun cas dépasser un demi pour cent du contingent à incorporer pour trois ans ;

4° Les jeunes gens admis, à titre d'élèves ecclésiastiques, à continuer leurs études en vue d'exercer le ministère dans l'un des cultes reconnus par l'Etat.

En cas de mobilisation, les étudiants en médecine et en pharmacie et les élèves ecclésiastiques sont versés dans le service de santé.

Tous les jeunes gens énumérés ci-dessus seront rappelés pendant quatre semaines dans le cours de l'année qui précédera leur passage dans la réserve de l'armée active. Ils suivront ensuite le sort de la classe à laquelle ils appartiennent.

Des règlements d'administration publique détermineront : les conditions dans lesquelles sera contracté l'engagement décennal visé au paragraphe 1º ; les justifications à produire par les jeunes gens visés aux paragraphes 2º et 4º, soit au moment de leur demande, soit chaque année pendant la durée de leurs études ; la nomenclature des industries d'art qui donneront lieu à la dispense prévue au paragraphe 3 ; le mode de répartition de ces dispenses entre les départements, le mode de constitution du jury d'état pour les ouvriers d'art, ainsi que les justifications annuelles d'aptitude, de travail et d'exercice régulier de leur profession, que les jeunes gens dispensés sur la proposition du jury devront fournir jusqu'à l'âge de 26 ans.

Les mêmes règlements fixeront le nombre des diplômes supérieurs à délivrer annuellement, en vue de la dispense du service militaire, par chacune des écoles énumérées au troisième alinéa du paragraphe 2º, et définiront ceux de ces diplômes qui ne sont pas définis par la loi ; ils fixeront également le nombre des prix et des médailles visés au quatrième alinéa du même paragraphe.

182. L'article 23 prévoit un règlement d'administration publique qui est aujourd'hui en vigueur et doit suivre immédiatement l'article de la loi dont il est le complément. Voici ce règlement, promulgué le 23 novembre 1889 :

CHAPITRE Iᵉʳ.

DES DISPENSES RÉSULTANT DE L'OBTENTION DE CERTAINS DIPLÔMES, TITRES, PRIX ET RÉCOMPENSES.

Art. 1ᵉʳ. Sont, sur leur demande (modèle A), envoyés ou maintenus définitivement en congé dans leurs foyers, jusqu'à la date de leur passage dans la réserve, pourvu qu'ils aient une année de présence sous les drapeaux, les jeunes gens qui obtiennent ou ont obtenu un des diplômes, titres, prix ou récompenses mentionnés au paragraphe 2º de l'article 23 de la loi du 15 juillet 1889, soit avant leur incorporation, soit pendant leur présence sous les drapeaux à titre d'appelés, soit pendant leur séjour en congé dans leurs foyers dans les divers cas prévus par les articles 21, 22 et 23 de ladite loi.

Les jeunes gens qui ont obtenu avant leur comparution devant le conseil de revision un de ces diplômes, titres, prix ou récompenses, doivent produire au conseil les pièces officielles constatant cette obtention.

Pour les jeunes soldats présents sous les drapeaux, l'envoi en congé est prononcé par l'autorité militaire, sur le vu des diplômes ou pièces officielles. Pour les jeunes gens présents dans leurs foyers, avant leur incorporation ou qui y sont envoyés en congé, la dispense est également prononcée par l'autorité militaire, après remise des pièces justificatives au commandant du bureau de recrutement de la subdivision de région à laquelle appartient le canton où ils ont concouru au tirage au sort. Dans ces deux derniers cas, la production des pièces justificatives doit avoir lieu dans le mois qui suit l'obtention des diplômes, titres, prix ou récompenses.

183.   Art. 2. Sont considérés comme pourvus du diplôme supérieur, au point de vue de la dispense du service militaire prévue par l'article 23 de la loi du 15 juillet 1889 :

1° En ce qui concerne l'Institut national agronomique, les soixante élèves français classés à la sortie en tête de la liste de mérite, pourvu qu'ils aient obtenu, pour tout le cours de leur scolarité, 70 p. 100 au moins du total des points que l'on peut obtenir d'après les règlements de ces écoles ; il est fait mention sur les diplômes du rang de classement et du nombre de points obtenus par le titulaire ;

2° En ce qui concerne les autres écoles du gouvernement dans lesquelles on entre par voie de concours, savoir : l'internat du l'Ecole des haras du Pin, les Ecoles nationales d'agriculture de Grand-Jouan, de Grignon et de Montpellier, l'Ecole des mines de Saint-Etienne, les Ecoles des maîtres-ouvriers mineurs d'Alais et de Douai ; les Ecoles nationales des arts et métiers d'Aix, d'Angers et de Châlons, ainsi que les écoles supérieures de commerce reconnues par l'Etat se recrutant par voie de concours, les jeunes gens compris dans les quatre premiers cinquièmes de la liste de mérite de ceux des élèves français qui ont obtenu, pour tout le cours de leur scolarité, 65 p. 100 au moins du total des points que l'on peut obtenir d'après les règlements de ces écoles ; il est fait mention sur les diplômes du rang de classement et du nombre des élèves français ayant obtenu le nombre minimum de points fixé ci-dessus (1) ;

3° En ce qui concerne les écoles supérieures de commerce reconnues par l'Etat, se recrutant par voie d'examen, le premier tiers de la liste par ordre de mérite des élèves français ayant obtenu, pour tout le cours de leur scolarité, 60 p. 100 au moins du total des points que l'on peut obtenir d'après les règlements de ces écoles. Il est fait mention sur les diplômes du rang de classement et du nombre des élèves français ayant obtenu le nombre minimum de points fixé ci-dessus (1).

---

(1) Texte modifié par le décret du 31 mai 1890.

Un décret, rendu en Conseil d'Etat, sur la proposition du Ministre du commerce, déterminera les conditions auxquelles doivent se soumettre, pour être reconnues par l'Etat, les écoles supérieures de commerce, en particulier en ce qui concerne la nature des examens et la composition du jury devant lequel sont passés ces examens. La nomenclature de ces Ecoles est transmise annuellement, avant le 1ᵉʳ septembre, par le Ministre du commerce au Ministre de la guerre, qui avise les préfets et les commandants des bureaux de recrutement des modifications survenues.

184. Art. 3. Les prix de Rome pour la peinture, la sculpture, l'architecture, la composition musicale (concours annuels), la gravure en taille-douce (concours biennaux), et la gravure en médailles et en pierres fines (concours triennaux), qui donnent lieu à la dispense de service militaire prévue par l'article 23 de la loi du 15 juillet 1889, sont au nombre de trois par spécialité. Ce nombre peut être porté à quatre lorsque le premier grand prix n'a pas été décerné au concours précédent. Les intéressés justifient de leur qualité de lauréats par un certificat du Ministre des beaux-arts.

185. Art. 4. La nature des concours et le nombre maximum des médailles qui peuvent être décernées annuellement aux élèves de l'Ecole nationale des beaux-arts de Paris, et qui donnent lieu à la dispense de service militaire prévue par l'article 23 de la loi du 15 juillet 1889, sont déterminés ainsi qu'il suit :

1° *Section de peinture et de gravure en taille-douce.* — Concours de figure dessinée d'après l'antique et d'après la nature (quatre médailles); concours de composition (quatre médailles); concours dits de grande médaille (deux médailles) ; concours de la tête d'expression (une médaille); concours du torse (une médaille); concours Jauvain d'Attainville, de peinture historique ou de paysage (chacun une médaille); concours de composition décorative (deux médailles); grande médaille d'émulation (une médaille).

2° *Section de sculpture et de gravure en médailles et en pierres fines.* — Concours de figure modelée d'après l'antique et d'après la nature (quatre médailles); concours de composition (quatre médailles); concours dits de grande médaille (deux médailles): concours de la tête d'expression (une médaille) ; concours Lemaire (une médaille); concours de composition décorative (deux médailles); grande médaille d'émulation (une médaille).

3° *Section d'architecture.* — 1ʳᵉ classe. — Concours d'architecture (vingt-quatre médailles); concours d'ornement et d'ajustement (deux médailles); concours Godebœuf (deux médailles); concours de composition décorative (deux médailles); grande médaille d'émulation (une médaille), 2ᵉ classe. — Concours de construction (trois médailles).

Les·intéressés justifient de leur qualité de lauréats par un certificat du directeur de l'Ecole des beaux-arts, visé par le Ministre et mentionnant la récompense obtenue.

186. Art. 5. La nature des concours et le nombre maximum de prix que peuvent obtenir les élèves du Conservatoire national de musique et de déclamation de Paris, et qui donnent lieu à la dispense de service militaire prévue par l'article 23 de la loi du 15 juillet 1889, sont déterminés ainsi qu'il suit :

Contre-point et fugue (deux prix) ; harmonie (deux prix) ; chant, opéra, opéra comique, déclamation (chacun deux prix) ; piano, violon et violoncelle (chacun deux prix) ; orgue, harpe. contrebasse, flûte, hautbois, clarinette, basson, cor, cornet à piston, trompette, trombone (chacun un prix).

Les intéressés justifient de leur qualité de lauréats par un certificat du directeur du Conservatoire, visé par le Ministre des beaux-arts et mentionnant la récompense obtenue.

187. Art. 6. La nature des concours et le nombre maximum des récompenses qui peuvent être décernées annuellement aux élèves de l'Ecole nationale des arts décoratifs de Paris, et qui peuvent donner lieu à la dispense de service militaire prévue par l'article 23 de la loi du 15 juillet 1889, sont les suivants : prix Jacquot, prix Jay, prix de composition et d'ornement, prix d'application décorative en peinture, prix d'application décorative en sculpture, prix d'architecture, prix d'honneur de l'Ecole (chacun d'eux une récompense).

Les intéressés justifient de leur qualité de lauréats par un certificat du directeur de l'Ecole, visé par le Ministre des beaux-arts.

CHAPITRE II.

DES DISPENSES AU TITRE DE L'ENGAGEMENT DÉCENNAL DANS L'ÉNSEIGNEMENT.

188. Art. 7. L'engagement décennal donnant droit à la dispense, soit au titre des fonctions de l'instruction publique, soit au titre des institutions nationales des sourds-muets ou des jeunes aveugles relevant du ministère de l'intérieur, soit au titre des écoles françaises d'Orient et d'Afrique subventionnées par le gouvernement français, est reçu :

1° Pour les fonctions de l'instruction publique, par les recteurs des académies ;

2° Pour les institutions nationales des sourds-muets ou des jeunes aveugles, par le Ministre de l'intérieur ;

3° Pour les écoles françaises subventionnées d'Orient et d'Afrique, par le Ministre des affaires étrangères.

189.   Art. 8. Les jeunes gens qui se proposent de contracter l'engagement décennal doivent présenter à l'acceptation du recteur de l'académie, du Ministre de l'intérieur ou du Ministre des affaires étrangères, suivant le cas, une déclaration sur papier timbré, conforme aux modèles ci-annexés (*modèles B, C, D.*)

Cette déclaration est accompagnée, pour les signataires âgés de moins de 20 ans, de l'autorisation de leurs père, mère ou tuteur.

190.   Art. 9. Pour être admis à signer l'engagement décennal, les jeunes gens doivent être âgés de 18 ans au moins.

Cet engagement ne peut être contracté et réalisé que si les jeunes gens occupent, en vertu d'une nomination régulière, l'un des emplois ou fonctions ci-après, savoir :

1° S'ils appartiennent au département de l'instruction publique : instituteur stagiaire accomplissant son stage dans une école primaire publique ou dans une école normale ; instituteur titulaire ; directeur ou professeur titulaire ou délégué à l'Ecole normale supérieure d'enseignement primaire de Saint-Cloud, dans les écoles normales primaires, dans les écoles primaires supérieures et dans les écoles d'apprentissage nationales, départementales ou municipales ; inspecteur primaire ; principal de collège ; maître répétiteur stagiaire, maître répétiteur, surveillant général, maître élémentaire, chargé du cours ou professeur des lycées et collèges, de l'Ecole normale de Cluny et du Prytanée de la Flèche ; aide naturaliste du muséum ; maître surveillant, préparateur et chef des travaux pratiques ; professeur, suppléant et chargé de cours dans les établissements publics d'enseignement supérieur ;

2° S'ils appartiennent aux institutions nationales des sourds-muets ou des jeunes aveugles : maître surveillant stagiaire ou adjoint ; maître surveillant ; surveillant général ; censeur, professeur titulaire ou adjoint chargé de l'enseignement intellectuel ;

3° En ce qui concerne les écoles françaises subventionnées d'Orient et d'Afrique : instituteurs laïques, novices ou membres des congrégations religieuses visées par la loi du 15 juillet 1889.

Les déclarations d'engagement des instituteurs laïques sont transmises au département des affaires étrangères, soit par le directeur de l'école dans laquelle ils doivent professer, soit par les représentants d'une des sociétés reconnues d'utilité publique et vouées à la propagation de la langue française à l'étranger. Les déclarations des novices ou membres des congrégations ci-dessus indiquées sont transmises par les supérieurs de ces congrégations.

Art. 10. Après avoir accompli son année de service militaire, le jeune homme qui a contracté l'engagement décennal au titre du ministère de l'instruction publique, du ministère de l'intérieur ou du ministère des affaires étrangères, doit exercer dans l'année qui suit son année de service, et jusqu'à l'expiration de cet engagement, l'un des emplois ou fonctions spécifiés respectivement aux paragraphes 1°, 2° et 3° de l'article 9. A partir de son entrée en fonctions, il en justifie chaque année, du 15 septembre au 15 octobre, par un certificat (*modèle E*) produit à l'autorité militaire et que délivrent : pour les membres de l'instruction publique, le recteur de l'académie ; pour les institutions nationales des sourds-muets et des jeunes aveugles, le Ministre de l'intérieur ; pour les écoles françaises d'Orient et d'Afrique, l'autorité consulaire du lieu où exerce l'intéressé. Dans ce dernier cas, le certificat est visé par le Ministre des affaires étrangères.

Aucune portion de l'engagement décennal ne peut être réalisée en congé, sauf pour cause de maladie dûment constatée par deux médecins, dont l'un désigné par l'autorité militaire. Les autres interruptions régulièrement autorisées ne comptent pas pour la réalisation de l'engagement décennal sans que l'époque normale de l'accomplissement de cet engagement puisse être reculée de plus de trois années.

Art. 11. L'engagement décennal contracté au titre du ministère de l'instruction publique peut être réalisé :

Soit au titre de l'une des institutions nationales des sourds-muets ou des jeunes aveugles, s'il a été signé au titre de l'instruction publique et réciproquement ;

Soit au titre des écoles françaises d'Orient et d'Afrique ;

Soit enfin comme instituteur, professeur ou maître répétiteur dans l'une des écoles préparant aux diplômes compris dans la nomenclature du paragraphe 2° de l'article 23 de la loi du 15 juillet 1889, et dans les écoles d'enseignement professionnel agricole visées par l'article 10 de la loi du 30 juillet 1875,

Sous la condition que la mutation ait été autorisée par le département ministériel auquel appartient l'engagé décennal et par celui qui le reçoit.

Le titulaire de l'engagement décennal qui passe d'un département ministériel à un autre doit notifier l'autorisation qu'il a obtenue au commandant du bureau de recrutement de la subdivision dans laquelle est situé le canton où il a participé au tirage au sort (*modèle F*).

191.

CHAPITRE III.

DES DISPENSES RÉSULTANT DES ÉTUDES LITTÉRAIRES, SCIENTIFIQUES OU TECHNIQUES.

Art. 12. Les jeunes gens qui poursuivent leurs études en vue d'obtenir soit le diplôme de licencié ès lettres ou ès sciences, de docteur en droit, de docteur en médecine, de pharmacien de 1re classe, soit le titre d'interne des hôpitaux nommé au concours dans une ville où il existe une faculté de médecine, doivent, pour obtenir la dispense, présenter un certificat du doyen de la faculté ou du directeur de l'Ecole de pharmacie, ou de médecine et de pharmacie, à laquelle ils appartiennent, constatant qu'ils sont régulièrement inscrits sur les registres et que leurs inscriptions ne sont pas périmées (*modèle G*).

Ceux qui poursuivent leurs études en vue d'obtenir le diplôme de l'Ecole des chartes ou de l'Ecole des langues orientales vivantes doivent produire un certificat du directeur constatant leur admission dans l'une ou l'autre de ces écoles (*modèle G*).

Art. 13. Les jeunes gens visés à l'article précédent doivent, jusqu'à l'obtention des diplômes ou titres spécifiés audit article, produire annuellement, jusqu'à l'âge de 26 ans fixé par l'article 24 de la loi du 15 juillet 1889, un certificat établi par les doyens des facultés ou par les directeurs des écoles dont il s'agit, constatant qu'ils continuent à être en cours régulier d'études. Sauf en ce qui concerne les élèves de l'Ecole des chartes et de l'Ecole des langues orientales vivantes, ledit certificat doit être visé par le recteur de l'académie ; pour ces deux dernières Ecoles, il est visé par le Ministre de l'instruction publique (*modèle G*).

Les registres d'inscription des facultés, écoles supérieures de pharmacie, écoles de plein exercice et préparatoires de médecine et de pharmacie, sont tenus à la disposition de l'autorité militaire qui peut en prendre connaissance sans déplacement.

Les étudiants en médecine et en pharmacie qui obtiennent après concours le titre d'interne des hôpitaux dans une ville où il existe une faculté de médecine justifient de leur situation : à Paris, par un certificat du directeur de l'Assistance publique visé par le préfet de la Seine ; dans les départements, par un certificat du maire, président de la commission administrative, visé par le préfet (*modèle G*).

192. Art. 14. Pour obtenir la dispense comme étudiant en vue du diplôme de vétérinaire, les jeunes gens doivent présenter un certificat du directeur de l'une des Ecoles vétérinaires d'Alfort, de Lyon ou de Toulouse, attestant l'admission à l'Ecole. Ce certificat est visé par le Ministre de l'agriculture. Après l'accomplissement de leur année de service militaire, ils sont tenus de présenter annuellement un certificat établi dans la même forme, et constatant leur présence continue à l'Ecole (*modèle G*).

193. Art. 15. Les jeunes gens qui se préparent à l'Ecole d'administration de la marine ont à produire les mêmes justifications que les élèves des facultés de droit se préparant au doctorat ; lorsqu'ils sont reçus licenciés, la présentation du diplôme et d'un certificat spécial visé par le Ministre de la marine suffit pour assurer la continuation du droit à la dispense jusqu'à la limite d'âge fixée pour l'admission au concours.

Une fois admis à l'Ecole, ils ont à produire un certificat de présence délivré par le commissaire général du port, et visé par le Ministre de la marine (*modèle G*); à la sortie de l'Ecole, ils doivent justifier de leur nomination d'élève commissaire ou d'aide-commissaire de la marine.

S'ils ne sont pas reçus à l'Ecole à la limite d'âge fixée par l'admission au concours, ou si, à la sortie, ils ne sont pas nommés élèves commissaires ou aides-commissaires, ils sont appelés à faire les deux années dont ils avaient été dispensés.

194. Art. 16. Sont considérés comme poursuivant leurs études en vue d'obtenir le diplôme supérieur délivré aux élèves externes par l'Ecole des ponts et chaussées et l'Ecole supérieure des mines, les jeunes gens déclarés admis conformément aux règlements desdites Ecoles, soit pour entrer définitivement à l'Ecole, soit pour y suivre les cours préparatoires.

Ces jeunes gens ont à produire un certificat d'admission à l'Ecole et un certificat de présence délivré par le directeur de l'Ecole et visé par le Ministre des travaux publics (*modèle G*).

195. Art. 17. Les élèves libres de l'Ecole du génie maritime ont à produire un certificat d'admission et un certificat de présence délivré par le directeur de l'Ecole et visé par le Ministre de la marine (*modèle G*).

196. Art. 18. Les élèves de l'Institut national agronomique, les élèves internes de l'Ecole des haras du Pin, les élèves des Ecoles nationales d'agriculture du Grand-Jouan, de Grignon et de Montpellier, justifient de leur admission et de leur présence dans ces Ecoles par des certificats délivrés par le directeur de l'Ecole à laquelle ils appartiennent et visé par le Ministre de l'agriculture (*modèle G*).

197. Art. 19. Les élèves de l'Ecole des mines de Saint-Etienne et des Ecoles des maîtres-ouvriers mineurs d'Alais et de Douai doivent être pourvus de certificats d'admission et de présence, délivrés par le directeur de l'Ecole et visés par le Ministre des travaux publics (*modèle G*).

198. Art. 20. Les élèves des Ecoles nationales des arts et métiers d'Aix, d'Angers et de Châlons justifient de leur admission et de leur présence dans les Ecoles par des certificats délivrés par le directeur de l'Ecole et visés par le Ministre du commerce (*modèle G*).

199. Art. 21. Les élèves de l'Ecole des hautes études commerciales et ceux des écoles supérieures du commerce reconnues par l'Etat (1) justifient de leur admission et de leur présence dans ces écoles par des certificats délivrés par le directeur de l'école et visés par le Ministre du commerce (*modèle G*).

---

(1) Sont aujourd'hui classées comme reconnues et pouvant bénéficier de l'article 23, les écoles supérieures de commerce de Paris, Lyon, Bordeaux, Marseille, le Havre et l'Institut commercial de Paris.

CHAPITRE IV.

DES DISPENSES RÉSULTANT DES ÉTUDES ARTISTIQUES.

Art. 22. Les jeunes gens qui poursuivent leurs études en vue d'obtenir l'un des prix de Rome définis à l'article 3 du présent décret doivent présenter un certificat constatant qu'ils sont élèves de l'Ecole nationale des beaux-arts de Paris ou du Conservatoire de musique de Paris, et qu'ils en suivent régulièrement les cours. Ce certificat, délivré par le directeur de l'Ecole et du Conservatoire de musique, est visé par le Ministre des beaux-arts (*modèle G*).

Art. 23. Les jeunes gens qui poursuivent leurs études en vue d'obtenir une des récompenses de l'Ecole nationale des beaux-arts de Paris, telles qu'elles sont définies à l'article 4 du présent décret, doivent présenter un certificat attestant qu'ils sont élèves de l'Ecole et qu'ils participent régulièrement aux concours de cet établissement. Ce certificat, délivré par le directeur de l'Ecole, est visé par le Ministre des beaux-arts (*modèle G*).

Art. 24. Les élèves du Conservatoire national de musique et de déclamation de Paris doivent présenter un certificat du directeur, visé par le Ministre des beaux-arts et constatant qu'ils sont élèves et qu'ils suivent régulièrement les cours (*modèle G*).

Art. 25. Les jeunes gens étudiant en vue d'obtenir l'un des prix décernés par l'École nationale des arts décoratifs de Paris doivent présenter un certificat du directeur, visé par le Ministre des beaux-arts et attestant que leur assiduité à l'Ecole et leur participation aux divers concours organisés ont été régulièrement constatés tous les trois mois (*modèle G*).

CHAPITRE V.

DES DISPENSES AU TITRE DES INDUSTRIES D'ART.

Art. 26. Peuvent réclamer le bénéfice du paragraphe 3 de l'article 23 de la loi du 15 juillet 1889 les jeunes gens des catégories suivantes :

Ciseleurs; graveurs sur métaux, cristaux, verre, pierre et bois; sculpteurs et modeleurs; mouleurs de pièces et objets d'art; mosaïstes; ouvriers en faïence, porcelaine et verrerie d'art; peintres décorateurs ou doreurs; ornemanistes; repousseurs sur métaux; émailleurs; horlogers; bijoutiers; joailliers; orfèvres; fabricants d'instruments de musique et luthiers; fabricants d'instruments de précision et de chirurgie; armuriers de luxe; ouvriers en serrurerie, menuiserie, ébénisterie, tapisserie, tissage, broderie et reliure d'art; dessinateurs industriels, notamment pour papiers peints, tissus, dentelles et passementerie ; lithographes et imprimeurs en taille-douce.

202. Art. 27. Les jeunes gens appartenant aux industries d'art mentionnées à l'article précédent sont examinés, dans le département où ils exercent leur profession, par un jury d'état départemental composé de six membres au moins. Les patrons et les ouvriers y sont en nombre égal. Chaque jury nomme son président et son secrétaire.

Les membres de ce jury sont désignés par le préfet du département qui les choisit dans les conseils de prud'hommes ou dans les syndicats professionnels reconnus de patrons ou d'ouvriers. S'il n'existe dans le département ni syndicats professionnels reconnus, ni conseils de prud'hommes, le préfet choisit les membres ouvriers du jury parmi les ouvriers qui lui paraissent le plus aptes à en faire partie ; dans le même cas, il choisit les membres patrons du jury dans les chambres consultatives des arts et manufactures, et, à défaut de chambres de ce genre, dans les chambres de commerce ; s'il n'existe dans le département ni chambres consultatives des ars et manufactures, ni chambres de commerce, les membres patrons du jury sont choisis par le préfet parmi les patrons qui lui paraissent le plus aptes à en faire partie.

Le jury peut s'adjoindre, pour les épreuves visées à l'article ci-après, des experts qui ont voix consultative.

Art. 28. Les candidats présentent au jury :

1° Un certificat du maire de la commune où ils ont leur domicile, tel que le détermine l'article 13 de la loi du 15 juillet 1889, constatant qu'ils sont inscrits sur les tableaux de recensement établis pour la formation de la classe ;

2° Un certificat d'exercice de l'une des industries d'art spécifiées à l'article 26 du présent décret ; ce certificat est établi par l'autorité municipale.

Ils sont soumis à une épreuve pratique spéciale à leur profession ; cette épreuve est déterminée et surveillée par le jury.

L'époque des épreuves est fixée chaque année par une décision concertée entre les départements du commerce et de la guerre.

Art. 29. Le jury s'entoure de tous les renseignements propres à l'éclairer ; d'après ces renseignements et à la suite des épreuves prévues à l'article précédent, il donne au candidat une note exprimée par un nombre de points compris entre 0 et 50 ; tout jeune homme qui n'a pas obtenu 25 points est éliminé.

Le jury délivre au candidat un titre (modèle H) relatant la note qu'il a obtenue ; il adresse en même temps au préfet, qui le transmet au Ministre de la guerre, un état indiquant les noms et prénoms des candidats, le département où chacun d'eux concourt au tirage au sort et le nombre des points obtenus.

Art. 30. Les préfets font connaître au Ministre de la guerre, en suite des opérations cantonales du conseil de revision, le nombre des jeunes gens qui ont été classés dans la première partie de la liste du contingent.

Sur le vu des états transmis par les préfets, le Ministre de la guerre fixe, pour chaque département, le nombre maximum des dispenses à accorder au titre des industries d'art dans la proportion de 1/2 p. 100 des membres signalés par les préfets. Il en avise immédiatement ces fonctionnaires.

Art. 31. Les jeunes gens déposent à la préfecture du département où ils ont tiré au sort le certificat que le jury d'examen leur a délivré. Ce certificat, dont il lui est donné récépissé, est soumis par le préfet au conseil de revision, qui prononce la dispense en faveur des ouvriers d'art ayant obtenu le plus de points, jusqu'à concurrence du nombre fixé par le Ministre.

En cas d'égalité entre les nombres de points des candidats à la dispense classés les derniers de la liste de mérite, il est procédé par voie de tirage au sort.

Art. 32. Après l'accomplissement de leur année de service militaire, les dispensés sont tenus de produire, annuellement et jusqu'à 26 ans accomplis, un certificat (modèle I) délivré par le président du jury d'état du département où les jeunes gens exercent leur profession, constatant leur aptitude et attestant qu'ils n'ont pas abandonné l'exercice de cette profession. Ce certificat, corroboré par l'autorité municipale, est visé par le préfet.

CHAPITRE VI.

DES DISPENSES A TITRE D'ÉLÈVES ECCLÉSIASTIQUES.

Art. 33. La dispense est accordée, à titre d'élèves ecclésiastiques autorisés à continuer leurs études en vue d'exercer le ministère dans l'un des cultes reconnus par l'Etat, aux jeunes gens qui présentent un certificat de l'évêque diocésain ou des consistoires protestants ou du consistoire central israélite conforme au modèle ci-annexé (modèle K). Ce certificat est visé, après vérification, par le Ministre des cultes.

Art. 34. Chaque année, jusqu'à l'âge de 26 ans, le dispensé à titre ecclésiastique doit justifier de la continuation de ses études par la production du certificat prévu à l'article précédent, à moins qu'il n'ait été ordonné ou consacré.

Lorsqu'il a été ordonné ou consacré, il en justifie par un certificat de l'autorité ecclésiastique, visé, après vérification, par le Ministre des cultes. Ce certificat (modèle L) indique le lieu de l'ordination ou de la consécration ; si ce lieu est situé à l'étranger, le certificat relate la date de l'autorisation accordée par le gouvernement français.

A l'âge de 26 ans, le dispensé est tenu de produire un certificat de l'autorité ecclésiastique (modèle L) constatant qu'il appartient au clergé séculier et qu'il est rétribué, à ce titre, soit par l'Etat, le département ou la commune, soit par l'établissement public ou d'utilité publique, laïque, ecclésiastique ou religieux, légalement reconnu, auquel il est régulièrement attaché.

En ce qui concerne les ecclésiastiques pourvus d'un emploi en France ou en Algérie, le certificat est visé, après vérification, par le Ministre des cultes ; dans les colonies et dans les pays de protectorat ressortissant au ministère des colonies, par le Ministre des colonies ; à l'étranger et dans les autres pays de protectorat, par le Ministre des affaires étrangères.

CHAPITRE VII.

204.

DISPOSITIONS GÉNÉRALES.

Art. 35. Les pièces justificatives que les jeunes gens doivent produire à l'appui de leurs demandes (*modèle A*), par application des dispositions des articles 8, 12 à 25, 29 et 33 du présent décret, sont présentées : 1° au conseil de revision ; 2° au commandant du bureau de recrutement, avant l'incorporation, si ces pièces n'ont été délivrées qu'après la comparution de l'intéressé. La dispense est prononcée, dans le premier cas, par le conseil de revision, et, dans le second cas, par l'autorité militaire, sur le vu desdites pièces justificatives.

Art. 36. Les dispensés au titre des chapitres II à VI du présent décret doivent produire, du 15 septembre au 15 octobre de chaque année, jusqu'à l'âge de 26 ans, au commandant du bureau de recrutement de la subdivision à laquelle appartient le canton où ils ont concouru au tirage, les certificats prévus auxdits chapitres dans le but d'établir qu'ils continuent à remplir les conditions sous lesquelles la dispense leur a été accordée.

Art. 37. L'année de service imposée aux jeunes gens dispensés eu vertu des articles 21, 22 et 23 de la loi du 15 juillet 1889 doit être uniquement consacrée à l'accomplissement de leurs obligations militaires ; sous aucun prétexte, ils ne pourront être détournés de ces obligations ni recevoir des exemptions de service à l'effet de poursuivre leurs études.

CHAPITRE VIII.

DISPOSITIONS TRANSITOIRES.

Art. 38. Les diplômes, titres ou récompenses mentionnés au chapitre Ier du présent décret et obtenus avant sa promulgation, procurent la dispense de service militaire prévue par l'article 23 de la loi du 15 juillet 1889, sous les réserves et aux conditions déterminées par les articles 39 et 40 ci-après.

Art. 39. Les diplômes ou titres supérieurs, délivrés antérieurement à la promulgation du présent décret aux élèves des Ecoles mentionnées à l'article 2 ci-dessus, pour lesquelles il existe deux ordres de diplômes ou titres constatant l'achèvement régulier des études, seront considérés comme pouvant procurer la dispense de service militaire prévue par l'article 23 de la loi du recrutement.

En ce qui concerne l'École des mines de Saint-Etienne et les Ecoles de maîtres-ouvriers mineurs d'Alais et de Douai, les deux premiers ordres de titres constatant l'achèvement régulier des études seront considérés comme pouvant procurer la dispense de service militaire.

En ce qui concerne les Ecoles pour lesquelles il n'existe qu'un ordre de certificat de fin d'études, la dispense ne sera accordée que si les élèves ont été classés à la sortie par rang de mérite, et seulement aux deux premiers tiers de la liste de classement.

Art. 40. En ce qui concerne l'Ecole des beaux-arts, le Conservatoire national de musique et l'Ecole des arts décoratifs, les premiers prix et les premières médailles obtenus avant la promulgation du présent décret dans l'un des concours spécifiés aux articles 4, 5 et 6 ci-dessus, pourront procurer la dispense de service militaire prévue par l'article 23 de la loi du 15 juillet 1889.

Art. 41. Le Ministre de la guerre et tous les autres Ministres sont chargés, chacun en ce qui le concerne, de l'exécution du présent décret, qui sera inséré au *Bulletin des lois* et publié au *Journal officiel*.

(Art. 23.)

206.

Art. 1 et 35 du décret
du 23 novembre 1889.

MODÈLE de demande de dispense à déposer par les jeunes gens qui se trouvent dans les situations déterminées par l'article 23 de la loi du 15 juillet 1889.

(1) Nom et prénoms.

Je soussigné (1)   , né le 18   , à   , canton d   , département d   , domicilié à   , résidant à   , fils d   et d   , domiciliés à   , canton d   , département d   , appelé par la loi du 15 juillet 1889 sur le recrutement de l'armée à concourir au tirage au sort de la classe d   , dans le canton d   , département d   , demande à bénéficier de la dispense prévue par l'article 23 de ladite loi, et dépose à l'appui de

(2) Indiquer la nature de la pièce produite.

cette demande la pièce ci-jointe (2).

Fait à   , le   18   .

(Signature légalisée.)

MODÈLE B.
—
Article 8 du décret du
23 novembre 1889.

*MODÈLE d'engagement décennal au titre du
ministère de l'instruction publique.*

(1) Nom et prénoms.

Je soussigné (1)
né le   , 18   à   ,
canton d   , département
d   , domicilié à   ,
résidant à   , fils d
et d   , domiciliés à   ,
canton d   , département

(2) Indiquer la qualité du signataire et la date de la décision qui lui a conféré ses fonctions.

d   (2)
appelé, par la loi du 15 juillet 1889 sur le recrutement de l'armée, à concourir au tirage au sort de la classe d   , dans le canton d   , département d   , déclare contracter devant M. le recteur de l'académie d   , conformément à l'article 23 de la loi précitée, l'engagement de me vouer pendant dix ans à l'enseignement public.

Fait à   , le   18   .

(*Signature.*)

(3) Si le signataire est âgé de moins de 20 ans, porter ici la mention suivante : « AUTORISÉ ». (*Signature des père, mère ou tuteur*).

(3)
Vu pour légalisation de la signature
de

Le Maire d

Nous, recteur de l'académie d   :
Vu l'engagement ci-dessus signé par le sieur (1) ;
Vu le certificat en date du
et les pièces à l'appui constatant que ledit sieur   est régulièrement en possession du titre d'

ARRÊTONS :

Conformément à l'article 23 de la loi du 15 juillet 1889 et au décret du 23 novembre 1889, est reçu l'engagement de se vouer pendant dix ans à l'enseignement public contracté le
par le sieur   , né le   18   ,
à   , canton d   , département d

Fait à   , le   18   .

Le Recteur de l'académie d   ,

(Art. 23.)

MODÈLE C.

Article 8 du décret du
23 novembre 1889.

*MODÈLE d'engagement décennal au titre des
institutions nationales des sourds-muets et des
jeunes aveugles.*

(1) Nom et prénoms.

Je soussigné (1)
né le   , 18   à   ,
canton d   , département
d   , domicilié à   ,
résidant à   , fils d
et d   , domiciliés à   ,
canton d   , département d

(2) Indiquer la qualité
du signataire et la date
de la décision qui lui a
conféré ses fonctions.

(2)
appelé par la loi du 15 juillet 1889 sur le recrutement de l'armée à concourir au tirage au sort
de la classe d   , dans le canton d   ,
département d   , déclare contracter devant M. le Ministre de l'intérieur, conformément
à l'article 23 de la loi précitée, l'engagement de

(A) Suivant le cas :
« des sourds-muets » ou
« des jeunes aveugles ».

me vouer pendant dix ans à l'enseignement dans
les institutions nationales (A)

Fait à   , le   18 .
(*Signature.*)

(3) Si le signataire est
âgé de moins de 20 ans,
porter ici la mention suivante : « AUTORISÉ ». (*Signature des père, mère ou
tuteur.*)

(3)
Vu pour légalisation de la signature
de

Le Maire d

Nous, Ministre de l'intérieur,
Vu l'engagement ci-dessus signé par le sieur
(1)
Vu le certificat en date du   et les
pièces à l'appui constatant que ledit sieur
          est régulièrement en possession
du titre d

ARRÊTONS :

Conformément à l'article 23 de la loi du 15 juil-
1889 et au décret du 23 novembre 1889, est reçu
l'engagement de se vouer à l'enseignement dans
les institutions nationales (A)
contracté le   par le sieur   ,
né le   18   , à   , canton
d   , département d

Fait à   , le   18 .

Le Ministre de l'intérieur,

(Art. 23.)

MODÈLE Nᵒ D.

Article 8 du décret du
23 novembre 1889.

MODÈLE d'engagement décennal au titre des
écoles françaises d'Orient et d'Afrique subven-
tionnées par le Gouvernement français.

(1) Nom et prénoms.

Je soussigné (1),
né le   18   , à   , canton
d   , département d   , domicilié
à   , résidant à   , fils d
et d   , domiciliés à
canton d   , département d   ,
(2)

(2) S'il s'agit d'un ins-
tituteur laïque, indiquer
l'école à laquelle il est
attaché, et spécifier l'emploi qu'il occupe.

S'il s'agit d'un novice
ou membre de congréga-
tion, mentionner le titre
sous lequel la congréga-
tion a été reconnue d'u-
tilité publique, rappeler
la date du décret, et spécifier la situation occupée
par le contractant.

appelé par la loi du 15 juillet 1889 sur le recrutement de l'armée à concourir au tirage au sort
de la classe d   , dans le canton d   ,
département d   , déclare contracter
devant M. le Ministre des affaires étrangères,
conformément à l'article 23 de la loi précitée,
l'engagement de me vouer pendant dix ans à l'enseignement dans les écoles françaises d'Orient et
d'Afrique subventionnées par le gouvernement
français.

(3) Si le signataire est
âgé de moins de 20 ans,
porter ici la mention suivante: « AUTORISÉ. » (*Si-*
gnature des père, mère
ou tuteur.)

Fait à   , le   18   .
                (*Signature.*)
(3)

Vu pour légalisation de la signature
            de

Le Maire d

Nous, Ministre des affaires étrangères,
Vu l'engagement ci-dessus signé par le sieur
(1)
Vu le certificat en date du   et les
pièces à l'appui constatant que ledit sieur
            est régulièrement en possession du titre
d

ARRÊTONS :

Conformément à l'article 23 de la loi du 15 juillet 1889 et au décret du 23 novembre 1889, est
reçu l'engagement de se vouer pendant dix ans
à l'enseignement dans les écoles françaises d'O-
rient et d'Afrique, subventionnées par le Gouvernement français, contracté le   par le
sieur   , né le   18   , à
      , canton d   , département d
Fait à   , le   18   .
    Le Ministre des affaires étrangères,

MODÈLE E.

—

Art. 10 du décret du
23 novembre 1889.

MODÈLE du certificat d'exercice que les engagés décennaux doivent produire annuellement, du 15 septembre au 15 octobre, à l'autorité militaire.

———

(1) Recteur de l'académie d   (pour les membres de l'instruction publique) ; Ministre de l'intérieur pour les institutions nationales des sourds-muets ou des jeunes aveugles ; autorité consulaire pour les écoles françaises d'Orient et d'Afrique.

(2) Nom et prénoms.

(3) Indiquer les emplois et postes successivement occupés.

Pour les écoles françaises d'Orient et d'Afrique, l'énonciation du certificat ne peut comprendre que des écoles subventionnées par le gouvernement français.

Le certificat est, de plus, visé par le Ministre des affaires étrangères.

(4) Mentionner les interruptions régulièrement autorisées.

Nous (1)   , certifions que le sieur

(2)   , né le   , 18   à   ,

canton d   , département d   ,

qui a concouru au tirage au sort de la classe

d   , dans le canton d   , département

d   , et qui a été dispensé en vertu de

l'art. 23 de la loi du 15 juillet 1889 sur le recrutement de l'armée, a régulièrement et sans interruption occupé   , emploi d (3)   ,

à   , depuis le 15 septembre de

l'année précédente jusqu'à ce jour :

Sauf les interruptions suivantes (4)   ,

et qu'en conséquence le sieur   a réalisé

ans   mois   jours de son engagement décennal.

Fait à   , le   189 .

(Signature.)

Modèle F.

—

Art. 11 du décret
du 23 novembre 1889.

MODÈLE du certificat de mutation que les enga-
gés décennaux, qui réalisent leur engagement
dans un département ministériel autre que
celui au titre duquel il a été contracté, doivent
produire à l'autorité militaire.

———

(1) Indiquer la qualité du signataire du certificat.

Nous, soussigné (1)

(2) Nom et prénoms.

Certifions que le sieur (2)
né le   18   , à
canton d   , département d
    , fils d   et d   ,
domiciliés à   , canton d
département d   , ayant concouru
au tirage au sort de la classe de   , dans le
canton d   , département d   ,
et ayant obtenu la dispense prévue par l'article
23 de la loi du 15 juillet 1889, sur le recrutement

(3) Indiquer le titre sous lequel la dispense a été accordée.

de l'armée comme (3)   , a été autorisé par décision de M. le Ministre (4)

(4) Désignation du département ministériel auquel appartenait primitivement le dispensé.

    , en date du   , à réaliser son
engagement décennal à (5)   , relevant
du ministère d

(5) Indiquer l'établissement où le dispensé a été autorisé à exercer.

Fait à   , le   18   .

(*Signature.*)

Vu :
Le Ministre d

(Art. 23.)

MODÈLE G.

Article 12 à 25 du décret
du 23 novembre 1889.

*MODÈLE du certificat à délivrer aux jeunes gens
qui, poursuivant leurs études dans les conditions énumérées au § 2° de l'article 23 de la loi
du 15 juillet 1889, réclament la dispense.*

(1) Se reporter pour la qualification du signa-taire du certificat, pour la manière dont il doit être formulé, et pour le visa à y apposer, aux articles du décret du 23 novembre 1889 spéciaux à chaque catégorie.

(2) Nom et prénoms.

Nous (1),

Certifions que le sieur (2)
né le   18   , à
canton d   , département d
fils de   et de
domiciliés à   , canton d
département d   , appelé par la
loi du 15 juillet 1889 sur le recrutement de
l'armée à concourir au tirage au sort de la classe
d   , dans le canton d
département d   , est actuellement

Fait à   , le   18 .

(Signature.)

Vu

(3) Ministre compétent, recteur de l'Académie, ou préfet, selon les cas.

Le (3).

(Art. 23.)

MODÈLE H.

Article 29 du décret du
23 novembre 1889.

*MODELE du certificat à délivrer par le jury
d'état départemental aux jeunes gens qui réclament la dispense comme exerçant une industrie
d'art.*

Nous, soussigné, Président du jury d'état du
département d

(1) Nom et prénoms.

Certifions que le sieur (1),
né le   18   , à   ,
canton d   département d   ,
domicilié à   , résidant à   ,
fils d   et d
domiciliés à   , canton d   ,
département d   , appelé par la
loi du 15 juillet 1889 sur le recrutement de
l'armée à concourir au tirage au sort de la classe
d   , dans le canton d   ,
département d   , et exerçant
la profession d   , à   ,
canton d   , département d   ,
a satisfait aux épreuves prescrites par le décret
du 23 novembre 1889 et qu'il a obtenu (en toutes
lettres)   points.

Fait à   , le   18   .

Le Président du jury d'état,

(*Signature.*)

Le Préfet du département d
constate que le sieur (1)
n'est pas atteint par la clause éliminatoire
insérée à l'article 29 du décret précité.

(*Signature.*)

(Art. 23.)

Art. 32 du décret
du 23 novembre 1889.

*MODÈLE du certificat à délivrer aux ouvriers
d'art ayant obtenu la dispense dans les conditions du § 3 de l'article 23 de la loi du 15 juillet 1889, pour être produit annuellement, du 15
septembre au 15 octobre, à l'autorité militaire.*

Le Président du jury d'état du département
d

(1) Nom, prénoms et grade.

Certifie que le sieur (1)   ,
né le   18   , à   , canton
d   , département d
fils d   et d   , domiciliés
à   , canton d   , département d   , qui a concouru au
tirage au sort de la classe d   dans le canton d   , département d   ,
et qui a été dispensé en vertu de l'article 23 du
15 juillet 1889 sur le recrutement de l'armée, n'a
pas abandonné l'exercice de sa profession et n'a
pas cessé de remplir les conditions d'aptitude
sous lesquelles la dispense lui a été accordée.

Fait à   , le   18   .

(Signature.)

Vu et corroboré :
Le Maire d

Vu :
Le Préfet du département d

(Art. 23.)

MODÈLE K.
———
Article 33 du décret du
23 novembre 1889.

MODÈLE du certificat à délivrer par l'autorité
ecclésiastique aux jeunes gens admis à conti-
nuer leurs études en vue d'exercer le ministère
dans l'un des cultes reconnus par l'Etat.

———

(1) Archevêque, évêque, président de consistoire protestant ou israélite.

(2) Nom et prénoms.

Nous soussigné (1),

Certifions que le sieur (2)

né le , à , canton
d , département d
fils d et d domi-
ciliés à canton d ,
département d , appelé à concourir au tirage au sort de la classe d
dans le canton d , département d

(3) Nom du lieu.
(4) Désignation de l'établissement.
(5) *Suivant le cas :* aux ordres sacrés ou à la consécration.

est actuellement élève ecclésiastique à (3) , dans (4)
et qu'il est régulièrement autorisé par nous à
continuer ses études à l'effet de parvenir (5)

Donné à , le 18 .

(Signature).

Vu et vérifié :

Le Ministre des cultes,

*MODÈLE du certificat à délivrer par l'autorité
ecclésiastique au dispensé qui a été ordonné ou
consacré pour, après l'ordination ou la consécration et jusqu'à l'âge de 26 ans accomplis,
être présenté annuellement, du 15 septembre
au 15 octobre, à l'autorité militaire.*

(1) Archevêque, évêque,
président du consistoire
protestant ou israélite,
etc.

(2) Nom et prénoms.

Nous soussigné (1)

Certifions que le sieur (2)   , fils de
et de   , domiciliés à   , canton de
département d   , né le   à
canton d   , département d   , ayant
concouru au tirage au sort de la classe de
dans le canton d   , département d   , et
ayant obtenu la dispense prévue par l'article 23
de la loi du 15 juillet 1889, a été (ordonné ou
consacré) le   , à   , département d
          (3).

(3) Si l'ordination a eu
lieu à l'étranger, le certificat doit relater la date
de l'autorisation donnée
par le gouvernement fran-
çais.

(4) Cette partie du cer-
tificat ne doit être remplie
que lorsque le dispensé
a atteint l'âge de 26 ans.

Nous certifions en outre (4) qu'il remplit les
fonctions d   , à   canton d   ,
département de   , et qu'il est rétribué par

Donné à   , le   18 .

(Signature).

VU ET VÉRIFIÉ :

Le Ministre d

107. Bien que ce règlement soit le véritable commentaire de la loi, il appelle néanmoins quelques observations générales à toutes les catégories, et particulières à chacune d'elles.

Il faut remarquer d'abord que c'est là encore une dispense relative seulement à la durée du service, puisque les jeunes gens sont toujours incorporés pendant un an. De plus, ils sont rappelés pendant quatre semaines dans l'année qui précède leur passage dans la réserve, c'est-à-dire dans la deuxième année de leur envoi en congé.

108. L'article 23 ne laisse aucun délai pour son exécution, les sursis n'existant plus ; mais il n'est pas impossible aux jeunes gens voulant entrer dans une des écoles visées à l'article 23 de faire d'abord leur service pour ne pas interrompre ensuite leurs études ; ils n'ont qu'à s'engager dès qu'ils sont reçus à ces écoles, en déclarant leur intention de bénéficier de l'article 23, et, après un an de service, ils partent en congé et entrent à l'école. L'article 59 leur confère cette faculté en l'appliquant nominativement à l'Ecole normale et à l'Ecole centrale.

On comprend cette citation de l'Ecole normale, qui n'est pas visée à l'article 23 parce que les jeunes gens qui y sont admis sont, ou des engagés décennaux de l'instruction publique, ou des aspirants à la licence, ou des licenciés ès lettres ou ès sciences. Si l'article 59 n'avait pas visé l'Ecole normale, il était impossible aux élèves de cette Ecole de devancer leur année de service pour ne plus interrompre ensuite leurs trois années d'école.

109. Mais la citation de l'Ecole centrale est le résultat d'un oubli. L'Ecole centrale était d'abord dans la catégorie de l'article 23 ; quand on l'a assimilée pour le service militaire à l'Ecole polytechnique, on l'a transférée à l'article 28 et on a oublié de la rayer à l'article 59.

Quel sera le résultat de cet oubli ?

Faut-il en conclure que pour les élèves de l'Ecole centrale il y a le choix entre deux voies : celle de l'article 28, qui, après quatre ans d'école, leur impose une année de service au corps, ou celle des articles 59 et 23, qui leur permet, en s'engageant pour trois ans sous réserves, de faire d'abord leur année de service, et d'entrer ensuite à l'Ecole avec un congé ?

Sans doute, l'Ecole centrale, le texte de la loi en mains, pourrait réclamer cette double faculté ; mais il est impossible de méconnaître qu'elle serait en absolue contradiction avec l'esprit de la loi.

L'article 28 règle spécialement la situation militaire de cette Ecole ; il la militarise comme l'Ecole polytechnique, en considérant les élèves comme présents sous les drapeaux ; il interdit l'admission définitive à cette Ecole sans un engagement volontaire de quatre années. Or, si l'on admet les deux systèmes, il y aura dans l'Ecole des soldats présents sous les drapeaux pour quatre ans et des hommes en congé, des élèves reçus sans engagement et des élèves reçus avec engagement.

Ce n'est pas évidemment ce qu'a voulu la loi.

Au surplus, si l'on voulait suivre le texte rigoureusement, il serait possible de répondre à cette prétention en appliquant l'article 28 après les articles 59 et 23. Si, par exemple, un jeune engagé admis à l'Ecole centrale obtenait, après un an de service, le congé de l'article 23, on exigerait, pour son admission *définitive* à l'Ecole, un nouvel engagement de quatre années, et dont la dernière au corps, à la sortie de l'Ecole, aux termes de l'article 28.

Il en résulte que le Ministre est maître, en fait, de résoudre cette difficulté, et il tombe sous le sens qu'il ne peut la résoudre que conformément à l'esprit de la loi et au texte dominant de l'article 28.

210. Une question beaucoup plus intéressante et délicate est celle de savoir si tous les jeunes gens visés à l'article 23 peuvent devancer l'appel de leur classe en s'engageant et obtenir leur renvoi après une année de service. Nous examinons complètement cette question sous l'article 59 relatif aux engagements.

211. Chacune des catégories de l'article 23 dont la situation est également déterminée par le décret du 23 novembre 1889, fait l'objet d'une observation particulière dans l'instruction du 28 mars 1890 comme suit :

DISPENSÉS A TITRE CONDITIONNEL.

2° ARTICLE 23 DE LA LOI.

100. Dispenses conditionnelles réglementées par le décret du 23 novembre 1889.

Conformément aux prescriptions de l'article 23 de la loi, un décret portant règlement d'administration publique, en date du 23 novembre 1889, a déterminé les conditions auxquelles doivent satisfaire, et les justifications que sont tenus de produire les diverses catégories de jeunes gens auxquels ledit article attribue la dispense conditionnelle.

La nomenclature de ces catégories de jeunes gens, arrêtée par la loi, et les règles tracées par le décret sont strictement limitatives. La dispense conditionnelle ne peut être prononcée par assimilation.

212. 101. Dispenses résultant de l'engagement décennal dans l'enseignement.

Pour les jeunes gens compris dans le paragraphe 1º de l'article 23, l'obtention de la dispense est subordonnée à la double condition que le réclamant ait contracté un engagement décennal, et occupe, en vertu de nomination régulière, dans l'enseignement, l'un des emplois ou l'une des fonctions déterminées par l'article 9 du règlement d'administration publique du 23 novembre 1889.

Le réclamant doit, en conséquence, produire, suivant le cas, au conseil de revision, avec l'engagement décennal (mod. nᵒˢ 6, 7 ou 8 annexés à l'instruction du 4 décembre 1889), un certificat de l'autorité compétente indiquant l'emploi dont il est pourvu.

213. 102. Dispenses résultant des études littéraires, scientifiques ou techniques, et des études artistiques.

Les jeunes gens visés au paragraphe 2º de l'article 23 peuvent se trouver dans l'une des deux situations suivantes :

1º Avoir obtenu les diplômes, titres, prix ou récompenses donnant droit à la dispense ;

2º Être encore en cours d'études pour les obtenir.

Dans le premier cas, ils produisent au conseil de revision une copie certifiée conforme de la pièce officielle constatant cette obtention.

Le conseil de revision s'assure que les pièces produites portent bien, dans les cas énumérés à l'article 2 du décret du 23 novembre 1889, toutes les mentions exigées pour faire considérer le titulaire comme pourvu du diplôme supérieur de l'école d'où il sort.

Dans le second cas, le conseil de revision prononce sur le vu du certificat modèle nº 9 annexé à l'instruction du 4 décembre 1889.

214. 103. Dispensés au titre des industries d'art.

Les jeunes gens qui réclament la dispense au titre des industries d'art (§ 3º de l'article 23 de la loi) sont admis à faire constater leur aptitude professionnelle par le jury d'état du département où ils résident ; mais c'est au conseil de revision du département où ils ont tiré au sort qu'ils doivent produire le certificat que leur a délivré le jury.

A l'aide des états que chaque jury départemental lui transmet par l'intermédiaire du préfet (art. 29 du décret du 23 novembre 1889), le Ministre de la guerre fait connaître dans chaque département les noms de tous les jeunes gens qui ont obtenu le certificat. Cette communication a pour but de faciliter le contrôle des préfets.

Les dispenses ne devant pas excéder 1/2 p. 100 du nombre des jeunes gens inscrits sur la première partie des listes du recrutement, le chiffre n'en saurait être fixé avant que les opérations soient terminées dans tous les cantons.

En conséquence, lors de la réunion cantonale, le conseil de revision ne peut rendre qu'une décision conditionnelle d'inscription sur la première partie de la liste du recrutement à l'égard des ouvriers d'art réclamant la dispense ; il ajourne sa décision définitive à la séance de clôture des opérations, c'est-à-dire au dixième jour suivant la date fixée par décret pour la fin de la tournée.

Le jour même où le dernier canton est visité, le préfet notifie télégraphiquement le total des inscriptions opérées sur la première partie de la liste du recrutement au Ministre de la guerre, qui, d'après le total général de ces inscriptions, arrête le chiffre des dispenses revenant à chaque département et en avise le préfet (art. 30 du décret du 23 novembre 1889).

Le conseil de revision inscrit alors sur la 3e partie de la liste du recrutement, jusqu'à concurrence du chiffre fixé et en suivant l'ordre de classement résultant des points donnés par le jury, les jeunes gens qui ont produit le certificat modèle n° 10 annexé à l'instruction du 4 décembre 1889.

Dans le cas d'égalité des points des derniers candidats classés, il est procédé par voie de tirage au sort (art. 31 du décret du 23 novembre 1889).

115. ### 104. Dispensés à titre d'élèves ecclésiastiques.

L'inscription des élèves ecclésiastiques sur la 3e partie de la liste du recrutement est prononcée sur le vu du certificat visé par le Ministre des cultes (modèle n° 11 annexé à l'instruction du 4 décembre 1889).

116. ### 105. Dispenses conditionnelles dont les causes surviennent après la réunion du conseil de revision.

En principe, c'est par le conseil de revision que doivent être prononcées les dispenses conditionnelles prévues par l'article 23 de la loi. Tous les cas de dispense existant au jour de sa réunion doivent donc lui être soumis.

Néanmoins, les jeunes gens pour lesquels les causes de dispense s'ouvriraient entre leur comparution devant le conseil et la date de l'incorporation, peuvent encore produire au commandant du bureau de recrutement les pièces justificatives de leurs droits (art. 35 du décret du 23 novembre 1889).

Les pièces produites mentionnent dans ce cas que la situation invoquée n'existait pas au jour de la comparution devant le conseil de revision.

Après vérification, le commandant du bureau de recrutement annote le réclamant comme devant être envoyé en congé après un an de service dans les mêmes conditions que les jeunes gens dispensés en vertu de l'article 23.

217.   114. Jeunes gens ayant un double droit à la dispense.

Lorsqu'un jeune homme a simultanément droit à la dispense à l'un des titres visés par l'article 21 et pour l'un des motifs prévus à l'article 23, il doit être mis en demeure d'opter par écrit entre les deux droits.

Les dispenses, en effet, doivent toujours être appliquées dans le sens que les jeunes gens jugent le plus favorable à leurs intérêts.

ARTICLE 24.

Les jeunes gens visés au paragraphe 1º de l'article précédent qui, dans l'année qui suivra leur année de service, n'auraient pas obtenu un emploi de professeur, de maître-répétiteur ou d'instituteur, ou qui cesseraient de le remplir avant l'expiration du délai fixé ;

Ceux qui n'auraient pas obtenu avant l'âge de 26 ans les diplômes ou les prix spécifiés aux alinéas du paragraphe 2º ;

Les jeunes gens visés au paragraphe 3º qui ne fourniraient pas les justifications professionnelles prescrites ;

Les élèves ecclésiastiques mentionnés au paragraphe 4º qui, à l'âge de 26 ans, ne seraient pas pourvus d'un emploi de ministre de l'un des cultes reconnus par l'Etat ;

Les jeunes gens visés par les articles 21, 22 et 23 qui n'auraient pas satisfait, dans le cours de leur année de service, aux conditions de conduite et d'instruction militaire déterminées par le Ministre de la guerre ;

Ceux qui ne poursuivraient pas régulièrement les études en vue desquelles la dispense a été accordée,

Seront tenus d'accomplir les deux années de service dont ils avaient été dispensés.

218.   L'article 24 détermine les obligations professionnelles que doivent remplir les jeunes gens désignés à l'article 23 pour que la dispense devienne définitive.

Ceux qui ont profité de la dispense par un engagement décennal dans l'enseignement doivent être pourvus d'un poste dans l'année qui suit leur retour dans leurs foyers.

Les autres ont jusqu'à 26 ans pour réaliser les conditions de leur dispense, mais ils sont tenus de continuer régulièrement leurs études jusqu'à cet âge.

219. L'article 24 stipule aussi une condition *militaire* qu'il applique également aux dispensés des articles 21 et 22; il faut qu'ils aient satisfait dans leur année de service aux conditions de conduite et d'instruction militaire déterminées par le Ministre de la guerre.

Faute de remplir l'une quelconque de ces conditions, les dispensés sont rappelés à l'activité et complètent par deux années de service leur temps légal de trois années.

Le Ministre de la guerre a réglé l'application de cette disposition par une circulaire en date du 28 mai 1890 comme suit :

1° *Conditions de conduite à remplir.*

Tout homme appartenant à l'une des catégories énumérées aux articles 21, 22 et 23 de la loi du 15 juillet 1889, qui aura subi, pendant sa première année de service, un nombre de jours de punitions égal ou supérieur à 60 jours de salle de police ou à 30 jours de prison, sera traduit d'office devant un conseil de discipline. Si le conseil se prononce pour le maintien de l'homme sous les drapeaux pendant les deux années dont il avait été dispensé, son avis sera transmis par la voie hiérarchique au commandant du corps d'armée ou gouverneur militaire, qui statuera en dernier ressort.

Le chef de corps aura, d'ailleurs, la faculté de traduire devant le conseil de discipline les hommes qui, sans avoir fait 60 jours de salle de police ou 30 jours de prison, se seraient cependant signalés par leur mauvaise conduite et leur indiscipline. La procédure à suivre sera la même que dans le cas précédent.

D'autre part, l'article 47 de la loi stipule que les militaires qui, pendant la durée de leur service, auront encouru des punitions de prison ou de cellule, seront maintenus au corps après le départ des hommes de leur classe, pendant un nombre de jours égal au nombre de journées de prison ou de cellule qu'ils auront subies.

Ces dispositions s'appliquent intégralement aux jeunes gens visés par les articles 21, 22 et 23 de la loi, qu'ils soient renvoyés après un an de service ou qu'ils soient tenus d'accomplir en plus les deux ans dont ils avaient été dispensés.

2° *Conditions d'instruction militaire à remplir.*

Les conditions d'instruction militaire à remplir par ces hommes consisteront dans l'obligation de posséder toutes les connaissances exigées des simples soldats, telles qu'elles sont définies par les règlements spéciaux aux différentes armes.

Les demandes motivées, tendant au maintien sous les drapeaux des hommes qui ne satisferaient pas à ces conditions, seront transmises par la voie hiérarchique au commandant du corps d'armée ou gouverneur militaire, qui statuera en dernier ressort.

ARTICLE 25.

Quand les causes de dispenses prévues aux articles 21, 22 et 23 viennent à cesser, les jeunes gens qui avaient obtenu ces dispenses sont soumis à toutes les obligations de la classe à laquelle ils appartiennent.

Ils peuvent se marier sans autorisation.

220. L'article 25 est l'application pure et simple de la règle générale que, la cause cessant, l'effet doit cesser aussi.

Voici comment l'instruction du 28 mars 1890 règle l'application de cet article :

113. Cessation des causes de dispenses prévues aux articles 21 et 22 de la loi.

Lorsqu'en dehors des cas d'indignité ou de plainte, les jeunes gens visés aux articles 21 et 22 de la loi cessent. par un fait matériel, de se trouver dans la situation de famille qui a motivé la dispense, les maires signalent immédiatement ce fait au commandant du bureau de recrutement, qu'il se produise au cours de l'année de présence sous les drapeaux ou après l'envoi en congé.

Cet officier supérieur, suivant le cas, prévient le corps où sert le dispensé qu'il doit être maintenu jusqu'au passage de sa classe dans la réserve, ou le rappelle à l'activité pour le temps qui reste à faire à cette classe.

L'article 25 de la loi dispose en effet que quand les causes de dispense prévues aux articles 21 et 22 viennent à cesser, les jeunes gens qui les avaient obtenues sont soumis à toutes les obligations de leur classe.

Ne sont pas considérés comme étant déchus de leur droit, les jeunes gens dont les frères, après leur avoir conféré la dispense, passent dans la réserve à l'expiration de leurs trois années de service. Mais quand un militaire lié comme engagé volontaire ou comme appelé rentre dans ses foyers en congé parce qu'il obtient lui-même le bénéfice de l'article 21, de l'article 22 ou de l'article 23 avant d'avoir complété trois ans de service, le frère dispensé est appelé à terminer le temps que doit encore la classe à laquelle il appartient.

221. Cette instruction paraît commettre une grave erreur sur la situation des dispensés comme soutiens de famille. Il est certain que les cas d'indignité ou de plainte des intéressés prévus par l'article 22 sont soumis au conseil de revision départemental après avoir été rapportées par le maire au conseil cantonal quelle que soit la catégorie des jeunes gens dans les articles 21 et 22.

Il est également certain que l'article 25, dans sa formule absolue, étant le seul qui règle la situation des dispensés de l'article 21 et de l'article 23, la cessation de la dispense doit suivre immédiatement le changement de situation, et dans les conditions indiquées par l'instruction ci-dessus. Il n'y a d'ailleurs aucun inconvénient à faire juger par l'autorité militaire la déchéance survenue depuis le conseil de revision, puisqu'on lui donne aussi le pouvoir d'apprécier le droit né depuis cette époque.

222. Mais il n'en est pas de même pour les soutiens de famille régulièrement désignés par le conseil de revision; ceux-là sont régis en même temps par l'article 25 et par l'article 22 qui, avant de viser le cas particulier de plainte, porte ceci : « Tous les ans, le maire de chaque commune présente au conseil de revision siégeant au chef-lieu de canton, une délibération du conseil municipal, faisant connaître la situation des jeunes gens qui ont été renvoyés dans leurs foyers comme soutiens de famille. »

Cette formalité, préliminaire à l'examen du conseil de revision départemental, est exclusive du droit pour l'autorité militaire de prononcer elle-même la déchéance pour changement de situation des soutiens de famille.

223. Cette observation faite, il importe de bien déterminer à quels cas s'applique l'article 25, en visant les articles 21, 22 et 23. Il s'applique évidemment tout d'abord à tous les cas des articles 22 et 23, mais pas à tous ceux de l'article 21. Il est en effet certain qu'il ne peut s'appliquer au paragraphe 6, la situation prévue à ce paragraphe étant définitive. Mais c'est une question plus délicate de savoir s'il doit s'appliquer strictement au paragraphe 5. La circulaire du 12 décembre 1889, citée sous l'article 21, et l'instruction plus haut mentionnée font une distinction très équitable. Si le frère *dispensant* quitte les drapeaux avant la fin de son service, en bénéficiant d'une cause de dispense, si, par exemple, il devient l'aîné de sept enfants, la dispense qu'il a conférée tombe, et son cadet est incorporé avec sa classe. Mais s'il fait son temps normal de trois ans, son cadet, dispensé pendant les trois années, conserve sa dispense bien qu'il n'ait plus, en fait, de frère sous les drapeaux. Cette interprétation, déjà donnée sous l'ancienne loi à un texte semblable, rentre bien dans l'esprit et même dans les termes des articles 21 et 25. En effet, le fait d'avoir un frère sous les drapeaux pendant trois ans est un fait définitif qui n'est pas modifié par la cessation régulière du service. La cause de la dispense n'est pas, en effet, le seul fait d'avoir un frère *sous les drapeaux;* c'est d'avoir, au moment de son appel, *un frère qui accomplit trois ans de service.*

Quand le frère a fini ses trois années, la situation est la même et la dispense subsiste ; au contraire, si le frère profite du droit qui lui survient d'être envoyé en congé sans terminer ses trois années, il n'est plus dans le cas prévu par l'article 21, c'est-à-dire un frère sous les drapeaux au moment de l'appel du cadet, *et faisant trois ans de service.*

Il est d'ailleurs une disposition de l'article 27 qui manifeste bien clairement le sens de la loi à cet égard. C'est celle qui permet à un ajourné de réclamer le bénéfice du paragraphe 5 de l'article 21, quand il avait un frère sous les drapeaux au moment de son ajournement, alors même que ce frère est libéré au moment de sa seconde comparution. Cette disposition serait une faveur inexplicable, si l'on avait considéré cette dispense spéciale comme non définitive et cessant en tout état de cause par la libération du frère. En effet, l'ajourné réclamerait la dispense comme ayant pu la demander l'année précédente, et il devrait la perdre immédiatement comme ayant cessé d'y avoir droit.

224. L'article 25 décide *in fine* que les dispensés des articles 21, 22 et 23 peuvent se marier sans autorisation.

C'est là une première exception, qui sera complétée par l'article 58, à la règle que tout militaire en activité de service ne peut se marier sans certaines formalités.

225. Cette règle est inscrite dans le décret du 16 juin 1808 qui a force de loi et n'a jamais été abrogé. Ce décret, spécial à l'armée de terre, a été étendu à la marine par le décret du 3 août 1808.

Ces décrets déterminent les autorisations qui doivent être demandées, et les pénalités qui sont encourues à leur défaut.

En voici le texte :

DÉCRET DU 16 JUIN 1808.

Art. 1er. Les officiers de tout genre en activité de service ne pourront, à l'avenir, se marier qu'après en avoir obtenu la permission par écrit du Ministre de la guerre.

Ceux d'entre eux qui auront contracté mariage sans cette permission encourront la destitution et la perte de leurs droits, tant pour eux que pour leurs veuves et leurs enfants, à toute pension ou récompense militaire.

Art. 2. Les sous-officiers et soldats en activité de service ne pourront de même se marier qu'après en avoir obtenu la permission du conseil d'administration de leur corps.

Art. 3. Tout officier de l'état-civil qui, sciemment, aura célébré le mariage d'un officier, sous-officier ou soldat en activité de service sans s'être fait remettre ladite permission, ou qui aura négligé de la joindre à l'acte de célébration du mariage, sera destitué de ses fonctions.

DÉCRET DU 3 AOUT 1808.

Art. 1er. Les dispositions de notre décret du 16 août 1808, relatif au mariage des militaires en activité de service, sont applicables aux officiers et aspirants de notre marine impériale, aux officiers des troupes d'artillerie de la marine, aux officiers du génie maritime, aux administrateurs de la marine, et enfin à tous officiers militaires et civils, du département de la marine, nommés par nous.

En conséquence, nul desdits officiers ne pourra désormais se marier sans avoir obtenu la permission par écrit de notre Ministre de la marine.

Art. 2. Nous autorisons toutefois les capitaines généraux de nos colonies et les chefs coloniaux à consentir au mariage des officiers qui leur sont respectivement subordonnés, si les circonstances ne permettent pas d'attendre la permission de notre Ministre, à la charge par eux de lui en rendre compte par la plus prochaine occasion.

Art. 3. Les sous-officiers et soldats des troupes appartenant au département de la marine ne pourront de même se marier qu'après en avoir obtenu la permission du conseil d'administration de leur corps.

Ces décrets sont encore en vigueur sauf pour la pénalité relative à la perte de la pension qui ne peut être infligée qu'à la veuve et aux enfants.

L'application de ces décrets s'étendait très loin, et sous la formule *en activité de service* on comprenait tous les militaires de l'armée active, y compris les congés et la réserve.

Le Conseil d'Etat allait si loin dans cette extension que, dans un avis du 21 décembre 1808, il avait décidé que le décret du 16 juin 1808 s'appliquait même aux officiers en réforme.

Aussi la loi de 1872, par son article 44, dut-elle apporter des exceptions à une règle qui ne pouvait plus s'appliquer à tous les citoyens devenus soldats.

Ces exceptions se trouvent dans la loi de 1889 aux articles 25 et 58 qui confirment ainsi, en y apportant une dérogation, les décrets-lois de 1808.

L'article 25 dispense de l'autorisation tous les hommes envoyés en congé, aux termes des articles 21, 22 et 23, c'est-à-dire après un an de service.

Cette exception devait être stipulée, tous ces hommes étant en congé seulement et faisant partie de l'armée active proprement dite.

La nécessité de l'autorisation commence, pour les jeunes soldats de la classe, au 1ᵉʳ novembre de l'année où ils sont incorporés.

ARTICLE 26.

La liste des jeunes gens de chaque département, dispensés en vertu des articles 21, 22, 23 et 50, sera publiée au **Bulletin administratif**, et les noms des dispensés de chaque commune seront affichés dans leur commune à la porte de la mairie.

En cas de guerre, ils sont appelés et marchent avec les hommes de leur classe.

Les dispositions de l'article 55 ci-après leur sont applicables.

226. L'article 26 ordonne une mesure de publicité destinée à assurer la sincérité des opérations de recrutement en permettant toutes les réclamations justifiées.

227. L'article 55 est relatif aux déclarations à faire pour le changement de domicile ou de résidence; les dispensés en congé sont soumis à ces déclarations comme les réservistes et territoriaux.

ARTICLE 27.

Peuvent être ajournés deux années de suite à un nouvel examen du conseil de revision, les jeunes gens qui n'ont pas la taille réglementaire d'un mètre cinquante-quatre centimètres, ou qui sont reconnus d'une complexion trop faible pour un service armé.

Les jeunes gens ajournés reçoivent, pour justifier de leur situation, un certificat qu'ils sont tenus de représenter à toute réquisition des autorités militaire, judiciaire ou civile.

À moins d'une autorisation spéciale, ils sont astreints à comparaître à nouveau devant le conseil de revision du canton devant lequel ils ont comparu.

Ceux qui, après l'examen définitif, sont reconnus propres au service armé ou auxiliaire, sont soumis, selon la catégorie dans laquelle ils sont placés, aux obligations de la classe à laquelle ils appartiennent.

Ils peuvent faire valoir les motifs de dispenses énoncés aux articles 21, 22 et 23.

Les droits à la dispense prévus au paragraphe numéroté 5° de l'article 21 qui existaient au moment de l'ajournement peuvent être valablement invoqués l'année suivante, lors même que pendant l'ajournement le frère du réclamant aurait cessé d'être présent sous les drapeaux.

228. L'article 27 est relatif aux ajournements pour défaut de taille et insuffisance de développement physique. Son application est réglée comme suit par l'instruction du 28 mars 1890 :

AJOURNEMENT A UN AN.

57. Condition de l'ajournement.

Aux termes de l'article 27 de la loi, l'ajournement ne doit être prononcé que pour deux causes strictement définies :

Le défaut de taille ;
La faiblesse de constitution.

L'ajournement peut être renouvelé la seconde année ; mais, lors de la troisième comparution devant le conseil de revision, l'ajourné doit être déclaré apte au service, exempté ou classé dans le service auxiliaire. Le défaut de taille persistant ne saurait motiver l'exemption ; il entraîne l'inscription dans le service auxiliaire.

58. Ajournement demandé pour faiblesse de constitution.

Le médecin militaire, en proposant l'ajournement pour faiblesse de constitution, devra faire ressortir les motifs qui le portent à considérer l'homme comme pouvant, pendant la durée de l'ajournement, acquérir l'aptitude au service armé qui lui manque.

229. ### 59. Omis susceptibles d'être ajournés.

Les jeunes gens qui sont appelés à concourir au tirage comme omis ne sauraient, si leur omission remonte à deux ans, être l'objet d'un ajournement. S'ils n'ont été omis que pendant une année, ils peuvent être ajournés une fois.

Le législateur, en effet, a eu pour but, en instituant l'ajournement, de ne point priver l'armée du service des jeunes gens dont la constitution se développe tardivement. Mais, en fixant à deux années la durée possible de l'ajournement, il a admis que, passé ce délai, l'homme n'est plus susceptible d'acquérir l'aptitude au service armé.

230. 60. Ajournés autorisés à se présenter l'année suivante dans d'autres départements.

Le préfet peut exceptionnellement accorder aux ajournés l'autorisation de se présenter devant un conseil de revision autre que celui devant lequel ils ont comparu. Mais il examine préalablement les motifs qui ont obligé le réclamant à quitter le département où a eu lieu la visite précédente.

Ces visites s'effectuent suivant les règles tracées par la présente instruction.

231. 61. Délivrance d'un certificat aux ajournés.

D'après l'article 27 de la loi, l'ajourné doit recevoir un certificat constatant sa situation (modèle n° 4).

D'autre part, il doit figurer au registre matricule (art. 36). C'est, par suite, au commandant du bureau de recrutement, chargé de l'établissement du registre matricule, qu'il appartient de délivrer le certificat dont il s'agit.

Si l'ajourné est l'objet d'un second ajournement, il en est fait mention sur le certificat.

Lorsque l'ajourné est exempté, cette décision est consignée sur ledit certificat et sur le registre matricule.

Dans le cas au contraire où il est reconnu propre au service armé, ou inscrit dans le service auxiliaire, le commandant du bureau de recrutement lui retire le certificat, et lui remet en échange un livret individuel.

---

(1) Voir à l'article 19, n° 86.

— 347 —

Modèle N° 4.

CLASSE DE .

RÉPUBLIQUE FRANÇAISE.

LIBERTÉ, ÉGALITÉ, FRATERNITÉ.

° CORPS D'ARMÉE.   BUREAU DE RECRUTEMENT D

SUBDIVISION

d

CERTIFICAT

N°·   de tirage.

CONSTATANT LA POSITION SOUS LE RAPPORT DU RECRUTEMENT DU SIEUR

Le Commandant du bureau de recrutement d   certifie que le sieur

né à   , département d   et d

le   18   , fils d   et exerçant

, ayant la taille d'un mètre   millimètres,

la profession d   , est inscrit sur la liste du recrutement du canton d

et qu'il a été ajourné par le conseil de revision, décision du

, en exécution de l'article 27 de la loi du 15 juillet 1889.

Fait à   , le   189   .

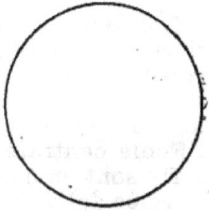

(Signature.)

232. Les ajournés qui comparaissent devant le conseil de revision peuvent faire valoir toutes les causes et dispenses existant pour eux au jour de cette comparution, mais celles qu'ils possédaient quand ils ont été ajournés et qui ont cessé d'exister depuis n'ont plus aucune valeur. C'est tout à fait logique avec la nouvelle règle qui fait disparaître l'effet de la dispense quand la cause cesse (art. 25).

Mais le Parlement a introduit une exception à cette règle en faveur des jeunes gens dont un frère est sous les drapeaux. L'article 27 décide, en effet, que l'ajourné dont un frère était sous les drapeaux au moment où il a été ajourné et n'y est plus à sa nouvelle comparution peut néamoins faire valoir la cause de dispense existant la première fois et n'existant plus la seconde.

ARTICLE 28.

Les jeunes gens reçus à l'Ecole polytechnique, à l'Ecole forestière ou à l'Ecole centrale des arts et manufactures, qui sont reconnus propres au service militaire, n'y sont définitivement admis qu'à la condition de contracter un engagement volontaire de trois ans pour les deux premières Ecoles, de quatre ans pour l'Ecole centrale.

Ils sont considérés comme présents sous les drapeaux dans l'armée active pendant tout le temps passé par eux dans lesdites Ecoles. Ils reçoivent, dans ces Ecoles, l'instruction militaire complète et sont à la disposition du Ministre de la guerre.

S'ils ne peuvent satisfaire aux examens de sortie ou s'ils sont renvoyés pour inconduite, ils sont incorporés dans un corps de troupe pour y terminer le temps de service qu'il leur reste à faire.

Les élèves de l'Ecole polytechnique admis dans l'un des services civils recrutés à l'Ecole, ou quittant l'Ecole après avoir satisfait aux examens de sortie, sans entrer dans aucun de ces services, et les élèves de l'Ecole forestière admis dans l'administration des forêts, sont nommés sous-lieutenants de réserve et accomplissent en cette qualité, dans un corps de troupe, leur troisième année de service.

Ceux qui viendraient à quitter le service civil dans lequel ils ont été admis n'en resteront pas moins soumis aux obligations indiquées par le paragraphe précédent.

Ceux qui donneraient leur démission d'officier de réserve avant l'accomplissement de leur troisième année de service n'en resteront pas moins soumis à toutes les conséquences de l'engagement volontaire de trois ans contracté par eux lors de leur entrée à l'Ecole.

Les élèves de l'Ecole centrale des arts et manufactures quittant l'Ecole après avoir satisfait aux examens de sortie accomplissent une année de service dans un corps de troupe. A la fin de cette année de service, ils peuvent être nommés sous-lieutenants de réserve.

Les conditions d'aptitude physique, pour l'entrée à ces Ecoles, des jeunes gens qui, au moment de leur admission, ne sont pas aptes au service militaire, sont fixées par un règlement d'administration publique.

333. L'article 28 est spécial à trois écoles que la loi militarise en les considérant comme de véritables régiments où s'accomplit le service militaire. Ce sont : l'Ecole polytechnique, l'Ecole forestière et l'Ecole centrale des arts et manucfactures. Nous avons vu plus haut sous l'article 23 la difficulté qui peut surgir relativement à cette dernière. La solution que nous avons adoptée nous permet de dire ici que, pour elle comme pour les deux autres, l'article 28 est la seule règle.

334. Pour être admis définitivement dans une de ces trois Ecoles, un jeune homme doit en principe être reconnu propre au service militaire et s'engager pour une durée déterminée.

La nature et les formes de cet engagement sont prévus comme suit par le décret du 28 septembre 1889 :

TITRE II.

DES ENGAGEMENTS SPÉCIAUX PRÉVUS AUX ARTICLES 28 ET 29 DE LA LOI.

Art. 19. Les jeunes gens reçus à l'Ecole polytechnique, à l'Ecole forestière ou à l'Ecloe centrale des arts et manufactures, sont tenus de contracter un engagement dont la durée est de trois ans pour les deux premières, et de quatre ans pour la dernière.

Ces engagements courent du 1er octobre de l'année de l'entrée à l'Ecole.

Si, pendant la durée des études, un élève est admis à redoubler une année à l'Ecole, cette année ne compte pas dans la durée de l'engagement.

Art. 20. Ces engagements sont contractés au moment de l'admission à l'Ecole :

Devant le maire de l'un des arrondissements de Paris, par les élèves de l'Ecole polytechnique et de l'Ecole centrale des arts et manufactures;

Devant le maire de Nancy, par les élèves de l'Ecole forestière.

Le contractant n'est assujetti à aucune condition d'âge autre que celles qui sont exigées pour l'admission à l'Ecole. Il en justifie par la production du certificat d'admission (modèle ci-annexé).

Il produit, en outre :

1° L'extrait de son casier judiciaire;
2° Le certificat d'aptitude visé à l'article 5 du présent décret (1).

Ce certificat est délivré :

Pour l'Ecole polytechnique, par le général commandant l'Ecole;
Pour l'Ecole forestière, par le commandant du bureau de recrutement de la subdivision de Nancy;
Pour l'Ecole centrale des arts et manufactures, par le commandant du bureau de recrutement de la Seine.

Art. 21. Les engagements sont souscrits pour l'une des armes de l'infanterie, de l'artillerie ou du génie.

L'autorité militaire désigne, au moment de la mise en route, le corps sur lequel sont dirigés les élèves de l'Ecole centrale des arts et manufactures; et, le cas échéant, les élèves des Ecoles polytechnique ou forestière qui ne peuvent satisfaire auxdits examens, ou qui seraient renvoyés pour inconduite.

---

(1) Cet article 5 est ainsi conçu : « Cet officier supérieur, après s'être assuré avec l'assistance d'un médecin militaire où, à son défaut, d'un docteur en médecine désigné par l'autorité militaire, que le jeune homme n'a aucune infirmité, ni maladie apparente ou cachée, qu'il est d'une constitution saine et robuste, qu'il a la taille et qu'il réunit les conditions exigées pour servir dans le corps où il désire entrer, lui délivre un certificat d'aptitude. » (Voir art. 59 de la loi.)

(Art. 28.)

MODÈLE N° 4.

Art. 20 du décret
du 28 septembre 1889.

ACTE D'ENGAGEMENT

spécial aux jeunes gens reçus à l'Ecole poly-
technique, à l'Ecole forestière ou à l'Ecole
centrale des arts et manufactures.

L'an   . le   , à   heures s'est
présenté devant nous maire d   , département d

(1) Nom et prénoms.
Le sieur (1)   , âgé de   ;
domicilié à   , canton d   , département d   , fils d   et d   ,
domiciliés à   , canton d   , département
d   , cheveux   , sourcils   , front   ,
yeux   , nez   , bouche   , menton   ,
visage   , taille d'un mètre   centimètres.

(2) Nom et prénoms du premier témoin.
Lequel, assisté du sieur (2)   , âgé
de   , exerçant la profession d   ,
domicilié à   , canton d   , département d   , et du sieur (3)   , âgé

(3) Nom et prénoms du deuxième témoin
de   , exerçant la profession d   ,
domicilié à   , canton d   , département d   , appelés l'un et l'autre comme
témoins, conformément à la loi.

(4) Infanterie, Artillerie ou Génie.
A déclaré vouloir s'engager pour l'arme d (4)

A cet effet, il nous a présenté :

1° Un certificat délivré sous la date du   ,

(5) Nom et qualité du signataire du certificat.
par (5)   attestant que ledit sieur (1)
a été reçu le   , à l'Ecole .

(6) Nom, grade et qualité de l'officier signataire du certificat.
2° Un certificat en date du   délivré
par (6)   , constatant que ledit
sieur (1)   n'est atteint d'aucune infirmité, et qu'il a les qualités requises pour le service
militaire ;

3° L'extrait de son casier judiciaire.

Nous, maire d   , après avoir reconnu
la régularité des pièces produites par le sieur (1)
, lui avons donné lecture :

1° De l'article 28 de la loi du 15 juillet 1889 ;

2° Des articles 19, 20 et 21 du décret du 28 septembre 1889.

Après quoi nous avons reçu l'engagement du sieur (1)   , lequel a promis de servir avec fidélité et honneur pendant (7)   ans à partir du 1ᵉʳ octobre de l'année courante.

Lecture faite audit sieur (1)   et aux deux témoins ci-dessus dénommés du présent acte, ils ont signé avec nous.

(7) Suivant le cas :
Trois ans pour les élèves de l'École polytechnique et de l'École forestière, *quatre ans* pour les élèves de l'École centrale des arts et manufactures.

236.

Modèle nº 9.

Art. 20 du décret du 28 septembre 1889

(1) *Polytechnique, forestière* ou *centrale des arts et manufactures.*

CERTIFICAT D'ADMISSION

A L'ÉCOLE (1)

(2) Nom, grade et qualité du signataire du certificat.
(3) Nom et prénoms.
(4) Jour, mois et année.

Nous soussigné (2)   , certifions que le sieur (3)   , né le (4)   , à   , canton d   , département d   , fils d   et d   , domiciliés à   , canton d   département d   , a été admis sous le numéro   , à l'École (1)   , le (4)

Fait à   , le   18   .

37. L'article 28 prévoit le sort des jeunes gens qui ne peuvent satisfaire aux examens de sortie ou qui sont renvoyés pour inconduite ; ils sont incorporés dans un corps de troupe pour y finir le temps de service qui leur reste à faire. Il est bien entendu que le temps de service n'est pas nécessairement le temps fixé par la loi pour tous les soldats ; c'est le temps de leur engagement. Par exemple, si un jeune homme est renvoyé de l'Ecole centrale après un mois, il devra faire quatre ans de service actif pour remplir son engagement et ne sera nullement libéré après le temps normal de trois ans.

38. L'article 28 fait, au point de vue du service, une différence importante entre l'Ecole centrale et les deux autres. A la sortie de ces dernières, le jeune homme est nommé sous-lieutenant de réserve et fait son année de service en cette qualité dans un corps de troupe. A la sortie de l'Ecole centrale, le jeune homme n'est incorporé que comme soldat ; il fait en cette qualité son année de service et peut être nommé sous-lieutenant de réserve à sa libération. Cette différence de traitement, fondée sur le caractère public des situations conférées par les deux écoles privilégiées, est très regrettable et parfaitement absurde au point de vue militaire. En effet, les jeunes gens de l'Ecole centrale reçoivent la même instruction militaire que les autres avec cette seule différence qu'ils la reçoivent trois ans au lieu de deux. En conséquence de la mesure, ils perdent toute une année comme soldats au lieu de devenir par la pratique d'un an les excellents officiers de réserve dont l'armée a si grand besoin.

39. Nous avons vu que pour s'engager avant d'entrer

à l'une des écoles de l'article 28, il fallait être apte au service militaire. Mais est-ce là une condition absolue de l'entrée à ces écoles? Il n'en pouvait évidemment être ainsi, et si un jeune homme voulait y entrer à ses risques et périls sans engagement militaire et sauf à être réformé à 21 ans ou à remplir ses obligations, on ne comprendrait pas pourquoi, au point de vue militaire, on lui refuserait cette faculté. Cependant, non plus au point de vue militaire absolument, mais au point de vue des écoles elles-mêmes et de leurs programmes, il a fallu en réglementer l'entrée. Or, comme ces écoles militarisées sont soumises à des obligations spéciales, l'article 28 a prévu le cas où un jeune homme pourrait être admis sans être apte au service militaire et a laissé à un règlement d'administration publique le soin de fixer dans ce cas les conditions d'aptitude pour l'entrée à ces écoles.

240. Ce règlement, délibéré par le Conseil d'Etat, a été décrété comme suit à la date du 1ᵉʳ mars 1890 :

Art. 1ᵉʳ. Peuvent seuls être admis à l'Ecole polytechnique, sans contracter l'engagement spécifié à l'article 28 de la loi du 15 juillet 1889, les jeunes gens reçus à cette Ecole et qui, au moment de l'entrée, n'auraient pas été reconnus aptes au service militaire pour l'un des motifs ci-après :

1° Défaut de taille;

2° Faiblesse de constitution, lorsque celle-ci paraît susceptible de s'améliorer avec le temps;

3° Vices de conformation et infirmités compatibles avec le service auxiliaire.

L'aptitude physique de ces jeunes gens est constatée par une commission composée : 1° du général commandant l'Ecole polytechnique; 2° d'un membre du conseil de perfectionnement représentant l'un des services civils se recrutant à l'Ecole et désigné annuellement par le Ministre de la guerre; 3° du médecin-chef de l'Ecole.

Cette commission doit s'assurer que les vices de conformation et les infirmités dont ces jeunes gens sont atteints ne font pas obstacle au port de l'uniforme, qu'ils ne sont pas de nature à les mettre hors d'état de suivre les cours et les exercices militaires de l'Ecole, non plus qu'à les rendre impropres à un service public.

Les décisions de la commission sont prises à la majorité des voix et sont sans appel.

241. Art. 2. Peuvent seuls être admis à l'Ecole forestière, sans contracter l'engagement spécifié à l'article 28 de la loi du 15 juillet 1889, les jeunes gens reçus à cette Ecole et qui, au moment de l'entrée, n'auraient pas été reconnus aptes au service militaire pour l'un des deux premiers motifs, défaut de taille et faiblesse de constitution, indiqués à l'article 1er du présent décret.

L'aptitude physique de ces jeunes gens est constatée par une commission composée du directeur de l'Ecole forestière, du commandant de recrutement et d'un médecin militaire désigné par le Ministre de la guerre.

Les décisions de la commission sont prises à la majorité des voix et sont sans appel.

242. Art. 3. Les jeunes gens reçus à l'Ecole centrale des arts et manufactures, non aptes au service militaire au moment de l'entrée à ladite Ecole, y sont admis sans avoir à faire preuve de conditions d'aptitude physique autres que celles qui sont nécessaires pour pouvoir suivre les cours de l'Ecole. Toutefois, les dispositions des articles 4 et 5 ci-après ne sont applicables qu'à ceux d'entre eux qui ont été reconnus aptes à prendre part aux exercices militaires prévus par l'article 28 de la loi du 15 juillet 1889.

L'aptitude physique de ces jeunes gens est constatée par une commission composée du directeur de l'Ecole, du commandant de recrutement de la Seine et d'un médecin militaire désigné par le Ministre de la guerre.

Cette commission, après s'être assurée que les vices de conformation et les infirmités dont ces jeunes gens sont atteints ne sont pas de nature à les mettre hors d'état de suivre les cours de l'Ecole, désigne ceux d'entre eux qui seront tenus de prendre part aux exercices militaires.

Les décisions de la commission sont prises à la majorité des voix et sont sans appel.

243. Art. 4. Tout élève non engagé des Ecoles ci-dessus visées qui est devenu apte au service militaire peut souscrire, pendant son séjour à l'Ecole, soit avant sa comparution devant le conseil de revision, soit au moment de cette comparution, un engagement de trois ans, pour les deux premières Ecoles, de quatre ans pour l'Ecole centrale, remontant au 1er octobre de l'année de son entrée à l'Ecole. Il sera soumis aux mêmes obligations que les élèves de sa promotion engagés au moment de leur admission.

244.   Art. 5. Tout élève non engagé desdites Ecoles, appelé après sa sortie devant le conseil de revision et reconnu apte au service militaire, ne sera tenu d'accomplir qu'une seule année de service effectif dans les conditions auxquelles il aurait été soumis s'il s'était engagé au moment de son admission à l'Ecole, pourvu, toutefois, qu'il ait satisfait aux examens de sortie de l'Ecole à laquelle il a appartenu.

245.   De ces trois textes rapprochés, article 28, décret sur les engagements et règlement d'administration publique, il résulte, qu'il y aura dans les trois écoles deux catégories d'élèves : les élèves aptes au service militaire et ayant pu s'engager avec le certificat d'aptitude, et les élèves non aptes au service militaire, mais aptes seulement à l'entrée des Ecoles, et non engagés militairement.

246.   Le sort des élèves de la deuxième catégorie est tout à fait intéressant et il n'était nullement réglé par la loi. Si, en effet, les jeunes gens sont réformés à l'appel de leur classe, tout est bien; mais s'ils se sont fortifiées, s'ils ont grandi, et qu'ils soient déclarés bons, que deviendront-ils? Régulièrement ils devraient quitter l'Ecole pour faire trois ans de service. C'était simplement une absurdité!

L'article 4 du règlement a prévu le cas. A tout moment ils pourront s'engager, et leur engagement est censé fait à l'entrée des Ecoles.

ARTICLE 29.

Les élèves du service de santé militaire et les élèves militaires des écoles vétérinaires contractent, en entrant à l'école, l'engagement de servir dans l'armée active pendant six ans au moins, à dater de leur nomination au grade de médecin aide-major de 2º classe ou d'aide-vétérinaire.

Ceux qui n'obtiendraient pas le grade d'aide-major ou d'aide-vétérinaire ou qui ne réaliseraient pas l'engagement sexennal

sont incorporés dans un corps de troupe pour trois ans, sans
déduction aucune du temps écoulé depuis leur entrée à l'école.

Ces dispositions sont également applicables aux élèves de
l'Ecole de médecine navale.

247. Cet article est tout à fait spécial à une catégorie de
jeunes gens qui se destinent en réalité à l'état militaire
dans le service de santé. Bien que la loi ne parle pas
d'engagements de service militaire, les jeunes gens
qui veulent suivre cette voie ont deux obligations: ils
doivent d'abord s'engager pour trois ans en entrant à
l'Ecole et souscrire l'obligation de servir six années
dans l'armée active avec le grade médical obtenu par
eux.

Ces formalités ont été réglées comme suit par le décret du 28 septembre 1889, relatif aux rengagements:

Art. 22. Les jeunes gens nommés élèves de l'Ecole du service
de santé militaire, et les élèves militaires des écoles vétérinaires,
souscrivent un engagement d'une durée de trois ans et s'obligent
à servir pendant six années dans l'armée active, à partir de leur
nomination au grade de médecin aide-major de 2e classe ou d'aide-
vétérinaire.

248. Art. 23. L'engagement des élèves de l'Ecole du service de santé
militaire est souscrit à la mairie de l'un des arrondissements de
Lyon; celui des élèves militaires des écoles vétérinaires est reçu:
pour les élèves d'Alfort, à Paris; pour les élèves de Lyon et de
Toulouse, aux mairies de ces villes.

Le contractant n'est assujetti à aucune condition d'âge autre
que celles qui sont exigées pour l'admission à l'Ecole. Il en justifie
par la production du certificat d'admission (modèle ci-annexé).

Il produit, en outre :

1° L'extrait de son casier judiciaire;

2° Le certificat d'aptitude visé à l'article 5 du présent décret.

Ce certificat est délivré par le commandant du bureau de recrutement de la subdivision dans laquelle est contracté l'engagement.

Art. 24. Les engagements sont souscrits pour l'une des armes de
l'infanterie, de la cavalerie, de l'artillerie ou du génie.

L'autorité militaire désigne, au moment de la mise en route, le
corps sur lequel les engagés sont dirigés:

1° S'ils n'obtiennent pas le grade de médecin aide-major de 2ᵉ classe, ou d'aide-vétérinaire;

2° Si, une fois en possession de ce grade, ils ne servent pas dans l'armée active pendant six ans au moins.

Dans l'un et l'autre cas, la durée de l'engagement de trois ans souscrit à l'entrée à l'Ecole ne court que du jour de l'incorporation.

———————

(Art. 29.)

MODÈLE N° 5.
—
Art. 23 du décret
du 28 septembre 1889

ACTE D'ENGAGEMENT

*spécial aux jeunes gens nommés élèves de
l'Ecole du service de santé militaire et aux
élèves militaires des Ecoles vétérinaires.*

L'an   , le   , à   heures, s'est
présenté devant nous, maire d   , département d

(1) Nom et prénoms.

Le sieur (1)   âgé de   ,
domicilié à   , canton d   , département d   , fils d   et d   ,
domiciliés à   , canton d   département
d   , cheveux   , sourcils   , front   ,
yeux   , nez   , bouche   , menton   ,
visage   , taille d'un mètre   centimètres.

(2) Nom et prénoms du premier témoin.

Lequel, assisté du sieur (2)   , âgé
de   , exerçant la profession d
domicilié à   , canton d   , département d   , et du sieur (3)   , âgé
de   , exerçant la profession d
domicilié à   , canton d   , département d   , appelés l'un et l'autre comme
témoins, conformément à la loi.

(3) Nom et prénoms du deuxième témoin.

(4) Infanterie, cavalerie, artillerie ou génie.

A déclaré vouloir s'engager pour l'arme d (4)

A cet effet, il nous a présenté :

1° Un certificat délivré sous la date du   ,
par (5)   attestant que ledit sieur (1)
a été admis le   comme élève (A)

(5) Nom et qualité du signataire du certificat.
(A) Suivant le cas : de *l'Ecole du service de santé militaire*, ou *militaire de l'Ecole vétérinaire d*
(6) Nom, grade et qualité de l'officier signataire du certificat.

2° Un certificat en date du   délivré
par (6)   et constatant que ledit
sieur (1)   n'est atteint d'aucune infirmité et qu'il a les qualités requises pour le service
militaire ;

3° L'extrait de son casier judiciaire.

Nous, maire d   , après avoir reconnu
la régularité des pièces produites par le sieur (1)
            lui avons donné lecture :
1° De l'article 29 de la loi du 15 juillet 1889 ;
2° Des articles 22, 23 et 24 du décret du 28 septembre 1889.

Après quoi nous avons reçu l'engagement du sieur (1) , lequel a promis de servir avec fidélité et honneur pendant trois ans, dans un corps de troupe de l'arme ci-dessus désignée, dans le cas où il n'obtiendrait pas le grade d (B)

(B) Suivant le cas : *de médecin aide-major de 2ᵉ classe ou d'aide vétérinaire.*

ou si, ayant obtenu ce grade, il ne servait pas dans l'armée active pendant six ans à partir de sa nomination.

Lecture faite audit sieur (1) et aux témoins ci-dessus dénommés du présent acte, ils ont signé avec nous.

250.

MODÈLE Nᵒ 10.

Art. 23 du décret
du 28 septembre 1889.

CERTIFICAT D'ADMISSION

A L'ÉCOLE (1)

(1) Du *service de santé militaire* ou à l'*École vétérinaire* d

Nous soussigné (2) , certifions

(2) Nom et qualité du signataire du certificat.
(3) Nom et prénoms.
(4) Jour, mois et année.

que le sieur (3) , né le (4) ,

à , canton d , département

d , fils d et d ,

(5) Suivant le cas :
A l'*école du service de santé militaire* avec .... *inscriptions*, ou sous le nᵒ comme *élève militaire à l'école vétérinaire.*

domiciliés à , canton d , département

d , a été admis (5)

le (4)

Fait à le 18 .

51. L'article 29 est également applicable aux élèves de l'Ecole de médecine navale. Les formalités de leur engagement ont été réglées par un décret spécial du 8 octobre 1889 comme suit :

Art. 1er. Les dispositions du décret du 28 septembre 1889 sont applicables aux élèves du service de santé de la marine (lignes médicale et pharmaceutique) sous les modifications ci-après :

« Art. 22. Les jeunes gens nommés élèves du service de santé de la marine souscrivent un engagement d'une durée de trois ans et s'obligent à servir pendant six années dans l'armée active à partir de leur nomination au grade de médecin de 2e classe ou de pharmacien de 2e classe.

» Art. 23. L'engagement des élèves de médecine navale est souscrit à la mairie de l'un ces cinq ports militaires ou à la mairie de l'un des arrondissements de Paris.

» Le contractant ne doit pas être âgé de moins de 18 ans ni de plus de 23 ans au moment de son admission à l'école. Toutefois, cette dernière limite peut être élevée d'une année pour chaque année d'étude suivie des examens réglementaires subis avec succès par le candidat. Il doit produire les pièces suivantes :

» L'extrait de l'acte de naissance ;
» Les diplômes ou les certificats de baccalauréat exigés pour les examens de docteur en médecine ou pour les examens de pharmacien universitaire de 1re classe ;
» Un certificat d'aptitude au service militaire ;
» Un certificat de bonnes vie et mœurs ;
» Un extrait pour néant du casier judiciaire ;
» Et, s'il y a lieu, l'autorisation des parents ou des tuteurs.

» Les jeunes gens qui n'ont pas d'études antérieures, soit dans les écoles de médecine ou de pharmacie, ne peuvent être admis dans les écoles de médecine navale que du 1er au 30 novembre de chaque année ;
» Ceux qui sont en cours d'études médicales ou pharmaceutiques peuvent être admis toute l'année en fournissant, en outre des pièces mentionnées ci-dessus, un certificat de scolarité délivré par la faculté ou par l'école près de laquelle ils ont accompli leurs études universitaires.

» Art. 24. Les engagements sont souscrits pour les équipages de la flotte ou pour l'infanterie de marine.
» Si les élèves du service de santé de la marine viennent, pour

une cause quelconque, à quitter l'école, ou s'ils n'obtiennent pas, à l'issue de leurs études, le grade de médecin de 2ᵉ classe ou de pharmacien de 2ᵉ classe, ou enfin si, une fois en possession de ce grade, ils ne servent pas dans l'armée active pendant six ans au moins, ils sont mis en route et l'autorité maritime désigne le corps sur lequel ils sont dirigés. Dans l'un ou l'autre de ces trois cas, la durée de l'engagement de trois ans souscrit à l'entrée à l'école ne court que du jour de l'incorporation. »

Modèle d'engagement administratif pour les jeunes gens nommés élèves du service de santé de la marine (sur une feuille timbrée de 0 fr. 60).

252. Je soussigné (nom, prénoms), nommé élève du service de santé de la marine (lignes médicale ou pharmaceutique), déclare sur l'honneur m'engager à servir pendant six années à compter de ma nomination de (médecin ou pharmacien de 2ᵉ classe). Si je me trouvais dans la nécessité de quitter, pour une cause quelconque, l'école de médecine navale, ou si je n'obtenais pas, à l'issue de mes études, le grade de (médecin ou de pharmacien) de 2ᵉ classe, ou enfin si, une fois en possession de ce grade, je ne servais pas dans l'armée active pendant six ans au moins, je m'engage à restituer au Trésor public les sommes que j'aurais été dispensé de payer en vue de mes examens universitaires et celles que j'aurais reçues à titre d'indemnité annuelle.

(Signature du candidat.)

Vu pour légalisation de la signature
de M.   apposée ci-dessus.

Le Directeur du service de santé,

La forme de cet engagement administratif, applicable aussi à l'armée de terre et qui est indépendant de l'engagement militaire de trois ans, indique bien nettement la portée qu'y attache l'autorité militaire. Ce n'est qu'un engagement d'honneur, mais qui a deux sanctions : la première prévue par l'article 29 et qui consiste à être incorporé pendant trois années à partir de l'inexécution de l'engagement, et la seconde imposée par l'administration et qui consiste dans la restitution au Trésor public de toutes les dépenses d'école.

853. Une question assez délicate se posait au sujet des jeunes gens engagés militaires. Quelle serait leur situation au point de vue de la juridiction criminelle? Ils sont bien engagés pour trois années comme militaires, mais le temps d'école ne compte pas dans leur service; ils ne sont pas considérés comme présents sous les drapeaux.

Un décret du 9 octobre 1889 donne la solution de cette difficulté pour les élèves du service de santé de la marine.

Le rapport du Ministre de la marine qui précède le décret en motive les dispositions « *sur le caractère nettement militaire que donne l'article 29 aux élèves du corps de santé de la marine en les astreignant à souscrire un engagement volontaire préalable* ».

Voici ce décret qui règle également la composition du conseil de guerre maritime :

Art. 1ᵉʳ. Les élèves du service de santé de la marine sont justiciables des conseils de guerre pour tous crimes et délits.

Art. 2. Lorsqu'il y aura lieu de traduire devant les conseils de guerre un élève du service de santé de la marine, le conseil sera composé comme suit :

Président :

1 capitaine de vaisseau ou de frégate, colonel ou lieutenant-colonel.

Juges :

1 capitaine de frégate, ou chef de bataillon, d'escadron, ou major;
2 lieutenants de vaisseau ou capitaines;
3 enseignes de vaisseau, ou 1 lieutenant et 2 sous-lieutenants.

854. Cette solution était déjà admise pour l'armée de terre, au moins quant aux élèves de l'Ecole de médecine militaire, soumis au régime militaire; elle doit aussi, d'après les motifs donnés, s'appliquer aux élèves militaires des Ecoles vétérinaires.

ARTICLE 30.

Sont considérés comme ayant satisfait à l'appel de leur classe :

1° Les jeunes gens liés au service dans les armées de terre ou de mer en vertu d'un brevet ou d'une commission ;

2° Les jeunes marins portés sur les registres matricules de l'inscription maritime, conformément aux règles prescrites par les articles 1, 2, 3, 4 et 5 de la loi du 25 octobre 1795 (3 brumaire an IV).

Les premiers, s'ils cessent leur service, et les seconds, s'ils ne font rayer de l'inscription maritime, sont tenus d'en faire la déclaration au maire de leur commune dans les deux mois, de retirer une expédition de leur déclaration et de la soumettre au préfet du département, sous les peines portées par l'article 76 ci-après.

Les uns et les autres accomplissent dans l'armée active le service prescrit par la présente loi, puis ils suivent le sort de la classe à laquelle ils appartiennent.

Toutefois, le temps déjà passé par eux au service de l'Etat est déduit du nombre d'années pendant lesquelles tout Français fait partie de l'armée active.

255. L'article 30 serait absolument incomplet s'il avait pour but, comme semble l'indiquer la première phrase de son texte, d'indiquer quels hommes doivent être considérés comme ayant satisfait à l'appel de leur classe. Il n'a d'autres visées que de régler la situation particulière de deux catégories d'hommes qui ne sont pas soumis à la loi de recrutement parce qu'ils sont engagés d'autre part au service de l'Etat, et de régler leur sort quand cet autre engagement vient à cesser.

256. Ce sont :

1° Les jeunes gens liés au service dans les armées de terre ou de mer en vertu d'un brevet ou d'une commission.

Il est certain que ceux-là n'ont pas à être appelés,

puisqu'ils sont déjà au service ; ce sont principalement les officiers et sous-officiers commissionnés.

37. 2° Les jeunes marins portés sur le registre matricule de l'inscription maritime, conformément aux règles prescrites par les articles 1, 2, 3, 4 et 5 de la loi du 25 octobre 1795 (3 brumaire an IV).

Ces jeunes gens sont déjà affectés au service de la marine dans des conditions de recrutement qui leur sont spéciales et que règlent les articles de la loi de 1795 visés par l'article 30 comme suit :

SECTION Ire.

DE L'INSCRIPTION MARITIME.

Art 1er. Il y aura une inscription particulière des citoyens français qui se destineront à la navigation.

Art. 2. Sont compris dans l'inscription maritime :

1° Les marins de tous grades et de toute profession naviguant dans l'armée navale ou sur les bâtiments de commerce ;

2° Ceux qui font la navigation de la pêche de mer sur les côtes ou dans les rivières jusqu'où remonte, la marée, et, pour celles où il n'y a pas de marée, jusqu'à l'endroit où les bâtiments de mer peuvent remonter ;

3° Ceux qui naviguent sur les pataches, allèges, bateaux et chaloupe, dans les rades et dans les rivières jusqu'aux limites ci-dessus indiquées.

Art. 3. Tout citoyen qui commence à naviguer ne pourra s'embarquer ni être employé sur les rôles d'équipage d'un bâtiment de la République ou du commerce, que sous la dénomination de mousse, depuis l'âge de 10 ans jusqu'à 15 ans accomplis, et sous celle de novice au-dessus de ce dernier âge. Néanmoins, tout mousse ou novice qui, ayant navigué six mois dans l'une de ces deux qualités, aura en outre satisfait à l'examen prescrit, sera employé sous la dénomination d'aspirant de la dernière classe.

Art. 4. Il sera donné connaissance des diverses dispositions de la présente loi à tout citoyen commençant à naviguer, et il sera inscrit sur un rôle particulier.

Art. 5. Sera compris dans l'inscription maritime tout citoyen âgé de 18 ans révolus qui, ayant rempli une des conditions suivantes, voudra continuer la navigation ou la pêche :

1° D'avoir fait deux voyages de long cours ;

2° D'avoir fait la navigation pendant dix-huit mois ;

3° D'avoir fait la petite pêche pendant deux ans ;

4° D'avoir servi pendant deux ans en qualité d'apprenti marin.

A cet effet, il se présentera, accompagné de son père ou de deux de ses plus proches parents ou voisins, au bureau de l'inscription de son quartier, où il lui sera donné connaissance des lois et règlements qui déterminent les obligations et les droits des marins inscrits.

Ces cinq articles établissent nettement ce qu'est l'inscrit maritime, et comment le marin se fait inscrire ; l'article 6, que la loi militaire aurait pu viser également, indique qu'on peut aussi être inscrit d'office. Il est ainsi formulé :

Art. 6. Celui qui, ayant atteint l'âge et rempli l'une des conditions exigées par l'article précédent, continue la navigation ou la pêche sans se faire inscrire au bureau de son quartier, ainsi qu'il est prescrit, sera compris dans l'inscription maritime, étant censé y avoir consenti par le fait seul qu'il continue à naviguer.

La loi de 1795 établit ensuite quelles sont, dans la marine, les obligations de service des inscrits et quels sont leurs avantages.

La loi militaire n'avait pas à se préoccuper de ces règles particulières ; elle n'avait qu'à constater que les jeunes gens déjà affectés au service de l'Etat n'avaient pas à répondre aux appels qu'elle organise.

258. Mais, pour eux comme pour la première catégorie des brevetés et des commissionnés, elle avait à envisager le cas où, les obligations de ces jeunes gens venant à cesser, ils retomberaient dans le droit commun.

Pour les premiers, ce cas se produit par cessation

de service, par démission de leur emploi, et, pour les inscrits, par la radiation de l'inscription, qu'ils peuvent obtenir un an après avoir renoncé à naviguer et avoir fait une déclaration conforme, suivant l'article 25 de la loi de 1795.

Les uns et les autres ont, dès l'abord, une obligation précise : ils doivent, dans les deux mois, en faire la déclaration au maire de leur commune, retirer une expédition de cette déclaration et la soumettre au préfet du département.

Le délai de deux mois court, pour les inscrits, du jour où la radiation est définitive, c'est-à-dire un an après leur déclaration au bureau de l'inscription.

Le défaut de déclaration prévu par l'article 30 est puni des peines de l'article 76 : une amende de 10 à 200 francs et un emprisonnement de quinze jours à trois mois.

Les jeunes gens qui cessent ainsi de se trouver dans une situation spéciale sont alors soumis aux obligations de la loi militaire, suivant leur âge ; mais ils doivent toujours compléter les trois années de service actif de la loi, si, dans la situation où ils se trouvaient, ils n'ont pas donné à l'Etat trois ans de service effectif, non compris les congés renouvelables.

C'est tout à fait rationnel ; mais on se demande pourquoi on leur a imposé, sous des peines sévères, une formalité de déclaration qui n'est nullement indispensable, puisque leur changement de situation est officiellement constaté.

359. L'article 30 règle bien, de cette façon, la situation des jeunes gens qui cessent d'être inscrits maritimes ; mais il ne parle pas de ceux qui, après avoir été soumis à la loi de recrutement, deviennent inscrits maritimes.

Sous la loi de 1872, un arrêté ministériel, décidé d'accord entre les Ministres de la guerre et de la marine, à la date du 29 avril, procédait comme suit :

LE MINISTRE DE LA GUERRE ET LE MINISTRE DE LA MARINE,

Considérant qu'il est nécessaire de déterminer dans quelles conditions les hommes de l'armée de terre, non présents au service actif, seront admis à passer dans l'armée de mer, par suite de leur inscription sur les matricules de l'inscription maritime,

ARRÈTENT :

Art. 1er. Sont autorisés à se faire porter sur les matricules de l'inscription maritime, dans les conditions ci-après indiquées, les hommes appartenant :

1° A la disponibilité de l'armée active ;
2° A la réserve de l'armée active ;
3° A l'armée territoriale ;
4° A la réserve de l'armée territoriale.

Art. 2. Les hommes de ces provenances qui veulent être inscrits à titre provisoire doivent en faire la déclaration à la mairie de leur domicile, dans la forme déterminée pour les changements de résidence par l'article 34 de la loi du 27 juillet 1872, et remettre à l'autorité maritime un certificat constatant qu'ils ont satisfait à cette obligation.

Art. 3. Ils ne peuvent être inscrits définivement qu'après y avoir été autorisés par les commandants de corps d'armée, sur le vu d'un certificat émanant d'un commissaire de l'inscription maritime, et énonçant qu'ils réunissent les conditions de navigation exigées par la loi du 3 brumaire an IV.

Art. 4. Après leur inscription définitive, ils sont considérés par le département de la guerre comme les inscrits dispensés conditionnellement en vertu de l'article 21 de la loi du 27 juillet 1872.

La loi nouvelle ne change rien à ces prescriptions. Elle laisse toujours le Ministre de la marine libre d'arrêter les conditions dans lesquelles sera admise la demande d'inscription d'un homme soumis à la loi de recrutement.

Seulement, quand ces conditions auront été remplies, l'inscrit maritime sera considéré comme ayant satisfait à l'appel de sa classe, suivant l'article 30 de la loi actuelle, au lieu d'être considéré comme dispensé conditionnellement en vertu de l'article 21 de la loi de 1872.

Il est en tout cas certain que la déclaration exigée par l'article 2 de l'arrêté ministériel n'est qu'une condition, faute de laquelle l'intéressé ne peut réclamer son inscription; mais qu'en aucun cas, son défaut ne peut entraîner les pénalités prévues par l'article 30 de la loi.

260. Une dernière remarque est nécessaire sur cet article 30; sous l'ancienne loi, la question était discutée de savoir ce qu'il advenait d'un inscrit maritime non incorporé pour inaptitude physique. Le recrutement le réclamait à l'âge de 20 ans, et suivant l'avis des différents ministres, cette prétention triomphait ou était repoussée. Aujourd'hui, le doute n'est plus permis, le texte de l'article 30 résout la question. Le jeune homme n'en reste pas moins inscrit maritime, et cette inscription suffit pour qu'il soit considéré comme ayant satisfait à l'appel de sa classe.

C'est un homme acquis à la marine, et qui reste à la disposition du Ministre de la marine tant qu'il est inscrit, sauf au Ministre à l'employer ou non suivant les conditions d'aptitude qu'il exige.

ARTICLE 31.

Lorsque les jeunes gens portés sur les tableaux de recensement ont fait des déclarations dont l'admission ou le rejet dépend de la décision à intervenir sur des questions judiciaires relatives à leur état ou à leurs droits civils, le conseil de revision ajourne sa décision ou ne prend qu'une décision conditionnelle.

Les questions sont jugées contradictoirement avec le préfet, à la requête de la partie la plus diligente. Le tribunal civil du lieu du domicile statue sans délai, le ministère public entendu.

Le délai de l'appel et du recours en cassation est de quinze jours francs à partir de la signification de la décision attaquée.

Le recours est, ainsi que l'appel, dispensé de la consignation d'amende.

L'affaire est portée directement devant la chambre civile.

Les actes faits en exécution du présent article sont visés pour timbre et enregistrés gratis.

Les paragraphes 2, 3, 4, 5 et 6 du présent article sont applicables au cas prévu par l'article 6.

261. L'article 31 indique la procédure à suivre lorsque la réclamation d'un jeune homme devant le conseil de revision soulève une question d'état ou une question de droit civil.

Cette procédure est simple et rapide ; elle est aussi dispensée de frais de timbre et d'enregistrement. L'instruction du 28 mars 1890 n'a eu à ajouter à cet article que quelques indications que voici :

56. Ajournement en cas de décision judiciaire à intervenir.

Lorsqu'un jeune homme forme une réclamation qui touche à son état ou à ses droits civils ainsi que dans le cas prévu par le 2e alinéa de l'article 6 de la loi, le conseil de revision se borne à constater l'aptitude au service du réclamant et ajourne sa décision à une séance ultérieure.

Le préfet s'assure immédiatement que le tribunal civil a été saisi par le réclamant ; au besoin il introduit l'instance et poursuit le jugement dans les conditions spécifiées par l'article 31 de la loi.

Si les tribunaux n'ont pas statué le dixième jour suivant la date fixée par décret pour la fin de la tournée, le conseil rend à cette date, sur l'avis du préfet, une décision conditionnelle.

On voit que c'est à la partie la plus diligente qu'il appartient d'engager l'instance. En tous cas, le préfet agissant pour l'exercice d'une action publique, ne peut jamais être condamné aux frais de l'instance, très réduite d'ailleurs, par l'enregistrement gratis.

ARTICLE 32.

Hors les cas prévus par les articles **6** et **31**, les décisions du conseil de revision sont définitives. Elles peuvent, néanmoins, être attaquées devant le Conseil d'Etat pour incompétence, excès de pouvoir ou violation de la loi.

Le recours au Conseil d'Etat n'aura pas d'effet suspensif, et il ne pourra en être autrement ordonné.

L'annulation prononcée sur le recours du **Ministre de la guerre** profite aux parties lésées.

262.   Cet article consacre le caractère définitif des décisions des conseils de revision, et indique le seul mode qui soit autorisé par la loi de les corriger : le recours au Conseil d'État.

Voici comment s'explique à cet égard l'instruction du 28 mars 1890 :

35. Irrévocabilité des décisions.

L'article 32 de la loi conserve aux décisions du conseil de revision le caractère définitif que lui reconnaissaient les législations précédentes, tout en réservant aux parties intéressées le droit de les déférer au Conseil d'Etat pour incompétence, excès de pouvoir ou violation de la loi.

Dès que le président a proclamé une décision, elle est par conséquent acquise et ne peut plus être modifiée par le conseil. Aussi convient-il de questionner les jeunes gens sur leur position de famille, afin d'éviter qu'ils omettent de réclamer les dispenses auxquelles ils pourraient avoir droit et d'inviter les maires à déclarer qu'ils n'ont aucune observation à présenter en faveur de leurs administrés.

On ne doit pas perdre de vue en effet que les droits aux diverses dispenses spécifiées par la loi, et qui *existaient au jour de la réunion du conseil de revision,* se trouvent périmés s'il n'en est pas justifié. Une fois la décision rendue. l'homme inscrit sur la première partie de la liste de recrutement ne peut plus bénéficier que de causes de dispenses survenant à une date postérieure.

Mention des réponses faites aux questions posées sera insérée au procès-verbal, dans une colonne spéciale.

Il n'y a rien à dire sur ce commentaire, il est d'accord avec la jurisprudence antérieure qui interdit au conseil de revision de corriger lui-même et même immédiatement la décision qu'il vient de rendre. (Conseil d'État, 5 août 1887.)

263. Mais dans une autre de ces parties, l'instruction continue comme suit :

,ERREURS DU CONSEIL DE REVISION.

123. Jeunes gens indûment exemptés ou dispensés.

Quand un jeune homme est signalé comme ayant été indûment exempté ou dispensé, le préfet en rend compte au Ministre de la guerre, qui, suivant le cas, défère l'homme aux tribunaux civils, ou lui fait simplement application du dernier alinéa de l'article 69 de la loi.

124. Réclamations des jeunes gens contre les décisions du conseil de revision.

C'est également aux préfets que doivent être adressées les réclamations des jeunes gens qui peuvent se croire lésés par les décisions des conseils de revision.

Ces fonctionnaires transmettent au Ministre de la guerre celles qui leur paraissent fondées. Ils y joignent le dossier sur le vu duquel le conseil de revision a statué.

Ces réclamations ne sauraient, dans aucun cas, faire suspendre la mise en route de l'appelé, puisque les pourvois formés devant le Conseil d'Etat n'ont eux-mêmes pas d'effet suspensif aux termes de l'article 32 de la loi.

Ceci semble indiquer qu'il peut y avoir contre les décisions du conseil de revision d'autres recours que le recours au Conseil d'État.

Le Ministre pourrait apprécier si une exemption ou une dispense ont été accordées indûment et faire application à l'homme du dernier alinéa de l'article 69, c'est-à-dire l'inscrire en tête de la liste.

264. C'est une grave erreur ; que le Ministre apprécie la décision, et s'il la croit illégale ou obtenue par fraude, qu'il poursuive le coupable ou défère la décision au Conseil d'État, rien de mieux ; mais que, sans pour-

suite et sans condamnation ou sans recours au Conseil
d'État, il applique le dernier alinéa de l'article 69,
c'est une fausse interprétation de l'article 69, ainsi
que nous le verrons sous cet article. C'est d'ailleurs
évidemment en opposition absolue avec les termes et
l'esprit de l'article 32.

De même, il serait contraire à l'article 32 que le
Ministre pût gracieusement, comme l'indique l'instruction, annuler la décision du conseil de revision au
profit d'un jeune homme.

Comme le ministre, quand l'État est victime d'une
erreur, le jeune homme retenu à tort n'a, aux termes
de l'article 32, qu'un seul mode de recours : le Conseil
d'État. Il faut d'ailleurs observer que ce recours est
permis non plus seulement comme avant la loi, pour
excès de pouvoir, mais aussi pour violation de la loi,
ce qui comprend toutes les erreurs, sauf celles relatives à l'état physique, qui sont corrigées sans difficulté par la réforme au corps.

ARTICLE 33.

Après que le conseil de revision a statué sur les cas
d'exemption, ainsi que sur toutes les réclamations auxquelles les
opérations peuvent donner lieu, la liste de recrutement cantonal
de la classe est définitivement arrêtée et signée par le conseil de
revision.

Cette liste, divisée en sept parties, comprend, par ordre de
numéros de tirage :

1° Tous les jeunes gens déclarés propres au service militaire
et qui ne doivent pas être classés dans les catégories suivantes :

2° Les jeunes gens dispensés en vertu de l'article 21 ;

3° Les jeunes gens dispensés en vertu des articles 23 et 50 ;

4° Les jeunes gens liés au service en vertu d'un engagement
volontaire, d'un brevet ou d'une commission, et les jeunes
marins inscrits ;

5° Les jeunes gens qui sont ajournés conformément à l'article
27 ci-dessus ;

6° Les jeunes gens qui ont été classés dans les services auxiliaires de l'armée ;

7° Les jeunes gens exclus en vertu des dispositions de l'article 4.

265. L'instruction du 28 mars 1890 détermine comme suit l'application de l'article 33 :

ÉTABLISSEMENT DE LA LISTE DU RECRUTEMENT CANTONAL.

125. Procès-verbal des séances.

Il est tenu, sur un registre coté et parafé à l'avance, procès-verbal des opérations effectuées dans chaque canton par le conseil de revision (modèle n° 6).

Ce procès-verbal indique la date et l'heure de l'ouverture de la séance, l'heure pour laquelle la convocation avait été faite, les circonstances qui auraient pu motiver un retard, les noms et qualités des membres du conseil, ainsi que des fonctionnaires civils ou militaires qui ont assisté à la séance en exécution de l'article 18 de la loi.

Il mentionne, en outre, les décisions rendues à l'égard de chacun des jeunes gens, l'avis du médecin militaire, les observations du sous-intendant, les incidents qui peuvent s'être produits et l'heure à laquelle la séance a été levée.

Il est lu en séance publique.

Le procès-verbal est signé par les membres du conseil de revision, par le médecin militaire et par le sous-intendant.

126. Listes du recrutement cantonal.

La liste du recrutement cantonal est préparée à l'avance par les soins du préfet, conformément au modèle n° 7 joint à la présente instruction.

Elle est divisée en sept parties, en exécution des prescriptions de l'article 33 de la loi.

Elle contient les noms de tous les jeunes gens maintenus sur les listes de tirage, et les décisions rendues à l'égard de chacun d'eux.

A l'expiration des délais qui peuvent avoir été accordés aux jeunes gens, et qui, dans aucun cas, ne sauraient se prolonger au delà du dixième jour qui suit la date fixée par décret pour la fin de la tournée de revision (n° 38 de la présente instruction), le conseil clôt et arrête les listes du recrutement cantonal.

266. Cette opération est constatée par une délibération conçue dans les termes suivants, et inscrite tant au procès-verbal des séances du conseil que sur la feuille qui enveloppera chacune des listes cantonales.

(Art. 33.)

CLASSE d

DÉPARTEMENT d

CANTON d

LISTE DU RECRUTEMENT CANTONAL.

Après s'être fait représenter les procès-verbaux des séances en date des , dans lesquelles il a été statué sur les jeunes gens appelés à concourir au tirage de la classe de 18 du canton d , tant sur ceux auxquels des délais ont été accordés que sur ceux qui n'en ont pas obtenu, le conseil de revision a constaté, conformément au vœu de la loi, que la présente liste reproduit avec exactitude les décisions rendues à l'égard des jeunes gens dont il s'agit.

En conséquence, les membres soussignés du conseil de revision déclarent close et arrêtée la liste du recrutement du canton d dont les sept parties se décomposent ainsi :

1re PARTIE.. $\cdot \left\{ \begin{array}{l}\text{Jeunes gens, y compris les sieurs} \\ \text{à l'égard desquels il ne pourra être statué définitive-} \\ \text{ment qu'à l'issue d'instances actuellement pendantes} \\ \text{devant les tribunaux.}\end{array} \right.$

2e PARTIE.. .. Jeunes gens dispensés en vertu de l'article 21 ;
3e PARTIE.. .. Jeunes gens dispensés en vertu des articles 23 et 50;
4e PARTIE.. .. Jeunes gens liés au service en vertu d'engagements volontaires, de brevets ou commissions, etc.;
5e PARTIE.. .. Jeunes gens ajournés;
6e PARTIE.. .·. Jeunes gens classés dans les services auxiliaires ;
7e PARTIE.. .. Jeunes gens exclus en vertu de l'article 4.

TOTAL.. égal au chiffre des jeunes gens maintenus sur les tableaux de recensement rectifiés par le conseil de revision, déduction faite de exemptés.

Après quoi, dépôt de la présente liste a été fait entre les mains de M. le préfet du département d

A , le 189 .

(Suivent les signatures.)

267. DÉPARTEMENT

d

—

ARRONDISSEMENT

d

—

CANTON

d

—

CLASSE DE

(Art. 33.)

MODÈLE Nº 6.

PROCÈS-VERBAL

des opérations du conseil de revision dans le canton d

L'an mil huit cent   , le

Le Conseil de revision convoqué pour ledit jour à
heure   du   et composé des membres soussignés,
savoir :

MM.   , préfet....................|président;
        , général de brigade........⟩
        , conseiller de préfecture...⟩membres,
        , conseiller général........⟩
        , conseiller d'arrondissement.⟩

s'est réuni pour procéder à la formation de la liste du
recrutement de la classe d   dans le canton d

Après avoir constaté la présence de

MM.   , sous-intendant militaire ;
        , commandant du bureau de recrutement;
        , médecin-major de   classe ;
        , sous-préfet de l'arrondissement,

et des maires des communes du canton, appelés par l'article 18 de la loi du 15 juillet 1889 à assister le Conseil
de revision, le président dudit conseil déclare la séance
ouverte à   heure d (1)

(1) Indiquer, s'il y a lieu, les motifs du retard apporté à l'ouverture de la séance.

Le Conseil, examen fait du procès-verbal des opérations du tirage, des tableaux de recensement ainsi que
des renseignements recueillis sur les absents, les omis,
etc., a rendu les décisions consignées ci-après à l'égard
de chacun des jeunes gens appelés à comparaître devant
lui dans l'ordre des numéros qui leur étaient échus au
tirage.

COMMUNE à laquelle appartiennent les jeunes gens.	NUMÉRO échu au tirage.	NOMS et PRÉNOMS.	AVIS du MÉDECIN.	DÉCISIONS prises par le Conseil de revision.	RÉPONSES aux questions posées aux jeunes gens.	INDICATION PAR LE CHIFFRE 1, 2, 3, 4, 5, 6 ou 7 de la partie de la liste du recrutement dans laquelle le jeune homme doit être compris.

(2) Consigner ici, s'il y a lieu, les observations faites par le sous-intendant militaire.

(3) Relater les incidents qui peuvent s'être produits.

(2)

(3)

Lecture faite publiquement du présent procès-verbal,
chacun des membres y a apposé sa signature ainsi que
le médecin militaire et le sous-intendant, et la séance a
été levée à   heure du

(Signature des membres du conseil.)

(Art. 33.)

Modèle n° 5.

Le double de cette liste
n'est plus transmis au
ministère de la guerre.

DEPARTEMENT D

CLASSE DE

LISTE

Par ordre de mérite, des jeunes soldats qui ont été dispensés à titre provisoire, comme soutiens indispensables de famille, en exécution de l'article 22 de la loi du 15 juillet 1889.

NUMÉROS d'ordre.	NOMS ET PRÉNOMS des JEUNES SOLDATS.	CANTONS auxquels ILS APPARTIENNENT.	NUMÉROS d'inscription sur la 1re partie de la liste du recrutement cantonal.	NUMÉROS qu'ils ont obtenus au tirage.	NOMBRE de jeunes soldats inscrits sur l'ensemble des 1res parties des listes du recrutement cantonal.	DÉTAILS SUR LA POSITION DE FAMILLE.	OBSERVATIONS.
1	2	3	5	4	6	7	8

Vu et certifié par nous, Préfet d

A　　　　　　　, le

189 .

269. 99. Les jeunes gens visés aux nᵒˢ 97 et 98 ci-dessus sont inscrits sur la 3ᵉ partie de la liste du recrutement.

Les jeunes gens établis à l'étranger hors d'Europe qui réclament l'application de l'article 50 de la loi du 15 juillet 1889;

Et ceux qui, inscrits sur les listes de la métropole, résident dans une colonie ou un pays de protectorat où il n'y a pas de troupes françaises stationnées peuvent, en vertu de l'article 82, bénéficier des dispositions dudit article 50,

Sont inscrits sur la troisième partie de la liste du recrutement cantonal, alors même qu'ils réclameraient, avec l'application de l'article 50, le bénéfice des articles 21 et 22; mais, s'ils rentrent en Europe avant l'âge de 30 ans, il leur est tenu compte par mesure administrative de la situation de famille qu'ils pouvaient invoquer devant le conseil de revision, sous la réserve que cette situation ne se serait pas modifiée.

270. JEUNES GENS ANNOTÉS COMME PRÉSENTS DANS L'ARMÉE ACTIVE.

115. Jeunes gens inscrits sur la 4ᵉ partie de la liste du recrutement.

Sont inscrits sur la 4ᵉ partie de la liste du recrutement:

1ᵒ Les élèves de l'Ecole polytechnique et de l'Ecole forestière, liés au service par des engagements de trois ans (art. 28 de la loi);

2ᵒ Les élèves de l'Ecole centrale des arts et manufactures, engagés pour quatre ans (art. 28 de la loi);

3ᵒ Les élèves du service de santé militaire, les élèves militaires des Ecoles vétérinaires et les élèves de l'Ecole de médecine navale liés au service dans les conditions spécifiées à l'article 29 de la loi;

4ᵒ Les engagés volontaires de trois à cinq ans;

5ᵒ Les officiers, les jeunes gens liés au service dans les armées de terre ou de mer en vertu d'un brevet ou d'une commission;

6ᵒ Les inscrits maritimes;

7ᵒ (à titre transitoire) Les engagés conditionnels de la loi de 1872 ayant accompli leur année de service, présents sous les drapeaux, ou en sursis.

116. Engagé réformé ou rayé par annulation d'engagement.

L'engagé volontaire renvoyé dans ses foyers avec un congé de réforme nᵒ 2 ou par suite de l'annulation de son acte d'engagement, et appelé plus tard à concourir au tirage au sort de sa classe, ne saurait être inscrit sur la 4ᵉ partie de la liste du recrutement. Le conseil de revision doit agir à son égard comme s'il n'avait pas appartenu à l'armée.

Quant à celui qui, pendant la durée de son engagement, a été réformé pour blessures reçues ou pour infirmités contractées dans les armées de terre ou de mer, il doit être porté sur la liste de tirage avec la mention suivante :

« *Dégagé de toute obligation militaire, a produit un congé de réforme n° 1.* »

271.   EXCLUS DE L'ARMÉE.

118. Hommes à inscrire sur la 7° partie de la liste du recrutement.

Les condamnés exclus de l'armée (art. 4 de la loi) ne sont plus, comme par le passé, rayés des listes.

Le conseil de revision les inscrit sur la 7° partie de la liste de recrutement ; ils sont mis par le commandant du bureau de recrutement à la disposition du Ministre de la marine, qui détermine les services auxquels ils peuvent être affectés.

Par suite de leur exclusion de l'armée, ils ne peuvent ni obtenir ni conférer la dispense.

DEUXIÈME SECTION.

DU CONSEIL DE REVISION DÉPARTEMENTAL. — DE LA TAXE MILITAIRE.

———

ARTICLE 34.

Quand les listes de recrutement de tous les cantons du département ont été arrêtées, le conseil de revision, composé ainsi qu'il est dit à l'article 18 ci-dessus, mais auquel seront adjoints deux autres membres du conseil général, se réunit au chef-lieu du département et prononce, en séance publique, sur les demandes de dispenses à titre de soutiens de famille, stipulées à l'article 22.

Les trois conseillers généraux et le conseiller d'arrondissement sont spécialement désignés à cet effet par la commission départementale.

Les ajournés de l'année précédente concourent entre eux dans les mêmes conditions.

272.   L'article 34 fixe la composition et la compétence du conseil de revision départemental.

Ce conseil spécial est composé comme le conseil cantonal, mais avec addition de deux conseillers généraux qui donnent la majorité à l'élément civil.

Ce conseil n'a, en effet, qu'une fonction plus civile que militaire ; il est institué uniquement pour juger les demandes de dispenses comme soutiens de famille de l'article 22.

Les demandes étant toujours supérieures au 5 0/0 du contingent à incorporer qui est le maximum de dispenses à accorder, le conseil doit comparer et classer les demandes, ce qui donne à ses opérations le caractère d'un concours plutôt que d'un examen.

273. Nous avons vu, sous l'article 22, comment doivent s'établir les demandes et comment elles sont soumises au conseil départemental. Nous n'avons rien à ajouter à cet égard.

Il faut seulement remarquer que les ajournés ne concourent qu'entre eux pour les dispenses de l'article 22.

274. Bien que la loi soit muette à cet égard, il est certain que les règles générales, instituées pour les conseils de revision cantonaux s'appliquent aux conseils départementaux comme, par exemple, le caractère définitif des décisions, le renvoi au conseil d'État, le mode de votation, les suppléants, les absents, etc., etc.

ARTICLE 35.

§ 1er. — **A partir du 1er janvier qui suivra la mise en vigueur de la présente loi, seront assujettis au payement d'une taxe militaire annuelle ceux qui, par suite d'exemption, d'ajournement, de classement dans les services auxiliaires ou dans la seconde partie du contingent, de dispense, ou pour tout autre motif, bénéficieront de l'exonération du service dans l'armée active.**

§ 2. — **Sont seuls dispensés de cette taxe :**

1° Les hommes réformés ou admis à la retraite pour blessures

reçues dans un service commandé ou pour infirmités contractées dans les armées de terre ou de mer ;

2° Les contribuables se trouvant dans un état d'indigence notoire.

§ 3. — La taxe militaire se compose de : 1° une taxe fixe de six francs (6 fr.) ; 2° une taxe proportionnelle égale au montant en principal de la cote personnelle et mobilière de l'assujetti.

Si cet assujetti a encore ses ascendants du premier degré ou l'un d'eux, la cote est augmentée du quotient obtenu en divisant la cote personnelle et mobilière de celui de ces ascendants qui est le plus imposé à cette contribution, en principal, par le nombre des enfants vivants et des enfants représentés dudit ascendant.

Au cas de non-imposition des ascendants du premier degré, il sera procédé comme il vient d'être dit sur la cote des ascendants du second degré, en tenant compte des enfants de l'ascendant de chaque degré.

Il n'est plus tenu compte de la cote des ascendants lorsque l'assujetti a atteint l'âge de 30 ans révolus et qu'il a un domicile distinct de celui de ses ascendants.

Les cotisations imposables sont celles qui sont portées aux rôles de la commune du domicile des contribuables. Elles sont déterminées sans égard aux prélèvements qui peuvent servir à les acquitter sur les produits de l'octroi.

§ 4. — La taxe fixe et la taxe proportionnelle sont réduites à proportion du temps pendant lequel l'assujetti n'a pas bénéficié de l'exonération établie à son profit dans le service de l'armée active.

La taxe fixe n'est pas due par les hommes exemptés pour des infirmités entraînant l'incapacité absolue du travail.

§ 5. — La taxe est établie au 1er janvier pour l'année entière.

Elle cesse par trois ans de présence effective des assujettis sous les drapeaux ou par leur inscription sur les registres matricules de l'inscription maritime.

Elle cesse également à partir du 1er janvier qui suit le passage de la classe de l'assujetti dans la réserve de l'armée territoriale.

Tout mois commencé est exigible en entier.

§ 6. — La taxe militaire est due par l'assujetti. A défaut de payement constaté par une sommation restée sans effet, elle est payée en son acquit par celui de ces ascendants dont la cotisation a été prise pour élément de calcul de la taxe, conformément au paragraphe 3° du présent article. Les ascendants ne sont plus responsables quand la taxe cesse d'être calculée sur leur cote, conformément au paragraphe 3° ci-dessus.

La taxe est exigible dans la commune où le redevable a son domicile à la date du 1er janvier.

Elle est recouvrée et les demandes en remise ou en décharge sont instruites et jugées comme en matière de contributions directes.

En cas de retard de payement de trois douzièmes consécutifs constaté par un commandement resté sans effet, il sera dû une taxe double pour les douzièmes échus et non payés.

§ 7. — Il est ajouté au montant de la taxe :

1° Cinq centimes par franc pour couvrir les décharges ou remises ainsi que les frais d'assiette et de confection des rôles. En cas d'insuffisance, il est pourvu au déficit par un prélèvement sur le montant de la taxe ;

2° Trois centimes par franc pour frais de perception.

§ 8. — Un règlement d'administration publique déterminera les mesures nécessaires pour l'exécution du présent article, qui n'aura pas d'effet rétroactif.

275. L'article 35 introduit dans nos lois militaires une importante innovation. Il établit la taxe militaire, c'est-à-dire non pas un impôt général destiné à faire face au budget de la guerre, mais un impôt spécial appliqué à ceux qui, pour une cause quelconque, ne tombent pas sous la règle générale du service de trois années égal pour tous. Le principe même de la taxe militaire a été vivement contesté et son application aux diverses catégories a été l'objet de longues discussions. Sans traiter cette question didactique qui sort du cadre pratique de cet ouvrage, il nous suffira de dire que la taxe militaire n'est que l'application du principe supérieur qui veut que la dette au pays soit payée par tout citoyen dans la mesure de ses forces et de ses moyens.

Ce qu'il nous est surtout utile de dégager ici, c'est l'idée générale sur laquelle repose l'article 35 et la pensée qui doit présider à son interprétation.

La première idée est celle-ci : tout citoyen doit au pays trois années de service actif ; s'il ne les donne pas pour une raison quelconque, il doit une compensation proportionnelle au temps qu'il ne donne pas.

La seconde idée est celle-ci : la compensation qui pèse sur l'exonéré doit être en rapport avec l'avantage qu'il retire de son exonération ; cet avantage s'apprécie de deux façons : il est d'abord égal pour tous : *taxe fixe;* puis proportionnel aux facultés de chacun : *taxe proportionelle.* C'est en partant de ce principe que nous avons maintenant à examiner les huit paragraphes de l'article 35.

276. Le paragraphe 1er indique quels sont les assujettis à la taxe.

Ce sont ceux qui au 1er janvier bénéficient de l'exonération du service dans l'armée active par suite :

1° D'exemption prononcée par le conseil de revision pour cause d'infirmités rendant impropre à tout service actif ou auxiliaire;

2° De réforme après incorporation;

3° De dispenses accordées en vertu des articles 21, 22, 23, 50, 81 et 82 de la loi, sans qu'il y ait lieu de faire aucune distinction entre les deux catégories de dispensés de l'article 22;

4° D'exclusion de l'armée par application de l'article 4 de la loi;

5° D'ajournement conformément à l'article 27 de la loi;

6° De classement dans les services auxiliaires;

7° De passage dans la 2e partie du contingent;

8° De renvoi dans les foyers en exécution de l'article 46;

276 (bis). 9° Ou de tout autre motif fondé sur les lois et règlements.

Le paragraphe 2 établit deux dispenses de taxe en faveur :

1° Des hommes réformés ou admis à la retraite pour blessures reçues dans un service commandé ou pour infirmités contractées dans les armées de terre ou de mer ;

2° Des contribuables se trouvant dans un état d'indigence notoire.

276 Qu'est-ce que l'indigence notoire et qui sera chargé *(ter).* de l'apprécier ?

A cette question, le rapporteur spécial de l'article 35 au Sénat, M. Boulanger, a répondu que la solution serait donnée par le règlement prévu d'administration publique ; mais il a fait connaître en même temps que l'intention de l'administration à cet égard était de procéder comme en matière de patente.

Les agents des contributions directes, assistés du maire et du percepteur, seront chargés de rédiger la matrice du rôle de la taxe militaire.

Ils vérifieront avec le plus grand soin et en s'entourant de tous renseignements la situation des redevables au point de vue de l'indigence. S'il y a divergence d'appréciation entre le maire et les agents des contributions directes, le directeur soumettra les contestations au préfet avec son avis motivé. Si le préfet n'adopte pas les propositions du directeur, il en sera référé au Ministre des finances.

Enfin, les intéressés ont toujours le recours que nous verrons institué par le paragraphe 6.

Il faut remarquer que, pour l'établissement de la matrice du rôle, les agents ont à se préoccuper aussi de la situation des ascendants dont la cote personnelle et mobilière doit servir de base à l'établissement de la taxe proportionnelle. L'indigence notoire doit s'étendre à ces ascendants ; car s'ils pouvaient acquitter la taxe, le redevable, quoique indigent personnellement, devrait être compris au rôle.

277. Le paragraphe 3 détermine la composition et le montant de la taxe militaire.

Cette taxe comprend d'abord une taxe fixe de 6 francs égale pour tous, puis une taxe proportionnelle.

La taxe proportionnelle comprend deux parties : l'une est égale au montant en principal seulement de la cote personnelle et mobilière de l'assujetti; l'autre repose sur cette présomption que, jusqu'à un certain, âge le jeune homme partage les ressources de sa famille. On établit cette seconde partie comme suit : on considère d'abord les ascendants du premier degré et on ne s'occupe que de celui qui a la cote personnelle et mobilière la plus élevée.

On divise alors cette cote en principal par le nombre d'enfants vivants ou représentés dudit ascendant, et le quotient ainsi obtenu donne le montant de la 2e partie de la taxe proportionnelle.

Si les ascendants du 1er degré ne sont pas imposés, on passe aux ascendants du 2e degré, et on ne s'occupe de même que de celui dont la cote personnelle et mobilière est la plus élevée. On divise alors cette cote en principal par le nombre d'enfants vivants ou représentés dudit ascendant; mais, en ce cas, le quotient ainsi obtenu subit une nouvelle opération : il est à son tour divisé par le nombre de frères et sœurs vivants ou représentés de l'assujetti, et ce n'est que le second quotient ainsi obtenu qui fixe le montant de la 2e partie de la taxe proportionnelle.

La taxe militaire comprend donc en réalité pour

l'assujetti : 1° une taxe fixe; 2° une taxe proportionnelle à sa situation personnelle; 3° une taxe proportionnelle à sa part éventuelle dans la fortune de ses ascendants, c'est-à-dire à sa situation de famille.

On comprend que cette dernière partie de la taxe, qui repose sur une présomption de dépendance, devait avoir une limite; elle cesse d'entrer en ligne de compte quand l'assujetti réunit ces deux conditions d'avoir 30 ans et un domicile distinct de celui de ses parents.

La cote mobilière dont il est question pour établir le montant de la taxe est uniquement celle qui est portée aux rôles de la commune du domicile de l'assujetti ou de ses ascendants. Elle est prise dans son intégralité et telle qu'elle est établie aux rôles sans avoir égard aux diminutions dont elle peut profiter dans les communes où les revenus de l'octroi servent à l'acquitter en tout ou en partie.

277 (bis). Le paragraphe 4 est l'application du principe que la taxe n'est due qu'en proportion du temps d'exonération. C'est le principe qui permet de résoudre une difficulté d'interprétation qui se présente ici.

Ce paragraphe pourrait en effet vouloir dire que la taxe entière étant due pour l'exonération telle que l'a établie la loi, totale ou partielle, ne doit être diminuée que lorsque, par une circonstance postérieure à cette exonération, l'assujetti en perd le bénéfice en tout ou en partie. Ainsi, par exemple, un fils de veuve est renvoyé après un an, il jouit de l'exonération de deux ans établie à son profit par la loi; il doit la taxe entière; mais sa mère se remarie et il est rappelé pour un an; il perd la moitié de son bénéfice et ne doit plus que la moitié de la taxe.

Ce n'est pas ainsi que doit être entendu le paragraphe 4 de l'article 35.

On doit trois années de service actif, ou la taxe entière, et l'on n'est soumis qu'à l'une ou à l'autre de ces obligations. Tout ce qu'on donne de la première est une décharge de la seconde. Exempté de tout service, je dois la taxe entière ; dispensé de deux années, je dois les 2/3 ; renvoyé après un an, je dois les 2/3 ; après deux ans, je dois 1/3 ; ajourné un an, je dois 1/3, deux ans 2/3, et si les circonstances ultérieures augmentent la durée du service actif que je donne à mon pays, ma taxe diminue proportionnellement jusqu'à disparaître quand j'ai accompli mes trois années de service actif.

Il faut remarquer que cette solution, qui est la seule équitable et rationnelle, ne comporte cette diminution proportionnelle qu'après le service accompli. Ainsi l'ajourné d'un an, qui ne devra plus que le tiers de la taxe quand il aura accompli ses deux années de service, sera imposé à la taxe entière au 1er janvier de l'année qui suivra son ajournement puisqu'à ce moment il sera dans la situation d'un exonéré n'ayant fait aucun service.

C'est exactement la situation du fils de veuve qui paiera les 2/3 de la taxe au 1er janvier qui suivra son renvoi, et qui ne devra plus qu'un tiers au 1er janvier qui suivra sa libération, s'il a été rappelé pendant un an.

277
(ter). Le paragraphe 4 établit une exonération partielle en faveur des hommes exemptés pour des infirmités

entraînant l'incapacité absolue de travail. Ils ne devront pas la taxe fixe.

Leur situation sera reconnue et établie aux rôles comme nous l'avons déjà vu pour l'indigence notoire ; mais les agents des contributions devront se rappeler que cette exonération est exclusivement acquise aux individus exemptés du service militaire par les conseils de revision pour cause d'infirmités entraînant l'incapacité absolue de travail, et qu'on ne saurait admettre à en bénéficier ceux qui sont devenus infirmes après avoir été affranchis du service militaire pour d'autres motifs.

278. Le paragraphe 5 fixe le point de départ de la taxe militaire et sa cessation.

La taxe est établie au 1er janvier seulement en raison de faits existant à cette date, et elle est due alors pour l'année entière.

Aussi, si le redevable vient à décéder, ses héritiers sont tenus au paiement de la taxe ou de la portion de la taxe non acquittée.

La fin du paragraphe 5 : *tout mois commencé est exigible en entier*, n'est nullement en contradiction avec la règle générale de l'établissement au 1er janvier pour l'année entière. Cette disposition s'applique seulement au cas où le redevable, étant appelé sous les drapeaux, cesse d'avoir à payer la taxe pendant son incorporation.

Il est en effet évident qu'il ne peut être question de payer une taxe pour un homme présent sous les drapeaux comme appelé au service actif. Quand l'assujetti est incorporé il doit le mois commencé ; mais aussi, quand il est libéré sans avoir fait trois ans, et que par suite la taxe revit, il ne doit rien pour le mois dans lequel il est libéré.

Les termes dont il est ainsi exempté sont alloués d'office en non-valeurs.

Il est bien entendu d'ailleurs qu'il n'y a aucune exemption pour tout service fait au titre de la réserve ou de l'armée territoriale.

278
(bis). La taxe militaire prend fin régulièrement au passage de l'assujetti dans la réserve de l'armée territoriale ; mais elle ne s'arrête qu'au 1er janvier qui suit le passage, de même qu'elle n'a commencé qu'au 1er janvier qui a suivi le bénéfice de l'exonération.

278
(ter). La taxe militaire cesse également quand disparaît sa cause légitime. Nous avons vu qu'elle était toujours proportionnelle au temps de service non accompli, sur les trois années légales ; il en résulte qu'elle se réduit à zéro quand les trois années sont complètes.

Il importe peu d'ailleurs que les trois années de service soient interrompues ; la loi n'exige qu'une chose, c'est le total de trois années de service. La taxe est au surplus payée pendant l'interruption. Ainsi un réformé après un an de service revient à la santé et s'engage, il a payé sa taxe pendant sa réforme, il cesse de la devoir quand il a complété ses trois années.

278
(4°). Ici se présente une question que ne résout pas formellement la loi, mais dont la solution a été très nettement affirmée dans la commission militaire du Sénat et rentre d'ailleurs dans le texte du paragraphe 5.

En cas de mobilisation et de guerre, le temps de service fait par les assujettis à la taxe rappelés à l'activité entre-t-il en compte pour la réduction proportionnelle de la taxe ou pour sa cessation s'il complète les trois années? En suivant scrupuleusement l'idée même de la taxe considérée comme une compensation de l'avantage qu'a l'exonéré vis-à-vis des autres, il semble que le rappel général en temps de guerre ne change pas la proportion des services rendus, et que l'exonéré, la guerre finie, a toujours sur ses camarades le même avantage d'avoir évité une partie de l'obligation en temps de paix. Mais le texte de la loi ne distingue pas entre les causes de rappel à l'activité, et il serait d'ailleurs singulier d'exclure du compte des années de présence au service actif la période la plus utile, la plus sérieuse et la plus active.

C'est ce qu'a voulu formellement la commission du Sénat, et c'est ce que l'administration entend appliquer.

278 (5°). La taxe cesse encore par l'inscription de l'assujetti sur les registres matricules de l'inscription maritime.

Cette prescription est la conséquence de l'article 30 de la loi, qui considère les inscrits maritimes comme ayant satisfait à l'appel de leur classe.

Comme nous l'avons déjà vu pour les rappelés, l'assujetti doit toujours, quand cesse la taxe, le douzième en cours.

L'article 30 de la loi prévoit aussi le cas où un inscrit maritime, un breveté ou un commissionné redeviennent soumis au recrutement. Ils ont alors à accomplir le temps de service actif qui leur reste à faire; mais il est bien entendu que, s'ils profitent d'une exemption ou d'une dispense pour échapper à cette obligation, ils sont dans la situation ordinaire de tous les autres exonérés et soumis à la taxe proportionnellement à leur bénéfice d'exonération.

279. Le paragraphe 6 détermine qui doit la taxe, le lieu où elle est exigible, le mode de recouvrement et de réclamation, et enfin la sanction du non-paiement de la taxe.

C'est l'assujetti qui est débiteur direct de la taxe.

279 (bis). Mais la loi lui donne comme caution obligée l'ascendant dont la cote personnelle et mobilière a été prise pour élément du calcul de la taxe. Dès une sommation restée sans effet, le percepteur apprécie s'il pourra obtenir paiement en poursuivant, et, s'il ne le croit pas, il procède au recouvrement contre l'ascendant.

L'ascendant paie alors en l'acquit de l'assujetti débiteur direct, et, si des poursuites sont nécessaires, si une pénalité est infligée, tout ce que l'ascendant est obligé de payer en fin de compte reste à la charge de l'assujetti, en l'acquit duquel tout est payé par l'ascendant.

On comprend que cette responsabilité des ascendants cesse quand la taxe n'est plus calculée sur leur cote.

279 (ter). C'est dans la commune où le redevable a son domicile à la date du 1er janvier que la taxe est exigible, et il n'y a pas à distinguer à cet égard entre les différentes parties de la taxe; la partie même calculée sur la cote de l'ascendant est imposée au domicile de l'assujetti.

279 (4°). La taxe est payable par douzièmes; mais, en cas de déménagement hors du ressort de la perception, l'assujetti est tenu d'acquitter immédiatement la taxe ou portion de taxe dont il reste débiteur.

En cas de retard de paiement de trois douzièmes consécutifs constaté par un commandement resté sans effet, il est infligé une pénalité qui consiste dans le doublement de la taxe pour les douzièmes échus et non payés.

Le commandement doit être considéré comme étant resté sans effet, dès qu'il a été nécessaire de procéder à la saisie.

279 (5°). Le recouvrement s'opère comme en matière de contributions directes. Il en est de même pour les demandes en remise ou décharge, sauf l'avis nécessaire du commandant de recrutement quand le réclamant fonde sa réclamation sur sa situation au point de vue du service militaire.

279 (6°). Le paragraphe 7 ajoute au montant de la taxe 5 centimes additionnels par franc pour les frais d'assiette et de confection des rôles et pour les remises ou décharges, et 3 centimes pour les frais de perception.

Enfin, le paragraphe 8 prévoit un règlement d'administration publique qui déterminera les mesures nécessaires pour l'exécution du présent article.

Ce décret n'a pas encore paru, mais les indications fournies dans la discussion de la loi et les avis souvent exprimés de l'administration permettent de présumer quelles seront ces mesures dont le cadre est déjà déterminé par l'article lui-même, et qui ne peuvent être sensiblement différentes du commentaire que nous donnons ci-dessus.

280. Une dernière question se pose. La taxe militaire est-elle applicable en Algérie et dans les colonies où le service actif est atténué? Il est évident qu'il y a là une véritable exonération, et que les dispositions de la loi militaire étant applicables aux colonies et à l'Algérie, sauf pour la durée du service, la taxe militaire est nécessairement applicable. Seulement, dans les localités où il n'y a pas de contribution personnelle mobilière, la taxe militaire ne comprendra que la taxe fixe.

CHAPITRE III.

DU REGISTRE MATRICULE.

ARTICLE 36.

Il est tenu par subdivision de région un registre matricule sur lequel sont portés tous les jeunes gens inscrits sur les listes de recrutement cantonal.

Ce registre mentionne l'incorporation de chaque homme inscrit ou la position dans laquelle il est laissé et, successivement, tous les changements qui peuvent survenir dans sa situation jusqu'à sa libération définitive.

Tout homme inscrit sur le registre matricule reçoit un livret individuel, qu'il est tenu de présenter à toute réquisition des autorités militaire, judiciaire ou civile.

En cas d'appel à l'activité ou de convocation pour des manœuvres, exercices ou revues, la représentation du livret individuel doit avoir lieu dans les vingt-quatre heures de la réquisition.

En tout autre cas, le délai est de huit jours.

281. L'article 36 pose les bases de ce que l'on pourrait appeler l'état civil militaire. Il y a un registre matricule par subdivision, et ce registre est tenu par les bureaux de recrutement. Il mentionne, au point de vue militaire, tout ce qui concerne les jeunes gens portés sur les listes de recrutement cantonal, et est constamment tenu à jour, pour chaque homme, jusqu'à sa libération définitive.

De nombreuses circulaires et instructions, qui n'intéressent que les bureaux de recrutement, déterminent la forme du registre matricule et les conditions dans lesquelles il doit être tenu. Tant que l'homme est au corps, c'est au chef de corps qu'incombe l'obligation de tenir son bureau de recrutement au courant des changements survenus. Après sa libération du service actif, c'est au bureau de recrutement à suivre chaque homme dans ses passages successifs dans les diverses catégories de l'armée. Mais l'homme lui-même est tenu, dans certains cas, de faire connaître ses mouvements pour faciliter au bureau de recrutement la tenue du registre. Nous .verrons ces cas à l'article 55.

282. Ce qui est plus important, et ce qui peut échapper au recrutement, c'est le décès des hommes inscrits sur le registre matricule. A cet égard, des instructions très précises sont données aux maires. Toutes les fois qu'un maire reçoit une déclaration de décès concernant un homme de 20 à 40 ans, il doit en aviser le bureau de recrutement de la subdivision. C'est là une prescription à laquelle les maires doivent se conformer scrupuleusement ; ils manqueraient gravement à leurs devoirs en la négligeant.

283. Indépendamment du registre matricule qui est le grand-livre de la dette militaire, il y a le livret individuel qui est délivré à chaque homme, qui établit sa situation militaire et qu'il doit conserver avec lui avec le plus grand soin. Ce livret est tenu à jour comme le registre matricule, avec lequel il doit toujours concorder exactement.

A cet effet, l'homme est tenu de déposer son livret à la mairie à chacun de ses passages dans une catégorie nouvelle ; le livret, remis au bureau de recrutement, est mis à jour et rendu à l'homme dans le plus bref délai.

A toute réquisition des autorités militaire, judiciaire et civile, l'homme doit présenter son livret dans un délai de huit jours ; mais ce délai est réduit à vingt-quatre heures en cas d'appel à l'activité ou de convocation pour des manœuvres, exercices ou revues.

Au surplus, le livret militaire contient lui-même les indications nécessaires ; chaque homme doit s'y référer et se bien pénétrer des obligations qui y sont rappelées.

284. Les manquements à ces diverses obligations sont punis de peines disciplinaires infligées par l'autorité militaire.

Mais la question de savoir si les punitions peuvent être exécutées en dehors du service est fort délicate. Nous renvoyons, à cet égard, aux explications complètes de l'article 50.

285. On voit quelle importance ont les bureaux de recrutement, et il importe de bien indiquer la situation de ces bureaux.

Le territoire de la France, sauf le département de la Seine, celui de Seine-et-Oise et la ville de Lyon avec ses quatre cantons voisins, Neuville, Givors, Villeurbanne et Saint-Genis-Laval, est divisé en 18 régions de corps d'armée, divisées chacune en 8 subdivisions, soit, en tout, 144.

Au chef-lieu de chacune des subdivisions se trouve un bureau de recrutement duquel relèvent *tous* les hommes de la subdivision de région soumis au service, aussi bien les jeunes soldats de la 1re et de la 2e portion des contingents que les disponibles, les réservistes de l'armée active et les hommes affectés aux corps de troupe de l'armée territoriale.

Nous donnons le tableau de la division militaire de la France, arrêté par le décret du 6 avril 1874, en faisant remarquer que si chaque chef-lieu de subdivision a un bureau de recrutement d'où dépendent les hommes de la subdivision, il y a à cette règle six exceptions que nous signalons après le tableau.

(Art. 36.)

Iʳᵉ RÉGION, chef-lieu LILLE.

Comprend les départements du NORD et du PAS-DE-CALAIS.

N°ˢ des subdivisions de la région.	CHEFS-LIEUX des SUBDIVISIONS et des bureaux de recrutement.	DÉPARTEMENTS	ARRONDISSEMENTS	CANTONS
			qui concourent à la formation des subdivisions de la région.	
1ʳᵉ	Lille............	Nord............	Lille............	
2ᵉ	Valenciennes....	Nord............	Valenciennes....	
3ᵉ	Cambrai........	Nord............	Douai. Cambrai........	Cambrai est et ouest, Marcoing, Solesmes et Carnières.
4ᵉ	Avesnes........	Nord............	Avesnes. Cambrai........	Clary et le Cateau.
5ᵉ	Arras...........	Pas-de-Calais....	Arras.	
6ᵉ	Béthune........	Pas-de-Calais....	Béthune. Saint-Pol.	
7ᵉ	Saint-Omer......	Pas-de-Calais....	Saint-Omer. Boulogne. Montreuil.	
8ᵉ	Dunkerque......	Nord............	Dunkerque. Hazebrouck.	

IIᵉ RÉGION, chef-lieu Amiens.

Comprend les départements de l'Aisne de l'Oise, de la Somme, de Seine-et-Oise (arrondissement de Pontoise) et de la Seine (cantons de Saint-Denis et de Pantin, 10ᵉ, 19ᵉ et 20ᵉ arrondissements de Paris).

Nᵒˢ des subdivisions de la région.	CHEFS-LIEUX des SUBDIVISIONS et des bureaux de recrutement.	DÉPARTEMENTS	ARRONDISSEMENTS	CANTONS
			qui concourent à la formation des subdivisions de la région.	
1ʳᵉ	Soissons.........	Aisne...........	Soissons. / Château-Thierry.	
		Seine-et-Oise.....	Fraction de l'arrondissement de Pontoise.	
		Seine..........	Fraction des cantons de Saint-Denis et de Pantin, et des 10ᵉ, 19ᵉ et 20ᵉ arrondissements de Paris.	
2ᵉ	Saint-Quentin....	Aisne...........	Saint-Quentin. / Vervins.	
3ᵉ	Beauvais........	Oise...........	Beauvais. / Clermont.	
		Seine-et-Oise.....	Fraction de l'arrondissement de Pontoise.	
		Seine..........	Fraction des cantons de Saint-Denis et de Pantin, et des 10ᵉ, 19ᵉ et 20ᵉ arrondissements de Paris.	
4ᵉ	Amiens.........	Somme.........	Amiens.	
		Seine-et-Oise.....	Fraction de l'arrondissement de Pontoise.	
		Seine..........	Fraction des cantons de Saint-Denis et de Pantin, et des 10ᵉ, 19ᵉ et 20ᵉ arrondissements de Paris.	
5ᵉ	Compiègne.......	Oise...........	Compiègne. / Senlis.	
		Seine-et-Oise	Fraction de l'arrondissement de Pontoise.	
		Seine..........	Fraction des cantons de Saint-Denis et de Pantin, et des 10ᵉ, 19ᵉ et 20ᵉ arrondissements de Paris.	
6ᵉ	Abbeville........	Somme.........	Abbeville. / Doullens.	
		Seine-et-Oise.....	Fraction de l'arrondissement de Pontoise.	
		Seine..........	Fraction des cantons de Saint-Denis et de Pantin, et des 10ᵉ, 19ᵉ et 20ᵉ arrondissements de Paris.	
7ᵉ	Laon	Aisne...........	Laon.	
		Seine-et-Oise.....	Fraction de l'arrondissement de Pontoise.	
		Seine..........	Fraction des cantons de Saint-Denis et de Pantin, et des 10ᵉ, 19ᵉ et 20ᵉ arrondissements de Paris.	
8ᵉ	Péronne	Somme.........	Péronne. / Montdidier.	
		Seine-et-Oise	Fraction de l'arrondissement de Pontoise.	
		Seine..........	Fraction des cantons de Saint-Denis et de Pantin, et des 10ᵉ, 19ᵉ et 20ᵉ arrondissements de Paris.	

IIIᵉ RÉGION, chef-lieu ROUEN.

Comprend les départements du CALVADOS, de l'EURE, de la SEINE-INFÉRIEURE, de SEINE-ET-OISE (arrondissement, de Mantes et de Versailles) et de la SEINE (cantons de Courbevoie et de Neuilly, 1ᵉʳ, 7ᵉ, 8ᵉ, 9ᵉ, 15ᵉ, 16ᵉ, 17ᵉ et 18ᵉ arrondissements de Paris).

Nᵒˢ des subdivisions de la région.	CHEFS-LIEUX des SUBDIVISIONS et des bureaux de recrutement.	DÉPARTEMENTS.	ARRONDISSEMENTS	CANTONS
			qui concourent à la formation des subdivisions de la région	
1ᵉʳ	Bernay	Eure	Pont-Audemer. Bernay.	
		Seine-et-Oise	Fraction des arrond. de Mantes et de Versailles.	
		Seine	Fraction des cantons de Courbevoie et de Neuilly et des 1ᵉʳ, 7ᵉ, 8ᵉ, 9ᵉ, 15ᵉ, 16ᵉ, 17ᵉ et 18ᵉ arrondissements de Paris.	
2ᵉ	Evreux	Eure	Evreux.	
		Seine-et-Oise	Fraction des arrond. de Mantes et de Versailles.	
		Seine	Fraction des cantons de Courbevoie et de Neuilly et des 1ᵉʳ, 7ᵉ, 8ᵉ, 9ᵉ, 15ᵉ, 16ᵉ, 17ᵉ et 18ᵉ arrondissements de Paris.	
3ᵉ	Falaise	Calvados	Vire. Falaise.	
		Seine-et-Oise	Fraction des arrond. de Mantes et de Versailles.	
		Seine	Fraction des cantons de Courbevoie et de Neuilly, et des 1ᵉʳ, 7ᵉ, 8ᵉ, 9ᵉ, 15ᵉ, 16ᵉ, 17ᵉ et 18ᵉ arrondissements de Paris.	
4ᵉ	Lisieux	Calvados	Pont-l'Evêque. Lisieux.	
		Seine-et-Oise	Fraction des arrond. de Mantes et de Versailles.	
		Seine	Fractions des cantons de Courbevoie et de Neuilly, et des 1ᵉʳ, 7ᵉ, 8ᵉ, 9ᵉ, 15ᵉ, 16ᵉ, 17ᵉ et 18ᵉ arrondissements de Paris.	
5ᵉ	Rouen (nord)	Seine-Inférieure	Rouen.	Moins les cantons de Boos, Grand-Couronne, Elbeuf, Rouen (rive gauche).
			Dieppe. Neufchâtel.	
		Seine-et-Oise	Fraction des arrond. de Mantes et de Versailles.	
		Seine	Fraction des cantons de Courbevoie et de Neuilly et des 1ᵉʳ, 7ᵉ, 8ᵉ, 9ᵉ, 15ᵉ, 16ᵉ, 17ᵉ et 18ᵉ arrondissements de Paris.	
6ᵉ	Rouen (sud)	Seine-Inférieure	Rouen.	Boos, Grand-Couronne, Elbeuf et Rouen (rive gauche).
		Eure	Les Andelys. Louviers.	
		Seine-et-Oise	Fraction des arrond. de Mantes et de Versailles.	
		Seine	Fraction des cantons de Courbevoie et de Neuilly et des 1ᵉʳ, 7ᵉ, 8ᵉ, 9ᵉ, 15ᵉ, 16ᵉ, 17ᵉ et 18ᵉ arrondissements de Paris.	
7ᵉ	Caen	Calvados	Caen. Bayeux.	
		Seine-et-Oise	Fraction des arrond. de Mantes et de Versailles.	
		Seine	Fraction des cantons de Courbevoie et de Neuilly et des 1ᵉʳ, 7ᵉ, 8ᵉ, 9ᵉ, 15ᵉ, 16ᵉ, 17ᵉ et 18ᵉ arrondissements de Paris.	
8ᵉ	Le Havre	Seine-Inférieure	Le Havre. Yvetot.	
		Seine-et-Oise	Fraction des arrond. de Mantes et de Versailles.	
		Seine	Fraction des cantons de Courbevoie et de Neuilly et des 1ᵉʳ, 7ᵉ, 8ᵉ, 9ᵉ, 15ᵉ, 16ᵉ, 17ᵉ et 18ᵉ arrondissements de Paris.	

IVe RÉGION, chef-lieu LE MANS.

Comprend les départements d'EURE-ET-LOIR, de la MAYENNE, de l'ORNE, de la SARTHE, de SEINE-ET-OISE (arrondissement de Rambouillet) et de la SEINE (cantons de Villejuif et de Sceaux, 4°, 5°, 6°, 13° et 14° arrondissements de Paris).

N° des subdivisions de la région.	CHEFS-LIEUX des SUBDIVISIONS et des bureaux de recrutement.	DÉPARTEMENTS	ARRONDISSEMENTS	CANTONS
			qui concourent à la formation des subdivisions de la région.	
1re	Laval............	Mayenne............ Seine-et-Oise........ Seine.............	Château-Gontier. Laval............... Fraction de l'arrondissement de Rambouillet. Fraction des cantons de Villejuif et de Sceaux, et des 4°, 5°, 6°, 13° et 14° arrondissements de Paris.	Moins le canton du Chailland.
2°	Mayenne..........	Mayenne............ Seine-et-Oise........ Seine.............	Mayenne. Laval............... Fraction de l'arrondissement de Rambouillet. Fraction des cantons de Villejuif et de Sceaux, et des 4°, 5°, 6°, 13° et 14° arrondissements de Paris.	Chailland.
3°	Mamers..........	Sarthe............. Seine-et-Oise...... Seine.............	Mamers. Saint-Calais........ Le Mans........... Fraction de l'arrondissement de Rambouillet. Fraction des cantons de Villejuif et de Sceaux, et des 4°, 5°, 6°, 13° et 14° arrondissements de Paris.	Moins le canton de Château-de-Loir. Ballon, Montfort et 3° canton de Mans.
4°	Le Mans..........	Sarthe............ Seine-et-Oise........ Seine.............	La Flèche. Le Mans........... Saint-Calais........ Fraction de l'arrondissement de Rambouillet. Fraction des cantons de Villejuif et de Sceaux, et des 4°, 5°, 6°, 13° et 14° arrondissements de Paris.	1er et 2° cantons du Mans, Sillé, Conlie, Loué, la Suze, Ecommoy. Château-du-Loir.
5°	Dreux............	Eure-et-Loir........ Seine-et-Oise........ Seine.............	Chartres........... Nogent-le-Rotrou. Dreux.............. Fraction de l'arrondissement de Rambouillet. Fraction des cantons de Villejuif et de Sceaux et des 4°, 5°, 6°, 13° et 14° arrondissements de Paris.	Chartres (nord), Courville, Maintenon.
6°	Chartres..........	Eure-et-Loir........ Seine-et-Oise........ Seine.............	Châteaudun. Chartres........... Fraction de l'arrondissement de Rambouillet. Fraction des cantons de Villejuif et de Sceaux, et des 4°, 5°, 6°, 13° et 14° arrondissements de Paris.	Chartres (sud), Anneau, Illiers, Voves, Janville.
7°	Alençon..........	Orne............... Seine-et-Oise........ Seine.............	Alençon. Mortagne. Fraction de l'arrondissement de Rambouillet. Fraction des cantons de Villejuif et de Sceaux, et des 4°, 5°, 6°, 13° et 14° arrondissements le Paris.	
8°	Argentan	Orne............... Seine-et-Oise........ Seine.............	Argentan. Domfront. Fraction de l'arrondissement de Rambouillet. Fraction des cantons de Villejuif et de Sceaux, et des 4°, 5°, 6°, 13° et 14° arrondissements de Paris.	

Vᵉ RÉGION, chef-lieu ORLÉANS.

Comprend les départements du LOIRET, de LOIR-ET-CHER, de SEINE-MARNE, de l'YONNE, de SEINE-ET-OISE (arrondissements d'Etampes et de Corbeil) et de la SEINE (cantons de Charenton et de Vincennes, 2ᵉ, 3ᵉ, 11ᵉ et 12ᵉ arrondissements de Paris.)

Nᵒˢ des subdivisions de la région.	CHEFS-LIEUX des SUBDIVISIONS et des bureaux de recrutement.	DÉPARTEMENTS	ARRONDISSEMENTS	CANTONS
			qui concourent à la formation des subdivisions de la région.	
1ʳᵉ	Sens	Yonne	Sens.	
			Joigny	Cerisiers, Villeneuve-sur-Yonne, Brienon et Joigny.
		Seine-et-Oise	Fraction des arrondissements d'Etampes et de Corbeil.	
		Seine	Fraction des cantons de Charenton et de Vincennes, et des 2ᵉ, 3ᵉ, 11ᵉ et 12ᵉ arrondissements de Paris.	
2ᵉ	Fontainebleau	Seine-et-Marne	Fontainebleau.	
			Provins.	
		Seine-et-Oise	Fraction des arrondissements d'Etampes et de Corbeil.	
		Seine	Fraction des cantons de Charenton et de Vincennes, et des 2ᵉ, 3ᵉ, 11ᵉ et 12ᵉ arrondissements de Paris.	
3ᵉ	Melun	Seine-et-Marne	Melun.	
			Coulommiers	Rozoy.
		Seine-et-Oise	Fraction des arrondissements d'Etampes et de Corbeil.	
		Seine	Fraction des cantons de Charenton et de Vincennes, et des 2ᵉ, 3ᵉ, 11ᵉ et 12ᵉ arrondissements de Paris.	
4ᵉ	Coulommiers	Seine-et-Marne	Meaux.	
			Coulommiers	Moins Rozoy.
		Seine-et-Oise	Fraction des arrondissements d'Etampes et de Corbeil.	
		Seine	Fraction des cantons de Charenton et de Vincennes, et des 2ᵉ, 3ᵉ, 11ᵉ et 12ᵉ arrondissements de Paris.	
5ᵉ	Auxerre	Yonne	Auxerre.	
			Avallon.	
			Tonnerre.	
6ᵉ	Montargis	Loiret	Montargis.	
			Gien.	
		Yonne	Joigny	Saint-Julien, Charny, Aillant, Bléneau et Saint-Fargeau.
7ᵉ	Blois	Loir-et-Cher.		
8ᵉ	Orléans	Loiret	Orléans.	
			Pithiviers.	

VIe RÉGION, chef-lieu CHALONS-SUR-MARNE.

Comprend les départements des ARDENNES, de l'AUBE, de la MARNE, de MEURTHE-ET-MOSELLE, de la MEUSE et des VOSGES.

Nos des subdivisions de la région.	CHEFS-LIEUX des SUBDIVISIONS et des bureaux de recrutement.	DÉPARTEMENTS	ARRONDISSEMENTS	CANTONS
		qui concourent à la formation des subdivisions de la région.		
1re	Nancy	Meurthe-et-Moselle	Nancy. Lunéville.	Nancy (ouest) et Saint-Nicolas.
		Vosges	Saint-Dié.	
2e	Toul	Meurthe-et-Moselle	Toul. Nancy	Moins Nancy (ouest) et Saint-Nicolas.
3e	Neufchâteau	Vosges	Epinal. Mirecourt. Remiremont. Neufchâteau.	
4e	Verdun	Meurthe-et-Moselle	Briey	Briey, Conflans, Chambley.
		Meuse	Verdun. Bar-le-Duc. Commercy.	
5e	Mézières	Ardennes	Rocroi. Mézières. Sedan.	
		Meuse	Montmédy.	
		Meurthe-et-Moselle	Briey	Longuyon, Longwy, Audun.
6e	Reims	Marne	Reims.	
		Ardennes	Vouziers. Rethel.	
7e	Troyes	Aube		
8e	Châlons-sur-Marne	Marne	Ste-Menehould. Châlons. Vitry. Epernay.	

VIIe RÉGION, chef-lieu BESANÇON.

Comprend les départements de l'AIN, du DOUBS, du JURA, de la HAUTE-MARNE, du HAUT-RHIN, de la HAUTE-SAÔNE et du RHÔNE (canton de Neuville, 4e et 5e arrondissements de Lyon).

N° de la subdivision.	CHEFS-LIEUX des SUBDIVISIONS et des bureaux de recrutement.	DÉPARTEMENTS	ARRONDISSEMENTS	CANTONS
			qui concourent à la formation des subdivisions de la région.	
1er	Belfort	Haut-Rhin	Belfort.	
		Haute-Saône	Lure	Champagney.
		Doubs	Baume-les-Dames. Montbéliard.	
2^e	Vesoul	Haute-Saône	Vesoul. Lure	Moins Champagney.
3^e	Langres	Haute-Marne	Langres. Chaumont	Arc-en-Barrois.
		Haute-Saône	Gray.	
		Rhône	Lyon	4e arrondissement de Lyon.
4^e	Chaumont	Haute-Marne	Chaumont Vassy.	Moins Arc-en-Barrois.
		Rhône	Lyon	Neuville et 5e arrondissement de Lyon.
5^e	Lons-le-Saunier	Jura	Lons-le-Saunier. Poligny. Dôle Saint-Claude.	Chaumergy, Chaussin et Montbarrey.
6^e	Besançon	Doubs	Besançon. Pontarlier.	
		Jura	Dôle	Moins Chaumergy, Chaussin et Montbarrey.
7^e	Bourg	Ain	Bourg.	Moins Pont-d'Ain.
			Trévoux	Moins Montluel, Chalamont, Meximieux.
8^e	Belley	Ain	Belley. Gex. Nantua. Bourg	Pont-d'Ain.
			Trévoux	Montluel, Chalamont, Meximieux.

VIIIᵉ RÉGION, chef-lieu Bourges.

Comprend les départements du CHER, de la CÔTE-D'OR, de la NIÈVRE, de SAÔNE-ET-LOIRE et du RHÔNE
(arrondissement de Villefranche).

Nᵒˢ des subdivisions de la région.	CHEFS-LIEUX des SUBDIVISIONS et des bureaux de recrutement.	DÉPARTEMENTS	ARRONDISSEMENTS	CANTONS
		qui concourent à la formation des subdivisions de la région.		
1ʳᵉ	Auxonne........	Saône-et-Loire...	Louhans.........	Saint-Pierre-en-Bresse.
			Chalon	Chagny, Verdun-sur-Doubs et Saint-Martin-en-Bresse.
		Côte-d'Or.......	Beaune.	
			Dijon...........	Auxonne et Pontailler.
2ᵉ	Dijon..........	Côte-d'Or.......	Châtillon.	
			Semur.	
			Dijon...........	Moins Auxonne et Pontailler.
3ᵉ	Chalon-sur-Saône	Saône-et-Loire...	Mâcon..........	Cluny, Saint-Gengoux, Lugny et Tournus.
			Louhans.........	Moins St-Pierre-en-Bresse.
			Chalon	Moins Chagny, Verdun-sur-Doubs et Saint-Martin-en-Bresse.
4ᵉ	Mâcon..........	Saône-et-Loire...	Mâcon..........	Mâcon (nord et sud), la Chapelle, Tramayes et Matour.
		Rhône..........	Villefranche.	
5ᵉ	Cosne	Cher...........	Sancerre.	
		Nièvre..........	Clamecy.	
			Cosne.	
6ᵉ	Bourges.........	Cher...........	Bourges.	
			Saint-Amand.....	Moins la Guerche, Sancoins et Nérondes.
7ᵉ	Autun	Saône-et-Loire...	Charoles.	
			Autun.	
8ᵉ	Nevers	Nièvre..........	Château-Chinon..	
			Nevers.	
		Cher...........	Saint-Amand. ...	La Guerche, Sancoins et Nérondes.

IXᵉ RÉGION, chef-lieu Tours.

Comprend les départements de Maine-et-Loire, d'Indre-et-Loire, de l'Indre, des Deux-Sèvres et de la Vienne.

Nᵒ des subdivisions de la région.	CHEFS-LIEUX des subdivisions et des bureaux de recrutement.	DÉPARTEMENTS	ARRONDISSEMENTS	CANTONS
			qui concourent à la formation des subdivisions de la région.	
1ʳᵉ	Châteauroux.....	Indre...........	Issoudun. La Châtre. Châteauroux.....	Moins Châtillon et Ecueillé.
2ᵉ	Le Blanc........	Indre........... Vienne.......... Indre-et-Loire....	Châteauroux..... Le Blanc. Montmorillon. Loches.	Châtillon et Ecueillé.
3ᵉ	Parthenay......	Deux-Sèvres....	Parthenay. Bressuire. Niort.	
4ᵉ	Poitiers.........	Vienne.......... Deux-Sèvres.....	Poitiers.......... Civray. Melle.	Moins Saint-Julien, Saint-Georges, Neuville et Mirebeau.
5ᵉ	Châtellerault.....	Vienne.......... Indre-et-Loire....	Châtellerault. Loudun. Poitiers.......... Chinon..........	St-Julien, St-Georges, Neuville et Mirebeau. Moins Langeais et Bourgueil.
6ᵉ	Tours	Indre-et-Loire.... Maine-et-Loire...	Tours. Chinon.......... Saumur.......... Baugé..........	Langeais et Bourgueil. Saumur (nord-est, nord-ouest et sud-est). Noyant et Longué.
7ᵉ	Angers	Maine-et-Loire...	Segré. Baugé.......... Angers..........	Moins Noyant et Longué. Moins Chalonne, Ponts-de-Cé et Thouaré.
8ᵉ	Cholet..........	Maine-et-Loire...	Cholet. Angers.......... Saumur..........	Ponts-de-Cé, Cholonne et Thouaré. Moins Saumur (nord-est, nord-ouest et sud-est).

Xe RÉGION, chef-lieu RENNES.

Comprend les départements des COTES-DU-NORD, de la MANCHE et d'ILLE-ET-VILAINE.

N°° des subdivisions de la région.	CHEFS-LIEUX des SUBDIVISIONS et des bureaux de recrutement.	DÉPARTEMENTS	ARRONDISSÉMENTS	CANTONS
			qui concourent à la formation des subdivisions de la région	
1re	Guingamp.......	Côtes-du-Nord ...	Guingamp. Lannion.	
2ª	Saint-Brieuc.....	Côtes-du-Nord ...	Saint-Brieuc. Loudéac.	
3e	Rennes..........	Ille-et-Vilaine....	Rennes. Redon. Montfort.	
4ª	Vitré...........	Ille-et-Vilaine....	Vitré. Fougères.	
5e	Cherbourg.......	Manche..........	Valognes. Cherbourg.	
6e	Saint-Malo.......	Ille-et Vilaine.... Côtes-du-Nord ...	Saint-Malo. Dinan.	
7e	Granville........	Manche..........	Avranches. Mortain.	
8e	Saint-Lô........	Manche..........	Saint-Lô. Coutances.	

XIe RÉGION, chef-lieu NANTES.

Comprend les départements du FINISTÈRE, de la LOIRE-INFÉRIEURE, du MORBIHAN et de la VENDÉE.

Nº des subdivisions de la région.	CHEFS-LIEUX des SUBDIVISIONS et des bureaux de recrutement.	DÉPARTEMENTS	ARRONDISSEMENTS	CANTONS
			qui concourent à la formation des subdivisions de la région.	
1re	Nantes.........	Loire-Inférieure..	Nantes........... Saint-Nazaire. Paimbœuf.	Moins Carquefou, Vertou, le Loroux, Vallet, Clisson et Aigrefeuille.
2e	Ancenis.........	Loire-Inférieure..	Ancenis. Châteaubriant. Nantes..........	Carquefou, Vertou, le Loroux, Vallet, Clisson et Aigrefeuille.
3e	La Roche-sur-Yon	Vendée..........	La Roche-sur-Yon Les Sables d'Olonne.	Moins Mortagne, les Herbiers et Chantonnay.
4e	Fontenay........	Vendée..........	La Roche-sur-Yon Fontenay.	Mortagne, les Herbiers et Chantonnay.
5e	Vannes.........	Morbihan.......	Vannes. Ploërmel.	
6e	Quimper........	Finistère.......	Quimper. Quimperlé. Châteaulin.	
7e	Brest..........	Finistère.......	Brest. Morlaix.	
8e	Lorient.........	Morbihan.......	Lorient. Pontivy.	

XIIᵉ RÉGION, chef-lieu LIMOGES.

Comprend les départements de la CHARENTE, de la CORRÈZE, de la CREUSE, de la DORDOGNE
et de la HAUTE-VIENNE.

Nᵒˢ des subdivisions de la région.	CHEFS-LIEUX des SUBDIVISIONS et des bureaux de recrutement.	DÉPARTEMENTS	ARRONDISSEMENTS	CANTONS
			qui concourent à la formation des subdivisions de la région.	
1ʳᵉ	Limoges.........	Haute-Vienne....	Limoges. Rochechouart.... Saint-Yrieix.....	Moins Saint-Junien. Nexon et Châlus.
		Creuse	Bourganeuf......	Moins Bénévent.
		Dordogne........	Nontron.	Moins Mareuil, Champagnac, Thiviers, Lanouaille et Jumilhac.
2ᵉ	Magnac-Laval ...	Haute-Vienne....	Rochechouart. .... Bellac.	Saint-Junien.
		Charente........	Confolens.	
		Creuse..........	Guéret	La Souterraine et Grand-Bourg.
			Bourganeuf......	Bénévent.
3ᵉ	Guéret..........	Creuse..........	Aubusson. Boussac.	
			Guéret..........	Moins la Souterraine et Grand-Bourg.
4ᵉ	Tulle...........	Corrèze.........	Tulle. Ussel.	
5ᵉ	Périgueux.......	Charente	Barbezieux. Ribérac.	
		Dordogne.......	Nontron.	Mareuil et Champagnac.
			Périgueux......	Moins Excideuil, Hautefort et Thenon.
6ᵉ	Angoulême	Charente	Angoulême. Ruffec. Cognac.	
7ᵉ	Brive...........	Dordogne.......	Nontron	Lanouaille, Jumilhac et Thiviers.
			Périgueux	Excideuil, Hautefort et Thenon.
			Sarlat.	Terrasson.
		Haute-Vienne....	Saint-Yrieix.	Saint-Yrieix et Saint-Germain.
		Corrèze.........	Brive.	
8ᵉ	Bergerac	Dordogne.......	Bergerac. Sarlat.	Moins Terrasson.

XIIIe RÉGION, chef-lieu CLERMONT-FERRAND.

Comprend les départements de l'ALLIER, de la LOIRE, du PUY-DE-DÔME, de la HAUTE-LOIRE, du CANTAL et du RHÔNE (canton de l'Arbresle, Condrieu, Limonest, Mornant, Saint-Symphorien, Saint-Laurent et Vaugneray).

N^os des subdivisions de la région.	CHEFS-LIEUX des SUBDIVISIONS et des bureaux de recrutement.	DÉPARTEMENTS.	ARRONDISSEMENTS	CANTONS
			qui concourent à la formation des subdivisions de la région.	
1re	Riom............	Puy-de-Dôme....	Riom. Thiers. Clermont........	Clermont (nord-est, nord-ouest et sud-ouest), Rochefort, Bourg-Lastic et Herment.
2^e	Montluçon........	Allier............	Moulins. Montluçon. Gannat.	
3^e	Clermont-Ferrand	Puy-de-Dôme....	Clermont......... Issoire. Ambert.	Moins Clermont (nord-est, nord-ouest et sud-ouest), Rochefort, Bourg-Lastic et Herment.
4^e	Aurillac.........	Haute-Loire...... Cantal.	Brioude..........	Blesle, Auzon, la Chaise-Dieu, Brioude et Lavoûte.
5^e	Le Puy..........	Haute-Loire......	Le Puy. Yssingeaux. Brioude..........	Pinols, Lengeac et Paulhaguet.
6^e	Saint-Etienne....	Loire............	Saint-Etienne.	
7^e	Montbrison	Loire............ Rhône...........	Montbrison. Lyon............	L'Arbresle, Condrieu, Limonest, Mornant, Saint-Symphorien, Saint-Laurent et Vaugneray.
8^e	Roanne	Allier............ Loire............	La Palisse. Roanne.	

XIVᵉ RÉGION, chef-lieu GRENOBLE.

Comprend les départements des ALPES (HAUTES-), de la DROME, de l'ISÈRE, de la SAVOIE, de la SAVOIE (HAUTE-)
et du RHONE (cantons de Givors, Saint-Genis-Laval, Villeurbanne, 1ᵉʳ, 2ᵉ, 3ᵉ et 6ᵉ arrondissements de Lyon.

Nᵒˢ des subdivisions de la région.	CHEFS-LIEUX de s SUBDIVISIONS et des bureaux de recrutement.	DÉPARTEMENTS	ARRONDISSEMENTS	CANTONS
			qui concourent à la formation des subdivisions de la région.	
1ᵉʳ	Grenoble........	Isère	Grenoble.	
2ᵉ	Bourgoin	Isère	Tour-du-Pin (La). Saint-Marcellin.	
3ᵉ	Annecy..........	Savoie (Haute-).		
4ᵉ	Chambéry	Savoie.		
5ᵉ	Vienne..........	Isère	Vienne.	
		Rhône..........	Lyon	Givors et 6ᵉ arrondissement de Lyon.
6ᵉ	Romans	Drôme..........	Valence.	
		Rhône..........	Lyon...........	3ᵉ arrondissement de Lyon.
7ᵉ	Montélimar	Drôme..........	Montélimar. Die. Nyons.	
		Rhône..........	Lyon	Villeurbanne et 1ᵉʳ arrondissement de Lyon.
8ᵉ	Gap	Alpes (Hautes-).		
		Rhône..........	Lyon	Saint-Genis-Laval et 2ᵉ arrondissement de Lyon.

XVe RÉGION, chef-lieu MARSEILLE.

Comprend les départements des ALPES (BASSES-), des ALPES-MARITIMES, de l'ARDÈCHE, des BOUCHES-DU-RHÔNE, de la CORSE, du GARD, du VAR et de VAUCLUSE.

N°s des subdivisions de la région.	CHEFS-LIEUX des SUBDIVISIONS et des bureaux de recrutement.	DÉPARTEMENTS	ARRONDISSEMENTS	CANTONS
			qui concourent à la formation des subdivisions de la région.	
1re	Toulon	Var	Brignoles. Toulon.	
		Bouches-du-Rhône	Marseille	Aubagne, la Ciotat, Roquevaire, centre extra et sud extra de Marseille.
2e	Antibes	Alpes-Maritimes.		
		Var	Draguignan.	
			Arles.	
		Bouches-du-Rhône	Aix.	
3e	Aix		Marseille	Centre intra, nord intra, nord extra et sud intra de Marseille.
		Alpes (Basses.)		
4e	Ajaccio	Corse.		
5e	Nimes	Gard	Nimes. Alais. Vigan (Le).	
6e	Avignon	Vaucluse.		
7e	Privas	Ardèche	Tournon. Privas	Moins Viviers, Bourg-Saint-Andéol et Villeneuve-de-Berg.
		Gard	Uzès.	
8e	Pont-Saint-Esprit.	Ardèche	Argentière (L'). Privas	Viviers, Bourg-Saint-Andéol et Villeneuve-de-Berg.

XVIᵉ RÉGION, chef-lieu MONTPELLIER.

Comprend les départements de l'AUDE, de l'AVEYRON, de l'HÉRAULT, de la LOZÈRE, du TARN
et des PYRÉNÉES-ORIENTALES.

Nᵒˢ des subdivisions de la région.	CHEFS-LIEUX des SUBDIVISIONS et des bureaux de recrutement.	DÉPARTEMENTS	ARRONDISSEMENTS	CANTONS
			qui concourent à la formation des subdivisions de la région.	
1ʳᵉ	Béziers..........	Hérault..........	Béziers. Saint-Pons.	
2ᵉ	Montpellier......	Hérault......... Aveyron........	Montpellier. Lodève. Saint-Affrique.	
3ᵉ	Mende..........	Lozère.......... Aveyron........	Milhau.	
4ᵉ	Rodez	Aveyron........	Rodez. Villefranche. Espalion.	
5ᵉ	Narbonne........	Aude..........	Narbonne. Carcassonne..... Limoux.	Moins Saissac, Montréal, Alzonne et Carcassonne (est et ouest).
6ᵉ	Perpignan. ...:...	Pyrén.-Orientales.		
7ᵉ	Cascassonne.....	Tarn........... Aude..........	Castres. Castelnaudary. Carcassonne	Saissac, Montréal, Alzonne et Carcassonne (est et ouest).
8ᵉ	Albi.............	Tarn...........	Albi. Gaillac. Lavaur.	

XVIIᵉ RÉGION, chef-lieu TOULOUSE.

Comprend les départements de l'ARIÈGE, de la HAUTE-GARONNE, du GERS, du LOT, de LOT-ET-GARONNE et de TARN-ET-GARONNE.

N° des subdivisions de la région.	CHEFS-LIEUX des SUBDIVISIONS et des bureaux de recrutement.	DÉPARTEMENTS	ARRONDISSEMENTS	CANTONS
			qui concourent à la formation des subdivisions de la région.	
1re	Agen	Tarn-et-Garonne	Castelsarrazin	Saint-Nicolas, Lavit et Beaumont.
			Moissac.	
		Lot-et-Garonne	Agen.	
			Nérac	Nérac et Francescas.
		Gers	Condom	Condom et Montréal.
			Lectoure	Lectoure et Miradoux.
2e	Marmande	Lot-et-Garonne	Marmande.	
			Villeneuve	Moins Villeréal, Montflanquin, Fumel et Tournon.
			Nérac	Moins Nérac et Francescas.
3e	Cahors	Lot	Figeac	Cajarc.
			Gourdon	Payrac, Gourdon, Salviac, St-Germain et la Bastide.
			Cahors.	
		Lot-et-Garonne	Villeneuve	Villeréal, Montflanquin, Fumel et Tournon.
		Tarn-et-Garonne	Montauban	Molières et Montpezat.
4e	Montauban	Lot	Gourdon	Moins Payrac, Gourdon, Salviac, Saint-Germain et la Bastide.
			Figeac	Moins Cajarc.
			Montauban	Moins Molières et Montpezat.
		Tarn-et-Garonne	Castelsarrasin	Castelsarrasin, Montech, Verdun et Grisoles.
5e	Toulouse	Haute-Garonne	Toulouse.	
			Villefranche.	
			Muret	Saint-Lis, Muret et Auterive.
6e	Foix	Haute-Garonne	Muret	Cintegabelle.
		Ariège	Famiers.	
			Foix.	
			Saint-Girons	Massat.
7e	Mirande	Gers	Mirande.	
			Auch.	
			Condom	Moins Condom et Montréal.
			Lectoure	Moins Lectoure et Miradoux.
			Lombez.	
8e	Saint-Gaudens	Haute-Garonne	Muret	Moins Cintegabelle, Saint-Lis, Muret et Auterive.
			Saint-Gaudens.	
		Ariège	Saint-Girons	Moins Massat.

XVIIIe RÉGION, chef-lieu BORDEAUX.

Comprend les départements de la CHARENTE-INFÉRIEURE. de la GIRONDE, des LANDES, des BASSES-PYRÉNÉES et des HAUTES-PYRÉNÉES.

N^{os} des subdivisions de la région.	CHEFS-LIEUX des SUBDIVISIONS et des bureaux de recrutement.	DÉPARTEMENTS	ARRONDISSEMENTS	CANTONS
		qui concourent à la formation des subdivisions de la région.		
1re	Saintes..........	Charente-Inférre..	Saintes. Marennes. Jonzac.	
2e	La Rochelle	Charente-Inférre..	La Rochelle. Rochefort. St-Jean-d'Angély.	
3e	Libourne.	Gironde.	Libourne. Blaye. La Réole.	
4e	Bordeaux........	Gironde.	Bordeaux. Lesparre. Bazas.	
5e	Mont-de-Marsan..	Landes..........	Mont-de-Marsan. Saint-Sever. Dax	Montfort et Castets.
6e	Bayonne........	Basses-Pyrénées . Landes..........	Bayonne. Mauléon. Dax	Moins Montfort et Castets.
7e	Pau.............	Basses-Pyrénées .	Pau. Orthez. Oloron.	
8e	Tarbes..........	Hautes-Pyrénées.		

Des 144 bureaux de recrutement ci-dessus dépendent les subdivisions où ils sont établis, sauf les exceptions suivantes, résultant de ce qu'il existe en outre neuf autres bureaux :

Un à Digne, annexe de celui d'Aix, et d'où relève le département des Basses-Alpes, qui se trouve cependant dans la subdivision d'Aix ;

Un à Versailles, d'où relève le département de Seine-et-Oise, qui se trouve cependant partagé entre toutes les subdivisions des 2e, 3e, 4e et 5e régions, sauf Auxerre, Montargis, Blois et Orléans ;

Un à Lyon, d'où relèvent la ville de Lyon et les quatre cantons de Neuville, Givors, Villeurbanne et Saint-Genis-Laval qui se trouvent cependant partagés entre les subdivisions de Langres, Chaumont, Vienne, Romans, Montélimar et Gap.

Six à Paris : un bureau central rue Saint-Dominique-Saint-Germain, n° 71, et cinq bureaux annexes ci-après :

1er bureau poste-caserne n° 5 (poste de la Chapelle-Saint-Denis), d'où relève la fraction de la Seine qui se trouve dans les subdivisions de la 2e région ;

2e bureau poste-caserne n° 8 (porte de Passy), d'où relève la fraction de la Seine placée dans la subdivision de la 3e région ;

3e bureau poste-caserne n° 12 (porte de Châtillon), d'où relève la fraction de la Seine placée dans la subdivision de la 4e région ;

4e bureau poste-caserne n° 1 (poste de Charenton), d'où relève la portion de la Seine placée dans la subdivision de la 5e région, sauf Auxerre, Montargis, Blois et Orléans ;

5ᵉ bureau poste-caserne n° 6 (porte de Saint-Ouen), pour l'administration des hommes de la réserve et de l'armée territoriale étrangers au département de la Seine.

A ce total de 153 bureaux, il convient d'ajouter les trois bureaux de recrutement de l'Algérie, correspondant aux trois départements et installés à Alger, Oran et Constantine, ce qui donne le chiffre total, pour tout le pays, de 156 bureaux de recrutement. Ce chiffre devra certainement s'augmenter de bureaux de recrutement coloniaux.

TITRE III.

DU SERVICE MILITAIRE.

CHAPITRE Iᵉʳ.

BASES DU SERVICE.

ARTICLE 37.

Tout Français reconnu propre au service militaire fait partie successivement :

De l'armée active pendant trois ans ;
De la réserve de l'armée active pendant sept ans ;
De l'armée territoriale pendant six ans ;
De la réserve de l'armée territoriale pendant neuf ans.

ARTICLE 38.

Le service militaire est réglé par classe.
L'armée active comprend, indépendamment des hommes qui ne proviennent pas des appels, tous les jeunes gens déclarés propres au service militaire et faisant partie des trois dernières classes appelées.

La réserve de l'armée active comprend tous les hommes qui ont accompli le temps de service prescrit pour l'armée active.

L'armée territoriale comprend tous les hommes qui ont accompli depuis moins de six ans le temps de service prescrit pour l'armée active et sa réserve.

La réserve de l'armée territoriale comprend les hommes qui ont accompli le temps de service prescrit pour cette dernière armée.

86. Les articles 37 et 38 ne forment en réalité qu'un seul article, ou plutôt l'article 38 n'est que la paraphrase de l'article 37.

Ces deux articles sont l'application pratique de la durée du service militaire portée à vingt-cinq années par la loi nouvelle, et ils fixent la répartition de ces vingt-cinq années entre les différentes catégories de l'armée.

Ce sont ceux qui abaissent à trois années la durée du service actif ; ils sont par suite la base même de la loi militaire.

En eux-mêmes, ils ne demandent pas d'explication ; mais ils apportent à l'état des citoyens actuellement soumis aux lois militaires un certain nombre de changements qui sont signalés dans une circulaire du ministère de la guerre en date du 31 décembre 1889, que nous reproduirons par extraits sous les articles qu'elle concerne :

1° Durée du service dans les différentes catégories.

Duré du service dans les différentes catégories (armée active, réserve de l'armée active, armée territoriale, réserve de cette armée).

D'autre part, l'article 37 a modifié la durée du service dans les différentes catégories de l'armée.

Par suite, les dates de passage dans la réserve de l'armée active, dans l'armée territoriale et dans la réserve de cette armée devront être également modifiées pour les hommes astreints au service, en tenant compte à la fois du changement du point de départ initial et de la durée du service dans les différentes catégories.

287.   Pour les engagés volontaires, le point initial de leur service sera maintenu, mais les dates de leur passage dans les diverses catégories de réserve devront être modifiées d'après les prescriptions de la loi.

288.   Date de la libération définitive.

Les articles 2 et 37 imposent à chaque homme vingt-cinq années de service militaire. La date de libération des classes et celle des engagés volontaires doivent donc être déterminées d'après cette base, que l'homme ait dépassé ou non l'âge de 45 ans.

289.   2ᶜ **Durée du service dans l'armée active et sa réserve.**

———

Composition de l'armée active et de sa réserve.

Aux termes de l'article 37 précité, l'armée active ne se compose plus que de trois classes, mais la réserve de cette armée en comprend sept.

Pour la période du 1ᵉʳ novembre 1889 au 31 octobre 1890, les classes appartenant à ces deux catégories sont les suivantes :

Armée active (trois clases)	classes de 1888, 1887 et 1886.
Réserve de l'armée active (sept classes)	classes de 1885, 1884, 1883, 1882, 1881, 1880 et 1879.

Dispositions transitoires appliquées à la classe 1885.

En vertu de la latitude accordée par l'article 88, une partie de la classe 1885 a toutefois été conservée sous les drapeaux.

Les hommes de la classe 1885 maintenus au corps sont considérés comme faisant partie de l'armée active jusqu'au moment de leur renvoi dans leurs foyers.

Les hommes ainsi maintenus à leur corps ne compteront donc dans la réserve qu'à partir du jour de leur renvoi dans leurs foyers. Néanmoins, ils devront être classés dans l'armée territoriale et dans la réserve de cette armée, respectivement, à partir du 1ᵉʳ novembre des années 1896 et 1902.

Les hommes de cette classe, renvoyés dans leurs foyers, font partie de la réserve.

L'autre partie de la classe 1885, qui a été renvoyée dans ses foyers au mois de septembre dernier, doit être considérée comme faisant partie de la réserve de l'armée active, depuis le 1ᵉʳ novembre 1889.

A cette même date, les hommes à la disposition appartenant à la classe 1885 ont perdu cette qualité et doivent désormais être classés comme réservistes.

Ces dispositions transitoires seraient également appliquées, l'an prochain, à la classe 1886, si elle était conservée partiellement sous les drapeaux, postérieurement au 1er novembre 1890.

Hommes de la classe 1884.

Quant à la classe 1884, elle est tout entière entrée dans la réserve de l'armée active, y compris les hommes « à la disposition » qui en font partie.

Il en est de même des autres classes qui, en vertu de l'article 37, comptent dans cette catégorie, pour la période du 1er novembre 1889 au 31 octobre 1890 inclus, savoir :

Classes de 1883, 1882, 1881, 1880 et 1879.

Classe 1879 réintégrée dans la réserve jusqu'au 1er novembre 1890.

Pour cette dernière, qui était passée dans l'armée territoriale depuis le 1er juillet 1889, elle devra être réintégrée immédiatement dans la réserve et y demeurer jusqu'au 1er novembre 1890.

90.   ## 3° Armée territoriale et réserve de cette armée.

Composition de l'armée territoriale et de sa réserve.

L'armée territoriale se compose de six classes et sa réserve de neuf classes.

Du 1er novembre 1889 au 31 octobre 1890, ces deux catégories comprendront les classes ci-après :

Armée territoriale (six classes)... } Classes de { 1878, 1877, 1876, 1875, 1874 et 1873.

Réserve de l'armée territoriale (neuf classes)....................... } Classes de { 1872, 1871, 1870, 1869, 1868, 1867, 1866, 1865 et 1864.

Hommes des classes 1874 et 1873, réintégrés dans l'armée territoriale.

Les hommes des classes 1874 et 1873 qui, en exécution de la loi du 27 juillet 1872, étaient passés dans la réserve de l'armée territoriale respectivement au 1er juillet des années 1888 et 1889, devront compter dans l'armée territoriale proprement dite jusqu'au 1er novembre des années 1890 et 1891.

Quant aux hommes des classes 1868 à 1864 inclus qui, sous le régime de la loi précitée, étaient déjà libérés du service militaire, ils seront astreints de nouveau à cette obligation, jusqu'à ce qu'ils aient accompli vingt-cinq années de service.

291. 4° **Dispositions spéciales aux hommes de l'armée de mer.**

Dispositions de la loi du 4 décembre 1875, abrogées par l'article 94 de la loi du 15 juillet 1889.

Aux termes de l'article 37 de la loi du 27 juillet 1872, modifié par la loi du 4 décembre 1875, la durée du service pour les hommes de l'armée de mer comprenait :

Neuf années passées dans l'activité ou la réserve, puis onze années dans la réserve de l'armée territoriale.

Ces dispositions sont abrogées par l'article 94 de la loi du 15 juillet 1889, qui n'en a pas édicté de spéciales pour le temps de service dû par les hommes affectés à l'armée de mer.

Durée du service imposé aux hommes de l'armée de mer dans les différentes catégories. — Mesures à prendre pour ceux de ces hommes appartenant aux classes 1879 à 1864.

Ils rentrent donc dans la règle générale posée par l'article 37 de cette loi.

Par suite, il y a lieu de prendre les mesures, ci-après, au sujet des hommes qui appartiennent aux classes de 1879 à 1873 et qui ont été versés dans la réserve de l'armée territoriale :

1° Ceux de la classe 1879 doivent être réintégrés dans la réserve de l'armée active (armée de mer) ;

2° Ceux des classes 1878 à 1873 doivent faire partie de l'armée territoriale (armée de terre) ;

3° Enfin, les hommes des classes 1872 à 1864 comptent dans la réserve de cette armée (armée de terre).

292. 5° **Hommes des services auxiliaires.**

Le passage des hommes des services auxiliaires dans les différentes catégories, s'effectuera dans les mêmes conditions que celui des hommes appartenant à leur classe de recrutement.

293. La prolongation de la durée du service de la loi

de 1889 devait également s'appliquer aux officiers de réserve et de territoriale, comme à tous les hommes du service.

A l'égard de ces officiers, le Ministre a arrêté les dispositions suivantes le 13 septembre 1889 :

Les officiers et assimilés de réserve qui devraient passer cette année dans l'armée territoriale seront maintenus dans leur situation actuelle.

Ceux d'entre eux dont le passage dans l'armée territoriale aurait été déjà prononcé seront réintégrés dans le cadre des officiers de réserve.

Les officiers et assimilés de l'armée territoriale qui ont été rayés des cadres comme ayant accompli le temps de service imposé par la loi du 27 juillet 1872 et qui, par suite de leur âge, sont encore astreints aux obligations militaires en vertu de la loi du 15 juillet 1889, seront réintégrés dans leur ancien grade, s'ils en font la demande.

Les officiers et assimilés de réserve et de l'armée territoriale, maintenus dans leur grade, bien qu'ayant satisfait aux obligations de la loi du 27 juillet 1872, qui sont âgés de moins de 45 ans, et qui demanderont à être rayés des cadres, devront donner leur démission. Ils seront alors tenus d'achever, comme soldats, avec les hommes de la classe à laquelle ils appartiennent, le temps de service imposé par la nouvelle loi.

ARTICLE 39.

Chaque année, après l'achèvement des opérations du recrutement, le Ministre de la guerre fixe sur la liste du tirage au sort de chaque canton et proportionnellement, en commençant par les numéros les plus élevés, le nombre d'hommes qui seront envoyés dans leurs foyers en disponibilité après leur première année de service. Ces jeunes soldats resteront néanmoins à la disposition du Ministre, qui pourra les conserver sous les drapeaux ou les rappeler si leur conduite et leur instruction laissent à désirer, ou si l'effectif budgétaire le permet.

294. L'article 39, adopté par la Chambre des députés sous la pression d'une absolue nécessité, établit une deuxième portion du contingent par l'envoi dans la disponibilité, après un an de service, des jeunes gens dont le nombre est fixé par le Ministre de la guerre après les opérations du conseil de revision et qui sont désignés par les derniers numéros du tirage au sort.

Mais il n'y a aucun rapport entre cette deuxième portion du contingent et celle de la loi de 1872.

Sous l'ancienne loi régulièrement appliquée, la deuxième portion du contingent ne pouvait être moindre du tiers de chaque contingent.

Aujourd'hui, elle n'est plus qu'une soupape de sûreté permettant au Ministre de laisser échapper le trop plein du contingent par rapport à ses ressources budgétaires. Quel sera le jeu de cette soupape? C'est une question fort intéressante pour les jeunes gens qui tirent au sort. Ils ne doivent pas se faire d'illusion. Avec l'augmentation des effectifs, tout le contingent devient nécessaire pendant les trois années; la soupape ne jouera plus guère.

295. Néanmoins, l'article 39 reste une précaution utile, et il nous faut dire en quelques mots quelle est la situation des jeunes gens visés par lui.

Appelés pour une année seulement, ils ne sont pas versés dans les armes spéciales qui demandent une plus longue instruction; leur numéro les met à l'abri de l'armée de mer et des troupes coloniales.

Après leur service, ils passent dans la disponibilité de l'armée active jusqu'à leur passage dans la réserve. Cette situation est sensiblement la même que l'envoi en congé des articles 21, 22 et 23.

Aussi le Ministre, dans sa circulaire du 31 décembre 1889, applique-t-il la même règle à toutes les catégories.

Ils cessent de compter au corps dans lequel ils ont accompli leur service d'activité et sont affectés à l'un des corps de leur arme alimenté par la subdivision de leur domicile.

Leur livret individuel doit être pourvu d'un fascicule contenant ordre de route, récépissé et feuille spéciale aux appels, valable jusqu'au moment du passage dans l'armée territoriale.

Ces hommes sont astreints aux déclarations de changement de domicile et de résidence imposées par l'article 55. S'ils sont rappelés, ils rejoignent le nouveau corps auquel ils ont été affectés et y terminent leur service d'activité.

Il y a cependant une différence entre les hommes en congé des articles 21, 22 et 23, et les hommes de la disponibilité.

Les premiers sont libérés définitivement sauf les rappels nécessités par la défense nationale; les seconds restent à la disposition du Ministre qui peut les retenir sous les drapeaux et les y rappeler à sa simple volonté, si le jeu de ses effectifs le permet. En fait, la situation est bien la même, mais en droit on peut considérer que les hommes de la disponibilité sont plus près du régiment.

ARTICLE 40.

La durée du service compte du 1er novembre de l'année de l'inscription sur les tableaux de recensement, et l'incorporation du contingent doit avoir lieu, au plus tard, le 16 novembre de la même année.

En temps de paix, chaque année, au 31 octobre, les militaires qui ont accompli le temps de service prescrit:

1° Soit dans l'armée active;
2° Soit dans la réserve de l'armée active;
3° Soit dans l'armée territoriale;
4° Soit dans la réserve de l'armée territoriale,

sont envoyés respectivement:

1° Dans la réserve de l'armée active ;
2° Dans l'armée territoriale ;
3° Dans la réserve de l'armée territoriale ;
4° Dans leurs foyers, comme libérés à titre définitif.

Mention de ces divers passages et de la libération est faite sur le livret individuel.

Après les grandes manœuvres, la totalité de la classe dont le service actif expire le 31 octobre suivant peut être renvoyée dans ses foyers en attendant son passage dans la réserve.

Dans le cas où les circonstances paraîtraient l'exiger, le Ministre de la guerre et le Ministre de la marine sont autorisés à conserver provisoirement sous les drapeaux la classe qui a terminé sa troisième année de service.

Notification de cette décision sera faite aux Chambres dans le plus bref délai possible.

En temps de guerre, les passages et la libération n'ont lieu qu'après l'arrivée de la classe destinée à remplacer celle à laquelle les militaires appartiennent. Cette disposition est exceptionnellement applicable, dès le temps de paix, aux hommes servant aux colonies.

Les militaires faisant partie de corps mobilisés peuvent y être maintenus jusqu'à la cessation des hostilités, quelle que soit la classe à laquelle ils appartiennent.

En temps de guerre, le Ministre peut appeler par anticipation la classe qui ne serait appelée que le 1er novembre suivant.

296. L'article 40 fixe le point de départ du service militaire de chaque classe de recrutement au 1er novembre de l'année de l'inscription des hommes sur les tableaux de recensement. Il faut remarquer que cette date, aux termes de l'article 93, s'applique également aux classes qui sont actuellement au service.

L'incorporation du contingent doit avoir lieu dans la première quinzaine de novembre ; l'article 40 a ainsi pour but d'assurer la plénitude du service de trois ans.

297. Cependant, après les grandes manœuvres qui ont lieu généralement en septembre, le Ministre peut renvoyer la classe qui termine son service le 31 octobre suivant. Le texte de la loi permettrait au Ministre, en reculant les grandes manœuvres jusqu'au 4 ou 5 novembre, de renvoyer toute une classe après deux années de service; mais *l'esprit* de la loi est trop clair pour permettre cet abus du texte.

On peut se demander si cette disposition s'applique aux jeunes gens qui ne font qu'une année. Nous estimons que le Ministre peut les renvoyer avec la classe après les grandes manœuvres. En effet, cette disposition de l'article 40 est générale, et le texte des articles 21, 22 et 23 : *après un an de présence sous les drapeaux,* ne met pas obstacle à son application aux dispensés, puisqu'elle a précisément pour but de considérer comme temps de service actif la période comprise entre les grandes manœuvres et le 1er novembre, comme celle entre le 1er et le 15 novembre, alors même que les hommes sont absents du corps, soit qu'ils aient été renvoyés, soit qu'ils n'aient pas encore été incorporés.

298. L'article 40 apporte à la durée du service des exceptions importantes fondées sur des nécessités de défense.

C'est d'abord le droit pour les Ministres de la guerre et de la marine de conserver provisoirement sous les drapeaux la classe qui a terminé sa troisième année de service.

Il ressort de la discussion de la loi que c'est une mesure absolument exceptionnelle qui ne peut être justifiée que par des circonstances tout à fait sérieuses et jamais par la seule pensée d'assurer un complément d'instruction.

Il est plus délicat de décider si le Ministre peut user partiellement de cette faculté. Nous aurions été très disposé à penser que cette mesure grave ne pouvait être que générale; mais lors de la discussion au Sénat, le général Robert ayant demandé pourquoi la commission avait supprimé les mots : *en tout ou en partie,* le rapporteur répondit que ces mots étaient inutiles et qu'il était évident que le Ministre, pouvant retenir *le tout,* pouvait retenir une partie seulement.

En tous cas, il a été nettement établi qu'il s'agissait uniquement de conserver et nullement de rappeler; une fois la classe partie et passée par suite dans la réserve, elle ne peut plus être rappelée que dans les conditions ordinaires de la mobilisation.

Cependant, il faut remarquer que lorsque le Ministre renvoie la classe par anticipation après les grandes manœuvres, les hommes sont simplement en disponibilité, attendant leur passage dans la réserve, lequel ne peut avoir lieu que le 31 octobre; de telle sorte que si, avant cette date, il voulait rappeler cette classe, il le pourrait, et il retrouverait alors le droit de la conserver sous les drapeaux en vue de graves circonstances.

La notification aux Chambres, maintenue sur la demande du Ministre de la guerre, doit être faite dans le plus bref délai possible; mais il est entendu que le retard pourrait être motivé aussi bien par des raisons morales que par des causes matérielles. Le Ministre apprécie sous sa responsabilité.

Une loi du 26 juin 1890 étend la faculté accordée aux Ministres aux périodes d'exercices.

Cette loi est ainsi formulée :

Article unique. — Dans le cas où les circonstances paraîtraient l'exiger, les Ministres de la guerre et de la marine sont autorisés à conserver provisoirement sous les drapeaux, au delà de la période réglementaire, les hommes convoqués à un titre quelconque pour accomplir une période d'exercices.

Notification de cette décision sera faite aux Chambres dans le plus bref délai possible.

Les mêmes observations s'appliquent à ce cas spécial.

299. Les autres parties de l'article 40, qui se rapportent au temps de guerre, établissent des règles qui ne sont évidemment que de style, puisque la mobilisation met tous les hommes sous les drapeaux ; mais il y a lieu de relever seulement l'extension aux colonies de la règle de guerre, qui permet de ne libérer les hommes de la classe qu'après l'arrivée des recrues. C'est là une charge spéciale aux troupes coloniales qui donne certainement un désavantage marqué aux hommes affectés à ce service.

300. Enfin, l'article 40 donne le droit au Ministre, en temps de guerre, d'incorporer, dès qu'il le peut matériellement, la classe dont le service commence seulement le 1er novembre. Rien n'a été dit sur les conséquences de cet appel par anticipation au point de vue des obligations militaires de cette classe après la guerre.

Il est néanmoins certain que le Ministre doit la renvoyer jusqu'à la date légale du 1er novembre, si l'état de guerre prend fin auparavant ; mais quel que soit le temps passé par les hommes au service actif par anticipation, les règles du point de départ de leur service régulier et leurs passages dans les diverses catégories ne subissent aucune modification d'une mesure exceptionnelle qui a, pour eux, le simple caractère d'un supplément de service nécessité par la défense nationale.

C'est, d'ailleurs, la même obligation que celle imposée par le paragraphe précédent aux hommes mobilisés, de n'être, quels que soient leur classe et leur âge, renvoyés qu'après la cessation des hostilités. C'est aussi, dans ce cas, un supplément de service fondé sur les mêmes raisons.

301. L'article 40 ordonne le renvoi dans leurs foyers, à titre définitif, des hommes qui ont accompli toutes leurs obligations et terminé leurs vingt-cinq ans de service. Il est cependant deux cas où cette libération définitive a lieu avant l'accomplissement de ces obligations : ce sont la réforme et la retraite.

Voici ce que porte à cet égard l'instruction ministérielle du 17 mars 1890, sur l'aptitude physique au service militaire.

Réformes et retraites.

Tous les jeunes gens inscrits sur les tableaux de recrutement, qui n'ont pas été exemptés, les engagés et les rengagés appartiennent à l'armée pendant vingt-cinq ans, au-delà de vingt-cinq ans pour les commissionnés, et n'en peuvent sortir que par la *réforme* ou par la *retraite*, si l'aptitude au service militaire vient à cesser.

Le médecin est encore, dans cette circonstance, appelé à examiner l'aptitude militaire des sujets devant les commissions spéciales instituées à cet effet, et il doit certifier, par écrit, les conclusions de son examen, en observant avec soin les formes prescrites, suivant les différents cas, par les instructions ministérielles (*Notice 5 du règlement du service de santé de l'armée*).

On se reportera aux détails de cette instruction sous l'article 20, pour trouver les maladies et infirmités qui peuvent motiver la réforme.

ARTICLE 41.

Ne compte pas pour les années de service exigées par la présente loi dans l'armée active, la réserve de l'armée active et l'armée territoriale, le temps pendant lequel un militaire de l'armée active, un réserviste ou un homme de l'armée territoriale a subi la peine de l'emprisonnement en vertu d'un jugement, si cette peine a eu pour effet de l'empêcher d'accomplir, au moment fixé, tout ou partie des obligations d'activité qui lui sont imposées par la présente loi ou par les engagements qu'il a souscrits.

Ces individus seront tenus de remplir leurs obligations d'activité, soit à l'expiration de leur peine s'ils appartiennent à l'armée active, soit au moment de l'appel qui suit leur élargissement s'ils font partie de la réserve de l'armée active ou de l'armée territoriale.

Toutefois, quelles que soient les déductions de service opérées, les hommes qui en sont l'objet sont rayés des contrôles en même temps que la classe à laquelle ils appartiennent.

302. Cet article indique une exception aux règles ordinaires du passage des hommes dans les diverses catégories; cette exception concerne les hommes emprisonnés en vertu de jugements.

Voici comment le Ministre de la guerre s'explique à cet égard, dans sa circulaire du 31 décembre 1889 :

Dispositions spéciales aux hommes qui ont encouru des condamnations de prison.

Ainsi qu'il est stipulé à l'article 41, les dates de passage dans la réserve de l'armée active, dans l'armée territoriale et dans la réserve de cette armée doivent être déterminées, pour les hommes qui ont encouru des condamnations de prison, en tenant compte de la durée de cette peine, si elle a eu pour effet de les empêcher d'accomplir tout ou partie des obligations d'activité qui leur sont imposées. Ces prescriptions, qui ne s'appliquaient, sous le régime de la loi du 27 juillet 1872, qu'aux hommes de l'armée active, sont étendues par la loi nouvelle aux réservistes et territoriaux dans le cas où ils purgeraient des condamnations, au moment des périodes d'appel auxquelles ils sont astreints en temps de paix.

Mais ces dispositions n'auront pas pour effet de retarder la libération définitive de ces hommes. Ils seront rayés des contrôles en même temps que ceux de leur classe de recrutement.

Si l'article n'est pas clair, il est juste de reconnaître que le commentaire ministériel l'est encore moins.

Sous la loi de 1872, le cas n'était prévu que pour le temps de service actif, et le Conseil d'État, consulté, avait déclaré que l'article 64 ne pouvait s'appliquer qu'aux condamnations subies par un militaire pendant son service.

L'article 41, en étendant cette disposition aux réservistes et aux territoriaux et en ne s'occupant de la peine prononcée qu'en tant qu'elle peut *empêcher un homme de remplir ses obligations au moment fixé,* a complètement modifié cette interprétation.

Aujourd'hui, l'article 41 veut dire que quand un homme qui devrait être sous les drapeaux à un titre quelconque ne s'y trouvera pas, parce qu'il sera emprisonné, il devra restituer à son service le temps ainsi supprimé.

Il est d'autant plus nécessaire d'admettre cette interprétation, qu'elle seule peut déterminer la situation de toute une catégorie d'hommes.

En effet, l'article 5 a bien prévu ce qui se passerait pour les hommes retenus en prison pour des délits et des peines donnant lieu à l'incorporation dans les bataillons d'Afrique; mais rien n'est fixé par la loi, si ce n'est par l'article 41, pour les jeunes gens condamnés à des peines ou pour des délits n'entraînant aucune incapacité quand ils sont encore en prison au moment de l'appel.

D'après l'article 41, pour ceux-là, leur service ne commence que du jour de leur incorporation, et tous leurs passages dans les diverses catégories seront reculés d'autant, sauf leur libération définitive qui aura lieu comme pour leur classe. Quant aux hommes condamnés au corps par un jugement militaire ou par un jugement ordinaire, comme complices, ils auront à remplacer le temps perdu en prison pour le service, par une égale durée de service complémentaire, dont la fin servira de base à leurs passages successifs dans la réserve et la territoriale.

Pour ce qui est des réserves, l'application de l'article 41 est plus difficile. Il est d'abord évident qu'il ne s'applique qu'au cas où un homme ne peut répondre à un appel parce qu'il est emprisonné. Entre les appels, il peut donc, sauf le cas des crimes, délits et peines de l'article 5, aller en prison sans modifier sa situation militaire.

Mais qu'arrivera-t-il s'il est en prison au moment de l'appel?

Pour sa période d'activité, rien de plus simple : il la fera au premier appel qui suivra son élargissement.

C'est formellement expliqué dans le paragraphe 2 de l'article 41.

Seulement, le premier paragraphe dit que le temps pendant lequel cet homme subit sa peine ne compte pas dans ses années de service. Faudra-t-il alors reculer la date de son passage dans la catégorie suivante d'une durée égale à sa peine? Evidemment non, puisque les prescriptions de l'article 41 ne s'appliquent qu'autant que la peine empêche d'accomplir les obligations.

Mais faudra-t-il reculer cette date d'une durée égale au temps qu'il était tenu de donner et qu'il n'a pu donner?

C'est sans intérêt et parfaitement absurde, si, par exemple il a accompli sa période l'année suivante. C'est pourtant la loi.

En réalité, il faut simplement appliquer la déduction ordonnée par l'article 41 de façon à rester dans les règles établies par les articles 37, 38 et 40.

Un homme de l'armée active subit pour cause de prison une déduction de six mois; il devra six mois de plus et ne pourra passer dans la réserve qu'après avoir complété ses trois années de service actif et dans l'armée territoriale qu'après avoir fait ses sept ans de réserve, etc.

Un réserviste en prison ne peut répondre à l'appel d'une période de vingt-huit jours. Ces vingt-huit jours ne comptent pas dans ses années de réserve ; il faut donc forcément les ajouter à ses sept années. De plus, bien entendu, il fait sa période manquée au premier appel qui suit son élargissement.

C'était là, en vérité, la seule mesure utile à prendre; le recul de quelque jours dans son passage à une nouvelle catégorie est sans intérêt et pouvait être négligé sans inconvénients.

CHAPITRE II.

DU SERVICE DANS L'ARMÉE ACTIVE.

ARTICLE 42.

Le contingent à incorporer est formé par les jeunes gens ins- crits dans la première partie des listes de recrutement cantonal.
Il est mis, à dater du 1er novembre, à la disposition du Ministre de la guerre, qui en arrête la répartition.

303. L'article 42 met à la disposition du Ministre, à partir du 1er novembre, les jeunes gens inscrits dans la première partie des listes de recrutement. C'est le contingent à incorporer que le pays donne au Minis- tre qui, alors, *en arrête la répartition.*

Ces quatre mots font de l'article 42 celui qui intéresse le plus grand nombre de jeunes gens et l'un des
plus importants de la loi au point de vue des obligations militaires et du bon emploi des forces du pays.
Si, en effet, l'armée est intéressée à ce que le meilleur
parti possible soit tiré pour son organisation des forces
que, chaque année, lui apportent les contingents, tous
ces jeunes gens qui, chaque année aussi, viennent
gaiement servir leur pays ont le plus grand intérêt à
savoir ce qu'ils deviendront et ce que l'on fera de
chacun d'eux, suivant ses aptitudes et sa profession.

La première question qu'ils ont à se poser est celle
de savoir où on les enverra. Resteront-ils avec leurs
camarades, près de leurs familles, dans la région où
ils ont toujours vécu, ou bien iront-ils au loin voir de
nouveaux pays et remplacer par une nouvelle camaraderie de régiment l'ancienne camaraderie de l'école
ou de l'atelier ?

Sur ce point, qui constitue le gros problème du
recrutement national cher au général Billot, et du
recrutement régional cher au général Campenon, la
loi, muette, laisse au Ministre de la guerre la liberté
de ses décisions.

La Chambre des députés tenait bon pour le système
de l'incorporation dans les régions ; elle allait même
jusqu'à l'absolu du système puisqu'elle avait repoussé
un amendement de M. Mérillon, interdisant l'incorporation des jeunes gens dans leur subdivision de
région ; mais le Sénat n'a pas voulu adopter le système de la Chambre, et c'est un des points sur lesquels
la Chambre a cédé pour en terminer.

Est-ce à dire que la loi oblige le Ministre à répartir

les contingents en dehors de la région? Son texte ne comporte pas cette conséquence. Sans doute, l'intention du Sénat n'est pas douteuse, et il a marqué sa préférence très nettement dans la discussion; mais il n'a pas voulu aller jusqu'à lier les mains au Ministre qui a d'ailleurs très carrément déclaré son opinion et l'application qu'il ferait de la faculté que lui laissait l'article 42.

Il en résulte néanmoins une incertitude regrettable pour les jeunes gens sur le sort qui leur sera fait. Actuellement, il est certain que la plus grande partie sera incorporée dans la région même; mais tel Ministre nouveau pourra en décider autrement et éviter au contraire de laisser les jeunes gens près de chez eux. En tous cas, la pratique absolument suivie depuis de longues années pour les armes spéciales ne sera pas abandonnée, et il reste certain que les jeunes gens affectés à la cavalerie, à l'artillerie ou au génie resteront dans leur région ou dans une région voisine.

305. Il est d'ailleurs entendu que cette grave question ne peut se poser que pour l'armée active; elle a été résolue pour les réserves dans le sens de la mobilisation régionale, par l'article 48 ci-dessous.

306. Le second point important pour les jeunes gens est de savoir à quel service ils seront affectés.

Sur ce point, il n'y a plus de question de principe et les règles adoptées restent sensiblement les mêmes.

A cet égard, la circulaire du Ministre de la guerre, du 19 octobre 1889, arrête des dispositions qu'il est important de reproduire.

Aucun ajourné ne sera attribué :
1° Aux bataillons de chasseurs alpins (6ᵉ, 7ᵉ, 11ᵉ, 12ᵉ, 13ᵉ, 14ᵉ,

22e, 23e, 24e, 27e, 28e et 30e), dont la mission spéciale exige des hommes robustes et essentiellement aptes aux longues marches ;

2° Aux corps de troupe spéciaux de l'Algérie et de la Tunisie (zouaves, tirailleurs), ainsi qu'aux batteries d'artillerie et aux compagnies du train des équipages militaires détachées en Afrique ;

3° Aux batteries à cheval des divisions de cavalerie qui reçoivent directement leur contingent, à moins qu'ils n'exercent la profession de *sellier, bourrelier, tailleur d'habits, cordonnier, maréchal ferrant.*

Les corps ou fractions de corps désignés aux paragraphes numérotés 1°, 2° et 3° ci-dessus ne recevront pas d'hommes compris dans le contingent comme absents, à moins que, par une visite spéciale, le commandant du bureau de recrutement ait pu s'assurer de leur réelle aptitude.

Les non-valeurs de toute espèce seront réparties *entre les corps de troupes de toutes armes.*

Les jeunes soldats de la classe de 1888 originaires de la province, mais qui résidaient à Paris au moment du tirage au sort ou de la revision, ne pourront être affectés ni à des corps de troupe stationnés dans l'étendue du gouvernement militaire de Paris, ni aux régiments d'infanterie de la 9e division et des 3e et 4e corps d'armée, qui ont dans la capitale une de leurs divisions relevée tous les trois ans.

J'invite les commandants des bureaux de recrutement à veiller à ce que cette prescription soit rigoureusement observée.

Les jeunes soldats domiciliés ou résidant en Algérie et en Tunisie seront affectés aux troupes du 19e corps d'armée ou de la brigade d'occupation de Tunisie, et de préférence à celles qui sont stationnées dans la division où ils se trouvent.

Les élèves diplômés des écoles vétérinaires devront être affectés, quelle que soit leur taille, à des corps de troupes à cheval.

Les quatre états numérotés 1, 2, 3 et 4, annexés à la présente circulaire, font connaître le chiffre des ouvriers tailleurs, cordonniers, selliers et maréchaux ferrants à assigner à chaque corps de troupe. Ces chiffres ont été arrêtés proportionnellement aux ressources du contingent.

Les jeunes soldats exerçant la profession d'électricien seront désignés soit pour les bataillons d'artillerie de forteresse ou pour les régiments d'artillerie, soit pour les régiments du génie, s'ils remplissent les conditions physiques exigées pour ces corps.

Les employés du cadre permanent et les agents secondaires des ponts et chaussées (*conducteurs, aspirants conducteurs*), ainsi que les élèves de l'Ecole des mines de Saint-Etienne, et des Ecoles des maîtres mineurs d'Alais et de Douai, seront affectés aux régiments d'artillerie et du génie, s'ils réunissent les conditions de taille et d'aptitude physique exigées pour l'arme.

Les élèves de l'Ecole normale d'aérostation de Bois-d'Avron seront affectés aux régiments du génie pour être incorporés dans les compagnies de sapeurs-aérostiers, si toutefois ces jeunes gens réunissent les conditions de taille et d'aptitude physique exigées pour l'arme.

Les jeunes soldats qui, en raison de leur instruction, seraient jugés susceptibles d'arriver aux grades et emplois de caporal ou de brigadier, de sergent ou de maréchal des logis et de fourrier, seront répartis proportionnellement au contingent attribué à chaque corps.

Des désignations individuelles ont fait connaître les corps de troupe sur lesquels doivent être dirigés les employés *manipulants* de l'administration des télégraphes.

Les commandants des bureaux de recrutement me feront connaître directement (*Bureau du Recrutement*), après la mise en route de la classe, ceux de ces agents qui n'auront pas rejoint les corps de troupe auxquels ils avaient été affectés, en indiquant les motifs qui s'y seront opposés.

Quant aux employés du service de la télégraphie particulière dans les chemins de fer, les maisons de commerce et de banque, etc., il y aura lieu de les affecter aux régiments de cavalerie ou du génie, s'ils réunissent les conditions de taille et d'aptitude physique exigées pour ces armes.

Les jeunes gens qui ont été signalés comme faisant partie des musiques municipales ou qui connaissent, soit la musique vocale, soit la musique instrumentale, seront répartis également entre les corps auxquels chaque subdivision de région est appelée à fournir des jeunes soldats, à l'exception du train des équipages militaires et des troupes d'administration. Les commandants des bureaux de recrutement indiqueront avec soin, sur le livret matricule, si le jeune homme exerce la profession de musicien, ou s'il connaît la musique vocale seulement, ou la musique instrumentale, ou enfin s'il faisait partie d'une musique ou d'une fanfare municipale.

307. La taille minima à exiger pour chacun des corps de l'armée est, sauf les exceptions stipulées plus loin en ce qui concerne les hommes exerçant des professions ou ayant des aptitudes spéciales, indiquée ci-après :

		TAILLE EXIGÉE.		TOLÉRANCE DE TAILLE.	
		Minimum.	Maximum.	Maréchaux ferrants, selliers ou bourreliers.	Armuriers, tailleurs, bottiers ou cordonniers.
		m. c.	m. c.	m. c.	m. c.
Infanterie.	Les régiments d'infanterie	1.54	»	»	»
	Les régiments de zouaves	1.54	»	»	»
	Les bataillons de chasseurs à pied..	1.54	»	»	»
	Les régim^ts de tirailleurs algériens..	1.54	»	»	»
Cavalerie.	Les régiments de cuirassiers	1.70	1.75	1.68	1.68
	Les régiments de dragons	1.64	1.70	1.62	1.62
	Les régim^ts de chasseurs d'Afrique.	1.59	1.67	1.56	1.56
	Les régiments de chasseurs et de hussards	1.59	1.64	1.56	1.56
	L'Ecole d'application de cavalerie..	1.59	»	»	»
Artillerie.	Les régiments d'artillerie — dans la proportion des 5/10 du contingent....	1.66	»		
	dans la proportion des 3/10 du contingent....	1.64	»	1.54	1.60
	dans la proportion des 2/10 du contingent....	1.60	»		
	Les régim^ts d'artillerie-pontonniers.	1.64	»	1.54	1.60
	Les bataillons d'art^ie de forteresse..	1.66	»	1.60	1.60
	Les compagnies d'ouvriers d'artillerie et d'artificiers................	1.54	»	»	»
Génie.....	Les régiments du génie	1.66	»	1.54	1.62
Train des équipages militaires.	Les escadrons du train des équipages militaires — dans la proportion des 5/10 du contingent....	1.65	»		
	dans la proportion des 3/10 du contingent....	1.63	»	1.54	1.58
	dans la proportion des 2/10 du contingent....	1.60	»		
	Les compagnies du train des équipages militaires stationnées en Afrique......................	1.65	»	1.54	1.58
Troupes d'administration.	Les sections de commis et ouvriers militaires d'administration	1.54	»	»	»
	Les sections d'infirmiers militaires..	1.54	»	»	»

308. Recommandations particulières pour l'affectation des jeunes soldats aux diverses armes.

––––

INFANTERIE.

Je renouvelle les recommandations déjà faites au sujet de la nécessité de *constituer fortement les contingents affectés aux corps d'infanterie.*

Ainsi que l'a fait connaître la circulaire du 25 février 1889 (*Direction de l'Infanterie, Bureau du Recrutement*), l'aptitude pour l'arme de l'infanterie doit être caractérisée par la vigueur musculaire, la poitrine large et bombée, l'apparence vivace et intelligente, la souplesse des membres, et par des pieds parfaitement sains.

Tout en formant les contingents des armes spéciales parmi les hommes ayant les tailles indiquées au tableau ci-dessus, les commandants des bureaux de recrutement devront plus particulièrement réserver pour l'infanterie les hommes réunissant l'ensemble des conditions qui viennent d'être énumérées, en tenant le plus grand compte des désignations faites en séance par le membre militaire du conseil de revision. Ils ne perdront pas de vue que la vigueur de la constitution et l'aptitude à la marche sont les conditions indispensables pour faire des fantassins utiles.

Les jeunes soldats à affecter aux bataillons de chasseurs alpins seront choisis de préférence, même s'ils sont d'une taille élevée, parmi les hommes d'une forte constitution et habitués à la marche en montagne.

J'attache une grande importance à ce que ces prescriptions reçoivent leur stricte exécution, et j'invite les généraux commandant les subdivisions à y tenir la main.

Il conviendra d'attribuer, mais en petit nombre, au contingent de chaque régiment d'infanterie de ligne ou de zouaves et de chaque bataillon de chasseurs à pied, des hommes ayant l'habitude de soigner les chevaux et de conduire les voitures, ainsi que des jeunes gens exerçant l'une des professions de maréchal ferrant, de bourrelier ou de sellier.

En vue de l'organisation et du fonctionnement du service des sapeurs ouvriers d'art dans les régiments d'infanterie de ligne, de zouaves, de tirailleurs algériens et dans les bataillons de chasseurs à pied, il conviendra également d'attribuer à ces corps des jeunes soldats exerçant l'une des professions de *menuisier*, d'*ébéniste*, de *charron*, de *charpentier*, de *couvreur*, de *maçon*, de *plâtrier*, de *blanchisseur*, de *serrurier*, de *zingueur*, de *vitrier*, de *peintre* et de *lampiste*.

Les ouvriers de ces professions ainsi que ceux qui sont désignés dans les états annexes 1, 2, 3 et 4, et les jeunes gens susceptibles de faire des élèves musiciens seront dirigés sur les portions principales des corps de troupe.

Pour les régiments de tirailleurs algériens, les jeunes soldats autres que les ouvriers qui leur sont attribués par les quatre états annexes et les agents manipulants des télégraphes désignés nominativement devront exercer l'une des professions énumérées au paragraphe précédent.

Les bataillons d'infanterie détachés des portions principales recevront directement leur contingent, conformément aux indications portées dans les tableaux annexés à la présente circulaire (1re partie).

309.

CAVALERIE.

Les commandants des bureaux de recrutement doivent choisir le contingent destiné aux diverses subdivisions d'arme de la cavalerie, de préférence parmi les jeunes gens ayant l'habitude du cheval (cochers, palefreniers, etc.).

Ils désigneront également pour la cavalerie, mais en petit nombre, des ouvriers en fer (mécaniciens, ajusteurs, serruriers) et des ouvriers en bois (menuisiers, charpentiers).

Les fonctionnaires et les gagistes de l'administration des haras seront affectés à la cavalerie et répartis entre les diverses subdivisions de l'arme, suivant qu'ils réunissent les conditions de taille spécifiées.

Autant que possible, il conviendra de ne pas prendre les hommes dont la taille se rapproche trop des *maxima* et des *minima*, les hommes présentant un excès de corpulence ou d'embonpoint, et enfin ceux dont le torse aurait une longueur trop grande par rapport à celle des jambes.

Dans la cavalerie légère et dans les dragons, il ne doit pas être placé d'illettrés.

Les hommes à fournir à l'École d'application de cavalerie devront savoir lire et écrire et exercer l'une des professions indiquées dans les états annexés à la présente circulaire.

310.

ARTILLERIE.

Les régiments d'artillerie recevront le plus grand nombre possible d'ouvriers en fer (*ajusteurs, forgeurs, serruriers, mécaniciens, tourneurs sur métaux, tôliers*), et d'ouvriers en bois (*menuisiers, charrons, charpentiers*). Cependant, il n'est accordé aucune tolérance de taille pour ces ouvriers.

Ainsi que l'indique le tableau ci-dessus, les régiments d'artillerie peuvent recevoir des jeunes soldats de la taille :

De 1^m,66 et au-dessus dans la proportion des 5/10 du contingent.
De 1^m,64 — 3/10 —
De 1^m,60 — 2/10 —

Toutefois, les batteries de montagne et les batteries à cheval des divisions de cavalerie qui reçoivent directement leur contingent devront être recrutées, en totalité, par des hommes ayant au moins la taille de 1^m,70 pour les batteries de montagne, et de 1^m,66 pour les batteries à cheval, avec la tolérance de 1^m,60 pour les jeunes soldats exerçant les professions désignées dans les états annexes numérotés 1, 2, 3 et 4.

Les hommes dont la taille dépasse 1^m,80 seront, autant que possible, attribués à l'artillerie et placés de préférence dans les bataillons d'artillerie de forteresse ou dans les batteries de montagne.

Il y aura lieu de comprendre de préférence dans les 3/10 se recrutant à la taille de 1^m,64 les jeunes gens que leur profession (*charretier, roulier,* etc.) rend plus spécialement aptes au service de canonniers-conducteurs.

Les jeunes soldats de la taille de 1^m,60 qui seront affectés aux régiments d'artillerie devront être d'une forte constitution.

Les batteries d'artillerie détachées à l'intérieur, en Algérie et en Tunisie recevront directement leur contingent, conformément aux indications portées dans les tableaux annexés à la présente circulaire (1re partie).

Le contingent de chaque subdivision de région attribué aux bataillons d'artillerie de forteresse devra comprendre :

1° Dans la proportion d'un dixième, des ouvriers en fer (*mécaniciens, chauffeurs, ajusteurs ou forgeurs*) ;

2° Dans la proportion également d'un dixième, des ouvriers en bois (*menuisiers, charrons, charpentiers*), sans qu'aucune tolérance de taille leur soit d'ailleurs accordée.

Les jeunes soldats affectés aux bataillons d'artillerie de forteresse seront dirigés sur la portion centrale de ces bataillons.

Il conviendra d'affecter aux régiments d'artillerie-pontonniers le plus grand nombre possible de *bateliers* et d'hommes habitués à manier la rame ou la gaffe : *mariniers, marins, pêcheurs, flotteurs, calfats.*

Une tolérance de taille de deux centimètres est accordée pour ces professions, mais cette infériorité de taille devra être compensée par une forte constitution.

Après avoir procédé à la désignation des jeunes soldats exerçant lesdites professions, les commandants des bureaux de recrutement prendront pour les régiments d'artillerie-pontonniers, parmi les *tonneliers, cordiers, peintres, chaudronniers, tôliers, ferblantiers, cloutiers, tourneurs, tailleurs d'habits, cordonniers, armuriers, chauffeurs, selliers ou bourreliers et maréchaux ferrants.*

Le nombre des jeunes soldats de ces professions à fournir par les diverses subdivisions de région est indiqué dans les états annexés à la présente circulaire.

Le contingent des pontonniers sera ensuite complété :

1° Par des ouvriers en bois (*charpentiers de bateaux, charpentiers, menuisiers, charrons, scieurs de long*) ;

2° Par des ouvriers en fer (*forgerons, serruriers, ajusteurs, mécaniciens*).

Les ouvriers en bois et en fer seront reçus dans la proportion de deux ouvriers en bois pour un ouvrier en fer.

Les hommes à affecter aux compagnies d'ouvriers d'artillerie et d'artificiers en qualité de secrétaires et de dessinateurs seront choisis de préférence parmi les jeunes gens de la taille de 1^m,54 à 1^m,58, d'une instruction suffisante et que leur constitution rend moins propres à supporter les fatigues du service actif.

311. GÉNIE.

Après avoir procédé, conformément aux instructions données (*Bureau du Personnel du Génie*), à la désignation des jeunes soldats employés des six grandes compagnies de chemins de fer et du réseau de l'Etat, ainsi que des jeunes soldats qui font partie des sociétés colombophiles, qui devront être admis dans les régiments du génie, les commandants des bureaux de recrutement prendront pour lesdits régiments parmi :

	1er régiment	2e régiment	3e régiment	4e régiment	5e régiment
Les ouvriers en bois, dans les proportions de.....................	6/30	6/30	6/30	6/30	6/30
Les tailleurs de pierres et maçons..	2/30	2/30	2/30	2/30	1/30
Les mécaniciens et les ajusteurs mécaniciens.....................	1/30	1/30	1/30	1/30	2/30
Les autres ouvriers en fer.........	2/30	2/30	2/30	2/30	4/30
Les conducteurs de chevaux et voitures.....................	4/30	4/30	4/30	4/30	2/30
Les terrassiers, les ouvriers des mines et carrières..................	11/30	11/30	11/30	11/30	12/30
Les bateliers.....................	1/30	1/30	1/30	1/30	»
Professions diverses (chaudronniers ou ferblantiers, cordiers, vanniers, calfats, ouvriers d'instruments de précision, dessinateurs, graveurs, lithographes, photographes, télégraphistes, relieurs, peintres en bâtiment, électriciens)...........	3/30	3/30	3/30	3/30	3/30

Toutefois, lorsque le contingent qu'ils auront à fournir à ces régiments sera trop faible pour que toutes les professions indiquées ci-dessus puissent y être représentées, les jeunes soldats devront être choisis de préférence parmi les mécaniciens, ajusteurs-mécaniciens, chaudronniers ou ferblantiers, cordiers, vanniers, calfats, bateliers, ouvriers d'instruments de précision, peintres en bâtiment, tourneurs en bois ou en métaux, forgerons et terrassiers.

Dans les 1er, 2e, 3e et 4e régiments, les 3/30 de professions diverses devront comprendre de préférence des mécaniciens ou ajusteurs, des cordiers, des vanniers, des chaudronniers, des ferblantiers, des ouvriers d'instruments de précision et des ouvriers électriciens.

Dans le 5e régiment, les 6/30 d'ouvriers en bois devront comprendre 4/30 de charpentiers.

Dans les cinq régiments, les 3/30 de professions diverses ne devront comprendre qu'un nombre limité d'écrivains et de dessinateurs.

312. TRAIN DES ÉQUIPAGES MILITAIRES.

Le contingent à assigner au train des équipages militaires devra se composer :

1° D'hommes ayant l'habitude du cheval et l'habitude de la conduite des voitures;

2° De jeunes soldats exerçant la profession d'ouvriers en fer (*ajusteurs, forgeurs, serruriers, mécaniciens*), d'ouvriers en bois (*menuisiers, charrons, charpentiers*) ;

3° De jeunes soldats exerçant la profession de *bâtier*.

Aucun minimum de taille ne sera imposé aux hommes des professions désignées aux paragraphes numérotés 2° et 3°.

Le contingent du train des équipages devra comprendre également un certain nombre de jeunes soldats ayant l'instruction nécessaire pour assurer le recrutement des cadres.

Les compagnies du train des équipages militaires détachées en Algérie et en Tunisie recevront directement leur contingent.

313. TROUPES D'ADMINISTRATION.

Les hommes à désigner pour les sections de commis et ouvriers militaires d'administration en qualité de commis aux écritures devront justifier de leur aptitude devant le commandant du bureau de recrutement. Seront classés de préférence, pour être affectés en qualité de commis auxdites sections, les jeunes gens dont l'instruction serait suffisante, mais que leur constitution physique rend peu propres à supporter les fatigues que comporte le service militaire. Il y aura lieu de réserver pour le recrutement des cadres des corps de troupe les jeunes gens plus robustes et plus instruits.

L'état annexe n° 5 indique, pour chaque subdivision de région, les professions auxquelles devront appartenir les jeunes soldats destinés aux sections de commis et ouvriers militaires d'administration.

Le contingent de la 23e section devra être composé d'ouvriers choisis et capables de subir les épreuves professionnelles à leur arrivée au corps.

Les officiers d'administration de réserve et de l'armée territoriale du service des subsistances ne devant plus se recruter, à l'avenir, que parmi les candidats exerçant les professions de comptables, bouchers, boulangers, meuniers, les commandants des bureaux de recrutement devront choisir de préférence, pour les attribuer aux sections, les jeunes gens de ces professions possédant une instruction générale suffisante pour faire plus tard des officiers de réserve.

Les jeunes soldats destinés aux sections d'infirmiers militaires devront être reconnus aptes à devenir commis aux écritures ou à exercer l'une des professions de coutelier, cuisinier, baigneur, masseur, doucheur, jardinier, perruquier, peintre-badigeonneur, lampiste, matelassier, menuisier, serrurier, ferblantier, étameur, cordonnier, tailleur, chauffeur ou mécanicien. Ces jeunes gens devront d'ailleurs savoir lire et écrire et remplir toutes les conditions énumérées dans la note du 11 décembre 1887, insérée au *Bulletin officiel*, partie réglementaire, n° 80.

Ainsi que le fait connaître cette note, les étudiants en médecine et en pharmacie pourront être désignés pour les sections d'infirmiers militaires.

Au moment de leur appel à l'activité, les jeunes soldats destinés aux sections de commis et ouvriers militaires d'administration et aux sections d'infirmiers militaires seront dirigés, pour recevoir l'instruction militaire, sur les portions principales des corps de troupe d'infanterie désignés par la présente circulaire.

Un état nominatif de ces hommes, distinct pour les commis et ouvriers militaires d'administration et pour les infirmiers militaires, sera dressé en double expédition par les commandants des bureaux de recrutement. Une de ces expéditions sera adressée au directeur du service de l'intendance intéressé pour les commis et ouvriers militaires d'administration, ou au directeur du service de santé pour les infirmiers militaires; la seconde expédition sera envoyée au corps chargé d'instruire les jeunes gens.

314. <h2 style="text-align:center">Dispositions générales.</h2>

A partir de la réception de la présente circulaire, les devancements d'appel seront ouverts pour les corps auxquels les jeunes soldats sont affectés (1).

Pour éviter toute perturbation dans la présente répartition, il ne pourra être accordé, sous aucun prétexte, de changement de destination.

La pratique du tir et les exercices de gymnastique étant des parties essentielles de l'instruction militaire que l'on ne saurait trop encourager, les jeunes soldats de la classe de 1888 ou les ajournés des classes de 1887 et de 1886, qui auront pris part à des concours de tir ou de gymnastique en France ou à l'étranger devront être invités à se présenter au corps porteurs des diplômes de prix de tir ou de gymnastique qui auraient pu leur être délivrés. A cet effet, MM. les commandants de corps d'armée voudront bien s'entendre avec MM. les préfets pour que les intéressés soient prévenus en temps utile qu'il est de leur intérêt d'être munis de ces

-----

(1) Voir n° 315.

pièces, soit lorsqu'ils devanceront l'appel, soit lors de la mise en route de leur classe.

Mention sera faite de la délivrance de ces diplômes sur les livrets individuels :

1° En ce qui concerne le tir :

A la page destinée à l'inscription des épinglettes et prix de tir distribués dans les corps, au moyen de l'inscription suivante :

A obtenu un diplôme de prix de tir au concours de . . . .
le . . . . 18 .

2° En ce qui concerne la gymnastique :

A la page 10, dans la case intitulée *gymnase*, au moyen de l'inscription suivante :

A obtenu, en 18 , de la société d . . . . . . *un diplôme ou un brevet de gymnastique.*

315. C'est sur l'article 42 que doit se résoudre une question très intéressante pour les jeunes conscrits et devenue très délicate avec la nouvelle loi.

La loi de 1872 ne parlait pas des devancements d'appel. Comme la loi de 1889, elle mettait à la disposition du Ministre les jeunes gens du contingent, et le décret du 30 novembre 1872, article 9, interdisait les engagements volontaires à partir de l'examen du conseil de revision. Cette interdiction est passée dans la loi de 1889, article 59.

Or, quelle était la situation des jeunes gens entre le conseil de revision et l'incorporation ? Pouvaient-ils, pour choisir leur corps, devancer l'appel ?

Le Ministre leur avait accordé cette faculté et elle était inscrite dans une circulaire en date du 13 juin 1873 ; mais elle n'était accordée qu'à partir du 1er juillet, date à laquelle commençait à compter, pour tous, le temps de service. Le 28 mai 1875, une nouvelle circulaire autorisait les devancements d'appel, même avant le 1er juillet, mais sous la réserve que le temps de service ne comptait, malgré le devancement, que de la date légale du 1er juillet.

Quelle est aujourd'hui la situation? Le service ne date que du 1er novembre. Si l'on adoptait les mêmes principes, le devancement d'appel serait admis, sauf à ne compter le temps de service que de la date légale du 1er novembre.

Ce serait, en effet, la solution rationnelle, logique et utile. Mais elle paraît, aujourd'hui, en contradiction avec une stipulation nouvelle de la loi de 1889, inscrite dans l'article 59.

On lit, en effet, dans cet article relatif aux engagements volontaires : « La faculté de contracter un engagement volontaire cesse dès que le jeune homme est inscrit par le conseil de revision sur la liste de recrutement cantonal. *Toutefois, il peut devancer l'appel pour entrer dans la marine ou dans les troupes coloniales.* »

Est-ce à dire que ce qu'on appelait les devancements d'appel soient aujourd'hui absolument limités à l'armée de mer et à l'armée coloniale?

Nous ne le pensons pas. Rien, en effet, ni dans les rapports nombreux sur la loi, ni dans la discussion, ne permet de penser que la loi nouvelle ait voulu déroger aux règles suivies à cet égard. Au contraire, devant le Sénat, lors de la discussion de l'article 42 numéroté à ce moment 43, à la séance du 10 juillet 1888, le général Robert demanda que l'état actuel fût consacré par la loi ; il proposa l'addition suivante : « *Des devancements d'appel seront autorisés dans les limites et sous les conditions admises par les instructions du Ministre de la guerre.* »

Le rapporteur général Deffis répondit : « *La question que soulève le M. le général Robert me parait être absolument du ressort de l'instruction que doit rédiger le Ministre de la guerre : ce n'est pas une prescription à insérer dans la loi.* »

Et, sur cette réponse, l'addition ne fut pas faite.

Il résulte de tout cela que le Ministre a conservé la faculté d'autoriser des devancements d'appel dans les conditions militaires qu'il lui convient d'adopter ; mais, incontestablement, ces devancements n'auront pas l'effet des engagements volontaires et le service n'en comptera pas moins du 1er novembre seulement.

Dans cette solution, le paragraphe sus-visé de l'article 59 pourrait toujours rester comme une indication du droit pour les jeunes gens de devancer l'appel dans l'armée de mer, n'excluant pas d'ailleurs la faculté laissée au Ministre de les y autoriser pour les autres armes ; mais nous allons plus loin, et nous voyons dans ce paragraphe une tout autre pensée indépendante de la question des devancements d'appel proprement dits.

Ce paragraphe vise, en effet, l'interdiction pour un jeune homme de s'engager après son inscription sur la liste de recrutement ; puis il apporte une exception à cette règle pour l'armée de mer dont il importe d'assurer le recrutement volontaire, et il permet d'y devancer l'appel. Nous pensons que ce n'est pas ce qu'on appelle ordinairement des devancements d'appel qu'a voulu viser cette exception ; car ce ne serait qu'un avantage dérisoire. On a voulu dire que l'engagement volontaire pourra être accepté pour les armées de mer même après le conseil de revision.

C'est d'ailleurs une solution conforme au décret du 24 décembre 1889, sur les engagements dans les équipages de la flotte, dont nous retrouvons l'explication sous l'article 59, et qui serait contraire à cet article, si cette interprétation n'était admise.

ARTICLE 43.

Sont affectés à l'armée de mer :

1° Les hommes fournis par l'inscription maritime ;

2° Les hommes qui ont été admis à s'engager ou à contracter un rengagement dans les équipages de la flotte suivant les conditions spéciales déterminées aux articles 59 et 63 ci-après ;

3° Les jeunes gens qui, au moment des opérations du conseil de revision, auront demandé à entrer dans les équipages de la flotte et auront été reconnus aptes à ce service ;

4° A défaut d'un nombre suffisant d'hommes compris dans les trois catégories précédentes, les hommes du contingent auxquels les numéros les moins élevés ont été attribués en vertu de l'article 17 de la présente loi, ou sont échus par l'effet du tirage au sort.

416. L'article 43 règle la composition de l'armée de mer ; mais cette expression n'a plus le même sens qu'auparavant.

La loi de 1889 fait une distinction très nette et qu'on retrouve dans plusieurs de ses articles entre les équipages de la flotte, qui gardent l'ancienne appellation générale d'armée de mer, et l'artillerie et l'infanterie de marine, qui s'appellent aujourd'hui troupes coloniales.

417. L'article 43 assure le recrutement de la première, et l'article 44 le recrutement des secondes.

L'armée de mer comprend les marins appelés à servir sur les bâtiments. Aussi elle commence par absorber tous les inscrits maritimes, et il serait à désirer qu'elle pût s'y recruter entièrement. Mais les ressources de l'inscription sont insuffisantes à cet effet. On les complète d'abord par les engage-

ments et rengagements que nous retrouverons aux
articles 59 et 63, puis par les jeunes gens qui en
font la demande au conseil de revision et enfin par
les premiers inscrits de la liste de recrutement. On
sait qu'en tête de cette liste sont placés les exemptés,
dispensés ou omis par fraude de l'article 69. Viennent
ensuite les numéros les moins élevés du tirage au sort.

On voit que l'armée de mer a deux sources bien
distinctes : l'inscription maritime et le recrutement.

Tous les jeunes gens qui viennent de cette seconde
catégorie restent soumis aux obligations de la loi et
suivent ses prescriptions comme les autres hommes
de recrutement ; ils ne se confondent nullement avec
les inscrits maritimes dont l'état militaire est réglé
par une loi spéciale que nous avons eu à signaler
sous l'article 30.

318. Il est très important, pour les jeunes gens que la
chance du tirage au sort peut désigner pour l'armée
de mer, de savoir comment l'administration de la
guerre procède pour opérer la répartition. A cet
égard, il est utile de reproduire une circulaire du
Ministre de la guerre en date du 18 août 1890, qui
donne les instructions nécessaires pour la classe
de 1889, instructions qui sont les mêmes pour toutes
les classes avec uniquement des modifications de
chiffres :

*Répartition entre les troupes de la marine et celles de l'armée
de terre, des jeunes gens déclarés, en 1890, aptes au service
armé. — Répartition entre les corps du contingent de la
marine.*

Messieurs, j'ai l'honneur de vous faire connaitre les dispositions
que j'ai arrêtées pour la répartition entre les troupes de la marine

et celles de l'armée de terre des jeunes gens déclarés, en 1890, aptes au service armé par les conseils de revision, ainsi que pour la répartition entre les corps du contingent destiné aux troupes de la marine.

Le chiffre total des hommes de la classe de 1889, déclarés aptes au service armé, s'élève à.............. 184,922

Savoir :

Hommes appelés pour un an (art. 21, 22 et 23 de la loi)........................... 50,866
Hommes appelés pour trois ans.......... 134,056

Aux termes du dernier alinéa de l'article 44 de la loi du 15 juillet 1889, les hommes qui doivent faire trois ans de service concourent seuls à la formation du contingent de l'armée de mer et des troupes de la marine.

M. le Ministre de la marine ayant fait connaître que les engagements volontaires ont atteint le chiffre nécessaire pour assurer le contingent de l'armée de mer, il ne sera pas désigné de jeunes soldats pour les équipages de la flotte.

Quant aux troupes de la marine, il leur sera attribué 11,400 hommes qui seront prélevés sur les 134,056 jeunes soldats appelés pour trois ans. Ces hommes seront répartis entre l'infanterie et l'artillerie de la marine, conformément aux indications de l'état n° 2 ci-joint.

L'armée de terre recevra le reste des hommes de la clase de 1889 appelés pour trois ans (134,056 —11,400), soit 122,656 hommes, ainsi que les hommes d'un an de ladite classe et les ajournés des classes de 1888 et de 1887 reconnus aptes au service armé en 1890 (état n° 1 ci-joint).

La proportion entre le chiffre (134,056) des hommes appelés pour trois ans et le contingent des troupes de la marine (11,400) est de 8,50 p. 100.

Cette proportion doit servir de base aux commandants des bureaux de recrutement pour déterminer le nombre des hommes de chaque canton que la subdivision de région doit fournir aux troupes de la marine.

Opération pour exemple :

Jeunes soldats composant, dans un canton, la première partie de la liste...................................... 108
A déduire : jeunes soldats qui ont été dispensés en vertu de l'article 22 de la loi................................. 5

Reste appelés pour trois ans............ 103

Multiplié par............................... 8.50

On a pour produit........................... 875,50

Qui, divisé par 100, donne.................... 9 hommes.

Le chiffre assigné à chaque subdivision de région ne sera généralement pas fourni en totalité par l'addition seule des nombres entiers ; les cantons qui présenteront les restes fractionnaires les plus élevés devront être forcés chacun d'une unité, jusqu'à concurrence du nombre d'hommes que doit fournir la subdivision de région. Si, pour la distribution de la dernière ou des dernières unités, il y avait à choisir entre plusieurs cantons présentant le même reste fractionnaire, le litige serait vidé par un tirage au sort.

Pour s'assurer de l'exactitude de cette opération, on multipliera également le nombre 103 ci-dessus par 91,50, chiffre égal à la proportion sur 100 du contingent affecté à l'armée de terre. Le produit 9,424,50 étant divisé par 100, on obtient, pour l'armée de terre, 94 hommes. Ce chiffre, ajouté au contingent de la marine (9 hommes), reproduit le nombre des jeunes soldats appelés pour trois ans, c'est-à-dire 103.

Le chiffre total que chaque canton doit fournir une fois établi, le commandant du bureau de recrutement affecte à la marine (infanterie et artillerie) sans se préoccuper de leur numéro de tirage :

1° Tous les jeunes gens qui, au moment de la réunion du conseil de revision, ont demandé à servir dans ces troupes ;

2° Tous ceux qui, n'ayant pas fait cette demande au conseil de revision, ont depuis lors devancé l'appel (1) soit pour l'infanterie, soit pour l'artillerie de la marine, soit même pour les équipages de la flotte.

Si le chiffre des jeunes gens ainsi désignés est supérieur à celui que le canton doit fournir aux troupes de la marine, l'excédent bénéficie proportionnellement aux autres cantons de la subdivision. Dans le cas où il se trouve inférieur, le commandant désigne, dans l'ordre des numéros de tirage, le nombre de jeunes gens nécessaire pour compléter le contingent assigné au canton. Si des jeunes gens de l'armée de terre venaient, postérieurement à cette désignation et avant la mise en route, à devancer l'appel soit pour l'infanterie, soit pour l'artillerie de la marine, soit pour les équipages de la flotte, un nombre égal de jeunes gens du canton affectés aux troupes de la marine en raison de leurs numéros

---

(1) Les devancements d'appel, soit pour les troupes de la marine, soit pour les équipages de la flotte, sont reçus sous la forme d'engagements volontaires. Pour les troupes de la marine, ils ont lieu sans autorisation ministérielle sous les conditions spécifiées dans la circulaire du 11 mai 1890 (*Bulletin officiel*, partie réglementaire, n° 26). Pour les équipages de la flotte, ils sont soumis à l'autorisation ministérielle et ne peuvent être demandés que par des élèves mécaniciens provenant des trois écoles d'arts et métiers, quelle que soit leur affectation, et par des tailleurs d'habits, cordonniers ou musiciens désignés par leur numéro pour servir dans les troupes de la marine.

Tout jeune soldat admis par devancement d'appel dans les équipages de la flotte est précompté au contingent que son canton doit fournir à l'infanterie de marine.

seraient replacés dans le contingent de l'armée de terre en commençant par les numéros les plus élevés.

Par suite de ce mode de procéder, tous les jeunes gens qui, jusqu'au jour de la mise en route, demanderont à servir dans les troupes de la marine recevront satisfaction, et nul ne sera appelé dans ces troupes par son numéro qu'à défaut d'un nombre suffisant de volontaires.

En conséquence, il ne sera pas procédé aux permutations par voie de tirage au sort que prévoyait l'article 37 de la loi du 27 juillet 1872, et que la loi du 15 juillet 1889 n'a pas maintenues.

Les jeunes gens désignés pour les troupes de la marine qui, d'ici à la mise en route du contingent, entreraient dans l'une des catégories de dispense prévues par les articles 21, 22 et 23 de la loi ne seront pas remplacés dans le contingent de la marine. Ils seront affectés, par voie de changement de destination, aux corps de l'armée de terre qui seront ultérieurement désignés pour recevoir les jeunes soldats n'ayant qu'une année de service à accomplir.

Il conviendra de se conformer, en ce qui concerne la taille et les conditions spéciales d'aptitude pour les troupes de la marine, aux prescriptions insérées dans le décret du 28 janvier 1890 (*Bulletin officiel*, partie réglementaire, n° 26).

Aucune tolérance de taille ne doit être accordée aux jeunes gens dirigés sur le régiment d'artillerie de la marine, s'ils n'exercent l'une des professions de tailleur, de cordonnier ou bottier, de maréchal ferrant, de sellier ou bourrelier. La tolérance de taille pour ces professions sera de 1ᵐ,60.

Si, dans ces conditions, le contingent assigné à l'artillerie de marine ne peut être fourni intégralement, le déficit profitera à l'infanterie de la marine, dont le contingent sera augmenté d'un nombre égal d'unités.

Il y a lieu de remarquer que la division et la répartition ci-dessus comprennent maintenant et l'armée de mer et l'armée coloniale et qu'elles sont par suite applicables à l'article 44 comme à l'article 43.

319. La circulaire renvoie au décret du 28 janvier 1890 pour les conditions de taille et d'aptitude.

Il est, en effet, certain que les conditions de taille et d'aptitude exigées pour l'affectation à l'armée de mer et aux troupes coloniales sont les mêmes que pour les engagements volontaires.

Nous les retrouverons expliquées et détaillées sous les articles 59 et 60.

320. Il nous reste à examiner une question qui touche également l'article 44 et l'article 43 : c'est celle de savoir si le passage des hommes par permutation de l'armée de terre dans l'armée de mer et les troupes coloniales et réciproquement est encore permis.

Il est d'abord incontestable que la permutation d'homme à homme à la suite d'une entente préalable ne saurait être admise; car elle a été proposée par le baron Reille et repoussée par le motif péremptoire qu'elle dégénérerait rapidement en un véritable remplacement par convention pécuniaire.

Mais rien ne s'oppose à ce que les Ministres de la guerre et de la marine continuent à autoriser, par mesure générale et suivant certaines règles, les permutations.

Le loi de 1872 les permettait expressément; mais la loi de 1889 ne les interdit pas en n'en parlant pas; car ce sont des mesures de répartition qui sont laissées à la volonté du Ministre.

Sous l'ancienne loi, les demandes pouvaient se produire soit avant l'incorporation, lorsque les jeunes gens connaissaient la répartition du contingent, soit après l'incorporation.

Il résulte de la circulaire ci-dessus que le premier cas ne peut plus se présenter.

En effet, après avoir affecté aux troupes de la marine tous ceux qui veulent y servir volontairement, c'est-à-dire ceux qui l'ont demandé au conseil de revision, et ceux qui, postérieurement, ont devancé l'appel pour y servir, le commandant de recrutement procédant par canton complète par les premiers numéros le contingent assigné au canton pour les troupes coloniales.

Si le canton a déjà son contingent pour les volontaires, l'excédent profite aux autres cantons.

Si, postérieurement à ce travail, des jeunes gens affectés à l'armée de terre devancent l'appel pour entrer dans les troupes coloniales, ce sont les derniers numéros du même canton, affectés d'abord à ces troupes, qui en profitent et reviennent à l'armée de terre.

On voit que tout se passe sans tenir compte des demandes de permutation des troupes coloniales pour l'armée de terre, et qu'il n'y a plus lieu à tirage au sort entre les jeunes gens des deux armées, puisque la permutation des uns n'est plus admise, et que la bonne volonté des autres profite à leurs camarades du canton les mieux placés sur la liste originaire de tirage au sort.

Ce système a, en outre, cet avantage qu'il assure satisfaction à toutes les demandes de service dans les troupes coloniales.

Il est donc certain que la permutation avant l'incorporation entre les jeunes gens des troupes coloniales et ceux de l'armée de terre, n'a plus de raison d'être.

Mais le second cas de permutation après l'incorporation n'est pas supprimé et il peut encore se produire.

Voici ce que disait à cet égard, dans son article 7, le décret du 18 juin 1873, qui n'existe plus, puisqu'il était tout entier consacré à l'organisation et à la réglementation des permutations, mais dont cet article indiquait une faculté qui subsiste toujours :

Art. 7. Après l'incorporation, les changements de corps pour passer d'une armée dans l'autre peuvent, comme précédemment, être autorisés, après accord entre les Ministres de la guerre et de la marine.

On voit que, dans ce deuxième cas, il ne s'agit plus comme précédemment de permutation par croisement, mais bien de simples changements de corps qui se demandent et s'instruisent suivant les formes ordinaires fixées par les règlements militaires.

On comprend que les Ministres de la guerre et de la marine restent maîtres de procéder suivant les règles qui leur paraissent bonnes à cette espèce de permutation que rien dans la loi ne leur interdit et qui peut, en certains cas, être nécessaire au bien du service.

La même circulaire du 18 août 1890 demande aux commandants de recrutement des pièces d'administration ; nous reproduisons cette dernière partie de la circulaire qui indique l'affectation à certains corps spéciaux d'hommes ayant des connaissances spéciales :

Renseignements statistiques à fournir.

Les commandants des bureaux de recrutement me feront parvenir (*Bureau du Génie, Personnel*), dans les cinq jours qui suivront la réception de la présente circulaire :

1° Les certificats dont la production est exigée des employés des six grandes compagnies de chemin de fer et du réseau de l'Etat qui demandent à entrer dans l'arme du génie (modèle annexé à la circulaire du 20 mars 1875). Ces certificats seront accompagnés d'un bordereau d'envoi faisant connaître la taille et l'aptitude de l'homme, et indiquant s'il appartient au contingent de la marine ou à celui de l'armée de terre.

Le bordereau devra toujours être envoyé, même s'il est négatif.

2° Un état indiquant les noms, prénoms, tailles, professions et le degré d'instruction des jeunes soldats du contingent de l'armée de terre qui font partie des sociétés colombophiles, ou qui, n'appartenant à aucune de ces sociétés, auraient des connaissances bien constatées sur l'élevage des pigeons voyageurs et les soins à leur donner pour les entrainer. (Note ministérielle du 14 avril 1890.)

Il résulte de cette mesure ordonnée par le Ministre que son intention est d'affecter au génie les employés des chemins de fer et d'utiliser à des travaux spéciaux les connaissances des colombophiles.

Avant de passer à l'article 44, nous rappelons encore que toutes les indications données par le commentaire relativement à la circulaire du 18 août 1890 s'appliquent aux troupes coloniales visées par l'article 44 autant en principe et beaucoup plus en pratique qu'à l'armée de mer visée par l'article 43.

ARTICLE 44.

Sont affectés aux troupes coloniales :

1° Les contingents coloniaux provenant des colonies autres que la Guadeloupe, la Martinique, la Guyane et la Réunion ;

2° Les hommes qui ont été admis à s'engager ou à contracter un rengagement dans lesdites troupes suivant les conditions spéciales déterminées aux articles 59 et 63 ci-après ;

3° Les jeunes gens qui, au moment des opérations du conseil de revision, auront demandé à entrer dans les troupes coloniales et auront été reconnus propres à ce service ;

4° A défaut d'un nombre suffisant d'hommes compris dans les catégories précédentes, les jeunes gens dont les numéros suivent immédiatement ceux des hommes affectés à l'armée de mer.

La proportion d'hommes à fournir par chaque canton sera calculée sur l'ensemble des jeunes gens reconnus propres au service.

Les dispositions des articles 43 et 44 ne sont pas applicables aux jeunes gens dispensés en vertu des articles 21, 22 et 23.

321. Comme pour l'armée de mer, l'article 44 décide que les ressources ordinaires du recrutement ne seront appelées à fournir les troupes coloniales que comme complément, et faute de ressources spéciales provenant des contingents coloniaux autres que ceux de la Guadeloupe, de la Martinique, de la Guyane et de la Réunion, des engagés ou rengagés et des jeunes gens ayant opté au conseil de revision pour cette armée spéciale.

La formation d'une armée coloniale a toujours été un gros problème qui paraissait ne pouvoir se résoudre qu'avec de gros sacrifices pécuniaires. Il y a là, en effet, un service spécial, très dur et sujet à des obligations beaucoup plus rigoureuses que le service de l'armée de terre, et il fallait éviter d'y soumettre, même par le sort, malgré eux, les jeunes gens du contingent.

Ce problème paraît résolu par la loi de 1889, qui, sur la demande instante des représentants de nos colonies, leur a imposé le service militaire, et, malgré la précaution prise d'assurer en fin de compte le recrutement des troupes coloniales par le recrutement ordinaire, on peut espérer que les ressources spéciales affectées à ce service par l'article 44 seront suffisantes sans faire jouer le paragraphe 4.

La première ressource où l'on doit puiser et qui correspond à ce qu'est l'inscription maritime pour l'armée de mer est le contingent colonial des colonies autres que la Guadeloupe, la Martinique, la Guyane et la Réunion.

La distinction entre ces quatre colonies et les autres résulte de l'article 81, qui règle le service aux colonies. Comme nous le verrons à cet article, ces quatre colonies suivent le régime complet de la métropole; mais les autres ont un service spécial d'une année dans les corps stationnés sur leur territoire. Ces corps sont précisément les troupes coloniales qui puiseront ainsi sur place une bonne partie de leur effectif.

Bien mieux, il ne faut pas croire que l'article 44, en affectant aux troupes coloniales les contingents coloniaux des colonies autres que les quatre sus-indiquées, ait eu pour objet de défendre l'incorporation dans ces troupes des contingents des quatre colonies. Il résulte, au contraire, de la discussion que le seul but de cet article a été de déterminer la situation des contingents coloniaux *autres,* en laissant soumis au droit commun de la métropole les contingents des quatre colonies.

En conséquence, ces derniers contingents fournissent, s'il y a lieu, leurs premiers numéros comme la métropole. Il faut même remarquer que le Ministre aura le droit d'incorporer sur place dans les troupes coloniales d'une colonie, lesquels seront pour cette colonie le corps actif stationné dans la subdivision, tous les hommes n'ayant à faire qu'une année de service.

De plus, les options au conseil de revision seront fort nombreuses dans les colonies, pour peu que le Ministre conserve les optants dans leur colonie, de telle sorte que l'établissement du service militaire aux colonies peut être considéré comme la solution de la grosse difficulté de la création d'une armée coloniale.

Quant aux deux autres ressources, ce sont les mêmes que pour l'armée de mer : les engagements ou rengagement et les options.

Nous verrons, sous l'article 60, quelles mesures ont été prises pour faciliter les engagements.

322. L'article 44, *in fine,* dispose que les articles 43 et 44 ne seront pas applicables aux dispensés des articles 21, 22 et 23.

Cela veut dire que ces jeunes gens ne pourront être affectés soit à l'armée de mer, soit à l'armée coloniale, quel que soit leur numéro. Il est bien entendu que cette disposition ne peut nullement empêcher aux colonies l'incorporation de ces dispensés qui forment la majeure partie de la deuxième portion du contingent dans le corps de troupe quel qu'il soit stationné dans leur colonie.

323. Nous avons exposé sous l'article précédent ce qui concerne l'affectation aux troupes coloniales des hommes du recrutement et les permutations ; il suffit de se reporter à ces indications qui sont communes à l'armée de mer et aux troupes coloniales.

ARTICLE 45.

La durée du service actif ne pourra pas être interrompue par des congés, sauf les cas de maladie ou de convalescence, ou en exécution des articles 21, 22 et 23 de la présente loi.

324. L'article 45 a été inspiré par la pensée très énergiquement exprimée de ne réduire le service qu'à trois années, et à trois années bien pleines.

Ainsi, en dehors des congés légaux des articles 21, 22 et 23, et de l'envoi en disponibilité des articles 39 et 46, tous les hommes devront à l'État trois années de service avec seulement deux tolérances, celle de l'entrée du 1er au 15 novembre, et celle de la sortie, de la fin des grandes manœuvres avant le 31 octobre.

La première rédaction de cet article allait plus loin ; elle interdisait à l'autorité militaire de permettre des absences sous quelque titre que ce fût, pendant plus d'un mois dans l'année, toutes comprises. Cette rédaction a été abandonnée en considération des cas de nécessité qui peuvent se présenter, et l'on s'est borné à interdire les congés.

325. Il importe donc de bien déterminer ce qu'est un congé et quelle a été la pensée du législateur.

Le congé se trouvait déjà déterminé à l'occasion de la question du vote des militaires.

Nous avons vu sous l'article 9, ce qu'on entend par congé : par militaire en congé régulier, on doit entendre le militaire qui est pourvu d'une autorisation régulière d'absence de plus de trente jours, aux termes du décret du 27 novembre 1868, article 2.

Conformément à ce principe, un décret du 1er décembre 1888 a réglé toute la matière des congés et permissions.

Ce décret reste le véritable code de la matière, mais la loi de 1889 a entraîné certaines modifications qui sont inscrites dans un décret refondu du 1er mars 1890.

326. ### PRINCIPES GÉNÉRAUX.

Art. 1er. Les demandes de permission ou de congé doivent être adressées, par la voie hiérarchique, aux autorités qui ont qualité pour les accorder.

Art. 2. Les militaires en congé ou en permission doivent toujours être porteurs du titre en vertu duquel ils s'absentent; les hommes de troupe doivent, en outre, être pourvus de leur livret.

Art. 3. Les généraux commandant les subdivisions de région peuvent accorder aux hommes de troupe en permission ou en congé dans l'étendue de leur commandement l'autorisation de se rendre dans des localités autres que celles désignées sur leur titre d'absence.

Ils peuvent également autoriser les militaires de tous grades en instance de prolongation à attendre dans leurs foyers la décision à intervenir de l'autorité supérieure.

Ces autorisations sont inscrites sur le titre d'absence, et l'avis en est donné directement aux chefs de corps ou de service au moyen d'un bulletin indicatif, modèle n° 6.

Art. 4. Les officiers de tous grades et assimilés, en position d'absence, qui désirent changer de résidence, peuvent le faire sans autorisation préalable. Ils sont seulement tenus d'en informer, par écrit, l'autorité militaire supérieure de laquelle ils relèvent normalement, en lui faisant connaître leur nouvelle adresse. Ils sont également tenus de porter eux-mêmes, sur leur titre d'absence, les changements successifs de résidence qu'ils ont pu faire pendant la durée de leur permission ou de leur congé.

Art. 5. Les demandes de permission et de congé des militaires appartenant à des corps de troupe ou services détachés d'une région dans une autre, sont faites à l'autorité locale, qui statue.

Art. 6. Les demandes d'absence au delà de huit jours, faites en faveur des médecins des corps de troupe, doivent porter l'avis du directeur du service de santé, lorsque ces médecins sont, en même temps, chargés du service dans un hôpital.

Art. 7. Les autorités militaires qui concèdent des congés de convalescence et des prolongations de permission ou de congé doivent en informer sans retard, par un bulletin d'avis, modèle n° 1, les chefs de corps ou de service dont relèvent les intéressés.

Des avis sont aussi adressés aux mêmes autorités par les médecins-chefs des hôpitaux, en ce qui concerne les militaires qui entrent à l'hôpital étant en position d'absence.

Art. 8. Les demandes et les titres d'absence sont établis conformément aux modèles n⁰ˢ 2, 3 et 4.

Art. 9. Les demandes formées par les militaires (hommes de troupe) en permission ou en congé sont transmises au commandant de la subdivision de région par l'intermédiaire du commandant d'armes et, à défaut, par la gendarmerie, à qui les intéressés doivent remettre leurs demandes.

Les officiers adressent directement leurs demandes au général commandant la subdivision.

Art. 10. Les droits, en matière de permission et de congé, des généraux commandant les troupes d'occupation dans les protectorats sont les mêmes que ceux attribués, dans le présent règlement, aux gouverneurs militaires et aux commandants de corps d'armée.

337. Des congés ou permissions pour aller à l'étranger.

Art. 11. Les congés et les permissions pour aller à l'étranger sont demandés dans les mêmes conditions que pour l'intérieur. Le titulaire de la permission ou du congé doit laisser à son corps ou à son service les moyens de lui faire parvenir toute communication le concernant.

L'uniforme ne peut être porté à l'étranger que sur une autorisation spéciale du Ministre de la guerre (1).

328. **Des congés ou permissions accordés aux hommes de troupe pour en jouir dans les départements de la Seine et de Seine-et-Oise.**

Art. 12. Il ne peut être accordé de congés ou de permissions, pour en jouir à Paris, dans le département de la Seine et dans celui de Seine-et-Oise, qu'aux hommes de troupe qui justifient y avoir leur famille, ou qui peuvent certifier qu'ils y ont des moyens d'existence.

Art. 13. Les hommes de troupe qui, pour se rendre à leur destination, ont à passer par Paris, ne peuvent y séjourner plus de quarante-huit heures.

329. **Dispositions spéciales aux militaires employés en Afrique ou dans une armée en campagne hors du territoire français.**

Art. 14. Les permissions et les congés accordés aux militaires employés en Afrique ou en Corse, ou faisant partie d'une armée active ou d'un rassemblement hors du territoire, ne commencent que du jour du passage de la frontière ou du débarquement.

Ces militaires sont considérés comme rentrés à leur poste s'ils sont rendus à la frontière ou au port d'embarquement au jour fixé pour l'expiration de leur titre d'absence.

Art. 15. Les commandants des corps d'armée sur le territoire desquels se trouvent les ports où débarquent les permissionnaires, peuvent prolonger la durée des permissions ou des congés du nombre de jours nécessaires pour que les titulaires de ces permissions ou congés puissent, lors de leur retour, se mettre en route de manière à n'arriver au port d'embarquement que la veille seulement du jour du départ du premier paquebot partant après l'expiration de la permission ou du congé. La solde acquise pendant ces prolongations est la même que celle dont jouissait le militaire pendant son congé ou sa permission primitive.

Les intéressés doivent, aussitôt après leur débarquement en France, se présenter à la sous-intendance militaire chargée du service de marche; le sous-intendant militaire est tenu de mentionner, sur le titre dont ils sont porteurs, le jour du départ du paquebot qu'ils auront à prendre pour retourner à leur poste.

---

(1) Les militaires rentrant en France à la suite d'une absence régulière à l'étranger ne sont plus tenus d'en rendre compte par lettre spéciale au Ministre de la guerre.

Cette mention ne dispense pas les intéressés de demander au commandement la prolongation nécessaire.

Quand, à l'expiration de sa permission ou de son congé, un militaire d'un corps d'outre-mer obtient une prolongation d'absence, l'autorité militaire qui l'accorde doit, en en faisant l'inscription, mentionner à la suite la date à laquelle l'intéressé devra arriver au port d'embarquement.

330. ### DES PERMISSIONS.

Art. 16. Il peut être accordé des permissions : avec solde de présence (1) à tous les officiers, aux fonctionnaires assimilés ou employés militaires, aux sous-officiers rengagés ou commissionnés, aux militaires de la gendarmerie et aux hommes de troupe indigènes de tous grades des régiments de spahis algériens ; — sans solde à tous les autres militaires.

Art. 17. Les militaires de tous grades, changeant isolément de résidence, peuvent obtenir, à titre de sursis, des permissions dont la durée ne doit pas dépasser quinze jours, abstraction faite des délais ordinaires de route et de tolérance.

Ces sursis sont accordés dans les mêmes conditions de solde que les autres permissions et par l'autorité militaire du point de départ.

331. ### Autorités par qui elles sont accordées.

Art. 18. *Chefs de corps ou de service :*

Aux officiers et assimilés, 15 jours avec solde de présence ; — aux sous-officiers rengagés ou commissionnés, 30 jours avec solde de présence ; — aux autres gradés et aux soldats, 30 jours sans solde.

Généraux de brigade ou directeurs de service assimilés :

Aux chefs de corps ou de service, 8 jours avec solde de présence ; — aux autres officiers et assimilés, 30 jours avec solde de présence.

Généraux de division ou directeurs de service assimilés :

Aux chefs de corps ou de service, 15 jours avec solde de présence.

Gouverneurs militaires et commandants de corps d'armée :

Aux chefs de corps ou de service, 30 jours avec solde de présence.

Art. 19. Les gouverneurs militaires et commandants de corps

---

(1) Ou indemnité de service pour les officiers retraités des services de la justice militaire, du recrutement et du personnel administratif permanent et soldé de l'armée territoriale.

d'armée peuvent accorder des permissions, dans les limites de trente jours, aux généraux, aux directeurs des services et aux chefs des établissements militaires.

Il est rendu compte hiérarchiquement au Ministre, par bulletin modèle n° 1, des permissions de huit jours et au delà accordées aux officiers ou assimilés visés dans le paragraphe précédent, ainsi qu'aux chefs de corps.

Art. 20. Ces officiers généraux peuvent aussi accorder, dans les conditions prévues à l'article 11 et dans les limites fixées à l'article 18, les permissions pour aller à l'étranger, sous certaines réserves qui font l'objet d'une instruction spéciale.

332. ## Dispositions spéciales aux écoles.

Art. 21. Les commandants de l'Ecole supérieure de guerre, de l'Ecole polytechnique, de l'Ecole spéciale militaire, du Prytanée militaire, de l'Ecole d'application de l'artillerie et du génie, de l'Ecole d'application de cavalerie, de l'Ecole militaire d'infanterie, de l'Ecole militaire de l'artillerie et du génie, de l'Ecole d'application de médecine et de pharmacie militaires, de l'Ecole du service de santé militaire, de l'Ecole d'administration, peuvent accorder des permissions ne dépassant pas trente jours, avec solde de présence, aux officiers et aux sous-officiers rengagés ou commissionnés sous leurs ordres. Pour tous les autres militaires employés dans l'Ecole, les permissions sont toujours sans solde.

Art. 22. Les généraux commandant les corps d'armée ou les gouverneurs militaires sur le territoire desquels sont placées les autres écoles (Ecole de gymnastique, Ecole normale et écoles régionales de tir, Ecole centrale de pyrotechnie militaire, écoles d'artillerie, écoles militaires préparatoires), accordent, sur la proposition des commandants de ces écoles, dans les mêmes conditions et sous les mêmes réserves que celles déterminées par les articles 16 et 18 du présent décret, des permissions au personnel militaire relevant de ces écoles, ainsi que des sursis d'arrivée, dans la limite de quinze jours, aux militaires qui ont terminé leurs cours d'instruction dans ces écoles. Les commandants de ces écoles ont, en matière de permissions et vis-à-vis du personnel militaire sous leurs ordres, les droits dévolus par l'article 18 aux chefs de corps ou de service.

Art. 23. Le général gouverneur militaire de Paris peut également accorder des permissions de quinze jours, avec solde de présence, aux officiers venant de suivre des cours ou de subir des examens dans l'étendue de son commandement territorial.

333. ### DES PROLONGATIONS DE PERMISSION.

Art. 24. Le droit de prolonger les permissions est réservé aux généraux exerçant un commandement territorial, qui peuvent accorder des prolongations de permission, avec solde de présence ou sans solde, aux militaires de tous grades et de toutes armes en permission sur le territoire sous leurs ordres, dans les conditions déterminées par l'article 16, sous la réserve que la durée totale de l'absence ne dépasse pas les droits conférés à ces officiers généraux par l'article 18.

Art. 25. Tout militaire en permission doit, pour obtenir une prolongation, demander, au préalable, l'assentiment de son chef de corps ou de service. Celui-ci peut donner son autorisation, pourvu que la durée totale de l'absence ne dépasse pas trente jours.

La même autorisation est accordée aux chefs de corps ou de service par l'autorité militaire dont ils relèvent normalement et qui, aux termes de l'article 18, a qualité pour leur accorder une permission équivalente à la durée totale de l'absence.

Art. 26. Dans le cas où la durée de l'absence doit dépasser trente jours, la permission est transformée en congé et les prescriptions relatives aux prolongations de congé deviennent applicables.

334.   DES CONGÉS ET DE LEUR PROLONGATION.

Art. 27. Les absences dont la durée doit dépasser trente jours sont autorisées sous forme de congé.

Art. 28. Le Ministre statue seul sur les demandes de congé formées par les officiers généraux et assimilés, par les chefs de corps, par les directeurs des services, par les chefs des établissements militaires et par les officiers du cadre permanent des écoles visées article 21.

Art. 29. Les congés sont accordés aux autres militaires dans les conditions suivantes :

Des congés pour affaires personnelles et de leur prolongation.

Art. 30. Les congés pour affaires personnelles sont accordés, par délégation du Ministre, dans la limite de trois mois, par les gouverneurs militaires et les généraux commandant les corps d'armée ou les troupes d'occupation dans les protectorats; au delà de trois mois, ils sont accordés par le Ministre.

Il ne peut être délivré de congés de cette nature aux hommes de troupe, sauf à ceux qui sont rengagés ou commissionnés, ou aux engagés volontaires pour plus de trois ans.

Art. 31. Ces mêmes officiers généraux peuvent accorder des congés, sans limite de durée, aux militaires en instance de retraite et qui désirent attendre dans leurs foyers la liquidation de leur pension.

Art. 32. Les congés pour affaires personnelles sont accordés:

avec solde d'absence, aux officiers ou assimilés et aux sous-officiers rengagés ou commissionnés ; — sans solde, à tous les autres militaires.

Art. 33. Les demandes de prolongation de congé pour affaires personnelles sont adressées, ainsi qu'il est dit art. 9, au général commandant la subdivision territoriale. Après enquête, cet officier général transmet la demande, avec son avis motivé, au gouverneur militaire ou au commandant du corps d'armée dont le militaire relève normalement.

Le gouverneur militaire ou le commandant du corps d'armée statue et signe, s'il y a lieu, le titre de prolongation. Il transmet la demande au Ministre, si la durée totale de l'absence doit excéder la limite des droits qui lui sont conférés par les articles 30 et 31.

Le titre de prolongation ou la notification du refus est adressé au général commandant la subdivision qui a transmis la demande. Celui-ci avise l'intéressé de la décision dont il a été l'objet et lui fait parvenir son titre, s'il y a lieu.

Si la prolongation est accordée, le gouverneur militaire ou le commandant du corps d'armée en avise, par bulletin modèle n° 1, le chef de corps ou de service sous les ordres duquel le militaire intéressé se trouve normalement placé.

335. ### Des congés de convalescence et de leur prolongation.

Art. 34. Les généraux de brigade commandant les subdivisions de région statuent, par délégation des commandants de corps d'armée, aussitôt qu'elles leur parviennent, sans attendre l'époque de la visite mensuelle, sur les propositions de congé de convalescence formées en faveur des militaires en résidence sur le territoire de leur commandement.

Art. 35. Ces congés sont accordés dans la limite de trois mois pour les officiers, et de six mois pour les hommes de troupe.

Ils peuvent être prolongés dans les mêmes conditions de durée ; toutefois, les propositions formées en faveur des officiers sont transmises au Ministre, quand elles ont pour effet de porter à plus de six mois la durée totale de l'absence.

Art. 36. Les demandes de congé et de prolongation de congé de convalescence sont appuyées des certificats de visite et de contre-visite délivrés par les médecins traitants et les médecins-chefs des hôpitaux militaires ou hôpitaux mixtes, ou, à leur défaut, par ceux des hospices civils où les militaires postulants sont en traitement ou se font visiter. Dans ce dernier cas, la contre-visite est passée par des médecins militaires des corps de troupe ou, en cas d'impossibilité, par des médecins civils spécialement désignés par le général commandant la subdivision de région.

Si les militaires se trouvent dans une localité où il n'existe ni hôpital militaire ni hospice civil, et qu'ils soient hors d'état d'être transportés, ils joignent à leur demande un certificat du médecin de la localité ou une attestation du maire. Le général commandant la subdivision prescrit à la gendarmerie de s'assurer que les militaires ne peuvent se déplacer; cette constatation est faite : à l'égard des officiers, par le commandant de l'arrondissement de gendarmerie; à l'égard des hommes de troupe, par le commandant de la brigade.

Art. 37. Les généraux de brigade qui accordent les congés de convalescence peuvent, par délégation des pouvoirs attribués aux généraux commandant les corps d'armée par la décision présidentielle du 11 septembre 1887, accorder, en même temps, la solde de présence pour une durée d'un mois.

La solde de présence, pour une durée plus longue, peut être accordée par les généraux commandant les corps d'armée.

Art. 38. Toute demande tendant à prolonger un congé de cette nature est adressée, ainsi qu'il est dit art. 9, au général commandant la subdivision de région.

Après enquête, cet officier général statue directement, dans les limites fixées par l'article 35, sur les demandes qui lui sont parvenues et signe les titres de prolongation. Il avise l'intéressé de la décision dont il a été l'objet et lui fait parvenir son titre, s'il y a lieu.

Si la prolongation est accordée, il en avise, par bulletin modèle n° 1, le chef de corps ou de service sous les ordres duquel le militaire intéressé se trouve normalement placé.

Art. 39, 40, 41.

Ces articles qui visent les congés accordés en exécution de l'article 22 de la loi de 1889, sont insérés sous cet article.

336.   **Des congés pour aller faire usage des eaux.**

Art. 42. Ces congés, dont la durée ne peut dépasser deux mois, sont délivrés par les gouverneurs militaires et les généraux commandant les corps d'armée; les demandes sont accompagnées de certificats de visite individuels spéciaux pour ces sortes de congés.

Art. 43. La solde de présence est allouée pour toutes les journées passées aux eaux et pour les délais de route et de tolérance, aller et retour, que lesdits délais ajoutés à ces journées représentent ou non l'intégralité des congés obtenus. La solde d'absence sera seule allouée pour les journées qui n'auraient pas été passées aux eaux en dehors des délais de route et de tolérance. Les officiers peuvent reporter au retour les délais dont ils n'auraient pas profité pour l'arrivée à l'établissement.

Des congés pour aller à l'étranger.

Art. 44. Les congés pour aller à l'étranger ne sont accordés que par le Ministre, qui en règle les conditions au point de vue de la solde.

337.   DISPOSITIONS SPÉCIALES A LA GENDARMERIE.

Art. 45. Les militaires de la gendarmerie peuvent obtenir des généraux des permissions et des congés dans les mêmes conditions que les militaires des autres armes.

Toutefois, il n'est pas accordé de congé à titre de soutien de famille aux militaires de la gendarmerie.

Art. 46. Les chefs de légion peuvent concéder, en cas d'urgence, des permissions de huit jours, avec solde de présence, aux officiers, sous-officiers, brigadiers et gendarmes sous leurs ordres, à la condition d'en rendre compte, sans délai, au gouverneur militaire ou au général commandant le corps d'armée par un bulletin modèle n° 1.

Art. 47. Le commandant de la compagnie peut accorder des permissions de quatre jours, avec solde de présence, aux militaires de tous grades placés sous ses ordres. Il en rend compte immédiatement au chef de légion par la voie du rapport journalier.

Art. 48. Le commandant de l'arrondissement peut accorder des permissions de deux jours, avec solde de présence, aux sous-officiers, brigadiers et gendarmes placés sous ses ordres. Il en rend compte immédiatement au commandant de la compagnie par la voie du rapport journalier.

Art. 49. Le nombre des permissions à accorder dans chaque compagnie est limité par le chef de légion.

Art. 50. Les prolongations de permissions et de congés sont accordées aux militaires de la gendarmerie conformément aux règles établies dans le présent décret.

MARINE.

Art. 51. Les dispositions contenues dans le présent décret ne sont pas applicables aux militaires de la marine. Ces militaires restent soumis aux règles tracées par les circulaires qui les concernent spécialement.

ABROGATION DES DISPOSITIONS ANTÉRIEURES.

Art. 52. Toutes les dispositions antérieures contraires au présent décret, notamment le décret du 1er décembre 1888, portant règlement sur la concession des congés et des permissions, sont abrogées.

(Art. 45.)

MODÈLE N° 1.

Format. { Hauteur, 0m,210.
Largeur, 0m,340.

GOUVERNEMENT MILITAIRE
ou
e CORPS D'ARMÉE.

d

e DIVISION.

e SUBDIVISION.

PLACE d

N°

(1) Permission.
ou Congé pour affaires personnelles,
ou Congé de convalescence,
ou Congé à titre de soutien de famille,
ou Congé pour aller faire usage des eaux,
ou Prolongation de permission,
ou Prolongation de congé de... etc.,
ou Congé pour aller à l'étranger.

Bulletin indicatif de (1)

NOMS et PRÉNOMS.	GRADE.	DATE DE LA DÉCISION par laquelle la permission ou le congé a été accordé.	DURÉE.	LOCALITÉS où le militaire doit en profiter.	AUTORITÉ qui a accordé LE CONGÉ ou la permission.	OBSERVATIONS, (Pour une prolongation, rappeler le titre précédent.)

A MM. les membres du Conseil d'administration
du
ou A M. le Ministre de la guerre (Bureau de l'arme).

A , le 189 .

P. O. Le Chef d'état-major,

(Art. 45.)

MODÈLE Nº 2.

Format. { Hauteur, 0ᵐ,340. Largeur, 0ᵐ,210.

ᵉ CORPS D'ARMÉE.
ou
GOUVERNEMENT MILITAIRE
de

Corps { ou { service. {

ᵉ DIVISION.

ᶜ SUBDIVISION.

PLACE d

Demande d'un (1)

en faveur (2)

DURÉE DE L'ABSENCE ou de la prolongation.	LOCALITÉ où le militaire désire se rendre.	OBSERVATIONS et indication des pièces jointes à la demande, quand il y a lieu.
Avis	du chef de corps ou de service.	
	du général de brigade ou du directeur du service.	
	du général de division.	.
	du général commandant le corps d'armée.	

(1) 'Permission de..., avec solde, ou sans solde, ou prolongation d...
Congé de..., pour affaires personnelles, ou prolongation de...
Congé de... à titre de soutien de famille, ou prolongation de congé.
Congé de convalescence de... ou prolongation de...
Congé pour aller faire usage des eaux thermales.
Congé de... pour aller à l'étranger à...

(2) Nom, prénoms, grade ou emploi, numéro matricule, classe, date de la libération. Indiquer également si le militaire est rengagé ou commissionné.

(3) Désigner l'autorité qui décide sur l'objet de la demande.

Décision du (3)

A   , le   189 .

Le (3)

Format {Hauteur : 0ᵐ,340.
{Largeur : 0ᵐ,210.

MODÈLE Nᵒ 3.

ᵉ CORPS D'ARMÉE.
ou
GOUVERNEMENT MILITAIRE
de
—
ᵉ DIVISION.
ᵉ SUBDIVISION.
—
PLACE d

Corps ou service. {

(1)

Valable jusqu'au (1)

DE (1)

JOURS

inclus.

OFFICIER.

(1) Permission, congé ou prolongation : en indiquer la nature.

Inscrire en toutes lettres le nombre de jours et la date

(2) Désigner l'autorité.

(3) Porter les nom, prénoms, grade ou emploi de l'officier.

(4) Spécifier si c'est avec solde de présence ou avec solde d'absence.

(5) Porter la localité où l'officier doit se rendre immédiatement, en indiquant, à la suite, le département et, s'il y a lieu, le canton.

—

Vu et inscrit au contrôle :

Le Major,

Numéro d'inscription au registre spécial :

En vertu du décret du 1ᵉʳ mars 1890,
le (2)
accorde à M. (3)
un (1)   de (1)   jours avec solde de (4)
valable jusqu'au (1)   18   inclus,
pour se rendre à (5)

M.   devra avoir rejoint
son poste à l'expiration d   présent (1)   , qui datera
du (1)

Pour les permissions de quatre jours et au-delà, il devra, dès son arrivée dans le lieu où il se rend, faire connaître son adresse et le temps présumé de son séjour : 1º au général commandant la place de Paris, s'il doit résider à Paris ou dans le département de la Seine ; 2º au commandant d'armes, dans toute autre ville de garnison ; 3º à l'officier commandant la gendarmerie de l'arrondissement, s'il n'y a pas de garnison dans le lieu où il doit jouir de sa permission.

Si, pendant le cours de son absence, il vient à changer de résidence, il est tenu aux mêmes formalités. Il doit, en outre, en informer par écrit son chef de corps ou de service.

Il est tenu enfin de porter *lui-même* au verso du présent titre les indications relatives à son changement de résidence.

Il ne pourra se dispenser d'exhiber le présent titre sur la réquisition qui lui en sera faite par la gendarmerie ou, s'il voyage en tenue bourgeoise, par les agents des chemins de fer.

En cas de mobilisation, le porteur du présent titre devra se mettre immédiatement en route pour rejoindre son corps ou son service, sans attendre aucune notification individuelle, à moins qu'il ne soit en congé de convalescence.

A   , le   189   .

Le (2)

Indication des changements successifs de résidence de l'officier pendant la durée de sa permission ou de son congé (1).

NOM DES LOCALITÉS.	DATE do L'ARRIVÉE.	DATE du DÉPART.	OBSERVATIONS.

(1) Ces indications sont portées par le titulaire de la permission ou du congé et lui servent, au besoin, de titre pour réclamer le bénéfice du tarif militaire sur es chemins de fer.

Format.. { Hauteur, 0ᵐ,340.
{ Largeur, 0ᵐ,210.

MODÈLE Nº 4.

ᵉ CORPS D'ARMÉE
ou
GOUVERNEMENT MILITAIRE
d

Corps
ou service. {

(1)   de (1)

ᵉ DIVISION.

ᵉ SUBDIVISION.

PLACE d

SOUS-OFFICIER OU SOLDAT.

En vertu du décret du 1ᵉʳ mars 1890, le (2)

accorde au
sieur (3)   de la classe de 18   , libérable
du service actif le   18   (rengagé ou commissionné),
un (1)   , valable jusqu'au (1)   189
inclus pour aller à (4)

Il devra avoir rejoint son poste à l'expiration d   présent

(1) Permission, congé ou
prolongation : en indiquer la
nature et inscrire en toutes
lettres le nombre de jours et
la date.

(2) Désigner l'autorité.

(3) Porter les nom, pré-
noms, grade ou emploi.

(4) Indiquer, à la suite de
chaque localité, le département et, s'il y a lieu, le canton.

(1)   qui datera du   189   .

Le porteur devra, à son arrivée dans le lieu où il se rend, faire
viser l   présent (1)   et faire connaître son adresse : 1º au
général commandant la place de Paris, s'il doit résider à Paris
ou dans le département de la Seine ; 2º au commandant d'armes,
dans toute autre ville de garnison ; 3º au commandant de la brigade de gendarmerie dont dépend sa résidence, s'il n'y a pas de
garnison au lieu où il doit jouir de son congé ou de sa permission.

Il se présente à la même autorité la veille de son départ pour
rejoindre son corps.

Le visa de la gendarmerie n'est pas exigé sur les titres de
permission dont la durée ne dépasse pas quatre jours.

**En cas de mobilisation, le porteur du présent titre devra
se mettre immédiatement en route, sans attendre aucune
notification individuelle, et rejoindre son corps.** Dans ce cas,
il pourra être astreint à payer demi-place sur les chemins de fer:
le prix du voyage lui sera d'ailleurs remboursé à sa rentrée au
corps. Les militaires en congé de convalescence ne rejoignent
qu'à l'expiration de ce congé.

Vu et inscrit au contrôle :

Le Major,

Nº d'inscription au répertoire spécial:

A   , le   189   .

Le (2)

*Cartouches qui ne seront remplis par les corps que pour les absences d'une durée égale
ou supérieure à huit jours.*

PROCÈS-VERBAL DE LA REMISE DE L'ORDRE DE RAPPEL.	ORDRE DE RAPPEL.
Aujourd'hui 189 , nous soussigné, gendarme à la résidence d , agissant en vertu de l'ordre du Ministre de la guerre, en date du , avons notifié un ordre de rappel au nommé , au ᵉrégiment d , en à , rue , nº , parlant à , qui a déclaré . Cet ordre prescrit au nommé de rejoindre son corps dans les quarante-huit heures qui suivront la présente notification. Et afin que le susnommé n'en ignore, nous lui avons laissé l'ordre de rappel. Dont acte, à , le 189 . *Le Gendarme,*	En exécution des ordres du Ministre de la guerre en date du , il est ordonné au nommé (3) au ᵉrégiment de , en (1) , à , rue , nº , département d , de se mettre en route immé- diatement pour rejoindre son corps Il devra y être rendu dans les quarante-huit heures qui suivront la remise du présent ordre, sous peine d'être recherché et reconduit par la gendarmerie, et sans pré- judice des poursuites ultérieures prévues par les articles 230 et 231 du Code de justice militaire. *Le Chef de corps,*

L'ordre de rappel, signé par le chef de corps au moment du départ du titulaire pour se rendre en congé ou en
permission, et le procès-verbal de remise sont détachés du titre d'absence au moment où le militaire le fait
viser à son arrivée à destination.

Dès que l'ordre lui en est donné, la gendarmerie remet à l'intéressé l'ordre de rappel qui le concerne, remplit le procès-verbal de remise et le retourne au corps.

INDICATION DES POINTS PRINCIPAUX DU TRAJET A PARCOURIR TANT A L'ALLER QU'AU RETOUR.	DÉTAIL DES AVIS D'ARRIVÉE ET DE DÉPART.	
Le décompte de la solde du militaire dénommé d'autre part lui a été fait jusqu'au inclus. Il est porteur des effets détaillés ci-contre.	DÉSIGNATION DES EFFETS.	NOMBRE D'EFFETS.

En conséquence du détail ci-dessus, ce militaire n'aura besoin d'aucun secours pendant sa route pour aller en permission ou en congé et en revenir.

A   , le   189   .

Le Commandant de

CERTIFICAT DE VISITE AU DÉPART.

Le dénommé d'autre part n'est atteint d'aucune maladie contagieuse.

A   , le   189   .

Le Médecin

(Art. 45.)

Modèle n° 6

Format. { Hauteur, 0^m,210. Largeur, 0^m,340.

° CORPS D'ARMÉE.
ou
GOUVERNEMENT MILITAIRE
d

° DIVISION.

° SUBDIVISION.

ÉTAT-MAJOR.

Bulletin indicatif d'autorisation de changement de résidence accordée à un militaire en (congé de   ou en permission de   ).

NOM.	GRADE et CORPS.	POSITION ACTUELLE.	LIEU où le militaire se trouve.	LOCALITÉS où le militaire est autorisé à se rendre.	DATE de la DÉCISION.	OBSERVATIONS.

A M. le Président du Conseil d'administration du

A   le   189 .

339. Le décret ci-dessus cité supprime, entre autres dispositions, l'article 46 du décret du 1er décembre 1888, qui était ainsi conçu :

Des congés renouvelables, spéciaux aux militaires du génie détachés dans les compagnies des chemins de fer.

Art. 46. Ces congés, d'une durée de six mois, sont accordés et renouvelés par les généraux gouverneurs militaires et commandant les corps d'armée sur le territoire desquels se trouvent ces militaires.

Le premier congé est accordé sur la demande du chef du corps dans lequel l'homme est immatriculé.

Toute demande de renouvellement est accompagnée d'un certificat du chef de service de la compagnie dans laquelle est détaché le militaire, constatant qu'il y est toujours employé et se conduit bien.

La demande de renouvellement, accompagnée du certificat prescrit ci-dessus, est remise par l'intéressé même au commandant de la brigade de gendarmerie dont dépend la localité où il se trouve. Celui-ci la transmet directement au général gouverneur militaire ou au commandant du corps d'armée, suivant le cas.

Le retour du titre prolongé se fait par la même voie, et avis de la prolongation est donné au corps auquel appartient le militaire.

Cet article réglait une situation qui, à notre avis, était inexactement comprise sous le nom de congé. Il s'agit là, en effet, de l'envoi dans un service spécial d'hommes accomplissant une période d'instruction également spéciale : ce n'est que l'application pour le Ministre de son droit de répartir et d'instruire les hommes au mieux des intérêts de l'armée.

C'est ainsi d'ailleurs que l'a entendu le Ministre qui a réglé, par une circulaire en date du 15 février 1890, la situation de ces hommes :

Mon cher Général, comme conséquence des prescriptions de l'article 45 de la loi du 15 juillet 1889 sur le recrutement de l'armée, j'ai décidé que, par modification aux dispositions du titre III du règlement du 11 juillet 1886 sur l'organisation des troupes du génie de chemins de fer, les militaires du génie détachés sur les réseaux ne recevraient plus désormais de titre de congé renouvelable de six mois en six mois.

Ces militaires seront considérés comme détachés pour un laps de temps non limité du 5e régiment de génie, afin de compléter leur instruction technique près des administrations de chemins de fer. Ils n'auront plus entre leurs mains que leur livret individuel, sur lequel mention sera faite de la même mutation dont ils auront été l'objet, et qui contiendra un fascicule spécial renfermant en particulier un ordre de route pour le cas de mobilisation.

Toutes les prescriptions du règlement du 11 juillet 1886, relatives au titre de congé temporaire et à son renouvellement de six mois en six mois, sont donc abrogées.

La gendarmerie apposera simplement son visa sur le livret individuel de chaque homme (pages 3 et 4 du fascicule), à l'arrivée et au départ, dans chacune des résidences qui lui seront successivement assignées par les administrations de chemins de fer.

Elle continuera d'ailleurs à intervenir conformément aux articles 16, 18 et 19 du règlement précité :

1° Dans le cas d'une permission de plus de quatre jours;

2° Lorsque l'homme quitte la compagnie qui l'emploie, soit volontairement, soit pour manquement au service, et lorsqu'il abandonne son poste sans autorisation ;

3° Pour la transmission des ordres d'appel individuels convoquant les hommes à leur régiment pour une période d'instruction de vingt-huit jours dans l'année qui précède leur passage dans la réserve.

Les dispositions nouvelles seront appliquées aux hommes détachés sur les réseaux le 1er mars prochain.

Quant aux hommes détachés antérieurement, ils restent titulaires de congés temporaires renouvelables et seront administrés suivant les anciens errements jusqu'à ce que le 5e régiment du génie ait ajouté à leur livret individuel le fascicule spécial, ce qui ne pourra se faire que postérieurement au 1er mars prochain. Une fois en possession de leur livret ainsi modifié, ils se présenteront à la gendarmerie pour le faire viser et lui remettront leur titre de congé, devenu sans objet, pour être retourné directement au 5e régiment du génie.

J'ai l'honneur de vous prier de vouloir bien aviser les corps intéressés de ces dispositions et de me soumettre, le cas échéant, les difficultés qui peuvent se présenter dans l'application.

Il conviendra d'appeler spécialement leur attention sur ce fait que les sapeurs du génie détachés sur les réseaux n'étant plus en congé, sont justiciables des conseils de guerre pour tous les crimes et délits conformément à l'article 56 du Code de justice militaire.

340.   Il y a aussi une remarque à faire sur la suppression des congés pour continuation d'études.

Il y a une catégorie de jeunes gens que cette suppression ne pouvait atteindre : ce sont ceux qui se destinent aux Écoles militaires. Le Ministre a réglé comme suit leur situation, par une décision en date du 15 février 1890 :

> Afin de permettre aux candidats à l'Ecole polytechnique et à l'Ecole spéciale militaire qui, après avoir échoué aux examens d'admission pour ces Ecoles, arrivent sous les drapeaux comme appelés ou comme engagés volontaires, de ne pas interrompre leurs études, le Ministre décide qu'après six mois de service effectif, ces militaires pourront obtenir, tout en restant présents au corps, l'autorisation de suivre des cours préparatoires.
>
> Cette autorisation sera donnée par les chefs de corps, qui devront, au préalable, s'assurer que les candidats possèdent, d'une façon satisfaisante, les connaissances constituant la base de l'instruction militaire spéciale à l'arme à laquelle ils appartiennent. Ils veilleront, en outre, à ce que ces militaires suivent effectivement et avec fruit les cours d'un établissement scolaire.
>
> L'autorisation dont il s'agit sera retirée à tous ceux dont la conduite ou l'application laisserait à désirer.
>
> Une fois par semaine, au moins, les militaires qui auront obtenu cette autorisation seront astreints à des théories ou exercices faits aux heures disponibles.
>
> Pendant la période de temps qui s'écoulera entre le dernier examen et la reprise des cours, ils feront leur service au corps.
>
> Ceux d'entre eux qui ne seront pas admis au concours qui précédera leur dernière année de service ne seront plus autorisés à suivre les cours préparatoires et seront astreints, pendant cette dernière année, à toutes les obligations du service.
>
> L'autorisation de poursuivre leurs études dans les conditions ci-dessus indiquées étant exclusivement réservée aux candidats à l'Ecole spéciale militaire et à l'Ecole polytechnique, les militaires qui l'auront obtenue ne pourront réclamer le bénéfice des dispositions des articles 22 et 23 de la loi du 15 juillet 1889 avant d'avoir accompli une année entière dans leur corps sans exemption d'aucun service.

On voit, par cette décision, que les jeunes gens ne sont nullement en congé ; ils sont présents au corps et autorisés à suivre des cours.

341. Depuis le décret de 1888, l'attention du Ministre a été appelée sur l'une des prescriptions portées au modèle n° 4 qui était annexé audit décret, et, le 9 novembre 1889, le Ministre adressait la circulaire suivante, très intéressante pour les hommes en congé :

Le décret du 1er décembre 1888, portant règlement sur la concession des congés et des permissions, dispose (art. 8) que les titres d'absence sont établis, en ce qui concerne les sous-officiers et soldats, conformément au modèle n° 4 annexé à ce règlement.

Le modèle de titre dont il s'agit, adopté pour les congés et permissions de toute nature, porte qu'en cas de mobilisation, le porteur du titre de congé ou de permission devra se mettre immédiatement en route, sans attendre aucune notification individuelle, et rejoindre son corps.

En outre, au bas du titre se trouvent un ordre de rappel et un procès-verbal de remise de cet ordre.

Consulté sur la question de savoir si les prescriptions ci-dessus s'appliquent également aux sous-officiers, caporaux et soldats en congé de convalescence, le Ministre fait savoir aux autorités militaires intéressées que, conformément aux dispositions de la note du 3 mars 1884 (art. 121), complétant l'instruction confidentielle du 20 décembre 1880 sur les devoirs de la gendarmerie, les hommes en jouissance d'un congé de convalescence doivent, en cas de mobilisation, être maintenus dans leurs foyers durant le temps reconnu nécessaire pour le rétablissement de leur santé.

En conséquence, afin d'éviter tout malentendu, le Ministre décide qu'à l'avenir une mention dans ce sens sera inscrite à la main sur les titres délivrés aux hommes de troupe envoyés chez eux en congé de convalescence.

Cette mention est aujourd'hui inscrite sur le modèle 4 nouveau du décret du 1er mars 1890.

342. Par mesure transitoire, les hommes de la classe de 1885 retenus sous les drapeaux au delà de leurs trois années de service peuvent recevoir des congés de trois mois pour affaires personnelles ; la même faveur pourra être accordée aux hommes de la classe de 1886 après le 1er novembre, date à laquelle ils auront fait trois ans de service. Ces hommes sont à cet égard assimilés aux engagés volontaires pour plus de trois ans.

343.   Le décret de 1888, relatif à la concession des congés et permissions, était suivi d'un second décret modifiant en conséquence le règlement sur le service intérieur des troupes. Bien qu'il s'agisse là d'une question de service intéressant le soldat incorporé et bien vite connue de lui, il nous paraît que ces règles spéciales ont un vif intérêt pour tout le monde et qu'elles ont leur place indiquée sous l'article 45 interdisant les congés, mais autorisant les permissions. Elles ne sont en rien modifiées par le décret nouveau du 1er mars 1890.

Art. 291 (Infanterie), 284 (Cavalerie), 309 (Artillerie). *Nouvelle rédaction.*

Permissions pour quitter la garnison.

« La permission de quitter la garnison est accordée aux officiers, avec solde de présence, dans les limites suivantes :

« Par le chef de corps, quinze jours ;

« Par le général de brigade, aux chefs de corps, huit jours ; aux autres officiers, trente jours.

« Les permissions d'une durée supérieure à huit jours sont accordées aux chefs de corps : jusqu'à concurrence de quinze jours, par le général de division ; jusqu'à concurrence de trente jours, par le gouverneur militaire ou le commandant du corps d'armée.

« Il est rendu compte hiérarchiquement au Ministre, par bulletin modèle n° 1, des permissions de huit jours et au-dessus accordées aux chefs de corps.

« Les officiers comptables ne peuvent obtenir une permission de plus de quinze jours, sans produire un certificat du conseil d'administration constatant que la situation de leurs écritures ne s'y oppose pas.

« Les demandes d'absence de huit jours et au-dessus, faites par les médecins des corps de troupe, doivent porter l'avis du directeur du service de santé, lorsque ces médecins sont en même temps chargés du service dans un hôpital.

« Le titre d'absence remis à l'officier est conforme au modèle (1). »

---

(1) Modèle n° 3 du décret du 1er décembre 1888, portant règlement sur la concession des congés et des permissions.

Art. 311 (Artillerie).

Remplacer le 1ᵉʳ paragraphe par le suivant :

« L'exemption de l'appel de la journée est accordée par l'officier de petite semaine. En l'absence de cet officier, elle peut l'être, aux brigadiers et aux canonniers, par le maréchal des logis chef. Ce sous-officier en rend compte à l'officier de petite semaine et au capitaine.

Art. 294 (Infanterie), 287 (Cavalerie), 312 (Artillerie). *Nouvelle rédaction.*

« L'exemption de l'appel du soir, les permissions de 10 heures, de minuit et de la nuit sont accordées et signées, en même temps que la situation-rapport, par le capitaine commandant.

« Si, dans le courant de la journée, un caporal (brigadier) ou un soldat a besoin de la permission de l'appel du soir, de 10 heures ou de minuit, il s'adresse au sergent-major (maréchal des logis chef) qui la demande à l'officier de semaine (1). Celui-ci est autorisé à l'accorder, lorsqu'il en reconnait l'urgence ; dans ce cas, le titre est signé par lui, et le sergent-major (maréchal des logis chef) en rend compte au capitaine commandant, le lendemain matin.

« Le titre de permission est remis au sergent (maréchal des logis) de la garde de police, par le titulaire, au moment de sa rentrée au quartier. »

Art. 296. (Infanterie), 289 (Cavalerie), 314 (Artillerie). *Nouvelle rédaction.*

« La permission pour les sous-officiers et les caporaux (brigadiers) et les soldats de quitter la garnison est demandée au rapport par le capitaine commandant et accordée par le chef de corps jusqu'à concurrence de trente jours. Elle ne donne pas droit à la solde proprement dite, sauf pour les sous-officiers rengagés ou commissionnés.

« Le titre d'absence est conforme au modèle (2). »

Art. 300 (Infanterie), 293 (Cavalerie), 318 (Artillerie). *Nouvelle rédaction.*

« Les officiers supérieurs commandant un détachement peuvent accorder les mêmes permissions que le chef de corps ; ils lui en rendent compte.

« Les permissions de longue durée peuvent être accordées, pendant tout le courant de l'année, aux officiers et sous-officiers en conciliant, autant que faire se peut, les exigences du service et les demandes des intéressés ; la plus grande latitude doit être laissée, à cet effet, aux chefs de corps.

---

(1) A l'officier de petite semaine (artillerie).

(2) Modèle nº 4 du décret du 1ᵉʳ décembre 1888, portant règlement sur la concession des congés et des permissions.

« Les officiers, sous-officiers, caporaux (brigadiers) et soldats en permission peuvent obtenir des prolongations de permission, sous la réserve que la durée totale de l'absence ne dépasse pas trente jours. Toute demande de prolongation doit être accompagnée de l'autorisation du chef de corps. Si le permissionnaire est chef de corps, l'autorisation est demandée à l'officier général ayant qualité pour accorder une permission équivalente à la durée totale de l'absence. La demande est soumise au général commandant la subdivision de région où se trouve le permissionnaire. En cas d'extrême urgence, le permissionnaire peut être autorisé à attendre, dans ses foyers, la réception de l'autorisation qu'il doit produire.

« Les militaires de tous grades, changeant isolément de résidence, peuvent obtenir, à titre de sursis, des permissions dont la durée ne doit pas dépasser quinze jours, abstraction faite des délais ordinaires de route et de tolérance.

« Ces sursis sont accordés dans les mêmes conditions de solde que les autres permissions, par les autorités militaires du point de départ.

« Les demandes d'autorisation pour se rendre à l'étranger sont faites conformément aux dispositions spéciales du décret portant règlement sur la concession des permissions et des congés.

« En principe, il n'est accordé aucune permission, en dehors de celle de la journée du dimanche et des fêtes reconnues, aux militaires de la réserve et de l'armée territoriale, pendant la durée des convocations. »

ARTICLE 46.

Le nombre d'hommes entretenus sous les drapeaux est, en cas d'excédent, ramené à l'effectif déterminé par les lois au moyen du renvoi dans leurs foyers, après une année de service, des hommes dont les numéros du tirage précèdent immédiatement ceux qui ont été désignés pour la disponibilité aux termes de l'article 39.

344. L'article 46 complète l'article 39. On a appelé l'article 39 la soupape de sûreté ; cette désignation convient encore mieux à l'article 46.

Quand le Ministre connaît les ressources que le contingent met à sa disposition, il les compare aux nécessités d'effectifs et aux ressources budgétaires et il décide le nombre d'hommes qui seront renvoyés en disponibilité après une année de service aux termes de l'article 39. Mais il peut se produire que les prévisions du Ministre soient modifiées par les circonstances, comme par exemple l'augmentation des rengagements ou la diminution des pertes, et d'autre part, le Ministre doit toujours forcer un peu ses prévisions pour ne pas manquer d'hommes. En ce cas, il faut qu'il ait un moyen de laisser échapper le trop plein de ses effectifs ou l'excédent de ses hommes sur les prévisions budgétaires. Il n'a plus les congés qui étaient le moyen employé sous la loi de 1872 ; il reste bien les permissions, mais c'est un mode de procéder qui demande trop d'extension pour être sensible. L'article 46 l'autorise alors à augmenter en cours de service le nombre d'hommes à renvoyer dans la disponibilité qu'il avait fixé aux termes de l'article 39 avant l'incorporation.

Cet article sera d'une application très rare et très restreinte.

ARTICLE 47.

Les militaires qui, pendant la durée de leur service, auront subi des punitions de prison ou de cellule, seront maintenus au corps après le départ des hommes de leur classe, pendant un nombre de jours égal au nombre de journées de prison ou de cellule qu'ils auront subies.

Cette disposition ne sera pas applicable aux militaires qui, au moment du départ des hommes de leur classe, seront en possession du grade de sous-officier ou de celui de caporal ou brigadier.

Si le total de ces journées de prison ou de cellule dépasse soixante, la durée du maintien au corps sera fixée par le conseil de discipline statuant en dernier ressort ; elle ne pourra être inférieure à trois mois, ni supérieure à un an.

345. Il faut bien distinguer cet article de l'article 41. L'article 41 réglait l'effet des condamnations à la prison *par jugement* sur la durée du service.

L'article 47 ne vise que les peines disciplinaires, et

il n'est autre chose qu'une véritable pénalité supplémentaire portant sur la durée du service.

Il n'appelle d'ailleurs aucune observation particulière, si ce n'est sur le moment précis où commence le supplément de temps de service.

Un homme condamné à deux mois de prison au corps doit être maintenu pendant deux mois de supplément. Ces deux mois partiront-ils de l'expiration du service de sa classe ou du départ des hommes de sa classe ?

Il est certain qu'une disposition législative n'était pas nécessaire pour permettre au Ministre de les retenir entre le renvoi des hommes après les manœuvres et le 1er novembre ; mais elle était utile pour le cas où la prolongation irait au delà du 1er novembre et elle devait toujours, pour ce cas, être inscrite dans la loi.

Quant au point de départ de cette prolongation, le texte de l'article 47 est formel ; il se place au moment du départ des hommes de la classe, c'est-à-dire dès qu'ils sont libérés, même dans la période de libération provisoire qui s'étend des manœuvres au 1er novembre.

C'est là une peine qu'il est interdit d'étendre par voie d'interprétation et, en cas de doute, la stipulation doit être interprétée en faveur du condamné.

CHAPITRE III.

DU SERVICE DANS LES RÉSERVES.

ARTICLE 48.

Les hommes envoyés dans la réserve de l'armée active, dans l'armée territoriale et dans la réserve de ladite armée sont affectés aux divers corps de troupe et services de l'armée active ou de l'armée territoriale.

Ils sont tenus de rejoindre leur corps en cas de mobilisation, de rappel de leur classe ordonné par décret, et de convocation pour des manœuvres ou exercices.

A l'étranger, les ordres de mobilisation, de rappel ou de convocation sont transmis par les soins des agents consulaires de France.

Le rappel de la réserve de l'armée active peut être fait d'une manière distincte et indépendante pour l'armée de terre, pour l'armée de mer ou pour les troupes coloniales; il peut être fait pour un, plusieurs ou tous les corps d'armée, et, s'il y a lieu, distinctement par arme. Dans tous les cas, il a lieu par classe, en commençant par la moins ancienne.

Les mêmes dispositions sont applicables à l'armée territoriale.

La réserve de l'armée territoriale n'est rappelée à l'activité qu'en cas de guerre et à défaut de ressources suffisantes fournies pour l'armée territoriale. Le rappel se fait par classe ou par fraction de classe en commençant par la moins ancienne.

En cas de mobilisation, les militaires de la réserve domiciliés dans la région, et, en cas d'insuffisance, les militaires de la réserve domiciliés dans d'autres régions, complètent les effectifs des divers corps de troupe et des divers services qui entrent dans la composition de chaque corps d'armée.

Les corps de troupe et services qui n'entrent pas dans la composition des corps d'armée sont complétés avec des militaires de la réserve pris sur l'ensemble du territoire.

Mention du corps d'affectation est portée sur le livret individuel.

Les hommes désignés dans l'article 5 comme devant être incorporés dans les bataillons d'infanterie légère d'Afrique, et qui n'auront point été jugés dignes d'être envoyés dans d'autres corps au moment où ils passeront dans la réserve, seront, lors de leur passage dans la réserve, affectés à ces mêmes corps.

En temps de paix, ils accompliront leurs périodes d'exercices dans des compagnies spécialement désignées à cet effet.

Les dispositions des deux derniers paragraphes seront appliquées aux hommes qui, après avoir quitté l'armée active, ont encouru les condamnations spécifiées à l'article 5.

346. L'article 48 est celui sur lequel repose la mobilisation, c'est-à-dire la mise en mouvement de cette immense armée nationale où chacun, aujourd'hui, a sa place de bataille marquée d'avance. Aussi, doit-il être considéré comme l'un des plus importants de la loi militaire, bien qu'il n'appelle pas des explications très étendues pour son intelligence.

Il n'en serait pas de même si l'on voulait entrer

dans le détail de l'application de cet article, c'est-à-dire de l'exposé de toutes les règles et instructions relatives à la mobilisation. Un pareil examen sortirait de notre cadre.

Nous nous bornerons à donner les indications nécessaires aux citoyens qui n'ont besoin de connaître que leurs obligations.

347. Le premier paragraphe de l'article 48 laisse au Ministre la liberté absolue de répartir les réserves dans les différents corps de troupe. Il est évident que cette répartition se fera suivant les règles que nous avons déjà vues à l'article 30 et que l'homme de réserve suivra dans la réserve, le plus généralement, la même affectation que dans le service actif.

Cependant, le paragraphe 1er se complète par les paragraphes 7 et 8 qui établissent le recrutement régional pour les réserves et l'armée territoriale.

Les réservistes domiciliés dans la région complètent les corps de troupe de cette région sauf le cas d'insuffisance et le cas de corps spéciaux n'entrant pas dans la composition des corps d'armée ; mais, dans ces deux cas, on doit affecter, autant que possible, le réserviste à un corps placé près de son domicile.

Il est inutile de s'étendre sur l'utilité de cette mesure pour la rapidité de la mobilisation.

La mention du corps d'affectation de chaque homme est portée sur son livret individuel, et il est important que chaque citoyen connaisse exactement sa situation militaire. Elle est ainsi établie pour chacun dans des conditions de précision qui le dispenseront de toute recherche, mais qui doivent appeler son attention sur la nécessité de s'assurer que son livret individuel est constamment à jour.

348. Il est cependant une catégorie d'hommes dont la situation demande une explication spéciale : ce sont les hommes classés dans les services auxiliaires qu'on appelle les hommes à la disposition. Bien que ces hommes suivent leurs classes dans les diverses catégories d'activité et de réserve, ils sont, au point de vue de l'affectation et de l'appel, dans une situation particulière qui n'intéresse que la mobilisation. Quant à leur affectation, ils restent soumis aux règles fixées par la circulaire du 28 mars 1877, qui porte ceci :

Les jeunes gens classés dans les services auxiliaires sont à la disposition du Ministre de la guerre pour tout le temps qu'ils ont à accomplir en vertu de l'article 36 de la loi du 27 juillet 1872 (1).

Ils ne peuvent être affectés à aucun service armé. Ils sont destinés à compléter, en cas de guerre, le personnel nécessaire aux services ci-après désignés, et peuvent, le cas échéant, être mis à la disposition de l'industrie privée pour l'exécution de travaux relatifs à l'armée.

En temps de paix, ils peuvent être soumis à des revues d'appel.

Les services auxiliaires de l'armée auxquels peuvent être affectés, en raison de leur aptitude professionnelle, les jeunes gens compris sur la quatrième (2) partie de la liste du recrutement cantonal, sont divisés en huit services distincts, savoir :

1er SERVICE. — Travaux de fabrication, d'entretien et de réparation du matériel militaire de toute nature.

2° SERVICE. — Travaux relatifs aux fortifications et aux bâtiments militaires.

3e SERVICE. — Travaux concernant la construction, la réparation et l'exploitation des voies ferrées et des lignes télégraphiques.

4e SERVICE. — Hôpitaux et ambulances.

5e SERVICE. — Magasins d'habillement, d'équipement, de harnachement et de campement.

6e SERVICE. — Subsistance, manutentions, magasins.

7e SERVICE. — Transports militaires.

_____

(1) Aujourd'hui article 37 de la loi du 15 juillet 1889.

(2) Aujourd'hui sixième.

8ᵉ SERVICE. — Bureaux des états-majors, du recrutement, de
l'administration et des dépôts des différents
corps de troupe.

Nous verrons plus bas leur situation en cas de
mobilisation.

349. Le paragraphe 2 de l'article 48 contient les obligations générales des réservistes et territoriaux.

Ils sont tenus de rejoindre leur corps dans deux
cas : 1° mobilisation générale ou rappel de leur
classe par décret, c'est-à-dire mobilisation partielle ;
2° convocation pour les manœuvres et exercices.

Le second cas est réglé par l'article 49.

Quant au premier, il est soumis à des règles différentes suivant les catégories.

Tout d'abord la réserve de l'armée active et la
territoriale peuvent être rappelées par décret même
à l'état de paix et simplement en vue de complications extérieures, tandis que la réserve de l'armée
territoriale ne peut être mobilisée qu'*en cas de guerre
seulement*.

La mobilisation peut avoir lieu partiellement pour
la réserve de l'armée active et pour l'armée territoriale qui suivent la même règle.

Le décret qui mobilise peut s'appliquer séparément et distinctement à l'armée de terre ou à l'armée
de mer, ou aux troupes coloniales, à un seul, à plusieurs ou à tous les corps d'armée ; enfin, il peut
être restreint à une seule arme. Il peut aussi ne
s'appliquer qu'à une ou plusieurs classes en commençant par la moins ancienne, et dans chaque classe
peuvent également se faire les distinctions diverses
relevées plus haut.

Il n'apparaît pas, à la lecture du paragraphe 6, que les mêmes facilités existent pour la réserve de l'armée territoriale. Dans cette catégorie, l'appel se fait par classe ou par fraction de classe, sans qu'il soit question de distinctions permises pour les autres catégories. Cependant, comme le texte n'indique pas comment peut être appelée une *fraction de classe*, il nous paraît que le décret qui ordonnerait la mobilisation, *en temps de guerre*, de la fraction de plusieurs classes de la réserve de l'armée territoriale composant, par exemple, l'arme de l'artillerie, serait absolument légal et devrait être obéi.

350. L'article 48 n'indique pas comment les hommes sont touchés par l'ordre de mobilisation.

Il en résulte que la loi du 19 mars 1875 est toujours en vigueur en ce qui concerne la mobilisation par voie d'affiches et de publication sur la voie publique.

Cette loi est ainsi formulée :

Article unique. — L'article 22 de la loi du 24 juillet 1873, sur l'organisation générale de l'armée, est complété par l'addition du paragraphe suivant :

« La mobilisation peut aussi avoir lieu par voie d'affiches et de publications sur la voie publique. En conséquence, tout homme à la disposition de l'autorité militaire ou faisant partie de la disponibilité et de la réserve de l'armée active, de l'armée territoriale et de la réserve de cette armée, devra se mettre en route de façon à arriver à son corps le jour fixé par l'ordre de mobilisation ou par le certificat dont il sera porteur en vertu de l'article 38 de la loi du 27 juillet 1872, et sans attendre la notification individuelle d'un ordre de route ou d'appel. »

Bien que cette loi soit faite sous la forme d'une addition à la loi de 1872, elle n'est pas abrogée par l'abrogation de l'article 94 de la loi de 1872 ; elle n'est pas, en effet, visée dans cet article et ses dispositions de principes n'ont rien de contraire à la loi de 1889. De plus, l'article 73 de la loi de 1889, qui punit les insoumis, contient la mention de la mobilisation par voie d'affiches ou publication, ce qui suppose l'existence de la loi du 19 mars 1875.

Il suffit de substituer les mots : *son livret individuel*, à ceux-ci : *le certificat dont il sera porteur en vertu de l'article 38 de la loi du 27 juillet 1872*.

C'est donc par voie d'affiches ou de publication sur la voie publique qu'a lieu l'appel des hommes mobilisés.

Rien de plus simple quand la mobilisation est générale ; mais nous avons vu qu'elle peut être partielle.

351. En ce cas, les hommes n'ont plus à se préoccuper seulement de la question de savoir s'ils sont encore soumis à la loi militaire, ils doivent se demander s'ils appartiennent à la catégorie mobilisée.

Pour répondre à cette question, ils ont un guide sûr : c'est leur livret individuel.

Si une seule arme est mobilisée, leur livret leur apprend, par leur affectation, s'ils appartiennent à cette arme.

Si une seule catégorie est mobilisée, c'est encore leur livret qui indique les dates de leur passage dans les diverses catégories.

Si une seule classe est mobilisée, ils doivent encore se référer aux indications de leur livret en tête duquel est inscrite la classe à laquelle ils appartiennent ou avec laquelle ils marchent en cas de mobilisation.

Ils trouvent aussi sur leur livret le jour auquel ils doivent être rendus à leur corps.

Il importe de remarquer ici que les indications relatives aux passages dans les diverses catégories doivent être modifiées sur tous les livrets existant actuellement. Le Ministre a indiqué comment se ferait cette rectification, en plusieurs fois, et en profitant des appels; mais chaque homme ferait sagement d'aller au recrutement demander lui-même cette rectification.

En effet, personne n'est censé ignorer la loi nouvelle et jusqu'à la régularisation du livret, l'homme doit suivre la loi et non pas les indications de son livret individuel.

352. Nous revenons maintenant aux hommes des services auxiliaires et il importe de fixer leur situation au point de vue de la mobilisation, comme nous l'avons fait plus haut au point de vue de l'affectation.

Ces hommes restent soumis aux dispositions du décret du 26 février 1876, ainsi conçu :

Art. 1er. En cas de mobilisation, les jeunes gens désignés conformément au paragraphe numéroté 4 de l'article 31 de la loi du 27 juillet 1872 (1), pour faire partie des services auxiliaires de l'armée, peuvent, quelle que soit la classe à laquelle ils appartiennent, être appelés, sur l'ordre du Ministre de la guerre, suivant les besoins de ceux de ces services auxquels ils auront été reconnus propres par l'autorité militaire.

L'application de ce décret a été réglée comme suit par la circulaire du 28 mars 1877 :

----

(1) Aujourd'hui paragraphe numéroté 6 de l'article 33 de la loi du 15 juillet 1889.

Il sera établi par les soins des commandants des bureaux de recrutement, pour chaque homme classé dans un des services auxiliaires, un livret matricule, un livret individuel et un ordre d'appel également individuel, indiquant le service dans lequel l'homme est classé, et l'affectation qui lui est donnée. Toutefois, l'affectation et le classement, pouvant toujours être changés, ne seront inscrits qu'au crayon.

Quant à l'indication du lieu et du jour où l'homme doit se présenter, elle ne sera portée sur l'ordre d'appel qu'au moment même où cet ordre sera envoyé.

Ces pièces seront conservées au bureau de recrutement de la subdivision dont les hommes font partie, tant qu'ils ne seront pas appelés à l'activité. Elles y seront rangées suivant l'ordre des services dans lesquels les hommes ont été classés, soit qu'ils doivent être appelés dans leur région ou dans une région voisine.

Toutefois, lorsque, par suite de changement de domicile, un homme ne devra plus être classé dans les services auxiliaires de la subdivision à laquelle il appartient par son numéro de tirage, son livret matricule et son livret individuel seront adressés au commandant du bureau de recrutement de la subdivision de son nouveau domicile, qui, après s'être assuré de la présence de l'homme, l'affectera, suivant son aptitude, à l'un des services auxiliaires de ladite subdivision, et établira pour lui un nouvel ordre d'appel.

Toutes les dispositions relatives aux changements de domicile ou de résidence des hommes de la disponibilité et de la réserve sont applicables aux hommes classés dans les services auxiliaires.

En cas de mobilisation, le commandant de la région fixe, au fur et à mesure des besoins, le nombre d'hommes qui doivent être appelés dans les différents services, et le jour de leur mise en route. Il les désigne suivant leur aptitude, en commençant par la moins ancienne des classes appelées, et successivement dans chacune de ces classes, jusqu'à ce que le nombre nécessaire pour satisfaire aux besoins dans chaque service soit atteint. Il rend immédiatement compte au Ministre des appels ainsi effectués.

Afin d'éviter l'encombrement, les hommes des services auxiliaires ne sont, autant que possible, appelés qu'après la mobilisation des disponibles et des réservistes.

Si, néanmoins, des besoins prévus de service leur paraissaient rendre indispensable l'appel plus immédiat de certaines catégories d'hommes du service auxiliaire, les généraux commandant les corps d'armée donneraient les instructions nécessaires aux commandants des bureaux de recrutement. Dans ce cas, les ordres d'appel individuels établis au nom de ces hommes devraient être complétés à l'avance, de manière à pouvoir être remis aux intéressés, s'il y avait lieu, dès le début de la mobilisation.

Les commandants de corps d'armée qui ont à recevoir des contingents d'une région voisine font parvenir au commandant de cette région l'état de leurs besoins, et ce dernier donne des ordres en conséquence aux commandants des bureaux de recrutement qui ont été désignés à l'avance pour pourvoir à ces besoins.

Dès que le commandant de corps d'armée a prescrit l'appel d'hommes des services auxiliaires, le commandant du bureau de recrutement fait parvenir aux hommes inscrits dans sa subdivision les ordres d'appel qui les concernent, par l'intermédiaire de la gendarmerie.

Les hommes appelés seront envoyés directement aux corps ou établissements militaires auxquels ils sont affectés, lorsque ces corps ou établissements se trouveront dans la subdivision de région où ils sont domiciliés ; dans le cas contraire, ils devront être convoqués au bureau du recrutement de ladite subdivision.

Les commandants des bureaux de recrutement tiendront compte de cette recommandation pour l'établissement des ordres d'appel.

Ceux de ces hommes qui seront mis à la disposition de l'industrie civile devront toujours être incorporés dans le dépôt d'un corps ou dans un établissement militaire de la région où ils seront employés. Les livrets matricules et individuels seront envoyés à ces corps ou établissements.

Au moyen des livrets matricules qui leur sont adressés, les différents corps ou établissements militaires établissent, pour les hommes des services auxiliaires, un contrôle nominatif, conforme au modèle n° 3 (1) annexé à la présente circulaire. Le numéro d'inscription sur le contrôle constituera le numéro matricule de l'homme.

Les prescriptions contenues dans les circulaires ministérielles relatives à la non-disponibilité des réservistes, des disponibles et des hommes de l'armée territoriale seront également applicables aux hommes classés dans les services auxiliaires.

Il résulte de ces diverses dispositions que les hommes du service auxiliaire n'ont pas à répondre aux ordres généraux de mobilisation par voie d'affiches et qu'ils doivent attendre un ordre d'appel individuel.

353. Les trois derniers paragraphes de l'article 48 déterminent la situation spéciale des hommes condamnés dans les conditions de l'article 5, au point de vue de leur affectation dans les réserves.

Les règles générales de la mobilisation leur sont

_____

(1) Voir ce modèle au *Journal militaire* (n° 19, p. 437).

applicables et ils doivent rejoindre les corps auxquels ils sont affectés.

Cette affectation est réglée comme suit par l'instruction du 31 décembre 1889 :

5° Dispositions spéciales à certaines catégories d'hommes.

Incorporation dans les bataillons d'infanterie légère d'Afrique des hommes condamnés aux peines visées à l'article 5.

La loi du 15 juillet 1889 prescrit d'incorporer dans les bataillons d'infanterie légère d'Afrique les hommes qui ont encouru les condamnations spécifiées à l'article 5.

Cette disposition sera appliquée dorénavant aux classes qui seront appelées sous les drapeaux.

Affectation, comme réservistes, aux bataillons d'infanterie légère, des hommes non reconnus dignes d'être classés dans d'autres corps.

Après avoir accompli leur service d'activité, les hommes qui auront été frappés des condamnations visées à l'article 5 et qui n'auront pas été jugés dignes d'être envoyés dans d'autres corps, au moment où ils passeront dans la réserve, devront, aux termes de l'article 48, être affectés comme réservistes aux bataillons précités.

Une instruction spéciale déterminera, en temps utile, les conditions dans lesquelles sera fait le choix de ceux de ces hommes qui, en raison de leur conduite sous les drapeaux, auraient mérité d'être classés, au moment de leur passage dans la réserve, dans des corps autres que les bataillons d'infanterie légère.

Affectation à ces bataillons des hommes qui auraient encouru des condamnations postérieurement à leur renvoi dans leurs foyers.

L'article 48 ordonne, en outre, d'affecter à ces bataillons les hommes qui, après avoir accompli leur service d'activité, auraient encouru les condamnations prévues à l'article 5.

Pour assurer l'exécution de la loi, il y aura lieu d'affecter aux bataillons d'infanterie légère d'Afrique, comme réservistes, territoriaux ou réservistes territoriaux, les hommes qui ont été frappés des peines indiquées à l'article 5, soit antérieurement, soit postérieurement à leur passage dans la réserve.

Ces prescriptions s'appliqueront, bien entendu, aux hommes de toutes armes, à quelque classe de recrutement qu'ils appartiennent.

Toutefois, afin de diminuer le travail que nécessitera la recherche des hommes qui se trouvent dans ce cas, il conviendra de limiter, pour le moment, cette opération aux hommes appartenant à certaines classes de recrutement qui seront indiquées ci-après, titre Ier, chapitre III, §§ 2°, 6°.

Quant aux hommes qui, postérieurement à leur renvoi dans leurs foyers, seront condamnés à l'une des peines spécifiées à l'article 5, ils seront affectés aux bataillons d'infanterie légère d'Afrique, dès que leur condamnation sera notifiée par les procureurs de la République.

Circonscription de réserve des bataillons d'infanterie légère d'Afrique.

Afin de répartir ces hommes aussi également que possible entre les bataillons, ces corps recevront respectivement les réservistes et territoriaux provenant des régions ci-après :

1er bataillon (division d'Oran).	1re, 6e, 11e, 16e régions, 5e bureau annexe de la Seine et Algérie (division d'Oran).
2e bataillon (division d'Alger).	2e, 7e, 12e régions, 1er bureau annexe de la Seine et Algérie (division d'Alger).
3e bataillon (division de Constantine).	3e, 8e, 13e régions, 2e bureau annexe de la Seine et Algérie (division de Constantine).
4e bataillon (Tunisie).	4e, 9e, 14e, 17e régions, 3e bureau annexe de la Seine et Tunisie.
5e bataillon (Division d'Oran).	5e, 10e, 15e, 18e régions et 4e bureau annexe de la Seine.

Pour les périodes d'exercices en temps de paix, l'instruction du 31 décembre 1889, se référant à l'avant-dernier paragraphe de l'article 48, a désigné comme suit leur affectation spéciale pour ces périodes :

Les réservistes et territoriaux, affectés aux bataillons d'infanterie légère d'Afrique, seront instruits, pendant les périodes d'appel auxquelles ils sont astreints, par les régiments d'infanterie subdivisionnaires, actifs ou territoriaux.

A cet effet, deux régiments seront désignés, chaque année, à tour de rôle, par les soins du général commandant le corps d'armée, pour recevoir les hommes de cette catégorie domiciliés dans la région.

Ces régiments seront choisis dans deux divisions différentes, et chacun d'eux instruira les réservistes et territoriaux de quatre subdivisions.

Afin de séparer, le plus possible, ces hommes du reste de la troupe, les chefs de corps devront les grouper ensemble pour le logement, la nourriture et l'instruction.

ARTICLE 49.

Les hommes de la réserve de l'armée active sont assujettis, pendant leur temps de service dans ladite réserve, à prendre part à deux manœuvres, chacune d'une durée de quatre semaines.

Les hommes de l'armée territoriale sont assujettis à une période d'exercices dont la durée sera de deux semaines.

Peuvent être dispensés de ces manœuvres ou exercices, comme soutiens indispensables de famille, et s'ils en remplissent effectivement les devoirs, les hommes de la réserve et de l'armée territoriale qui en font la demande.

Le maire soumet les demandes au conseil municipal, qui opère comme il est prescrit à l'article 22 ci-dessus.

Les listes des demandes annotées sont envoyées par les maires aux généraux commandant les subdivisions, qui statuent.

Ces dispenses peuvent être accordées, par subdivision de région, jusqu'à concurrence de 6 p. 100 du nombre des hommes appelés momentanément sous les drapeaux ; elles n'ont d'effet que pour la convocation en vue de laquelle elles sont délivrées.

Peuvent être dispensés de ces manœuvres ou exercices les fonctionnaires et agents désignés au tableau B de la présente loi.

354. L'article 49 règle les obligations des réservistes et territoriaux en temps de paix, en ce qui concerne les périodes d'exercices auxquelles ils sont astreints.

La durée de ces périodes est fixée par la loi d'une manière impérative : à quatre semaines pour les réservistes et à deux semaines pour les territoriaux. Ce n'est pas une faculté donnée au Ministre de la guerre de les appeler, c'est une obligation. Le Ministre ne peut s'y soustraire une année qu'en trouvant dans la loi de finances un texte autorisant cette dérogation.

L'instruction du 31 décembre 1889 a fixé l'application de l'article 49 relativement aux appels dans les conditions que voici :

DISPOSITIONS RELATIVES AUX CONVOCATIONS DU TEMPS DE PAIX.

CHAPITRE Ier.

OBLIGATIONS IMPOSÉES AUX HOMMES DE LA RÉSERVE ET DE L'ARMÉE TERRITORIALE.

Catégories d'hommes auxquelles des périodes d'exercices sont imposées en temps de paix.

La loi du 15 juillet 1889 astreint les hommes des catégories ci-après désignées à accomplir, en temps de paix, des périodes d'exercices :

1° Les hommes qui auront été autorisés, en vertu de l'article 23, à ne rester qu'un an sous les drapeaux, doivent, conformément aux prescriptions de cet article, être rappelés pendant quatre semaines, au cours de l'année qui précède leur passage dans la réserve de l'armée active.

2° Les hommes de cette réserve sont assujettis à prendre part à deux périodes d'instruction, chacune d'une durée de quatre semaines.

3° Les hommes de l'armée territoriale doivent être appelés pour une période d'exercices d'une durée de deux semaines.

Ces prescriptions seront appliquées dans les conditions suivantes :

CHAPITRE II.

DISPOSITIONS DE PRINCIPE.

1° Hommes désignés à l'article 23 de la loi (disponibles).

Les obligations édictées à l'article 23 seront imposées, pour la première fois, aux hommes de la classe 1889. Ils seront rappelés sous les drapeaux en 1893, année pendant laquelle ils passeront dans la réserve.

A partir de cette époque, les convocations s'opéreront, pour les disponibles de chaque classe, d'après le principe qui vient d'être posé.

2° Hommes de la réserve de l'armée active.

Les réservistes accompliront, désormais, les deux périodes d'instruction auxquelles ils sont astreints :

La première, dans la troisième année, la seconde dans la sixième année de leur service dans la réserve.

Comme par le passé, deux classes seront convoquées chaque année.

3° Hommes de l'armée territoriale.

En ce qui concerne l'armée territoriale, les appels annuels continueront à porter sur deux demi-classes convoquées : l'une pendant les première et deuxième années, et l'autre pendant les deuxième et troisième années de leur service dans l'armée territoriale.

356.

CHAPITRE III.

DISPOSITIONS TRANSITOIRES.

1° Hommes de la réserve de l'armée active.

Pour permettre d'établir le roulement triennal prescrit ci-dessus, la classe de 1881 sera seule appelée en 1890.

En 1891, les classes de 1883 et de 1884 seront convoquées, puis en 1892 les classes de 1882 et de 1885.

Dès cette dernière année, le jeu des appels s'effectuera donc dans les nouvelles conditions adoptées.

2° Hommes de l'armée territoriale.

D'après la loi, la classe de 1879 faisant partie de la réserve de l'armée active jusqu'au 1er novembre 1890, il ne sera pas possible de faire accomplir, l'an prochain, une période d'exercices à la moitié de cette classe, au titre de l'armée territoriale.

Comme l'effectif de la moitié de la classe de 1878 serait insuffisant pour constituer des unités d'instruction, il convient de renoncer à la convoquer en 1890.

En conséquence, aucun homme de l'armée territoriale ne sera appelé l'an prochain.

Pour ne pas interrompre l'instruction des officiers de cette armée, il y aura lieu de les convoquer pour accomplir des stages en 1890. Des ordres seront donnés à ce sujet, et en temps opportun, sous le timbre des directions d'arme.

3° Hommes à la disposition des classes 1886 et 1887.

Ainsi qu'il a été prescrit ci-dessus, les réservistes de la classe 1883 et la moité des territoriaux des classes 1879 et 1878 ne devant pas être appelés en 1890, les crédits prévus pour l'entretien de ces hommes au budget de cet exercice deviendront disponibles.

Afin de les employer, on convoquera, pendant sept semaines, les hommes à la disposition des classes 1886 et 1887 (dispensés de l'art. 17).

357.   OBSERVATION.

Tableau du roulement des appels en temps de paix.

Le tableau, ci-joint, indique le roulement des appels, tel qu'il résulte des dispositions ci-dessus indiquées.

(Art. 49.)

TABLEAU des appels annuels des classes de la réserve de l'armée active et de l'armée territoriale en France à partir de 1890. Époque des appels annuels des jeunes gens renvoyés après un an de service. (Art. 23 de la loi du 15 juillet 1889.)

ANNÉES DES APPELS.	1889	1890	1891	1892	1893	1894	1895	1896	1897	1898	1899	1900	1901	1902	1903	1904
1° Jeunes gens renvoyés après un an de service (art. 23).																
Classes de..........		»	»	»	1889(1)	1890	1891	1892	1893	1894	1895	1896	1897	1898	1899	1900
2° Réserve de l'armée active																
Classes de..........	1880	1881	1882	1883	1884	1885	1886	1887	1888	1889	1890	1891	1892	1893	1894	1895
	1882	»	1884	1885	1886	1887	1888	1889	1890	1891	1892	1893	1894	1895	1896	1897
3° Armée territoriale.																
Demi-classes de.........	1876	»	1878	1878	1880	1880	1882	1882	1884	1884	1886	1886	1888	1888	1890	1890
	1877	»	1879	1879	1881	1881	1883	1883	1885	1885	1887	1887	1889	1889	1891	1891

(1) La classe de 1889 passera dans la réserve le 1er novembre 1893 ; les jeunes gens de l'article 23 seront appelés entre le 1er janvier et le 1er novembre 1893, c'est-à-dire dans l'année qui précédera leur passage dans la réserve.

Telles sont les règles arrêtées en principe par le Ministre de la guerre pour les périodes d'exercices en temps de paix.

358. Mais ces règles absolues souffrent cependant trois atténuations : les deux premières, inscrites dans l'article 49, concernent les dispensés comme soutiens de famille et les dispenses relatives à certaines fonctions ; la troisième, relative aux sursis d'appel, résulte du droit qu'a le Ministre de déterminer à sa volonté l'époque des appels.

L'article 49 prévoit un certain nombre d'exemptions à titre de soutien de famille qu'il fixe au maximum de 6 p. 100 du nombre des hommes appelés pour la période dans la même subdivision.

La procédure de ces dispenses quant aux demandes est réglée comme il est prescrit à l'article 22 et comprend par suite :

Une demande adressée au maire de la commune où le requérant est domicilié avec pièces suivantes :

1° Relevé des contributions payées par la famille et certifiées par le percepteur ;

2° Avis motivé de trois pères de famille résidant dans la commune et ayant un fils sous les drapeaux ou, à défaut, dans la réserve de l'armée active et jouissant de leurs droits civils et politiques.

Le maire provoque alors sur ces demandes l'avis motivé du conseil municipal, et le transmet avec toutes les pièces au général commandant la subdivision qui, saisi de l'ensemble des demandes, statue en restant dans la limite de 6 p. 100.

359. Malgré les dispenses, il arrive encore que de

nombreux réservistes et territoriaux chefs de famille
laissent leur famille sans aucune ressource pendant
leur absence. Un grand nombre de communes con-
sacrent à la situation un crédit de secours spécial
pour le service duquel la loi du 21 décembre 1882
les autorise à s'imposer annuellement et extraordi-
nairement jusqu'à concurrence de trois centimes
additionnels au principal des quatre contributions
directes.

360. L'article 49 donne aussi au Ministre la faculté de
dispenser des manœuvres ou exercices les fonctionnaires et agents désignés au tableau B de la présente loi. Nous retrouverons ce tableau sous l'article
51, mais nous devons examiner dès à présent quelle
est l'étendue de cette faculté.

Sous la loi de 1872, le Ministre avait beaucoup
plus de liberté ; aussi, par une circulaire, en date du
5 mai 1885, il avait, par mesure générale, créé
une importante catégorie de fonctionnaires appelés
non-disponibles, qui n'étaient tenus de répondre à
aucun appel en temps de paix.

Aujourd'hui, il n'en est plus de même ; les tableaux
de l'article 51 déterminent limitativement les fonctionnaires qui jouissent de certaines facilités, et l'article 49 limite aux fonctionnaires du tableau B la
faculté d'être dispensés des périodes d'exercices par
le Ministre de la guerre.

Sans doute, le Ministre reste maître d'ordonner
cette dispense par mesure générale ou par mesure
individuelle, mais elle est en tout cas restreinte aux
fonctionnaires du tableau B.

Cette restriction constitue cette bizarrerie de laisser

en dehors de la faculté du Ministre les fonctionnaires du tableau A et du tableau C, dont la situation est au moins égale au point de vue des nécessités administratives.

Pour ceux du tableau A, il nous paraît que, sans les dispenser de répondre aux appels, le Ministre peut obtenir le même résultat en décidant, eu égard à la militarisation en temps de guerre des services où ils sont employés, qu'ils resteront à leur poste pendant la durée de l'appel; mais, pour ceux du tableau C, le Ministre ne peut les dispenser sans étendre les dispositions de la loi.

Ceci établi, tous les fonctionnaires du tableau B en l'état actuel restent dispensés par mesure générale aux termes de la circulaire du 5 mai 1885 qui n'a pas été supprimée ni remplacée, mais qui est aujourd'hui limitée strictement à l'énumération du tableau B de l'article 51.

61. Nous arrivons maintenant à la troisième atténuation apportée aux appels pour les périodes d'instruction. Ce sont les sursis d'appel, mesure purement administrative, mais d'une application fréquente et très importante pour tous les hommes soumis aux appels.

Il arrive fréquemment que les hommes appelés pour une période d'exercices le sont à un moment où des raisons soit de famille, soit personnelles, leur rendent très pénible ou très préjudiciable l'accomplissement de leur devoir.

En ce cas, l'autorité militaire, qui ne peut les dispenser, consent à leur accorder un sursis.

Il est de principe que ce sursis n'est accordé que

de période à période. Ainsi, un réserviste qui obtient un sursis doit faire ses vingt-huit jours non pas à un moment quelconque, mais seulement au moment où sont appelés les réservistes qui accomplissent la période suivante. L'administration militaire est assez large pour un premier sursis; il est tout à fait exceptionnel qu'elle en accorde un second.

La demande de sursis doit être adressée au général commandant la subdivision, qui statue sans autre recours que le recours gracieux aux supérieurs.

Cette demande doit indiquer les motifs sur lesquels elle se fonde, et il est utile d'y joindre autant que possible des justifications.

Ces motifs sont d'ordres divers et laissés à l'appréciation du général qui statue.

362.   Il est des cas où le sursis ne peut être refusé; l'édition refondue de l'instruction du 28 décembre 1879 indique quels sont ces cas :

1° Les hommes assignés à comparaître devant la justice en qualité de témoins;

2° Les huissiers nécessaires à l'exercice de la justice;

3° Les hommes appelés à prendre part à une élection. Quand il y a des élections générales, le Ministre de la guerre avance ou retarde la période d'appel;

4° Les hommes fixés ou voyageant à l'étranger.

Le sursis de droit de ces derniers est considéré comme renouvelé tant qu'ils sont à l'étranger, et à la condition qu'ils soient en règle avec les déclarations exigées; mais avant le passage de ces hommes dans une nouvelle catégorie, le commandant de corps d'armée fait examiner avec soin leur situation, apprécie si le séjour permanent ou du moins habituel à l'étranger est nécessité par des occupations sérieuses ou un établissement réel, et décide si le sursis doit être transformé en une dispense définitive des périodes passées, ou si l'homme doit être appelé.

ARTICLE 50.

En temps de paix, les jeunes gens qui, avant l'âge de 19 ans révolus, ont établi leur résidence à l'étranger, hors d'Europe, et qui y occuperont une situation régulière, pourront, sur l'avis du consul de France, être dispensés du service militaire pendant la durée de leur séjour à l'étranger. Ils devront justifier de leur situation chaque année.

S'ils rentrent en France avant l'âge de 30 ans, ils devront accomplir le service actif prescrit par la présente loi, sans toutefois pouvoir être retenus sous les drapeaux au delà de l'âge de 30 ans. Ils sont ensuite soumis à toutes les obligations de la classe à laquelle ils appartiennent.

S'ils rentrent après l'âge de 30 ans, ils ne seront soumis qu'aux obligations de leur classe.

Pendant la durée de leur établissement à l'étranger, ils ne pourront séjourner accidentellement en France plus de trois mois, et sous la réserve d'aviser le consul de leur absence.

363. L'article 50 est le texte même d'un amendement présenté par l'auteur de ce livre dans la commission de l'armée. Il répond à des nécessités signalées à plusieurs reprises par les chambres de commerce, et il constitue, à vrai dire, la seule exception de la loi de 1889 au principe absolu de l'obligation du service militaire. Il admet, en effet, pour une catégorie particulière de Français, la possibilité de ne faire aucun service actif.

Il se justifie d'ailleurs par cette considération personnelle que la situation des jeunes gens qu'il vise est telle, le plus souvent, que l'obligation du service militaire les mettrait dans la nécessité de perdre la qualité de Français, et par cette considération générale que la France a un intérêt primordial à étendre au dehors son influence, sa langue et ses relations commerciales.

Il repose sur cette fiction que le séjour à l'étranger hors d'Europe est un service au pays.

Pour bénéficier de l'article 50, un jeune homme doit avoir établi sa résidence dans un pays étranger hors d'Europe avant l'âge de 19 ans révolus et y occuper une situation régulière.

En ce cas, et si l'avis du consul est favorable, le jeune homme est dispensé du service militaire pendant la durée de son séjour à l'étranger.

364. Cette dispense n'est qu'un sursis d'activité jusqu'à 30 ans, de telle sorte que s'ils veulent rentrer en France avant 30 ans, ils sont tenus d'accomplir leur temps de service actif; mais ce service cesse toujours à 30 ans. Si, par exemple, un jeune homme rentre en France à 28 ans, il fait deux ans de service actif. S'il était rentré plus tôt, à 23 ans par exemple, il aurait été incorporé jusqu'à 26 ans.

Après 30 ans, ils ne sont plus soumis qu'aux obligations de leur classe légale, laquelle ne change pas.

Leurs divers passages dans les différentes catégories se produisent comme pour les hommes de leur classe.

Pour établir d'une façon positive la sincérité et le sérieux de leur établissement à l'étranger, l'article 50, *in fine,* leur interdit absolument le séjour en France pendant toute la durée de leur établissement à l'étranger, sauf pendant une durée de trois mois, et sous la réserve d'aviser le consul de leur absence.

Les trois mois de séjour permis ne sont pas une simple limitation à l'étendue de chaque séjour; ils sont le chiffre total du temps que le jeune homme profitant de l'article 50 peut passer en France.

On comprend que cette interdiction n'a plus ni raison d'être, ni sanction après 30 ans, puisqu'à cette époque le bénéfice de la dispense du service actif leur est définitivement acquis.

365. Il ressort des termes de l'article 50 que la dispense conférée par cet article doit être demandée au conseil de revision de la classe du jeune homme. C'est ce qui résulte d'ailleurs formellement de l'article 18 et de l'article 26.

En conséquence, la déchéance de cette dispense résulterait certainement de ce qu'elle n'aurait pas été demandée en temps voulu.

L'instruction ministérielle du 4 décembre 1889 donne l'indication des pièces à produire pour le cas de dispense prévu par l'article 50, comme suit :

ARTICLE 50 DE LA LOI.	
Jeune homme fixé avant l'âge de 19 ans, hors d'Europe et y occupant une situation régulière............	Acte de naissance du jeune homme. Certificat du consul, légalisé par le Ministre des affaires étrangères, modèle Z,

et le modèle du certificat à envoyer comme suit :

CONSULAT DE FRANCE

à

MODÈLE Z.

RÉPUBLIQUE FRANÇAISE.

CERTIFICAT pour établir le droit à la dispense prévue par l'article 50 de la loi sur le recrutement.

Nous soussigné, consul de France à

Sur la demande qui nous en a été faite par l'intéressé, et sur l'attestation des sieurs (1)

(1) Noms, prénoms et profession des trois témoins présentés par le titulaire du certificat. (Ces témoins devront être des Français, établis au siège du consulat, ou, à défaut, de notables commerçants).

(2) Noms et prénoms du jeune homme.

Certifions que le sieur (2)   , né le
                    , à   canton d   ,
département d   , fils d   ,
et d   , domiciliés à
canton d   , département d   ,
appelé par la loi du 15 juillet 1889 à concourir au tirage au sort de la classe de   dans le canton de   , département d
1° A établi sa résidence à   , le   18   ,
et n'a point cessé d'y résider depuis lors ;
2° Qu'il occupe actuellement (3)

(3) Spécifier ici, avec détails, l'industrie, la profession ou l'emploi du jeune homme.

En conséquence, nous estimons qu'il se trouve dans les conditions exigées pour obtenir la dispense prévue par l'article 50 de la loi précitée, et nous avons signé, avec le réclamant et les trois témoins susdénommés, la présente pièce.

Fait à   , le   18   .

(Signatures du réclamant et des trois témoins.)

(Signature du Consul.)

Vᴜ :

Pour légalisation de la signature de

M.   , consul de France

à

Le Ministre des affaires étrangères,

366. On comprend que la demande de dispense ainsi formulée soit exclusive de toute autre, et qu'en demandant le bénéfice de l'article 50, le jeune homme renonce de fait aux cas de l'article 21 ; c'est d'ailleurs une conséquence de ce principe que nous avons vu appliquer à l'article 21, décidant que les situations de famille de l'article 21 existant avant le conseil de revision ne peuvent plus être invoquées après.

Cependant, l'instruction ministérielle du 28 mars 1890, dans sa partie relatée sous l'article 33, admet que les jeunes gens puissent réclamer à la fois la dispense de l'article 50 et le bénéfice des articles 21 et 22. On ne leur accorde que la dispense de l'article 50 ; mais, s'ils rentrent avant 30 ans, on leur tient compte, par mesure administrative, de la situation de famille qu'ils pouvaient invoquer devant le conseil de revision, sous la réserve que cette situation n'est pas modifiée.

Cette mesure administrative nous paraît ajouter à la loi ce qui n'y est pas.

Mais, au cas où un jeune homme dispensé aux termes de l'article 50 sera entré depuis le conseil de revision dans une des catégories de l'article 21, ce jeune homme, revenant en France avant 30 ans accomplis de période d'activité, pourra-t-il demander son envoi en congé après une année de service ?

Une solution favorable de cette question répond absolument à l'esprit de l'article 50 et aux termes de l'article 21.

Voici, en effet, le texte applicable de cet article 21 :

« L'appelé ou l'engagé qui, postérieurement, soit à

la décision du conseil de revision, soit à son incorporation, entre dans l'une des catégories prévues ci-dessus, est, sur sa demande, et dès qu'il compte un an de présence au corps, envoyé en congé dans ses foyers jusqu'à la date de son passage dans la réserve. »

Les termes généraux de cette disposition s'appliquent absolument à l'appelé de l'article 50 qui revient accomplir ses obligations militaires après un véritable sursis d'activité.

Il va sans dire que l'article 50 ne vise que le temps de paix ; l'article 26 ne permet aucun doute à cet égard.

Après avoir visé les jeunes gens dispensés en vertu des article 21, 22, 23 et 50, il porte la mention suivante :

« En cas de guerre, ils sont appelés et maintenus avec les hommes de leur classe. »

Ils sont également soumis, par le même article, aux dispositions de l'article 55, relatif aux déplacements.

ARTICLE 51.

En cas de mobilisation, nul ne peut se prévaloir de sa fonction ou de l'emploi qu'il occupe pour se soustraire aux obligations de la classe à laquelle il appartient.

Sont seuls autorisés à ne pas rejoindre immédiatement, dans le cas de convocation par voie d'affiches et de publications sur la voie publique, les titulaires des fonctions et emplois désignés aux tableaux A, B et C annexés à la présente loi, sous la condition qu'ils occupent ces fonctions ou emplois depuis six mois au moins.

Les fonctionnaires et agents portés au tableau A, qui ne relèvent pas déjà des Ministres de la guerre ou de la marine, sont mis à la disposition de ces Ministres et attendent leurs ordres dans leur situation respective.

Les fonctionnaires et agents du tableau B, qui ne comptent plus dans la réserve de l'armée active, et les fonctionnaires et agents du tableau C, même appartenant à la réserve de l'armée active, ne rejoignent leurs corps que sur ordres spéciaux.

Les hommes autorisés à ne pas rejoindre immédiatement sont, dès la publication de l'ordre de mobilisation, soumis à la juridiction des tribunaux militaires, par application de l'article 57 du Code de justice militaire.

367. L'article 51 pose le principe qu'il n'y a ni fonction ni emploi qui puisse soustraire un citoyen à ses obligations militaires.

On comprend, cependant, que l'obligation pour tout homme valide de 20 à 45 ans de se rendre à son corps dès l'ordre général de mobilisation pouvait tout d'un coup désorganiser l'administration, dont le fonctionnement est aussi nécessaire en temps de guerre qu'en temps de paix.

C'est en vue de cette situation que la loi a créé trois catégories de fonctionnaires, non pas dispensés, mais autorisés à ne pas répondre immédiatement à la mobilisation par affiches.

Il est bien établi et bien certain qu'aucun des fonctionnaires portés sur l'un quelconque des tableaux A, B ou C, n'est dispensé du service en temps de guerre ; la seule différence entre eux et les autres citoyens consiste dans ce fait que, tandis que les autres rejoignent dès qu'a paru sur les murs l'ordre de mobilisation, eux attendront à leur poste un ordre individuel.

On ne pourrait les dispenser réellement qu'en négligeant de leur envoyer cet ordre individuel ; mais ce serait méconnaître l'esprit et la portée de la loi ; il appartient au Ministre de la guerre de s'entendre avec ceux de ses collègues intéressés pour leur laisser le

temps nécessaire au remplacement des soldats favo-
risés de ce sursis d'appel. Mais, passé ce délai, il a
pour devoir étroit de leur notifier l'ordre individuel
sans se laisser arrêter par aucune considération.

Chacun des trois tableaux contenant les agents
visés par l'article 51 règle une situation différente.

368.   Le tableau A énumère les fonctionnaires et agents
qui passent sous les ordres du Ministre de la guerre
avec leur service et sont alors à sa pleine disposition,
soit pour continuer leur emploi dans leur service
militarisé, soit pour être employés ailleurs.

Voici ce tableau :

TABLEAU A.

Personnel placé sous les ordres des Ministres de la guerre et de la marine ou mis à leur disposition, en cas de mobilisation.

(Application de l'art. 51 de la loi sur le recrutement de l'armée.)

Services :

MINISTÈRE DE LA GUERRE.

Administration centrale ;
Etablissements.

MINISTÈRE DE LA MARINE.

Administration centrale ;
Etablissements métropolitains et coloniaux.

MINISTÈRE DE L'INTÉRIEUR.

Sapeurs-pompiers des places de guerre n'appartenant plus à la réserve de l'armée active ;
Cantonniers n'appartenant plus à la réserve de l'armée active ;
Médecins et chirurgiens des hospices ;
Médecins chefs de service des hospices ;
Médecins des services pénitentiaires, maisons centrales, pénitenciers ;
Chirurgiens des services pénitentiaires, maisons centrales, pénitenciers ;
Pharmaciens internes des services pénitentiaires, maisons centrales, pénitenciers.

MINISTÈRE DES TRAVAUX PUBLICS (non compris l'administration centrale et les cantonniers faisant partie de la réserve de l'armée active).

Forêts (agents et préposés, organisés militairement).

MINISTÈRE DES FINANCES.

Douaniers (bataillons, compagnies et sections) ;
Postes et télégraphes.

CHEMINS DE FER.

Sections techniques ;
Personnel de l'exploitation technique ;
Administration centrale.

On remarquera, dans ce tableau, les postes et télégraphes. Il résulte de cette insertion que les postes et télégraphes deviennent un service militaire à la mobilisation, de telle sorte que les employés de ces services se trouveront faire leur service militaire en restant à leurs fonctions.

Il est évident que si la loi a entendu mettre à la disposition du Ministre de la guerre un service de communication pouvant lui être utile, elle n'a pas voulu exempter ainsi du service actif toute une catégorie d'employés. Il appartiendra au Ministre de la guerre de s'entendre avec le Ministre du commerce pour assurer le service des postes et télégraphes, tout en incorporant les hommes de ce service dans leurs corps respectifs. Quoi qu'il en soit, ils n'ont évidemment à répondre qu'à un ordre individuel.

369. Le tableau B comprend les fonctionnaires et agents qui attendent à leur poste l'ordre d'appel individuel, mais sous la condition qu'ils n'appartiennent plus à la réserve de l'armée active.

Ainsi donc, tous les fonctionnaires cités au tableau B ne sont dispensés de rejoindre leur corps dès l'affiche de mobilisation que lorsqu'ils appartiennent à l'armée territoriale, c'est-à-dire généralement après 30 ans.

Voici ce tableau :

TABLEAU B.

SERVICES PUBLICS.

Désignation des fonctionnaires et agents qui, en cas de mobilisation, sont autorisés à ne pas rejoindre immédiatement, quand ils n'appartiennent pas à la réserve de l'armée active.

(Application de l'art. 51 de la loi sur le recrutement de l'armée.)

Personnel de l'administration du Sénat et de la Chambre des députés.

Secrétaires généraux ;
Chefs de service ;
Chefs adjoints ou sous-chefs.

MINISTÈRE DES FINANCES.

Administration centrale.

Secrétaire général ;
Directeur général de la comptabilité publique ;
Directeur ;
Chef de la division du contentieux ;
Caissier-payeur central du Trésor ;
Payeur central de la dette publique ;
Contrôleur central ;
Chefs de bureau ;
Contrôleur spécial près le receveur central de la Seine.

Inspection générale des finances.

Inspecteurs généraux des finances ;
Inspecteurs et adjoints à l'inspection.

Trésorerie.

Trésoriers-payeurs généraux ;
Receveurs particuliers ;
Percepteurs ;
Un fondé de pouvoirs de chaque trésorier payeur général, désigné par le Ministre des finances.

Trésorerie d'Afrique, de la Cochinchine et du Tonkin.

Trésoriers-payeurs ;
Payeurs particuliers ;
Payeurs adjoints.

Administration des contributions directes.

Directeur général ;
Administrateurs ;
Chefs de bureau ;
Directeurs ;
Inspecteurs ;
Premiers commis de direction ;

Administration de l'enregistrement, des domaines et du timbre.

Directeur général ;
Administrateurs ;
Chefs de bureau ;
Directeurs ;
Inspecteurs ;
Conservateurs des hypothèques.

Administration des douanes.

Directeur général ;
Administrateurs ;
Chefs de bureau ;
Directeurs ;
Inspecteurs ;
Sous-inspecteurs.

Administration des contributions indirectes (France) et contributions diverses (Algérie).

Directeur général ;
Administrateurs ;
Chefs de bureau ;
Directeurs ;
Sous-directeurs, chefs de service dans un arrondissement ;
Inspecteurs ;
Receveurs principaux ;
Receveurs particuliers ;
Entreposeurs ;
Contrôleurs ;
Receveurs ambulants ;
Receveurs buralistes.

Administration des manufactures de l'Etat (Tabacs).

Directeur général ;
Administrateurs ;
Chefs de bureau ;
Directeurs ;
Contrôleurs des manufactures ;
Inspecteurs ;
Entreposeurs des tabacs en feuilles ;
Vérificateurs et commis de culture.

Administration des monnaies et médailles.

Directeur général ;
Caissier agent comptable ;
Contrôleur principal.

Banque de France.

Gouverneur ;
Sous-gouverneurs ;
Secrétaire général ;
Contrôleur ;
Caissier principal ;
Caissiers particuliers et sous-caissiers ;
Chefs de bureau;
Inspecteurs ;
Ouvriers de l'imprimerie des billets ;
Directeurs des succursales ;
Caissiers des succursales.

Banque d'Algérie.

Directeur ;
Sous-directeur ;
Secrétaire général ;
Inspecteur ;
Caissier principal ;
Chefs de bureau ;
Directeurs des succursales ;
Caissiers.

Caisse des dépôts et consignations.

Directeur général ;
Chefs de division ;
Caissier général ;
Chefs de bureau.

MINISTÈRE DE L'INTÉRIEUR.

Administration centrale.

Directeurs ;
Chefs de bureau.

Etablissements nationaux de bienfaisance.

Directeurs ;
Médecins en chef.

Services pénitentiaires, maisons centrales, pénitenciers.

Inspecteurs ;

Economes ;
Agents comptables ;
Commis-greffiers.

Sûreté publique.

Commissaires divisionnaires ;
Commissaires spéciaux de police ;
Inspecteurs spéciaux.

Administration départementale.

Préfets, sous-préfets et secrétaires généraux ;
Chefs de division de préfecture ;
Inspecteurs des enfants assistés ;
Chef du bureau militaire de préfecture ;
Agents voyers en chef et agents voyers d'arrondissement ;
Directeurs des asiles publics d'aliénés ;
Médecins titulaires des asiles publics d'aliénés.

Administration communale.

Secrétaires chefs du bureau militaire des mairies des chefs-lieux de département, d'arrondissement, ainsi que des communes qui, n'étant pas chefs-lieux de département ou d'arrondissement, ont plus de 4,000 habitants ;
Receveurs d'octroi ;
Préposés en chef d'octroi ;
Commissaires de police ;
Sergents de ville ou gardiens de la paix ;
Gardes champêtres.

Services spéciaux de la ville de Paris ressortissant de la préfecture de la Seine.

Directeurs des hôpitaux et hospices ;
Receveurs des hôpitaux et hospices ;
Economes des hôpitaux et hospices.
   Agents du service des eaux :
Contrôleurs et sous-contrôleurs ;
Conducteurs municipaux ;
Gardes cantonniers des eaux.
   Agents de l'assistance publique :
Directeur de l'administration centrale ;
Chefs de division ;
Inspecteurs des enfants assistés.
   Agents de la direction des travaux autres que ceux du service vicinal :
Directeurs et chefs de bureau de la préfecture de la Seine ;
Secrétaires chefs de bureau des mairies des vingt arrondissements de Paris.

Services spéciaux de la ville de Paris ressortissant de la préfecture de police.

Chef de division et chefs de bureau de la préfecture de police ;
Chef et chef adjoint de la police municipale.

Inspecteurs divisionnaires ;
Officiers de paix ;
Inspecteurs de police ;
Secrétaires des commissariats de police ;
Inspecteurs de commissariats ;
Contrôleurs de services extérieurs ;
Gardiens de la paix de la ville de Paris ;
Sergents de ville des communes du département de la Seine.

ADMINISTRATION DE L'ALGÉRIE.

Secrétaire général du gouvernement ;
Chefs de bureau du gouvernement général ;
Administrateurs des communes mixtes.

MINISTÈRE DES TRAVAUX PUBLICS.

Administration centrale.

Directeurs ;
Chefs de bureau.

CHEMINS DE FER.

Personnel sédentaire : Contentieux, service des titres.

MINISTÈRE DE L'INSTRUCTION PUBLIQUE ET DES BEAUX-ARTS.

Administration centrale.

Directeurs ;
Chefs de bureau ;
Proviseurs et principaux des lycées et collèges de l'Etat;
Directeurs des écoles normales primaires de l'Etat;

ADMINISTRATION DES CULTES.

Directeur ;
Chefs de bureau ;
Les ministres des cultes reconnus par l'Etat, chargés du service d'une paroisse ;
Les aumôniers des lycées, des hôpitaux, des prisons et des établissements pénitentiaires.

MINISTÈRE DES AFFAIRES ÉTRANGÈRES.

Administration centrale.

Directeurs ;
Sous-directeurs ;
Chefs de division;
Chefs de bureau.

Agents en fonctions à l'étranger.

Ambassadeurs ;
Ministres plénipotentiaires ;
Conseillers d'ambassade ;
Consuls généraux ;
Consuls ;
Vice-consuls rétribués ;
Secrétaires d'ambassade, 1re, 2e et 3e classe ;
Consuls suppléants ;
Chanceliers ;
Commis de chancellerie ;
Interprètes et drogmans.

PAYS DE PROTECTORAT.

Résidents généraux ou supérieurs ;
Résidents ;
Vice-résidents ;
Chanceliers de résidence ;
Commis de résidence.

MINISTÈRE DE LA JUSTICE.

Directeurs ;
Chefs de bureau ;
Procureurs généraux ;
Procureurs de la République ;
Dans chaque tribunal de première instance, parmi les magistrats inamovibles composant ce tribunal, les deux magistrats appartenant aux classes de mobilisation les plus anciennes, dans le cas où leur maintien serait indispensable pour que le tribunal ne soit pas réduit à moins de deux juges ; dans les tribunaux d'Algérie et des colonies, deux magistrats.

MINISTÈRE DE L'AGRICULTURE.

Directeurs ;
Chefs de bureau ;
Directeurs des écoles vétérinaires ;
Directeurs et gagistes des dépôts d'étalons.

MINISTÈRE DU COMMERCE.

Directeurs et chef de division de la comptabilité ;
Chefs de bureau.

370. Le tableau C comprend les fonctionnaires qui, comme ceux du tableau B, ne rejoignent pas immédiatement; mais avec cette différence que pour ceux-là cette faculté leur est accordée même quand ils sont dans la réserve de l'armée active.

Voici ce tableau :

TABLEAU C.

Désignation des fonctionnaires et agents qui, en cas de mobilisation, sont autorisés à ne pas rejoindre immédiatement, même quand ils appartiennent à la réserve de l'armée active.

(Application de l'art. 51 de la loi sur le recrutement de l'armée.)

MINISTÈRE DES FINANCES.

Tresorerie d'Afrique, de Cochinchine et du Tonkin.

Commis de trésorerie.

Administration de l'enregistrement, des domaines et du timbre.

Sous-inspecteurs ;
Receveurs.

Administration des douanes.

Receveurs ;
Contrôleurs et contrôleurs adjoints.

Administration des contributions indirectes (France) et contributions diverses (Algérie).

Commis principaux ;
Commis ;
Préposés.

MINISTÈRE DE L'INTÉRIEUR.

Services pénitentiaires, maisons centrales pénitenciers.

Directeurs ;
Greffiers ;
Gardiens ou surveillants ;
Gardien-comptable en chef, gardiens-comptables et seconds gardiens des transports cellulaires ;
Gardiens-chefs des prisons annexes de l'Algérie.

371. Il est bien entendu que ces trois tableaux énumèrent limitativement les exceptions qu'ils formulent, et qu'aucune extension par assimilation ne peut être permise dans leur application.

372. L'article 51, *in fine,* affirme le caractère de soldats de ces hommes momentanément en sursis, en les soumettant dès la publication de l'ordre de mobilisation à la juridiction des tribunaux militaires par application de l'article 57 du Code de justice militaire. Cet article est ainsi conçu :

> Sont également justiciables des conseils de guerre des divisions territoriales en état de paix, mais seulement pour des crimes et délits prévus par le titre II du livre IV, les militaires de tous grades, les membres de l'intendance militaire et tous individus assimilés aux militaires :
>
> 1° Lorsque, sans être employés, ils reçoivent un traitement et restent à la disposition du gouvernement ;
> 2° Lorsqu'ils sont en congé ou en permission.

Il résulte du rapprochement de ce texte avec celui de l'article 51, que la juridiction militaire n'est appliquée aux agents des tableaux A, B et C que pour les crimes et délits prévus et punis par le titre II du livre IV, c'est-à-dire les crimes et délits ayant un caractère militaire.

373. On remarque qu'aucun des tableaux de l'article 51 ne parle des membres du Parlement que leur devoir de représentants du peuple doit retenir à leurs fonctions comme à une place de bataille.

La Chambre des députés, dont beaucoup de membres étaient directement en cause, n'a pas voulu soulever la question; mais au Sénat, sans faire l'objet d'un texte législatif, elle a été traitée par le général Deffis, dans son rapport, avec toute l'autorité de sa situation militaire. Nous reproduisons cette partie du rapport :

Quelle sera, en cas de mobilisation, la situation des membres du Parlement? Convient-il de la régler par une disposition spéciale ? Après mûr examen, il nous a paru qu'une telle disposition n'avait pas de raison d'être. Le mandat du législateur, dérivant de la Constitution, est, par sa nature, au-dessus de tous les autres. Aucune obligation ne saurait prévaloir contre lui. Aucun devoir, si élevé qu'on le suppose, n'est supérieur à celui qui retient le législateur à son banc, particulièrement dans les circonstances graves et solennelles où il peut avoir à statuer sur le sort de la Patrie.

Que deviendrait la défense nationale si tout d'un coup les pouvoirs publics se trouvaient atteints et mutilés? Que deviendrait la direction imprimée aux affaires par une majorité parlementaire que les hasards de la mobilisation pourraient déplacer?

Nous estimons que les ardeurs les plus généreuses doivent céder devant de semblables considérations. Même en cas de guerre, surtout en cas de guerre, la représentation nationale doit demeurer intacte. Si quelques-uns de ses membres rejoignent l'armée, ce sera en vertu de congés réguliers accordés par la Chambre dont ils font partie. A ce moment comme en toute autre circonstance, chaque Chambre demeure seule juge des autorisations individuelles qu'elle peut délivrer sans compromettre la haute mission qui incombe et les intérêts sacrés dont elle a la garde.

Tel a été, Messieurs, l'avis unanime de votre commission.

Il n'en est pas moins certain que la loi n'a rien prévu, et qu'il y a là une lacune à combler. De quelque façon qu'on s'y prenne, on n'empêchera pas ceux qui peuvent se battre de partir au premier appel et d'être soldats avant tout.

ARTICLE 52.

Sous les drapeaux, les hommes de la réserve et de l'armée territoriale sont soumis à toutes les obligations imposées aux militaires de l'armée active par les lois et règlements en vigueur.

Ils sont justiciables des tribunaux militaires, en temps de paix comme en temps de guerre :

1° En cas de mobilisation, à partir du jour de leur appel à l'activité jusqu'à celui où ils sont renvoyés dans leurs foyers ;

2° Hors le cas de mobilisation, lorsqu'ils sont convoqués pour des manœuvres, exercices ou revues, depuis l'instant de leur réunion en détachement pour rejoindre, ou de leur arrivée à destination, s'ils rejoignent isolément, jusqu'au jour où ils sont renvoyés dans leurs foyers ;

3° Lorsqu'ils sont placés dans les hôpitaux militaires ou dans les salles des hôpitaux civils affectées aux militaires et lorsqu'ils voyagent comme militaires sous la conduite de la force publique, qu'ils se trouvent détenus dans les établissements, prisons et pénitenciers militaires ou qu'ils subissent dans un corps de troupe une peine disciplinaire.

Toutefois, des circonstances atténuantes pourront être accordées, alors même que le Code de justice militaire n'en prévoit pas, aux hommes qui, n'ayant pas trois mois de présence sous les drapeaux, se trouveront dans l'une des positions indiquées aux paragraphes 2° et 3° ci-dessus.

374. L'article 52 pose le principe que, sous les drapeaux, les hommes de la réserve et de l'armée territoriale redeviennent des militaires comme s'ils n'avaient jamais cessé de l'être.

Ils sont justiciables des tribunaux militaires, sans distinction entre le temps de paix et le temps de guerre, dès qu'ils sont sous les drapeaux.

Ils sont traités comme tels avant même d'être arrivés au corps en cas de mobilisation. En ce cas, en effet, ils sont justiciables du conseil de guerre dès le jour de leur appel à l'activité.

Hors ce cas, c'est-à-dire lorsqu'il n'ont à répondre qu'à des convocations d'exercices ou de revues, leur état militaire ne commence qu'à leur réunion en détachement ou à leur arrivée à destination, s'ils voyagent isolément.

Dans tous les cas, la juridiction cesse dès leur libération, c'est-à-dire, en fait, à la porte même de la caserne.

375. Ils sont également justiciables des tribunaux militaires lorsque, même à la suite ou en dehors de leurs périodes d'exercices, ils se trouvent comme malades dans les hôpitaux militaires, ou salles d'hôpitaux civils affectées aux militaires, lorsqu'ils voyagent comme militaires sous la conduite de la force publique, qu'ils se trouvent détenus dans les établissements, prisons ou pénitenciers militaires, ou qu'ils subissent dans un corps de troupe une peine disciplinaire.

Toutes ces précisions étaient nécessaires parce que ces situations spéciales peuvent se produire pour les réservistes et territoriaux en dehors des époques où ils sont présents sous les drapeaux.

76. L'article 52, dans son dernier paragraphe, apporte une atténuation aux rigueurs du Code militaires pour les hommes n'ayant pas trois mois de présence sous les drapeaux, et ce, hors le cas de mobilisation.

Cette disposition s'applique encore aujourd'hui à beaucoup d'hommes, bien que dans les trois mois de présence on doive comprendre toutes les périodes de service ; mais, avec la loi de 1889, elle ne s'appliquera bientôt plus qu'aux hommes des services auxiliaires, si même l'occasion se présente jamais à eux d'être dans l'une des situations prévues par l'article 52.

ARTICLE 53.

Lorsque les hommes de la réserve et de l'armée territoriale, même non présents sous les drapeaux, sont revêtus d'effets d'uniforme, ils doivent à tout supérieur hiérarchique en uniforme les marques extérieures de respect prescrites par les règlements militaires, et sont considérés sous tous les rapports comme des militaires en congé.

77. L'article 53 vise le cas où les hommes de la réserve et de l'armée territoriale sont revêtus d'effets d'uniforme en dehors de leur service.

En ce cas, ils doivent à tout supérieur en uniforme les marques extérieures de respect prescrites par les règlements militaires, et ils sont considérés comme des militaires en congé.

Sauf pour les officiers, les cas sont rares où un homme de la réserve, non présent sous les drapeaux, peut être revêtu d'effets d'uniforme.

Cependant, il en est deux très fréquents : c'est quand il rejoint seul pour une période, ou quand il rentre chez lui, la période finie.

Hors ces deux cas, l'homme peut toujours revêtir, même en contravention avec les règlements, un effet d'uniforme qu'il possède, lui appartenant, et il faut remarquer qu'il n'est pas nécessaire, pour l'application de l'article 52, qu'il soit complètement habillé en militaire.

En effet, le Ministre de la guerre, expliquant dans sa circulaire du 18 février 1876 l'article 7 de la loi du 18 novembre 1875 que reproduit l'article 53, disait :

Par ces mots, *effets d'uniforme*, le législateur a entendu, non pas l'uniforme proprement dit, mais bien l'un des effets composant l'uniforme, et permettant de considérer celui qui les a revêtus comme appartenant à l'armée.

La circulaire explique ensuite ce que veut dire cette phrase : « Sont considérés sous tous les rapports comme des militaires en congé. »

L'article 7 spécifie, du reste, que, dès qu'ils portent un effet d'uniforme, les réservistes sont astreints aux règles hiérarchiques auxquels sont soumis les militaires en congé, ce qui donne satisfaction aux réclamations parfaitement fondées des autorités militaires.

Cette explication n'était pas inutile, parce qu'elle

indique bien que la formule de l'article 53, comme celle de l'article 7 de la loi de 1875, ne vise que les marques extérieures de respect et n'a pas pour but d'assimiler absolument l'homme portant un effet d'uniforme au militaire en congé.

Le résultat de l'assimilation eût été de placer le réserviste ou territorial sous l'application de l'article 57 du Code de justice militaire qui vise les militaires en congé et les rend justiciables des tribunaux militaires pour les crimes et délits prévus par le titre II de son livre IV.

A vrai dire, cette interprétation rigoureuse ne modifierait guère la situation, car nous verrons à l'article 57 que cette juridiction est imposée aux réservistes et territoriaux dans tous les cas applicables pour eux dans le titre II du livre IV.

378. Quoi qu'il en soit, l'article 53 détermine une obligation militaire dont la sanction sera, comme pour les militaires en congé, une peine disciplinaire, et c'est grâce à l'assimilation avec ces derniers que l'autorité militaire aura le droit de les frapper.

379. Il faut, en effet, remarquer que la loi de 1889, qui a formellement abrogé la loi du 18 novembre 1875, ne reproduit pas l'article 16 de cette loi qui ouvrait le droit, pour l'autorité militaire, d'infliger des peines disciplinaires pour des infractions en dehors du service.

Il n'est pas probable que le législateur de 1889 ait donné à cette suppression la portée qu'elle a; il paraît même résulter de la discussion et de la réponse de la commission du Sénat au général Robert, qui insistait avec raison, que la pensée des auteurs de la loi a été uniquement d'incorporer la loi de 1875 dans la loi de 1889 en la simplifiant ; mais le fait n'en subsiste pas moins.

Sans un texte de loi formel, l'autorité militaire ne peut infliger de peines, même disciplinaires, à des hommes qui ne sont pas sous sa juridiction actuelle.

Il en résulte qu'il y a un certain nombre d'obligations qui n'ont plus de sanction immédiate.

Nous en avons déjà vu une à l'article 36 ; sans doute l'autorité militaire peut toujours infliger la punition et la réserver pour le premier appel ; mais ce n'est plus là la répression immédiate beaucoup plus efficace et plus sûre.

Par contre, le règlement sur les punitions spéciales en date du 16 mars 1878 rendu en exécution de la loi de 1875, article 16, n'a plus de raison d'être, et l'autorité militaire n'a plus qu'à se régler sur le règlement du service intérieur pour frapper les délinquants à leur arrivée.

Dans la pratique, il est fort probable que l'autorité militaire continuera à punir les négligents et fera, comme par le passé, exécuter ses décisions ; il est vraisemblable, et c'est ce qu'ils auront de plus sage à faire, que les punis se soumettront sans résistance ; mais il serait regrettable qu'une situation subitement aggravée amenât, devant la justice répressive, des explications où les prétentions de l'autorité militaire risqueraient fort d'être condamnées.

ARTICLE 54.

Le seul fait, pour les hommes inscrits sur le registre matricule prévu à l'article 36 ci-dessus, de se trouver revêtus d'effets d'uniforme dans un rassemblement tumultueux et contraire à

l'ordre public, et d'y demeurer contrairement aux ordres des agents de l'autorité ou de la force publique, les rend passibles des peines édictées à l'article 225 du Code de justice militaire.

380. L'article 54 reproduit l'article 6 de la loi du 18 novembre 1875, mais en le modifiant très sérieusement.

Cet article 6 ordonnait à tous les hommes que les lois militaires mettent à la disposition du Ministre de s'éloigner de tous rassemblements tumultueux et contraires à l'ordre public. Puis, après cette défense générale, il les rendait passibles de l'article 225 du Code de justice militaire dans deux cas : quand ils étaient en armes, ou quand ils étaient revêtus d'effets d'uniforme.

Il résultait de ce texte que, en dehors même des deux cas graves ci-dessus, ces hommes désobéissaient en se mêlant à un rassemblement tumultueux et contraire à la loi et que, par suite, l'autorité militaire pouvait leur infliger les punitions disciplinaires de l'article 16.

Avec l'article 54 il n'en est plus de même ; un seul cas est prévu et défendu : la présence et la persistance, *en effets d'uniforme,* dans un rassemblement à tumultueux.

Ce fait est puni des peines de l'article 225 du Code de justice militaire, dont nous retrouverons le texte l'article 57 et qui punit la rébellion.

Il faut remarquer que l'article 54 ne s'applique plus seulement, comme l'article 53, aux réservistes et territoriaux, mais qu'il englobe tous les hommes inscrits sur le registre matricule de l'article 36, c'est-à-dire tous les hommes inscrits sur les listes de recrutement cantonal.

ARTICLE 55.

Tout homme inscrit sur le registre matricule est astreint, s'il se déplace, aux obligations suivantes :

1° S'il se déplace pour changer de domicile ou de résidence, il fait viser, dans le délai d'un mois, son livret individuel par la gendarmerie dont relève la localité où il transporte son domicile ou sa résidence ;

2° S'il se déplace pour voyager pendant plus d'un mois, il fait viser son livret avant son départ, par la gendarmerie de sa résidence habituelle ;

3° S'il va se fixer en pays étranger, il fait de même viser son livret avant son départ, et doit, en outre, dès son arrivée, prévenir l'agent consulaire de France, qui lui donne récépissé de sa déclaration et en envoie copie dans les huit jours au Ministre de la guerre.

A l'étranger, s'il se déplace pour changer de résidence, il en prévient, au départ et à l'arrivée, l'agent consulaire de France, qui en informe le Ministre de la guerre.

Lorsqu'il rentre en France, il se conforme aux prescriptions du paragraphe 1er ci-dessus.

381. L'article 55 indique les obligations communes à tous les hommes inscrits sur le registre matricule, c'est-à-dire susceptibles d'être appelés, quand ils se déplacent, soit pour changer de domicile, soit même seulement pour changer de résidence. Dans les deux cas, l'obligation est la même.

Lorsque le déplacement a pour but l'acquisition d'un nouveau domicile ou le choix d'une nouvelle résidence, l'homme n'a rien à faire au lieu qu'il quitte ; il a seulement à se préoccuper du lieu où il va s'installer ; c'est là qu'il doit agir, et son obligation consiste à faire viser, dans le délai d'un mois après son arrivée, son livret individuel par la gendarmerie d'où il va dorénavant relever.

382. Lorsque le déplacement n'est qu'une absence pour cause de voyage, il y a, comme c'est inévitable, une tolérance. Tant qu'un voyage doit se tenir dans les limites d'un mois, aucune obligation n'est imposée à l'homme. Mais si l'absence doit durer plus d'un mois, alors un visa du livret est nécessaire, et cette fois, bien entendu, c'est à la gendarmerie de la ésidence habituelle que le livret doit être visé.

Il va sans dire que ce délai d'un mois, qui est assez court, est souvent dans la pratique dépassé sans qu'il en résulte de graves inconvénients, surtout pour des voyages à courte distance; mais nous verrons à l'article 56 que les conséquences d'une négligence à cet égard peuvent être assez graves pour qu'il soit prudent aux intéressés de se soumettre strictement à leur obligation.

383. L'article 55 règle alors la question plus importante des absences en pays étranger.

Pour les simples voyages, il n'y a aucune obligation spéciale, c'est la même situation qu'un voyage en France. La différence n'existe que pour le cas d'une résidence fixe.

Quand un homme soumis aux lois militaires va se fixer à l'étranger, il commence par faire viser son livret avant son départ ; puis, dès son arrivée, il fait une déclaration de résidence à l'agent consulaire de France qui doit lui en donner récépissé et en envoyer copie au Ministre de la guerre, dans les huit jours.

Si dans cette nouvelle situation l'homme vient à changer de résidence en restant à l'étranger, il en fait la déclaration à l'agent consulaire du lieu qu'il quitte et du lieu où il se fixe à nouveau.

L'article 55 ne dit pas ce que doit faire l'homme qui, fixé à l'étranger et régulièrement déclaré, veut voyager sans changer de résidence pendant plus d'un mois.

Nous estimons qu'en ce cas, il fera sagement de prévenir l'agent consulaire de sa résidence comme il préviendrait la gendarmerie, s'il partait de France pour voyager ; car, s'il ne prenait pas cette précaution, on pourrait fort bien lui refuser le délai de l'article 56 en cas de mobilisation.

Lorsque l'homme fixé à l'étranger rentre en France pour y reprendre sa résidence, il fait viser son livret dans le délai d'un mois par la gendarmerie de cette nouvelle résidence.

384. L'ancien texte de la loi du 18 novembre 1875 décidait que les diverses déclarations à faire devraient être faites au *commandant de la gendarmerie de la localité*.

Le texte de l'article 55 ne dit plus que « *la gendarmerie* » c'est la confirmation de l'interprétation qu'avait donnée le Ministre au premier texte dans sa circulaire du 18 février 1876 et qui reste par suite en vigueur :

Par ces mots : « Le commandant de gendarmerie », le législateur a entendu désigner le chef de la gendarmerie pour les brigades ou la brigade dans les ressorts desquelles le réserviste est venu habiter, savoir :

Pour les brigades externes, le chef de brigade ou des brigades (maréchal des logis ou brigadier);

Pour les villes (chefs-lieux d'arrondissement), l'officier commandant l'arrondissement.

385. Sous l'ancienne loi, les obligations imposées aux hommes changeant de résidence ou voyageant avaient une triple sanction : celle que nous allons retrouver sous l'article 56, et, en outre, la faculté

pour l'autorité militaire d'infliger des punitions disciplinaires ou de poursuivre devant les tribunaux
correctionnels.

Cette dernière sanction a été définitivement supprimée par la loi de 1889 ; elle était d'ailleurs tombée
en désuétude.

Quant à la sanction résultant de punitions disciplinaires, nous nous sommes expliqué sur ce point
un peu plus haut sous l'article 53 *in fine*. Nous
sommes obligé de constater qu'elle est nécessairement ajournée aux appels.

Les obligations de l'article 55 n'ont donc actuellement d'autre sanction que celle de l'article 56 qui
est trop rigoureuse dans beaucoup de cas pour être
appliquée strictement, et qui se résoudra presque
toujours par une punition à l'arrivée au corps.

386. L'article 55 est applicable aux officiers de réserve
et de territoriale sous des sanctions très sévères.

Sous la loi du 18 novembre 1875, un décret du
19 février 1876 permettait au Président de la République, sur la proposition du Ministre, de destituer
les officiers et assimilés de réserve n'ayant pas fait
leur déclaration d'absence ou de déplacement. Aujourd'hui, un règlement d'administration publique
permet au Ministre de la guerre de révoquer, sur
l'avis d'un conseil d'enquête, les officiers de réserve
ou de l'armée territoriale qui, après avoir été suspendus pour un an pour n'avoir pas fait la déclaration lors de leur changement de domicile, n'auraient
pas, à l'expiration de cette peine disciplinaire, fait
connaître officiellement leur nouvelle résidence.

ARTICLE 56.

Les hommes qui se sont conformés aux prescriptions de
l'article précédent ont droit, en cas de mobilisation ou de
rappel de leur classe, à des délais supplémentaires pour rejoindre, calculés d'après la distance à parcourir.

Ceux qui ne s'y sont pas conformés sont considérés comme
n'ayant pas changé de domicile ou de résidence.

387. L'article 56 contient la sanction de l'article 55.

L'homme qui s'est conformé aux prescriptions de
l'article 55 a droit, en cas de mobilisation ou de rappel
subit de sa classe, à des délais supplémentaires pour
rejoindre. Celui qui n'a pas rempli ses obligations n'a
aucun droit à ces délais; il est considéré comme ayant
été touché par l'ordre à son ancienne résidence. Il est,
par suite, soumis à toutes les conséquences de son
retard à l'arrivée. Ces conséquences peuvent être fort
graves, après un très court retard, comme nous
le verrons sous l'article 75.

Il est cependant certain que l'homme qui aura
rejoint avec la plus grande rapidité possible ne sera
jamais considéré comme insoumis, pour avoir négligé
les obligations de l'article 55; la peine sera toujours
disciplinaire; elle eût été évidemment beaucoup plus
efficace, si elle eût pu être immédiate, comme dans la
loi de 1875.

388. Les délais supplémentaires accordés par l'article 56
ne sont fixés ni par la loi, ni par un règlement. Voici
ce que dit, à cet égard, la circulaire du 18 février 1876:

La durée de ces délais n'a pas été fixée, l'autorité militaire et
les conseils de guerre devant rester juges, suivant les circonstances. du temps strictement nécessaire pour rejoindre, en raison de
la distance à parcourir et des difficultés qui ne sauraient être prévues à l'avance. En un mot, c'est à l'autorité militaire *du lieu*

d'arrivée qu'il appartiendra d'apprécier si le réserviste a mis toute diligence pour rejoindre aussi rapidement que possible sa destination.

ARTICLE 57.

Les hommes de la réserve de l'armée active, de l'armée territoriale ou de sa réserve sont justiciables des tribunaux militaires, en temps de paix comme en temps de guerre, pour les crimes et délits prévus et punis par les articles du Code de justice militaire énumérés dans le tableau D annexé à la présente loi, lorsqu'après avoir été appelés sous les drapeaux ils ont été renvoyés dans leurs foyers.

L'application de ces articles est faite aux inculpés sous la réserve des dispositions spéciales indiquées audit tableau.

Toutefois, les hommes appartenant à l'armée territoriale ou à la réserve de cette armée ne sont plus justiciables des tribunaux militaires, en temps de paix, pour les crimes et délits prévus par les deux paragraphes précédents, lorsqu'ils ont été renvoyés dans leurs foyers depuis plus de six mois, à moins que, au moment où les faits incriminés ont été commis, les délinquants fussent revêtus d'effets d'uniforme.

91. L'article 57 ne parle plus de tous les jeunes gens inscrits sur la liste de recrutement cantonal; il revient aux réservistes et territoriaux.

Il a pour but de régler, en temps de paix comme en temps de guerre, la situation des hommes encore soumis aux lois militaires, mais qui ne sont pas actuellement sous les drapeaux, au point de vue de la juridiction dont ils dépendent. En effet, les réservistes et territoriaux ont une double qualité. Rentrés dans leurs foyers, ils redeviennent des citoyens soumis aux lois ordinaires de leur pays; mais ils sont aussi des militaires, et, comme tels, justiciables, au moins dans certains cas, des tribunaux militaires. L'article 57 détermine ces cas, et on comprend tout de suite qu'il s'agit là d'actes ayant une portée ou un caractère militaire, et dont l'accomplissement emprunte plus de gravité à cette circonstance qu'ils sont commis par des hommes qui violent, en les accomplissant, leurs devoirs de soldats.

390.   Ces différents cas sont énumérés dans un tableau D visé par l'article 57 et annexé à la loi.

Voici ce tableau :

TABLEAU D.

Articles du Code de justice militaire (Livre IV, titre II) applicables dans les cas prévus par les articles 57 et 79 de la loi sur le recrutement de l'armée.

Art. 204, 205, 206, 208. — Trahison, espionnage et embauchage.

Art. 219, § 1er. — Violation de consigne.

Art. 220. — Violences envers une sentinelle.

L'article 220 ne sera applicable aux hommes renvoyés dans leurs foyers depuis plus de six mois que s'ils étaient, au moment du fait incriminé, revêtus d'effets d'uniforme.

Art. 223 et 224. — Voies de faits et outrages envers un supérieur.

Pour l'application du premier paragraphe de chacun de ces articles, le fait incriminé ne sera considéré comme ayant eu lieu à l'occasion du service que s'il est le résultat d'une vengeance contre un acte d'autorité légalement exercé.

Le deuxième paragraphe de ces mêmes articles ne sera applicable que dans les cas où le supérieur et l'inférieur seraient l'un et l'autre revêtus d'effets d'uniforme.

Art. 225. — Rébellion.

Cet article n'est applicable qu'aux hommes revêtus d'effets d'uniforme et, en outre, dans les cas prévus par l'article 77 du Code de justice militaire.

Art. 226, 228, 229. — Abus d'autorité.

Pour l'application de l'article 229, il est nécessaire que le supérieur et l'inférieur soient l'un et l'autre revêtus d'effets d'uniforme.

Art. 242, § 1er. — Provocation à la désertion.

Art. 248. — Vol.

L'avant-dernier paragraphe de cet article n'est applicable que si le délinquant était logé militairement dans la maison où il a commis le vol.

Art. 249. — Blessures faites à un blessé pour le dépouiller.

Art. 250, 251, 252, 253, 254, 255. — Pillage, destruction, dévastation d'édifices.

Art. 258. — Meurtre chez l'habitant (1).

Cet article est applicable sous la réserve indiquée ci-dessus pour l'article 248.

Art. 266. — Port illégal d'insignes.

Cet article n'est applicable qu'en cas de port illégal, soit d'effets d'uniforme militaire, soit d'insignes, décorations ou médailles sur des effets d'uniforme militaire.

Il importe de compléter ce tableau en donnant intégralement les articles du Code de justice militaire, dont il n'indique que les numéros, avec de nouveau les dérogations qu'y apporte le tableau, pour plus de précision.

Art. 204. Est puni de mort, avec dégradation militaire, tout militaire français ou au service de la France, qui porte les armes contre la France.

Est puivi de mort, tout prisonnier de guerre qui, ayant faussé sa parole, est repris les armes à la main.

Art. 205. Est puni de mort, avec dégradation militaire, tout militaire :

1° Qui livre à l'ennemi, ou dans l'intérêt de l'ennemi, soit la troupe qu'il commande, soit la place qui lui est confiée, soit les approvisionnements de l'armée, soit les plans des places de guerre ou des arsenaux maritimes, des ports ou des rades, soit le mot d'ordre ou le secret d'une opération, d'une expédition ou d'une négociation ;

2° Qui entretient des intelligences avec l'ennemi, dans le but de favoriser ses entreprises ;

3° Qui participe à des complots dans le but de forcer le commandant d'une place assiégée à se rendre ou à capituler ;

---

(1) Le numéro 258 est une erreur matérielle d'impression au *Journal officiel* ; l'article qui punit le meurtre chez l'habitant est l'article 256.

4° Qui provoque à la fuite ou empêche le ralliement en présence de l'ennemi.

Art. 206. Est considéré comme espion, et puni de mort avec dégradation militaire :

1° Tout militaire qui s'introduit dans une place de guerre, dans un poste ou établissement militaire, dans les travaux, camps, bivouacs ou cantonnements d'une armée, pour s'y procurer des documents ou renseignements dans l'intérêt de l'ennemi;

2° Tout militaire qui procure à l'ennemi des documents ou renseignements susceptibles de nuire aux opérations de l'armée ou de compromettre la sûreté des places, postes ou autres établissements militaires;

3° Tout militaire qui, sciemment, recèle ou fait recéler les espions ou les ennemis envoyés à la découverte.

Art. 208. Est considéré comme embaucheur et puni de mort tout individu convaincu d'avoir provoqué des militaires à passer à l'ennemi ou aux rebelles armés, de leur en avoir sciemment facilité les moyens, ou d'avoir fait des enrôlements pour une puissance en guerre avec la France.

Si le coupable est militaire, il est, en outre, puni de la dégradation militaire.

Art. 219. Tout militaire qui viole ou force une consigne est puni :

1° De la peine de la détention si la consigne a été violée ou forcée en présence de l'ennemi ou de rebelles armés;

2°...

Art. 220. Est puni de mort tout militaire coupable de violences à main armée envers une sentinelle ou vedette.

Si les violences n'ont pas eu lieu à main armée et ont été commises par un militaire assisté d'une ou de plusieurs personnes, la peine est de cinq ans à dix ans de travaux publics. Si, parmi les coupables, il se trouve un officier, il est puni de la destitution avec emprisonnement de deux à cinq ans.

La peine est réduite à un emprisonnement d'un an à cinq ans si les violences ont été commises par un militaire seul et sans armes.

Est puni de six jours à un an d'emprisonnement tout militaire qui insulte une sentinelle par paroles, gestes ou menaces.

L'article 220 ne sera applicable aux hommes renvoyés dans leurs foyers depuis plus de six mois, que s'ils étaient, au moment du fait incriminé, revêtus d'effets d'uniforme.

Art. 223. Les voies de fait exercées pendant le service ou à l'occasion du service par un militaire envers son supérieur sont punies de mort.

Si les voies de fait n'ont pas eu lieu pendant le service ou à l'occasion du service, le coupable est puni de la destitution avec emprisonnement de deux ans à cinq ans, s'il est officier, et de cinq ans à dix ans de travaux publics, s'il est sous-officier, caporal, brigadier ou soldat.

Art. 224. Tout militaire qui, pendant le service ou à l'occasion du service, outrage son supérieur par paroles, gestes ou menaces est puni de la destitution avec emprisonnement d'un an à cinq ans, si ce militaire est officier, et de cinq ans à dix ans de travaux publics, s'il est sous-officier, caporal, brigadier ou soldat.

Si les outrages n'ont pas eu lieu pendant le service ou à l'occasion du service, la peine est de un à cinq ans d'emprisonnement.

Pour l'application du premier paragraphe de chacun de ces deux derniers articles, le fait incriminé ne sera considéré comme ayant eu lieu à l'occasion du service que s'il est le résultat d'une vengeance contre un acte d'autorité légalement exercé.

Le deuxième paragraphe de ces mêmes articles ne sera applicable que dans les cas où le supérieur et l'inférieur seraient l'un et l'autre revêtus d'effets d'uniforme.

Art. 225. Tout militaire coupable de rébellion envers la force armée et les agents de l'autorité est puni de deux mois à six mois d'emprisonnement, et de six mois à deux ans de la même peine, si la rébellion a eu lieu avec armes.

Si la rébellion a été commise par plus de deux militaires sans armes, les coupables seront punis de deux ans à cinq ans d'emprisonnement et de la réclusion si la rébellion a eu lieu avec armes.

Toute rébellion commise par des militaires armés, au nombre de huit au moins, est punie conformément aux paragraphes 3 et 5 de l'article 217 du présent Code.

Le maximum de la peine est toujours infligé aux instigateurs ou chefs de rebellion et au militaire le plus élevé en grade.

Cet article n'est applicable qu'aux hommes revêtus d'effets d'uniforme, et, en outre, dans les cas prévus par l'article 77 du Code de justice militaire.

L'article 77 est ainsi conçu :

Tous les prévenus indistinctement sont traduits devant les tribunaux militaires :

1° Lorsqu'ils sont tous militaires ou assimilés aux militaires, alors même qu'un ou plusieurs d'entre eux ne seraient pas justiciables de ces tribunaux en raison de leur position au moment du crime ou du délit ;

2° S'il s'agit de crimes ou délits commis par des justiciables des conseils de guerre et par des étrangers ;

3° S'il s'agit de crimes ou délits commis aux armées en pays étranger ;

4° S'il s'agit de crimes ou délits commis à l'armée sur le territoire français en présence de l'ennemi.

Art. 226. Est puni de mort tout chef militaire qui, sans provo-
-cation, ordre ou autorisation, dirige ou fait diriger une attaque à
main armée contre des troupes ou des sujets quelconques d'une
puissance alliée ou neutre.

Est puni de la destitution tout chef militaire qui, sans provocation, ordre ou autorisation, commet un acte d'hostilité quelconque
sur un territoire allié ou neutre.

Art. 228. Est puni de mort tout militaire qui prend un commandement sans ordres ou motifs légitimes ou qui le retient contre
l'ordre de ses chefs.

Art. 229. Est puni d'un emprisonnement de deux mois à cinq
ans tout militaire qui frappe son inférieur, hors les cas de la légitime défense de soi-même au d'autrui, ou du ralliement des fuyards,
ou de la nécessité d'arrêter le pillage ou la dévastation.

*Pour l'application de l'article 229, il est nécessaire que le supé-
rieur et l'inférieur soient l'un et l'autre revêtus d'uniforme.*

Art. 242. Tout militaire qui provoque ou favorise la désertion
est puni de la peine encourue par le déserteur, selon les distinctions établies au présent chapitre.

Art. 248. Le vol des armes et des munitions appartenant à
l'Etat, celui de l'argent de l'ordinaire, de la solde, des deniers ou
effets quelconques appartenant à des militaires ou à l'Etat, commis
par des militaires qui en sont comptables, est puni de travaux
forcés à temps.

Si le coupable n'en est pas comptable, la peine est celle de la
réclusion.

S'il existe des circonstances atténuantes, la peine est celle de la
réclusion ou d'un emprisonnement de trois ans à cinq ans dans le
cas du premier paragraphe, et celle d'un emprisonnement d'un an
à cinq ans dans le cas du deuxième paragraphe.

En cas de condamnation à l'emprisonnement, l'officier coupable
est, en outre, puni de la destitution.

Est puni de la peine de la réclusion et, en cas de circonstances
atténuantes, d'un emprisonnement d'un à cinq ans, tout militaire
qui commet un vol au préjudice de l'habitant chez lequel il est logé.

Les dispositions du Code pénal ordinaire sont applicables aux
vols prévus par les paragraphes précédents, toutes les fois qu'en
raison des circonstances, les peines qui y sont portées sont plus
fortes que les peines prescrites par le présent Code.

*L'avant-dernier paragraphe de cet article n'est applicable que si
le délinquant était logé militairement dans la maison où il a commis
le vol.*

Art. 249. Est puni de la réclusion tout militaire qui dépouille un
blessé.

Le coupable est puni de mort si, pour dépouiller le blessé, il lui a
fait de nouvelles blessures.

Art. 250. Est puni de mort, avec dégradation militaire, tout pillage ou dégât de denrées, marchandises ou effets, commis par les militaires en bande, soit avec armes ou à force ouverte, soit avec bris de portes et clôtures extérieures, soit avec violences envers les personnes.

Le pillage en bandes est puni de la réclusion dans tous les autres cas.

Néanmoins, si, dans les cas prévus par le premier paragraphe, il existe parmi les coupables un ou plusieurs militaires pourvus de grades, la peine de mort n'est infligée qu'aux instigateurs et aux militaires les plus élevés en grade. Les autres coupables sont punis de la peine des travaux forcés à temps. S'il existe des circonstances atténuantes, la peine de mort est réduite à celle de la réclusion, et la peine de la réclusion à celle d'un emprisonnement d'un an à cinq ans.

En cas de condamnation à l'emprisonnement, l'officier coupable est, en outre, puni de la destitution.

Art. 251. Est puni de mort, avec dégradation militaire, tout militaire qui, volontairement, incendie par un moyen quelconque, ou détruit, par l'explosion d'une mine, les édifices, bâtiments, ouvrages militaires, magasins, chantiers, vaisseaux, navires ou bateaux à l'usage de l'armée.

S'il existe des circonstances atténuantes, la peine est celle des travaux forcés à temps.

Art. 252. Est puni de travaux forcés à temps tout militaire, qui, volontairement, détruit ou dévaste, par d'autres moyens que l'incendie ou l'explosion d'une mine, des édifices, bâtiments, ouvrages militaires, magasins, chantiers, vaisseaux, navires ou bateaux à l'usage de l'armée.

S'il existe des circonstances atténuantes, la peine est celle de la réclusion, ou même de deux à cinq ans d'emprisonnement, en outre, de la destitution, si le coupable est officier.

Art. 253. Est puni de mort avec dégradation militaire, tout militaire qui, dans un but coupable, détruit ou fait détruire, en présence de l'ennemi, des moyens de défense, tout ou partie du matériel de guerre, des approvisionnements en armes, vivres, munitions, effets de campement, d'équipement ou d'habillement.

La peine est celle de la détention si le crime n'a pas eu lieu en présence de l'ennemi.

Art. 254. Est puni de deux à cinq ans de travaux publics tout militaire qui, volontairement, détruit ou brise des armes, des effets de campement, de casernement, d'équipement ou d'habillement appartenant à l'Etat, soit que ces objets lui eussent été confiés par le service, soit qu'ils fussent à l'usage d'autres militaires, ou qui estropie ou tue un cheval ou une bête de trait ou de somme employée au service de l'armée.

Si le coupable est officier, la peine est celle de la destitution ou d'un emprisonnement de deux à cinq ans.

S'il existe des circonstances atténuantes, la peine est réduite à un emprisonnement de deux mois à cinq ans.

Art. 255. Est puni de la réclusion tout militaire qui, volontairement, détruit, brûle ou lacère des registres, minutes ou actes originaux de l'autorité militaire.

S'il existe des circonstances atténuantes, la peine est celle d'un emprisonnement de deux à cinq ans et, en outre, de la destitution si le coupable est officier.

Art. 256. Tout militaire coupable de meurtre sur l'habitant chez lequel il reçoit le logement, sur sa femme ou sur ses enfants est puni de mort.

Cet article est applicable sous la réserve indiquée ci-dessus pour l'article 248.

Art. 266. Est puni d'un emprisonnement de deux mois à deux ans tout militaire qui porte publiquement des décorations, médailles, insignes, uniformes ou costumes français sans en avoir le droit.

La même peine est prononcée contre tout militaire qui porte des décorations, médailles ou insignes étrangers sans y avoir été préalablement autorisé.

Cet article n'est applicable qu'en cas de port illégal, soit d'effets d'uniforme militaire, soit d'insignes, décorations ou médailles sur les effets d'uniforme militaire.

On voit que ce tableau contient en réalité tout le titre II du livre IV du Code de justice militaire, lequel relève tous les crimes et délits ayant un caractère militaire, à l'exception de ceux qui ne peuvent être commis que par des militaires en service. On constate, en effet, que tous les articles non cités par le tableau se rapportent à des cas qui supposent des actes dans le service actif, comme, par exemple, les articles 211 à 213, qui punissent l'abandon de poste, ou les articles 231 à 239, qui punissent la désertion. Il est cependant un cas qui aurait pu être applicable et qui a été laissé de côté, en considération de ce que le crime ou délit puni, quoique ayant un caractère militaire, peut être accompli sans que le coupable soit accusé d'y apporter des sentiments contraires à ses devoirs de soldat.

Ce cas se trouve dans l'article 219, §§ 2 et 3, qui punit la violation de consigne sur un territoire en état de guerre ou de siège ou dans tous les autres cas : le § 1 seul a été visé par le tableau; il punit la violation de consigne en présence de l'ennemi ou de rebelles armés. Il a été admis que, dans les autres circonstances, un militaire rentré dans la vie civile pouvait être amené à violer une consigne, sans y attacher l'importance d'un acte contraire au devoir militaire.

Il va sans dire que ces crimes ou délits n'en sont pas moins poursuivis et réprimés devant les tribunaux ordinaires, quand ils sont prévus par les lois pénales.

891. La juridiction militaire ainsi imposée aux réservistes et territoriaux cesse pour les hommes appartenant à l'armée territoriale ou à sa réserve, lorsqu'ils ont été renvoyés dans leurs foyers depuis plus de six mois, mais sous deux conditions : d'abord que l'on ne soit pas en état de guerre, et ensuite que les hommes n'aient pas été revêtus d'effets d'uniforme, au moment où les faits incriminés ont été commis. Dans ces deux cas, la juridiction militaire reprend son empire, sans distinction de temps ni de délai. Mais, que veut dire cette stipulation : *renvoyés dans leurs foyers depuis plus de six mois?* Il ne faudrait pas croire que cela veut dire que, six mois après leur passage dans l'armée territoriale, la juridiction militaire cesse pour les hommes de cette armée; c'est bien six mois après leur renvoi dans leurs foyers, de telle sorte que quand, soit des territoriaux, pour leur période d'exercice ou pour une mobilisation, soit des réservistes-territoriaux pour un appel quelconque de guerre ou de paix, ont été incorporés, ils restent six mois soumis à la juridiction militaire, après leur renvoi dans leurs foyers. Par contre, si un homme est dans ses foyers depuis plus de six mois au moment de son passage dans l'armée territoriale, comme c'est le cas général, il cessera d'être soumis à la juridiction militaire par le fait même de ce passage. C'est ce qui résulte de la circulaire ministérielle du 18 février 1876.

ARTICLE 58.

Les hommes de la disponibilité et de la réserve de l'armée active peuvent se marier sans autorisation. Ils restent soumis néanmoins à toutes les obligations de service imposées à leur classe.

Les réservistes qui sont pères de quatre enfants vivants passent de droit dans l'armée territoriale.

392. Nous avons vu sous l'article 25 que les décrets de 1808 imposaient aux hommes en activité de service la nécessité d'une autorisation pour pouvoir se marier, et nous avons établi quelle était l'étendue de la formule : *en activité de service* dans les décrets.

L'article 25 apportait à ces décrets une première exception en faveur des hommes renvoyés en congé dans leurs foyers, après un an de service aux termes des articles 21, 22 et 23.

L'article 58 étend cette exception aux hommes de la disponibilité et de la réserve de l'armée active.

393. Les hommes de la disponibilité sont ceux qui sont renvoyés après un an de service, aux termes de l'article 39, c'est-à-dire la deuxième portion du contingent, et ceux qui sont renvoyés aux termes de l'article 46, comme étant en excédent sur les effectifs prévus.

Il faut y comprendre les hommes renvoyés après les manœuvres dans leurs foyers, en attendant leur passage dans la réserve; car ceux-là aussi sont en disponibilité.

394. Il faut aussi y comprendre les hommes à la disposition, c'est-à-dire les services auxiliaires qui constituent une disponibilité spéciale, moins militaire que la véritable disponibilité.

395. Quant à l'armée territoriale, elle n'est visée ni à l'article 25, ni à l'article 58; il n'y avait pas lieu de faire pour elle d'exception; car elle n'est pas atteinte par la règle, les hommes qui la composent ne pouvant évidemment être considérés comme en activité de service.

396. Il en est de même sans aucun doute pour les jeunes gens de l'article 50 établis hors d'Europe, puisqu'ils sont *absolument dispensés du service militaire* jusqu'à leur retour en France, et pour les ajournés qui n'y sont pas encore astreints.

397. On voit qu'en réalité le décret du 16 juin 1808 n'est à plus applicable qu'aux hommes présents sous les drapeaux ou à leurs corps, ce qui répond bien à ce qu'on entend aujourd'hui par les mots : en activité de service.

Il faut remarquer d'ailleurs que le mariage des hommes visés à l'article 58, comme de ceux visés à l'article 25, n'apporte aucune modification à leurs obligations militaires ; ils sont à cet égard dans la même situation que les célibataires.

398. Les obligations de service ne peuvent être modifiées que par la survenance d'enfants et encore pour les réservistes seulement pères de quatre enfants.

Ils passent de droit dans l'armée territoriale; il faut bien entendu que les enfants soient vivants au nombre de quatre, et que tous soient les enfants du réserviste, légitimes ou légitimés. Ainsi, par exemple, un réserviste ne passerait pas dans l'armée territoriale en épousant une veuve avec quatre enfants.

La faveur concédée ainsi aux réservistes seuls, ne s'appliquant plus à la disponibilité comme sous la loi de 1872, il en résulte pour certains hommes des classes 1888, 1887 et 1886 une conséquence que le Ministre de la guerre indique comme suit dans sa circulaire du 31 décembre 1889 :

Aux termes de l'article 44 de la loi du 27 juillet 1872, « les hommes *en disponibilité ou en réserve*, qui sont pères de quatre enfants vivants » passaient de droit dans l'armée territoriale.

Cette mesure est restreinte, par l'article 58 de la loi du 15 juillet 1889, aux réservistes seuls, et n'est plus applicable aux hommes envoyés en disponibilité.

Ceux de ces hommes qui appartiennent aux classes 1888, 1887 et 1886 et qui ont été versés dans l'armée territoriale en vertu de la loi de 1872, doivent donc être réintégrés, suivant le cas, soit dans la disponibilité, soit dans la catégorie des hommes « à la disposition », ou dans celle des services auxiliaires.

399. On a vu sous l'article 25 la pénalité sévère infligée à l'officier de l'état civil qui procède à un mariage sans autorisation dans les cas où cette autorisation est nécessaire. Il en résulte que l'officier de l'état civil devra toujours, avant de célébrer un mariage, se faire représenter le livret individuel ou le titre établissant la situation militaire de l'homme qui veut contracter mariage.

TITRE IV.

DES ENGAGEMENTS VOLONTAIRES, DES RENGAGEMENTS ET DES COMMISSIONS.

CHAPITRE Ier.

DES ENGAGEMENTS VOLONTAIRES.

ARTICLE 59.

Tout Français ou naturalisé Français, comme il est dit aux articles 11 et 12 de la présente loi, ainsi que les jeunes gens qui doivent être inscrits sur les tableaux de recensement ou qui sont autorisés par les lois à servir dans l'armée française, et les jeunes gens nés en pays étrangers d'un Français qui aurait perdu la qualité de Français, peuvent être admis à contracter un engagement volontaire dans l'armée active, aux conditions suivantes :

L'engagé volontaire doit :

1° S'il entre dans l'armée de mer, avoir 16 ans accomplis, sans être tenu d'avoir la taille prescrite par la loi ;

S'il entre dans l'armée de terre, avoir 18 ans accomplis et au moins la taille réglementaire d'un mètre cinquante-quatre centimètres ;

2° N'être ni marié, ni veuf avec enfants ;

3° N'avoir jamais été condamné pour vol, escroquerie, abus de confiance, attentat aux mœurs, et n'avoir subi aucune des peines prévues par l'article 5 de la présente loi, à moins qu'il ne veuille contracter son engagement pour un bataillon d'infanterie légère d'Afrique ;

4° Jouir de ses droits civils ;

5° Etre de bonnes vie et mœurs ;

6° S'il a moins de 20 ans, être pourvu du consentement de ses père, mère ou tuteur ; ce dernier doit être autorisé par une délibération du conseil de famille. Le consentement du directeur de l'Assistance publique dans le département de la Seine, et du préfet dans les autres départements, est nécessaire et suffisant pour les moralement abandonnés.

L'engagé volontaire est tenu, pour justifier des conditions prescrites aux paragraphes 3°, 4° et 5° ci-dessus, de produire un extrait de son casier judiciaire et un certificat délivré par le maire de son dernier domicile.

S'il ne compte pas au moins une année de séjour dans cette commune, il doit également produire un autre certificat du maire de la commune où il était antérieurement domicilié.

Le certificat doit contenir le signalement du jeune homme qui veut s'engager, et mentionner la durée du temps pendant lequel il a été domicilié dans la commune.

La faculté de contracter l'engagement volontaire cesse dès que le jeune homme est inscrit par le conseil de revision sur la liste de recrutement cantonal.

Toutefois, il peut devancer l'appel pour entrer dans la marine ou dans les troupes coloniales.

Les hommes exemptés ou classés dans les services auxiliaires peuvent, jusqu'à l'âge de 32 ans accomplis, être admis à contracter des engagements volontaires, s'ils réunissent les conditions d'aptitude physique exigées.

Les conditions relatives, soit à l'aptitude physique et à l'admissibilité dans les différents corps de l'armée, soit aux époques de l'année où les engagements peuvent être contractés, sont déterminées par des décrets insérés au **Bulletin des Lois**.

Il ne pourra être reçu d'engagements volontaires que pour la marine et les troupes coloniales, et pour les corps d'infanterie, de cavalerie, d'artillerie et du génie.

La durée de l'engagement volontaire est de trois, quatre ou cinq ans.

L'engagé volontaire admis, après concours, à l'Ecole normale supérieure, à l'Ecole centrale des arts et manufactures, ou à l'une des écoles spéciales visées à l'article 23, pourra bénéficier des dispositions dudit article, après un an de présence sous les drapeaux, à la condition que la demande ait été formulée au moment de l'engagement.

Le service militaire fixé par l'article 37 ci-dessus compte du jour de la signature de l'acte d'engagement.

400. L'article 59 règle les conditions ordinaires de l'engagement volontaire en dehors des engagements spéciaux prévus par la loi pour les écoles. Comme il le prévoit lui-même, il est détaillé et expliqué dans un décret du 28 septembre 1889, rendu en exécution de ses prescriptions.

Voici la partie de ce décret qui concerne l'engagement volontaire :

TITRE Ier.

DES ENGAGEMENTS VOLONTAIRES.

Art. 1er. La durée de l'engagement volontaire est de trois, quatre ou cinq ans.

Le temps de service de l'engagé compte du jour où il a signé son acte d'engagement.

101. Art. 2. Tout homme qui demande à contracter un engagement volontaire pour servir dans l'armée de terre doit, indépendamment des conditions exigées par l'article 59 de la loi du 15 juillet 1889, réunir les conditions suivantes :

1° Etre sain, robuste et bien constitué ;

2° Ne pas être âgé de plus de 32 ans accomplis ;

3° Satisfaire, selon le corps où il veut servir, aux conditions de taille et d'aptitude fixées dans le tableau joint au présent décret;

4° N'être lié au service de terre ou de mer, ni dans l'armée active, ni dans la réserve de ladite armée, ni dans l'armée territoriale, ni comme inscrit maritime.

102. Art. 3. Les engagements ne peuvent être reçus que pour les corps de troupe d'infanterie, de cavalerie, d'artillerie et du génie.

Une décision ministérielle fixe annuellement le nombre maximum des engagés que peut recevoir chacun des corps de troupe de ces armes.

Les engagements ne sont admis que pendant les deux périodes ci-après :

1° Du 1er au 31 mars;

2° Du 1er octobre au 31 décembre.

Toutefois, en ce qui concerne les compagnies d'ouvriers d'artillerie et les compagnies d'artificiers, les admissions s'effectuent à toute époque de l'année, au fur et à mesure des vacances, en vertu d'autorisations ministérielles spéciales.

Art. 4. L'engagé indique le corps dans lequel il désire servir.

Si ce corps tient garnison dans la subdivision où il réside, l'engagé doit justifier de l'acceptation du chef de corps, approuvée par le général commandant le corps d'armée.

L'engagé peut toujours être changé de corps et d'arme lorsque l'intérêt ou les besoins du service l'exigent.

103. Art. 5. Le jeune homme qui demande à s'engager se présente devant un commandant de bureau de recrutement.

Cet officier supérieur, après s'être assuré, avec l'assistance d'un médecin militaire, ou, à défaut, d'un docteur en médecine désigné par l'autorité militaire, que le jeune homme n'a aucune infirmité ni maladie apparente ou cachée, qu'il est d'une constitution saine et robuste, qu'il a la taille et qu'il réunit les conditions exigées pour servir dans le corps où il désire entrer, lui délivre un certificat d'aptitude.

Le chef de corps où désire entrer l'engagé peut également délivrer ce certificat après visite de l'un des médecins sous ses ordres.

104. Art. 13. Tout engagé volontaire reçoit, immédiatement après la signature de son acte d'engagement, une expédition de cet acte et un ordre de route.

Art. 14. L'engagé se rend directement au corps.

Il est tenu de s'y présenter dans les délais fixés par son ordre de route.

Art. 15. Si, un mois, en temps de paix, et deux jours, en temps de guerre, après le jour où l'engagé volontaire devait arriver au corps, il n'y a point paru, il est, à moins de motifs légitimes, poursuivi comme insoumis, conformément aux dispositions de l'article 73 de la loi, et puni d'un emprisonnement d'un mois à un an en temps de paix, et de deux à cinq ans en temps de guerre. Dans ce dernier cas, à l'expiration de sa peine, il est envoyé dans une compagnie de discipline.

405. Art. 16. L'engagé volontaire qui conteste la légalité ou la régularité de l'acte qui le lie au service militaire adresse sa réclamation au préfet du département où l'acte a été reçu. Les préfets transmettent les demandes en annulation d'acte d'engagement volontaire au Ministre de la guerre, qui statue, s'il y a lieu, ou renvoie la contestation devant les tribunaux.

406. Art. 17. L'engagé volontaire réformé pour des motifs autres que pour *blessures reçues dans un service commandé* ou pour *infirmités contractées dans les armées de terre ou de mer,* peut être ultérieurement compris dans le contingent, par le conseil de revision, si les motifs de la réforme ont cessé d'exister.

Dans ce cas, il lui est tenu compte, sur la durée de son service légal, du temps qu'il a précédemment passé sous les drapeaux.

TABLEAU

Indiquant la taille et les conditions spéciales d'aptitude à exiger des engagés volontaires pour les différentes armes.

TABLEAU annexé au décret du 28 septembre 1889, indiquant la taille et les conditions spéciales d'aptitude
à exiger des engagés volontaires pour les différentes armes.

DÉSIGNATION DES CORPS.	TAILLE EXIGÉE (A).		CONDITIONS SPÉCIALES.	OBSERVATIONS
	Mini- mum.	Maxi- mum.		
	m. c.	m. c.		(1) Le consentement du chef de corps doit être produit pour l'admission dans les sapeurs-pompiers.
INFANTERIE.				
Régiments d'infanterie	1 54	»		
Bataillons de chasseurs à pied et régiments de zouaves	1 54	»		(2) Les engagés pour les régiments de tirailleurs algériens et de spahis ne doivent être acceptés que sur le vu du consentement du chef de corps, et après avoir justifié d'aptitudes spéciales pour acquérir des grades ou être employés comme ouvriers.
Régiment de sapeurs-pompiers de la ville de Paris (1)	1 64	»		
Régiments de tirailleurs algériens (2)	1 54	»		
Bataillons d'infanterie légère d'Afrique	1 54	»		
CAVALERIE.				(3) Aucun illettré ne doit être admis dans un régiment de cavalerie légère ou dans les dragons.
Régiments de cuirassiers	1 70	1 85	Nul ne doit être admis, à moins d'un consentement spécial du colonel, à s'engager dans la cavalerie, s'il n'a déjà l'habitude du cheval, ou s'il n'exerce une des professions de sellier, bourrelier, armurier, tailleur d'habits, bottier, cordonnier ou maréchal ferrant.	
— de dragons (3)	1 64	1 74		
— de chasseurs (3)	1 59	1 68		(4) L'autorisation pour s'engager dans les compagnies d'ouvriers
— de hussards (3)	1 59	1 68		
— de chasseurs d'Afrique		1 75		
ARTILLERIE.				d'artilliers n'est accordée que par le Ministre (bureau du personnel de l'artillerie), sur la production d'une demande accompagnée d'un certificat d'aptitude professionnelle, délivré par le commandant d'une de ces compagnies.
Régiments d'artillerie	1 60	»		
Bataillons d'artillerie de forteresse	1 66	»		
Régiments de pontonniers	1 64	»	Être batelier, marinier, marin, pêcheur, flotteur, calfat ou habitué à manier la rame, charpentier de bateau, charpentier, menuisier, charron, scieur de long, forgeron, serrurier, ajusteur, mécanicien, tonnelier, cordier, peintre, chaudronnier, tôlier, ferblantier, cloutier, tourneur, tailleur d'habits, cordonnier, armurier, chauffeur, sellier, bourrelier ou maréchal ferrant.	
Compagnies d'ouvriers d'artillerie (4)	1 54	»	Être ajusteur, bourrelier, charpentier, charron, chaudronnier, cordonnier, dessinateur, électricien, ferblantier, forgeur, lithographe, mécanicien, menuisier, modeleur, mouleur, peintre, serrurier, tailleur d'habits, tourneur sur bois ou sur métaux, tonnelier.	
Compagnie d'artificiers (4)	1 54	»		
GÉNIE.				
Régiments du génie	1 66	»	Être dessinateur, ouvrier en fer ou en bois, tailleur de pierres, maçon, mécanicien, mouleur, ajusteur, chauffeur, poseur de rails, conducteur de chevaux et voitures, batelier, terrassier, mineur, carrier, cordier, vannier, chaudronnier, ferblantier, ouvrier d'instruments de précision ou ouvrier électricien.	

(A) Les hommes exerçant les professions de maréchal ferrant, sellier ou bourrelier, armurier, tailleur, bottier ou cordonnier, pourront être reçus à la taille de :

1m,68 pour les régiments de cuirassiers ; 1m,62 pour les régiments de dragons ; 1m,60 pour les bataillons d'artillerie de forteresse ; 1m,56 pour les régiments de chasseurs, de hussards et de chasseurs d'Afrique.

Les armuriers, les tailleurs, les bottiers et les cordonniers pourront être reçus à la taille de 1m,62 dans les régiments du génie et à 1m,60 dans les régiments de pontonniers.

Les maréchaux ferrants, les selliers et les bourreliers pourront être acceptés à la taille de 1m,54 dans les régiments d'artillerie, de pontonniers et du génie.

Enfin, dans les régiments du génie, les mécaniciens, chauffeurs, ajusteurs, monteurs, ouvriers de précision et ouvriers électriciens seront reçus à 1m,62 et les musiciens à 1m,54.

408.

Ce certificat n'est valable que pour 48 heures.

MODÈLE Nº 7.
———

Article 5 du décret
du
28 septembre 1889.

CERTIFICAT D'APTITUDE
DÉLIVRÉ PAR L'AUTORITÉ MILITAIRE

au sieur   qui a déclaré vouloir servir comme
engagé volontaire.

(1) Indication du nom, du grade, du corps et de l'arme de l'officier signataire du certificat.
(2) Indiquer ici le nom et le grade du médecin militaire qui a visité l'engagé.
(3) Nom et prénoms de l'engagé.

Nous soussigné (1)
certifions que nous avons fait visiter en notre présence par M. (2)

Le sieur (3)   né le
à   , canton d   ,
                , département
et résidant à   , canton d   ,
département d   , fils d (4)

(4) Prénoms du père.
(5) Nom et prénoms de la mère.

et d (5)   , domiciliés à
canton d   , département d   ,
taille d'un mètre   centimètres, cheveux   ,
sourcils   , yeux   , nez   , bouche
        , menton   , visage   (6)
et qu'il résulte de cette visite que le sieur (3)
n'est atteint d'aucune infirmité ; qu'il est sain, robuste et bien constitué.

(6) Indiquer ici les marques particulières.

En conséquence, et après avoir reconnu par nous-même qu'il réunit la taille et les autres qualités requises pour le (7)

(7) Désignation du corps choisi par l'engagé.

Nous déclarons que l'acte d'engagement qu'il demande à contracter pour servir dans le (7) peut être reçu.

En foi de quoi, nous lui avons délivré le présent certificat, signé de nous et de M. (2)

(8) Signature de l'engagé.
(9) Signature du docteur.
(10) Signature de l'officier qui a établi le certificat.

Fait à   , le   18 .
(8)
(9)   (10)

409. Le décret indique suffisamment et avec clarté les règles de l'engagement; il stipule également des formalités que nous retrouverons sous l'article 62.

Nous nous bornerons, par suite, à examiner les points de l'article 59 qu'il n'a pas commentés.

Le paragraphe premier détermine les conditions primordiales de nationalité nécessaires pour l'engagement volontaire.

La généralité des termes de ce paragraphe, bien que les articles 11 et 12 soient visés, embrasse tous les individus déclarés Français par la loi du 26 juin 1889 sur la nationalité; ils s'y trouvent compris dans cette expression : les jeunes gens qui doivent être inscrits sur les tableaux de recensement.

Indépendamment des Français et des naturalisés Français, l'article 59 admet à l'engagement volontaire les jeunes gens nés en pays étranger d'un Français qui aurait perdu sa qualité de Français.

Cette mesure, exceptionnelle sous l'ancien régime de la nationalité, n'est plus qu'une simple application de la loi du 26 juin 1889, article 10, qui autorise les individus dans cette situation à réclamer à tout âge la qualité de Français.

La seule question qui puisse se poser pour les jeunes gens qui demandent à s'engager, alors qu'ils se trouvent dans un des cas d'option de la loi du 26 juin 1889, est celle de savoir s'ils doivent faire leur déclaration avant de s'engager. Nous estimons que l'engagement équivaut à la déclaration, et qu'il doit être accepté sur la seule justification que l'engagé se trouve dans l'un des cas prévus par l'article 59.

410. Il faut remarquer que la loi est plus sévère pour

l'engagement que pour l'incorporation, au point de vue de la moralité de l'individu.

Ainsi, alors que l'article 5 fixe pour l'envoi aux bataillons d'Afrique, non seulement une nature de délits, mais encore un minimum de peine, l'article 59 considère comme une déchéance du droit à l'engagement toute condamnation quelle qu'elle soit pour vol, escroquerie, abus de confiance et attentat aux mœurs, et toute peine prévue à l'article 5. En ce cas, l'engagement n'est admis que pour un bataillon d'Afrique.

411. Il ne faut pas cependant pousser trop loin la rigueur du texte, et dire que, sous cette expression : *n'avoir subi aucune des peines prévues à l'article 5,* l'article 59 entend toute peine à trois mois de prison pour quelque motif que ce soit.

La déchéance doit s'entendre en ce sens qu'un individu ne peut s'engager que dans un bataillon d'Afrique quand il est dans l'une des situations prévues par l'article 5, et par aggravation quand il a été condamné pour vol, escroquerie, abus de confiance et attentat aux mœurs, même à moins de trois mois de prison.

Il n'est pas douteux que cette règle peut être excessive dans certains cas; mais sa rigueur peut être facilement atténuée par l'envoi immédiat de l'engagé du bataillon d'Afrique dans un autre corps. Il faut, en effet, remarquer que l'obligation d'une année de séjour après l'incorporation imposée par l'article 5 aux appelés de la classe versés dans un bataillon d'Afrique n'est pas reproduite pour les engagés volontaires dans le même cas, ce qui laisse au

Ministre la possibilité de corriger la sévérité de la loi.

112. L'engagement volontaire est un acte spécialement favorisé par le législateur et en faveur duquel il a créé une exception à l'incapacité du mineur. À 20 ans le mineur devient majeur pour s'engager ; il n'a plus besoin d'aucun consentement.

113. Au-dessous de 20 ans, il doit se munir du consentement de ses père, mère ou tuteur.

Il est bien entendu que c'est d'abord le consentement du père qui est réclamé ; mais l'autorité militaire se contente du consentement de la mère quand il est manifeste que le consentement du père ne peut être obtenu, soit qu'il ait disparu, soit qu'il soit incapable de le donner, sans exiger les formalités longues et coûteuses de la déclaration d'absence ou de l'interdiction.

Quant au consentement du directeur de l'Assistance publique à Paris et du préfet dans les départements, pour les moralement abandonnés, il est tout à fait normal et régulier, puisque ces jeunes gens sont placés, par la loi du 24 juillet 1889, sous la tutelle de ces personnes.

114. Le treizième paragraphe de' l'article 59, après n'avoir permis que jusqu'à l'inscription sur la liste de recrutement l'engagement volontaire, ajoute : « Toutefois, il peut devancer l'appel pour entrer dans la marine ou dans les troupes coloniales. »

115. Nous avons vu sous l'article 42 ce qu'il faut penser des devancements d'appel sous la nouvelle loi, et nous avons dû, à ce sujet, interpréter ce paragraphe de l'article 59. Nous estimons que ce paragraphe n'est nullement placé là pour régler la question des devancements d'appel. Il fixe la limite des engagements volontaires, et excepte de cette limite ceux qu'il veut encourager. Il faut donc expliquer ce paragraphe en disant que la règle posée par lui n'atteint pas les engagements dans l'armée de mer et dans l'armée coloniale, lesquels restent toujours ouverts. Devancer l'appel serait, dans ce cas particulier, un simple synonyme de s'engager.

Nous verrons, du reste, sous l'article suivant, que le décret réglant les engagements dans la marine les autorise après l'inscription sur la liste de recrutement, ce qui confirme absolument notre interprétation.

416. En dehors de cette limite naturelle de l'inscription sur la liste de recrutement de l'article 33, imposée aux hommes pris par le service, il fallait une limite d'âge pour ceux d'abord qui échappaient à la liste de recrutement pour exemption, et pour ceux qui n'y restaient qu'au paragraphe sixième, par affectation aux services auxiliaires.

Ces hommes guéris ou fortifiés pouvaient avoir le désir de s'engager; on leur accorde jusqu'à 32 ans.

417. L'avant-dernier paragraphe de l'article 59 soulève une des questions les plus délicates de la loi militaire.

Nous avons déjà vu sous l'article 28 que l'École centrale des arts et manufactures ne se trouvait visée à l'article 59 que par erreur, et que le cas relevé par cette partie de l'article ne pouvait s'appliquer à cette École, régie par les dispositions spéciales de l'article 28.

Mais ce n'est pas là le point important. Le voici : La disposition en question de l'article 59 permet à un jeune homme admis, soit à l'École normale après concours, soit à l'une des écoles spéciales visées à l'article 23, de s'engager, en demandant à bénéficier des dispositions de l'article 23, et à obtenir ainsi son renvoi en congé après une année de service.

On comprend l'intérêt de cette mesure. Elle a pour but de permettre au jeune homme, qui va se trouver à 21 ans en situation de ne faire qu'une année de service, de ne pas attendre l'appel de sa classe, qui couperait en deux ses études. Que fait-il alors ? Dès qu'il est admis et avant d'entrer dans l'une des écoles, il s'engage, en demandant à jouir du bénéfice de l'article 23, et il est renvoyé après un an de service.

C'est tout à fait rationnel, et une pareille détermination est la conséquence nécessaire du principe de l'article 23, et aussi une condition de son utilité.

418. Mais toutes les raisons qui la justifient s'appliquent non seulement aux écoles spéciales, mais à toutes les études protégées par l'article 23. Pourquoi donc l'article 59 ne parlerait-il que de certaines écoles ?

Est-ce un simple oubli ? Peut-on le réparer par une interprétation extensive ?

Nous avons vu sous l'article 28 que le maintien de l'École centrale à l'article 59 était bien un simple oubli ; mais il n'en est pas de même des jeunes gens de l'article 23, qu'aurait omis l'article 59. Pour ceux-là, il n'y a eu aucun changement de texte qui expliquerait cette omission.

Il n'y a pas eu d'omission.

Lorsque l'article 59 a été rédigé, on a certainement pensé que l'expression d'écoles comprenait tous les dispensés pour cause d'études spéciales.

Il suffit pour en être assuré de se reporter au rapport de M. le général Deffis déposé à la séance du 21 mars 1888, en rappelant que ce rapport expliquait les changements apportés au texte de la Chambre, et que l'article 59 expliqué par le rapporteur est devenu la loi définitive sans avoir subi aucune modification sur ce point et sans avoir été touché dans la discussion.

Voici ce que dit le rapport :

Les jeunes gens visés par l'article 32 (devenu 23) peuvent avoir un intérêt à faire leur année de service avant l'appel de la classe à laquelle ils appartiennent. L'avant-dernier paragraphe de l'article 60 (devenu 59) leur donne cette faculté.

C'est formel ; ce qu'on a visé, ce sont les jeunes gens de l'article 23, et ce qu'on a voulu leur donner à tous, c'est la faculté de devancer leur année de service.

En présence de ce texte qui est *le seul* relatif à cette partie de l'article 59, nous pensons que l'interprétation par extension est tout à fait admissible.

Il faut d'ailleurs remarquer qu'il n'est pas une des situations prévues à l'article 23 qui ne nécessite des études spéciales et le recours à une école de la spécialité.

La Faculté de droit, la Faculté des lettres, la Faculté de médecine et celle des sciences sont des écoles de spécialités, les séminaires également. Quant à l'enseignement, il comporte aussi l'admission à une école non plus comme élève, mais comme professeur.

On peut faire à cette thèse une objection bysantine résultant des mots : *après concours,* insérés dans l'article avant l'École normale. La question est de savoir si la condition d'admission après concours se réfère à cette École seule ou à toutes celles qui suivent. C'est une question de virgule. Le texte de la loi à l'*Officiel* porte :

« L'engagé volontaire admis, après concours, à l'École normale supérieure, à l'École centrale des art et manufactures, ou à l'une des Écoles... »

Dans ce texte *après concours,* entre deux virgules, paraît s'appliquer à tout ce qui suit.

Mais si l'on consulte le rapport du général Deffis, déposé le 1er avril 1889, on trouve la phrase écrite comme suit :

« L'engagé volontaire admis, après concours à l'École normale supérieure, à l'École centrale des arts et manufactures où à l'une des Écoles... »

Cette même ponctuation se retrouve dans le texte *voté* par le Sénat à la séance du 28 mai 1889.

La première virgule ne paraît qu'à la séance de la Chambre du 9 juillet 1889.

Elle n'a pas été votée par les deux Chambres !!!

Nous estimons que cette discussion n'est pas sérieuse et qu'on ne peut faire dominer la phrase entière par une condition qui ne s'applique qu'à l'École normale, avec ou sans virgule.

Si donc le texte permet une extension même un peu forcée, mais que cette extension soit conforme aux principes et à la pensée de la loi, qu'elle soit en même temps équitable et qu'elle réponde nettement au rapport de l'organe autorisé de la commission devant le Sénat qui est l'auteur du texte; on ne voit aucun motif de s'y refuser.

Ce qui est certain, en tous cas, c'est que la loi ne permet à aucun titre le sursis d'appel absolument condamné comme retardant l'instruction militaire des hommes et rétablissant, en cas de mobilisation, cette catégorie de soldats non instruits, que la loi de 1889 a eu pour but principal de faire disparaître.

419. L'article 16 du décret du 28 septembre 1889 vise les réclamations auxquelles peut donner lieu l'acte d'engagement, soit pour sa légalité, soit pour sa régularité.

C'est au préfet du département où l'acte a été reçu que doit être adressée la réclamation. Le préfet la transmet au Ministre de la guerre qui statue s'il y a lieu ou renvoie la contestation devant les tribunaux.

420. Cette formule assez vague, reproduite d'ailleurs du décret du 30 novembre 1872 sur les engagements volontaires, a donné lieu à des difficultés d'interprétation sérieuses.

La doctrine la plus répandue, considérant l'acte d'engagement volontaire comme un acte administratif, traduisait cette formule en ce sens, que les réclamations contre cet acte étaient de la compétence administrative du Ministre, sauf recours au Conseil d'Etat, et que le Ministre n'avait à renvoyer devant les tribunaux civils que lorsqu'une question d'état préjudicielle était soulevée.

Cette thèse a été soumise à la Cour de cassation

sur l'ordre même du Ministre de la justice à l'occasion de l'espèce suivante : un engagé traduit devant le conseil de guerre pour désertion soutenait qu'il n'avait pu légalement s'engager ayant subi avant son engagement une condamnation à deux ans de prison.

Le conseil de guerre décida de surseoir à statuer jusqu'à ce que la question de validité de l'engagement ait été tranchée.

La Cour de Dijon, par un arrêt en date du 8 février 1878 (relaté dans Sirey, 1878, 2ᵉ partie, page 44), décida que les tribunaux civils étaient incompétents pour connaître de la validité d'un engagement volontaire contracté en contravention aux dispositions de la loi militaire quand le litige ne soulève aucune question de droit civil, et que le Ministre de la guerre seul était compétent.

C'était bien la question nettement posée.

La Cour de cassation, sur le recours du procureur général, rendit alors un arrêt de principe qui trancha la difficulté, détermina le caractère du contrat d'engagement, et reste aujourd'hui la règle de la matière.

Voici l'extrait de cet arrêt qu'il est important de citer :

Attendu que le contrat d'engagement militaire est une convention librement consentie de la part de l'engagé qui s'oblige envers l'Etat, et dans laquelle l'administration stipule comme simple partie contractante sans statuer ni disposer par voie de commandement comme autorité publique; qu'un tel contrat tombe sous l'empire du droit commun et dans la juridiction des tribunaux ordinaires; qu'aucune disposition spéciale de la loi n'a dessaisi les juges civils du droit d'en connaître; qu'il est régi quant à la forme par l'article 50 de la loi du 27 juillet 1872 (1), lequel se borne à emprunter au Code civil les principales formalités dont ledit contrat doit être entouré,

_____

(1) Maintenant article 62 de la loi du 15 juillet 1889.

sans déroger en rien aux règles générales de la compétence; que l'article 29 de la même loi (1) ne concerne que les réclamations litigieuses relatives aux listes cantonales de recrutement, lesquelles, à la différence du contrat d'engagement, constituent bien de véritables actes administratifs; qu'enfin le décret du 30 novembre 1872 (2), qui n'a pu ni voulu créer une juridiction exceptionnelle au profit du Ministre de la guerre, laisse intacte la compétence des tribunaux ordinaires pour vider entre l'autorité militaire et l'engagé la question contentieuse concernant la validité du contrat dont il s'agit, notamment celle de savoir, comme dans l'espèce actuelle, si la convention est entachée d'une nullité absolue ou simplement relative, ce qui implique nécessairement un litige sur le fond du droit; — D'où il suit qu'en déclarant la juridiction civile incompétente pour connaître du litige, la Cour de Dijon a méconnu la règle de sa propre compétence et qu'elle a faussement appliqué et, par suite, violé l'article de la loi susvisé.

Il résulte de cet arrêt décisif et qui n'a été depuis contredit par aucun document judiciaire, que la formule de l'article 16 du décret du 28 septembre 1889 veut dire simplement que le Ministre peut délier le contractant de son engagement quand il en reconnaît la nullité, mais que, s'il y a contestation sur la validité de l'engagement, cette contestation doit être portée devant les tribunaux civils, seuls compétents.

421. Les règles relatives aux engagements volontaires dans l'armée de terre sont presque toutes applicables à ceux de l'armée de mer et des troupes coloniales et les décrets spéciaux qui visent ces derniers reproduisent une grande partie du décret du 28 septembre 1889.

Mais l'article 60 stipule certaines clauses particulières aux armées de mer et coloniales.

Nous reproduirons sous cet article tout ce qui con-

---

(1) Maintenant article 31 de la loi du 15 juillet 1889.
(2) Décret du 28 septembre 1889.

cerne ces armées quant aux engagements, sans nous
inquiéter de faire des répétitions qui ne sont pas inutiles à la clarté des explications.

122. Nous avons vu que l'article 4 du décret porte que
l'engagé indique le corps où il désire servir. Cette
faculté est limitée par l'article 59 à l'armée de mer,
aux troupes coloniales, à l'infanterie, à la cavalerie, à
l'artillerie et au génie.

123. Nous croyons devoir donner ici l'emplacement des
troupes, les jeunes gens qui veulent s'engager pourront y trouver d'utiles renseignements.

Nous le donnons d'ailleurs complet, sans le réduire
aux armes visées par l'article 59. Il y a lieu de
remarquer que ce tableau peut subir des modifications
par les mutations de garnison; mais elles sont peu
fréquentes et il sera facile de tenir le tableau au courant, car elles sont toujours connues et publiées.

INFANTERIE.				

RÉGI- MENTS.	BRI- GADES.	DIVI- SIONS.	CORPS.	PORTIONS CENTRALES ET PORTIONS PRINCIPALES.

RÉGIMENTS D'INFANTERIE DE LIGNE.

RÉGI- MENTS.	BRI- GADES.	DIVI- SIONS.	CORPS.	PORTIONS CENTRALES
1er	2e	1re	Ier	Cambrai.
2e	40e	20e	Xe	Granville.
3e	60e	30e	XVe	Pont-Saint-Esprit. — Marseille.
4e	17e	9e	Ve	Fontainebleau. — Gt de Paris.
5e	12e	6e	IIIe	Falaise. — Gt de Paris.
6e	69e	35e	XVIIIe	Saintes.
7e	66e	33e	XVIIe	Cahors.
8e	4e	2e	Ier	Saint-Omer.
9e	65e	33e	XVIIe	Agen.
10e	30e	15e	VIIIe	Auxonne.
11e	66e	33e	XVIIe	Montauban.
12e	63e	32e	XVIe	Perpignan.
13e	32e	16e	VIIIe	Nevers.
14e	48e	24e	XIIe	Brive.
15e	64e	32e	XVIe	Carcassonne. — Castelnaudary.
16e	49e	25e	XIIIe	Montbrison. — Saint-Etienne.
17e	61e	31e	XVIe	Béziers.
18e	72e	36e	XVIIIe	Pau.
19e	44e	22e	XIe	Brest.
20e	65e	33e	XVIIe	Marmande. — Montauban.
21e	26e	13e	VIIe	Langres.
22e	54e	27e	XIVe	Montélimar.
23e	25e	13e	VIIe	Bourg.
24e	11e	6e	IIIe	Bernay. — Gt de Paris.
25e	39e	20e	Xe	Cherbourg.
26e	21e	11e	VIe	Toul. — Nancy.
27e	30e	15e	VIIIe	Dijon.
28e	11e	6e	IIIe	Évreux. — Gt de Paris.
29e	32e	16e	VIIIe	Autun.
30e	55e	28e	XIVe	Annecy.
31e	20e	10e	Ve	Blois.
32e	35e	18e	IXe	Châtellerault. — Tours.
33e	3e	2e	Ier	Arras.
34e	71e	36e	XVIIIe	Mont-de-Marsan.
35e	28e	14e	VIIe	Belfort.
36e	10e	5e	IIIe	Caen.
37e	22e	11e	VIe	Troyes. — Nancy.
38e	49e	25e	XIIIe	Saint-Etienne.
39e	9e	5e	IIIe	Rouen.
40e	60e	30e	XVe	Privas. — Marseille.
41e	38e	19e	Xe	Rennes.
42e	28e	14e	VIIe	Belfort.
43e	1re	1re	Ier	Lille.
44e	27e	14e	VIIe	Lons-le-Saunier.
45e	8e	4e	IIe	Laon.

NOTA. — Pour les corps de troupe dont la portion centrale est séparée de la portion principale, le premier nom indique l'emplacement de la portion centrale et le second celui de la
portion principale.

INFANTERIE.

RÉGIMENTS.	BRIGADES.	DIVISIONS.	CORPS.	PORTIONS CENTRALES ET PORTIONS PRINCIPALES.
46e	19e	10e	Ve	Auxerre.
47e	40e	20e	Xe	Saint-Malo.
48e	37e	19e	Xe	Guingamp.
49e	71e	36e	XVIIIe	Bayonne.
50e	47e	24e	XIIe	Périgueux.
51e	6e	3e	IIe	Beauvais.
52e	56e	28e	XIVe	Bourgoin. — Lyon.
53e	72e	36e	XVIIIe	Tarbes.
54e	7e	4e	IIe	Compiègne.
55e	59e	30e	XVe	Nîmes.
56e	29e	15e	VIIIe	Chalon-sur-Saône.
57e	70e	35e	XVIIIe	Libourne. — Bordeaux.
58e	59e	30e	XVe	Avignon.
59e	68e	34e	XVIIe	Foix. — Pamiers.
60e	27e	14e	VIIe	Besançon.
61e	57e	29e	XVe	Toulon.
62e	43e	22e	XIe	Lorient.
63e	45e	23e	XIIe	Limoges.
64e	41e	21e	XIe	Ancenis.
65e	41e	21e	XIe	Nantes.
66e	35e	18e	IXe	Tours.
67e	7e	4e	IIe	Soissons.
68e	33e	17e	IXe	Le Blanc. — Issoudun.
69e	21e	11e	VIe	Toul. — Nancy.
70e	38e	19e	Xe	Vitré.
71e	37e	19e	Xe	Saint-Brieuc.
72e	6e	3e	IIe	Amiens.
73e	3e	2e	Ier	Béthune.
74e	9e	5e	IIIe	Rouen.
75e	53e	27e	XIVe	Romans.
76e	20e	10e	Ve	Orléans.
77e	36e	18e	IXe	Cholet.
78e	45e	23e	XIIe	Guéret. — Limoges.
79e	22e	11e	VIe	Neufchâteau. — Nancy.
80e	48e	24e	XIIe	Tulle.
81e	62e	31e	XVIe	Rodez.
82e	17e	9e	Ve	Sens. — Gt de Paris.
83e	67e	34e	XVIIe	Saint-Gaudens. — Toulouse.
84e	2e	1re	Ier	Avesnes.
85e	31e	16e	VIIIe	Cosne.
86e	50e	25e	XIIIe	Le Puy.
87e	8e	4e	IIe	Saint-Quentin.
88e	68e	34e	XVIIe	Mirande. — Auch.
89e	19e	10e	Ve	Montargis.
90e	33e	17e	IXe	Châteauroux.
91e	23e	12e	VIe	Mézières.
92e	52e	26e	XIIIe	Clermont.
93e	42e	21e	XIe	La Roche-sur-Yon.
94e	24e	12e	VIe	Bar-le-Duc.
95e	31e	16e	VIIIe	Bourges.

INFANTERIE.

RÉGIMENTS.	BRIGADES.	DIVISIONS.	CORPS.	PORTIONS CENTRALES ET PORTIONS PRINCIPALES.
96e	54e	27e	XIVe	Gap.
97e	56e	28e	XIVe	Chambéry.
98e	51e	26e	XIIIe	Roanne. — Lyon.
99e	55e	28e	XIVe	Vienne. — Lyon.
100e	63e	32e	XVIe	Narbonne.
101e	13e	7e	IVe	Dreux. — Gt de Paris.
102e	13e	7e	IVe	Chartres. — Gt de Paris.
103e	14e	7e	IVe	Alençon. — Gt de Paris.
104e	14e	7e	IVe	Argentan. — Gt de Paris.
105e	52e	26e	XIIIe	Riom. — Lyon.
106e	24e	12e	VIe	Châlons.
107e	46e	23e	XIIe	Angoulême.
108e	47e	24e	XIIe	Bergerac.
109e	26e	13e	VIIe	Chaumont.
110e	4e	2e	Ier	Dunkerque.
111e	58e	29e	XVe	Ajaccio. — Bastia.
112e	57e	29e	XVe	Antibes.
113e	18e	9e	Ve	Melun. — Gt de Paris.
114e	34e	17e	IXe	Parthenay. — Saint-Maixent.
115e	16e	8e	IVe	Mamers.
116e	43e	22e	XIe	Vannes.
117e	16e	8e	IVe	Le Mans.
118e	44e	22e	XIe	Quimper.
119e	12e	6e	IIIe	Lisieux. — Gt de Paris.
120e	5e	3e	IIe	Péronne. — Sedan.
121e	51e	26e	XIIIe	Montluçon. — Lyon.
122e	61e	31e	XVIe	Montpellier.
123e	69e	35e	XVIIIe	La Rochelle.
124e	15e	8e	IVe	Laval.
125e	34e	17e	IXe	Poitiers.
126e	67e	34e	XVII*	Toulouse.
127e	1re	1re	Ier	Valenciennes.
128e	5e	3e	IIe	Abbeville. — Givet.
129e	10e	5e	IIIe	Le Havre.
130e	15e	8e	IVe	Mayenne.
131e	18e	9e	Ve	Coulommiers. — Gt de Paris.
132e	23e	12e	VIe	Reims.
133e	25e	13e	VIIe	Belley.
134e	29e	15e	VIIIe	Mâcon.
135e	36e	18e	IXe	Angers.
136e	39e	20e	Xe	Saint-Lô.
137e	42e	21e	XIe	Fontenay-le-Comte.
138e	46e	23e	XIIe	Magnac-Laval. — Bellac.
139e	50e	25e	XIIIe	Aurillac.
140e	53e	27e	XIVe	Grenoble.
141e	58e	29e	XVe	Aix.
142e	62e	31e	XVIe	Mende. — Lodève.
143e	64e	32e	XVIe	Albi.
144e	70e	35e	XVIIIe	Bordeaux.
145e	»	»	Ier	Maubeuge.

INFANTERIE.

RÉGI-MENTS.	BRI-GADES.	DIVI-SIONS.	CORPS.	PORTIONS CENTRALES ET PORTIONS PRINCIPALES.	
146e	»	»	VIe	Toul.	
147e	»	»	VIe	Verdun.	
148e	»	»	VIe	Verdun.	
149e	»	»	VIe	Épinal.	
150e	»	»	VIe	Verdun.	
151e	»	»	VIIe	Belfort.	
152e	»	»	VIe	Epinal.	
153e	»	»	Gt de Paris	Fort de Nogent.	
154e	»	»	VIe	Commercy......................	(Brigade de
155e	»	»	VIe	Lérouville......................	Saint-Mihiel)
156e	»	»	VIe	Toul.	
157e	»	»	XIVe	Lyon.	
158e	»	»	XIVe	Lyon.	
159e	»	»	XVe	Nice.	
160e	»	»	XVIe	Perpignan.	
161e	»	»	XIVe	Briançon.	
162e	»	»	Gt de Paris	Saint-Denis.	

INFANTERIE.

BATAILLONS.	CORPS.	PORTIONS CENTRALES et portions principales.	RÉGIMENTS.	DIVISIONS.	PORTIONS centrales et portions principales.
		CHASSEURS A PIED.			**ZOUAVES.**
1er	VIe	Épernay. — Verdun.	1er	Alger........	Alger.
2e	VIe	Troyes. — Lunéville.	2e	Oran........	Oran.
3e	VIIe	Besançon.	3e	Constantine..	Constantine.
4e	VIe	Épernay. — Saint-Nicolas-du-Port.	4e	Tunisie......	Tunis.
5e	VIIIe	Dijon.			**TIRAILEURS ALLGÉRIENS.**
6e	XVe	Nice.	1er	Alger........	Blidah.
7e	XVe	Antibes. — Nice.	2e	Oran........	Mostaganem.
8e	IIe	Amiens.	3e	Constantine..	Constantine.
9e	VIe	Camp de Châlons. — Long-wy.	4e	Tunisie......	Sousse.
10e	VIe	Troyes. — Saint-Dié.			**RÉGIMENTS ÉTRANGERS.**
11e	XIVe	Annecy.	1er	Oran........	Sidi-bel-Abbès.
12e	XIVe	Grenoble.	2e	Oran........	Saïda.
13e	XIVe	Chambéry.			**INFANTERIE LÉGÈRE D'AFRIQUE.**
14e	XIVe	Grenoble. — Embrun.			
15e	VIe	Troyes. — Remiremont.	1er	Oran........	Le Kreider.
16e	Ier	Lille.	2e	Alger........	Médéah et Tonkin.
17e	VIe	Troyes. — Ramhervillers.	3e	Constantine..	Batna et Tonkin.
18e	IXe	Tours. — Courbevoie.	4e	Tunisie......	Ras-el-Oued.
19e	VIe	Troyes.	5e	Oran........	Aïn-Sefra.
20e	IIIe	Rouen. — Versailles.			**FUSILIERS DE DISCIPLINE.**
21e	VIIe	Montbéliard.			
22e	XIVe	Chambéry.	1er	Tunisie......	Gafsa.
23e	XVe	Grasse. — Nice.	2e	Constantine..	Biskra.
24e	XVe	Villefranche.	3e	Oran........	Méchéria.
25e	VIe	Épernay. — Saint-Mihiel..	4e	Alger........	Aumale.
26e	VIe	Épernay. — Saint-Mihiel..			
27e	XVe	Menton.			**PIONNIERS DE DISCIPLINE.**
28e	XIVe	Grenoble. — Lyon.			
29e	Gt de Paris.	Vincennes.		Tonkin......	Than-Moï.
30e	XIVe	Grenoble.			

(Brigade de St-Mihiel — accolade 25e/26e)

(BATAILLONS / COMPAGNIES — accolades pour Infanterie légère d'Afrique et Fusiliers de discipline)

			CAVALERIE.		
RÉGI-MENTS.	BRI-GADES.	DIVI-SIONS.	CORPS.	PORTIONS CENTRALES ET PORTIONS PRINCIPALES.	

CUIRASSIERS.

1er	2e	3e	IXe	Angers.	
2e	2e	3e	IXe	Niort.	
3e	3e	1re	Gt de Par's	Versailles.	
4e	4e	5e	Ier	Cambrai.	
5e	1re	6e	XIVe	Lyon.	
6e	3e	1re	Gt de Paris	Paris.	
7e	5e	4e	VIe	C. de Châlons. — Ste-Menehould.	
8e	1re	6e	XIVe	Lyon.	
9e	4e	5e	IIe	Senlis.	
10e	5e	4e	VIe	Camp de Châlons. — Vouziers.	
11e	6e	2e	VIe	Troyes. — Lunéville.	
12e	6e	2e	VIe	Troyes. — Lunéville.	

DRAGONS.

1er	»	»	VIIe	Gray.	
2e	»	»	IVe	Chartres.	
3e	»	»	XIe	Nantes.	
4e	»	»	XIVe	Chambéry.	
5e	»	»	IIe	Compiègne.	
6e	»	»	IIIe	Evreux.	

NOTA. — Les régiments de dragons, de chasseurs et de hussards, sans désignation de brigade et de division, font partie des brigades de corps d'armée, le numéro du corps d'armée étant le numéro de la brigade.

CAVALERIE.				
RÉGI-MENTS.	BRI-GADES.	DIVI-SIONS.	CORPS.	PORTIONS CENTRALES ET PORTIONS PRINCIPALES.
7e	1re	2e	VIe	Vitry-le-François. — Lunéville.
8e	2e	5e	Ve	Meaux.
9e	2e	5e	Ve	Provins.
10e	»	»	XVIIe	Montauban.
11e	»	»	XVe	Tarascon.
12e	»	»	VIe	Troyes. — Commercy.
13e	»	»	Ve	Joigny.
14e	3e	3e	VIe	Camp de Châlons.
15e	»	»	XVIIIe	Libourne.
16e	3e	3e	VIe	Camp de Châlons.
17e	»	»	XVIe	Carcassonne.
18e	1re	2e	VIe	Vitry-le-François. — Lunéville.
19e	»	»	XIIIe	Saint-Etienne.
20e	»	»	XIIe	Limoges.
21e	»	»	Ier	Saint-Omer.
22e	4e	4e	VIe	Reims. — Sedan.
23e	4e	4e	VIe	Reims. — Sedan.
24e	»	»	Xe	Dinan.
25e	»	»	IXe	Tours.
26e	»	»	VIIIe	Dijon.
27e	5e	1re	Gt de Paris	Paris.
28e	5e	1re	Gt de Paris	Paris.

				CAVALERIE.	

RÉGI-MENTS.	BRI-GADES.	DIVI-SIONS.	CORPS.	PORTIONS CENTRALES ET PORTIONS PRINCIPALES.	

CHASSEURS.

RÉGIMENTS.	BRIGADES.	DIVISIONS.	CORPS.	PORTIONS CENTRALES ET PORTIONS PRINCIPALES.	
1er	1re	5e	Ve	Melun.	
2e	»	»	XIe	Pontivy.	
3e	»	»	IIe	Abbeville.	
4e	2e	1re	Gt de Paris	Saint-Germain.	
5e	2e	1re	Gt de Paris	Rambouillet.	
6e	»	»	VIe	Troyes. — Saint-Mihiel.	
7e	»	»	Ve	Vendôme.	
8e	3e	4e	VIe	Bar-le-Duc. — Verdun.	
9e	»	»	XVIIe	Auch.	
10e	»	»	XIIIe	Moulins.	
11e	4e	6e	VIIe	Vesoul.	
12e	»	»	IIIe	Rouen.	
13 *	»	»	XVIe	Béziers.	
14e	3e	4e	VIe	Bar-le-Duc. — Verdun.	
15e	1re	5e	Ve	Fontainebleau.	
16e	»	»	VIIIe	Auxonne.	
17e	»	»	VIe	Neufchâteau.	
18e	4e	6e	VIe	Epinal.	
19e	»	»	Ier	Lille.	
20e	»	»	IVe	Châteaudun.	
21e	»	»	XIIe	Limoges.	

NOTA. — Le régiment de chasseurs marqué d'un astérisque (✦) est monté en chevaux arabes.

				CAVALERIE.		
RÉGI- MENTS.	BRI- GADES.	DIVI- SIONS.	CORPS.	PORTIONS CENTRALES ET PORTIONS PRINCIPALES.		

HUSSARDS.

1er	»	»	XVe	Marseille.
2e	2e	3e	VIe	Châlons.
3e	3e	6e	XIVe	Lyon.
4e	2e	3e	VIe	Vitry-le-François. — Sampigny.
5e	4e	2e	VIe	Sézanne. — Pont-à-Mousson.
6e	»	»	XVIIIe	Bordeaux.
7e	»	»	IXe	Tours.
8e	3e	6e	XIVe	Vienne.
9e	»		XIVe	Valence.
10e	4e	2e	VIe	Sézanne. — Nancy.
11e	»	»	VIIe	Belfort.
12e	»	»	Xe	Dinan.

CHASSEURS D'AFRIQUE.

1er	»	Alger	XIXe	Blidah.
2e	»	Oran	XIXe	Tlemcen.
3e	»	Constne	XIXe	Constantine.
4e	»	Tunisie	Tunisie	Tunis.
5e	»	Alger	XIXe	Alger.
6e	»	Oran	XIXe	Mascara.

SPAHIS.

1er	»	Alger	XIXe	Médéah.
2e	»	Oran	XIXe	Sidi-bel-Abbès.
3e	»	Constne	XIXe	Batna.
4e	»	Tunisie	Tunisie	Sfax.

CAVALIERS DE REMONTE.

COM- PAGNIES				
1re	»	»	IIIe	Caen.
2e	»	»	XIe	Fontenay-le-Comte
3e	»	»	XVIIIe	Tarbes.
4e	»	»	VIIIe	Mâcon.
5e	»	»	IXe	Saumur.
6e	»	»	XIXe	Blidah.
7e	»	»	XIXe	Mostaganem.
8e	»	»	XIXe	Constantine.

ARTILLERIE.

RÉGIMENTS.	BRIGADES.	CORPS.	EMPLACEMENTS.	RÉGIMENTS.	BRIGADES.	CORPS.	EMPLACEMENTS.

BATAILLONS D'ARTILLERIE DE FORTERESSE.

RÉGIMENTS.	BRIGADES.	CORPS.	EMPLACEMENTS.
1er	»	Ier	Lille.
2e	»	Ier	Maubeuge.
3e	»	VIe	Reims.
4e	»	VIe	Verdun.
5e	»	VIe	Verdun.
6e	»	VIe	Toul.
7e	»	VIIe	Langres.
8e	»	VIe	Épinal.
9e	»	VIIe	Belfort.
10e	»	VIIe	Besançon.
11e	»	XIVe	Lyon.
12e	»	XIVe	Grenoble.
13e	»	XVe	Nice.
14e	»	XVIIIe	Bayonne.
15e	»	X	Saint-Servan
16e	»	Gt de Paris	Rueil.

RÉGIMENTS D'ARTILLERIE.

RÉGIMENTS.	BRIGADES.	CORPS.	EMPLACEMENTS.
1er	8e	VIIIe	Bourges.
2e	14e	XIVe	Grenoble.
3e	16e	XVIe	Castres.
4e	7e	VIIe	Besançon.
5e*	7e	XVIe	Besançon.
6e*	14e	VIIe	Valence.
7e	10e	Xe	Rennes.
8e	6e	VIe	Châlons, Toul, Nancy.
9e*	16e	XVIe	Castres.
10e*	10e	Xe	Rennes.
11e	3e	IIIe	Versailles.
12e	19e	XIXe	Vincennes.
13e*	19e	XIXe	Vincennes.
14e	18e	XVIIIe	Tarbes.
15e	1re	Ier	Douai.
16e	13e	XIIIe	Clermont.
17e	2e	IIe	La Fère.
18e	17e	XVIIe	Toulouse.
19e	15e	XVe	Nîmes.
20e	9e	IXe	Poitiers.

RÉGIMENTS D'ARTILLERIE. (Suite).

RÉGIMENTS.	BRIGADES.	CORPS.	EMPLACEMENTS.
21e	12e	XIIe	Angoulême.
22e*	3e	IIIe	Versailles.
23e*	17e	XVIIe	Toulouse.
24e*	18e	XVIIIe	Tarbes.
25e*	6e	VIe	Châlons.
26e	4e	IVe	Le Mans.
27e*	1re	Ier	Douai.
28e	11e	XIe	Vannes.
29e*	2e	IIe	Laon.
30e	5e	Ve	Orléans.
31e*	4e	IVe	Le Mans.
32e*	5e	Ve	Orléans.
33e*	9e	IXe	Poitiers.
34e*	12e	XIIe	Angoulême.
35e*	11e	XIe	Vannes.
36e*	13e	XIIIe	Clermont.
37e*	8e	VIIIe	Bourges.
38e*	15e	XVe	Nîmes.

RÉGIMENTS DE PONTONNIERS.

RÉGIMENTS.	BRIGADES.	CORPS.	EMPLACEMENTS.
1er	»	XVe	Avignon.
2e	»	IXe	Angers.

COMPAGNIES D'OUVRIERS D'ARTILLERIE.

RÉGIMENTS.	BRIGADES.	CORPS.	EMPLACEMENTS.
1re	»	Gt de Paris.	Vincennes.
2e	»	XVIIe	Toulouse.
3e	»	Gt de Paris.	Versailles.
4e	»	VIIe	Besançon.
5e	»	Ier	Douai.
6e	»	VIIIe	Bourges.
7e	»	XIVe	Lyon.
8e	»	Xe	Rennes.
9e	»	XIIIe	Clerm't-Ferrand.
10e	»	IIIe	Vernon.

COMPAGNIE D'ARTIFICIERS.

RÉGIMENTS.	BRIGADES.	CORPS.	EMPLACEMENTS.
1re	»	VIIIe	Bourges.
2e	»	Gt de Paris.	Le Bouchet.
3e	»	Gt de Paris.	Versailles.
»	»	»	

NOTA. Les régiments d'artillerie de corps sont marqués d'un astérique (*).

		GÉNIE.			TRAIN DES ÉQUIPAGES MILITAIRES.	
RÉGIMENTS.	BATAILLONS.	CORPS.	EMPLACEMENTS.	ESCADRONS.	CORPS.	EMPLACEMENTS.
1er	Ét.-m.	Gt de Paris	Versailles.	1er	Ier	Lille.
	5e	Ve	Versailles.	2e	IIe	Amiens.
	9e	IXe	Versailles.			
	10e	Xe	Versailles.	3e	IIIe	Vernon.
	11e	XIe	Versailles.			
				4e	IVe	Chartres.
2e	Ét.-m.	XVIe	Montpellier.	5e	Ve	Fontainebleau.
	12e	XIIe	Montpellier.			
	16e	XVIe	Montpellier.	6e	VIe	Camp de Châlons.
	17e	XVIIe	Montpellier.			
	18e	XVIIIe	Montpellier.	7e	VIIe	Dôle.
	19e	XIXe	Montpellier.			
				8e	VIIIe	Dijon.
3e	Ét.-m.	Ier	Arras.	9e	IXe	Châteauroux.
	1er	Ier	Arras.			
	2e	IIe	Arras.	10e	Xe	Fougères.
	3e	IIIe	Arras.			
	4e	IVe	Arras.	11e	XIe	Nantes.
	6e	VIe	Arras.			
				12e	XIIe	Limoges.
4e	Ét.-m.	XIVe	Grenoble.	13e	XIIIe	Moulins.
	7e	VIIe	Grenoble.			
	8e	VIIIe	Grenoble.	14e	XIVe	Lyon.
	13e	XIIIe	Grenoble.			
	14e	XIVe	Grenoble.	15e	XVe	Orange.
	15e	XVe	Grenoble.			
				16e	XVIe	Lunel.
5e	Ét.-m.	Gt de Paris	Versailles.	17e	XVIIe	Montauban.
	20e	»	Versailles.	18e	XVIIIe	Bordeaux.
	21e	»	Versailles.	19e	XIXe	Paris.
	22e	»	Versailles.	20e	Gt de Paris	Versailles.

	SECRÉTAIRES D'ÉTAT-MAJOR ET DU RECRUTEMENT				COMMIS ET OUVRIERS MILITAIRES D'ADMINISTRATION.	
SECTIONS.	CORPS.	EMPLACEMENTS.		SECTIONS.	CORPS.	EMPLACEMENTS.
1re	Ier	Lille.		1re	Ier	Lille.
2e	IIe	Amiens.		2e	IIe	Amiens.
3e	IIIe	Rouen.		3e	IIIe	Rouen.
4e	IVe	Le Mans.		4e	IVe	Le Mans.
5e	Ve	Orléans.		5e	Ve	Orléans.
6e	VIe	Châlons.		6e	VIe	Châlons.
7e	VIIe	Besançon.		7e	VIIe	Gray.
8e	VIIIe	Bourges.		8e	VIIIe	Dijon.
9e	IXe	Tours.		9e	IXe	Tours.
10e	Xe	Rennes.		10e	Xe	Rennes.
11e	XIe	Nantes.		11e	XIe	Nantes.
12e	XIIe	Limoges.		12e	XIIe	Limoges.
13e	XIIIe	Clermont-Ferrand		13e	XIIIe	Clermont-Ferrand
14e	XIVe	Lyon.		14e	XIVe	Lyon.
15e	XVe	Aix.		15e	XVe	Marseille.
16e	XVIe	Montpellier.		16e	XVIe	Montpellier.
17e	XVIIe	Toulouse.		17e	XVIIe	Toulouse.
18e	XVIIIe	Bordeaux.		18e	XVIIIe	Bordeaux.
19e	XIXe	Alger.		19e	XIXe	Alger.
20e	Gt de Paris	Paris.		20e	XIXe	Oran.
				21e	XIXe	Philippeville.
				22e	Gt de Paris	Paris.
				23e	Gt de Paris	Vincennes.
				24e	Gt de Paris	Versailles.
				25e	Gt de Lyon	Lyon.

INFIRMIERS MILITAIRES.

SECTIONS.	CORPS.	EMPLACEMENTS.
1re	Ier	Lille.
2e	IIe	Amiens.
3e	IIIe	Vernon.
4e	IVe	Le Mans.
5e	Ve	Vincennes.
6e	VIe	Camp de Châlons.
7e	VIIe	Dôle.
8e	VIIIe	Dijon.
9e	IXe	Tours.
10e	Xe	Rennes.
11e	XIe	Nantes.
12e	XIIe	Limoges.
13e	XIIIe	Vichy.
14e	XIVe	Lyon.
15e	XVe	Marseille.
16e	XVIe	Perpignan.
17e	XVIIe	Toulouse.
18e	XVIIIe	Bayonne.
19e	XIXe	Alger.
20e	XIXe	Oran.
21e	XIXe	Philippeville.
22e	Gt de Paris	Paris.
23e	Gt de Paris	Vincennes.
24e	Gt de Paris	Versailles.
25e	Gt de Lyon	Lyon.

GENDARMERIE.

CORPS.	LÉGIONS.	EMPLACEMENTS.
1re	Ier	Lille.
2e	IIe	Amiens.
3e	IIIe	Rouen.
4e	IVe	Le Mans.
5e	Ve	Orléans.
6e	VIe	Châlons.
6e bis.	VIe	Nancy.
7e	VIIe	Besançon.
7e bis.	VIIe	Bourg.
8e	VIIIe	Bourges.
9e	IXe	Tours.
10e	Xe	Rennes.
11e	XIe	Nantes.
12e	XIIe	Limoges.
13e	XIIIe	Clermont.
14e	XIVe	Lyon.
14e bis.	XIVe	Chambéry.
15e	XVe	Marseille.
15e bis.	XVe	Nice.
15e ter.	XVe	Bastia.
16e	XVIe	Montpellier.
16e bis.	XVIe	Perpignan.
17e	XVIIe	Toulouse.
17e bis.	XVIIe	Agen.
18e	XVIIIe	Bordeaux.
19e	XIXe	Alger.
Détachst de Tunisie.	Tunisie.	Tunis.
Légion de Paris.	Gouvt de Paris.	Paris.
Garde républic.	Gouvt de Paris.	Paris.

ARTICLE 60.

Les jeunes gens remplissant les conditions stipulées à l'article précédent peuvent être admis à contracter, dans les troupes coloniales, des engagements volontaires d'une durée de cinq ans, donnant droit pendant les deux dernières années à une prime dont le montant sera fixé par décret.

Cette disposition est applicable aux jeunes gens du contingent qui, affectés aux équipages de la flotte ou aux troupes coloniales, contractent l'engagement de servir pendant cinq ans.

Le mode de payement de ces primes sera déterminé par un règlement d'administration publique.

Les jeunes gens remplissant les conditions stipulées par le précédent article peuvent être admis à contracter, dans les équipages de la flotte, soit des engagements à long terme dans les conditions de la loi du 22 juillet 1886, soit des engagements de cinq ans, soit enfin des engagements de trois ans.

Ces derniers engagements ne donnent droit à aucune prime. Le Ministre de la marine aura la faculté d'allouer des hautes payes, dans la limite des crédits prévus à cet effet par la loi de finances, aux hommes des professions ou spécialités utilisables dans la marine et dont le recrutement, dans les conditions ordinaires, s'opère difficilement.

124. Les engagements dans les troupes coloniales sont réglés par le titre premier du décret du 28 janvier 1890, comme suit :

TITRE Ier.

DES ENGAGEMENTS VOLONTAIRES.

Art. 1er. La durée de l'engagement volontaire est de trois, quatre ou cinq ans dans les troupes de la marine.

Le temps de service de l'engagé compte du jour où il a signé son acte d'engagement.

125. Art. 2. Tout homme qui demande à contracter un engagement volontaire pour servir dans les troupes de la marine doit, indépendamment des conditions exigées par l'article 59 de la loi du 15 juillet 1889, réunir les conditions suivantes :

1° Etre sain, robuste et bien constitué ;

2° Avoir atteint l'âge minimum de 18 ans et n'avoir pas dépassé l'âge maximum de 32 ans accomplis ;

3° Satisfaire, selon le corps où il veut servir, aux conditions de taille et d'aptitude fixées par le tableau joint au présent décret ;

4° N'être lié au service de terre ou de mer comme engagé volontaire, rengagé ou appelé, ni dans l'armée active, ni dans la réserve de ladite armée, ni dans l'armée territoriale ;

5° Ne pas appartenir à l'inscription maritime.

Art. 3. Les jeunes gens remplissant les conditions énoncées à l'article précédent et qui contractent des engagements volontaires d'une durée de cinq ans reçoivent, pendant les deux dernières années, une prime dont le montant sera ultérieurement fixé.

Art. 4. L'engagé indique le corps dans lequel il désire servir.

Si ce corps tient garnison dans le département où il réside, l'engagé doit justifier de l'acceptation du chef de corps, approuvée par le préfet maritime.

Les corps de troupe de la marine sont définis ainsi qu'il suit :

me régiment d'infanterie de la marine ;
Le régiment d'artillerie de la marine ;
me compagnie d'ouvriers d'artillerie de la marine ;
Armuriers militaires de la marine.

L'engagé volontaire peut toujours être changé de corps et d'arme lorsque l'intérêt ou les besoins du service l'exigent.

Art. 5. Les engagements volontaires pour chacun des différents corps de troupe de la marine peuvent être ouverts ou suspendus par une décision du Ministre de la marine, suivant les besoins et en tenant compte des ressources inscrites annuellement, à ce titre, au budget.

426. Art. 6. Le jeune homme qui demande à s'engager se présente devant un commandant de bureau de recrutement.

Cet officier supérieur, après s'être assuré, avec l'assistance d'un médecin militaire, ou, à défaut, d'un docteur en médecine désigné par l'autorité militaire, que le jeune homme n'a aucune infirmité ni maladie apparente ou cachée, qu'il est d'une constitution saine et robuste, qu'il a la taille, le périmètre thoracique et qu'il réunit les conditions exigées pour servir dans le corps où il désire entrer, lui délivre un certificat d'aptitude.

Le chef du corps où désire entrer l'engagé peut également délivrer ce certificat, après visite de l'un des médecins sous ses ordres.

A Paris et pour le département de la Seine, les certificats d'acceptation sont délivrés au ministère de la marine.

Art. 7. Muni du certificat d'aptitude que lui a délivré l'autorité militaire, le contractant se présente, en France, devant le maire d'un chef-lieu de canton ; en Algérie, devant le maire de l'une des villes ci-après :

Alger, Aumale, Blidah, Bouffarick, Bordj-Ménaïel, Cherchell,

Dellys, Douéra, Coléah, Marengo, Médéah, Milianah, Orléans-ville, Ténès, Tizi-Ouzou ;

Aïn-Témouchent, Arzew, Saint-Cloud, Saint-Denis-du-Sig, Mascara, Mostaganem, Nemours, Oran, Relizane, Sidi-bel-Abbès, Tlemcen ;

Aïn-Beïda, Batna, Bône, Bougie, Constantine, Djidjelli, Guelma, Jemmapes, La Calle, Philippeville, Sétif, Souk-Ahras ;

Aux colonies, devant les fonctionnaires qui seront désignés pour recevoir les engagements au titre des troupes de la marine (1).

Il justifie de son âge par pièces authentiques et produit, avec un extrait de son casier judiciaire, le certificat de bonnes vie et mœurs prescrit par l'article 59 de la loi du 15 juillet 1889, ainsi que, s'il y a lieu, le consentement de son père, de sa mère ou de son tuteur.

Si le casier judiciaire relate une condamnation à une peine quelconque soit pour vol, escroquerie, abus de confiance ou attentat aux mœurs, soit une condamnation à l'une des peines prévues par l'article 5 de la loi, l'engagement ne peut être reçu pour les troupes de la marine.

Art. 8. Le maire constate l'identité du contractant et lui fait déclarer devant deux témoins remplissant les conditions prévues à l'article 37 du Code civil :

1° Qu'il n'est ni marié, ni veuf avec enfant;

2° Qu'il n'est lié au service de terre ou de mer comme engagé volontaire, appelé ou rengagé, ni dans l'armée active, ni dans la réserve de ladite armée, ni dans l'armée territoriale, ni comme inscrit maritime.

Ladite déclaration est insérée dans l'acte d'engagement.

Art. 9. Si l'engagé a été déclaré impropre au service ou classé dans les services auxiliaires par le conseil de revision, ou si, ayant déjà servi, il a été réformé, il justifie de sa position par pièces authentiques.

S'il a appartenu à l'inscription maritime, il doit présenter un certificat de radiation des matricules signé par le commissaire de l'inscription maritime de son quartier.

Art. 10. La faculté de s'engager cesse pour les jeunes gens de la classe à partir du jour où le conseil de revision examine le canton auxquels ils appartiennent.

Après cette époque, ils ne peuvent que demander à devancer l'appel pour entrer dans les troupes de la marine, conformément à l'article 59 de la loi du 15 juillet 1889.

---

(1) Par circulaire en date du 2 mai 1890, le Ministre de la marine a désigné le maire ou l'administrateur du chef-lieu de la colonie.

Art. 11. Dans aucun cas, l'engagé volontaire au titre des troupes de la marine ne pourra être admis à bénéficier de la disposition contenue dans l'avant-dernier alinéa de l'article 59 de la loi.

Art. 12. L'acte d'engagement volontaire est conforme au modèle joint au présent décret.

Art. 13. Avant la signature de l'acte, le maire donne lecture à l'engagé :

1º Des paragraphes numérotés 1º, 2º, 3º, 4º, 5º et 6º du deuxième alinéa de l'article 59 de la loi du 15 juillet 1889 ;

2º Des articles 1, 4, 11, 15 et 16 du présent décret ;

3º De l'acte d'engagement.

Les certificats et les autres pièces produites par l'engagé restent annexés à la minute de l'acte.

Art. 14. Tout engagé volontaire reçoit, immédiatement après la signature de son acte d'engagement, une expédition de cet acte et un ordre de route pour se rendre à son corps.

127. Art. 15. L'engagé se rend directement à son corps. Il est tenu de s'y présenter dans les délais fixés par son ordre de route.

Art. 16. Si, un mois en temps de paix, et deux jours en temps de guerre, après le jour où l'engagé volontaire devait arriver au corps, il n'y a point paru, il est, à moins de motifs légitimes, poursuivi comme insoumis, conformément aux dispositions de l'article 73 de la loi, et puni d'un emprisonnement d'un mois à un an en temps de paix, et de deux à cinq ans en temps de guerre.

Dans ce dernier cas, à l'expiration de sa peine, il est dirigé sur la compagnie de discipline de la marine.

128. Art. 17. Tout engagé volontaire qui, avant l'incorporation, conteste la légalité ou la régularité de l'acte qui le lie au service des troupes de la marine, adresse sa réclamation au préfet du département où l'acte a été reçu. Si l'engagé volontaire se trouve sous les drapeaux, sa réclamation est soumise à l'autorité maritime sous les ordres de laquelle il est placé.

Les préfets des départements et les autorités maritimes transmettent les demandes en annulation d'acte d'engagement au Ministre de la marine qui statue, s'il y a lieu, ou renvoie la contestation devant les tribunaux.

Le Ministre peut également déclarer nul tout engagement contracté en violation des deux derniers paragraphes de l'article 7 ci-dessus, ou dont le titulaire serait reconnu de nationalité étrangère.

129. Art. 18. L'engagé volontaire réformé pour des motifs autres que pour blessures reçues en service commandé ou pour infirmités contractées dans les armées de terre ou de mer, peut être ultérieu rement compris dans le contingent par le conseil de revision, si les motifs de la réforme ont cessé d'exister.

Dans ce cas, il lui est tenu compte, sur la durée de son service légal, du temps qu'il a précédemment passé sous les drapeaux.

Art. 19 et 20. Voir à l'article suivant de la loi.

130.   Art. 21. Aux colonies, les jeunes gens qui demandent à contracter un engagement volontaire au titre des troupes de la marine ne peuvent être reçus à s'engager que pour l'un des corps de troupe stationnés dans la colonie où ils sont domiciliés ; à défaut, dans le corps qui tient garnison dans la possession la plus proche du lieu de résidence de l'intéressé.

431.

Modèle N° 1.

Article 2 du décret
du 28 janvier 1890.

TABLEAU indiquant la taille à exiger pour les engagements dans les différents corps de troupe de la marine.

DÉSIGNATION DES CORPS.	TAILLE MINIMUM.
Artillerie de la marine. { Régiment............................	1^m,66
Compagnies d'ouvriers.................	1^m,54 (*a*)
Infanterie de la marine........	1^m,54
Armuriers de la marine............................	1^m,54

OBSERVATIONS.

Le périmètre thoracique doit être d'au moins 0^m,78 pour les hommes ayant la taille minimum de 1^m,54. Pour les tailles plus élevées, ce périmètre doit être au moins égal à la moitié de la taille, plus 0^m,02, pour tout homme de bonne complexion.

(*a*) Etre ajusteur, bourrelier, charpentier, charron, chaudronnier, cordonnier, dessinateur, électricien, ferblantier, forgeur, lithographe, mécanicien, modeleur, mouleur, peintre, serrurier, tailleur d'habits, tourneur sur bois ou sur métaux, tonnelier.

432.

Modèle № 2.

Article 12 du décret
du 28 janvier 1890.

ACTE D'ENGAGEMENT.

(1) Maire ou adjoint.

L'an mil huit cent   , le   ,
à   heure   , s'est présenté devant nous (1),
.   de la commune d   , chef-lieu
de canton d   , département d
.   ,

(2) Nom et prénoms.

(a) Si l'engagé a déjà servi, on indiquera à la suite de sa profession en quelle qualité et dans quel corps.

Le sieur (2)   , âgé de   ,
exerçant la profession de (a)   , domicilié à   , canton d   ,
département d   , résidant à   ,
canton d   , département d   ,
fils d   et d   , domiciliés
à   , canton d   , département
d   , cheveux   , sourcils   ,
front   , yeux   , nez   ,
bouche   , menton   , visage (3)
.   , taille d'un mètre

(3) Indiquer ici les marques particulières.

centimètres,

(4) Nom et prénoms du premier témoin.

Lequel, assisté du sieur (4)   , âgé
de   , exerçant la profession d   ,
domicilié à   , canton d   , département d   , et du sieur (5)   , âgé

(5) Nom et prénoms du deuxième témoin.

de   , exerçant la profession d   ,
domicilié à   , canton d   , département d   , appelés l'un et l'autre comme
témoins conformément à la loi;

(6) Indiquer le corps choisi par l'engagé.

A déclaré vouloir s'engager pour servir dans
l (6)   ; à cet effet, il a fait la déclaration
1° Qu'il n'est ni marié, ni veuf avec enfant;
2° Qu'il n'est lié au service ni dans l'armée
active, ni dans la réserve de ladite armée, ni dans
l'armée territoriale, ni comme inscrit maritime.

(7) Nom, grade et qualité de l'officier signataire du certificat.

(8) Désignation du corps; ce corps est indiqué par l'officier qui délivre le certificat d'après l'aptitude de l'engagé.

Ledit sieur (2)   nous a présenté :
1° Un certificat délivré sous la date du
.   , par (7)   , et constatant que ledit
sieur (2)   n'est atteint d'aucune infirmité ; qu'il a la taille et les autres qualités requises
pour le (8)   , dans lequel il demande à
entrer;

(b) Si ce n'est pas un acte de naissance que l'engagé produit, on énoncera le titre qu'il présentera conformément à l'article 46 du code civil.

(9) Indication, en toutes lettres, du jour, du mois et de l'année de la naissance.

(10) Indiquer la commune.

(d) Si l'engagé a moins de 20 ans, on indiquera sous ce numéro le consentement qu'il est tenu de produire conformément à la loi.

(e) On indiquera sous ce numéro les autres pièces que l'engagé devra produire dans le cas spécifié à l'article 9 du décret.

(11) Inscrire, suivant le cas, la mention trois, quatre ou cinq ans.

(f) Si l'engagé ou les témoins ne peuvent signer, il sera fait mention de la cause qui les en empêchera, conformément à l'article 39 du Code civil.

2° Son acte de naissance (b) constatant qu'il est né le (9) , à , canton d , département d

3° L'extrait de son casier judiciaire ;

4° Un certificat de bonnes vie et mœurs délivré sous la date du , par le maire d (10) , conformément à l'article 59 de la loi du 15 juillet 1889 et constatant :

Que le sieur (2) jouit de ses droits civils ;

Qu'il n'a jamais été condamné pour vol, escroquerie, abus de confiance ou attentat aux mœurs, et qu'il n'a subi aucune des peines prévues par l'article 5 de ladite loi.

5° (d)

6° (e)

Nous, maire d , après avoir reconnu la régularité des pièces produites par le sieur (2) , lui avons donné lecture :

1° Des paragraphes 1, 2, 3, 4, 5 et 6 du 2ᵉ alinéa de l'article 59 de la loi du 15 juillet 1889 ;

2° Des articles 1, 4, 11, 15 et 16 du décret du 28 janvier 1890, dont les deux derniers ordonnent de poursuivre comme insoumis les engagés volontaires qui ne se rendent pas à leur destination dans les délais prescrits ;

3° De l'article 4 du même décret, d'après lequel les engagés volontaires peuvent toujours être changés de corps et d'arme lorsque l'intérêt et les besoins du service l'exigent.

Après quoi nous avons reçu l'engagement du sieur (2) , lequel a promis de servir avec fidélité et honneur pendant (11) ans, à partir de ce jour.

Lecture faite audit sieur (2) et aux deux témoins ci-dessus dénommés du présent acte, ils ont signé avec nous (f)

(Art. 60.)

433.

Modèle nº 5.

Article 6 du décret
du 28 janvier 1890.

CERTIFICAT D'APTITUDE

*délivré par l'autorité militaire au sieur
qui a déclaré vouloir servir comme engagé volontaire.*

(1) Indication du nom, du grade, du corps et de l'arme de l'officier signataire du certificat.

(2) Indiquer ici le nom et le grade du médecin militaire qui a visité l'engagé.

(3) Nom et prénoms de l'engagé.

(4) Prénoms du père.

(5) Nom et prénoms de la mère.

Nous, soussigné (1) , certifions que nous avons fait visiter en notre présence par M. (2) ,
le sieur (3) , né le ,
à , canton d ,
département d , et résidant à ,
canton d , département d ,
fils de (4) et de (5) ,
domiciliés à , canton d ,
département d , taille d'un mètre
centimètres, périmètre thoracique centimètres, cheveux , sourcils , yeux ,
nez , bouche , menton , visage
(6) , et qu'il résulte de cette visite
que le sieur (3) n'est atteint
d'aucune infirmité; qu'il est sain, robuste et bien constitué.

(6) Indiquer ici les marques particulières.

En conséquence, et après avoir reconnu par nous-même qu'il réunit la taille et les autres qualités requises pour le (7),

(7) Désignation du corps choisi par l'engagé.

Nous déclarons que l'acte d'engagement qu'il demande à contracter pour servir dans le
(7) peut être reçu.

En foi de quoi, nous lui avons délivré le présent certificat, signé de nous et de M. (2)

(8) Signature de l'engagé.

(9) Signature du docteur.

(10) Signature de l'officier qui a établi le certificat.

Fait à , le 18 .

(8) (9) (10)

DÉPARTEMENT

d

—

CANTON

d

—

COMMUNE

d

CERTIFICAT

*délivré conformément à l'article 59 de la loi du 15
juillet 1889, au sieur (1)* qui a
déclaré vouloir servir comme engagé volontaire.

Dans le cas où le maire de la commune ne connaîtrait pas l'individu qui ferait la demande de ce certificat, il devra en constater légalement l'identité et recueillir les preuves et témoignages qu'il jugera convenables pour arriver à la connaissance de la vérité.

(1) Nom et prénoms de l'homme qui se présente.

(2) Indiquer ici les marques particulières.

(3) Mettre la date et le millésime en toutes lettres.

Nous, soussigné, maire de la commune d
canton d , département d .

Attestons :

1º Que le sieur (1) , fils d
et d , domiciliés à ,
canton d , département d ,
né le , à , canton d ,
département d (ainsi qu'il résulte de
son acte de naissance dûment légalisé), cheveux
, sourcils , yeux ,
front , nez , bouche ,
menton , visage , teint (2) ,
taille d'un mètre centimètres, est (ou a été)
domicilié dans la commune d depuis
le (3) mil huit cent jusqu'au
(3) mil huit cent ;

2º Qu'il jouit de ses droits civils ;

3º Qu'il n'a jamais été condamné pour vol, escroquerie, abus de confiance ou attentat aux mœurs et qu'il n'a subi aucune des peines prévues par l'article 5 de la loi du 15 juillet 1889.

En foi de quoi, nous lui avons délivré le présent certificat,

NOTA. Si l'engagement est contracté dans le département où l'engagé volontaire est domicilié, la légalisation de la signature du maire n'est point indispensable.

Fait à , le 18 .

(*Signature du maire.*)

Vu pour légalisation :
Le Préfet du département,

435.   L'article 60 encourage, dans l'armée coloniale, les engagements de cinq ans, en accordant une prime pendant les deux dernières années aux engagements ayant cette durée.

Cette prime est fixée comme suit par l'article 1er du décret du 7 février 1890 :

Art. 1er. Les jeunes gens qui ont été admis à contracter dans les troupes de la marine des engagements volontaires d'une durée de cinq ans reçoivent, au premier jour de la quatrième et de la cinquième année, une prime de 100 francs.

Cette même prime est accordée aux jeunes gens du contingent désignés pour l'armée coloniale, qui s'engagent à servir cinq ans au lieu de trois.

Le même avantage est fait aux équipages de la flotte, c'est-à-dire à l'armée de mer, bien que pour cette dernière les engagements ordinaires de cinq ans ne donnent lieu à aucune prime.

C'est d'ailleurs le seul cas où l'article 60 paraît constituer un avantage sérieux, car nous verrons aux articles suivants que le rengagement est toujours préférable à l'engagement primitif de longue durée.

Le règlement d'administration publique prévu par l'article 60 pour le mode de paiement des primes a été délibéré par le Conseil d'Etat et décrété comme suit à la date du 21 juin 1890 :

Art. 1er. La prime afférente à l'engagement volontaire d'une durée de cinq années dans les troupes coloniales est payée aux intéressés le premier jour de la quatrième et de la cinquième année de service, à moins qu'ils n'aient été promus officiers.

Art. 2. Les dispositions de l'article précédent sont applicables aux hommes du contingent qui, affectés aux équipages de la flotte ou aux troupes coloniales, contractent, en vertu du deuxième paragraphe de l'article 60 de la loi susvisée, l'engagement de servir pendant cinq ans.

Art. 3. Tout militaire, engagé volontaire pour cinq ans, qui est retraité ou réformé, soit pour blessures reçues dans un service commandé, soit pour infirmités contractées dans l'armée (congé de réforme n° 1) dans le cours de sa quatrième année de service, reçoit la deuxième portion de la prime.

En cas de décès de l'engagé volontaire sous les drapeaux pendant la quatrième année, dans les circonstances indiquées à l'article 19 de la loi du 11 avril 1831, cette somme est attribuée à sa veuve, et, à défaut de veuve, à ses héritiers.

Toutefois, la veuve séparée de corps ne peut la réclamer lorsque la séparation a été prononcée contre elle.

Art. 4. Les caporaux ou brigadiers rengagés ont droit, lorsqu'ils sont nommés sous-officiers un an au moins avant l'expiration de leur premier rengagement, et à partir du jour de leur nomination, aux avantages pécuniaires stipulés à l'article 8 de la loi du 18 mars 1889.

La valeur de la prime qui a été payée aux intéressés, en qualité de rengagés, est déduite de la première mise d'entretien qui leur est due en raison de leur nouveau grade de sous-officier.

Cette déduction est proportionnelle au temps de service restant à accomplir jusqu'à l'expiration du rengagement.

Art. 5. Le payement des primes d'engagement et de rengagement est effectué et régularisé selon le mode suivi pour les primes de rengagement des sous-officiers.

Si l'intéressé le demande, la prime d'engagement ou de rengagement est placée en tout ou en partie à la Caisse nationale d'épargne et le livret est remis à l'intéressé.

L'article 6 de ce décret est relatif aux gratifications annuelles ; nous le retrouverons sous l'article 65.

L'article 7 contient une déchéance de tous les avantages réservés aux troupes coloniales qui est parfaitement légitime.

Art. 7. Les militaires des troupes coloniales incorporés, à la suite de condamnations ou par mesure disciplinaire, au corps des disciplinaires des colonies ou à la compagnie de discipline, perdent tout droit aux avantages spéciaux aux troupes coloniales, à partir du jour de leur mise en route pour ces nouveaux corps.

Cette disposition est applicable aux militaires des troupes coloniales qui passent dans l'armée de terre ou de mer par voie de changement de corps.

Mais il est bien entendu que cette déchéance ne s'applique qu'aux engagés, les rengagés se trouvant protégés par l'article 67 de la loi dans les conditions que nous verrons sous cet article.

136. L'engagement volontaire dans l'armée de mer ou les équipages de la flotte est réglé par le titre I du décret du 24 décembre 1889, lequel vise à la fois la loi du 15 juillet 1889 et la loi du 22 juillet 1886, qui n'a pas été abrogée, et que nous citons avant le décret.

Loi du 22 juillet 1886 :

Art. 1er. A l'âge minimum fixé pour l'admission des engagés volontaires dans l'armée de mer, les élèves de l'école des mousses de la flotte sont appelés à contracter un engagement pour servir dans le corps des équipages de la flotte, jusqu'à la date de l'expiration légale du service dans l'armée active de la classe à laquelle ils appartiennent par leur âge.

Le mousse engagé entre dans le corps des équipages de la flotte comme apprenti marin ; à l'expiration de son engagement, il passe dans la réserve de l'armée de mer, s'il ne se lie pas de nouveau au service par un acte de rengagement, ou s'il ne se fait pas porter sur les matricules de l'inscription maritime conformément aux lois et règlements en vigueur.

Art. 2. Tout mousse de la flotte qui ne contracte pas un engagement volontaire à l'âge et dans les conditions fixés par l'article précédent est immédiatement rendu à ses parents ou tuteurs, et le Ministre de la marine est autorisé à poursuivre contre qui de droit le remboursement des frais occasionnés par le séjour du mousse à l'école, et évalués à un franc vingt centimes (1 fr. 20) pour chacune des journées qu'il a passées à bord du bâtiment-école.

Art. 3. Des engagements pour servir dans le corps des équipages de la flotte peuvent également être contractés en France, en Algérie et aux colonies, dans les conditions déterminées à l'article 1er de la présente loi, par les jeunes gens qui, sans provenir de l'école des mousses, ont atteint l'âge minimum fixé pour l'admission des engagés volontaires, mais n'ont pas encore été portés sur les tableaux de recensement.

Art. 4. Dès qu'ils ont accompli une période de cinq années de service, à dater du jour de leur incorporation en qualité d'apprentis marins, les officiers mariniers, quartiers-maîtres et matelots engagés dans les conditions des articles 1 et 3 ci-dessus, ont droit aux hautes payes d'ancienneté attribuées aux officiers-mariniers, quartiers-maîtres et matelots de l'inscription maritime ou du recrutement, maintenus ou réadmis au service ou rengagés.

---

437. Décret du 24 décembre 1889 :

TITRE PREMIER.

DES ENGAGEMENTS.

Art. 1er. Les engagements volontaires dans le corps des équipages de la flotte peuvent être contractés, soit à long terme dans les conditions de la loi du 22 juillet 1886, soit pour une durée de cinq ans, soit enfin pour une durée de trois ans.

Les conditions dans lesquelles ces divers engagements peuvent être reçus sont déterminées par le Ministre de la marine, suivant les besoins du recrutement des équipages.

Le temps de service de l'engagé compte du jour où a été signé l'acte d'engagement.

Art. 2. Tout homme qui demande à contracter un engagement volontaire pour servir dans le corps des équipages de la flotte doit, indépendamment des conditions exigées par l'article 59 de la loi du 15 juillet 1889, réunir les conditions suivantes :

1° Etre sain, robuste et bien constitué ;

2° Ne pas être âgé de plus de 25 ans accomplis ;

3° Satisfaire aux conditions de taille fixées par le tableau annexé au présent décret, ainsi qu'aux conditions d'aptitude professionnelle déterminées par le Ministre de la marine ;

4° N'être lié au service de terre ou de mer, ni dans l'armée active, ni dans la réserve de ladite armée, ni comme inscrit maritime.

Art. 3. Nul ne peut contracter un engagement volontaire dans le corps des équipages de la flotte qu'en qualité d'apprenti-marin, sans distinction de spécialité ou de division.

L'engagé volontaire ne peut être changé de corps sans son consentement.

Les engagements volontaires pour le corps des équipages de la flotte sont ouverts ou suspendus, suivant les besoins du service, par une décision du Ministre de la marine qui fixe, en outre, le nombre des engagements à recevoir.

438. Art. 4. Tout individu qui demande à s'engager doit faire constater qu'il a les qualités requises pour être admis dans le corps des équipages de la flotte.

Cette constatation est faite dans les conditions déterminées par le Ministre de la marine et par les soins des autorités maritimes ou militaires ci-après indiquées :

1° Dans les cinq ports militaires, par le commandant de la division ;

2° A Paris, par les soins du ministère de la marine ;

3° Dans la circonscription d'un quartier de la France continentale, de la Corse ou de l'Algérie, sauf toutefois ceux qui ont leur chef-lieu dans un des cinq ports militaires, par le commissaire de l'inscription maritime ;

4° Sur tout autre point, par le commandant du bureau de recrutement ;

5° Aux colonies, par les commandants en chef des divisions navales, par les commandants de la marine, ou par le commandant d'un bâtiment de guerre présent.

Art. 5. Après s'être assuré que l'homme qui se présente remplit les conditions indiquées tant par l'article 2 du présent décret que par les instructions spéciales du Ministre de la marine, l'autorité maritime compétente ou le commandant du bureau de recrutement fait constater en sa présence, par un médecin de la marine ou de l'armée, ou, à défaut, par un docteur en médecine, que cet homme n'a aucune infirmité ni maladie apparente ou cachée, et qu'il est d'une constitution saine et robuste.

A la suite de cette visite, un certificat d'acceptation est délivré, s'il y a lieu, à l'intéressé.

Art. 6. Muni du certificat d'acceptation qui lui a été délivré, le contractant se présente, en France, devant le maire d'un chef-lieu de canton.

En Algérie, devant le maire d'une des villes ci-après : Alger, Bône, Oran et Philippeville.

Aux colonies, aucun engagement ne peut être reçu pour le corps des équipages de la flotte sans une décision du Ministre de la marine, qui désigne, le cas échéant, l'autorité municipale devant laquelle le contractant devra se présenter.

Le contractant justifie de son âge par pièces authentiques et produit, avec un extrait de son casier judiciaire, le certificat de bonnes vie et mœurs prescrit par l'article 59 de la loi du 15 juillet 1889, ainsi que le consentement de son père, de sa mère ou de son tuteur, s'il y a lieu.

Si le casier judiciaire relate une condamnation, soit pour vol, escroquerie, abus de confiance ou attentat aux mœurs, soit une condamnation à l'une des peines prévues par l'article 5 de la loi précitée, l'engagement ne peut être reçu pour le corps des équipages de la flotte.

Art. 7. Le maire constate l'identité du contractant et lui fait déclarer devant les deux témoins exigés par l'article 37 du Code civil :

1° Qu'il n'est ni marié, ni veuf avec enfants ;

2° Qu'il n'est lié au service ni dans l'armée active, ni dans la réserve de ladite armée, ni comme inscrit maritime ;

3° Qu'il renonce à bénéficier de la disposition contenue dans l'avant-dernier alinéa de l'article 59 de la loi du 15 juillet 1889, ainsi qu'aux droits aux dispenses prévues par l'article 21 de ladite loi, dans le cas où il posséderait l'un de ces droits au jour de son engagement.

Ladite déclaration est insérée dans l'acte d'engagement.

Art. 8. Si le contractant a été reconnu impropre au service ou classé dans les services auxiliaires par le conseil de revision, ou si, ayant déjà servi, il a été réformé, il justifie de sa position par pièces authentiques.

S'il a appartenu à l'inscription maritime, il doit présenter un certificat de radiation des matricules signé par le commissaire de l'inscription maritime de son quartier.

Art. 9. La faculté de s'engager cesse dès que le jeune homme est inscrit par le conseil de revision sur la liste de recrutement cantonal, sauf l'exception prévue à l'article 18 ci-après.

Art. 10. L'acte d'engagement volontaire est conforme au modèle joint au présent décret.

Art. 11. Avant la signature de l'acte, le maire donne lecture à l'engagé :

1° Des paragraphes numérotés 1°, 2°, 3°, 4°, 5° et 6° du 2e alinéa de l'article 59 de la loi du 15 juillet 1889 ;

2° Des articles 3, 13 et 14 du présent décret ;

3° Dans le cas d'un engagement à long terme, de la loi du 22 juillet 1886 ;

4° De l'acte d'engagement.

Les certificats et les autres pièces produites par l'engagé restent annexés à la minute de l'acte.

Art. 12. Tout engagé volontaire reçoit, immédiatement après la signature de son acte d'engagement, une expédition de cet acte et un ordre de route.

439. Art. 13. L'engagé se rend directement à son corps. Il est tenu de s'y présenter dans les délais fixés par son ordre de route.

Art. 14. Si un mois, en temps de paix, et deux jours, en temps de guerre, après le jour où l'engagé volontaire devait arriver au corps, il n'y a point paru, il est, à moins de motifs légitimes, poursuivi comme insoumis, conformément aux dispositions de l'article 73 de la loi, et puni d'un emprisonnement d'un mois à un an en temps de paix, et de deux à cinq ans en temps de guerre. Dans ce dernier cas, à l'expiration de sa peine, il est envoyé dans une compagnie de discipline.

440. Art. 15. L'annulation d'un acte d'engagement dont la légalité ou la régularité est contestée, peut être prononcée par le Ministre de la marine, soit à la requête de l'intéressé, soit sur la demande du chef de corps.

Si l'engagé n'est pas encore incorporé, la demande est adressée au préfet du département où l'acte a été reçu ; si l'engagé se trouve sous les drapeaux, elle est remise à l'autorité maritime sous les ordres de laquelle il est placé.

Le préfet du département et les autorités maritimes transmettent les demandes en annulation d'acte d'engagement volontaire au Ministre de la marine, qui statue, s'il y a lieu, ou renvoie la contestation devant les tribunaux.

441. Art. 16. L'engagé volontaire réformé pour des motifs autres que pour *blessures reçues dans un service commandé* ou *pour infirmités contractées dans les armées de terre ou de mer*, peut être ultérieurement compris par le conseil de revision dans le contingent de la classe à laquelle il appartient par son âge si les motifs de la réforme ont cessé d'exister.

Dans ce cas, il lui est tenu compte, sur la durée de son service légal, du temps qu'il a précédemment passé sous les drapeaux.

Art. 17. (Voir à l'article 61 de la loi.)

442. Art. 18. Les jeunes gens admis, après autorisation spéciale et individuelle du Ministre de la guerre, à devancer l'appel pour servir dans le corps des équipages de la flotte sont tenus de contracter un engagement volontaire de cinq ans dans les conditions déterminées par le présent décret.

Les jeunes gens du contingent affectés aux équipages de la flotte sont admis à contracter pour ce corps l'engagement de servir pendant cinq ans, dans les conditions prévues par l'article 60 de la loi du 15 juillet 1889. Cet engagement est souscrit dans les formes indiquées par le présent décret.

443. Le Ministre de la marine accompagne ce décret des explications suivantes :

Décret du 24 décembre 1889.

COMMENTAIRES.

ARTICLE 1er.

Cet article énumère les trois modes d'engagement volontaire prévus pour l'admission dans le corps des équipages de la flotte, en laissant au Ministre le soin de déterminer les conditions dans lesquelles chacun d'eux pourra être reçu.

D'une manière générale, et à moins d'ordres contraires, les jeunes gens âgés de 16 à 18 ans devront souscrire un engagement à long terme dans les formes indiquées par la loi du 22 juillet 1886; au-dessus de 18 ans, l'engagement sera contracté pour une période de cinq ans.

Quant aux engagements de trois ans, ils ne pourront être acceptés que sur un ordre formel du Ministre et seulement lorsqu'il s'agira de jeunes gens immédiatement utilisables dans leur profession, tels, par exemple, que les cuisiniers et les maîtres d'hôtel.

Il demeure bien entendu que l'engagé volontaire peut être maintenu sous les drapeaux pendant la durée intégrale de son engagement.

ART. 2.

L'âge minimum pour l'engagement dans le corps des équipages de la flotte est fixé à 16 ans par l'article 59 de la loi du 15 juillet 1889, auquel il convient d'ailleurs de se référer pour l'application du présent article. Quant à la taille à exiger des contractants, elle est déterminée par le tableau annexé au décret.

J'insiste sur ce point qu'en dehors des clauses fixées tant par la loi militaire que par le décret ci-joint, les engagements au titre des équipages de la flotte ne doivent être reçus que si les candidats réunissent certaines conditions d'aptitude professionnelle qui seront notifiées chaque année aux autorités maritimes ou militaires intéressées et qui varieront suivant les besoins du recrutement des diverses spécialités des équipages.

Je rappelle que l'obligation de ne pas appartenir à l'inscription maritime vise seulement les hommes inscrits définitivement et non les novices provisoirement portés sur les matricules des quartiers.

ART. 3.

Vous remarquerez que les engagements ne sont plus reçus d'une façon distincte, soit comme apprenti-marin, soit au titre des compagnies de mécaniciens, soit enfin comme infirmier maritime. Tous les jeunes gens admis dans les équipages de la flotte sont pris en qualité d'apprentis-marins.

Les candidats ayant satisfait aux conditions requises pour obtenir l'un quelconque des grades de la spécialité des mécaniciens seront nommés d'ailleurs à ce grade, pour compter du jour même de leur engagement.

444.
ART. 4.

Cet article énumère les autorités maritimes ou militaires que *peuvent* être chargées du soin de constater l'aptitude au service dit la flotte des jeunes gens qui demandent à s'engager.

En principe, les engagements ne seront contractés que dans les cinq ports militaires. Il importe, en effet, pour le bon recrutement des équipages, que les candidats aient été examinés et agréés par le commandant d'une des divisions établies dans chacun de ces ports.

Les autres autorités n'auront donc à intervenir qu'exceptionnellement et seulement après avoir reçu du Ministre des ordres en conséquence.

Toutefois, les demandes d'engagement qui se produiront aux colonies pourront être instruites et m'être soumises par les autorités désignées au présent article sans ordre préalable de ma part.

Art. 6.

Le certificat d'acceptation ne pouvant être délivré, en Algérie, que par le commissaire de l'un des quartiers d'inscription maritime, il a été décidé que seuls les maires des quatre villes, chefs-lieux de quartier, pourront faire souscrire les actes d'engagement au titre du corps des équipages de la flotte, sous la réserve, bien entendu, que le Ministre en aura ouvert la faculté ainsi qu'il est spécifié au troisième paragraphe du commentaire de l'article 4.

Quant aux colonies, les engagements volontaires pourront désormais y être reçus, mais seulement après autorisation spéciale et individuelle de ma part. Je ferai connaître, en donnant mon approbation, l'autorité municipale devant laquelle le candidat devra se présenter.

Vous remarquerez que ne peuvent être admis à s'engager dans les équipages de la flotte, non seulement les jeunes gens qui, ayant été l'objet d'une des condamnations prévues à l'article 4 de la loi du 15 juillet 1889, sont exclus de l'armée, mais encore ceux dont le casier judiciaire relate une condamnation pour certains délits déterminés à l'article 6 du décret, ou encore à l'une des peines indiquées par l'article 5 de la loi militaire.

Art. 7.

Sous l'empire du décret du 18 juin 1873, les maires devaient constater non seulement l'identité, mais encore la nationalité des contractants. Cette dernière obligation n'a pas été reproduite dans le présent décret en raison de la loi du 26 juin 1889, sur la nationalité, dont l'application a été réglée par le règlement d'administration publique du 13 août suivant et qui permet l'engagement dans l'armée française des jeunes gens étrangers auxquels la loi ouvre un droit d'option, sous la réserve cependant qu'ils renoncent préalablement à l'exercice ultérieur de ce droit. La déclaration de renonciation souscrite dans les formes déterminées par l'article 6 du décret précité du 13 août 1889 devra, le cas échéant, être présentée à l'autorité qui délivre le certificat d'acceptation pour être mentionnée sur ledit certificat.

Art. 15.

445.

La cause d'annulation de l'acte d'engagement qui s'est présentée le plus fréquemment, par le passé, consistait dans l'insuffisance de l'aptitude physique ou professionnelle des candidats ; en général, il s'agissait d'engagements contractés dans l'intérieur de la France et le défaut d'aptitude n'était constaté qu'à l'arrivée des jeunes gens à la division. Dans ce cas, comme chaque fois d'ailleurs que l'acte d'engagement est annulé par voie administrative, le Ministre notifie l'annulation qu'il a prononcée au maire qui a fait souscrire l'acte ainsi qu'au commandant du bureau de recrutement dont relève l'intéressé.

La rupture du contrat d'engagement constituant toujours une mesure grave, il convient d'apporter le plus grand soin à ne laisser passer aucune irrégularité susceptible d'entacher la validité de cet acte.

446. ART. 18.

L'article 59 de la loi du 15 juillet 1889 a disposé que les jeunes gens inscrits par le conseil de revision sur la liste de recrutement cantonal pouvaient être admis à devancer l'appel pour entrer dans la marine.

Les jeunes gens qui voudront user de cette faculté n'y seront autorisés qu'après décision favorable du Ministre de la guerre et sous la condition de souscrire un engagement de cinq ans (1).

De même, lorsque, pour pourvoir aux besoins du recrutement des équipages, il sera nécessaire d'avoir recours aux hommes du contingent, les jeunes gens qui, en vertu des dispositions du § 4 de l'article 43 de la loi militaire, auront été affectés à ce corps, pourront également contracter un engagement de cinq ans, par application de l'article 60 de la loi précitée et sans qu'il y ait lieu, dans ce cas, de soumettre les demandes à l'approbation du Ministre de la guerre.

L'autorisation de s'engager, accordée par la nouvelle loi militaire aux jeunes gens qui se trouvent dans les conditions prévues aux deux paragraphes précédents, constitue une dérogation à la règle générale en vertu de laquelle ce droit est retiré aux intéressés dès qu'ils ont passé devant le conseil de revision. Les engagements de l'espèce seront d'ailleurs reçus dans les mêmes formes que ceux qui sont contractés par les jeunes gens non encore inscrits sur la liste de recrutement cantonal.

Conformément aux dispositions de l'article 60, les jeunes gens qui s'engageront dans les conditions prévues au deuxième paragraphe de cet article auront droit, pendant les deux dernières années de leur engagement, à une prime dont le montant et le mode de payement seront déterminés par le nouveau décret sur les engagements et les rengagements dans les troupes de la marine, qui vous sera notifié prochainement.

---

(1) Le Ministre de la marine a décidé que les jeunes gens qui s'engagent dans ces conditions spéciales, ayant déjà passé le conseil de revision, ne sont pas tenus d'avoir le périmètre thoracique fixé par le décret du 28 janvier 1890. (Circ. du 6 juin 1890.)

447.

(Art. 60.

Modèle N° 1

Art. 10 du décret
du 24 décembre 1889.

Lois des 22 juillet 1886
et 15 juillet 1889.

Nota. — Doit être imprimé sur papier bleu.

MARINE FRANÇAISE.

*Acte d'engagement dans le corps des Equipages
de la flotte.*

(1) Maire ou adjoint.

L'an   , le
à   heures, s'est présenté devant nous (1)
de la commune d   , chef-lieu de
canton du département d

(2) Nom et prénoms de
l'engagé.

(A) Si l'engagé a déjà
servi, spécifier, d'après
sa déclaration (à la suite
de l'indication de sa profession), en quelle qua-
lité et dans quel corps.

Le sieur (2)   , âgé
de   , exerçant la profession
d (A)   , domicilié à   , canton
d   , département d   ,
résidant à   , canton d   ,
département d   , fils d   ,
et d   , domiciliés à   ,
canton d   , département d   ,
cheveux   , sourcils   , front   ,
yeux   , nez   , bouche   , menton   ,
visage   , taille d'un mètre   centimètres, (3)

(3) Indiquer ici les mar-
ques particulières.

(4) Nom et prénoms du
premier témoin.

Lequel, assisté du sieur (4)   ,
âgé de   , exerçant la profession d   ,
domicilié à   , canton d   ,
département d

(5) Nom et prénoms du
deuxième témoin.

Et du sieur (5)   , âgé de   ,
exerçant la profession d   , domicilié
à   , canton d   , département
d   , appelés l'un et l'autre
comme témoins, conformément à la loi,

A déclaré vouloir s'engager pour servir dans
le corps des équipages de la flotte.

A cet effet, il a fait la déclaration :

1° Qu'il n'est ni marié, ni veuf avec enfants ;

2° Qu'il n'est lié au service ni dans l'armée active, ni dans la réserve de ladite armée ;

3° Qu'il n'appartient pas à l'inscription maritime en qualité d'inscrit définitif ;

4° Qu'il renonce à bénéficier de la disposition contenue dans l'avant-dernier alinéa de l'article 59 de la loi du 15 juillet 1889, ainsi qu'aux droits aux dispenses prévues par l'article 21 de ladite loi, dans le cas où il posséderait à ce jour l'un de ces droits.

Ledit sieur (2)   nous a présenté :

1° Un certificat délivré sous la date du par (6)   et constatant que ledit sieur (2)   n'est atteint d'aucune infirmité ; qu'il a la taille et les qualités requises pour le corps des équipages de la flotte dans lequel il demande à entrer ;

2° Son acte de naissance (B), constatant qu'il est né le (7)   à   , canton d   , département d   ;

3° L'extrait de son casier judiciaire ;

4° Un certificat de bonnes vie et mœurs, délivré sous la date du   , par le maire d (8)   , conformément à l'article 59 de la loi du 15 juillet 1889, et constatant :

(*a*) Que ledit sieur (2)   jouit de ses droits civils ;

(*b*) Qu'il n'a jamais été condamné pour vol, escroquerie, abus de confiance ou attentat aux mœurs, et qu'il n'a subi aucune des peines prévues par l'article 5 de ladite loi ;

5° (c)

6° (D)

Nous, maire du canton d   , après avoir reconnu la régularité des pièces produites par le sieur (2)   , lui avons donné lecture :

1° Des paragraphes numérotés 1°, 2°, 3°, 4°, 5° et 6° du 2° alinéa de l'article 59 ;

---

(6) Nom, grade et corps de l'officier signataire du certificat.

(B) Si ce n'est pas un acte de naissance que l'engagé produit, on énoncera le titre qu'il présentera, conformément à l'article 46 du Code civil.

(7) Indication du jour, du mois et de l'année de la naissance en toutes lettres.

(8) Indiquer la commune.

(c) Si l'engagé a moins de 20 ans, on indiquera sous ce numéro le consentement qu'il est tenu de produire conformément à la loi.

(D) On indiquera sous ce numéro les autres pièces que l'engagé qui aura déjà servi devra produire, conformément à l'article 8 du décret sur les engagements dans la marine pour justifier qu'il est dégagé de toute obligation.

(9) Seulement dans le cas d'un engagement à long terme.

(10) Dans le cas d'un engagement à long terme dans les conditions de la loi du 22 juillet 1886, mettre : jusqu'à la date de l'expiration légale du service dans l'armée active de la classe à laquelle il appartient par son âge (classe...) (11); en cas d'engagement pour une durée de trois ans ou de cinq ans, mettre : pendant trois ans ou pendant cinq ans.

(11) Indiquer la classe à laquelle l'engagé appartient par son âge.

(E) Si l'engagé ou les témoins ne peuvent signer, il sera fait mention de la cause qui les en empêchera, conformément à l'article 39 du Code civil.

2° Des articles 13 et 14 du décret du 24 décembre 1889, lesquels ordonnent de poursuivre comme insoumis les engagés volontaires qui ne se rendent pas à destination dans les délais prescrits ;

3° De l'article 3 du même décret qui définit que l'engagement volontaire dans le corps des équipages de la flotte ne peut être reçu qu'en qualité d'apprenti-marin, sans distinction de spécialité ou de division, et qui établit que l'engagé volontaire ne peut être changé de corps sans son consentement ;

4° De la loi du 22 juillet 1886 (9).

Après quoi nous avons reçu l'engagement du sieur (2)

Lequel a promis de servir avec fidélité et honneur à partir de ce jour (10).

Lecture faite audit sieur (2) et aux deux témoins ci-dessus dénommés du présent acte, ils ont signé avec nous (E).

DEPARTEMENT

d

—

CANTON

·d

—

COMMUNE

·d

MARINE FRANÇAISE.

Dans le cas où le maire
de la commune ne con-
naîtrait pas l'individu qui
ferait la demande de ce
certificat, il devra en
constater légalement l'i-
dentité et recueillir les
preuves et témoignages
qu'il jugera convenables
pour arriver à la con-
naissance de la vérité.

(1) Nom et prénoms de
l'homme qui se présente.

*Certificat délivré, conformément à l'article 59 de la
loi du 15 juillet 1889, au sieur (1) qui a déclaré
vouloir servir comme engagé volontaire.*

Nous soussigné, maire de la commune d
, canton d   , département d
Attestons :

1° Que le sieur (1)   , fils d
et d   , domiciliés à   , canton
d   , département d   , né le
, à   , canton d   , département
d   (ainsi qu'il résulte de son acte de
naissance dûment légalisé)   , cheveux
sourcils   , yeux   , front   , nez
bouche   , menton   , visage

(2) Indiquer ici les
marques particulières.

(3) Mettre la date et le
millésime en toutes let-
tres.

teint   , (2) taille d'un mètre   centimètres,
est (ou a été) domicilié dans la commune d
, depuis le (3)   mil huit
cent   jusqu'au (3)
mil huit cent

2° Qu'il jouit de ses droits civils ;

3° Qu'il n'a jamais été condamné pour vol,
escroquerie, abus de confiance ou attentat aux
mœurs, et qu'il n'a subi aucune des peines prévues par l'article 5 de la loi du 15 juillet 1889.

En foi de quoi nous lui avons délivré le présent certificat.

Fait à   , le   189 .

(Signature du maire.)

Vu pour légalisation :

Le Préfet du département d

NOTA. — Si l'engagement est contracté dans le département où l'engagé volontaire est domicilié, la légalisation
de la signature du maire n'est point indispensable.

49.   On voit, comme nous l'avons déjà signalé, que les engagements, même longs, dans l'armée de mer, ne donnent droit à aucune prime. C'est que ces engagements, généralement très suffisants, n'ont pas besoin d'être encouragés. Cependant, comme certaines spécialités utilisables dans la marine peuvent manquer à un moment donné par la voie du recrutement ou de l'engagement, le Ministre de la marine est autorisé par l'article 60 à donner aux hommes de ces professions spéciales l'appât d'une haute paye, dans les limites des crédits prévus par la loi de finances.

ARTICLE 61.

En cas de guerre, tout Français ayant accompli le temps de service prescrit pour l'armée active, la réserve de ladite armée et l'armée territoriale, est admis à contracter, dans un corps de son choix, un engagement pour la durée de la guerre.

Cette faculté cesse pour les hommes de la réserve de l'armée territoriale, lorsque leur classe est rappelée à l'activité.

50.   L'article 61 traite la question très intéressante des engagements volontaires pour la guerre, et il pose le principe qu'il n'est possible de s'engager que lorsqu'on est libéré du service militaire. Il y a pourtant une exception, relative aux hommes de la réserve de l'armée territoriale. Bien que les hommes de cette catégorie ne soient pas libérés, ils sont autorisés à s'engager tant que leur classe n'est pas rappelée à l'activité. C'est, pour ainsi dire, un véritable devancement d'appel qui leur est ouvert.

51.   L'engagement pour la durée de la guerre est réglé, pour l'armée de terre, par l'article 18 du décret du 28 septembre 1889 :

Art. 18. Tout Français qui, en cas de guerre, demande à contracter un engagement pour la durée de la guerre, doit justifier :

1° Qu'il n'est pas tenu à l'obligation du service dans l'armée active, dans la réserve de ladite armée et dans l'armée territoriale ou dans les classes de la réserve de l'armée territoriale rappelées à l'activité;

2° Qu'il est sain, robuste et en état de faire campagne;

3° Qu'il ne se trouve pas dans l'un des cas d'exclusion de l'armée prévus par l'article 4 de la loi du 15 juillet 1889.

L'acte d'engagement pour la durée de la guerre est conforme au modèle annexé au présent décret.

452. Pour l'armée de mer, par l'article 17 du décret du 24 décembre 1889 :

Art. 17. Tout Français qui, en temps de guerre, demande à contracter un engagement pour la durée de la guerre doit justifier :

1° Qu'il est libre de toute obligation de service dans l'armée active, dans la réserve de ladite armée et dans l'armée territoriale, ou dans les classes de la réserve de l'armée territoriale rappelées à l'activité;

2° Qu'il n'est pas porté définitivement sur les matricules de l'inscription maritime ;

3° Qu'il est sain et robuste et en état de faire campagne ;

4° Qu'il ne se trouve pas dans l'un des cas d'exclusion de l'armée prévus par l'article 4 de la loi du 15 juillet 1889;

5° Qu'il a obtenu le consentement de ses père, mère ou tuteur, s'il est âgé de moins de 20 ans.

453. Et, pour l'armée coloniale, par les articles 19 et 20 du décret du 28 janvier 1890 :

Art. 19. En cas de guerre, il peut être reçu des engagements volontaires pour la durée de la guerre, d'après décision du Ministre de la marine, et pour ceux des corps de troupe de ce département désignés spécialement par cette décision.

Art. 20. Tout Français qui veut contracter un engagement pour la durée de la guerre, dans l'un des corps de troupe de la marine où ces engagements sont ouverts, doit :

1° Etre libre de toute obligation de servir dans l'armée active, dans la réserve de ladite armée et dans l'armée territoriale ou dans les classes de la réserve de l'armée territoriale rappelées à l'activité;

2° N'être pas porté définitivement sur les matricules de l'inscription maritime ;

3° Etre sain, robuste et en état de faire campagne ;

4° Avoir les qualités et aptitudes requises pour le corps de troupe de la marine où il veut servir ;

5° N'être pas dans l'un des cas d'exclusion de l'armée prévus par l'article 4 de la loi du 15 juillet 1889.

L'acte d'engagement pour la durée de la guerre est conforme au modèle annexé au présent décret.

454. Sous l'article 17 du décret relatif à l'armée de mer, le Ministre fait une remarque qui s'applique aux trois décrets, et met en lumière ce fait que les condamnations dans les conditions de l'article 5 de la loi ne sont pas un obstacle à l'engagement pour la durée de la guerre.

Art. 17.

Vous remarquerez que la restriction établie par le dernier paragraphe de l'article 6 du décret n'est pas maintenue en ce qui concerne les engagements souscrits pour la durée d'une guerre.

Il convient, en effet, dans ce cas, de ne décourager aucune bonne volonté et d'accepter le concours de tous, hormis celui des hommes que la loi exclut de l'armée d'une façon formelle.

455. Les modèles d'actes d'engagement joints aux décrets sont les mêmes dans les trois engagements ; nous n'en donnons qu'un seul comme suit :

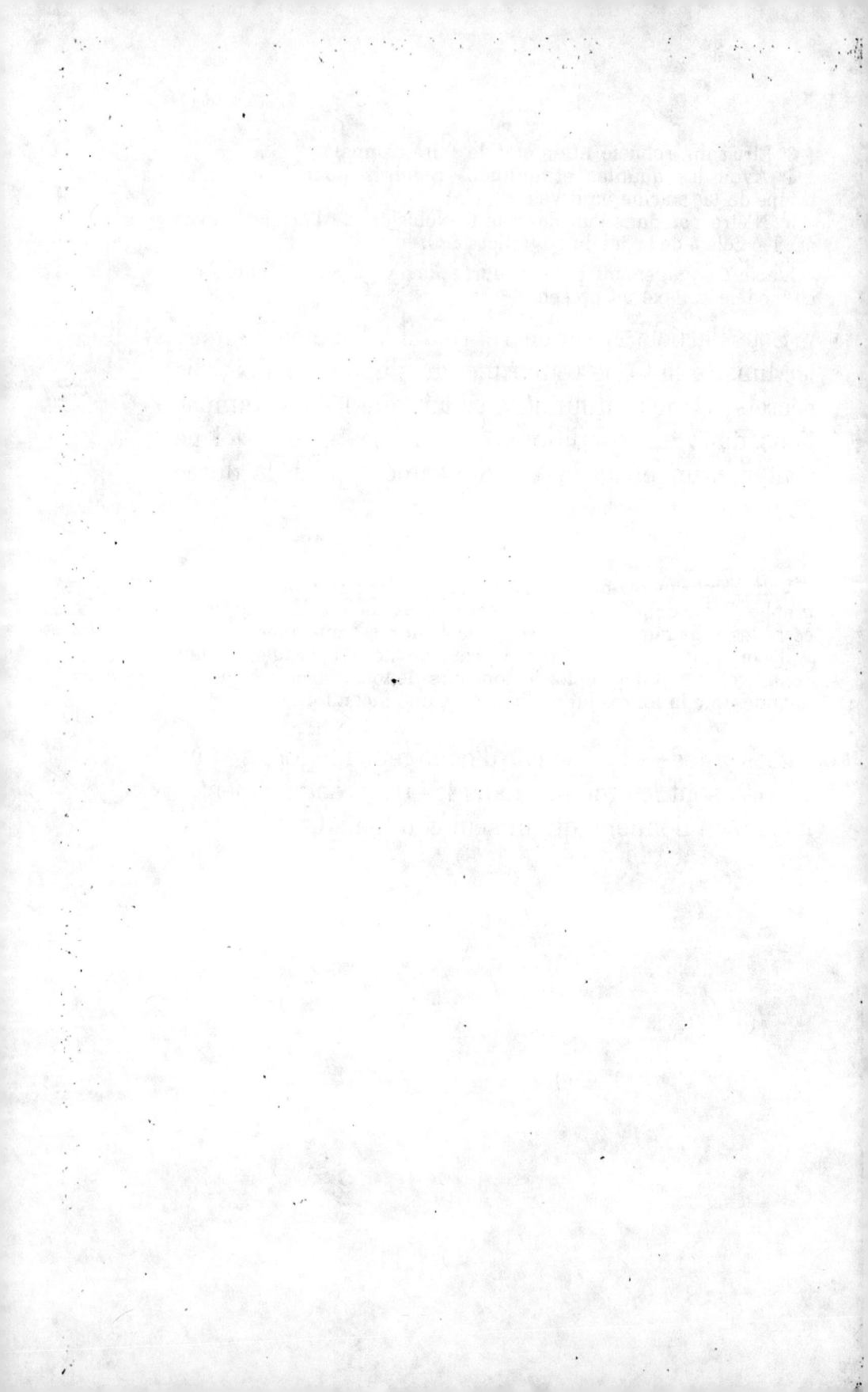

(Art. 61.)

MODÈLE Nº 3.

———

Art. 18 du décret
du 28 septembre 1889

ACTE D'ENGAGEMENT

POUR LA DURÉE DE LA GUERRE.

———

L'an mil huit cent   , le   ,
à   heures, s'est présenté devant nous
(1)   de la commune
d   , chef-lieu de canton du département d

(1) Maire ou adjoint.

Le sieur (2)   ,
âgé de   , exerçant la profession
d (A)   , domicilié
à   , canton d   ,
département d   , résidant à   ,
canton d   , département
d   , fils d   ,
            et d   ,
domiciliés à   , canton d   ,
département d   , cheveux   ,
sourcils   , front   , yeux   ,
nez   , bouche   , menton   ,
visage (3)   , taille d'un mètre
centimètres.

(2) Nom et prénoms.

(A) Si l'engagé a déjà servi, spécifier, d'après sa déclaration (à la suite de l'indication de sa profession), en quelle qualité et dans quel corps.

(3) Indiquer ici les marques particulières.

Lequel, assisté du sieur (4)
âgé de   , exerçant la profession
d   , domicilié à   canton
d   , département d

(4) Nom et prénoms du premier témoin.

Et du sieur (5)   âgé d   ,
exerçant la profession d   , domicilié
à   , canton d   , département
d   , appelés l'un et l'autre comme
témoins, conformément à la loi ;

(5) Nom et prénoms du deuxième témoin.

A déclaré vouloir s'engager pour servir dans l (6)

(6) Indication du corps choisi par l'engagé.

A cet effet, ledit sieur (2)
nous a présenté :

1º Un certificat délivré sous la date du
par (7)   et constatant que ledit

(7) Nom, grade et corps de l'officier signataire du certificat.

39

sieur (2)   n'est atteint d'aucune infirmité ; qu'il a la taille et les autres qualités requises pour l (8)   , dans lequel il demande à entrer ;

2° Son acte de naissance (B) constatant qu'il est né le (9) à   , canton d   , département d

(B) Si ce n'est pas un acte de naissance que l'engagé produit, on énoncera le titre qu'il présentera, conformément à l'article 46 du Code civil.

(9) Indication du jour, du mois et de l'année de la naissance(en toutes lettres).

(10) Indiquer la commune.

3° Un extrait de son casier judiciaire ;

4° Un certificat, délivré sous la date du   , par le maire d (10)   , et constatant :

Que ledit sieur (2)   ne se trouve pas dans l'un des cas d'exclusion de l'armée prévus par l'article 4 de la loi du 15 juillet 1889.

(11) Indiquer la subdivision.

5° Un certificat du commandant du bureau de recrutement de la subdivision d (11) attestant que ledit sieur (2)   n'est pas tenu à l'obligation du service de l'armée active, dans la réserve de ladite armée et dans l'armée territoriale ou dans les classes de la réserve de l'armée territoriale rappelées à l'activité.

Nous, Maire du chef-lieu du canton d après avoir reconnu la régularité des pièces produites par le sieur (2) lui avons donné lecture :

1° Des articles 4, 61 et 62 de la loi du 15 juillet 1889 ;

2° Des articles 4 et 18 du décret du 28 septembre 1889 ;

3° Des articles 14 et 15 du même décret, lesquels ordonnent de poursuivre comme insoumis les engagés volontaires qui ne se rendent pas à leur destination dans les délais prescrits.

Après quoi, nous avons reçu l'engagement du sieur (2)   , lequel a promis de servir avec fidélité et honneur.

Lecture faite audit sieur (2)   •   et aux deux témoins ci-dessus dénommés, du présent acte, ils ont signé avec nous (c)

(c) Si l'engagé ou les témoins ne peuvent signer, il sera fait mention de la cause qui les empêchera, conformément à l'article 39 du Code civil.

ARTICLE 62.

Les engagements volontaires sont contractés dans les formes prescrites par les articles 34, 35, 36, 37, 38, 39, 40, 42 et 44 du Code civil, devant les maires des chefs-lieux de canton.

Les conditions relatives à la durée de ces engagements sont insérées dans l'acte même.

Les autres conditions sont lues aux contractants avant la signature, et mention en est faite à la fin de l'acte.

456. L'article 62 stipule les formes de l'engagement volontaire en en caractérisant la nature d'acte civil, et non pas d'acte administratif, comme nous l'avons vu précédemment.

457. Les formes prescrites par les articles 34, 35, 36, 37, 38, 39, 40, 42 et 44 du Code civil sont les suivantes :

Art. 34. Les actes de l'état civil énonceront l'année, le jour et l'heure où ils seront reçus, les prénoms, nom, âge, profession et domicile de tous ceux qui y seront dénommés.

Art. 35. Les officiers de l'état civil ne pourront rien insérer dans les actes qu'ils recevront soit par note, soit par énonciation quelconque, que ce qui doit être déclaré par les comparants.

Art. 36. Dans les cas où les parties intéressées ne seront pas obligées de comparaître en personne, elles pourront se faire représenter par un fondé de procuration spéciale et authentique.

Art. 37. Les témoins produits aux actes de l'état civil ne pourront être que du sexe masculin, âgés de 21 ans au moins, parents ou autres ; et ils seront choisis par les personnes intéressées.

Art. 38. L'officier de l'état civil donnera lecture des actes aux parties comparantes, ou à leur fondé de procuration, et aux témoins. Il y sera fait mention de l'accomplissement de cette formalité.

Art. 39. Ces actes seront signés par l'officier de l'état civil, par les comparants et les témoins, et mention sera faite de la cause qui empêchera les comparants et les témoins de signer.

Art. 40. Les actes de l'état civil seront inscrits dans chaque commune sur un ou plusieurs registres, tenus doubles.

Art. 42. Les actes seront inscrits sur les registres de suite, sans aucun blanc. Les ratures et les renvois seront approuvés et signés de la même manière que le corps de l'acte. Il n'y sera rien écrit par abréviation et aucune date ne sera mise en chiffres.

Art. 44. Les procurations et les autres pièces qui doivent demeurer annexées aux actes de l'état civil seront déposées, après qu'elles auront été paraphées par la personne qui les aura produites, et par l'officier de l'état civil, au greffe du tribunal avec le double des registres dont le dépôt doit avoir lieu audit greffe.

458. Les formalités spéciales aux engagements volontaires sont d'ailleurs indiquées dans les articles suivants du décret du 28 septembre 1889 :

Art. 6. Muni du certificat d'aptitude que lui a délivré l'autorité militaire, le contractant se présente, en France, devant le maire d'un chef-lieu de canton.

En Algérie, devant le maire de l'une des villes ci-après :

Alger, Aumale, Blidah, Bouffarick, Bordj-Ménaïel, Cherchell, Dellys, Douéra, Coléah, Marengo, Médéah, Milianah, Orléansville, Ténès, Tizi-Ouzou ;

Aïn-Témouchent, Arzew, Saint-Cloud, Saint-Denis-du-Sig, Mascara, Mostaganem, Nemours, Oran, Relizane, Sidi-bel-Abbès, Tlemcen ;

Aïn-Beïda, Batna, Bône, Bougie, Constantine, Djidjelli, Guelma, Jemmapes, La Calle, Phillippeville, Sétif, Souk-Ahras.

Aux colonies, devant les fonctionnaires qui seront désignés pour recevoir les engagements au titre de la marine et des troupes coloniales.

Il justifie de son âge par pièces authentiques et produit, avec un extrait de son casier judiciaire, le certificat de bonnes vie et mœurs prescrit par l'article 59 de la loi du 15 juillet 1889, ainsi que le consentement de son père, de sa mère ou de son tuteur, s'il y a lieu.

Si le casier judiciaire relate une condamnation, soit pour vol, escroquerie, abus de confiance ou attentat aux mœurs, soit une condamnation à l'une des peines prévues par l'article 5 de la loi, l'engagement n'est reçu que pour un bataillon d'infanterie légère d'Afrique.

Art. 7. Le maire constate l'identité du contractant et lui fait déclarer devant les deux témoins exigés par l'article 37 du Code civil :

1° Qu'il n'est ni marié, ni veuf avec enfant;

2° Qu'il n'est lié au service de terre ou de mer, ni dans l'armée active, ni dans la réserve de ladite armée, ni dans l'armée territoriale, ni comme inscrit maritime.

Ladite déclaration est insérée dans l'acte d'engagement.

Art. 8. Si le contractant désire bénéficier de la disposition contenue dans l'avant-dernier alinéa de l'article 59 de la loi, il doit en faire la demande par écrit et produire, à l'appui de sa demande, les justifications que le règlement d'administration publique, prévu par l'article 23 de ladite loi, exige des jeunes gens réclamant, devant le conseil de revision, l'envoi en congé après une année de service.

Mention de cette demande et des justifications produites est faite dans l'acte.

Art. 9. Si l'engagé a été déclaré impropre au service ou classé dans les services auxiliaires par le conseil de revision, ou si, ayant déjà servi, il a été réformé, il justifie de sa position par pièces authentiques.

S'il a appartenu à l'inscription maritime, il doit présenter un acte de déclassement signé par le commissaire de l'inscription maritime de son quartier.

Art. 10. La faculté de s'engager cesse pour les jeunes gens de la classe, à partir du jour où le conseil de revision examine le canton auquel ils appartiennent.

Art. 11. L'acte d'engagement volontaire est conforme au modèle joint au présent décret.

Art. 12. Avant la signature de l'acte, le maire donne lecture à l'engagé :

1° Des paragraphes numérotés : 1°, 2°, 3°, 4°, 5° et 6° du deuxième alinéa de l'article 59 de la loi du 15 juillet 1889;

2° Des articles 4, 14 et 15 du présent décret;

3° De l'acte d'engagement.

Les certificats et les autres pièces produites par l'engagé restent annexés à la minute de l'acte.

459.

Modèle n° 2.

Art. 11 du décret
du 28 septembre 1889.

ACTE D'ENGAGEMENT.

(1) Maire ou adjoint.

L'an   , le   , à   heures s'est
présenté devant nous (1)   de la commune
d   , chef-lieu de canton
          , département d

(2) Nom et prénoms.

Le sieur (2)   , âgé de
          , exerçant la profession de (A)

(A) Si l'engagé a déjà servi on indiquera à la suite de sa profession en quelle qualité et dans quel corps.

domicilié à   , canton d   , département d   , résidant à   ,
canton d   , département d   ,
fils d   et d   , domiciliés
à   , canton d   . département
d   , cheveux   , sourcils   ,
front   , yeux   , nez   , bouche

(3) Indiquer ici les marques particulières.

          , menton   , visage   (3)
          , taille d'un mètre   centimètres.

(4) Nom et prénoms du premier témoin.

Lequel, assisté du sieur (4)   , âgé
de   , exerçant la profession d   , domicilié
à   , canton d   , département

(5) Nom et prénoms du deuxième témoin.

d   , et du sieur (5)   , âgé
de   , exerçant la profession d   , domicilié à   , canton d   , département
d   , appelés l'un et l'autre comme
témoins conformément à la loi;

(6) Indiquer le corps choisi par l'engagé.

A déclaré vouloir s'engager pour servir dans l (6)
          ; à cet effet, il a fait la décla-
ration :

1° Qu'il n'est ni marié, ni veuf avec enfant;

2° Qu'il n'est lié au service ni dans l'armée active,
ni dans la réserve de ladite armée, ni dans l'armée
territoriale, ni comme inscrit maritime.

Ledit sieur (2) nous a présenté :

(7) Nom, grade et qualité de l'officier signataire du certificat.

(8) Désignation du corps, ce corps est indiqué par l'officier qui délivre le certificat d'après l'aptitude de l'engagé.

(B) Si ce n'est pas un acte de naissance que l'engagé produit, on énoncera le titre qu'il présentera, conformément à l'article 46 du Code civil.

(9) Indication en toutes lettres du jour, du mois et de l'année de la naissance.

(10) Indiquer la commune.

(c) Si l'engagement est reçu pour les bataillons d'infanterie légère d'Afrique, le certificat se borne à constater que le sieur... ne se trouve pas dans l'un des cas d'exclusion de l'armée prévus par l'article 4 de la loi.

(D) Si l'engagé a moins de 20 ans, on indiquera sous ce numéro le consentement qu'il est tenu de produire conformément à la loi.

(E) On indiquera sous ce numéro les autres pièces que l'engagé devra produire dans les cas spécifiés soit à l'article 8 soit à l'article 9 du décret.

1° Un certificat délivré sous la date du   , par (7)   , et constatant que ledit sieur (2)   , n'est atteint d'aucune infirmité; qu'il a la taille et les autres qualités requises pour le (8)   , dans lequel il demande à entrer;

2° Son acte de naissance (B)   , constatant qu'il est né le (9)   , à   , canton d   , département d   ;

3° L'extrait de son casier judiciaire;

4° Un certificat de bonne vie et mœurs délivré sous la date du   , par le maire d (10)   , conformément à l'article 59 de la loi du 15 juillet 1889 et constatant (c)

Que le sieur (2)   , jouit de ses droits civils;

Qu'il n'a jamais été condamné pour vol, escroquerie, abus de confiance ou attentat aux mœurs, et qu'il n'a subi aucune des peines prévues par l'article 5 de ladite loi;

5° (D)

6° (E)

Nous, maire d   , après avoir reconnu la régularité des pièces produites par le sieur (2)   , lui avons donné lecture:

1° Des paragraphes numérotés 1°, 2°, 3°, 4°, 5° et 6° du 2° alinéa de l'article 59 de la loi du 15 juillet 1889;

2° Des articles 14 et 15 du décret du 28 septembre 1889, lesquels ordonnent de poursuivre comme insoumis les engagés volontaires qui ne se rendent pas à leur destination dans les délais prescrits;

3° De l'article 4 du même décret, d'après lequel les engagés volontaires peuvent toujours être changés de corps et d'arme lorsque l'intérêt et les besoins du service l'exigent.

Après quoi nous avons reçu l'engagement du sieur (2)   , lequel a promis de servir avec fidélité et honneur pendant (11)   ans à partir de ce jour.

Lecture faite audit sieur (2)   et aux deux témoins ci-dessus dénommés du présent acte, ils ont signé avec nous (F)

(11) Inscrire suivant le cas la mention : trois, quatre ou cinq ans.

(F) Si l'engagé ou les témoins ne peuvent signer, il sera fait mention de la cause qui les en empêchera conformément à l'article 39 du Code civil

(Art. 62.)

DÉPARTEMENT
d
—
CANTON
d
—
COMMUNE
d

MODÈLE N° 8.
—
Art. 6 du décret
du 28 septembre 1889.

Dans le cas où le maire de la commune ne connaîtrait pas l'individu qui ferait la demande de ce certificat, il devra en constater légalement l'identité et recueillir les preuves et témoignages qu'il jugera convenables pour arriver à la connaissance de la vérité.

(1) Nom et prénoms de l'homme qui se présente.

CERTIFICAT

délivré conformément à l'article 59 de la loi du 15 juillet 1889, au sieur (1)   , qui à déclaré vouloir servir comme engagé volontaire.

Nous soussigné, maire de la commune d
canton d   , département d
Attestons :

1° Que le sieur (1)
fils d   et d   domiciliés
à   , canton d   , département
d   , né le   , à
canton d   , département d
(ainsi qu'il résulte de son acte de naissance dûment légalisé), cheveux   , sourcils   , yeux   ,
front,   nez   , bouche   ,
menton   , visage   , teint   (2)
            taille d'un mètre   centimètres
est (*ou a été*) domicilié dans la commune d
depuis le (3)   mil huit cent
jusqu'au (3)   mil huit cent
(A)
2° Qu'il jouit de ses droits civils;
3° Qu'il n'a jamais été condamné pour vol, escroquerie, abus de confiance ou attentat aux mœurs et qu'il n'a subi aucune des peines prévues par l'article 5 de la loi du 15 juillet 1889.

En foi de quoi, nous lui avons délivré le présent certificat.

Fait à   , le   18   .

(*Signature du Maire.*)

Vu pour la légalisation :

Le Préfet du département d

(2) Indiquer ici les marques particulières.

(3) Mettre la date et le millésime en toutes lettres.

(A) Si l'engagé ne peut être reçu que pour les bataillons d'Afrique, les attestations 2° et 3° sont remplacées par le libellé ci-après :
« Qu'il ne se trouve pas dans l'un des cas d'exclusion de l'armée prévus par l'article 4 de la loi du 15 juillet 1889. »

NOTA. Si l'engagement est contracté dans le département où l'engagé volontaire est domicilié, la légalisation de la signature du maire n'est point indispensable.

CHAPITRE II.

DES RENGAGEMENTS.

ARTICLE 63.

Les soldats décorés ou médaillés ou inscrits sur les listes d'aptitude pour le grade dé caporal ou brigadier, ainsi que les caporaux ou brigadiers, pourront être admis à contracter des rengagements pour deux, trois ou cinq ans, pendant le cours de leur dernière année de service sous les drapeaux.

Tout homme des troupes coloniales peut être admis à contracter un rengagement pour deux, trois ou cinq ans, après six mois de service.

Les rengagements datent du jour de l'expiration légale du service dans l'armée active. Ils sont renouvelables jusqu'à une durée totale de quinze années de service effectif.

Les caporaux ou brigadiers et les soldats qui contractent un premier rengagement de cinq ans ont droit à une prime payable immédiatement après la signature de l'acte. Le montant de cette prime sera fixé comme il est iudiqué à l'article 60 ci-dessus.

Ceux qui contractent un premier rengagement de deux ou trois ans ont droit à une prime réduite, fixée au tiers de la prime totale dans le premier cas, et à la moitié dans le second. S'ils contractent un second rengagement avant l'expiration du premier, de manière à parfaire cinq ans de rengagement, ils reçoivent le complément de la prime totale telle qu'elle est fixée dans les conditions de l'article 60 au moment de ce rengagement.

En outre, des hautes payes journalières sont allouées aux rengagés à partir du jour où leur rengagement commence à courir.

Les valeurs de ces hautes payes journalières, distinctes pour les caporaux et brigadiers d'une part, et pour les soldats de l'autre, seront fixées par les tarifs de solde.

Après cinq années de rengagement, ces hautes payes sont augmentées de moitié pour les caporaux ou brigadiers et d'un tiers pour les soldats.

Après quinze ans de service effectif, les rengagés auront droit à une pension proportionnelle égale aux 15/25 du minimum de la pension de retraite du grade dont ils seront titulaires depuis deux ans au moins, augmentés de 1/25 pour chaque année de campagne.

Le taux des pensions proportionnelles et de retraite est décompté d'après les articles non abrogés de la loi du 11 avril 1831 et d'après les lois des 25 juin 1861, 18 août 1879 et le tarif joint à la loi du 19 mars 1889.

Les autres conditions sont déterminées par un règlement inséré au **Bulletin des Lois.**

Dans les équipages de la flotte, les rengagements d'une durée de trois ou de cinq ans sont contractés dans le cours de la dernière année de service. Ils peuvent exceptionnellement être reçus à la fin de la première année de service, lorsqu'il s'agit d'hommes admis à suivre les cours d'une des écoles spéciales de la marine. Ces rengagements sont renouvelables jusqu'à une durée totale de vingt-cinq années de service effectif.

160. Le chapitre II du titre IV règle la matière des rengagements, mais seulement pour les brigadiers, caporaux ou hommes de troupe. Le rengagement des sous-officiers, dont l'importance militaire est tout autre, est réglé par la loi spéciale du 18 mars 1889 qui complète la loi de recrutement et dont nous donnons le texte et le commentaire à la fin de ce livre.

L'article 63 fixe les conditions générales du rengagement. Il est complété par le titre III du décret du 28 septembre 1889, comme suit :

TITRE III.

DES RENGAGEMENTS.

Art. 25. Les rengagements sont contractés, pour deux, trois ou cinq ans, par les soldats décorés ou médaillés ou inscrits sur les listes d'aptitude pour le grade de caporal ou brigadier, ainsi que par les caporaux ou brigadiers des corps de toutes armes ou services.

Dans l'arme de la cavalerie, tout brigadier ou soldat peut se rengager pour une année.

Art. 26. Le militaire qui se présente pour se rengager doit justifier :

1° Qu'il réunit les qualités requises pour faire un bon service dans le corps où il veut servir ;

2° Qu'il a toujours tenu une bonne conduite.

3° Que le chef du corps dans lequel il veut servir consent à le recevoir ;

4° Qu'il est dans sa dernière année de service sous les drapeaux ;

5° Que son rengagement ne doit pas entraîner son maintien dans l'armée active au-delà d'une durée totale de quinze ans de service effectif.

Art. 27. Une fois passés dans la réserve et jusqu'à l'âge de 28 ans, les militaires ne peuvent plus se rengager que pour l'armée coloniale, dans les conditions qui seront déterminées par un décret spécial.

Art. 28. (*Voir sous l'article* 66 *de la loi.*)

Art. 29. La durée des rengagements compte du jour de l'expiration légale du service dans l'armée active auquel les militaires étaient précédemment liés.

Le temps de service que le rengagé doit accomplir dans la réserve de l'armée active ou dans l'armée territoriale se confond avec la durée du rengagement.

461. On voit que le rengagement dans l'armée est limité assez étroitement aux gradés et aux hommes de troupe décorés ou médaillés, ou susceptibles de devenir une ressource pour les cadres inférieurs.

462. Il y a cependant, dans l'article 63 même, deux exceptions importantes à ce principe, pour les troupes coloniales et pour l'armée de mer dans lesquelles le rengagement est autorisé pour tous les hommes, mais avec des distinctions que nous retrouverons en détail sous l'article 65, qui est plus spécial à l'armée de mer et aux troupes coloniales.

463. Les rengagements dans l'armée de terre ouvrent droit à trois espèces d'avantages : une prime unique, des hautes payes pendant toute la durée du rengagement et une pension après quinze ans de service effectif.

464. Les deux premiers avantages sont déterminés et fixés par le décret du 5 octobre 1889, comme suit :

Art. 1er. Les caporaux ou brigadiers et soldats admis à se rengager dans les conditions de l'article 63 de la loi du 15 juillet 1889, reçoivent, au moment de la signature de l'acte de rengagement, une prime fixée ainsi qu'il suit :

Pour un premier rengagement de deux ans . . . . . 200 fr.
Pour un rengagement complémentaire de trois ans. . 400
Pour un premier rengagement de trois ans. 300
Pour un rengagement complémentaire de deux ans. . 300
Pour un premier rengagement de cinq ans. 600

Cette prime est perçue et régularisée comme celle des sous-officiers rengagés.

Art. 2. Les brigadiers et soldats de la cavalerie admis à se rengager pour un an dans le cours de leur troisième année de service, ont droit aux mêmes primes pour les rengagements de deux ans, de trois ans et de cinq ans qu'ils souscriraient (dans la limite de cinq ans) après leur rengagement d'un an.

Art. 3. Les caporaux ou Brigadiers et soldats rengagés ou commissionnés ont droit à une première haute paye, à partir du jour où leur rengagement ou leur commission commence effectivement à courir; après cinq ans de rengagement ou de commission, ils reçoivent une deuxième haute paye.

Art. 4. La valeur de ces hautes payes, qui sont allouées seulement dans les positions donnant droit à la solde de présence, ainsi que cela a lieu actuellement, est fixée ainsi qu'il suit par jour, par le tarif ci-joint :

	1ʳᵉ haute paye	2ᵉ haute paye
Brigadiers et caporaux.....................	0 fr. 16	0 fr. 24
Soldats.................................	0 fr. 12	0 fr. 16

Art. 5. Ce tarif sera rendu applicable, à partir du 1ᵉʳ octobre 1889, aux caporaux, brigadiers et soldats qui sont rengagés ou commissionnés en vertu des lois antérieures des 27 juillet 1872 et 15 décembre 1875.

Art. 6. Les indigènes des régiments de tirailleurs algériens et des régiments de spahis conservent les hautes payes spéciales qui leur sont attribuées par le tarif n° 38 annexé au décret du 25 décembre 1875.

Les caporaux et soldats du régiment de sapeurs-pompiers de la ville de Paris qui se sont rengagés ou ont été commissionnés dans les conditions des lois des 27 juillet 1872 et 15 décembre 1875, conservent également la jouissance des hautes payes dont ils sont en possession et qui leur ont été concédées par le tarif du 25 juillet 1889.

Il en est de même des militaires de la gendarmerie qui continueront de recevoir les hautes payes qui leur ont été attribuées par le décret du 18 septembre 1875.

Art. 7. Toutes les dispositions antérieures contraires au présent décret sont et demeurent abrogées.

465. Le troisième avantage, la pension, devra être l'objet d'un règlement ministériel; l'article 63 en indique suffisamment la portée.

Tout d'abord le droit à la pension ne s'ouvre qu'après quinze années de service effectif, ce qui est d'ailleurs un maximum que les rengagements successifs ne peuvent dépasser.

Quant à l'importance de cette pension, on fait d'après les lois en vigueur le calcul du minimum de la pension de retraite du grade dont l'intéressé est titulaire et on lui en attribue les 15/25 avec 1/25 en sus par chaque année de campagne.

Nous trouverons ce tarif établi dans le tableau 1 annexé à la loi du 18 mars 1889 sur le rengagement des sous-officiers; car, par une bizarrerie tout exceptionnelle, ce tableau, inséré dans une loi définitive, se référait pour partie à un article de cette loi et pour partie à un article d'un *projet de loi* non encore voté.

466. Le décret du 28 septembre 1889 contient, *in fine*, un article réglant par disposition transitoire la situation des jeunes gens de la disponibilité ancienne qui voudraient s'engager pour terminer leur service actif; ils resteraient sous l'ancien régime quant à la forme et aux conditions de cet engagement.

Voici cet article :

Disposition transitoire.

Art. 30. Jusqu'à leur passage dans la réserve de l'armée active, les jeunes gens inscrits sur les contrôles de la disponibilité et ceux qui doivent y être inscrits après avoir accompli le temps de service prescrit soit par les articles 40 et 41, soit par l'article 56 de la loi du 27 juillet 1872, pourront être admis à accomplir sous les drapeaux le temps de service qu'ils devaient passer dans la disponibilité.

Ils souscriront à cet effet, devant un fonctionnaire de l'intendance militaire, l'engagement spécial dont la forme et les conditions sont déterminées par le décret du 30 novembre 1872 et l'instruction ministérielle du même jour.

ARTICLE 64.

Tout homme appartenant à la cavalerie peut contracter un rengagement d'un an dans le cours de sa troisième année de service. Il aura droit, pendant la quatrième année, à une haute paye dont le taux sera fixé par les tarifs de solde.

Par dérogation aux dispositions de l'article 37, il ne restera que trois ans dans la réserve de l'armée active ; il passera dans l'armée territoriale et par suite dans la réserve de cette armée trois ans avant la classe à laquelle il appartient.

467. L'article 64 organise un rengagement spécial pour l'arme de la cavalerie, sans préjudice bien entendu des rengagements de l'article 63.

Pour retenir les hommes dans la cavalerie pendant quatre ans au lieu de trois, on admet tous les hommes appartenant à cette arme à rengager pour un an dans le cours de leur troisième année de service.

468. Les rengagés de cette catégorie jouissent de deux sortes d'avantages.

Ils reçoivent d'abord une haute paye pendant cette quatrième année. Cette haute paye est la même que celle fixée pour les rengagés ordinaires par le décret du 5 octobre 1889, soit : 0 fr. 12.

Puis ils ne restent que trois ans dans la réserve de l'armée active et passent par suite dans l'armée territoriale trois ans avant la classe à laquelle ils appartiennent.

Ils se trouvent ainsi dispensés d'une période de

vingt-huit jours ; c'est, à vrai dire, le seul avantage pratique que leur confère cette anticipation de passage dans la territoriale, parce qu'il est évident qu'en cas de guerre l'armée territoriale sera mobilisée comme l'armée active.

469. Il faut bien remarquer que ce rengagement spécial n'est autorisé que pour les cavaliers seulement et nullement pour les gradés.

C'est ce qui résulte des rapports et de la discussion de la loi, bien que le terme général : *tout homme*, paraisse comprendre tous les hommes de troupe c'est-à-dire tout ce qui n'est pas officier.

ARTICLE 65.

Dans les troupes coloniales, les premiers rengagements des caporaux ou brigadiers et des soldats donnent droit à une prime payée au moment de la signature de l'acte et à des gratifications annuelles.

Les rengagements ultérieurs ne donnent droit qu'aux gratifications annuelles.

Le montant des primes et gratifications est fixé par décret.

Les hautes payes journalières pour les caporaux ou brigadiers et pour les soldats seront augmentées de trois ans en trois ans. Cette augmentation sera déterminée par les tarifs de solde.

Peuvent être admis à se rengager pour les troupes coloniales, avec le bénéfice des avantages mentionnés ci-dessus :

1° Les militaires de toutes armes ;

2° Les hommes de la réserve de l'armée active, âgés de moins de 28 ans ;

3° Les hommes des régiments étrangers, autorisés par le Ministre de la guerre.

Le bénéfice des dispositions du paragraphe précédent est applicable, sans aucune restriction ni réserve, aux hommes résidant ou domiciliés en Algérie ou aux colonies avant leur incorporation, ou après leur passage dans la réserve de l'armée active.

Dans le corps des équipages de la flotte, les rengagements des quartiers-maîtres et marins provenant du recrutement donnent droit aux mêmes avantages pécuniaires que ceux qui sont accordés aux quartiers-maîtres et marins provenant de l'inscription maritime.

470.   L'article 65 détermine les conditions spéciales aux rengagements dans les troupes coloniales et dans l'armée de mer. Nous avons vu sous l'article 63 quelques exceptions déjà insérées dans cet article ; nous allons les retrouver combinées avec les avantages particuliers de l'article 65 dans les décrets qui sont intervenus pour l'application de la loi, en ce qui concerne ces corps spéciaux.

471.   Les rengagements dans les troupes coloniales sont régis par le décret du 28 janvier 1890, comme suit :

TITRE II.

DES RENGAGEMENTS.

Art. 22. Les rengagements sont de deux, trois ou cinq ans pour les caporaux ou brigadiers et les soldats ou canonniers des troupes de la marine. Les intéressés doivent avoir au moins six mois de service (1).

Les rengagements datent du jour de l'expiration légale du service dans l'armée active. Ils sont renouvelables jusqu'à une durée totale de quinze années de service effectif.

Le temps de service que le rengagé doit accomplir dans la réserve des troupes de la marine se confond avec la durée du rengagement.

472.   Art. 23. Dans les troupes de la marine, les caporaux ou brigadiers et les soldats ou canonniers qui contractent, après six mois de service, un premier rengagement, ont droit à une prime payable immédiatement après la signature de l'acte et à des gratifications annuelles.

Le montant de cette prime, ainsi que des gratifications annuelles, sera fixé par un décret. Un règlement d'administration publique déterminera le mode de payement de ces allocations.

Art. 24. Après un premier rengagement, les rengagements ultérieurs donnent droit seulement aux gratifications annuelles.

---

(1) Une circulaire du Ministre de la marine, en date du 21 juin 1890, contient la réserve suivante : Les chefs de corps *en France* ne devront donner leur consentement au rengagement dans les troupes de la marine, de caporaux ou brigadiers, soldats ou canonniers réservistes des armées de terre ou de mer que lorsque les intéressés déclarent leur intention de s'engager pour trois ans au moins.

Art. 25. Les caporaux ou brigadiers et les soldats ou canonniers rengagés ou commissionnés des troupes de la marine reçoivent des hautes payes journalières d'ancienneté, à partir du jour où leur rengagement ou leur commission commence effectivement à courir.

Ces hautes payes sont augmentées de trois en trois ans.

Art. 26. La valeur de ces hautes payes sera fixée ultérieurement.

Art. 27. Les soldats rengagés qui sont incorporés, à la suite de condamnation ou par mesure disciplinaire, au corps des disciplinaires des colonies ou à la compagnie de discipline de la marine, cessent d'avoir droit aux gratifications annuelles et aux hautes payes et sont traités, au point de vue de la solde, conformément aux tarifs spéciaux de ces corps.

Art. 28. Après quinze années de service effectif, les militaires rengagés ou commissionnés des troupes de la marine ont droit à une pension proportionnelle égale aux 15/25 du minimum de la pension de retraite du grade dont ils seront titulaires depuis deux ans au moins, augmentés de 1/25 pour chaque année de campagne.

Le taux de ces pensions proportionnelles et de retraite est décompté comme il est prescrit à l'article 63 de la loi du 15 juillet 1889.

Les militaires qui obtiennent d'être commissionnés après avoir quitté les drapeaux ne peuvent réclamer la pension proportionnelle qu'après avoir servi pendant cinq ans en cette nouvelle qualité.

473. Art. 29. Peuvent être admis à se rengager pour les troupes de la marine, avec le bénéfice des avantages mentionnés aux articles 23, 24 et 25 ci-dessus :

1° Les militaires de toutes armes ;

2° Les hommes de la réserve de l'armée de mer ou de la réserve de l'armée de terre, âgés de moins de 28 ans (1) ;

3° Les Français des régiments étrangers autorisés par le Ministre de la guerre.

Ces dispositions sont également applicables, sans aucune restriction ni réserve, aux hommes domiciliés en Algérie ou aux colonies avant leur incorporation, ou après leur passage dans la réserve de l'armée active.

Art. 30. Les hommes des armées de terre et de mer, libérés du service et domiciliés dans une de nos possessions d'outre-mer, qui demandent à contracter un rengagement au titre des troupes de la marine, ne peuvent être reçus que pour l'un des corps stationnés dans la colonie où ils résident, ou, à défaut, dans la colo-

---

(1) Voir la note sous l'article 22 ci-dessus du même décret.

nie la plus voisine comportant une garnison des troupes de la marine.

Art. 31. Le militaire en activité de service doit, pour être reçu à se rengager dans un de ces corps, justifier :

1° Qu'il a six mois de service effectif s'il appartient aux troupes de la marine, ou qu'il est dans sa dernière année de service s'il appartient à l'armée de terre ;

2° Qu'il est sain et qu'il réunit les autres qualités et aptitudes requises pour faire un bon service dans le corps où il veut servir ;

3° Que le chef du corps dans lequel il désire entrer consent à le recevoir ;

4° Que son rengagement ne doit pas entraîner son maintien dans l'armée active au delà d'une durée totale de quinze ans de service effectif.

174. Art. 32. Tout militaire de la réserve âgé de moins de 28 ans qui demande à contracter un rengagement dans un des corps de troupe de la marine doit produire :

1° Un certificat d'aptitude délivré, soit par le chef de corps, soit par le commandant du dépôt de recrutement. Ce certificat constate qu'il réunit les qualités et aptitudes requises pour faire un bon service dans le corps qu'il a choisi ;

2° Un certificat d'acceptation du chef de corps dans lequel il désire entrer ;

3° Le certificat de bonne conduite qu'il aura reçu au moment de son passage dans la réserve ;

4° Le certificat de bonnes vie et mœurs dont la production est exigée par l'article 59 de la loi, s'il est absent de son corps depuis plus de six mois.

175. Art. 33. Les rengagements sont reçus :

1° Dans les ports militaires, par l'officier du commissariat chargé du détail des revues ;

2° A Paris et dans les départements, par les fonctionnaires de l'intendance militaire ;

3° Dans les colonies, par l'officier du commissariat colonial chargé de la surveillance administrative du corps pour lequel il est autorisé à se rengager.

Les rengagements sont reçus dans les formes prescrites par l'article 62 de la loi.

L'acte de rengagement est conforme au modèle annexé au présent décret.

Art. 34. Le militaire de la réserve qui a contracté un rengagement dans les conditions des articles 32 et 33 du présent décret est immédiatement incorporé ou mis en route pour le corps dans lequel il a demandé à continuer son service.

Art. 35. Toutes les dispositions antérieures contraires au présent décret sont et demeurent abrogées.

(Art. 65.)

ACTE DE RENGAGEMENT

L'an mil huit cent   , le   ,
à   heures d   , s'est présenté devant nous,
sous-intendant militaire, résidant à   ;
département d   le sieur (1)

(1) Nom, prénoms, grade et corps du militaire.

né le   , à   , département
d   , fils d   et d   ,
domiciliés à   , canton d   ,
département d   , cheveux   ,
sourcils   , front   , yeux   ,
nez   , bouche   , menton   ,
visage (2)   , taille d'un mètre
centimètres.

(2) Indiquer ici les marques particulières.

Lequel, assisté des sieurs (3)
appelés comme témoins conformément à la loi,
nous a déclaré vouloir contracter un rengagement de   ans, pour servir dans le (4)

(3) Noms, prénoms, profession et résidence des deux témoins.

(4) Désigner le corps au titre duquel est souscrit le rengagement.

Et, à cet effet, nous a présenté (a) :

(a) Indiquer ici les pièces produites par le rengagé, en exécution de l'article 32 du décret.

Nous, sous-intendant militaire, après avoir
reconnu la régularité des pièces produites par
le sieur (1)   , lui avons donné
lecture :

Des articles 63, 65, 66 et 67 de la loi du
15 juillet 1889.

Ensuite de quoi, nous avons reçu le rengagement du sieur (1)   , lequel a promis
de continuer à servir avec fidélité et honneur et
de rester sous les drapeaux pendant l'espace
de   ans, à compter du

(b) Si le rengagé ou les témoins ne peuvent signer, il sera fait mention de la cause qui les en empêchera, conformément à l'article 39 du code civil.

Lecture faite audit sieur (1)
et aux deux témoins ci-dessus dénommés, du
présent acte, ils ont signé avec nous (b)

177. Le montant des primes de rengagement ci-dessus indiquées et les hautes payes ont été fixés par les articles 2 et suivants du décret du 7 février 1890 spécial aux troupes coloniales, ainsi conçus :

Art. 2. Les caporaux ou brigadiers et les soldats ou canonniers des troupes de la marine, après six mois de service, les militaires de l'armée de terre dans leur dernière année de service, les hommes appartenant à la réserve, qui contractent un premier rengagement, ont droit à une prime et à des gratifications annuelles.

Cette prime, qui est payable immédiatement après la signature de l'acte, est fixée ainsi qu'il suit :

Pour un rengagement de deux ans, 200 fr.
Pour un premier rengagement de trois ans, 300 fr.
Pour un rengagement de 5 ans, 600 fr.

Les gratifications annuelles sont déterminées comme suit :

Pour un rengagement de deux ans, 100 fr.
Pour un rengagement de trois ans, 130 fr.
Pour un rengagement de cinq ans, 160 fr.

Art. 3. Après un premier rengagement, les rengagements ultérieurs donnent droit seulement aux gratifications annuelles.

Art. 4. La valeur des hautes payes qui, dans les troupes de la marine sont allouées seulement dans les positions donnant droit à la solde de présence, est fixée comme suit :

GRADES.	1re HAUTE PAYE de 3 à 6 ans de services.	2e HAUTE PAYE de 6 à 9 ans de services.	3e HAUTE PAYE de 9 à 12 ans de services.	4e HAUTE PAYE de 12 à 15 ans de services.
Caporaux ou brigadiers............	0.24	0.30	0.35	0.38
Soldats ou canonniers............	0.18	0.23	0.27	0.30

Art. 5. Le montant des hautes payes est doublé dans nos possessions d'outre-mer et dans les pays de protectorat, pour toutes les journées donnant droit à la solde dans la colonie.

Art. 6. Le tarif fixé par l'article 4 sera rendu applicable à compter du 1er janvier 1890 aux caporaux, brigadiers et soldats qui sont rengagés et commissionnés en vertu des lois antérieures des 27 juillet 1872 et 15 décembre 1875.

Art. 7. Toutes les dispositions antérieures contraires au présent décret sont et demeurent abrogées.

L'article 6 du décret du 21 juin 1890 a réglé comme suit le mode de paiement des gratifications annuelles :

Art. 6. Les gratifications annuelles sont payées par fractions trimestrielles à terme échu.

Le droit aux gratifications est ouvert le jour où commence la période effective du rengagement.

Si la période pour laquelle le rengagé a droit à la gratification annuelle est inférieure à trois mois, le décompte est établi proportionnellement au nombre de journées de présence.

478. On voit par ces documents que les avantages consentis pour le rengagement dans les troupes coloniales sont beaucoup plus grands que pour les rengagements ordinaires.

Tout d'abord, tous les hommes peuvent rengager sans avoir aucun grade ni aucune décoration.

Les hommes de la réserve de l'armée active jusqu'à 28 ans peuvent rentrer par rengagement dans les troupes coloniales.

Les hommes des régiments étrangers peuvent y entrer également avec l'autorisation du Ministre de la guerre.

Les hommes résidant ou domiciliés en Algérie ou aux colonies, avant leur incorporation ou après leur passage dans la réserve, peuvent aussi rengager dans les troupes coloniales.

Le rengagement peut avoir lieu après six mois sans attendre la dernière année de service.

En dehors des primes, des gratifications annuelles sont accordées aux rengagés.

Enfin, les hautes payes sont attribuées après trois

ans de service seulement et augmentées tous les trois ans.

479. Les rengagements dans l'armée de mer ou équipages de la flotte sont régis par le décret du 24 décembre 1889, titre II, et l'arrêté ministériel du 27 décembre 1889.

---

480. *Décret du 24 décembre 1889.*

TITRE II.

DES RENGAGEMENTS.

Art. 19. Les rengagements dans les équipages de la flotte sont contractés pour trois ou cinq ans.

Ils ne peuvent être reçus que si les intéressés sont susceptibles de réunir, à l'âge de 50 ans, vingt-cinq années de services donnant droit à la pension de retraite.

481. Art. 20. Tout marin en activité de service doit, pour être admis à se rengager dans le corps des équipages de la flotte, justifier :

1° Qu'il a toujours tenu une bonne conduite sous les drapeaux ;

2° Qu'il a été accepté par une des commissions spéciales instituées à cet effet dans chacun des ports militaires;

3° Qu'il est dans sa dernière année de service actif.

Toutefois, les rengagements peuvent, exceptionnellement, être reçus dès la fin de la première année de service lorsqu'il s'agit d'hommes admis à suivre les cours d'une des écoles de spécialité de la marine.

Art. 21. La durée des rengagements compte du jour de l'expiration légale du service dans l'armée active auquel les militaires étaient précédemment liés.

Le temps de service que le rengagé doit accomplir dans la réserve de l'armée active, dans l'armée territoriale ou dans la réserve de l'armée territoriale, se confond avec la durée du rengagement.

Art. 22. Les marins ou militaires des troupes de la marine appartenant à la réserve de l'armée active qui demandent à contracter un rengagement dans le corps des équipages de la flotte doivent, avant d'en recevoir l'autorisation, être soumis à l'examen d'une commission spéciale dans les conditions mentionnées à l'article 20.

Les hommes absents du corps depuis plus de trois mois doivent produire un extrait de leur casier judiciaire.

Les demandes concernant les militaires sont soumises à l'approbation du Ministre de la marine.

Le temps de service du contractant compte du jour où a été signé l'acte de rengagement.

Art. 23. Dans les cas prévus aux articles 20 et 22 du présent décret, l'intéressé se présente, pour contracter un rengagement, devant le commissaire aux armements du port militaire où il a été examiné.

En cours de campagne et hors de France, les rengagements ne sont reçus qu'à titre provisoire, dans les conditions indiquées par l'article 49 du décret du 5 juin 1883, portant réorganisation du corps des équipages de la flotte.

Art. 24. L'acte de rengagement est conforme au modèle annexé au présent décret.

Art. 25. Sont et demeurent abrogées toutes les dispositions antérieures contraires au présent décret.

Art. 26. Les dispositions du décret du 8 octobre 1889 sont maintenues en ce qui concerne les engagements des élèves du service de santé de la marine dans les équipages de la flotte.

482. *Tableau indiquant la taille à exiger pour les engagements dans le corps des équipages de la flotte.*

AGE.	TAILLE MINIMA.	OBSERVATIONS.
De 16 à 18 ans.............	1m,54	Les engagés volontaires provenant de l'Ecole des mousses sont admis sans conditions de taille. De plus, des dérogations aux fixations du présent tableau pourront être accordées par le Ministre de la marine en vue d'assurer, s'il y a lieu, le recrutement de certaines spécialités.
De 18 à 20 ans...........	1m,58	
A partir de 20 ans révolus	1m,60	

PORT

d

MODÈLE Nº 3.

Article 24 du décret
du 24 décembre 1889.

Loi du 15 juillet 1889.

MARINE FRANÇAISE.

*Acte de rengagement dans le corps des Équipages
de la flotte* (1)   *prime.*

(1) Avec ou sans prime.

L'an   , le   ,
à   heures du   , s'est présenté devant
nous, commissaire aux armements, au port
de   , le sieur (2)   , né
le   , à   , département d
        , fils de   et
d   , domiciliés à   ,
canton d   , département d   ,
cheveux   , sourcils   , front   ,
yeux   , nez   , bouche   , menton   , visage   , (3)
immatriculé sous le nº

(2) Nom et prénoms,
grade et spécialité.

(3) Indiquer ici les
marques particulières.

Lequel, assisté des sieurs (4)
              appelés comme témoins
conformément à la loi, nous a déclaré vouloir
contracter un rengagement de (5)   ans, pour
servir dans le corps des équipages de la flotte.

(4) Noms et prénoms,
professions et résidences
des deux témoins.

(5) Trois ou cinq ans.

Et, à cet effet, nous a présenté (A)
Nous, commissaire aux armements au port de
              , après avoir reconnu la régularité
des pièces produites par le sieur (2)
        nous lui avons donné lecture du dernier
paragraphe de l'article 63 et des articles 66 et
67 de la loi du 15 juillet 1889.

(A) Indiquer ici les piè-
ces produites par le ren-
gagé, en exécution des
articles 20 et 22 du décret
du 24 décembre 1889.

Ensuite de quoi nous avons reçu le rengagement du sieur (2)   , lequel a
promis de continuer à servir avec fidélité et
honneur, et de rester sous les drapeaux pendant
l'espace de (5)   ans, à compter du   ,
jour où cesse le service auquel il est actuellement tenu par la loi.

Lecture faite en présence des sieurs (4)
              appelés comme témoins, le
comparant et les témoins ont signé (B) avec nous
le présent acte (6), lequel constate, en outre, le
droit du nommé (2)   à
recevoir la prime de rengagement.

(B) Si le rengagé ou les
témoins ne peuvent si-
gner, il sera fait mention
de la cause qui les en
empêchera,   conformé-
ment à l'article 39 du
Code civil.

(6) Biffer ce qui suit en
cas de rengagement sans
prime.

484.

Arrêté ministériel

Relatif au fonctionnement des commissions de réadmission et de rengagement dans le corps des équipages de la flotte du 27 décembre 1889.

Art. 1ᵉʳ. La commission instituée dans chacun des cinq ports militaires pour procéder à l'examen :

1° Des quartiers-maîtres et matelots de l'inscription maritime susceptibles d'être réadmis au service, et des marins ou militaires susceptibles de contracter un rengagement dans le corps des équipages de la flotte ;

2° Des quartiers-maîtres et matelots de toute provenance qui demandent à continuer leurs services dans les conditions de l'article 42 du décret du 5 juin 1883,

Est composée comme suit :

Le capitaine de vaisseau, major de la marine, président ;
Le commandant en second de la division ;
Deux lieutenants de vaisseau (1), capitaines de compagnie à la division, ou, à défaut d'un nombre suffisant d'officiers remplissant ces fonctions, choisis parmi ceux occupant des emplois sédentaires dans le port.

En cas de partage, la voix du président est prépondérante.

Art. 2. Des premiers-maîtres ou seconds-maîtres des diverses spécialités choisis parmi ceux du cadre permanent, sont désignés par le commandant de la division, après entente avec le président de la commission, pour constater l'aptitude professionnelle des hommes congédiés depuis plus de six mois, ainsi que celle des autres candidats dont les certificats ne paraîtraient pas suffisamment affirmatifs. L'examen professionnel des mécaniciens, des charpentiers, des voiliers et des chauffeurs, a lieu à bord du bâtiment central de la réserve ; celui des torpilleurs, à bord du bâtiment central de la défense mobile.

Un certificat signé, suivant le cas, par le commandant en second de la division, par le commandant de la réserve ou par le commandant de la défense mobile, constate le résultat de cet examen ; il est joint au dossier de l'intéressé pour être soumis à la commission.

Art. 3. La commission des réadmissions et rengagements se réunit une fois par semaine, au jour fixé par le préfet maritime, pour examiner les hommes qui doivent lui être présentés.

---

(1) Ces deux officiers sont désignés par le major général, sur une proposition concertée entre le commandant de la division et le président de la commission des réadmissions.

Art. 4. Le dossier de chaque candidat est réuni par les soins du commandant en second de la division, préalablement à la comparution de l'intéressé devant la commission.

Ce dossier doit comprendre :

1° Un certificat d'aptitude physique délivré par le médecin-major de la division ;

2° S'il y a lieu, le certificat d'aptitude professionnelle mentionné à l'article 2 ;

3° Le certificat délivré par le commissaire aux armements et constatant que l'intéressé réunit les conditions administratives (durée des services antérieurs, etc.) exigées pour la réadmission ou le rengagement ;

4° Un extrait du casier judiciaire pour les hommes ayant quitté le service depuis plus de trois mois ;

5° Les livret de solde, livret matricule, carnet de chauffe, certificat de bonne conduite et autres pièces permettant de connaître les antécédents de l'homme.

Art. 5. Le certificat d'aptitude physique peut être délivré aux candidats atteints d'une infirmité légère, compatible avec leurs fonctions, lorsque ces candidats sont présents au service et qu'ils ont déjà accompli une ou plusieurs périodes de réadmission ou de rengagement.

Dans ce cas, le médecin visiteur mentionne l'infirmité sur le certificat, en émettant son avis sur le degré d'aptitude de l'intéressé au service de la flotte.

La commission tient particulièrement compte de la durée des services accomplis par le candidat.

Art. 6. La commission dresse un procès-verbal de ses opérations, comprenant les noms des hommes examinés par elle et indiquant ses propositions motivées à leur égard.

Ce procès-verbal est signé de tous les membres et appuyé des deux certificats indiqués aux n°s 1 et 3, et, le cas échéant, aux n°s 2 et 4 de l'article 4. Il est soumis au major général, qui mentionne son appréciation en regard du nom de chaque homme.

Le préfet maritime prononce en dernier ressort, sous réserve des demandes de rengagement des militaires des corps de troupe de l'armée de mer, lesquelles doivent être soumises à l'approbation du Ministre ; sa décision est inscrite sur le procès-verbal en regard du nom de chacun des hommes.

Art. 7. Les procès-verbaux dont il est question à l'article précédent forment les archives de la commission des réadmissions et rengagements.

Ils sont classés par ordre de date, reliés à la fin de chaque année et conservés au bureau du commandant en second de la division qui fait établir et tenir constamment à jour un répertoire alphabétique des hommes admis et refusés.

Ce document est renouvelé chaque année.

Art. 8. Lorsque la réadmission ou le rengagement d'un homme est autorisé, il est établi, au nom de l'intéressé, par les soins du président de la commission et sous sa signature, un avis relatant la décision du préfet maritime.

Cet avis est transmis par le commandant de la division au commissaire aux armements pour la passation de l'acte de réadmission ou de rengagement. Il est conservé à l'appui de la minute dudit acte.

Art. 9. La commission des réadmissions et rengagements ne doit accepter que les hommes qui ont de bons antécédents et qui sont reconnus susceptibles de rendre d'utiles services dans la marine, soit dans leur spécialité s'ils sont brevetés, soit comme matelots de pont s'ils ne sont pas brevetés ou si, ayant été brevetés, ils renoncent au bénéfice de leur brevet ou sont reconnus ne plus posséder une aptitude suffisante aux fonctions de leur spécialité.

En ce qui concerne les antécédents, les hommes condamnés ou punis pour des faits entachant l'honorabilité et ceux qui se sont signalés par une inconduite habituelle sont absolument écartés. Toutefois, lorsqu'il s'agit de marins qui ont été réduits de grade ou de classe, il doit être statué sans tenir compte des faits qui ont motivé cette peine, sous réserve, bien entendu, que, depuis lors, la conduite des intéressés a été bonne.

Lorsqu'un marin a été jugé susceptible d'être réadmis ou rengagé une première fois par une commission de l'un des ports, les antécédents défavorables relevés à sa charge lors de ce premier examen ne pourront plus entrer en ligne pour motiver le refus dudit marin, s'il se présente pour une seconde réadmission ou un second rengagement, à moins qu'il n'y ait à reprocher à cet homme des fautes de même nature commises pendant la période de service qui prend fin.

Art. 10. Tout homme qui a été refusé par la commission des réadmissions et rengagements d'un port, pour défaut de conduite ou d'aptitude, ne peut être accepté ultérieurement dans un autre port.

Dans ce cas, une mention spéciale, indiquant le refus d'acceptation, est inscrite, séance tenante, par le président de la commission, sur le livret matricule de l'homme au tableau disposé à cet effet.

Les candidats dont les antécédents laissent à désirer, sans toutefois motiver une exclusion définitive du service, peuvent être ajournés de trois à six mois par la commission devant laquelle ils se présentent. Mention de la mesure prise à leur égard est portée sur le livret matricule.

A l'expiration du délai indiqué, l'homme ajourné doit être réadmis au service si aucun fait nouveau à sa charge ne s'est produit depuis l'époque de son ajournement.

Art. 11. Aucun homme ne doit être réadmis ou rengagé s'il ne peut réunir, à l'âge de 50 ans, vingt-cinq années de services donnant droit à la pension de retraite.

Art. 12. Au commencement de chaque trimestre, la commission rédige un compte rendu détaillé de ses travaux pendant le trimestre précédent, au point de vue du recrutement général de la flotte. A ce compte rendu est joint un état conforme au modèle annexé au présent arrêté, indiquant les résultats numériques des opérations de la commission.

Ces pièces, appuyées des observations du commandant de la division et de celles du major général, sont transmises au Ministre par le préfet maritime, qui y joint ses appréciations personnelles.

185. Le Ministre de la marine a fait lui-même le commentaire de ces documents officiels ; nous ne pouvons mieux faire que de reproduire ce commentaire.

Décret du 24 décembre 1889.

COMMENTAIRES.

Art. 22.

Vous remarquerez que les marins et les militaires des troupes de la marine appartenant à la réserve de l'armée active peuvent se rengager dans le corps des équipages de la flotte, s'ils réunissent d'ailleurs les conditions prévues par le présent décret.

Il n'en est pas de même des hommes de la réserve de l'armée de terre, l'article 65 de la loi du 15 juillet 1889 établissant que ces militaires ne peuvent se rengager que dans les troupes coloniales.

Toutefois, pour ne pas fermer absolument aux hommes de cette catégorie la carrière de la marine, et afin de faciliter le fonctionnement de certains services spéciaux pour lesquels l'inscription maritime ne fournit en général que très peu de candidats, M. le Ministre de la guerre a bien voulu me faire connaître qu'il était disposé à autoriser, en vue de leur rengagement ultérieur dans la flotte, le passage dans la réserve des équipages de la flotte des réservistes de l'armée de terre que le département demandera.

Le nombre de ces changements d'affectation devant d'ailleurs être aussi limité que possible, il conviendra de ne me transmettre de propositions de l'espèce qu'en faveur de candidats très méritants et dont l'admission au service présentera un réel intérêt.

486. Arrêté ministériel du 27 décembre 1889.

COMMENTAIRES.

ART. 1er.

Le rôle des commissions de réadmission et de rengagement dont l'institution est prévue, tant par l'article 44 du décret du 5 juin 1883 que par l'article 20 du décret du 24 décembre 1889, reste le même que par le passé.

Afin de donner à l'administration des équipages la plus grande unité possible, il est désirable qu'au lieu de se rengager les intéressés se fassent réadmettre. Les commissions devront donc s'efforcer d'atteindre ce résultat.

Je rappelle qu'à part les engagés volontaires qui ont le droit d'accomplir intégralement la période de service pour laquelle ils se sont liés, tout homme de l'inscription maritime ou du recrutement qui, dans les conditions prévues par l'article 42 du décret du 5 juin 1883, demande à parfaire la période d'activité abrégée soit par l'envoi en congé renouvelable, soit par la concession d'un sursis, doit être soumis à l'examen de la commission.

ART. 2.

L'examen professionnel des candidats n'est pas obligatoire dans tous les cas. Ceux qui sont en activité ou qui n'ont pas quitté le service depuis plus de six mois peuvent, en effet, être appréciés d'après les certificats dont ils sont porteurs. En revanche, je désire que l'examen soit passé avec grand soin quand il s'agit de marins absents depuis six mois ou dont les certificats paraissent insuffisants pour constater leur aptitude.

ART. 5.

J'insiste sur le rôle du médecin, lequel consiste à éclairer la commission sur l'aptitude physique des candidats. La commission devra se montrer sévère lors de la première réadmission ou du premier rengagement, puis de moins en moins par la suite, sous la réserve cependant que l'intéressé conserve une aptitude suffisante pour le service de la spécialité à laquelle il appartient.

ART. 9 et 10.

Le nombre des réadmissions et rengagements à recevoir n'est pas limité, car il importe, pour la bonne composition des équipages, de conserver au service des hommes qui veulent faire leur carrière dans la marine.

Les commissions devront cependant écarter avec soin tout homme dont la conduite serait mauvaise ou dont l'aptitude professionnelle sera reconnue insuffisante.

L'ajournement des candidats dont les antécédents laissent à désirer, sans toutefois motiver une exclusion définitive, produisant sur les hommes un effet salutaire, le nouvel arrêté consacre cette mesure et en règle l'application.

87. Quant aux avantages pécuniaires accordés aux rengagés des équipages de la flotte, l'article 65 se borne à les assimiler à ceux qui sont accordés aux quartiers-maîtres et marins provenant de l'inscription maritime.

88. Le Ministre de la marine expose, dans un rapport au Président de la République, que cette assimilation, à l'état ancien, mettrait les équipages de la flotte dans une situation d'infériorité susceptible de compromettre leur bon recrutement.

Ce rapport, que nous citons parce qu'il explique très clairement la question, est suivi du décret du 7 février 1890 qui règle la situation.

RAPPORT AU PRÉSIDENT DE LA RÉPUBLIQUE FRANÇAISE.

Paris, le 7 février 1890.

Monsieur le Président,

La loi du 15 juillet 1889, sur le recrutement de l'armée, accorde aux caporaux et soldats qui se rengagent dans l'armée de terre ou dans la marine des avantages pécuniaires qui n'existaient pas jusqu'à ce jour et dont l'importance est considérable.

Ainsi, d'après l'article 63 de cette loi, les rengagements dans l'armée de terre des militaires dont il s'agit donnent droit, dorénavant, au payement d'une prime dont la valeur a été fixée par un décret du 5 octobre 1889, rendu sur la proposition du Ministre de la guerre. En outre, les ayants droit reçoivent, à partir du jour de leur rengagement, des hautes payes dont la quotité, également déterminée par le décret précité, est notablement supérieure, pour les caporaux, à celle qu'avait établie le décret du 30 novembre 1872, sur les rengagements dans l'armée de terre.

Pour les troupes de la marine, les avantages consentis en faveur des rengagés sont naturellement encore plus importants.

Aux termes de l'article 65, ces militaires touchent d'abord une prime de rengagement, puis des gratifications annuelles, et, enfin, des hautes payes augmentées de trois ans en trois ans.

Quant au corps des équipages de la flotte, la nouvelle loi militaire a seulement spécifié, dans le dernier paragraphe de l'article 65, que les rengagements des quartiers-maîtres et marins provenant du recrutement donneraient droit aux mêmes avantages pécuniaires que ceux qui sont accordés aux inscrits maritimes.

Si donc l'on maintenait les choses en l'état, il en résulterait que les hommes des équipages, rengagés ou réadmis, qui, eu égard aux conditions particulièrement pénibles du service dans ce corps, ont, à juste titre, toujours reçu des allocations très notablement supérieures à celles qui étaient accordées aux militaires des armées de terre ou de mer, se trouveraient aujourd'hui beaucoup moins bien traités que leurs camarades de l'arme.

Une pareille situation aurait pour conséquence immédiate d'arrêter presque complètement le recrutement des équipages, rendu déjà assez difficile par suite de certaines dispositions de la loi du 15 juillet 1889 : réduction à trois ans de la durée du service militaire ; suppression de l'avantage précédemment fait aux marins de passer directement dans la réserve de l'armée territoriale à l'expiration de leur temps de service dans la réserve de l'armée active.

Il me paraît donc indispensable d'améliorer, parallèlement à ce qui s'est fait dans l'armée de terre et dans les troupes de la marine, le traitement des quartiers-maîtres et marins rengagés ou réadmis, de manière à laisser subsister l'écart qui a toujours existé entre leur solde totale et celle des militaires de l'infanterie de marine.

Après avoir mûrement examiné cette question, j'ai pensé que la meilleure solution consisterait à augmenter, pour les quartiers-maîtres et les matelots, la quotité des trois chevrons, actuellement fixée par le décret du 29 septembre 1886 sur la solde des équipages de la flotte, l'accroissement de ces hautes payes restant échelonné de cinq ans en cinq ans.

Il importe de remarquer que, même dans ces conditions, les quartiers-maîtres auront encore moins touché, du fait de leurs rengagements, au bout de quinze ans de service, que les caporaux des troupes de la marine.

En vue de réaliser la mesure que je viens d'indiquer, j'ai fait préparer le projet de décret ci-joint, que j'ai l'honneur de soumettre à votre haute sanction, après avoir pris l'avis du conseil d'amirauté.

Décret du 7 février 1890.

Art. 1er. Le tarif n° 20 annexé au décret du 29 septembre 1886, sur la solde des équipages de la flotte, est remplacé par le suivant :

TARIF N° 20.

Hautes payes journalières d'ancienneté (chevrons).

HAUTES PAYES pour ANCIENNETÉ DE SERVICE.	MARINS DE L'INSCRIPTION MARITIME ET DU RECRUTEMENT.					
	OFFICIERS-MARINIERS ET QUARTIERS-MAITRES.			MARINS.		
	Nette.	3 p. 100.	Budgétaire.	Nette.	3 p. 100.	Budgétaire.
Après 5 ans...........	0.30	0.009	0.309	0.30	0.009	0.309
Après 10 ans..	0.50	0.015	0.515	0.35	0.011	0.361
Après 15 ans...........	1.00	0.031	1.031	0.50	0.015	0.515

Art. 2. Les hautes payes fixées par l'article précédent seront allouées, à partir du 1er janvier 1890, aux officiers-mariniers, quartiers-maitres et marins, au fur et à mesure que les intéressés réuniront les conditions exigées pour obtenir soit le premier, soit le second, soit le troisième chevron.

ARTICLE 66.

Les rengagements sont contractés devant les sous-intendants militaires, dans la forme prescrite par l'article 63 ci-dessus, sur la preuve que le contractant peut rester ou être admis dans le corps pour lequel il se présente.

89. L'article 66 règle la forme des rengagements ; c'est par erreur que cet article renvoie à l'article 63 ; c'est 62 qu'il faut lire. L'article 28 du décret du 28 septembre 1889 porte la correction.

Art. 28. Les rengagements sont reçus par les fonctionnaires de l'intendance militaire pour le corps désigné par le rengagé et dans les formes prescrites par l'article 62 de la loi.

L'acte de rengagement est conforme au modèle annexé au présent décret.

Nous avons vu sous l'article 62 de la loi les formalités de l'engagement ; ce sont les mêmes pour le rengagement avec cette différence que le rengagement contracté devant l'autorité militaire paraît prendre le caractère d'un acte administratif, soumis comme tel à la juridiction du Ministre de la guerre.

490. Il faut cependant remarquer que les motifs de l'arrêt de cassation que nous avons cité sous l'article 59 en traitant de la compétence des tribunaux civils en matière d'engagement s'appliquent avec plus de force encore à l'acte de rengagement.

Aussi, en l'absence de texte formel, nous estimons qu'il n'appartiendrait qu'aux tribunaux civils de statuer sur la validité d'un rengagement.

491. Nous donnons sous cet article le modèle type de l'acte de rengagement conforme aux règles stipulées par la loi :

Modèle n° 6.

—

Article 28 du décret
du
28 septembre 1889.

ACTE DE RENGAGEMENT.

L'an mil huit cent   , le
à   heures d   , s'est présenté devant
nous, sous-intendant militaire, résidant à
département d
Le sieur (1)

né le   à   , département
d   , fils d
et d   , domiciliés à
canton d   , département d   .
cheveux   , sourcils   , front   ,
yeux   , nez   , bouche   , menton
          , visage (2)   , taille d'un mètre
centimètres.

Lequel, assisté des sieurs (3)
appelés comme témoins conformément à la loi,
nous a déclaré vouloir contracter un rengagement
de   ans, pour servir dans le (4)
Et, à cet effet, nous a présenté (A) .

Nous, sous-intendant militaire, après avoir reconnu la régularité des pièces produites par le
sieur (1)   , nous lui avons donné
lecture :

Des articles 63, 64 (B), 66 et 67 de la loi du 15
juillet 1889 ;

Ensuite de quoi, nous avons reçu le rengagement
du sieur (1)   ,
lequel a promis de continuer à servir avec fidélité
et honneur et de rester sous les drapeaux pendant
l'espace de   ans, à compter du
Lecture faite audit sieur (1)
et aux deux témoins ci-dessus dénommés, du présent acte, ils ont signé avec nous (c)

(1) Nom, prénoms, grade et corps du militaire.

(2) Indiquer ici les marques particulières.

(3) Noms, prénoms, profession et résidence des deux témoins.

(4) Désigner le corps au titre duquel est souscrit le rengagement.
(A) Indiquer ici les pièces produites par le rengagé, en exécution de l'article 26 du décret.

(B) L'article 64 ne doit être lu qu'aux hommes de la cavalerie rengagés pour un an.

(c) Si le rengagé ou les témoins ne peuvent signer, il sera fait mention de la cause qui les en empêchera, conformément à l'article 39 du Code civil

ARTICLE 67.

Tout rengagé qui, étant sous les drapeaux, subit une condamnation à l'emprisonnement d'une durée de trois mois au moins, est déchu de tous ses droits à la gratification annuelle et à la haute paye. Il est dirigé, à l'expiration de sa peine, sur un bataillon d'infanterie légère d'Afrique pour y terminer son temps de service.

492. L'article 67 détermine le cas où un rengagé peut encourir la déchéance des avantages assurés par son rengagement.

Cet article ne s'applique qu'aux rengagés du chapitre II du titre IV de la loi, la situation des rengagés sous-officiers étant déterminée par la loi du 18 mars 1889.

La perte des avantages concédés est limitée aux gratifications annuelles et à la haute paye ; le rengagé conserve la prime qu'il a reçue à la signature de l'acte.

L'article 67 stipule un seul cas où la perte des avantages est encourue : c'est le cas d'une condamnation à trois mois au moins de prison.

Il ne suffirait pas, par suite, que le rengagé soit cassé du grade de brigadier ou puni disciplinairement de peines de prison s'élevant ensemble à plus de trois mois ; il est nécessaire qu'il y ait condamnation à une peine d'une durée minimum de trois mois, ce qui implique le conseil de guerre.

Le rengagé ainsi déchu n'en doit pas moins à l'Etat tout son temps d'engagement ; il termine son service dans un bataillon d'infanterie légère d'Afrique.

CHAPITRE III.

DES COMMISSIONS.

ARTICLE 68.

Peuvent être maintenus sous les drapeaux, en qualité de com-missionnés :

1° Les sous-officiers de toutes armes, dans les conditions indi-quées par la loi du 18 mars 1889 ;

2° Les militaires de la gendarmerie, les militaires du régiment de sapeurs-pompiers de Paris et le personnel employé dans les écoles militaires ;

3° Les caporaux ou brigadiers et soldats affectés dans les divers corps et services à certains emplois déterminés par le Ministre de la guerre.

Tout militaire commissionné pourra être mis à la retraite après vingt-cinq ans de service ; il ne pourra être maintenu sous les drapeaux que jusqu'à l'âge de 50 ans.

Toutefois, les militaires de la gendarmerie et de la justice militaire pourront rester en activité au delà de cette limite dans les conditions fixées par les règlements constitutifs de cette arme et de ce service.

Peuvent être réadmis en la même qualité, dans les catégories mentionnées aux paragraphes 2° et 3° ci-dessus, les militaires ayant accompli le temps de service exigé dans l'armée active, et rentrés dans leurs foyers depuis moins de trois ans.

Les militaires commissionnés ont droit à la haute paye de leur grade dans les mêmes conditions que les rengagés.

En cas d'inconduite de la part du commissionné, le Ministre de la guerre peut, sur l'avis conforme d'un conseil de discipline, soit suspendre les effets de la commission, soit révoquer défini-tivement le militaire commissionné, suivant la gravité des faits reprochés.

Tout militaire commissionné quittant les drapeaux après quinze années de service effectif aura droit à une pension pro-portionnelle, dont le taux sera décompté comme il est prescrit à l'article 63 ci-dessus, pour chaque année de service et pour chaque campagne, à raison de 1/25 du minimum de la pension de retraite du grade dont il sera titulaire depuis deux ans au moins.

Ceux qui obtiendraient d'être commissionnés après avoir quitté les drapeaux ne pourront réclamer ladite pension proportion-nelle qu'après avoir servi cinq ans en cette nouvelle qualité.

Les militaires commissionnés sont soumis aux lois et règle-ments militaires.

Ils ne peuvent quitter leur emploi sans avoir reçu notification de l'acceptation de leur démission. La décision du Ministre de la guerre devra être transmise dans un délai maximum de deux mois, augmenté hors de France des délais de distance, à partir de la date de la remise de la démission. En cas de guerre, les démissions ne sont jamais acceptées.

493. Le chapitre III, relatif aux commissions, se compose du seul article 68 qui régit toute la matière.

La commission, pour les hommes de troupe, est une situation spéciale qui ressemble au louage de services et qui constitue un engagement sans durée fixée d'avance et sans autre terme qu'une limite d'âge.

Pour les sous-officiers, l'article 68 renvoie à la loi du 18 mars 1889.

Pour les autres hommes de troupe, l'article 68 désigne comme susceptibles d'être commissionnés :

1° Les militaires de la gendarmerie ;

2° Les militaires du régiment de sapeurs-pompiers de Paris ;

3° Le personnel employé dans les écoles militaires.

Enfin, dans les divers corps et services, les caporaux, brigadiers ou soldats affectés à certains services spéciaux qui sont plutôt des emplois de longue durée que des services passagers.

494. L'article 68 laissait au Ministre de la guerre le soin de déterminer ces emplois. Le Ministre a rempli cette lacune par une décision en date du 18 novembre 1889 comme suit :

Aux termes de l'article 68 de la loi du 15 juillet 1889, sur le recrutement de l'armée, peuvent être maintenus sous les drapeaux en qualité de commissionnés, jusqu'à l'âge de 50 ans, ou être réadmis en la même qualité, s'ils ont accompli le temps de service exigé dans l'armée active et s'ils sont rentrés dans leurs foyers depuis moins de trois ans, les caporaux ou brigadiers et soldats affectés, dans les divers corps et services, à certains emplois déterminés par le Ministre de la guerre.

En conséquence, le Ministre décide que les dispositions qui précèdent seront appliquées aux catégories de militaires ci-après :

Infanterie. — Les militaires des petits états-majors et des sections hors rang, les tambours et clairons, les cordonniers, tailleurs et gardes-magasins d'habillement des compagnies, les caporaux maîtres-adjoints d'escrime brevetés, les prévôts d'escrime brevetés, les moniteurs de gymnastique ayant suivi les cours de l'Ecole de Joinville-le-Pont et les soldats ordonnances des officiers.

Sections de secrétaires d'état-major et du recrutement. — Les soldats tailleurs et les soldats cordonniers.

Cavalerie. — Les militaires des petits états-majors et des pelotons hors rang, les trompettes, les maréchaux ferrants, selliers, bottiers et tailleurs des escadrons, les télégraphistes et les sapeurs de cavalerie, les brigadiers maîtres adjoints d'escrime brevetés, les prévôts d'escrime brevetés, les gardes-magasins d'habillement et du harnachement des escadrons, les cavaliers de remonte et les cavaliers de manège de tous grades, et les soldats ordonnances des officiers.

Artillerie. — Les militaires des petits états-majors et des pelotons hors rang, les musiciens des écoles d'artillerie, les trompettes, les maréchaux ferrants, les ouvriers en fer et en bois, les tailleurs, bottiers, selliers et bourreliers, les brigadiers maîtres adjoints d'escrime brevetés, les prévôts d'escrime brevetés, les moniteurs de gymnastique ayant suivi les cours de l'Ecole de Joinville-le-Pont, les artificiers et maîtres pointeurs des batteries détachées ou non des régiments d'artillerie et des bataillons de forteresse, les brigadiers et maîtres bateliers des régiments d'artillerie-pontonniers, les gardes-magasins d'habillement des batteries ou compagnies et les soldats ordonnances des officiers.

Train des équipages militaires. — Les brigadiers et soldats des états-majors des escadrons, les trompettes, les ouvriers en fer et en bois, les selliers et bourreliers, les tailleurs, les bottiers, les maréchaux ferrants, les brigadiers maîtres adjoints d'escrime brevetés, les prévôts d'escrime brevetés, les moniteurs de gymnastique ayant suivi les cours de l'Ecole de Joinville-le-Pont, les gardes-magasins des compagnies détachées ou non et les soldats ordonnances des officiers sans troupe et des officiers appartenant aux escadrons du train des équipages militaires.

Génie. — Les militaires des petits états-majors et des sections hors rang, les maîtres ouvriers, tambours, clairons, trompettes, tailleurs, cordonniers et gardes-magasins d'habillement des compagnies, les bourreliers, selliers, maréchaux ferrants et aides-maréchaux ferrants des compagnies de sapeurs-conducteurs, les caporaux ou brigadiers maîtres-adjoints d'escrime brevetés, les prévôts d'escrime brevetés, les moniteurs de gymnastique ayant suivi les cours de l'Ecole de Joinville-le-Pont, les caporaux employés dans les écoles du génie, l'Ecole des chemins de fer, l'établissement central d'aérostation et les soldats ordonnances des officiers.

Sections de commis et ouvriers militaires d'administration. — Les caporaux armuriers, les caporaux tailleurs, les caporaux cordonniers, les gardes-magasins d'habillement, les soldats tailleurs et cordonniers, les ouvriers chauffeurs et les ouvriers mécaniciens des établissements du service de l'intendance et les ouvriers boulangers, ces derniers dans la proportion du tiers.

Sections d'infirmiers militaires. — Les militaires employés en qualité de cuisiniers, de chauffeurs et de mécaniciens dans les établissements du service de santé, un soldat tailleur et un soldat cordonnier par section.

495.   Les avantages concédés aux commissionnés sont, quant à la haute paye et à la pension proportionnelle après quinze ans de services, les mêmes que pour les rengagés; mais ils peuvent arriver à la retraite de vingt-cinq ans de services.

496.   De plus, s'ils sont soumis, comme les rengagés, aux lois et règlements militaires, ils ne peuvent être révoqués que sur l'avis d'un conseil de discipline, et cessent, en cas de révocation, tout autre service que celui des hommes de leur classe.

497.   Ils peuvent être maintenus sous les drapeaux, jusqu'à l'âge de 50 ans, et même davantage dans la gendarmerie et le service de la justice militaire qui ont, à cet égard, une constitution spéciale.

498.   Le dernier paragraphe de l'article 68 traite de la démission des commissionnés.

Engagés sans délai et sans contrat, les commissionnés peuvent démissionner, c'est-à-dire renoncer à leur commission; mais ils ne peuvent quitter leur emploi sans avoir reçu notification de l'acceptation de leur démission, et la décision du Ministre doit leur être transmise, sauf les délais de distance, dans un délai de deux mois.

Est-ce à dire que le Ministre peut refuser leur démission et les conserver malgré eux?

Ou bien ne sont-ils tenus qu'à conserver leur emploi deux mois après leur démission?

Nous pensons que le Ministre, *hors le cas de guerre* spécialement visé par l'article, ne peut refuser la démission, et qu'en lui accordant deux mois pour faire connaître sa décision, l'article veut dire sa décision d'acceptation et pas une autre.

Sans doute le texte peut donner lieu à double interprétation; mais il ne faut pas oublier que l'attribution d'une commission n'est subordonnée à aucun contrat d'engagement, et il serait nécessaire d'avoir un texte formel pour donner au Ministre le droit exorbitant de garder au service sans limite des hommes qui ne sont même pas engagés.

D'ailleurs le rapport du premier rapporteur à la Chambre des députés, M. Laisant, est très net à cet égard et rien n'est venu dans la discussion et dans les rapports suivants infirmer son interprétation.

Voici l'extrait du rapport concernant cette question spéciale :

La plupart des autres dispositions, notamment celles relatives à la pension proportionnelle, ne font aucune difficulté. Seulement, l'obligation pour les commissionnés de ne quitter le service, en cas de démission, qu'après acceptation de cette démission, ne pouvait être maintenue, en équité, qu'avec des tempéraments, c'est-à-dire en imposant au Ministre de la guerre un délai maximum. Ce délai a été fixé à deux mois, avec augmentation des délais de distances pour les pays hors de la métropole.

TITRE V.

DISPOSITIONS PÉNALES.

ARTICLE 69.

Toutes fraudes ou manœuvres par suite desquelles un jeune homme a été omis sur les tableaux de recensement sont déférées aux tribunaux ordinaires et punies d'un emprisonnement d'un mois à un an.

Sont déférés aux mêmes tribunaux et punis de la même peine :

1° Les jeunes gens appelés qui, par suite d'un concert frauduleux, se sont abstenus de comparaître devant le conseil de revision ;

2° Les jeunes gens qui, à l'aide de fraudes ou manœuvres, se font exempter ou dispenser par un conseil de revision, sans préjudice de peines plus graves en cas de faux.

Les auteurs ou complices sont punis des mêmes peines.

Si le jeune homme omis a été condamné comme auteur ou complice de fraudes ou manœuvres, les dispositions des articles 15 et 17 de la présente loi lui sont appliquées lors des premières opérations de recensement qui ont lieu après l'expiration de sa peine.

Le jeune homme indûment exempté ou indûment dispensé est rétabli en tête de la première partie de la classe appelée, après qu'il a été reconnu que l'exemption ou la dispense avait été indûment accordée.

499. Le titre V est consacré aux dispositions pénales relatives au recrutement; il vise spécialement les délits résultant des manquements graves aux obligations de la loi de recrutement.

L'article 69 prévoit trois délits :

1° L'omission sur les tableaux de recensement par fraude ou manœuvre;

2° L'abstention devant le conseil de revision par suite d'un concert frauduleux;

3° L'obtention par fraude ou manœuvre d'une exception ou dispense.

Ces trois délits, bien entendu, sans préjudice des crimes comme celui de faux, par exemple, dont ils peuvent être l'occasion, sont déférés aux tribunaux ordinaires.

500. L'omission peut être le résultat d'une erreur, d'une négligence ou d'une fraude.

Dans les deux premiers cas, il n'y a d'autre peine infligée que celle résultant de l'article 17, c'est-à-dire l'inscription en tête de la liste de tirage au sort.

Cette peine a encore une certaine gravité puisqu'elle a pour résultat de supprimer pour le jeune homme la chance de la deuxième portion du contingent, et de le rendre susceptible d'être affecté aux armées de mer et coloniale.

L'article 69 punit le troisième cas d'un emprisonnement d'un mois à un an.

Cette peine peut être réduite par les circonstances atténuantes au-dessous même de la prison (art. 78).

La complicité de ce délit est punie de la même peine.

Lorsque le jeune homme omis a été condamné, il fait sa peine, et après l'expiration de sa peine il est traité comme les omis simples aux premières opérations de recensement.

S'il est acquitté, il est considéré et traité comme un omis simple.

501. Le second délit puni des mêmes peines est le délit d'abstention, par concert frauduleux, devant le conseil de revision.

Ce délit n'est pas facile à qualifier. Si la loi avait voulu punir simplement le complot ayant pour résultat de compliquer les opérations de l'incorporation par suite d'une abstention générale devant le conseil de revision, on comprendrait qu'elle ait frappé en réunion un acte parfaitement licite individuellement; mais le texte porte qu'il faut un concert frauduleux, ce qui entraîne la nécessité d'une intention criminelle et intéressée.

Or, on ne voit pas aisément, à ce point de vue, l'intérêt que peut présenter une abstention de cette nature, ni la fraude qu'elle peut couvrir.

Il peut se faire, cependant, que les jeunes gens d'un canton se laissent tous déclarer bons pour le service, afin d'augmenter la deuxième portion du contingent dans leur canton; mais il n'est pas probable que l'on puisse entraîner dans ce complot ceux qui ont de bonnes raisons à donner devant le conseil de revision.

C'est là un délit qui ne verra pas souvent le jour de l'audience.

502. Le troisième délit de l'article 69 est l'obtention, par fraudes ou manœuvres, de la dispense ou exemption.

Il faut remarquer que ce délit est distinct de celui de l'article 70 visant les mutilations volontaires.

Il ne s'agit ici que des manœuvres ayant pour but de faire croire à un cas d'exemption simulé, ou à un cas de dispense faussement prétendu.

Il faut, pour que le délit soit poursuivi, qu'il ait été consommé, c'est-à-dire que l'exemption ou la dispense ait été obtenue; la tentative seule n'est pas punissable pour ce délit spécial. Ainsi, un jeune homme passant devant le conseil de revision simule la surdité ou toute autre infirmité par des procédés frauduleux; s'il ne réussit pas, le délit tombe; s'il réussit, il peut être poursuivi et condamné.

Mais à côté du délit lui-même se trouvent souvent soit un crime de faux, soit des délits spéciaux de faux certificats prévus et punis par les lois ordinaires. Ceux-là peuvent toujours être poursuivis.

Quant au délit principal, il ne peut être poursuivi que devant le tribunal correctionnel et *reconnu* que par ce tribunal.

Lorsqu'un jeune homme est prévenu d'avoir commis le délit, il est traduit devant le tribunal correctionnel; s'il est acquitté, la décision du conseil de revision lui accordant l'exemption ou la dispense est définitive; et, quels que soient les soupçons ou les charges contre lui, il conserve sa situation.

Mais s'il est condamné, il accomplit sa peine, et l'article 69, *in fine*, règle ensuite ce qui se passe; il est rétabli en tête de la liste de tirage de la première classe appelée comme les omis par fraude après l'expiration de leur peine.

503. Indépendamment des peines correctionnelles, les jeunes gens qui font fraude à la loi peuvent être poursuivis civilement en dommages et intérêts par tous ceux auxquels la fraude a porté préjudice. La jurisprudence est formelle à cet égard. Il faut remarquer cependant qu'avec le service obligatoire pour tous, le préjudice sera plus rare et moindre qu'avant 1872. Cependant, il peut se produire. Ainsi, il peut arriver qu'un jeune homme, dispensé par fraude, comme soutien de famille, ait porté préjudice à un ou à plusieurs autres en occupant une place dans le maximum de 5 0/0 fixé par l'article 22; il peut encore

arriver qu'un exempté par fraude fasse diminuer d'une unité dans un canton la quotité de la deuxième portion du contingent, et porte ainsi préjudice au dernier numéro de la première.

Quel que soit le cas, s'il y a préjudice établi, il y a lieu à responsabilité civile des auteurs et complices.

ARTICLE 70.

Tout homme prévenu de s'être rendu impropre au service militaire, soit temporairement, soit d'une manière permanente, dans le but de se soustraire aux obligations imposées par la présente loi, est déféré aux tribunaux, soit sur la demande des conseils de revision, soit d'office. S'il est reconnu coupable, il est puni d'un emprisonnement d'un mois à un an.

Sont également déférés aux tribunaux et punis de la même peine, les jeunes gens qui, dans l'intervalle de la clôture de la liste cantonale à leur mise en activité, se sont rendus coupables du même délit.

A l'expiration de leur peine, les uns et les autres sont mis à la disposition du Ministre de la guerre pour tout le temps du service militaire qu'ils doivent à l'Etat et sont envoyés dans une compagnie de discipline.

La peine portée au présent article est prononcée contre les complices.

Si les complices sont des médecins, des officiers de santé ou des pharmaciens, la durée de l'emprisonnement est pour eux de deux mois à deux ans, indépendamment d'une amende de 200 francs à 1,000 francs qui peut être aussi prononcée, et sans préjudice de peines plus graves dans les cas prévus par le Code pénal.

504. L'article 70 punit la mutilation volontaire ayant pour but de se soustraire aux obligations imposées par la présente loi.

L'instruction ministérielle du 28 mars 1890 traite de ce délit, à l'occasion des opérations du conseil de revision, dans les termes suivants :

JEUNES GENS PRÉVENUS DE S'ÊTRE RENDUS IMPROPRES AU SERVICE.

La loi punit de la même peine la tentative et le fait de s'être volontairement rendu impropre au service militaire. Le conseil de revision n'a donc pas à distinguer entre ces deux cas.

Lorsqu'un jeune homme paraît s'être mutilé ou avoir provoqué une infirmité, soit temporaire, soit permanente, dans le but de se soustraire à ses obligations militaires, le conseil de revision doit déclarer s'il est ou non propre au service, et le déférer aux tribunaux. Mais il ne prendra de décision définitive sur son aptitude qu'après le prononcé du jugement. Le condamné ne peut être exempté.

Les préfets notifient immédiatement les condamnations aux généraux commandant les subdivisions, en leur faisant connaître la peine prononcée, le lieu où elle est subie, et la date à laquelle a commencé la détention.

Les généraux de brigade prescrivent les mesures nécessaires pour qu'à leur sortie de prison les jeunes gens soient, sans délai, dirigés sur la 4e compagnie de fusiliers de discipline (section des mutilés).

Cette dernière disposition sera également appliquée aux jeunes gens qui, dans l'intervalle de la clôture de la liste cantonale à leur mise en activité, auront, pour le même délit, été déférés aux tribunaux par l'autorité militaire, et auront été condamnés.

605. Cette explication contient une grave erreur ; la tentative du délit de mutilation volontaire de l'article 70 n'est pas visée par l'article 77 déterminant les tentatives de délit assimilables au délit lui-même. Cette omission, volontaire d'ailleurs, tranche la question ; il est, au surplus, de principe qu'en matière de délit il faut une stipulation expresse pour atteindre la tentative.

Contrairement donc à ce qui se passait sous la loi de 1872, la tentative de ce délit n'est plus punie ; il faut donc, pour qu'il y ait délit, que le conseil de revision ait statué et ait reconnu le jeune homme impropre au service militaire ; il n'y a pas par suite de délit reconnu tant que le conseil de revision, seul compétent à cet égard, n'a pas rendu sa décision ; néanmoins, en présence d'une mutilation frauduleuse manifeste, une poursuite peut être commencée et une instruction ouverte, sauf au tribunal à surseoir jusqu'à la décision du conseil de revision.

Sous la loi de 1872, le sursis était également imposé par la jurisprudence de la Cour de cassation (arrêt du 20 décembre 1873), mais uniquement pour reconnaître, suivant la décision du conseil de revision, s'il y avait délit ou tentative de délit.

506. La suppression de la tentative soulève une question assez délicate eu égard au caractère strictement limité des lois pénales.

Le délit consiste à se rendre impropre au service militaire.

Or, on peut supposer une mutilation rendant impropre au service actif et laissant propre au service auxiliaire, qui est une forme du service militaire.

Le délit existe-t-il en ce cas ? C'était, certainement, au moins une tentative sous la loi de 1872. Est-ce aujourd'hui le délit prévu ? Si l'on en juge par les termes de l'arrêt de la Cour de cassation ci-dessus visé, le fait de se rendre impropre à un mode seulement de service militaire, sans que l'impropriété *soit absolue*, ne constituerait qu'une tentative.

Voici en effet ce qu'on relève dans cet arrêt :

Attendu que la prévention imputée à l'accusé était celle de s'être rendu ou d'avoir tenté de se rendre impropre à tout service militaire, actif ou auxiliaire ; que, pour prononcer en connaissance de cause sur cette prévention alternative, l'autorité judiciaire avait besoin de savoir si l'*impropriété absolue à tout service militaire* existait en la personne de l'accusé, pour déduire *de là* si elle avait à réprimer un délit ou une tentative de délit.

Il semble résulter de ces motifs que le délit n'existe que quand l'impropriété est absolue, et que tout autre cas ne laisse subsister que la tentative, laquelle aujourd'hui échappe à toute punition.

Nous ne pensons pas que la Cour de cassation ait

entendu trancher ainsi accidentellement une question qui ne se posait pas directement dans l'espèce, et nous estimons qu'il ne faut pas séparer les mots *impropres au service militaire* de la phrase qui suit : *dans le but de se soustraire aux obligations imposées par la présente loi.*

Le délit existera donc toutes les fois que l'acte accompli volontairement aura eu pour résultat de rendre le coupable impropre à remplir les obligations militaires auxquelles il serait tenu naturellement.

Autrement, on arriverait à ce résultat singulier que l'on échapperait à toute peine, si la mutilation dispensait complètement *du service actif,* tandis qu'on serait passible de l'article 70, si elle entraînait seulement un ajournement.

507. L'article 70 apporte encore à ce délit une condition de temps ; il faut qu'il ait été commis avant le conseil de revision ou entre le conseil de revision et l'incorporation.

Il en résulte qu'après l'incorporation, le délit de mutilation volontaire n'existe plus.

On comprend bien que la situation n'est plus la même ; l'homme incorporé ne pouvant plus être que réformé, et l'autorité militaire seule prononçant cette réforme au corps, il sera toujours possible de ne pas réformer celui qui se sera volontairement rendu impropre au service ; mais on ne pourra plus lui donner que deux mois de punition disciplinaire, et il n'aura pas de casier judiciaire. On ne voit vraiment pas pourquoi le fait ne continue pas à être poursuivi et réprimé sévèrement comme un délit.

Cette limitation de temps est d'autant plus regrettable qu'on peut parfaitement envisager le cas d'un réserviste ou territorial se mutilant pour éviter le service au moment d'une guerre. Contre cet acte criminel, l'autorité militaire est désarmée.

508. Les coupables condamnés aux termes de l'article 70 sont mis à la disposition du Ministre de la guerre après leur peine et terminent leur temps de service dans une compagnie de discipline.

509. Les complices sont punis de la même peine que les auteurs principaux; mais il est une catégorie de complices plus spéciaux à ce délit qu'il était nécessaire de punir plus sévèrement : ce sont les hommes de l'art, médecins, officiers de santé ou pharmaciens.

Pour eux la peine est double, et elle s'aggrave encore d'une amende de 200 à 1,000 francs.

510. L'article 70 se termine par ces mots : *sans préjudice de peines plus graves dans les cas prévus par le Code pénal.*

Cette stipulation s'applique d'une façon générale à tous les complices qui peuvent en effet accomplir des actes de violence punis par le Code pénal et notamment par les articles 309, 311 et 317.

Il est, en effet, établi par la jurisprudence que les crimes ou délits accomplis contre les personnes ne perdent pas leur caractère criminel par le consentement de la victime.

Ainsi un individu, médecin ou autre, qui coupe un doigt à un conscrit peut être condamné directement comme coupable aux termes de l'article 309 à cinq ans de prison.

Un médecin qui administre une drogue dangereuse dans les conditions de l'article 317 peut aussi être poursuivi directement et être condamné à cinq ans de prison.

Nour pourrions citer une foule d'autres exemples; mais il suffit de se reporter à chacun des articles du Code pénal qui punissent les violences contre les personnes.

ARTICLE 71.

Les médecins militaires ou civils, qui, appelés au conseil de revision à l'effet de donner leur avis conformément aux articles 18, 19, 20 et 27 de la présente loi, ont reçu des dons ou agréé des promesses pour être favorables aux jeunes gens qu'ils doivent examiner, sont punis d'un emprisonnement de deux mois à deux ans.

Cette peine leur est appliquée, soit qu'au moment des dons ou promesses ils aient déjà été désignés pour assister au conseil de revision, soit que les dons ou promesses aient été agréés en prévision des fonctions qu'ils auraient à y remplir.

Il leur est défendu, sous la même peine, de rien recevoir, même pour une exemption ou dispense justement prononcée.

Ceux qui leur ont fait des dons ou promesses sont punis de la même peine.

511. L'article 71 détermine les peines infligées aux médecins militaires et civils coupables de se laisser corrompre dans l'exercice de la fonction spéciale aux opérations du recrutement.

C'est donc là un délit spécial qui n'est plus compris dans les faits de corruption prévus, pour les militaires, notamment par le Code de justice militaire.

Cette pénalité spéciale est certainement une exception à la législation ordinaire. L'article 71 ne porte, en effet, aucune des mentions que nous vues précédemment comme par exemple à l'article 70 : « sans préjudice des peines plus graves, etc. »

Il ne faut pas oublier de plus que l'article 78 dit que les tribunaux civils et militaires appliqueront les lois pénales ordinaires dans tous les cas non prévus par les dispositions précédentes, d'où cette conséquence que lorsque le cas est prévu, la loi pénale ordinaire n'a pas à intervenir.

Il est néanmoins bizarre que la peine soit très adoucie dans le cas le plus grave et le plus dangereux qui se puisse rencontrer.

512. Le délit existe par le fait seul d'acceptation de dons ou promesses ou de cadeaux même pour exemption ou dispense justement prononcée, et alors même que le médecin ne serait pas encore désigné, si l'acte est accompli en prévision de la fonction.

513. Les corrupteurs sont punis de la même peine, quoique n'ayant pas réussi, l'article 77 assimilant au délit les tentatives de délits de l'article 71.

Il va sans dire que, pour ces délits comme pour tout délit, l'intention criminelle est un élément nécessaire.

ARTICLE 72.

Tout fonctionnaire ou officier public, civil ou militaire qui, sous quelque prétexte que ce soit, a autorisé ou admis des exclusions, exemptions ou dispenses autres que celles déterminées par la présente loi, ou qui aura donné arbitrairement une extension quelconque, soit à la durée, soit aux règles ou conditions des appels, des engagements ou des rengagements, sera coupable d'abus d'autorité, et puni des peines portées dans l'article 185 du Code pénal, sans préjudice de peines plus graves prononcées par ce Code dans les autres cas qu'il a prévus.

514. L'article 72 punit, de la part des fonctionnaires appelés à statuer sur les exclusions, dispenses, exemptions, et sur les engagements ou rengagements, tout acte de nature à entraîner, soit contre les jeunes gens, soit en leur faveur, une augmentation ou une atténuation de leurs obligations militaires contrairement à la loi. C'est ce que l'article 72 appelle un abus d'autorité et punit des peines réservées par le Code pénal à cette grave infraction.

515. Nous avons vu que les médecins des conseils de revision sont régis par l'article 71 ; ils ne pourraient être atteints par l'article 72, puisque, ne donnant jamais qu'un avis, ils ne sont pas de la classe de ceux qui, suivant les termes de cet article, *autorisent* ou *admettent*. Ceux qui sont visés par l'article 71 sont les fonctionnaires qui, soit individuellement, soit comme membres d'un conseil, sont appelés à statuer sur la situation des jeunes gens ou à recevoir les actes d'engagement ou de rengagement.

Les membres des conseils de revision, les maires, les intendants militaires, les chefs de corps sont évidemment de ceux qui peuvent être atteints.

516. L'article 185 du Code pénal porte les peines suivantes : 200 francs d'amende au moins et 500 francs au plus, avec l'interdiction de l'exercice des fonctions publiques, depuis cinq ans jusqu'à vingt.

Les peines plus graves dont parle l'article 72 sont celles pouvant résulter des actes commis pour arriver à l'exemption ou à la dispense, comme celui, par exemple, où des membres du conseil de revision auraient admis une dispense basée sur un faux, sachant que c'était un faux. En ce cas, il y aurait évidemment complicité.

517. L'application de l'article 72 n'est pas sans présenter de difficultés.

On conçoit que cet article n'ayant fixé aucune compétence spéciale, chaque délinquant ira à ses juges naturels.

Les militaires iront, par suite, au conseil de guerre; mais comment le conseil de guerre appliquera-t-il à un militaire la peine de l'interdiction des fonctions publiques temporaires?

Sera-ce la destitution?

Non, évidemment : la destitution est une peine spéciale déterminée par le Code de justice militaire, et que le conseil ne peut appliquer que dans des cas limités et prévus.

Mais, alors, qu'est-ce, pour un officier, que l'interdiction d'occuper ses fonctions temporairement? Ce n'est pas une situation prévue par la loi sur l'état des officiers, mais elle pourra se régler disciplinairement. La condamnation du conseil de guerre ne pourra avoir qu'un effet déclaratif; il appartiendra au Ministre de la guerre d'engager alors la procédure des conseils d'enquête spéciaux aux officiers, et de prononcer, soit leur destitution, s'il y a lieu, soit leur mise dans l'une des positions où ils conservent leur grade sans remplir leurs fonctions, comme la disponibilité, le retrait d'emploi, la suspension ou la réforme.

ARTICLE 73.

Tout jeune soldat appelé, au domicile duquel un ordre de route a été régulièrement notifié, et qui n'est pas arrivé à sa destination au jour fixé par cet ordre, est, après un délai d'un mois en temps de paix, et de deux jours en temps de guerre et hors le cas de force majeure, puni, comme insoumis, d'un emprisonnement d'un mois à un an en temps de paix, et de deux à cinq ans en temps de guerre. Dans ce dernier cas, à l'expiratipn de sa peine, il est envoyé dans une compagnie de discipline.

En temps de guerre, les noms des insoumis sont affichés dans toutes les communes du canton de leur domicile ; ils restent affichés pendant toute la durée de la guerre. Le condamné pour insoumission ou désertion en temps de guerre sera, en outre, privé de ses droits électoraux.

Ces dispositions sont applicables à tout engagé volontaire qui, sans motifs légitimes, n'est pas arrivé à sa destination dans le délai fixé par sa feuille de route.

En cas d'absence du domicile, l'ordre de route est notifié au maire de la commune dans laquelle l'appelé a été porté sur la liste de recensement.

A l'égard des appelés, le délai d'un mois sera porté :

1° A deux mois, s'ils demeurent en Algérie, en Tunisie ou en Europe ;

2° A six mois, s'ils demeurent dans tout autre pays.

En temps de guerre ou en cas de mobilisation par voie d'affiches et de publications sur la voie publique, les délais ci-dessus seront diminués de moitié.

L'insoumis est jugé par le conseil de guerre de la région de corps d'armée dans laquelle il est arrêté.

Le temps pendant lequel l'engagé volontaire ou le jeune soldat appelé aura été insoumis ne compte pas dans les années de service exigées.

La prescription contre l'action publique résultant de l'insoumission ne commence à courir que du jour où l'insoumis a atteint l'âge de 50 ans.

518. L'article 73 réprime le véritable délit de recrutement, l'insoumission, c'est-à-dire le fait, par l'homme appelé ou engagé, de ne pas se rendre dans un délai fixé à son corps.

Cet article s'occupe spécialement et uniquement des jeunes soldats appelés et des engagés volontaires, c'est-à-dire des hommes passant, pour la première fois, de l'état civil à l'état militaire et n'étant pas, par suite, encore soldats. Cependant, il peut s'appliquer aussi à d'anciens soldats, dans le cas d'engagement pour la durée de la guerre.

519. Dans tous les cas, l'insoumis est un militaire depuis le jour où il aurait dû être incorporé ; le délit qu'li commet est absolument militaire et c'est devant le conseil de guerre qu'il est traduit. Le conseil de guerre compétent est celui de la région de corps d'armée sur le territoire de laquelle il est arrêté.

520.   Les délais de grâce accordés aux hommes avant qu'ils soient insoumis ou les peines infligées sont très différents, suivant le cas de paix ou de guerre.

Ainsi, le délai d'un mois en temps de paix est réduit à deux jours en temps de guerre. Quant à la peine, qui est d'un mois à un an en temps de paix, elle passe de deux à cinq ans en temps de guerre.

On remarque que le délai accordé part du jour qu'a fixé l'ordre de route pour l'arrivée au corps. Cela ne veut pas dire que l'homme est libre d'arriver dans cette limite. Il est tenu de se rendre au jour fixé et passible de punitions disciplinaires, s'il ne se rend pas ; seulement, il n'est déclaré insoumis et poursuivi comme tel qu'après un retard égal au délai de grâce. Ce n'est donc pas, à vrai dire, un délai ; c'est une période de tolérance applicable seulement à la naissance du délit.

Cette période est augmentée, comme l'indique l'article, pour la résidence hors de France et celle hors d'Europe.

521.   En temps de guerre, l'insoumis est frappé de trois peines accessoires qui lui ne sont pas appliquées en temps de paix.

Après l'accomplissement de sa peine, il est envoyé dans une compagnie de discipline.

Son nom est affiché, pendant la durée de la guerre, dans toutes les communes de son canton.

Il est privé pour toujours de ses droits électoraux.

522.   Le délit d'insoumission, qui paraît n'être que la simple constatation d'un fait matériel, est, au contraire, un délit dont le jugement présente souvent des difficultés pour le conseil de guerre.

Il n'y a pas, en effet, d'insoumission sans une notification d'ordre de route, et la question de l'existence ou de la régularité de cette notification est soulevée par la défense, dans quelques cas. Voici ce qu'exige, à cet égard, la jurisprudence militaire :

Nul ne peut être considéré comme insoumis s'il n'a été appelé à l'activité par ordre individuel, et la notification de l'ordre de route n'est régulière, lorsque l'appelé ne se trouvant pas à son domicile légal, elle a été faite au père, à la mère ou au tuteur, que si l'appelé n'a pas quitté son domicile légal et qu'il soit absent seulement momentanément, et pour des motifs connus des parents.

Le visa du maire sur les procès-verbaux de recherches de la gendarmerie peut suppléer au défaut d'une notification d'ordre de route qui aurait dû être faite à ce magistrat.

(Conseil revision, Paris, 24 février 1882, *Gazette Palais*, 82, 2, 288.)

253. De plus, le cas de force majeure empêchant l'homme de se rendre dans les délais de l'article 73 est une cause d'excuse ; les cas très divers de force majeure sont laissés à l'appréciation des juges.

254. La question s'était posée de savoir quelle était, notamment au point de vue de la force majeure, la situation d'un homme en état de détention au moment de son appel à l'activité.

Voici comment le conseil de revision de Paris a tranché cette question :

Le jeune soldat qui était en état de détention au moment où il a été appelé à l'activité, ne peut exciper du cas de force majeure, si, dans le mois qui a suivi l'expiration de sa peine, il n'a fait aucune démarche pour régulariser sa position et n'a pas rejoint le corps qui lui avait été désigné dans son ordre de route, régulièrement notifié à son domicile légal.

En pareil cas, il n'est pas nécessaire qu'un nouvel ordre de route lui soit notifié à l'expiration de sa peine.

Celui qui lui a été notifié à son domicile légal et dont les effets n'ont été que suspendus, conservait toute sa valeur et devait être exécuté dès la cessation du cas de force majeure.

(Conseil revision, Paris, 28 mai 1883, *Gazette Palais*, 83, 2, 462.)

525. Il est utile de déterminer nettement ce qu'entend la loi par les mots *en temps de guerre*.

On admet généralement que, pour qu'il y ait insoumission en temps de guerre, il faut de toute nécessité que la guerre ait lieu au moment où le délit *a commencé*. Dans ce système, le jeune homme insoumis de 1869 et arrêté en 1871 serait un insoumis en temps de paix, tandis que le jeune homme appelé pendant la guerre et insoumis à ce moment serait pour toujours, et à quelque moment qu'il fût arrêté, insoumis en temps de guerre.

Cette solution ne nous paraît ni équitable ni juridique. En effet, le fait de rester hors de l'armée quand la patrie est menacée est aussi coupable quand on persiste à manquer à ses devoirs, malgré cette nouvelle situation de guerre, que quand on commence à y manquer l'état de guerre existant déjà. La déclaration de guerre apporte à elle seule à la situation de l'insoumis une aggravation qu'il peut faire cesser en se constituant prisonnier ; il est donc absolument injuste qu'il ait une situation meilleure que l'insoumis nouveau.

Au point de vue juridique, l'insoumission est un délit successif que l'on commet et renouvelle sans interruption ; en droit, dès que la guerre éclate, on devient insoumis en temps de guerre, et si le délit aggravé reprend son ancien caractère après la guerre terminée, on n'en a pas moins à répondre du délit aggravé qui a été commis pendant la durée de la guerre.

Dans ce système donc, qui nous paraît le seul juridique et juste, quel que soit le moment de l'arrestation ou de la soumission, il suffit que l'état de guerre ait existé à un moment quelconque de l'insoumission pour que l'insoumis soit passible des peines aggravées de l'article 73.

526. L'article 73 porte que le temps passé en état d'insoumission ne compte pas dans les années de service exigées par la loi. Il est bien entendu que l'état d'insoumission rétroagit au jour fixé par l'ordre de route, dès que la période de grâce est expirée, et que l'insoumis a son temps plein à accomplir sans décompter le temps de grâce ; mais l'état d'insoumis ne saurait résulter du fait seul de l'insoumission ; il doit y avoir condamnation par le conseil de guerre. S'il y a acquittement, l'homme n'est plus un insoumis, il reprend place dans sa classe et n'est plus soumis qu'aux obligations de cette classe.

527. Nous verrons sous l'article 78 que le délit d'insoumission ne peut plus bénéficier des circonstances atténuantes. Le minimum de la peine est donc un mois de prison. Cette modification, qui paraît avoir été le résultat d'une confusion, mais qui est formelle, est très regrettable. Il arrivait, en effet, fréquemment que des cas d'insoumission étaient presque excusables, eu égard aux circonstances ; dans ces cas, comme il fallait une condamnation pour astreindre l'homme à accomplir ses obligations, les conseils de guerre donnaient vingt-quatre heures de prison et l'homme devenait soldat. En supprimant cette faculté, on les mettra souvent dans la nécessité d'acquitter plutôt que d'infliger un mois de prison, et l'homme ne sera plus insoumis la plupart du temps, et évitera ainsi tout service militaire ; c'est tout à fait le cas de dire : *Qui trop embrasse mal étreint.*

528. L'article 73 établit pour l'insoumission non pas une prescription, mais une limite spéciale. A 50 ans, l'insoumission cesse ; le délit qui a duré jusqu'à ce moment se prescrit alors, comme tous les délits, par trois années. Il résulte de cette disposition finale de l'article 73 qu'après 50 ans, aucun homme ne doit être astreint au service militaire ; par suite, un insoumis arrêté à 51 ans pourra être condamné comme ayant depuis moins de trois ans commis le délit d'insoumission ; mais, après sa peine, il ne sera pas incorporé ; à 53 ans, il ne pourra plus même être condamné.

529. Une loi d'amnistie du 21 juillet 1889, suivie d'un décret du 2 août, crée pour l'insoumission une situation transitoire. Ainsi, tout insoumis ayant plus de 45 ans depuis le 2 août 1889, ou impropre au service, est amnistié sans condition de service et ne peut plus être recherché. Les autres étaient tenus de faire une déclaration pour bénéficier de l'amnistie ; ils avaient un délai, pour faire cette déclaration, de trois mois en France, six mois en Europe et en Algérie, et dix-huit mois au delà du cap de Bonne-Espérance ou du cap Horn. La situation des deux premières catégories est donc aujourd'hui réglée et, sauf pour la dernière, la loi d'amnistie n'a plus aucune action sur l'article 73 qui sort son plein et entier effet pour tous les hommes n'ayant pas 45 ans au 2 août 1889, et n'étant pas impropres au service.

ARTICLE 74.

Quiconque est reconnu coupable d'avoir sciemment recélé ou pris à son service un insoumis est puni d'un emprisonnement qui ne peut excéder six mois. Selon les circonstances, la peine peut être réduite à une amende de 50 à 500 francs.

Quiconque est convaincu d'avoir favorisé l'évasion d'un insoumis est puni d'un emprisonnement d'un mois à un an.

La même peine est prononcée contre ceux qui, par des manœuvres coupables, ont empêché ou retardé le départ des jeunes soldats.

Si le délit a été commis à l'aide d'un attroupement, la peine sera double.

Si le délinquant est fonctionnaire public, employé du gouvernement ou ministre d'un culte salarié par l'Etat, la peine peut être portée jusqu'à deux années d'emprisonnement, et il est, en outre, condamné à une amende qui ne pourra excéder 2,000 fr.

530. Le délit d'insoumission ne paraît guère susceptible d'une complicité réelle au point de vue juridique; aussi, n'était-il pas possible de laisser aux principes généraux du droit le soin de régler les difficultés qui pourraient naître à cet égard.

L'article 74 détermine, à côté de l'insoumission, des délits directs naissant d'actes ayant pour résultat de faciliter l'insoumission et même de retarder ou empêcher le départ de jeunes soldats en dehors de toute insoumission.

Celui qui recèle ou prend à son service des insoumis est puni d'une peine qui peut aller de 50 francs d'amende à six mois de prison, sans dépasser 500 francs pour l'amende.

531. Le fait d'avoir favorisé l'évasion d'un insoumis est puni d'un emprisonnement d'un mois à un an. On comprend que ce délit ne peut se produire qu'après l'arrestation, mais jusqu'à quelle époque est-il possible? Les termes généraux de l'article doivent permettre de l'étendre jusqu'à l'incorporation, c'est-à-dire même pendant le temps où l'insoumis, condamné, subit sa peine.

Il faut, d'ailleurs, remarquer que la poursuite des délits spéciaux relevés ci-dessus ne peut s'engager que lorsque l'état d'insoumission est reconnu par le jugement du conseil de guerre.

532. Le délit prévu et puni par la seconde partie de l'article 74 n'est plus spécial à l'insoumission. Il résulte, en effet, des termes généraux du texte que le délit existe par le fait seul de retarder ou empêcher le départ sans qu'il soit nécessaire que cet empêchement ou ce retard ait atteint la durée nécessaire pour qu'il y ait insoumission.

Pour que ce délit existe, il faut des manœuvres coupables; c'est là une question d'appréciation pour les tribunaux. Il est, en tous cas, certain que l'intention coupable est nécessaire, de même que la connaissance de la situation militaire des jeunes gens.

Deux circonstances aggravantes sont prévues par l'article 74 :

La première, qui double la peine, est une circonstance de fait; c'est quand la manœuvre coupable est un attroupement ;

La deuxième, qui double la peine et y ajoute une amende, est relative à la qualité du délinquant; c'est quand il est fonctionnaire public, employé du gouvernement ou ministre d'un culte salarié par l'Etat.

On comprend que le délit peut se produire en

dehors de toute complicité et qu'il n'est nullement nécessaire que l'acte soit concerté avec les jeunes soldats.

533. L'article 77 assimile aux délits de l'article 74 la tentative de ces mêmes délits, et l'article 78 permet de leur appliquer les circonstances atténuantes.

ARTICLE 75.

En temps de paix, les militaires en congé rappelés sous les drapeaux, les hommes de la réserve et ceux de l'armée territoriale convoqués pour des manœuvres ou des exercices ou appartenant à des classes rappelées par décret, qui ne seront pas rendus le jour fixé au lieu indiqué par les ordres d'appel ou affiches, seront passibles d'une punition disciplinaire.

En cas de récidive, les pénalités de l'article 73 ci-dessus, concernant l'insoumission des jeunes soldats appelés, seront applicables aux hommes désignés au paragraphe précédent.

En cas de mobilisation, les hommes appelés sont déclarés insoumis s'ils n'ont pas rejoint dans le délai de deux jours, sauf dans le cas prévu à l'article 56 de la présente loi.

Tout homme qui n'a pas rejoint au jour indiqué pour des manœuvres ou exercices peut être astreint par l'autorité militaire à faire ou à compléter dans un corps de troupe le temps de service pour lequel il était appelé.

534. L'article 75 règle la situation de tous les hommes appelés autres que ceux visés par l'article 73, c'est-à-dire les jeunes soldats et les engagés volontaires. Il comprend donc les militaires en congé rappelés sous les drapeaux, les hommes de la réserve et de la territoriale convoqués pour des manœuvres ou exercices et les hommes appelés en cas de mobilisation.

Ces derniers sont insoumis s'ils n'ont pas rejoint dans le délai de deux jours ; c'est la situation de guerre : elle est parfaitement claire.

535. Quant aux autres, l'application de l'article 75 n'est pas sans présenter des difficultés. Au premier manquement, l'homme est passible d'une punition disciplinaire ; c'est bien quand il n'est qu'en retard ou qu'on peut l'arrêter.

536.   Mais, s'il échappe à toute recherche, comment procédera-t-on ? Pour qu'il devienne insoumis, il faut la récidive, et c'est là que naît la difficulté.

On ne voit guère, en effet, comment se produira la récidive.

Pour les réservistes et territoriaux appelés aux manœuvres, la difficulté peut se résoudre, et voici, en effet, comment le Ministre l'a résolue :

Les individus qui, une première fois, n'auront point répondu en temps voulu aux convocations régulières dans la réserve de l'armée active ou dans l'armée territoriale, seront, en regard de leur nom sur les contrôles et registres matricules, l'objet d'une mention spéciale ainsi conçue :

« N'a pas répondu à la convocation pour sa (première ou seconde) période d'exercice de (réserviste ou territorial), première fois, article 75 de la loi du 15 juillet 1889. »

Des bulletins de recherches seront lancés contre eux par les commandants des bureaux de recrutement.

En cas d'arrestation ou de présentation volontaire de ces manquants, et hors les circonstances de force majeure dûment constatées, les commandants des bureaux de recrutement prononceront contre eux la peine disciplinaire encourue, sauf à consulter les commandants de corps d'armée en cas de doutes ou de difficultés résultant de faits particuliers.

La punition disciplinaire sera subie par le délinquant dans un des corps de la garnison le plus voisin de sa résidence ou dans son corps d'affectation, s'il est retrouvé au moment de la convocation d'une nouvelle période d'instruction.

Les réservistes ou territoriaux qui n'auront point répondu à une première convocation seront l'objet d'ordres d'appel individuels à l'époque de la convocation normale de la période d'instruction suivante des hommes de leur catégorie.

Le fait de n'avoir pas répondu à ce deuxième appel dans les délais impartis par l'article 73 de la loi du 15 juillet 1889 constituera le cas de récidive prévu par la loi.

Les récidivistes seront alors déclarés en état d'insoumission, rayés des contrôles d'affectation, inscrits sur le contrôle des insoumis, signalés et recherchés comme tels.

Les feuilles de signalement n° 1 des récidivistes insoumis seront adressées à qui de droit par les commandants des bureaux de recrutement; elles indiqueront nettement le premier manquement et la punition disciplinaire qui s'en est suivie, et le cas de récidive qui constitue l'état d'insoumission.

En cas d'arrestation ou de présentation volontaire, les récidivistes insoumis seront traduits en conseil de guerre et punis conformément aux dispositions de l'article 73 précité de la loi du 15 juillet 1889.

Il faut d'ailleurs remarquer que le Ministre, consulté, a donné une interprétation très rigoureuse à l'article 75. Voici la règle générale qu'il prescrit :

3° Comment doit s'entendre la première faute punissable d'une peine disciplinaire ; comment doit s'entendre la seconde faute entraînant l'insoumission et, s'il y a lieu, le conseil de guerre ?

Le fait de n'avoir pas répondu à *un premier* appel ou à *une première* convocation, quels qu'en soient la forme, la nature ou le but, constitue la première faute qui comporte seulement une punition disciplinaire conformément au paragraphe 1er de l'article 75.

Conformément au paragraphe 2 du même article, l'innovation bienveillante cesse dès qu'il y a réitération de la faute, cette faute se produirait-elle lors du premier rappel d'un homme ayant déjà subi une punition disciplinaire pour manquement *à l'époque d'une convocation précédente.*

Le fait de ne point répondre à un deuxième appel quel qu'il soit constitue donc le cas de récidive et par suite le cas d'insoumission.

537. Pour les militaires en congé rappelés sous les drapeaux, la solution n'est pas si facile. Sans doute, le Ministre, usant d'un procédé analogue, pourra leur adresser, après un certain délai, un ordre d'appel individuel pour les placer en état de récidive ; mais sera-ce bien là un second délit, et n'est-ce pas plutôt la simple continuation du premier? En matière pénale, tout est de droit étroit et il est à craindre que ces hommes ne puissent échapper aux condamnations de l'article 73, même après un long délai.

Il eût été plus rationnel de les laisser en dehors de l'article 75.

Ce sont des militaires à la disposition du Ministre et rappelés à l'activité ; sans répondre à l'appel, ils peuvent devenir des déserteurs aux termes de l'article 231 du Code de justice militaire, ainsi conçu :

Art. 231. Est considéré comme déserteur à l'intérieur :

1°. . . . . ;

2° Tout sous-officier, caporal, brigadier ou soldat voyageant isolément d'un corps à un autre ou *dont le congé* ou la permission *est expirée*, et qui, dans les quinze jours qui suivent celui qui a été fixé pour son retour ou son arrivée au corps, ne s'y est pas présenté.

Cet article était parfaitement applicable à l'homme en congé dont le congé expirait par une mesure prévue dans la loi militaire et qui ne rejoignait pas.

L'article 78 interdit évidemment cette application en cas de rappel et laisse ainsi sans aucune sanction une faute qui devient un délit aussi grave quand elle se prolonge que quand elle se reproduit.

ARTICLE 76.

Les hommes liés au service dans les conditions mentionnées à l'article 30 ci-dessus, qui n'ont pas fait les déclarations prescrites audit article, sont déférés aux tribunaux ordinaires et punis d'une amende de 10 fr. à 200 fr. Ils peuvent, en outre, être condamnés à un emprisonnement de quinze jours à trois mois.

En temps de guerre, la peine est double.

538. L'article 76 ne fait que fixer la pénalité infligée au défaut de déclarations exigées par l'article 30. Nous nous sommes expliqué sur ce point à l'article 30.

Ce que nous avons dit du temps de guerre sous l'article 73 s'applique également à cet article. Nous pensons que la survenance de l'état de guerre produit l'aggravation d'un défaut de déclaration préexistant.

ARTICLE 77.

Les peines prononcées par les articles 71, 72 et 74 de la présente loi sont applicables aux tentatives des délits prévus par ces articles.

539. Nous avons signalé cet article sous les articles 71, 72 et 74 qu'il vise. Au contraire, tous les délits qui ne sont pas visés dans l'article 77 et qui sont prévus par la présente loi ne sont pas susceptibles de tentative punissable.

ARTICLE 78.

Dans tous les cas non prévus par les dispositions précédentes, les tribunaux civils et militaires appliqueront les lois pénales ordinaires aux délits auxquels pourra donner lieu l'exécution du mode de recrutement déterminé par la présente loi.

Lorsque la peine de l'emprisonnement est prononcée par la présente loi, les juges peuvent, sauf dans les cas prévus par les articles 73 et 75 ci-dessus, user de la faculté exprimée par l'article 463 du Code pénal.

540. Cet article réserve l'application par les tribunaux de tous les crimes et délits auxquels peut donner lieu l'exécution de la loi sur le recrutement; c'est une précaution pour empêcher toute confusion et ne pas permettre que les coupables puissent se retrancher derrière le silence, sur quelque point que ce soit, des dispositions pénales de la loi. Mais il n'est pas douteux cependant que le cumul serait absolument interdit et qu'il ne s'agit que de cas non prévus par la présente loi. Quand la loi prévoit et règle une situation, elle supprime évidemment pour cette situation l'application des lois ordinaire; nous en avons vu un cas très marquant sous l'article 75.

541.   La seconde partie de l'article 78 autorise l'application des circonstances atténuantes dans tous les cas où la peine de l'emprisonnement est prononcée par la présente loi.

Exception est faite à cet égard par les articles 73 et 75, c'est-à-dire pour les cas d'insoumission et d'opposition frauduleuse à l'arrivée au corps des jeunes soldats.

Nous avons vu sous l'article 73 combien cette exception nouvelle dans la loi de 1889 est regrettable. Elle est évidemment le résultat d'une erreur. Il résulte de la discussion au Sénat que tout le monde était d'accord pour accorder à ce cas les circonstances atténuantes ; mais le texte est formel. C'est une des corrections de texte sur lesquelles tout le monde est d'accord et qu'il serait utile d'opérer sans discussion.

542.   Il faut remarquer que le paragraphe final de l'article 79 supprimant toutes circonstances atténuantes en temps de guerre a un caractère général, et nous pensons que cette disposition doit dominer l'article 78 et n'est pas limitée aux cas prévus par l'article 79.

ARTICLE 79.

Les crimes et délits prévus à l'article 57 ci-dessus, et énumérés dans le tableau **D** annexé à la présente loi, sont punis des peines portées par les articles visés dans ce tableau ; il pourra toutefois être accordé des circonstances atténuantes, alors même que le Code de justice militaire ne les prévoit pas, aux hommes ayant moins de trois mois de présence sous les drapeaux.

En temps de guerre, aucune circonstance atténuante n'est admise.

543.   L'article 79 stipule d'une manière générale l'application aux crimes et délits visés par l'article 57 des peines portées par le Code de justice militaire contre les crimes et délits. L'article 57 suffirait à cette détermination puisque le tableau D qu'il vise contient tous les articles qui stipulent la peine appliquée à côté de l'acte incriminé.

L'intérêt de cet article se trouve dans l'atténuation qu'il permet d'apporter dans les cas où le Code de justice militaire s'y oppose pour les hommes ayant moins de trois mois de présence sous les drapeaux.

Mais on ne voit pas trop quelle application sera jamais faite de cette disposition sous la nouvelle loi puisque l'article 57 vise les hommes de la réserve de l'armée active et de l'armée territoriale qui ne peuvent avoir fait moins d'un an de service. C'est donc une disposition purement transitoire.

144. C'est le dernier paragraphe de cet article qui a une véritable importance. Il supprime toutes circonstances atténuantes pour le temps de guerre. Cette disposition est générale et s'applique à tous les crimes et délits prévus par la loi.

ARTICLE 80.

Lorsque, par application de la faculté accordée par les articles 52 et 79 de la présente loi, les tribunaux militaires auront admis des circonstances atténuantes en faveur des inculpés de crimes ou délits pour lesquels le Code de justice militaire ne les prévoit pas, les peines prononcées par ce Code seront modifiées ainsi qu'il suit :

Si la peine prononcée par la loi est celle de la mort, le conseil de guerre appliquera la peine des travaux forcée à perpétuité ou celle des travaux forcés à temps, sauf dans les cas prévus par les articles 209, 210, 211, 213, 217, 218, 220, 222, 223, 226, 227 et 228 du Code de justice militaire, où la peine appliquée sera celle de la détention. Dans le cas de l'article 221 dudit Code, la peine appliquée sera celle des travaux forcés à perpétuité, des travaux forcés à temps ou de la détention, suivant les circonstances.

Si la peine est celle des travaux forcés à perpétuité, le conseil de guerre appliquera la peine des travaux forcés à temps ou celle de la reclusion.

Si la peine est celle des travaux forcés à temps, le conseil de guerre appliquera la peine de la reclusion ou celle de la dégradation militaire avec emprisonnement de deux à cinq ans.

Si la peine est celle de la détention ou de la reclusion, le conseil de guerre appliquera la peine de la dégradation militaire avec emprisonnement de un à cinq ans.

Toutefois, si la peine prononcée par la loi est le maximum d'une peine afflictive, le conseil de guerre pourra toujours appliquer le minimum de cette peine.

Si la peine est celle de la dégradation militaire, le conseil de guerre appliquera un emprisonnement de trois mois à deux ans.

Si la peine est celle des travaux publics, le conseil de guerre appliquera un emprisonnement de deux mois à cinq ans.

Dans tous les cas où la peine de l'emprisonnement est prononcée par le Code de justice militaire, le conseil de guerre est autorisé à faire application de l'article 463 du Code pénal, sans toutefois que la peine de l'emprisonnement puisse être remplacée par une amende.

Nonobstant toute réduction de peine par suite de l'admission de circonstances atténuantes, la peine de la destitution sera toujours appliquée par le conseil de guerre dans les cas où elle est prononcée par le Code de justice militaire.

545. L'article 80 se borne à énumérer en détail l'abaissement de peine que devra produire l'admission des circonstances atténuantes autorisée par les articles 57 et 79 de la loi. Cet article ne s'applique qu'aux crimes et délits pour lesquels le Code de justice militaire ne prévoit pas lui-même des circonstances atténuantes. Dans tous les autres cas, les réductions de peine sont celles inscrites dans les articles même du Code de justice militaire.

L'article 80 contient une bien singulière erreur : il n'est pas douteux que cet article ne vise que les crimes et délits de l'article 52, et encore pas tous, puisqu'il ne s'applique qu'à ceux qui ne bénéficient pas déjà des circonstances atténuantes dans le Code de justice militaire. Or, dans le tableau D qui énumère les crimes et délits de l'article 52, on chercherait vainement les articles 209, 210, 211, 213, 217, 218, 221, 222 et 227 qui sont cependant cités par l'article 80.

On peut d'autant plus facilement se consoler de l'imperfection de cet article qu'il a, par voie de conséquence, le caractère transitoire que nous avons déjà trouvé à l'article 79.

TITRE VI.

RECRUTEMENT EN ALGÉRIE ET AUX COLONIES.

ARTICLE 81.

Les dispositions de la présente loi sont applicables dans les colonies de la Guadeloupe, de la Martinique, de la Guyane et de la Réunion.

Elles sont également applicables en Algérie et dans toutes les colonies non désignées au paragraphe précédent, mais sous les réserves suivantes :

En dehors d'exceptions motivées et dont il serait fait mention dans le compte rendu prévu par l'article 86 ci-après, les Français et naturalisés Français résidant en Algérie et dans l'une des colonies autres que la Guadeloupe, la Martinique, la Guyane et la Réunion, sont incorporés dans les corps stationnés, soit en Algérie, soit aux colonies, et, après une année de présence effective sous les drapeaux, envoyés dans la disponibilité s'ils ont satisfait aux conditions de conduite et d'instruction militaire déterminées par le Ministre de la guerre.

S'il ne se trouve pas de corps stationné dans un rayon fixé par arrêté ministériel, ces jeunes gens sont dispensés de la présence effective sous les drapeaux. Dans le cas où cette situation se modifierait avant qu'ils aient atteint l'âge de 30 ans révolus, ils accompliraient une année de service dans le corps de troupe le plus voisin.

En cas de mobilisation générale, les hommes valides qui ont terminé leurs vingt années de service sont réincorporés avec la réserve de l'armée territoriale, sans cependant pouvoir être appelés à servir hors du territoire de l'Algérie et des colonies.

Si un Français ou naturalisé Français, ayant bénéficié des dispositions du paragraphe 2 du présent article, transportait son établissement en France avant l'âge de 30 ans accomplis, il devrait compléter, dans un des corps de la métropole, le temps de service dans l'armée active prescrit par l'article 37 de la présente loi, sans toutefois pouvoir être retenu sous les drapeaux au delà de l'âge de 30 ans.

Les Français ou naturalisés Français établis dans un pays de protectorat où seront stationnées des troupes françaises pourront être admis, sur leur demande, à bénéficier des dispositions qui précèdent.

546. L'article 81 constitue une des principales innovations de la loi militaire en instituant le service militaire aux colonies.

Cette mesure, réclamée avec instance dans le Parlement par les représentants de patriotiques populations désireuses de servir leur pays, a pour résultat d'augmenter dans une proportion sérieuse les forces militaires du pays et de résoudre, au moins en partie, la grave question de l'armée coloniale.

547. Le service militaire en Algérie était déjà institué par une loi du 6 novembre 1875. Cette loi est abrogée et l'article 81 régit aujourd'hui seul l'Algérie et les colonies.

548. Il y a quatre colonies qui sont absolument assimilées à la France en matière de recrutement ; la loi y est applicable comme en France, ce sont : la Guadeloupe, la Martinique, la Guyane et la Réunion. Ces anciennes colonies sont aujourd'hui à tous les points de vue des territoires purement français sur lesquels cette assimilation absolue ne présentait que des avantages.

En conséquence, toutes les règles établies par l'article 81 leur sont étrangères, notamment celles qui concernent l'incorporation dans les colonies seulement. Il est cependant probable que le Ministre appliquera autant que possible dans les colonies le système du recrutement régional.

549. Quant à l'Algérie et aux autres colonies, les dispositions de la loi leur sont applicables sous les réserves suivantes :

L'incorporation a lieu obligatoirement dans un des corps stationnés en Algérie ou aux colonies.

Le temps de présence effective sous les drapeaux est réduit à un an.

La dispense du service actif est même complète si les jeunes gens se trouvent dans des localités placées en dehors des rayons fixés par le Ministre de la guerre autour des stations de troupes.

Mais si avant 30 ans les jeunes gens transportent leur résidence dans le rayon, ils doivent faire leur année de service.

De même, si avant 30 ans ils transportent leur établissement en France, ils doivent compléter leurs trois ans de service au moins jusqu'à 30 ans.

Enfin, en cas de mobilisation générale, leur obligation de service militaire n'a de limite que l'incapacité ; tant qu'il sont valides, ils sont rappelés, mais sans pouvoir servir hors du territoire de l'Algérie et des colonies.

550. Sur ce point, l'article 81 commet une erreur qui est le résultat d'un oubli. Les jeunes gens sont placés dans cette situation particulière d'être astreints à un service de territoire tant qu'ils sont valides après leurs *vingt années de service*. Quand on a porté le service à vingt-cinq ans, on a négligé de faire la correction à l'article 81.

Il en résulte, le texte étant formel, que la durée du service militaire dans ces pays n'est que de vingt ans au lieu de vingt-cinq, et que la mobilisation qui peut amener à la frontière les hommes de 40 à 45 ans, laissera les mobilisés de cet âge dans ces pays à la garde de leur territoire.

Le Ministre de la guerre, par une note en date du 5 mai 1890, a déterminé comme suit l'application de l'article 81 aux réservistes et dispensés du contingent algérien :

Le contingent algérien, dont le recrutement s'effectuait, jusqu'à ce jour, suivant les conditions déterminées par la loi du 6 novembre 1875 (art. 1er), se composait de deux catégories d'hommes :

1° Des Français domiciliés en Algérie et portés, dans la colonie, sur les tableaux de recensement ;

2° Des Français ayant, avant leur inscription sur lesdits tableaux, contracté l'engagement de résider pendant dix ans en Algérie.

Aux termes de l'article 25 de la même loi, ces hommes, s'ils quittaient la colonie sans esprit de retour, les premiers avant l'âge de 29 ans et les seconds avant d'avoir rempli les conditions de l'engagement de résidence décennale, étaient tenus de compléter les cinq années de service actif prescrites par la loi du 27 juillet 1872. M. le général commandant le 19e corps d'armée les signalait, à cet effet, au Ministre, qui ordonnait les mesures nécessaires.

Toutefois, dans certaines circonstances exceptionnelles, laissées à son appréciation, M. le général commandant le 19e corps d'armée pouvait, conformément aux dispositions de l'article 201 de l'instruction refondue du 28 décembre 1879, autoriser les réservistes du contingent algérien à quitter momentanément l'Algérie. Cette autorisation, d'une durée variable et renouvelable pour ceux du contingent algérien proprement dit, ne pouvait excéder six mois et n'était pas susceptible de renouvellement pour les hommes qui s'étaient engagés à résider pendant dix années dans la colonie.

La loi du 15 juillet 1889, qui a abrogé celle du 6 novembre 1875, visée ci-dessus, maintient, dans son article 81, pour les hommes du contingent algérien, le service actif d'un an, précédemment établi. Après une année de service, ces hommes sont envoyés dans la disponibilité. Mais s'ils transportent leur établissement en France avant l'âge de 30 ans accomplis, ils doivent compléter, dans un corps de troupe de l'armée active de la métropole, les trois années de service actif prévues à l'article 37 de la nouvelle loi, sans toutefois pouvoir être retenus sous les drapeaux au delà de l'âge de 30 ans.

Il résulte des dispositions de ladite loi :

1° Que le contingent algérien ne comprendra plus désormais d'hommes contractant l'engagement de résidence décennale en Algérie ;

2° Que les disponibles et réservistes du contingent algérien seront tenus de rester en Algérie, non plus jusqu'à l'âge de 29 ans, comme sous le régime de l'ancienne loi, mais jusqu'à celui de 30 ans accomplis ;

3° Qu'ils pourront, avant cet âge, et sans autorisation préalable, transporter leur domicile ou leur résidence dans une autre colonie française, dans un pays de protectorat ou à l'étranger ;

• 4° Que ce n'est que dans le cas où ils transporteraient leur établissement en *France* avant l'âge de 30 ans accomplis que les disponibles ou réservistes du contingent algérien seront tenus de compléter trois années de service actif.

Pour l'application de ces mesures aux disponibles ou réservistes des futurs contingents algériens (classes de 1889 et suivantes), M. le général commandant le 19ᵉ corps d'armée signalera au Ministre (*Direction de l'Infanterie ; Bureau des Réserves et de l'Armée territoriale*) ceux de ces hommes qui, par suite de changement de domicile ou de résidence, transporteront, sans autorisation, leur établissement en France avant l'âge de 30 ans accomplis, afin qu'ils soient immédiatemeut dirigés sur un des corps de la métropole, pour y compléter trois années de service actif. Les deux années de service complémentaires seront accomplies intégralement, à moins toutefois que les intéressés n'atteignent pendant ce temps leur 30ᵉ année d'âge, auquel cas ils seront renvoyés dans leurs foyers et soumis aux seules obligations de la classe à laquelle ils appartiennent.

Comme par le passé, M. le général commandant le 19ᵉ corps d'armée pourra autoriser les disponibles ou réservistes du contingent algérien à résider momentanément en France. Cette autorisation pourra excéder six mois et être renouvelée.

Quant aux hommes appartenant à des contingents algériens formés sous le régime de la loi du 6 novembre 1875, il semble équitable de les faire bénéficier des dispositions bienveillantes de la nouvelle loi, qui laisse aux hommes rentrés dans leurs foyers, après une année de présence sous les drapeaux, la faculté de quitter l'Algérie pour se rendre, sans autorisation, dans une autre colonie, dans un pays de protectorat ou à l'étranger. Cette faculté sera donc accordée aux disponibles et réservistes desdits contingents, ainsi qu'à ceux qui ont contracté l'engagement de résider pendant dix années en Algérie.

Ce ne sera donc plus que dans le cas où les premiers transporteraient leur établissement (domicile ou résidence) en *France* avant l'âge de 29 ans et les seconds pendant la période décennale de leur rengagement qu'ils seront tenus de compléter, dans un corps de troupe de l'armée active de la métropole, trois années de service actif. Mais ni les uns ni les autres ne seront retenus sous les drapeaux au delà de l'âge de 30 ans.

M. le général commandant le 19ᵉ corps d'armée peut autoriser les jeunes gens qui ont signé l'engagement de résidence décennale en Algérie à résider momentanément en France. Cette autorisation ne peut pas dépasser six mois et n'est pas renouvelable.

La même autorisation peut être accordée aux disponibles et

réservistes du contingent algérien proprement dit, appartenant aux classes formées sous l'empire de la loi du 6 novembre 1875.

Elle peut excéder six mois et être renouvelée.

Des instructions seront données ultérieurement pour l'application de la présente note ministérielle aux Français et aux naturalisés Français résidant dans l'une des colonies autres que la Guadeloupe, la Martinique, la Guyane et la Réunion, ou dans un pays de protectorat où sont stationnées des troupes françaises, qui auront été renvoyés dans la disponibilité après une année de présence effective sous les drapeaux en vertu des dispositions du deuxième paragraphe de l'article 81 de la nouvelle loi sur le recrutement.

551. La situation des jeunes gens en Algérie et aux colonies se trouvant ainsi réglée, celle des jeunes gens établis hors d'Europe étant d'autre part réglée par l'article 50, il restait à fixer le sort de ceux qui résident dans les pays de protectorat.

L'article 81 ne s'occupe que de ceux qui résident dans un pays de protectorat où sont stationnées des troupes françaises, et il leur permet de réclamer le bénéfice des dispositions relatives à l'Algérie. Mais là il n'y a pas d'opérations du recrutement. Ces jeunes gens sont inscrits sur les listes de recrutement de leur domicile dernier dans la métropole ; ils doivent donc *demander* le bénéfice de l'article 81, et ils sont alors incorporés pour un an dans les mêmes conditions que les Algériens.

Le bénéfice de l'article 81 dont ils jouissent doit, sans aucun doute, s'étendre également à la dispense totale à laquelle ils peuvent avoir droit, s'il paraît nécessaire au Ministre de la guerre de fixer autour des stations de troupes un rayon d'appel comme pour l'Algérie et les colonies.

ARTICLE 82.

Les jeunes gens inscrits sur les listes de recrutement de la métropole, résidant dans une colonie ou un pays de protectorat où il n'y aurait pas de troupes françaises stationnées, pourront, sur l'avis conforme du gouverneur ou du résident, bénéficier des dispositions contenues dans l'article 50 ci-dessus.

La même disposition s'applique aux jeunes gens inscrits sur les listes de recrutement d'une colonie autre que celle où ils résident.

552. L'article 82 s'occupe enfin des jeunes gens qui résident dans une colonie ou un pays de protectorat, où il n'y a pas de troupes françaises stationnées. Ils peuvent, sur l'avis du gouverneur ou du résident qui remplace celui du consul, bénéficier des dispositions de l'article 50, c'est-à-dire être dispensés du service militaire pendant la durée de leur séjour.

La seule condition visée par l'article 82 étant celle de la résidence, il ne paraît pas que l'obligation d'être établis depuis l'âge de 19 ans leur soit imposée comme elle l'est, à l'article 50, aux jeunes gens résidant à l'étranger hors d'Europe. On ne voit pas, en effet, pourquoi leur situation serait à cet égard moins favorable que celle des jeunes gens établis comme eux dans un pays de protectorat ou dans une colonie garnie de troupes, mais en dehors du rayon de stationnement.

553. L'article 82 porte que la même disposition s'applique aux jeunes gens inscrits dans une colonie et qui résident dans une autre. C'est le même système également appliqué de colonie à colonie, comme de France à colonie; mais il est bien entendu qu'en ce cas, le retour à la colonie d'inscription entraîne les mêmes déchéances que celles prévues par l'article 50 pour le retour en France.

ARTICLE 83.

Les conditions spéciales de recrutement des corps étrangers et indigènes sont réglées par décret, jusqu'à ce qu'une loi spéciale ait déterminé les conditions du service militaire des indigènes.

554. Il existe dans l'armée française quelques corps spéciaux qui y sont compris par la loi sur l'organisation de l'armée du 13 mars 1875, mais dont le recrutement n'a rien de commun avec la loi établissant le recrutement de l'armée française.

Ce sont : la légion étrangère, les tirailleurs algériens et les spahis. L'article 83 laisse tous ces corps soumis, quant à leur recrutement, au régime des décrets ; mais il prévoit une loi qui doit déterminer les conditions du service militaire des indigènes.

En attendant cette loi, les conditions de recrutement des différents corps restent déterminées par les décrets qui les régissent actuellement.

555. La légion étrangère, qui comprend deux régiments, se recrute par des engagements de cinq ans au minimum et des rengagements de deux à cinq ans, suivant le décret du 14 septembre 1864. Les corps indigènes se recrutent par des engagements et rengagements d'indigènes de quatre années.

Dans tous ces corps, les engagements de Français sont admis, mais seulement dans la limite nécessaire pour le recrutement des cadres.

556. Les engagements de Français étaient admis plus facilement dans la légion étrangère, mais le Ministre de la guerre par une circulaire du 31 janvier 1890 a condamné ce mode de recrutement ; voici cette circulaire :

En vue de réduire les effectifs des régiments étrangers, j'ai décidé qu'aucun Français ne serait désormais admis à s'engager ou à se rengager pour ces corps.

La circulaire ministérielle du 29 octobre 1881 est en conséquence rapportée. Les Français ne seront plus admis à servir aux régiments étrangers qu'à titre exceptionnel, en vue du recrutement des cadres, et en vertu d'autorisations spéciales du Ministre de la guerre.

Toutefois, à titre transitoire, les Français actuellement présents dans les régiments étrangers pourront, sur leur demande, y être maintenus, par voie de rengagement, jusqu'à l'époque à laquelle ils auront acquis des droits à la retraite, s'ils se rendent dignes de cette faveur par leur conduite et leur manière de servir.

Quant aux étrangers, ils continueront à être reçus dans les régiments étrangers, comme par le passé. Je rappelle, à cette occasion, que le décret du 14 septembre 1864 leur est seul applicable.

Aux termes de ce décret, les engagements ne peuvent être souscrits que pour une durée de cinq ans ; quant aux rengagements, ils sont de deux, trois, quatre ou cinq ans, mais ne doivent être contractés que par des militaires présents dans les régiments étrangers, et par continuation de service.

Je vous prie de vouloir bien appeler toute l'attention des sous-intendants militaires et des commandants des bureaux de recrutement sur les dispositions contenues dans la présente circulaire.

TITRE VII.

DISPOSITIONS PARTICULIÈRES.

***

ARTICLE 84.

A partir du 1er novembre de la troisième année qui suivra la mise en vigueur de la présente loi, nul ne pourra être admis à exercer certains emplois salariés par l'Etat ou les départements si, n'ayant pas été déclaré impropre au service militaire à l'appel de sa classe, il ne compte au moins cinq années de service actif dans les armées de terre ou de mer, dont deux comme officier, sous-officier, caporal ou brigadier, ou si, avant la date ci-dessus mentionnée, il n'a été retraité ou réformé.

Un règlement d'administration publique, qui devra être promulgué un an au plus après la mise en vigueur de la présente loi, déterminera les emplois ainsi réservés, les conditions auxquelles les candidats devront satisfaire pour les obtenir et le mode de recrutement de ces emplois en cas d'insuffisance de candidats remplissant les conditions voulues.

557. Cet article est dans la loi de recrutement ce qu'est l'article 14 dans la loi du 18 mars sur le rengagement des sous-officiers. Il a pour but d'encourager les sous-officiers, caporaux ou brigadiers à faire cinq ans de service en leur assurant des situations civiles. On peut se demander si son application n'aura pas pour résultat d'arrêter le rengagement des sous-officiers en leur donnant aussitôt une position, mais il faut remarquer qu'il est rédigé tout différemment que l'article 14 de la loi du 18 mars. En effet, cet article très net réserve exclusivement aux sous-officiers un certain nombre d'emplois inscrits au tableau B annexé à la loi. L'article 84 se borne à exiger cinq ans de service des candidats à certains emplois, mais seulement quand ils ont été reconnus propres au service militaire, ce qui paraît ouvrir la candidature pour cet emploi à tous les exemptés sans condition.

C'est cependant une solution assez bizarre que de donner une situation meilleure à ceux qui n'ont rien fait qu'à ceux qui ont fait trois ans.

Aussi l'article 84 a fait sagement de renvoyer cette question à un règlement d'administration publique. Ce règlement déterminera les emplois réservés et les conditions pour les occuper. En tout cas, le tableau B de la loi du 18 mars a déjà fait la récolte et on peut être assuré que ce qui reste ne sera pas long à glaner.

ARTICLE 85.

Une loi spéciale déterminera :

1º Les mesures à prendre pour rendre uniforme, dans tous les lycées et établissements d'enseignement, l'application de la loi du 27 janvier 1880 imposant l'obligation des exercices ;

2° L'organisation de l'instruction militaire pour les jeunes gens de 17 à 20 ans et le mode de désignation des instructeurs.

558. Cet article n'a qu'une valeur théorique, c'est une simple manifestation. Le Parlement reconnaissait en principe qu'il était possible de profiter de la réunion des jeunes gens dans les écoles pour leur donner les premières notions du soldat, et qu'il était désirable de voir la jeunesse de 17 à 20 ans se préparer à entrer dans l'armée. Mais il a paru que ces deux questions, ou tout au moins la seconde, soulevaient des difficultés trop sérieuses pour trouver place dans la loi de recrutement qui prend l'homme à 20 ans, et rien n'a été fait. On s'est borné à l'article 85 qui est un vœu énergique auquel le gouvernement et les Chambres devraient obéir sans retard.

Il nous sera cependant permis de faire observer qu'une loi sur la matière ne sera efficace qu'à la condition de constituer une aide sérieuse à l'initiative privée et que le meilleur moyen de solliciter le travail antérieur à l'incorporation eût été de lui assurer dans la loi militaire quelques avantages pratiques. Les efforts tentés dans ce sens ont échoué; il ne reste plus qu'à espérer la loi promise par l'article 85.

ARTICLE 86.

Chaque année, avant le 30 juin, il sera rendu compte aux Chambres, par le Ministre de la guerre, de l'exécution des dispositions contenues dans la présente loi pendant l'année précédente.

559. Ce compte rendu était déja prévu par la loi de 1872, et exécuté chaque année; il continuera à l'être comme par le passé.

TITRE VIII.

DISPOSITIONS TRANSITOIRES.

ARTICLE 87.

Les dispositions de la présente loi seront appliquées au plus tard dans les six mois qui suivront la date de sa promulgation.

560. Les articles 87, 88, 89, 90, 91 et 92 ne visent que des situations transitoires est perdent chaque jour leur intérêt.

L'article 87, n'en a plus aucun. La loi du recrutement est entrée en vigueur le 23 novembre 1889.

ARTICLE 88.

Les jeunes soldats ayant accompli trois ans de service dans l'armée active au moment de la mise en vigueur de la présente loi seront envoyés dans la réserve.

Toutefois, pendant un délai de deux années, le Ministre de la guerre pourra conserver sous les drapeaux, dans les limites prévues par l'article 36 de la loi du 27 juillet 1872, les jeunes gens déjà incorporés conformément aux prescriptions de ladite loi.

Mention spéciale des décisions prises sera faite dans le compte rendu prescrit par l'article 86 ci-dessus.

Les mêmes dispositions sont applicables aux engagés volontaires qui en feront la demande.

561. L'article 88 a pour but de permettre au Ministre de conserver sous les drapeaux les jeunes gens appelés sur l'ancienne loi pour cinq ans, et terminant leurs trois années de service au moment de la promulgation de la loi. Cette disposition était nécessaire pour ne pas faire sans transition un vide dans les effectifs par le renvoi de trois classes à la fois, avant que les classes nouvelles plus nombreuses n'aient rétabli l'équilibre. Cette mesure atteint les classes 1885 et 1886. Mais déjà une grande partie de la classe de 1885 a été renvoyée, et la classe de 1886 sera congédiée probablement à la fin de l'année. Dans quelques mois l'article 88 n'aura plus d'intérêt; il en conservera seulement jusqu'au 23 novembre 1891, pour les engagés volontaires ayant fait plus de trois ans de service, qui pourront pendant ce laps de temps demander non pas la résiliation, mais la fin de leur engagement.

ARTICLE 89.

Les jeunes soldats qui, au moment de la mise en vigueur de la présente loi, appartiendraient à la deuxième portion du contingent à raison de leur numéro de tirage au sort, et qui n'auraient pas encore accompli le temps de service prescrit par l'article 40 de la loi du 27 juillet 1872, seront, à l'expiration de ce temps, envoyés en congé dans leurs foyers.

562. L'article 89 consacre, pour la deuxième portion des contingents formés sous l'ancienne loi, le maintien de leur situation; ils sont envoyés en congé après l'année de service accompli. Cette disposition sera exécutée une fois et l'article 89 n'aura plus d'intérêt.

ARTICLE 90.

Les sous-officiers qui se trouveront dans leur quatrième année de service au moment de la mise en vigueur de la présente loi pourront être maintenus sous les drapeaux, par décision ministérielle, jusqu'à l'expiration de cette quatrième année de service, alors même que la classe à laquelle ils appartiennent serait renvoyée dans ses foyers.

Les sous-officiers ainsi maintenus sous les drapeaux recevront la même haute paye que les sous-officiers rengagés et auront le droit de concourir pour les emplois civils visés par l'article 84 ci-dessus.

563. L'article 90 donne au Ministre, s'il renvoie soit la classe de 1885, soit la classe de 1886, dans sa quatrième année de service, le droit de retenir exceptionnellement sous les drapeaux les sous-officiers de cette classe. Cette mesure pourrait être nécessaire pour ne pas désorganiser les cadres. Mais ces hommes ne peuvent être retenus la cinquième année que si leur classe entière est retenue aussi. Il est vraisemblable qu'il n'y aura pas lieu d'appliquer cet article. La classe de 1885 va finir sa quatrième année de service et partira entière. Ce n'est donc que sur la classe de 1886, si elle est renvoyée à la fin de 1890, que la mesure pourra être appliquée.

Il n'est pas probable que le Ministre l'ordonne.

564. En tous cas, les sous-officiers ainsi retenus au delà de leur classe reçoivent la même haute paye que les engagés, et peuvent concourir pour les emplois visés à l'article 84, bien qu'ils n'aient pas le temps de service prévu par cet article.

ARTICLE 91.

Les jeunes gens qui, avant la mise en vigueur de la présente loi, seront admis à contracter un engagement conditionnel d'un an et ceux qui se trouvent dans la situation prévue par la loi du 31 décembre 1875, bénéficieront des dispositions des articles 53 à 57 inclus de la loi du 27 juillet 1872 ; mais les dispositions de l'article 38 de la loi du 24 juillet 1873 cesseront de leur être applicables.

565. L'article 91 règle la situation transitoire de la catégorie spéciale des engagés conditionnels d'un an. Les engagés conditionnels admis à contracter leur engagement avant la mise en vigueur de la loi actuelle conservent la situation qu'ils avaient sous l'ancienne loi. Ce point est aujourd'hui réglé; les jeunes gens seront renvoyés à la fin de leur année de service.

566. Mais l'article 91 va plus loin : il laisse le bénéfice de la même situation aux jeunes gens qui, pouvant s'engager avant la mise en vigueur de la loi, se sont présentés et ont été ajournés comme impropres au service. En effet, ces jeunes gens ne sont pas libérés complètement; le refus d'engagement les laisse encore soumis aux chances de l'examen du conseil de revision de leur classe. Si à cette époque, ou après un premier ajournement par le conseil de revision, ils sont reconnus bons pour le service, ils peuvent contracter l'engagement conditionnel d'un an de la loi de 1872.

On voit que cette catégorie est aujourd'hui fermée; mais ceux qui y sont compris, c'est-à-dire les ajournés de l'engagement conditionnel, peuvent demander le bénéfice de l'article 91, quand ils seront appelés. Il pourra encore y en avoir quelques-uns en 1893; par exemple, un jeune homme de 18 ans dont l'engagement a été refusé en 1889, passant au conseil de revision en 1892, peut être ajourné en 1893, pris bon cette année, et demander alors le bénéfice de l'article 91. Il pourrait encore être ajourné à 1894; mais dans ce cas l'engagement conditionnel n'aurait plus d'avantage pour lui.

Nous donnons la circulaire du Ministre de la guerre, en date du 3 février 1890, qui vise ces jeunes gens :

Les jeunes gens qui, s'étant présentés à l'engagement conditionnel, ont été ajournés par les commandants de recrutement pour inaptitude physique, conservent, aux termes de l'article 91 de la loi du 15 juillet 1889, le droit de réclamer l'assimilation aux engagés conditionnels.

Pour assurer l'application de cette disposition, qui concerne, non-seulement les jeunes gens de la classe de 1889, mais aussi ceux des classes de 1887 et de 1888 que le conseil de revision, après un ou deux ajournements, déclarera aptes au service armé, les préfets inviteront les intéressés à se procurer le certificat d'assimilation modèle n° 11, annexé à l'instruction du 1er décembre 1872, dès que le conseil de revision aura statué à leur égard, et à déposer, avant le 15 juillet, ce certificat accompagné d'une demande d'assimilation et des pièces justificatives exigées, dans les bureaux de la préfecture du département où ils ont tiré au sort.

Les commandants des bureaux de recrutement où les jeunes gens ont été visités apporteront tout le soin et la célérité possibles dans l'envoi des certificats réclamés, et rappelleront aux jeunes gens la nécessité du dépôt à la préfecture dans le délai ci-dessus.

Le 16 juillet, les préfets m'adresseront un état numérique des demandes, indiquant séparément celles qui sont faites dans les conditions de l'article 53 et celles de l'article 54 de la loi du 27 juillet 1872.

La présente circulaire devra recevoir, dès à présent, la plus grande publicité.

Je vous indiquerai, en temps utile, les mesures à prendre pour es examens et pour les autres opérations de détail.

(Art. 91.)

Modèle N° 11

N° 66 de l'instruction
du 1er décembre 1872.

CLASSE DE

JEUNE SOLDAT

ASSIMILÉ AUX ENGAGÉS CONDITIONNELS D'UN AN.

(1) Nom et prénoms.

(2) Affecté ou incorporé au (indication du corps).

Le sieur (1)   , fils
d   et d   ,
domiciliés à   , canton d   ,
département d   , né le   ,
à   , canton d   , département
d   , résidant à   ,
canton d   , département d   ,
(2)
qui n'a pas été reconnu propre au service militaire dans
l'année 18 , sera, en conséquence de la décision du
conseil de revision du département d   ,
assimilé aux engagés conditionnels d'un an, après
avoir rempli les obligations que la loi impose à ces
engagés.

A   , le   18 .

*Le Général commandant la e subdivision
de la e division militaire*

ARTICLE 92.

Les jeunes gens dispensés conditionnellement du service actif en temps de paix avant la mise en vigueur de la présente loi, conformément à l'article 20 de la loi du 27 juillet 1872, conserveront la situation qui leur est faite par ladite loi au point de vue des obligations du service militaire, sous la réserve des dispositions contenues dans l'article 93 ci-après.

567. · Le commencement de l'article assure aux jeunes gens dispensés conditionnellement sous l'ancienne loi le maintien de leur situation ; mais il ajoute : «. sous la réserve des dispositions contenues dans l'article 93 ». Or, l'article 93 ne contient qu'une disposition : c'est que la nouvelle loi est applicable aux hommes appelés en vertu des lois antérieures, libérés ou non.

L'article 93 n'eût pas été applicable à ces jeunes gens puisqu'ils n'ont jamais été *appelés* ; mais la réserve insérée à l'article 92 veut dire que, bien que n'étant pas appelés à l'activité, les anciens dispensés de l'article 20 sont soumis à la nouvelle loi pour toutes les autres obligations de réserve et de territoriale ainsi que de mobilisation et de durée de service jusqu'à 45 ans.

ARTICLE 93.

La présente loi est applicable aux hommes appelés en vertu des lois antérieures, libérés ou non du service militaire, jusqu'à ce qu'ils aient atteint l'âge de 45 ans.

568. L'article 93 impose la rétroactivité de la loi à tous les citoyens à partir de sa mise en vigueur. Les hommes soumis aux lois militaires, sauf les exceptions transitoires ci-dessus visées, sont aujourd'hui régis par la loi du 15 juillet 1889.

69. Il faut cependant remarquer, comme nous l'avons dit sous l'article 2, que les termes formels de l'article 93 interdisent d'appliquer la loi de 1889 aux hommes visés par cet article, au delà de 45 ans, ce qui entraînera pour quelques-uns — les hommes ayant eu un sursis par exemple — cette conséquence qu'ils n'auront pas à effectuer les vingt-cinq ans de service prévus à l'article 2.

ARTICLE 94.

Dès la mise en vigueur de la présente loi, seront et demeureront abrogées :

La loi du 27 juillet 1872 sur le recrutement de l'armée ;

La loi du 6 novembre 1875, ayant pour objet de déterminer les conditions suivant lesquelles les Français domiciliés en Algérie seront soumis au service militaire ;

La loi du 18 novembre 1875, ayant pour objet de coordonner les lois des 27 juillet 1872, 24 juillet 1873, 13 mars, 19 mars et 6 novembre 1875 avec le Code de justice militaire ;

Les lois des 30 juillet, 4 décembre et 31 décembre 1875, et la loi du 29 juillet 1886, modifiant divers articles de la loi du 27 juillet 1872 ;

Et d'une manière générale, toutes dispositions contraires à la présente loi.

La présente loi, délibérée et adoptée par le Sénat et par la Chambre des députés, sera exécutée comme loi de l'Etat.

70. L'article 94 abroge, en les désignant, les lois anciennes que remplace la loi du 15 juillet 1889 ; il a soin, d'ailleurs, d'abréger toutes dispositions contraires, ce qui est de style dans toutes les lois.

Il nous paraît intéressant, pour permettre des comparaisons utiles, de relever sous cet article qui les abroge, et à titre de documents à consulter, le texte des lois auxquelles est aujourd'hui substituée la loi de 1889.

571. ## Loi sur le Recrutement de l'Armée.

(27 juillet 1872.)

L'Assemblée nationale a adopté,

Le Président de la République française promulgue la loi dont la teneur suit :

TITRE Ier. — Dispositions générales.

Art. 1er. Tout Français doit le service militaire personnel.

Art. 2. Il n'y a dans les troupes françaises ni prime en argent ni prix quelconque d'engagement.

Art. 3. Tout Français qui n'est pas déclaré impropre à tout service militaire peut être appelé, depuis l'âge de 20 ans jusqu'à celui de 40 ans, à faire partie de l'armée active et des réserves, selon le mode déterminé par la loi.

Art. 4. Le remplacement est supprimé.

Les dispenses de service, dans les conditions spécifiées par la loi, ne sont pas accordées à titre de libération définitive.

Art. 5. Les hommes présents au corps ne prennent part à aucun vote.

Art. 6. Tout corps organisé en armes est soumis aux lois militaires, fait partie de l'armée et relève soit du Ministre de la guerre, soit du Ministre de la marine.

Art. 7. Nul n'est admis dans les troupes françaises s'il n'est Français.

Sont exclus du service militaire, et ne peuvent à aucun titre servir dans l'armée :

1° Les individus qui ont été condamnés à une peine afflictive ou infamante ;

2° Ceux qui, ayant été condamnés à une peine correctionnelle de deux ans d'emprisonnement et au-dessus, ont en outre été placés, par le jugement de condamnation, sous la surveillance de la haute police, et interdits en tout ou en partie des droits civiques, civils ou de famille.

TITRE II. — Des appels.

PREMIÈRE SECTION.

DU RECENSEMENT ET DU TIRAGE AU SORT.

Art. 8. Chaque année, les tableaux de recensement des jeunes gens ayant atteint l'âge de 20 ans révolus dans l'année précédente et domiciliés dans le canton, sont dressés par les maires :

1° Sur la déclaration à laquelle sont tenus les jeunes gens, leurs parents ou leurs tuteurs ;

2° D'office, d'après les registres de l'état civil et tous les autres documents et renseignements.

Ces tableaux mentionnent, dans une colonne d'observations, la profession de chacun des jeunes gens inscrits.

Ces tableaux sont publiés et affichés dans chaque commune et dans les formes prescrites par les articles 63 et 64 du Code civil. La dernière publication doit avoir lieu au plus tard le 15 janvier.

Un avis publié dans les mêmes formes indique le lieu et le jour où il sera procédé à l'examen desdits tableaux et à la désignation, par le sort, du numéro assigné à chaque jeune homme inscrit.

Art. 9. Les individus nés en France de parents étrangers, et les individus nés à l'étranger de parents étrangers naturalisés Français, et mineurs au moment de la naturalisation de leurs parents, concourent, dans les cantons où ils sont domiciliés, au tirage qui suit la déclaration faite par eux en vertu de l'article 9 du Code civil et de l'article 2 de la loi du 7 février 1851.

Les individus déclarés Français en vertu de l'article 1er de la loi du 7 février 1851 concourent également, dans le canton où ils sont domiciliés, au tirage qui suit l'année de leur majorité, s'ils n'ont pas réclamé leur qualité d'étranger, conformément à ladite loi.

Les uns et les autres ne sont assujettis qu'aux obligations de service de la classe à laquelle ils appartiennent par leur âge.

Art. 10. Sont considérés comme légalement domiciliés dans le canton :

1° Les jeunes gens même émancipés, engagés, établis au dehors, expatriés, absents ou en état d'emprisonnement, si d'ailleurs leurs père, mère ou tuteur ont leur domicile dans une des communes du canton ou si leur père expatrié avait son domicile dans une desdites communes;

2° Les jeunes gens mariés, dont le père, ou la mère, à défaut de père, sont domiciliés dans le canton, à moins qu'ils ne justifient de leur domicile réel dans un autre canton;

3° Les jeunes gens mariés et domiciliés dans le canton, alors même que leur père ou leur mère n'y seraient pas domiciliés;

4° Les jeunes gens nés et résidant dans le canton, qui n'auraient ni leur père, ni leur mère, ni tuteur;

5° Les jeunes gens résidant dans le canton, qui ne seraient dans aucun des cas précédents, et qui ne justifieraient pas de leur inscription dans un autre canton.

Art. 11. Sont, d'après la notoriété publique, considérés comme ayant acquis l'âge pour le tirage, les jeunes gens qui ne peuvent produire, ou n'ont pas produit avant le tirage, un extrait des registres de l'état civil constatant un âge différent, ou qui, à défaut de registres, ne peuvent prouver ou n'ont pas prouvé leur âge conformément à l'article 46 du Code civil.

Art. 12. Si, dans les tableaux de recensement ou dans les tirages des années précédentes, des jeunes gens ont été omis, ils sont inscrits sur les tableaux de recensement de la classe qui est appelée après la découverte de l'omission, à moins qu'ils n'aient 30 ans accomplis à l'époque de la clôture des tableaux.

Après cet âge, ils sont soumis aux obligations de la classe à laquelle ils appartiennent.

Art. 13. Dans les cantons composés de plusieurs communes, l'examen des tableaux de recensement et le tirage au sort ont lieu au chef-lieu de canton, en séance publique, devant le sous-préfet assisté des maires du canton.

Dans les communes qui forment un ou plusieurs cantons, le sous-préfet est assisté du maire et de ses adjoints.

Dans les villes divisées en plusieurs arrondissements, le préfet ou son délégué est assisté d'un officier municipal de l'arrondissement.

Le tableau est lu à haute voix. Les jeunes gens, leurs parents ou ayants cause sont entendus dans leurs observations. Le sous-préfet statue, après avoir pris l'avis des maires. Le tableau, rectifié, s'il y a lieu, et définitivement arrêté, est revêtu de leurs signatures.

Dans les cantons composés de plusieurs communes, l'ordre dans lequel elles sont appelées pour le tirage est, chaque fois, indiqué par le sort.

Art. 14. Le sous-préfet inscrit, en tête de la liste du tirage, les noms des jeunes gens qui se trouvent dans les cas prévus par l'article 60 de la présente loi.

Les premiers numéros leur sont attribués de droit.

Ces numéros sont, en conséquence, extraits de l'urne avant l'opération du tirage.

Art. 15. Avant de commencer l'opération du tirage, le sous-préfet compte publiquement les numéros et les dépose dans l'urne, après s'être assuré que leur nombre est égal à celui des jeunes gens appelés à concourir; il en fait la déclaration à haute voix.

Aussitôt, chacun des jeunes gens appelés dans l'ordre du tableau prend dans l'urne un numéro qui est immédiatement proclamé et inscrit. Les parents des absents, ou, à leur défaut, le maire de leur commune, tirent à leur place.

L'opération du tirage achevée est définitive.

Elle ne peut, sous aucun prétexte, être recommencée, et chacun garde le numéro qu'il a tiré ou qu'on a tiré pour lui.

Les jeunes gens qui ne se trouveraient pas pourvus de numéros seront inscrits à la suite avec des numéros supplémentaires, et tireront entre eux pour déterminer l'ordre suivant lequel ils seront inscrits.

La liste par ordre de numéros est dressée à mesure que les numéros sont tirés de l'urne. Il y est fait mention des cas et des motifs d'exemption et de dispenses que les jeunes gens, ou leurs parents, ou les maires des communes, se proposent de faire valoir devant le conseil de revision mentionné en l'article 27.

Le sous-préfet y ajoute ses observations.

La liste du tirage est ensuite lue, arrêtée et signée de la même manière que le tableau de recensement, et annexée avec ledit tableau au procès-verbal des opérations. Elle est publiée et affichée dans chaque commune du canton.

DEUXIÈME SECTION.

DES EXEMPTIONS. — DES DISPENSES ET DES SURSIS D'APPELS.

Art. 16. Sont exemptés du service militaire, les jeunes gens que leurs infirmités rendent impropres à tout service actif ou auxiliaire dans l'armée.

Art. 17. Sont dispensés du service d'activité en temps de paix :

1° L'aîné d'orphelins de père et de mère ;

2° Le fils unique ou l'aîné des fils, ou à défaut de fils ou de gendre, le petit-fils unique ou l'aîné des petits-fils d'une femme actuellement veuve ou d'une femme dont le mari a été légalement déclaré absent, ou d'un père aveugle ou entré dans sa 70e année.

Dans les cas prévus par les deux paragraphes précédents, le frère puîné jouira de la dispense si le frère aîné est aveugle ou atteint de toute autre infirmité incurable qui le rende impotent ;

3° Le plus âgé des deux frères appelés à faire partie du même tirage, si le plus jeune est reconnu propre au service ;

4° Celui dont un frère sera dans l'armée active ;

5° Celui dont un frère sera mort en activité de service, ou aura été réformé ou admis à la retraite pour blessures reçues dans un service commandé, ou pour infirmités contractées dans les armées de terre et de mer.

La dispense accordée conformément aux paragraphes 4 et 5 ci-dessus ne sera appliquée qu'à un seul frère pour un même cas, mais elle se répétera dans la même famille autant de fois que les mêmes droits s'y reproduiront.

Le jeune homme omis, qui ne s'est pas présenté par lui ou ses ayants cause au tirage de la classe à laquelle il appartient, ne peut réclamer le bénéfice des dispenses indiquées par le présent article, si les causes de ces dispenses ne sont survenues que postérieurement à la clôture des listes.

Ces causes de dispenses doivent, pour produire leur effet, exister au jour où le conseil de revision est appelé à statuer.

Néanmoins, l'appelé ou l'engagé qui, postérieurement soit à la décision du conseil de revision, soit au 1er juillet, soit à son incorporation, devient l'aîné d'orphelins de père et de mère, le fils unique ou l'aîné des fils, ou, à défaut du fils et du gendre, le petit-fils unique ou l'aîné des petits-fils d'une femme veuve, d'une femme dont le mari a été légalement déclaré absent ou d'un père aveugle, est, sur sa demande et pour le temps qu'il a encore à servir, renvoyé dans ses foyers en disponibilité, à moins qu'en raison de sa présence sous les drapeaux, il n'ait procuré la dispense de service à un frère puîné actuellement vivant.

Le bénéfice de la disposition du paragraphe précédent s'étend au militaire devenu fils aîné ou petit-fils aîné de septuagénaire par suite du décès d'un frère.

Les dispenses énoncées au présent article ne sont applicables qu'aux enfants légitimes.

Art. 18. Peuvent être ajournés deux années de suite à un nouvel examen, les jeunes gens qui, au moment de la réunion du conseil de revision, n'ont pas la taille d'un mètre cinquante-quatre centimètres ou sont reconnus d'une complexion trop faible pour un service armé.

Les jeunes gens ajournés à un nouvel examen du conseil de revision sont tenus, à moins d'une autorisation spéciale, de se représenter au conseil de revision du canton devant lequel ils ont comparu.

Après l'examen définitif, ils sont classés, et ceux de ces jeunes gens reconnus propres soit au service armé, soit à un service auxiliaire, sont soumis, selon la catégorie dans laquelle ils sont placés, à toutes les obligations de la classe à laquelle ils appartiennent.

Art. 19. Les élèves de l'Ecole polytechnique et les élèves de l'Ecole forestière sont considérés comme présents sous les drapeaux dans l'armée active, pendant tout le temps par eux passé dans lesdites Ecoles.

Les lois d'organisation prévues par l'article 45 de la présente loi déterminent, pour ceux de ces jeunes gens qui ont satisfait aux examens de sortie et ne sont pas placés dans les armées de terre ou de mer, les emplois auxquels ils peuvent être appelés, soit dans la disponibilité, soit dans la réserve de l'armée active, soit dans l'armée territoriale, ou dans les services auxiliaires.

Les élèves de l'Ecole polytechnique et de l'Ecole forestière qui ne satisfont pas aux examens de sortie de ces écoles, suivent les conditions de la classe de recrutement à laquelle ils appartiennent par leur âge; le temps passé par eux à l'École polytechnique ou à l'Ecole forestière est déduit des années de service déterminées par l'article 36 de la présente loi.

Art. 20. Sont, à titre conditionnel, dispensés du service militaire :

1º Les membres de l'instruction publique, les élèves de l'Ecole normale supérieure de Paris dont l'engagement de se vouer pendant dix ans à la carrière de l'enseignement aura été accepté par le recteur de l'académie, avant le tirage au sort, et s'ils réalisent cet engagement ;

2° Les professeurs des institutions nationales des sourds-muets et des institutions nationales des jeunes aveugles, aux mèmes conditions que les membres de l'instruction publique ;

3° Les artistes qui ont remporté les grands prix de l'Institut, à condition qu'ils passeront à l'Ecole de Rome les années réglementaires et rempliront toutes leurs obligations envers l'Etat ;

4° Les élèves pensionnaires de l'Ecole des langues orientales vivantes et les élèves de l'Ecole des chartes nommés après examen, à condition de passer dix ans tant dans lesdites Ecoles que dans un service public ;

5° Les membres et novices des associations religieuses vouées à l'enseignement reconnues comme établissements d'utilité publique, et les directeurs, maîtres-adjoints, élèves-maîtres des écoles fondées ou entretenues par les associations laïques, lorsqu'elles remplissent les mèmes conditions ; pourvu toutefois que les uns et les autres, avant le tirage au sort, aient pris devant le recteur de l'académie l'engagement de se consacrer pendant dix ans à l'enseignement, et s'ils réalisent cet engagement dans un des établissements de l'association religieuse ou laïque, à condition que cet établissement existe depuis plus de deux ans ou renferme trente élèves au moins ;

6° Les jeunes gens qui, sans ètre compris dans les paragraphes précédents, se trouvent dans les cas prévus par l'article 79 de la loi du 15 mars 1850 et par l'article 18 de la loi du 10 avril 1867, et ont, avant l'époque fixée pour le tirage, contracté devant le recteur le mème engagement et aux mèmes conditions ;

L'engagement de se vouer pendant dix ans à l'enseignement peut ètre réalisé, par les instituteurs et par les instituteurs-adjoints mentionnés au présent paragraphe 6, tant dans les écoles publiques que dans les écoles libres désignées à cet effet par le Ministre de l'instruction publique, après avis du conseil départemental ;

7° Les élèves ecclésiastiques désignés à cet effet par les archevèques et par les évèques, et les jeunes gens autorisés à continuer leurs études pour se vouer au ministère dans les cultes salariés par l'Etat, sous la condition qu'ils seront assujettis au service militaire s'ils cessent les études en vue desquelles ils auront été dispensés ou si, à 26 ans, les premiers ne sont pas entrés dans les ordres majeurs, et les seconds n'ont pas reçu la consécration.

Art. 21. Les jeunes gens liés au service, dans les armées de terre ou de mer, en vertu d'un brevet ou d'une commission, et qui cessent leur service ;

Les jeunes marins portés sur les registres matricules de l'inscription maritime, conformément aux règles prescrites par les articles 1, 2, 3, 4 et 5 de la loi du 25 octobre 1795 (3 brumaire an IV), qui se font rayer de l'inscription maritime ;

Les jeunes gens désignés en l'article 20 ci-dessus qui cessent d'être dans une des positions indiquées audit article avant d'avoir accompli les conditions qu'il leur impose, sont tenus :

1° D'en faire la déclaration au maire de la commune, dans les deux mois, et de retirer expédition de leur déclaration ;

2° D'accomplir dans l'armée active le service prescrit par la présente loi, et de faire ensuite partie des réserves selon la classe à laquelle ils appartiennent.

Faute par eux de faire la déclaration ci-dessus et de la soumettre au visa du préfet du département, dans un délai d'un mois, ils sont passibles des peines portées par l'article 60 de la présente loi.

Ils sont rétablis dans la première classe appelée après la cessation de leurs services, fonctions ou études. Mais le temps écoulé depuis la cessation de leurs services, fonctions ou études, jusqu'au moment de la déclaration, ne compte pas dans les années de service exigées par la présente loi.

Toutefois, est déduit du nombre d'années pendant lesquelles tout Français fait partie de l'armée active, le temps déjà passé au service de l'Etat par les marins inscrits et par les jeunes gens liés au service dans les armées de terre et de mer en vertu d'un brevet ou d'une commission.

Art. 22. Peuvent être dispensés à titre provisoire, comme soutiens indispensables de famille et s'ils en remplissent effectivement les devoirs, les jeunes gens désignés par les conseils municipaux de la commune où ils sont domiciliés.

La liste est présentée au conseil de revision par le maire.

Ces dispenses peuvent être accordées, par département, jusqu'à concurrence de 4 p. 100 du nombre des jeunes gens reconnus propres au service et compris dans la première partie des listes du recrutement cantonal.

Tous les ans, le maire de chaque commune fait connaître au conseil de revision la situation des jeunes gens qui ont obtenu les dispenses, à titre de soutiens de famille, pendant les années précédentes.

Art. 23. En temps de paix, il peut être accordé des sursis d'appel aux jeunes gens qui, avant le tirage au sort, en auront fait la demande.

A cet effet, ils doivent établir que, soit pour leur apprentissage, soit pour les besoins de l'exploitation agricole, industrielle ou commerciale à laquelle ils se livrent pour leur compte ou pour celui de leurs parents, il est indispensable qu'ils ne soient pas enlevés immédiatement à leurs travaux.

Ce sursis d'appel ne confère ni exemption ni dispense ; il n'est accordé que pour un an, et peut être néanmoins renouvelé pour une seconde année.

Le jeune homme qui a obtenu un sursis d'appel conserve le numéro qui lui est échu lors du tirage au sort, et, à l'expiration de son sursis, il est tenu de satisfaire à toutes les obligations que lui imposait la loi en raison de son numéro.

Art. 24. Les demandes de sursis, adressées au maire, sont instruites par lui. Le conseil municipal donne son avis. Elles sont remises au conseil de revision, et envoyées par duplicata au sous-préfet, qui les transmet au préfet avec ses observations, et y joint tous les documents nécessaires.

Il peut être accordé pour tout le département et par chaque classe, des sursis d'appel jusqu'à concurrence de 4 p. 100 du nombre de jeunes gens reconnus propres au service militaire dans ladite classe et compris dans la première partie des listes du recrutement cantonal.

Art. 25. Les jeunes gens dispensés du service d'activité en temps de paix, aux termes de l'article 17 de la présente loi, les jeunes gens dispensés à titre de soutiens de famille, ainsi que les jeunes gens auxquels il est accordé des sursis d'appel, sont astreints, par un règlement du Ministre de la guerre, à certains exercices.

Quand les causes de dispenses viennent à cesser, ils sont soumis à toutes les obligations de la classe à laquelle ils appartiennent.

Art. 26. Les jeunes gens dispensés du service de l'armée active aux termes de l'article 17 ci-dessus, les jeunes gens dispensés à titre de soutiens de famille, ainsi que ceux qui ont obtenu des sursis d'appel, sont appelés, en cas de guerre, comme les hommes de leur classe.

L'autorité militaire en dispose alors selon les besoins des différents services.

TROISIÈME SECTION.

DES CONSEILS DE REVISION ET DES LISTES DE RECRUTEMENT CANTONAL.

Art. 27. Les opérations du recrutement sont revues, les réclamations auxquelles ces opérations peuvent donner lieu sont entendues, les causes d'exemption et de dispenses prévues par les articles 16, 17 et 20 de la présente loi sont jugées, en séance publique, par un conseil de revision composé :

Du préfet, président, ou, à son défaut, du secrétaire général ou du conseiller de préfecture délégué par le préfet ;

D'un conseiller de préfecture désigné par le préfet ;

D'un membre du conseil général du département autre que le représentant élu dans le canton où la revision a lieu ;

D'un membre du conseil d'arrondissement également autre que le représentant élu dans le canton où la revision a lieu ;

Tous deux désignés par la commission permanente du conseil général, conformément à l'article 82 de la loi du 10 août 1871 ;

D'un officier général ou supérieur désigné par l'autorité militaire.

Un membre de l'intendance, le commandant du recrutement, un médecin militaire, ou, à son défaut, un médecin civil désigné par l'autorité militaire, assistent aux opérations du conseil de revision. Le membre de l'intendance est entendu, dans l'intérêt de la loi, toutes les fois qu'il le demande, et peut faire consigner ses observations au registre des délibérations.

Le conseil de revision se transporte dans les divers cantons. Toutefois, suivant les localités, le préfet peut exceptionnellement réunir, dans le même lieu, plusieurs cantons pour les opérations du conseil.

Le sous-préfet ou le fonctionnaire par lequel il aura été suppléé pour les opérations du tirage, assiste aux séances que le conseil de revision tient dans son arrondissement.

Il a voix consultative.

Les maires des communes auxquelles appartiennent les jeunes gens appelés devant le conseil de revision assistent aux séances et peuvent être entendus.

Si, par suite d'une absence, le conseil de revision ne se compose que de quatre membres, il peut délibérer, mais la voix du président n'est pas prépondérante. La décision ne peut être prise qu'à la majorité de trois voix. En cas de partage, elle est ajournée.

Art. 28. Les jeunes gens portés sur les tableaux de recensement, ainsi que ceux des classes précédentes qui ont été ajournés conformément à l'article 18 ci-dessus, sont convoqués, examinés et entendus par le conseil de revision. Ils peuvent alors faire connaître l'arme dans laquelle ils désirent être placés.

S'ils ne se rendent pas à la convocation, ou s'ils ne se font pas représenter, ou s'ils n'obtiennent pas un délai, il est procédé comme s'ils étaient présents.

Dans le cas d'exemption pour infirmités, le conseil ne prononce qu'après avoir entendu le médecin qui assiste au conseil.

Les cas de dispenses sont jugés sur la production de documents authentiques, et sur les certificats signés de trois pères de famille domiciliés dans le même canton, dont les fils sont soumis à l'appel ou ont été appelés. Ces certificats doivent, en outre, être signés et approuvés par le maire de la commune du réclamant.

La substitution de numéros peut avoir lieu entre frères, si celui qui se présente comme substituant est reconnu propre au service par le conseil de revision.

Art. 29. Lorsque les jeunes gens portés sur les tableaux de recensement ont fait des réclamations dont l'admission ou le rejet dépend de la décision à intervenir sur des questions judiciaires relatives à leur état ou à leurs droits civils, le conseil de revision ajourne sa décision, ou ne prend qu'une décision conditionnelle.

Les questions sont jugées contradictoirement avec le préfet, à la requête de la partie la plus diligente. Les tribunaux statuent sans délai, le ministère public entendu.

Art. 30. Hors les cas prévus par l'article précédent, les décisions du conseil de revision sont définitives. Elles peuvent néanmoins être attaquées devant le Conseil d'Etat pour incompétence et excès de pouvoirs.

Elles peuvent aussi être attaquées pour violation de la loi, mais par le Ministre de la guerre seulement, et dans l'intérêt de la loi.

Toutefois, l'annulation profite aux parties lésées.

Art. 31. Après que le conseil de revision a statué sur les cas d'exemptions et sur ceux de dispenses, ainsi que sur toutes les réclamations auxquelles les opérations peuvent donner lieu, la liste du recrutement cantonal est définitivement arrêtée et signée par le conseil de revision.

Cette liste, divisée en cinq parties, comprend :

1° Par ordre de numéros de tirage, tous les jeunes gens déclarés propres au service militaire et qui ne doivent pas être classés dans les catégories suivantes ;

2° Tous les jeunes gens dispensés en exécution de l'article 17 de la présente loi ;

3° Tous les jeunes gens conditionnellement dispensés en vertu de l'article 20, ainsi que les jeunes gens liés au service en vertu d'un engagement volontaire, d'un brevet ou d'une commission, et les jeunes marins inscrits ;

4° Les jeunes gens qui, pour défaut de taille ou pour toute autre cause, ont été dispensés du service dans l'armée active, mais ont été reconnus aptes à faire partie d'un des services auxiliaires de l'armée ;

5° Enfin, les jeunes gens qui ont été ajournés à un nouvel examen du conseil de revision.

Art. 32. Quand les listes du recrutement de tous les cantons du département ont été arrêtées conformément aux prescriptions de l'article précédent, le conseil de revision, auquel sont adjoints deux autres membres du conseil général également désignés par la commission permanente, et réuni au chef-lieu du département, prononce sur les demandes de dispenses pour soutiens de famille et sur les demandes de sursis d'appel.

QUATRIÈME SECTION.

DU REGISTRE MATRICULE.

Art. 33. Il est tenu par département, ou par circonscription déterminée dans chaque département, en vertu d'un règlement d'administration publique, un registre matricule, dressé au moyen des listes mentionnées en l'article 31 ci-dessus, et sur lequel sont portés tous les jeunes gens qui n'ont pas été déclarés impropres à tout service militaire ou qui n'ont pas été ajournés à un nouvel examen du conseil de revision.

Ce registre mentionne l'incorporation de chaque homme inscrit, ou la position dans laquelle il est laissé, et successivement tous les changements qui peuvent survenir dans sa situation, jusqu'à ce qu'il passe dans l'armée territoriale.

Art. 34. Tout homme inscrit sur le registre matricule, qui change de domicile, est tenu d'en faire la déclaration à la mairie de la commune qu'il quitte et à la mairie du lieu où il vient s'établir.

Le maire de chacune des communes transmet, dans les huit jours, copie de ladite déclaration, au bureau du registre matricule de la circonscription dans laquelle se trouve la commune.

Art. 35. Tout homme inscrit sur le registre matricule, qui entend se fixer en pays étranger, est tenu, dans sa déclaration à la mairie de la commune où il réside, de faire connaître le lieu où il va établir son domicile, et, dès qu'il y est arrivé, d'en prévenir l'agent consulaire de France. Le maire de la commune transmet, dans les huit jours, copie de ladite déclaration au bureau du registre matricule de la circonscription dans laquelle se trouve sa commune.

L'agent consulaire, dans les huit jours de la déclaration, en envoie copie au Ministre de la guerre.

TITRE III. — Du service militaire.

Art. 36. Tout Français qui n'est pas déclaré impropre à tout service militaire fait partie :

De l'armée active pendant cinq ans;
De la réserve de l'armée active pendant quatre ans;
De l'armée territoriale pendant cinq ans ;
De la réserve de l'armée territoriale pendant six ans.

1° L'armée active est composée, indépendamment des hommes qui ne se recrutent pas par les appels, de tous les jeunes gens déclarés propres à un des services de l'armée et compris dans les cinq dernières classes appelées.

2° La réserve de l'armée active est composée de tous les hommes également déclarés propres à un des services de l'armée et compris dans les quatre classes appelées immédiatement avant celles qui forment l'armée active.

3° L'armée territoriale est composée de tous les hommes qui ont accompli le temps de service prescrit pour l'armée active et la réserve.

4° La réserve de l'armée territoriale est composée des hommes qui ont accompli le temps de service pour cette armée.

L'armée territoriale et la deuxième réserve sont formées par régions déterminées par un règlement d'administration publique ; elles comprennent, pour chaque région, les hommes ci-dessus désignés aux paragraphes 3° et 4°, et qui sont domiciliés dans la région.

Art. 37. L'armée de mer est composée, indépendamment des hommes fournis par l'inscription maritime :

1° Des hommes qui auront été admis à s'engager volontairement ou à se rengager dans les conditions déterminées par un règlement d'administration publique ;

2° Des jeunes gens qui, au moment des opérations du conseil de revision, auront demandé à entrer dans un des corps de la marine, et auront été reconnus propres à ce service ;

3° Enfin, et à défaut d'un nombre suffisant d'hommes compris dans les deux catégories précédentes, du contingent du recrutement affecté, par décision du Ministre de la guerre, à l'armée de mer.

Ce contingent, fourni par chaque canton dans la proportion fixée par ladite décision, est composé des jeunes gens compris dans la première partie de la liste du recrutement cantonal, et auxquels seront échus les premiers numéros sortis au tirage au sort.

Un règlement d'administration publique déterminera les conditions dans lesquelles pourront avoir lieu les permutations entre les jeunes gens affectés à l'armée de mer, et ceux de la même classe affectés à l'armée de terre.

Pour les hommes qui ne proviennent pas de l'inscription maritime, le temps de service actif, dans l'armée de mer, est de cinq ans, et de deux ans dans la réserve.

Ces hommes passent ensuite dans l'armée territoriale.

Art. 38. La durée du service compte du 1er juillet de l'année du tirage au sort.

Chaque année, au 30 juin, en temps de paix, les militaires qui ont achevé le temps de service prescrit dans l'armée active, ceux qui ont accompli le temps de service prescrit dans la réserve de l'armée active, ceux qui ont terminé le temps de service prescrit pour l'armée territoriale; enfin, ceux qui ont terminé le temps de service pour la réserve de cette armée, reçoivent un certificat constatant :

Pour les premiers, leur envoi dans la première réserve ;
Pour les seconds, leur envoi dans l'armée territoriale ;
Pour les troisièmes, leur envoi dans la deuxième réserve ;
Et, à l'expiration du temps de service dans cette réserve, les hommes reçoivent un congé définitif.

En temps de guerre, ils reçoivent ces certificats immédiatement après l'arrivée au corps des hommes de la classe destinée à remplacer celle à laquelle ils appartiennent.

Cette dernière disposition est applicable, en tout temps, aux hommes appartenant aux équipages de la flotte en cours de campagne.

Art. 39. Tous les jeunes gens de la classe appelée, qui ne sont pas exemptés pour cause d'infirmités, ou ne sont pas dispensés en application des dispositions de la présente loi, ou n'ont pas obtenu de sursis d'appel, ou ne sont pas affectés à l'armée de mer, font partie de l'armée active et sont mis à la disposition du Ministre de la guerre.

Ces jeunes soldats sont tous immatriculés dans les divers corps de l'armée et envoyés, soit dans lesdits corps, soit dans des bataillons et écoles d'instruction.

Art. 40. Après une année de service des jeunes soldats dans les conditions indiquées en l'article précédent, ne sont plus maintenus sous les drapeaux que les hommes dont le chiffre est fixé chaque année par le Ministre de la guerre.

Ils sont pris par ordre de numéro sur la première partie de la liste du recrutement de chaque canton et dans la proportion déterminée par la décision du Ministre; cette décision est rendue aussitôt après que toutes les opérations du recrutement sont terminées.

Art. 41. Nonobstant les dispositions de l'article précédent, le militaire compris dans la catégorie de ceux ne devant pas rester sous les drapeaux, mais qui, après l'année de service mentionnée audit article, ne sait pas lire et écrire, et ne satisfait pas aux examens déterminés par le Ministre de la guerre, peut être maintenu au corps pendant une seconde année.

Le militaire placé dans la même catégorie qui, par l'instruction acquise antérieurement à son entrée au service et par celle reçue sous les drapeaux, remplit toutes les conditions exigées, peut, après six mois, à des époques fixées par le Ministre de la guerre, et avant l'expiration de l'année, être envoyé en disponibilité dans ses foyers, conformément à l'article suivant.

Art. 42. Les jeunes gens qui, après le temps de service prescrit par les articles 40 et 41, ne sont pas maintenus sous les drapeaux, restent en disponibilité de l'armée active, dans leurs foyers, et à la disposition du Ministre de la guerre.

Ils sont, par un règlement du Ministre, soumis à des revues et à des exercices.

Art. 43. Les hommes renvoyés dans la réserve de l'armée active restent immatriculés d'après le mode prescrit par la loi d'organisation.

Le rappel de la réserve de l'armée active peut être fait d'une manière distincte et indépendante pour l'armée de terre et pour l'armée de mer ; il peut également être fait par classe, en commençant par la moins ancienne.

Les hommes de la réserve de l'armée active sont assujettis, pendant le temps de service de ladite réserve, à prendre part à deux manœuvres.

La durée de chacune de ces manœuvres ne peut dépasser quatre semaines.

Art. 44. Les hommes en disponibilité de l'armée active et les hommes de la réserve peuvent se marier sans autorisation.

Les hommes mariés restent soumis aux obligations de service imposées aux classes auxquelles ils appartiennent.

Toutefois, les hommes en disponibilité ou en réserve qui sont pères de quatre enfants vivants passent de droit dans l'armée territoriale.

Art. 45. Des lois spéciales détermineront les bases de l'organisation de l'armée active et de l'armée territoriale, ainsi que des réserves.

TITRE IV. — DES ENGAGEMENTS.

DES RENGAGEMENTS ET DES ENGAGEMENTS CONDITIONNELS D'UN AN.

PREMIÈRE SECTION.

DES ENGAGEMENTS.

Art. 46. Tout Français peut être autorisé à contracter un engagement volontaire aux conditions suivantes :

L'engagé volontaire doit :

1° S'il entre dans l'armée de mer, avoir 16 ans accomplis, sans être tenu d'avoir la taille prescrite par la loi, mais sous la condition qu'à l'âge de 18 ans il ne pourra être reçu s'il n'a pas cette taille ;

2° S'il entre dans l'armée de terre, avoir 18 ans accomplis, et au moins la taille d'un mètre cinquante-quatre centimètres ;

3° Savoir lire et écrire ;

4° Jouir de ses droits civils ;

5° N'être ni marié, ni veuf avec enfants;

6° Etre porteur d'un certificat de bonne vie et mœurs délivré par le maire de la commune de son dernier domicile ; et s'il ne compte pas au moins une année de séjour dans cette commune, il doit également produire un autre certificat du maire des communes où il a été domicilié dans le cours de cette année.

Le certificat doit contenir le signalement du jeune homme qui veut s'engager, mentionner la durée du temps pendant lequel il a été domicilié dans la commune et attester :

Qu'il jouit de ses droits civils ;

Qu'il n'a jamais été condamné à une peine correctionnelle pour vol, escroquerie, abus de confiance ou attentat aux mœurs.

Si l'engagé a moins de 20 ans, il doit justifier du consentement de ses père, mère ou tuteur.

Ce dernier doit être autorisé par une délibération du conseil de famille.

Les conditions relatives, soit à l'aptitude militaire, soit à l'admissibilité dans les différents corps de l'armée, sont déterminées par un décret inséré au *Bulletin des Lois*.

Art. 47. La durée de l'engagement volontaire est de cinq ans.

Les années de l'engagement volontaire comptent dans la durée du service militaire fixé par l'article 36 ci-dessus.

En cas de guerre, tout Français qui a accompli le temps de service prescrit pour l'armée active et la réserve de ladite armée, est admis à contracter dans l'armée active un engagement pour la durée de la guerre.

Cet engagement ne donne pas lieu aux dispenses prévues par le paragraphe 4 de l'article 17 de la présente loi.

Art. 48. Les hommes qui, après avoir satisfait aux conditions des articles 40 et 41 de la présente loi, vont être renvoyés en disponibilité, peuvent être admis à rester dans ladite armée de manière à compléter cinq années de service.

Les hommes renvoyés en disponibilité peuvent être autorisés à compléter cinq années de service sous les drapeaux.

Art. 49. Les engagés volontaires, les hommes admis à rester dans l'armée active, ainsi que ceux qui, en disponibilité, ont été autorisés à compléter cinq années de service dans ladite armée, ne peuvent être envoyés en congé sans leur consentement.

Art. 50. Les engagements volontaires sont contractés dans les formes prescrites par les articles 34, 35, 36, 37, 38, 39, 40, 42 et 44 du Code civil, devant les maires des chefs-lieux de canton.

Les conditions relatives à la durée des engagements sont insérées dans l'acte même.

Les autres conditions sont lues aux contractants avant la signature et mention en est faite à la fin de l'acte, le tout sous peine de nullité.

DEUXIÈME SECTION.

DES RENGAGEMENTS.

Art. 51. Des rengagements peuvent être reçus pour deux ans au moins et cinq ans au plus.

Ces rengagements ne peuvent être reçus que pendant le cours de la dernière année de service sous les drapeaux.

Ils sont renouvelables jusqu'à l'âge de 29 ans accomplis pour les caporaux et soldats, et jusqu'à l'âge de 35 ans accompli pour les sous-officiers.

Les autres conditions sont déterminées par un règlement inséré au *Bulletin des lois*.

Les rengagements après cinq ans de service sous les drapeaux donnent droit à une haute paye.

Art. 52. Les engagements prévus à l'article 48 de la présente loi et les rengagements sont contractés devant les intendants ou sous-intendants militaires, dans la forme prescrite dans l'article 50 ci-dessus, sur la preuve que le contractant peut rester ou être admis dans le corps pour lequel il se présente.

TROISIÈME SECTION.

DES ENGAGEMENTS CONDITIONNELS D'UN AN.

Art. 53. Les jeunes gens qui ont obtenu des diplômes de bachelier ès lettres, de bachelier ès sciences, des diplômes de fin d'études ou des brevets de capacité institués par les articles 4 et 6 de la loi du 21 juin 1865; ceux qui font partie de l'Ecole centrale des arts et manufactures, des écoles nationales des arts et métiers, des écoles nationales des beaux-arts, du Conservatoire de musique; les élèves des écoles nationales vétérinaires et des écoles nationales d'agriculture; les élèves externes de l'Ecole des mines, de l'Ecole des ponts et chaussées, de l'Ecole du génie maritime, et les élèves de l'Ecole des mineurs de Saint-Etienne, sont admis avant le tirage au sort, lorsqu'ils présentent les certificats d'études émanés des autorités désignées par un règlement inséré au *Bulletin des lois*, à contracter, dans l'armée de terre, des engagements conditionnels d'un an, selon le mode déterminé par ledit règlement.

Art. 54. Indépendamment des jeunes gens indiqués en l'article précédent, sont admis, avant le tirage au sort, à contracter un semblable engagement, ceux qui satisfont à un des examens exigés par les différents programmes préparés par le Ministre de la guerre et approuvés par décrets rendus dans la forme des règlements d'administration publique. Ces décrets sont insérés au *Bulletin des lois*.

Le Ministre de la guerre fixe chaque année le nombre des engagements conditionnels d'un an spécifiés au présent article. Ce nombre est réparti par régions déterminées conformément à l'article 36 ci-dessus et proportionnellement au nombre des jeunes gens inscrits sur les tableaux de recensement de l'année précédente.

Si, au moment où les jeunes gens mentionnés au présent article et à l'article précédent se présentent pour contracter un engagement d'un an, ils ne sont pas reconnus propres au service, ils sont ajournés et ne peuvent être incorporés que lorsqu'ils remplissent toutes les conditions voulues.

Art. 55. L'engagé volontaire d'un an est habillé, monté, équipé et entretenu à ses frais.

Toutefois, le Ministre de la guerre peut exempter de tout ou partie des obligations déterminées au paragraphe précédent, les jeunes gens qui ont donné dans leur examen des preuves de capacité, et justifient, dans les formes prescrites par le règlement, être dans l'impossibilité de subvenir aux frais résultant de ces obligations.

Art. 56. L'engagé volontaire d'un an est incorporé et soumis à toutes les obligations de service imposées aux hommes présents sous les drapeaux.

Il est astreint aux examens prescrits par le Ministre de la guerre.

Si, après un an de service, l'engagé volontaire d'un an ne satisfait pas à ces examens, il est obligé de rester une seconde année au service, aux conditions déterminées dans le règlement prévu par l'article 53.

Si, après cette seconde année, l'engagé volontaire ne satisfait pas à ces examens, il est, par décision du Ministre de la guerre, déclaré déchu des avantages réservés aux volontaires d'un an, et il reste soumis aux mêmes obligations que celles imposées aux hommes de la première partie de la classe à laquelle il appartient par son engagement.

Il en est de même pour le volontaire qui, pendant la première ou la seconde année, a commis des fautes graves et répétées contre la discipline.

Dans tous les cas, le temps passé dans le volontariat compte en déduction de la durée du service prescrit par l'article 36 de la présente loi.

En temps de guerre, l'engagé volontaire d'un an est maintenu au service.

En cas de mobilisation, l'engagé volontaire d'un an marche avec la première partie de la classe à laquelle il appartient par son engagement.

Art. 57. Dans l'année qui précède l'appel de leur classe, les jeunes gens mentionnés dans l'article 53 qui n'auraient pas terminé les études de la faculté ou des écoles auxquelles ils appartiennent, mais qui voudraient les achever dans un laps de temps déterminé, peuvent, tout en contractant l'engagement d'un an, obtenir de l'autorité militaire un sursis avant de se rendre au corps pour lequel ils se sont engagés. Le sursis peut leur être accordé jusqu'à l'âge de 24 ans accomplis.

Art. 58. Après que les engagés volontaires d'un an ont satisfait à tous les examens exigés par l'article 56, ils peuvent obtenir des brevets de sous-officier ou des commissions au moins équivalentes.

Les lois spéciales prévues par l'article 45 déterminent l'emploi de ces jeunes gens, soit dans l'armée active, soit dans la disponibilité, soit dans la réserve de l'armée active, soit dans l'armée territoriale, ou dans les différents services auxquels leurs études les ont plus spécialement destinés.

TITRE V. — Dispositions pénales.

Art. 59. Tout homme inscrit sur le registre matricule, qui n'a pas fait les déclarations de changement de domicile prescrites par les articles 34 et 35 de la présente loi, est déféré aux tribunaux ordinaires. et puni d'une amende de 10 à 200 francs ; il peut, en outre, être condamné à un emprisonnement de quinze jours à trois mois.

En temps de guerre, la peine est double.

Art. 60. Toutes fraudes ou manœuvres par suite desquelles un jeune homme a été omis sur les tableaux de recensement ou sur les listes du tirage sont déférées aux tribunaux ordinaires et punies d'un emprisonnement d'un mois à un an.

Sont déférés aux mêmes tribunaux et punis de la même peine :

1° Les jeunes gens appelés qui, par suite d'un concert frauduleux, se sont abstenus de comparaître devant le conseil de revision ;

2° Les jeunes gens qui, à l'aide de fraudes ou manœuvres, se sont fait exempter ou dispenser par un conseil de revision, sans préjudice des peines plus graves en cas de faux.

Les auteurs ou complices sont punis des mêmes peines.

Si le jeune homme omis a été condamné comme auteur ou complice de fraudes ou manœuvres. les dispositions de l'article 14 lui sont appliquées lors du premier tirage qui a lieu après l'expiration de sa peine.

Le jeune homme indûment exempté ou indûment dispensé est rétabli en tête de la première partie de la classe appelée après qu'il a été reconnu que l'exemption ou la dispense avait été indûment accordée.

Art. 61. Tout homme inscrit sur le registre matricule au domicile duquel un ordre de route a été régulièrement notifié, et qui n'est pas arrivé à sa destination au jour fixé par cet ordre, est, après un mois de délai, et hors le cas de force majeure, puni, comme insoumis, d'un emprisonnement d'un mois à un an, en temps de paix, et de deux à cinq ans en temps de guerre. Dans ce dernier cas, à l'expiration de sa peine, il est envoyé dans une compagnie de discipline.

En temps de guerre, les noms des insoumis sont affichés dans toutes les communes du canton de leur domicile ; ils restent affichés pendant toute la durée de la guerre.

Ces dispositions sont applicables à tout engagé volontaire qui, sans motifs légitimes, n'est pas arrivé à sa destination dans le délai fixé par sa feuille de route.

En cas d'absence du domicile, et lorsque le lieu de la résidence est inconnu, l'ordre de route est notifié au maire de la commune dans laquelle l'appelé a concouru au tirage.

A l'égard des appelés, le délai d'un mois sera porté :

1° A deux mois, s'ils demeurent en Algérie, dans les îles voisines des contrées limitrophes de la France ou en Europe ;

2° A six mois, s'ils demeurent dans tout autre pays.

L'insoumis est jugé par le conseil de guerre de la division militaire dans laquelle il est arrêté.

Le temps pendant lequel l'engagé volontaire ou l'homme inscrit sur le registre matricule aura été insoumis ne compte pas dans les années de service exigées.

Art. 62. Quiconque est reconnu coupable d'avoir récélé ou d'avoir pris à son service un insoumis, est puni d'un emprisonnement qui ne peut excéder six mois. Selon les circonstances, la peine peut être réduite à une amende de 20 à 200 francs.

Quiconque est convaincu d'avoir favorisé l'évasion d'un insoumis est puni d'un emprisonnement d'un mois à un an.

La même peine est prononcée contre ceux qui, par des manœuvres coupables, ont empêché ou retardé le départ des jeunes soldats.

Si le délit a été commis à l'aide d'un attroupement, la peine sera double.

Si le délinquant est fonctionnaire public, employé du Gouvernement ou ministre d'un culte salarié par l'Etat, la peine peut être portée jusqu'à deux années d'emprisonnement, et il est, en outre, condamné à une amende qui ne pourra excéder 2,000 francs.

Art. 63. Tout homme qui est prévenu de s'être rendu impropre au service militaire, soit temporairement, soit d'une manière permanente, dans le but de se soustraire aux obligations imposées par la présente loi, est déféré aux tribunaux, soit sur la demande des conseils de revision, soit d'office, et, s'il est reconnu coupable, il est puni d'emprisonnement d'un mois à un an.

Sont également déférés aux tribunaux, et punis de la même peine, les jeunes gens qui, dans l'intervalle de la clôture de la liste cantonale à leur mise en activité, se sont rendus coupables du même délit.

A l'expiration de leur peine, les uns et les autres sont mis à la disposition du Ministre de la guerre, pour tout le temps de service militaire qu'ils doivent à l'Etat, et peuvent être envoyés dans une compagnie de discipline.

La peine portée au présent article est prononcée contre les complices.

Si les complices sont des médecins, chirurgiens, officiers de santé ou pharmaciens, la durée d'emprisonnement est de deux mois à deux ans, indépendamment d'une amende de 200 francs à 1,000 francs qui peut aussi être prononcée, et sans préjudice de peines plus graves dans les cas prévus par le Code pénal.

Art. 64. Ne compte pas pour les années de service exigées par la présente loi, le temps pendant lequel un militaire a subi la peine de l'emprisonnement en vertu d'un jugement.

Art. 65. Tout fonctionnaire civil ou officier public ou militaire, qui, sous quelque prétexte que ce soit, a autorisé ou admis des exemptions, dispenses ou exclusions autres que celles déterminées par la présente loi, ou qui aura donné arbitrairement une extension quelconque, soit à la durée, soit aux règles ou conditions des appels, des engagements ou des rengagements, sera coupable d'abus d'autorité et puni des peines portées dans l'article 185 du Code pénal, sans préjudice des peines plus graves prononcées par ce Code dans les autres cas qu'il a prévus.

Art. 66. Les médecins, chirurgiens ou officiers de santé qui, appelés au conseil de revision à l'effet de donner leur avis conformément aux articles 16, 18, 28, ont reçu des dons ou agréé des promesses pour être favorables aux jeunes gens qu'ils doivent examiner, sont punis d'un emprisonnement de deux mois à deux ans.

Cette peine leur est appliquée, soit qu'au moment des dons ou promesses ils aient déjà été désignés pour assister au conseil, soit que les dons ou promesses aient été agréés dans la prévoyance des fonctions qu'ils auraient à y remplir.

Il leur est défendu, sous la même peine, de rien recevoir, même pour une exemption ou réforme justement prononcée.

Art. 67. Les peines prononcées par les articles 60, 62 et 63 sont applicables aux tentatives des délits prévus par ces articles.

Dans le cas prévu par l'article 66, ceux qui ont fait des dons et promesses sont punis des peines portées par ledit article contre les médecins, chirurgiens ou officiers de santé.

Art. 68. Dans tous les cas non prévus par les dispositions précédentes, les tribunaux civils ou militaires, dans les limites de leur compétence, appliqueront les lois pénales ordinaires aux délits auxquels pourra donner lieu l'exécution du mode de recrutement déterminé par la présente loi.

Dans tous les cas où la peine d'emprisonnement est prononcée par la présente loi, les juges peuvent, suivant les circonstances, user de la faculté exprimée par l'article 463 du Code pénal.

DISPOSITIONS PARTICULIÈRES.

Art. 69. Les jeunes gens appelés à faire partie de l'armée en exécution de la présente loi, outre l'instruction nécessaire à leur service, reçoivent dans leurs corps et suivant leurs grades, l'instruction prescrite par un règlement du Ministre de la guerre.

Art. 70. Les Ministres de la guerre et de la marine assureront par des règlements, aux militaires de toutes armes, le temps et la liberté nécessaires à l'accomplissement de leurs devoirs religieux les dimanches et autres jours de fête consacrés par leurs cultes respectifs. Ces règlements seront insérés au *Bulletin des lois.*

Art. 71. Tout homme ayant passé sous les drapeaux douze ans, dont quatre au moins avec le grade de sous-officier, reçoit, des chefs de corps, un certificat en vertu duquel il obtient, au fur et à mesure des vacances, un emploi civil ou militaire en rapport avec ses aptitudes ou son instruction.

Une loi spéciale désignera, dans chaque service public, la catégorie des emplois qui seront réservés, en totalité ou dans une proportion déterminée, aux candidats munis du certificat ci-dessus.

Art. 72. Nul n'est admis, avant l'âge de 30 ans accomplis, à un emploi civil ou militaire, s'il ne justifie avoir satisfait aux obligations imposées par la présente loi.

Art. 73. Chaque année, avant le 31 mars, il sera rendu compte à l'Assemblée nationale, par le Ministre de la guerre, de l'exécution de la présente loi pendant l'année précédente.

DISPOSITIONS TRANSITOIRES.

Art. 74. Les dispositions de la présente loi ne seront appliquées qu'à partir du 1er janvier 1873.

Toutefois, la totalité de la classe de 1871 sera mise à la disposition du Ministre de la guerre ; les jeunes gens de cette classe qui ne feront pas partie du contingent fixé par le Ministre seront placés dans la réserve de l'armée active, au lieu de l'être dans la garde nationale mobile conformément à la loi du 1er février 1868, et y resteront un temps égal à la durée du service accompli dans l'armée active et dans la réserve par les hommes de la même classe compris dans le contingent. Après quoi, les uns et les autres seront placés dans l'armée territoriale, conformément aux dispositions de l'article 36 de la présente loi.

La durée du service pour la classe de 1871 comptera du 1er juillet 1872, conformément aux prescriptions de la loi du 1er février 1868 ; néanmoins, pour les jeunes gens de cette classe qui ont devancé l'appel à l'activité, elle comptera du 1er janvier 1871, conformément au décret du 5 janvier 1871.

Art. 75. Les jeunes gens ne faisant pas partie de la classe de 1871, qui voudraient, avant le 1er janvier 1873, profiter des dispositions des articles 53 et 54 ci-dessus, feront au Ministre de la guerre la demande de contracter un engagement d'un an.

Le règlement prévu par les articles 53 et suivants et les programmes mentionnés en l'article 54 seront publiés avant le 1er novembre prochain ; à partir de cette époque, les jeunes gens désignés au premier paragraphe du présent article seront admis soit à contracter leur engagement, soit à passer les examens exigés.

Les jeunes gens des classes de 1872 et suivantes, actuellement sous les drapeaux par suite d'engagements volontaires, pourront, à partir du 1er janvier 1873, profiter des dispositions des articles 53 et 54.

Le temps passé au service par ces jeunes gens sera, lorsqu'ils auront rempli les obligations déterminées par l'article 56, déduit du temps de service prescrit par l'article 36.

Le temps passé au service par les jeunes gens qui se sont engagés volontairement pour la durée de la guerre, sera également déduit du temps de service prescrit par l'article 36.

Art. 76. Les jeunes gens des classes de 1867, 1868, 1869 et 1870, appelés en vertu de la loi du 1er février 1868, qui ont été compris dans le contingent de l'armée, seront, à l'expiration de leur service dans la réserve, placés dans l'armée territoriale, conformément aux dispositions de l'article 36 de la présente loi. Les jeunes gens de ces mêmes classes qui n'ont pas été compris dans le contingent de l'armée, et qui font actuellement partie de la garde nationale mobile, seront, à partir du 1er janvier 1873, placés dans la réserve de l'armée, où ils compteront jusqu'à la libération du service dans la réserve des jeunes gens de la même classe qui ont été compris dans le contingent de l'armée. Ils seront ensuite placés dans l'armée territoriale, conformément aux dispositions de l'article 36 de la présente loi.

Art. 77. Les hommes des classes antérieures appelés en vertu de la loi du 21 mars 1832, qu'ils aient été ou non compris dans les contingents fournis par lesdites classes, feront partie de l'armée territoriale et de la réserve de l'armée territoriale, conformément aux dispositions de l'article 36 de la présente loi, jusqu'à ce qu'ils aient atteint l'âge prescrit par ladite loi pour la libération du service dans l'armée territoriale et dans la réserve de l'armée territoriale.

L'état de recensement des hommes compris dans cette catégorie sera établi conformément aux dispositions de l'article 15 de la loi du 1er février 1868. Ils pourront être appelés par classe, en commençant par les moins anciennes.

Un conseil de revision par arrondissement, composé ainsi qu'il est dit à l'article 16 de la loi précitée, prononcera sur les cas d'exemption pour infirmités et défaut de taille qui lui seront soumis.

Art. 78. Les jeunes gens qui, au lieu d'être placés ou maintenus dans la garde nationale mobile, feront partie de la réserve, conformément aux dispositions précédentes, seront soumis à des exercices et revues déterminés par le règlement du Ministre de la guerre.

Art. 79. L'obligation de savoir lire et écrire pour contracter un engagement volontaire, ou pour être envoyé en disponibilité après une année de service, ne sera imposée qu'à partir du 1er janvier 1875.

Art. 80. Toutes les dispositions des lois et décrets antérieurs à la présente loi, relatifs au recrutement de l'armée, sont et demeurent abrogées.

---

572. **Loi ayant pour objet de déterminer les conditions suivant lesquelles les Français domiciliés en Algérie seront soumis au service militaire.**

(6 novembre 1875.)

Art. 1er. Les Français nés en Algérie et qui y ont conservé leur domicile, ceux qui, n'y étant pas nés, y sont domiciliés, ou qui, ayant leurs parents domiciliés sur le territoire continental de la France, ont fixé en Algérie leur résidence habituelle et prennent devant le maire, avant leur inscription sur le tableau de recensement, l'engagement d'y résider dix ans, sont soumis à l'obligation du service militaire personnel imposé à tout Français par la loi du 27 juillet 1872, dans les conditions déterminées par la présente loi.

Art. 2. Chaque année, les tableaux de recensement des Français ayant atteint l'âge de 20 ans révolus pendant l'année précédente et domiciliés dans la commune, sont dressés par le maire ou par le fonctionnaire qui en tient lieu :

1° Sur la déclaration à laquelle sont tenus les jeunes gens, leurs parents ou leurs tuteurs ;

2° D'office, d'après les registres de l'état civil et tous autres documents et renseignements.

Ces tableaux mentionnent, dans une colonne d'observations, la profession de chacun des jeunes gens inscrits.

Ils sont publiés et affichés dans les formes prescrites par les articles 63 et 64 du Code civil. La dernière publication doit avoir lieu le 15 janvier au plus tard.

Art. 3. Les individus qui se trouvent dans les conditions de l'article 9 du Code civil, de l'article 2 de la loi du 7 février 1851, ou de l'article 1ᵉʳ de la loi du 16 décembre 1874, sont portés sur les tableaux de recensement dans l'année qui suit celle de leur majorité, lorsqu'ils ont acquis la qualité de Français.

Après avoir passé sous les drapeaux le temps déterminé par l'article 28 de la présente loi, ces jeunes gens ne sont plus assujettis qu'aux obligations de service restant à accomplir à la classe à laquelle ils appartiennent par leur âge.

Art. 4. Sont considérés comme domiciliés dans la commune :

1º Les jeunes gens, même émancipés, engagés, absents ou en état d'emprisonnement, si d'ailleurs, leurs père, mère ou tuteur y ont leur domicile ;

2º Les jeunes gens mariés dont le père, ou la mère à défaut du père, sont domiciliés dans la commune, à moins qu'ils ne justifient de leur domicile réel dans une autre commune ;

3º Les jeunes gens mariés et domiciliés dans la commune, alors même que leur père ou leur mère n'y seraient pas domiciliés ;

4º Les jeunes gens nés en Algérie et résidant dans la commune, qui n'ont ni père, ni mère, ni tuteur.

Art. 5. Sont, d'après la notoriété publique, considérés comme ayant l'âge requis, les jeunes gens qui ne peuvent produire ou n'ont pas produit, avant les opérations du conseil de revision, un extrait des registres de l'état civil constatant un âge différent, ou qui, à défaut de registres, ne peuvent prouver ou n'ont pas prouvé leur âge, conformément à l'article 46 du Code civil.

Art. 6. Si, dans les tableaux de recensement, des jeunes gens ont été omis, ils sont inscrits sur les tableaux de recensement de la classe qui est appelée après la découverte de l'omission, à moins qu'ils n'aient 30 ans accomplis à l'époque de la publication de ces tableaux.

Après cet âge, ils sont soumis aux obligations de la classe à laquelle ils appartiennent.

Art. 7. Les tableaux de recensement dressés en exécution de l'article 2 de la présente loi sont envoyés en double expédition, par les maires ou par les fonctionnaires qui en tiennent lieu, au préfet du département, qui est chargé de recevoir et d'instruire toutes les réclamations des jeunes gens.

Art. 8. Les exemptions prévues par l'article 16 et les dispenses du service d'activité en temps de paix aux divers titres énumérés dans l'article 17 de la loi du 27 juillet 1872 sont applicables aux jeunes gens appelés à satisfaire au service militaire dans les conditions de la présente loi.

Art. 9. Sont, à titre conditionnel, dispensés du service militaire :

1º Les membres de l'instruction publique, les élèves de l'Ecole normale supérieure de Paris ;

2° Les professeurs des institutions nationales des sourds-muets et des institutions nationales des jeunes aveugles;

3° Les membres et novices des institutions religieuses vouées à l'enseignement et reconnues comme établissements d'utilité publique, et les directeurs, maîtres-adjoints, élèves-maîtres des écoles fondées ou entretenues par les associations laïques, lorsqu'elles remplissent les mêmes conditions et qu'elles existent depuis plus de deux ans ou renferment trente élèves au moins;

4° Les jeunes gens qui, sans être compris dans les paragraphes précédents, se trouvent dans les cas prévus par l'article 79 de la loi du 15 mars 1850 et par l'article 18 de la loi du 10 avril 1867.

Ces jeunes gens devront, avant les opérations du conseil de revision, contracter devant le recteur de l'académie l'engagement de se vouer pendant dix ans à la carrière de l'enseignement.

Cet engagement peut être réalisé par les instituteurs et par les instituteurs-adjoints mentionnés au paragraphe 3 du présent article, tant dans les écoles publiques que dans les écoles libres désignées à cet effet par le Ministre de l'instruction publique, après avis du conseil départemental;

5° Les artistes qui ont remporté les grands prix de l'Institut, à la condition qu'ils passeront à l'Ecole de Rome les années réglementaires et rempliront toutes leurs obligations envers l'Etat;

6° Les élèves pensionnaires de l'Ecole des langues orientales vivantes et les élèves de l'Ecole des chartes nommés après examen, à la condition de passer dix ans tant dans lesdites écoles que dans un service public;

7° Les élèves ecclésiastiques désignés à cet effet par les archevêques et par les évêques, et les jeunes gens autorisés à continuer leurs études pour se vouer au ministère dans les cultes salariés par l'Etat, sous la condition qu'ils seront assujettis au service militaire s'ils cessent les études en vue desquelles ils auront été dispensés, ou si, à 26 ans, les premiers ne sont pas entrés dans les ordres majeurs, et les seconds n'ont pas été consacrés ou reçus rabbins.

Art. 10. Les jeunes gens dispensés, à titre conditionnel, du service militaire, qui cessent d'être dans une des positions indiquées à l'article précédent avant d'avoir accompli les conditions qu'il leur impose, sont tenus:

1° D'en faire la déclaration au maire de la commune dans les deux mois, et de retirer un récépissé de leur déclaration;

2° De passer sous les drapeaux le temps déterminé par la présente loi, et de satisfaire ensuite aux obligations restant à accomplir à la classe à laquelle ils appartiennent.

Faute par eux de faire la déclaration ci-dessus et de la soumettre au visa du préfet dans le délai d'un mois, ils sont passibles des peines édictées par l'article 60 de la loi du 27 juillet 1872. Ils sont rétablis dans la première classe appelée après la cessation de leurs services, fonctions ou études ; mais le temps écoulé depuis la cessation de leurs services, fonctions ou études jusqu'au moment de leur déclaration ne leur est pas compté.

Art. 11. Les élèves de l'Ecole polytechnique et les élèves de l'Ecole forestière sont considérés comme présents sous les drapeaux pendant le temps par eux passé dans lesdites Ecoles.

Ceux de ces jeunes gens qui ont satisfait aux examens de sortie et ne sont pas placés dans les armées de terre ou de mer reçoivent l'application de l'article 36 de la loi du 24 juillet 1873 et de l'article 39 de la loi du 13 mars 1875.

Ceux qui ne satisfont pas aux examens de sortie desdites Ecoles et qui conservent leur domicile en Algérie ne sont pas appelés sous les drapeaux, mais restent assujettis aux autres obligations imposées aux jeunes gens de la classe sur les tableaux du recensement de laquelle ils figurent.

Art. 12. Peuvent être ajournés, deux années de suite, à un nouvel examen, les jeunes gens qui, au moment de la réunion du conseil de revision, n'ont pas la taille de 1^m,54 ou sont reconnus trop faibles de complexion pour un service armé.

Les jeunes gens ainsi ajournés sont tenus, à moins d'une autorisation spéciale, de se représenter au conseil de revision devant lequel ils ont comparu.

Après l'examen définitif, ils sont ou exemptés ou classés, soit dans le service armé, soit dans le service auxiliaire. Ceux qui ont été classés dans le service armé sont appelés à passer sous les drapeaux le temps fixé par l'article 28 de la présente loi, et ils suivent ensuite le sort de leur classe.

Art. 13. Peuvent être dispensés, à titre provisoire, conformément à l'article 22 de la loi du 27 juillet 1872, comme soutiens indispensables de famille, les jeunes gens qui en remplissent effectivement les devoirs.

La liste est présentée au conseil de revision par le maire.

Ces dispenses peuvent être accordées par département jusqu'à concurrence de 8 p. 100 du nombre des jeunes gens reconnus propres au service, et compris dans la première partie de la liste arrêtée par le conseil de revision en vertu de l'article 21 de la présente loi.

Pourront être renvoyés dans leurs foyers après six mois de service, par décision du gouverneur général, les jeunes gens habitant les fermes et les agglomérations rurales isolées.

Art. 14. En temps de paix, il peut être accordé des sursis d'appel aux jeunes gens qui en font la demande un mois au moins avant l'époque fixée pour la réunion du conseil de revision.

A cet effet, ils doivent établir que, soit pour leur apprentissage, soit pour les besoins de l'exploitation agricole, industrielle ou commerciale à laquelle ils se livrent pour leur compte et pour celui de leurs parents, il est indispensable qu'ils ne soient pas enlevés immédiatement à leurs travaux.

Ce sursis d'appel ne confère ni exemption ni dispense; il n'est accordé que pour un an et peut néanmoins être renouvelé pour une seconde année.

Le jeune homme qui a obtenu un sursis d'appel est tenu, à l'expiration de ce sursis, de satisfaire à toutes les obligations imposées par l'article 28 de la présente loi.

Art. 15. Les demandes de sursis adressées au maire sont instruites par lui. Elles sont remises au conseil de revision par le préfet, qui y joint, avec ses observations, tous les documents nécessaires.

Les sursis d'appel peuvent être accordés pour chaque département et par classe, jusqu'à concurrence de 4 p. 100 du nombre des jeunes gens reconnus propres au service et compris dans la première partie des listes de recrutement.

Art. 16. Il est institué dans chaque département de l'Algérie un conseil de revision composé :

Du préfet, président, ou, à son défaut, du secrétaire général ou d'un conseiller de préfecture délégué par le préfet;

D'un conseiller de préfecture désigné par le préfet ;

D'un membre du conseil général;

D'un deuxième membre du conseil général, remplaçant le conseiller d'arrondissement jusqu'à ce que les conseils d'arrondissement soient institués en Algérie ;

Les deux conseillers généraux désignés par la commission permanente du conseil général, conformément à l'article 82 de la loi du 10 août 1871 et à l'article 77 du décret du 23 septembre 1875 ;

Et d'un officier général ou supérieur désigné par l'autorité militaire.

Un membre de l'intendance, un officier remplissant les fonctions de commandant du dépôt de recrutement et un médecin militaire, ou, à son défaut, un médecin civil désigné par l'autorité militaire, assistent aux opérations du conseil de revision.

Le membre de l'intendance est entendu, dans l'intérêt de la loi, toutes les fois qu'il le demande, et peut faire consigner ses observations au registre des délibérations.

Le gouverneur général civil de l'Algérie déterminera, en conseil du gouvernement, les localités où, dans chaque département, le conseil de revision devra se transporter, et les portions de territoire qui ressortent de chacune de ces localités.

Les maires des communes auxquelles appartiennent les jeunes gens appelés assistent aux séances et peuvent être entendus.

Toutes les décisions sont rendues en séance publique, à la majorité des voix des membres présents.

En cas de partage, la voix du président est prépondérante.

Art. 17. Les jeunes gens portés sur les tableaux de recensement, ainsi que les jeunes gens des classes précédentes qui ont été ajournés conformément à l'article 12 ci-dessus, sont convoqués, examinés et entendus par le conseil de revision.

S'ils ne se rendent pas à la convocation, ou s'ils ne se font pas représenter, ou s'ils n'obtiennent pas un délai, il est procédé comme s'ils étaient présents.

Art. 18. Le conseil de revision statue sur les réclamations auxquelles donne lieu l'établissement des tableaux de recensement.

Il prononce la radiation desdits tableaux :

1° Des jeunes gens qui se trouvent dans un des cas d'exclusion des rangs de l'armée prévus par l'article 7 de la loi du 27 juillet 1872 ;

2° Des jeunes gens qui auraient été inscrits contrairement aux prescriptions de l'article 1er de la présente loi.

Il statue sur les demandes d'exemption ou de dispense présentées en exécution de l'article 8 ci-dessus.

Dans le cas d'exemption, le conseil ne prononce qu'après avoir entendu le médecin désigné pour l'assister.

Les cas de dispense sont jugés sur la production de documents authentiques et sur les certificats dressés par le maire ou celui qui en fait fonction, assisté de deux témoins domiciliés dans la même commune que le réclamant.

Art. 19. Lorsque les jeunes gens portés sur les tableaux de recensement ont fait des réclamations dont l'admission ou le rejet dépend des décisions à intervenir sur les questions judiciaires relatives à leur état ou à leurs droits civils, le conseil de revision ajourne sa décision ou ne prend qu'une décision conditionnelle.

Les questions sont jugées contradictoirement avec le préfet, à la requête de la partie la plus diligente. Les tribunaux statuent sans délai, le ministère public entendu.

Art. 20. Hors les cas prévus par l'article précédent, les décisions du conseil de revision sont définitives. Elles peuvent néanmoins être attaquées devant le conseil d'Etat pour incompétence et excès de pouvoir.

Elles peuvent aussi être attaquées pour violation de la loi, mais par le Ministre de la guerre seulement, et dans l'intérêt de la loi. Toutefois, l'annulation profite aux parties lésées.

Art. 21. Après que le conseil de revision a statué sur les questions auxquelles peut donner lieu l'examen des tableaux de recensement sur les cas d'exemption et sur ceux de dispense, la liste du recrutement par commune est définitivement arrêtée et signée par tous les membres du conseil.

Cette liste, divisée en cinq parties, comprend :

1° Tous les jeunes gens déclarés propres au service militaire et qui ne doivent pas être classés dans les catégories suivantes ;

2° Tous les jeunes gens dispensés du service d'activité en temps de paix, en exécution de l'article 8 de la présente loi ;

3° Tous les jeunes gens conditionnellement dispensés en vertu de l'article 9, les élèves des Ecoles polytechnique et forestière, ainsi que les jeunes gens liés au service en vertu d'un engagement volontaire, d'un brevet ou d'une commission, et les inscrits maritimes ;

4° Les jeunes gens qui, pour défaut de taille ou pour toute autre cause, ont été dispensés du service dans l'armée active, mais ont été reconnus aptes à faire partie d'un des services auxiliaires de l'armée ;

5° Enfin, les jeunes gens qui ont été ajournés à un nouvel examen du conseil de revision.

Art. 22. Quand les listes du recrutement de toutes les communes ont été arrêtées conformément aux prescriptions de l'article précédent, le conseil de revision, auquel sont adjoints deux autres membres du conseil général également désignés par la commission permanente du conseil général, prononce sur les demandes de dispense pour soutiens de famille et sur les demandes de sursis d'appel.

Les dispositions de l'article 25 de la loi du 27 juillet 1872 sont, du reste, applicables aux jeunes gens dispensés ou qui ont obtenu des sursis d'appel en vertu du présent article.

Art. 23. Il est tenu par département ou par circonscription déterminée dans chaque département par le gouverneur général civil de l'Algérie, un registre matricule dressé au moyen des listes mentionnées à l'article 21 ci-dessus, et sur lequel sont portés tous les jeunes gens qui n'ont pas été déclarés impropres à tout service militaire ou qui n'ont pas été ajournés à un nouvel examen du conseil de revision.

Ce registre mentionne l'incorporation de chaque homme inscrit, ou la position dans laquelle il est laissé, et successivement tous les changements qui peuvent survenir dans sa situation jusqu'à ce qu'il passe dans l'armée territoriale.

Art. 24. Tout homme inscrit sur le registre matricule, qui change de domicile, est tenu de faire la déclaration à la mairie de la commune qu'il quitte et à la mairie du lieu où il vient s'établir.

Le maire de chacune des communes, ou celui qui en remplit les fonctions, transmet, dans les huit jours, copie de ladite déclaration au bureau du registre matricule de la circonscription dans laquelle se trouve la commune.

Art. 25. Tout homme inscrit sur le registre matricule, qui entend se fixer en pays étranger, est tenu dans sa déclaration à la mairie de la commune où il réside, de faire connaître le lieu où il va établir son domicile, et dès qu'il est y arrivé, d'en prévenir l'agent consulaire de France.

Le maire de la commune transmet, dans les huit jours, copie de ladite déclaration au bureau du registre matricule de la circonscription dans laquelle se trouve sa commune.

L'agent consulaire, dans les huit jours de la déclaration, en envoie copie au Ministre de la guerre.

Le Français domicilié en Algérie, qui quitte la colonie sans esprit de retour avant l'âge de 29 ans, ou avant d'avoir rempli les conditions de l'engagement prévu par l'article 1er de la présente loi, est tenu d'accomplir le temps de service actif prescrit par la loi du 27 juillet 1872, déduction faite du temps qu'il aura déjà passé sous les drapeaux.

Il reste ensuite assujetti aux obligations que la classe dont il fait partie par son âge a encore à remplir aux termes de la loi du 27 juillet 1872.

Art. 26. Tout homme qui n'est pas déclaré impropre à tout service militaire fait partie de l'armée active ou de la réserve de l'armée active pendant neuf années, à l'expiration desquelles il est tenu de servir dans l'armée territoriale, conformément aux prescriptions des 4e, 5e, 8e et 9e alinéas de l'article 36 de la loi du 27 juillet 1872.

Art. 27. Pour l'organisation de l'armée territoriale, l'Algérie sera divisée, par des arrêtés du gouverneur général, en circonscriptions de régions.

Les hommes au-dessus de 40 ans pourront, en cas d'insurrection et si les ressources fournies par la réserve de l'armée active et par l'armée territoriale sont insuffisantes, être appelés au service et incorporés dans l'armée territoriale.

Art. 28. La durée du service compte du 1er avril de l'année où les jeunes gens ont été inscrits sur les tableaux de recensement.

Le temps de présence effective sous les drapeaux est d'une année à partir de l'appel, qui ne pourra être retardé au delà du 1er septembre de la même année.

Les jeunes soldats font leur service dans les corps stationnés en Algérie. Exceptionnellement et par mesure d'ordre, le Ministre de la guerre, sur la proposition du gouverneur général, pourra envoyer dans les corps de troupe du Midi de la France, pour y faire leur année de service, un certain nombre de ces jeunes gens d'origine indigène.

A l'expiration de leur année de service effectif, les jeunes gens sont renvoyés dans leurs foyers et inscrits sur les contrôles de la réserve.

Toutefois, le militaire qui, après l'année de service ci-dessus mentionnée, ne sait pas lire et écrire et ne satisfait pas aux examens déterminés par le Ministre de la guerre peut être maintenu au corps pendant une seconde année.

Ceux qui auront justifié d'une capacité suffisante, c'est-à-dire qui auront subi avec succès les examens de fin d'année exigés des volontaires d'un an, pourront obtenir des brevets de sous-officiers ou des commissions équivalentes.

Les jeunes gens compris dans la catégorie déterminée par le paragraphe précédent pourront, en restant une année de plus, soit dans l'armée active, soit dans une école désignée par le Ministre de la guerre, et après avoir subi les examens mentionnés en l'article 38 de la loi du 24 juillet 1873, obtenir un brevet de sous-lieutenant auxiliaire ou une commission équivalente.

Art. 29. Les hommes envoyés dans la réserve sont immatriculés, d'après le mode prescrit par la loi d'organisation du 24 juillet 1873, dans les corps ou portions de corps qui sont le plus spécialement destinés à la défense de la colonie.

L'appel de la réserve peut être fait par classe, en commençant par la moins ancienne.

Le gouverneur général de l'Algérie règle, par des arrêtés et suivant les localités et les circonstances, les manœuvres auxquelles les hommes de la réserve en Algérie doivent prendre part.

En cas d'urgence, le gouverneur général civil de l'Algérie peut prendre l'initiative des ordres à donner pour la mobilisation.

Art. 30. Les hommes de la réserve peuvent se marier sans autorisation.

Les hommes mariés restent soumis aux obligations de service imposées aux classes auxquelles ils appartiennent.

Toutefois, les hommes de la réserve qui sont pères de quatre enfants vivants passent de droit dans l'armée territoriale.

Art. 31. Les dispositions des articles 46, 47, 50 et 51 de la loi du 27 juillet 1872, relatifs aux engagements volontaires et aux rengagements, sont applicables aux jeunes gens dont il est fait mention à l'article 1er.

Le temps de service exigé par la présente loi leur sera compté à partir du jour de leur engagement.

Néanmoins, les jeunes gens qui n'ont pas encore satisfait à la loi sur le recrutement pourront contracter en Algérie, au titre des corps qui s'y trouvent stationnés, un engagement volontaire pour la durée d'une année, s'ils remplissent les conditions de l'article 1er de la présente loi.

Ils feront leur année de service dans les conditions de la classe appelée au moment de leur incorporation.

Ces engagements ne pourront se contracter qu'au moment de l'appel d'une classe.

Pour ceux de ces jeunes gens qui termineront leur engagement avant d'avoir été inscrits sur les tableaux du recensement de leur classe, le temps de service dans la réserve commencera à courir de l'expiration dudit engagement.

Les dispositions des lois des 27 juillet 1872 et 24 juillet 1873 concernant le volontariat d'un an sont également applicables à l'Algérie.

Art. 32. Les dispositions pénales de la loi du 27 juillet 1872 et de l'article 230 du Code de justice militaire modifié par la loi du 18 mai 1875 sont applicables aux hommes que concerne la présente loi, en tant qu'elles ne sont pas contraires.

Les délais d'insoumission déterminés par le paragraphe 3 de l'article précité sont modifiés de la manière suivante :

1° Un mois, si l'homme au domicile duquel un ordre d'appel a été notifié demeure en Algérie ;

2° Deux mois, s'il demeure en France, dans les îles voisines des contrées limitrophes ou en Europe ;

3° Six mois, s'il demeure dans tout autre pays.

En temps de guerre ou en cas de mobilisation par voie d'affiches et de publication sur la voie publique, les délais ci-dessus sont réduits :

1° A quatre jours, pour les hommes habitant l'Algérie ;

2° A un mois, pour les hommes habitant la France, les îles voisines des contrées limitrophes ou l'Europe ;

3° Trois mois, pour ceux qui habitent tout autre pays.

Art. 33. Les jeunes gens de 20 à 30 ans, remplissant les conditions déterminées par l'article 1er de la présente loi, qui ont concouru en France au tirage au sort et qui sont compris dans la portion du contingent appelée à passer cinq années sous les drapeaux, seront, sur leur demande, renvoyés dans leur foyers après une année de service et inscrits sur les contrôles de la réserve de l'Algérie.

Les hommes âgés de moins de 40 ans, qu'ils aient ou n'aient pas figuré sur le tableau de recensement de leur classe en France, seront inscrits dans l'armée territoriale.

Art. 34. Le décret du 9 novembre 1859, relatif à l'organisation des milices en Algérie, est abrogé.

Ces milices seront dissoutes par des arrêtés du gouverneur général civil et leurs armes déposées dans les arsenaux de l'Etat, sauf indemnités pour celles qui seront reconnues la propriété des départements ou des communes.

Sont exceptées de cette mesure les compagnies de sapeurs-pompiers, qui continueront à être régies par le décret précité du 9 novembre 1859, jusqu'à ce qu'un décret ait pourvu à leur réorganisation.

Tout corps organisé en armes est soumis aux lois militaires, fait partie de l'armée et relève de celui qui la commande.

Art. 35. Il sera remis chaque année aux deux Chambres, par le Ministre de la guerre, un compte rendu détaillé de l'application de la présente loi au recrutement de l'armée en Algérie pendant l'année précédente.

Art. 36. La présente loi est exécutoire à partir du 1er janvier 1876.

573. Loi ayant pour objet de coordonner les lois des 27 juillet 1872, 24 juillet 1873, 13 mars, 19 mars et 6 novembre 1875, avec le Code de justice militaire.

(18 novembre 1875.)

Art. 1er. Sont assujettis aux obligations spéciales imposées par la présente loi, lorsqu'ils ont été laissés dans leurs foyers ou lorsqu'ils y ont été renvoyés après avoir passé sous les drapeaux :

1° Les hommes de tous grades appartenant à un titre quelconque à la disponibilité ou à la réserve de l'armée active ;

2° Ceux appartenant à l'armée territoriale ou à sa réserve, ainsi qu'aux cadres et aux divers services de cette armée ;

3° Ceux appartenant aux corps organisés ou qui peuvent être organisés en vertu de l'article 8 de la loi du 24 juillet 1873 ;

4° Et, en général, en dehors des hommes de l'armée active en activité de service, tous ceux mis à la disposition du Ministre de la guerre par les lois qui régissent l'armée.

TITRE Ier. — OBLIGATIONS.

Art. 2. Les hommes désignés à l'article 1er qui précède sont tenus, lorsqu'ils changent de domicile, d'en faire la déclaration dans les formes prescrites par les articles 34 et 35 de la loi du 27 juillet 1872. Il leur est délivré, au point de départ et au point d'arrivée, récépissé de leur déclaration.

Ils devront également, au point de départ et au point d'arrivée, faire viser par le commandant de la gendarmerie le titre qui leur aura été délivré, ainsi qu'il est dit à l'article 5 de la présente loi.

Lorsque après s'être établis à l'étranger ils reviennent se fixer en France, ils sont tenus aux mêmes déclarations.

Art. 3. Lorsqu'ils changent de résidence sans changer de domicile, ils sont tenus d'en faire la déclaration, dans un délai de deux mois, verbalement ou par écrit, au commandant de la gendarmerie de la localité où ils sont venus résider. Il leur en est donné récépissé.

Lorsque, sans changer de domicile ou de résidence, ils se déplacent pour voyager pendant plus de deux mois, leur déclaration doit être faite au commandant de la gendarmerie de la localité qu'ils quittent.

A l'étranger, les déclarations de changement de résidence ou de déplacement pour voyager sont faites aux agents consulaires.

Pour des absences de moins de deux mois, toutes ces déclarations sont facultatives.

Art. 4. En cas d'appel à l'activité ou de convocation pour des manœuvres, exercices ou revues, des délais supplémentaires pour rejoindre sont accordés, en raison de la distance à parcourir, aux hommes qui ont fait les déclarations prévues par les articles 2 et 3 qui précèdent.

Ceux qui n'ont point fait ces déclarations sont considérés comme n'ayant pas changé de domicile ou de résidence. Dans aucun cas, ils ne peuvent invoquer leur absence pour se justifier de n'avoir pas obéi aux ordres de l'autorité militaire.

A l'étranger, ces ordres leur sont transmis par les soins des agents consulaires.

Art. 5. Les hommes désignés à l'article 1er de la présente loi sont tenus, sur toute réquisition, soit de l'autorité militaire, soit des autorités civiles ou judiciaires, de représenter le certificat dont il est parlé à l'article 38 de la loi du 27 juillet 1872, ou le titre, quel qu'il soit, constatant leur position, au point de vue du service militaire, qui leur aura été délivré.

En cas d'appel à l'activité ou de convocation pour des manœuvres, exercices ou revues, la représentation de l'une des pièces dont il s'agit doit avoir lieu dans les vingt-quatre heures de la réquisition.

En tout autre cas, le délai est de huit jours.

Art. 6. Ils doivent s'éloigner de tout rassemblement tumultueux et contraire à l'ordre public.

Le fait seul de s'y trouver en armes ou revêtus d'effets d'uniforme et d'y demeurer, contrairement aux ordres des agents de l'autorité ou de la force publique, les constitue en état de rébellion et les rend passibles des peines édictées à l'article 225 du Code de justice militaire.

Art. 7. Lorsqu'ils sont revêtus d'effets d'uniforme, ils doivent à tout supérieur hiérarchique en uniforme les marques extérieures de respect prescrites par les règlements, et sont considérés, sous tous les rapports, comme des militaires en congé.

Art. 8. En temps de paix, des dispenses de se rendre aux manœuvres, exercices ou revues peuvent être accordées par le Ministre de la guerre aux hommes fixés ou voyageant à l'étranger, lorsqu'ils ont fait les déclarations prescrites par les articles 2 et 3 de la présente loi.

Les demandes de dispense sont faites avant le départ ou transmises par les agents consulaires au commandant de la circonscription militaire à laquelle appartiennent les intéressés.

Les dispenses sont accordées pour une durée déterminée. Elles peuvent être renouvelées.

Art. 9. Ceux des hommes désignés à l'article 1er de la présente loi, qui sont employés dans les services publics et dans les chemins de fer, ou qui font partie des compagnies de sapeurs-pompiers des places fortes, sont dispensés de rejoindre immédiatement, en cas de convocation par voie d'affiches et de publications sur la voie publique.

En cas de mobilisation, ils attendent au poste qu'ils occupent les ordres de l'autorité militaire. Ils sont alors soumis à la juridiction des tribunaux militaires, par application des dispositions de l'article 57 du Code de justice militaire, sauf les exceptions déterminées par le Ministre de la guerre.

. . . .

TITRE II. — Juridiction.

Art. 10. Sont justiciables des tribunaux militaires en temps de paix comme en temps de guerre, pour crimes et délits commis pendant la durée de leurs fonctions, les officiers, sous-officiers, brigadiers et caporaux appartenant à l'effectif permanent et soldé de l'armée territoriale, prévu par le 3e paragraphe de l'article 2e de la loi du 24 juillet 1873 et dont la composition est déterminée par le tableau I annexé à la loi du 3 mars 1875.

Art. 11. Sont également justiciables des tribunaux militaires en temps de paix comme en temps de guerre pour tous crimes et délits, les hommes désignés à l'article 1er de la présente loi : 1° en cas de mobilisation, à partir du jour de leur appel à l'activité jusqu'à celui où ils sont renvoyés dans leurs foyers ; 2° hors le cas de mobilisation, lorsqu'ils sont convoqués pour des manœuvres, exercices ou revues, depuis l'instant de leur réunion en détachement pour rejoindre, ou de leur arrivée à destination s'ils rejoignent isolément, jusqu'au jour où ils sont renvoyés dans leurs foyers ; 3° lorsqu'ils sont placés dans les hôpitaux militaires ou dans les salles des hôpitaux civils affectées aux militaires et lorsqu'ils voyagent comme militaires, sous la conduite de la force publique ou qu'ils se trouvent détenus dans les établissements, prisons et pénitenciers militaires.

Art. 12. Ils sont toujours justiciables des tribunaux militaires : 1° pour les faits d'insoumission ; 2° pour tous les crimes et délits prévus au titre II du livre IV du Code de justice militaire, lorsqu'ils se trouvent dans le cas prévu par l'article 9 de la présente loi, ou, lorsqu'au moment où les faits incriminés ont été commis, les délinquants étaient revêtus d'effets d'uniforme.

Art. 13. Ils sont encore justiciables des tribunaux militaires en temps de paix, comme en temps de guerre, pour les crimes et délits prévus par les articles du Code de justice militaire énumérés à l'article 18 de la présente loi, lorsque, après avoir été appelés sous les drapeaux, ils ont été renvoyés dans leurs foyers. Toutefois, les hommes appartenant à l'armée territoriale ou à la réserve de cette armée ne sont plus justiciables des tribunaux militaires, en temps de paix, pour les crimes et délits prévus par le paragraphe précédent, lorsqu'ils ont été renvoyés dans leurs foyers depuis plus de six mois, à moins que, au moment où les faits incriminés ont été commis, les délinquants fussent revêtus d'effets d'uniforme.

Art. 14. Les dispositions des articles précédents en vertu desquels est établie la compétence des tribunaux militaires s'appliquent selon les distinctions établies et sous la réserve des exceptions portées au livre II du Code de justice militaire.

Art. 15. En temps de paix comme en temps de guerre, les hommes désignés à l'article 1er de la présente loi sont, en dehors des cas spécifiés aux articles 11, 12, 13 ci-dessus, justiciables des tribunaux ordinaires, pour tous crimes et délits prévus et punis par les lois pénales, ainsi que pour les infractions contre les obligations spéciales qui leur sont imposées par le titre Ier et par l'article 24 de la présente loi, lorsque ces infractions constituent des délits.

Art. 16. Sont laissées à la répression directe de l'autorité militaire, pour être l'objet de punitions disciplinaires prononcées par les officiers généraux ou supérieurs dans le commandement desquels les délinquants sont placés, les infractions contre le devoir militaire ci-après énumérées lorsqu'elles ne constituent ni crimes ni délits : 1° les infractions contre les obligations spéciales imposées par la présente loi aux hommes désignés à l'article 1er ; 2° leur retard non justifié en cas de convocation pour des manœuvres, exercices ou revues ; 3° les infractions qu'ils commettent contre la discipline lorsqu'ils sont revêtus d'effets d'uniforme ; 4° tout acte de désobéissance aux ordres de l'autorité militaire donnés en exécution des lois qui la régissent. Les dispositions relatives à ces diverses infractions feront l'objet d'un règlement spécial, approuvé par le Président de la République.

TTRE IIII. — Pénalités.

Art. 17. Toutes les dispositions contenues au livre IV du Code de justice militaire sont applicables : 1° au personnel désigné à l'article 10 de la présente loi ; 2° aux hommes désignés à l'article 1er de la présente loi, lorsque, en vertu des articles 11 et 12 de cette loi, ils sont justiciables des tribunaux militaires. Toutefois, des circonstances atténuantes pourront être admises, alors même que le Code de justice militaire ne les prévoit pas, en faveur des hommes qui, n'ayant pas trois mois de présence sous les drapeaux, se trouveront dans l'une des positions indiquées aux deux derniers paragraphes de l'article 11, ou dans les cas prévus par l'article 12.

Art. 18. Les crimes et délits dont il est parlé à l'article 13 ci-dessus sont ceux prévus et punis par les articles du Code de justice militaire énumérés dans le tableau ci-après.

L'application de ces articles est faite aux inculpés sous la réserve des dispositions spéciales indiquées audit tableau. En cas de déclaration de culpabilité, des circonstances atténuantes peuvent être admises, alors même que la Code de justice militaire ne les prévoit pas, en faveur des hommes ayant moins de trois mois de présence sous les drapeaux ou qui auraient été renvoyés dans leurs foyers depuis plus de six mois.

Tableau des articles du Code de Justice militaire (livre IV, titre II), applicables dans les cas prévus par l'article 13 de la présente loi.

« Art. 204. 205, 206, 208. Trahison, espionnage et embauchage.

« Art. 219 (1er paragraphe). Violation de consigne.

« Art. 220. Violences envers une sentinelle. L'article 220 ne sera applicable aux hommes renvoyés dans leurs foyers depuis plus de six mois, que s'ils étaient, au moment du fait incriminé, revêtus d'effets d'uniforme.

« Art. 223 et 224. Voies de fait et outrages envers un supérieur. Pour l'application du premier paragraphe de chacun de ces articles, le fait incriminé ne sera considéré comme ayant eu lieu à l'occasion du service que s'il est le résultat d'une vengeance contre un acte d'autorité légalement exercé.

Le deuxième paragraphe de ces mêmes articles ne sera applicable, par dérogation à l'article 12 de la présente loi, que dans le cas où le supérieur et l'inférieur seraient l'un et l'autre revêtus d'effets d'uniforme.

« Art. 225. Rébellion. Cet article n'est applicable qu'aux hommes en armes ou revêtus d'effets d'uniforme et, en outre, dans les cas prévus par l'article 77 du Code de justice militaire.

« Art. 226, 228, 229. Abus d'autorité. Pour l'application de l'article 229, il est nécessaire, par dérogation à l'article 12 de la présente loi, que le supérieur et l'inférieur soient l'un et l'autre revêtus d'effets d'uniforme.

« Art. 242 (1er paragraphe). Provocation à la désertion.

« Art. 248. Vol. L'avant-dernier paragraphe de cet article n'est applicable que si le délinquant était logé militairement dans la maison où il a commis le vol.

« Art. 249. Blessures faites à un blessé pour le dépouiller.

« Art. 250, 251, 252, 253, 254, 255. Pillage, destruction, dévastation d'édifices.

« Art. 256. Meurtre chez l'habitant. Cet article est applicable sous la réserve indiquée ci-dessus pour l'article 248.

« Art. 266. Port illégal d'insignes. Cet article n'est applicable qu'en cas de port illégal, soit d'effets d'uniforme militaire, soit d'insignes, décorations ou médailles sur des effets d'uniforme militaire. »

Art. 19. Lorsque, par application de la faculté accordée par les articles 17 et 18 de la présente loi, les tribunaux militaires auront admis des circonstances atténuantes en faveur des inculpés de crimes ou délits pour lesquels le Code de justice militaire ne les prévoit pas, les peines prononcées par ce Code seront modifiées ainsi qu'il suit :

Si la peine prononcée par la loi est celle de la mort, le conseil de guerre appliquera la peine des travaux forcés à perpétuité ou celle des travaux forcés à temps, sauf dans les cas prévus par les articles 209, 210, 211, 213, 217, 218, 220, 222, 223, 226, 227, 228 où la peine appliquée sera celle de la détention; dans le cas de l'article 221, la peine appliquée sera celle des travaux forcés à perpétuité, des travaux forcés à temps ou de la détention suivant les circonstances.

Si la peine est celle des travaux forcés à perpétuité, le conseil de guerre appliquera la peine des travaux forcés à temps ou celle de la réclusion.

Si la peine est celle des travaux forcés à temps, le conseil de guerre appliquera la peine de la réclusion, de la dégradation militaire ou un emprisonnement d'un à cinq ans.

Toutefois, si la peine prononcée par la loi est le maximum d'une peine effective, le conseil de guerre pourra toujours appliquer le minimum de cette peine.

Si la peine est celle de la dégradation militaire, le conseil de guerre appliquera un emprisonnement de trois mois à deux ans.

Si la peine est celle des travaux publics, le conseil de guerre appliquera un emprisonnement de deux mois à cinq ans.

Dans tous les cas où la peine de l'emprisonnement est prononcée par le Code de justice militaire, le conseil de guerre est autorisé à faire l'application de l'article 463 du Code pénal, sans toutefois que la peine de l'emprisonnement puisse être remplacée par une amende nonobstant toute réduction de peine par suite de circonstances atténuantes, la peine de la destitution sera toujours appliquée par le conseil de guerre dans le cas où elle est prononcée par le Code de justice militaire.

Art. 20. Les infractions contre les obligations spéciales imposées par le titre Ier de la présente loi, dont la répression est attribuée par l'article 15 aux tribunaux ordinaires, sont punies de la manière suivante, sauf pour les hommes appartenant à l'armée territoriale ou à la réserve de cette armée, à l'égard desquels les peines sont abaissées ainsi qu'il est dit à l'article 21 ci-après :

1° Les infractions aux prescriptions relatives aux changements de domicile (art. 2 de la présente loi) sont punies de 16 à 200 francs. Le délinquant peut, en outre, être condamné à un emprisonnement de quinze jours à trois mois;

2° Les infractions aux prescriptions relatives aux changements de résidence et aux déplacements pour voyager (art. 3 de la présente loi) sont punies d'une amende de 16 francs à 50 francs, et d'un emprisonnement de six jours à un mois, ou de l'une de ces peines seulement ;

3° Le retard non justifié, en cas de convocation pour des manœuvres, exercices ou revues, est puni d'un emprisonnement de six jours à un mois, si le retard a été de plus de huit jours sans constituer, cependant, le délit d'insoumission.

En cas de récidive ou en temps de guerre, toutes ces peines peuvent être doublées. En outre, tout homme qui n'a pas rejoint au jour indiqué pour des manœuvres, exercices ou revues, peut être astreint par l'autorité militaire à passer ou à compléter dans un corps ou dans un dépôt le temps de service pour lequel il était appelé.

Art. 21. Pour les hommes appartenant à l'armée territoriale ou à la réserve de cette armée, les peines édictées à l'article précédent seront réduites de la manière suivante : dans le premier cas, amende de 16 fr. à 50 fr.; durée de l'emprisonnement, de six jours à un mois; dans le deuxième cas, amende de 16 à 25 fr.; durée de l'emprisonnement, de six jours à quinze jours ; dans le troisième cas, durée de l'emprisonnement, de six jours à quinze jours. Ces réductions de peine auront lieu sous la réserve des dispositions contenues aux deux derniers paragraphes de l'article précédent.

Art. 22. L'article 463 du Code pénal est applicable aux délits prévus et punis par les articles 20 et 21 qui précèdent.

Art. 23. Les infractions laissées par l'article 16 de la présente loi à la répression directe de l'autorité militaire seront l'objet de punitions déterminées par le règlement dont il est parlé au même article 16. Ces punitions, qui ne devront pas dépasser un mois de prison, seront réduites au maximum de quinze jours de prison pour les hommes ayant moins de trois mois de présence sous les drapeaux, et, pour ceux appartenant à l'armée territoriale ou à la réserve de cette armée lorsqu'ils auront été renvoyés dans leurs foyers depuis plus de six mois. L'autorité militaire sera chargée d'en assurer l'exécution, soit dans les prisons des corps de troupe de la garnison la plus voisine, soit dans les lieux de détention militaire, soit dans les prisons civiles, sous la réserve que les hommes ainsi punis ne seront jamais confondus avec les prévenus ou les détenus criminels ou correctionnels. Il sera tenu note de ces punitions par l'autorité militaire.

---

574. **Loi ayant pour objet de modifier l'article 37 de la loi du 27 juillet 1872, sur le recrutement de l'armée.**

(4 décembre 1875.)

Article unique. L'avant-dernier paragraphe de l'article 37 de la loi du 27 juillet 1872 est ainsi modifié :

« Pour les hommes qui ne proviennent pas de l'inscription maritime, le temps de service actif dans l'armée de mer est de cinq ans, et de quatre ans dans la réserve. Après avoir accompli ces quatre ans dans la réserve, ces hommes passent immédiatement dans la réserve de l'armée territoriale, où ils restent jusqu'à l'âge de 40 ans. »

---

575. Loi portant modification des articles 53 et 57 de la loi du 27 juillet 1872, sur le recrutement de l'armée.

(31 décembre 1875.)

Art. 1er. L'article 53 de la loi du 27 juillet 1872, sur le recrutement de l'armée, est modifié de la manière suivante :

« Les jeunes gens qui ont obtenu des diplômes de bachelier ès lettres, de bachelier ès sciences, des diplômes de fin d'études, ou des brevets de capacité, institués par les articles 4 et 6 de la loi du 21 juin 1865, ceux qui font partie de l'Ecole centrale des arts et manufactures, des Écoles nationales des arts et métiers, des écoles nationales des beaux-arts, du Conservatoire de musique ; les élèves des écoles nationales vétérinaires, des écoles nationales d'agriculture et de l'Ecole des haras du Pin ; les élèves externes de l'Ecole des mines, de l'Ecole des ponts et chaussées, de l'Ecole du génie maritime, et les élèves de l'Ecole des mineurs de Saint-Etienne, sont admis, avant le tirage au sort, lorsqu'ils présentent les certificats d'études émanés des autorités désignées par un règlement inséré au *Bulletin des lois,* à contracter dans l'armée de terre des engagements conditionnels d'un an, selon le mode déterminé par ledit règlement. »

Art. 2. Le paragraphe suivant est ajouté à l'article 57 de la même loi du 27 juillet 1872 :

« Jouiront du même privilège, sous la condition d'avoir contracté un engagement conditionnel d'un an : 1° les élèves des écoles supérieures d'agriculture subventionnées par l'Etat ; 2° les élèves des écoles supérieures de commerce subventionnées par les chambres de commerce. Ces écoles devront avoir été agréées par le Ministre de la guerre quant à l'application du présent article. »

---

576. Loi ayant pour objet d'ajouter un paragraphe à l'article 54 de la loi du 27 juillet 1872, sur le recrutement de l'armée.

(31 décembre 1875.)

Article unique. Le paragraphe suivant est ajouté à l'article 54 de la loi du 27 juillet 1872, sur le recrutement de l'armée :

« Si un jeune homme, s'étant présenté pour l'engagement conditionnel d'un an, a été reconnu impropre au service, et qu'ensuite, au moment de la revision de sa classe, il soit déclaré bon, il est admis à remplir, dans l'année, les conditions requises pour le volontariat d'un an. »

577. **Loi qui modifie le paragraphe 11 de l'article 17 de la loi du 27 juillet 1872.**

(29 juillet 1886.)

Article unique. Le paragraphe 11 de l'article 17 de la loi du 27 juillet 1872 est modifié comme suit :

« Néanmoins, l'appelé ou l'engagé qui n'aurait pas justifié de ses cas de dispense devant le conseil de revision ou qui, postérieurement à la décision du conseil de revision au 1er juillet ou à son incorporation, devient l'aîné d'orphelins de père et de mère, le fils unique ou l'aîné de fils ou, à défaut du fils et du gendre, le petit-fils unique ou l'aîné des petits-fils d'une femme veuve, d'une femme dont le mari a légalement été déclaré absent ou d'un père aveugle, ou d'un père entré dans sa 70e année, est, sur sa demande, aussitôt qu'il a justifié de ses cas de dispense, renvoyé dans ses foyers en disponibilité pour le temps qu'il a encore à servir, à moins qu'en raison de sa présence sous les drapeaux il n'ait procuré la dispense de service à un frère puîné actuellement vivant. »

Le paragraphe 9 est supprimé.

DEUXIÈME PARTIE

LOI DU 18 MARS 1889

SUR

LE RENGAGEMENT DES SOUS-OFFICIERS

TABLEAU CHRONOLOGIQUE

DES

Décrets, Instructions et Circulaires reproduits dans le commentaire de la loi sur le rengagement des sous-officiers.

TABLEAU CHRONOLOGIQUE

DES

Décrets, Instructions et Circulaires reproduits dans le commentaire de la loi sur le rengagement des sous-officiers.

INDEX ALPHABÉTIQUE

Des matières traitées dans le commentaire de la loi sur le
rengagement des sous-officiers.

AVANT-PROPOS

1. La réduction du service militaire à trois années ne pouvait s'effectuer qu'à la condition absolue d'assurer, en dehors du service réduit, le recrutement des cadres de sous-officiers. Les lois antérieures avaient déjà pourvu à cette nécessité dans une large mesure, en organisant, dans des conditions avantageuses, le rengagement des sous-officiers, seul mode de recrutement possible pour les sous-officiers instructeurs. La loi du 18 mars 1889 confirme les avantages accordés aux rengagés et les augmente même en leur donnant une fixité et des garanties qui en assurent la réalisation. Aussi, les rengagements de sous-officiers, qui suivaient une progression constante, ont pris un tel développement qu'aujourd'hui le recrutement des sous-officiers de carrière est absolument assuré. La seule question qui va se poser est celle de savoir si la part laissée aux sous-officiers non rengagés suffira au roulement nécessaire pour garnir de sous-officiers les réserves et la territoriale. On comprend, en effet, que, si chaque année, les deux tiers de l'effectif des sous-officiers restent au corps, il n'entre dans les réserves qu'un seul tiers de sous-officiers, avec une classe entière de soldats. Sans doute, cet inconvénient s'atténuera quand les rengagés partiront, mais aura toujours un déficit, qu'il faudra combler par des nominations, dans les réserves mêmes, de sous-officiers n'ayant pas effectivement rempli leur emploi. On sera peut-être conduit, dans la pratique, lorsque le corps des rengagés sera complet et porté à son maximum, à adopter un système proposé par l'écrivain, et qui consiste à renvoyer dans leurs foyers, après deux ans de service, les hommes ayant rempli un an au moins le grade de sous-officier, de façon à augmenter d'un tiers la production des sous-officiers de réserve ayant non pas seulement des galons, mais encore la pratique de leur fonction.

On comprend tout de suite que le résultat de cette mesure serait de donner au grade de sous-officier une prime susceptible d'exciter une émulation dont les effets se feraient sentir même avant l'incorporation dans le travail préparatoire des jeunes gens.

Cette simple observation faite, et sans entrer dans le détail des objections faciles à réduire qu'elle peut soulever, nous nous bornerons à donner le texte de la loi du 18 mars, en accompagnant chaque article des documents qui s'y rapportent et des commentaires qui seront nécessaires, tout en faisant remarquer que cette loi, qui fixe des avantages matériels faciles à déterminer, n'appelle pas de longues explications.

COMMENTAIRE DE LA LOI

CHAPITRE PREMIER.

ÉTAT DES SOUS-OFFICIERS RENGAGÉS OU COMMISSIONNÉS.

ARTICLE 1er.

Les sous-officiers sont admis à contracter pour deux, trois ou cinq ans, des rengagements qui sont renouvelables jusqu'à une durée totale de quinze années de service effectif. Ils peuvent ensuite être maintenus sous les drapeaux en qualité de commissionnés jusqu'à l'âge de 47 ans.

Ceux qui ont accompli dix ans au moins de service effectif peuvent, sur leur demande, être commissionnés dès l'expiration du rengagement qui les lie au service.

2. La circulaire du 20 mai 1889 du Ministre de la guerre, pour l'application de la loi du 18 mars 1889, donne la raison des différentes périodes de rengagement comme suit :

Les rengagements donnant droit aux avantages spécifiés par la loi du 18 mars 1889 sont d'une durée de *deux*, *trois* ou *cinq* ans, de manière à permettre que le sous-officier rengagé pour moins de cinq ans arrive à parfaire, par un rengagement complémentaire, les périodes quinquennales servant de bases aux allocations réglées par le tarif n° 2.

3. On pouvait se demander comment se combinaient les périodes de rengagement avec la durée maximum de quinze années de service actif. Voici ce que répond la circulaire :

Le sous-officier rengagé peut également, à l'expiration de la deuxième période quinquennale de rengagement, contracter, s'il en fait la demande, un nouveau rengagement ; mais la durée de cet acte ne doit pas dépasser la date à laquelle il atteindra quinze années de service effectif. Tout sous-officier qui, au moment de l'expiration de sa deuxième période quinquennale de rengagement, aura plus de treize ans de service effectif, ne pourra donc rester sous les drapeaux que comme commissionné ; après douze ans, il ne pourra signer qu'un rengagement de deux ans.

4. L'article 1er pose, comme règle générale, qu'un sous-officier n'est commissionné qu'après ses rengagements successifs permis, mais il admet la commission après dix ans de service.

Dès qu'un sous-officier rengagé compte dix ans de service effectif, il peut être commissionné à l'expiration du rengagement qui le lie. En vertu de cette commission, il peut demeurer sous les drapeaux jusqu'à l'âge de 47 ans.

ARTICLE 2.

Les sous-officiers peuvent être autorisés à contracter leur rengagement dans l'année qui précède ou pendant les trois années qui suivent leur renvoi dans leurs foyers.

5. L'article 2 fixe comme période ouverte aux rengagements l'année qui précède le renvoi dans les foyers ; mais il y ajoute aussi les trois années qui suivent le renvoi, de façon à permettre à l'armée de reprendre de bons serviteurs qui peuvent regretter de l'avoir quittée.

Avec la nouvelle loi sur le recrutement, l'année qui précède compte du 1er novembre qui précède celui où expire le service de la classe. Quant aux trois années qui suivent le renvoi, elles courent du jour où le sous-officier a cessé de compter à l'effectif du corps.

Les sous-officiers qui ont contracté un premier rengagement de moins de cinq ans ne peuvent signer le rengagement complémentaire de la première période quinquennale que s'ils se trouvent dans la dernière année de leur premier rengagement.

ARTICLE 3.

Le nombre total des sous-officiers rengagés ou commissionnés ne peut dépasser, dans chaque arme ou service, les deux tiers de l'effectif normal des sous-officiers. Toutefois, les sous-officiers de l'état-major des régiments peuvent tous être rengagés ou commissionnés, sans être compris dans la proportion précédente.

Sous ces réserves, le Ministre de la guerre détermine, tous les ans, le nombre des sous-officiers qui pourront être, pendant l'année, rengagés ou commissionnés dans chaque corps de troupe.

6. L'article 3 fixe le maximum que ne doivent pas dépasser les rengagements ou commissions dans chaque arme ou service, en en exceptant les sous-officiers de l'état-major du régiment.

Dans les limites de ce maximum, le Ministre détermine le nombre de sous-officiers qui pourront être rengagés ou commissionnés dans chaque corps de troupe.

La circulaire du 20 mai s'explique ainsi à cet égard :

Aux termes de l'article 3 de la loi, le total des rengagés et des commissionnés ne peut pas dépasser les deux tiers de l'effectif normal dans chaque arme ou service, les sous-officiers de l'état-major des régiments ne comptant d'ailleurs pas dans le calcul de cette proportion.

7. Le fait que, dans un corps de troupe (régiment, bataillon, escadron, compagnie ou section), la proportion fixée dans les conditions ci-dessus aura été atteinte, ne saurait donc empêcher le général commandant le corps d'armée d'accepter les demandes de rengagement soumises par ce corps de troupe à son approbation qu'autant que la portion serait également atteinte dans tous les corps de même arme ou de même service de la région de corps d'armée.

A cet effet, il est tenu à l'état-major de chaque corps d'armée une situation de l'effectif des sous-officiers rengagés, faisant ressortir par corps de troupe les déficits et les excédents.

Lorsque le maximum des rengagements est atteint dans la région pour l'ensemble des corps d'une arme ou d'un service, le général commandant le corps d'armée suspend jusqu'à nouvel ordre les rengagements et en rend compte au Ministre.

ARTICLE 4.

Les sous-officiers sont rengagés ou commissionnés pour le corps dans lequel ils servent.

Toutefois, ils peuvent être, sur leur demande, rengagés ou commissionnés pour un autre corps de la même arme dans lequel le nombre des rengagés ou commissionnés serait insuffisant.

Ils peuvent aussi être admis à se rengager dans une autre arme, mais comme soldats seulement.

Le Ministre de la guerre peut toujours, dans l'intérêt du service, prononcer d'office le changement de corps d'un sous-officier rengagé ou commissionné.

8.   L'article 4 pose en principe que le rengagement et la commission doivent être exécutés dans le corps où sert le sous-officier.

9.   Il admet cependant une exception pour autoriser un sous-officier à se rengager dans un autre corps dans lequel le nombre des rengagés ou commissionnés serait insuffisant, mais sous la condition absolue que cet autre corps soit de la même arme.

10.   Par contre, le rengagement ou la commission ne donne pas un droit absolu de rester dans le corps de rengagement ; le Ministre reste maître de prononcer d'office des changements de corps pour les rengagés comme pour tous les hommes en service.

11.   Quand un sous-officier veut changer d'arme en se rengageant, il doit perdre ses galons et se rengager comme simple soldat.

C'est alors un simple rengagement conforme à la loi du 15 juillet 1889, qui n'est pas soumis aux formalités de la loi du 18 mars comme l'explique la circulaire du 20 mai :

Les demandes de rengagement avec changement d'arme, ne pouvant être accueillies que comme rengagement de simple soldat, ne sont pas soumises à l'acceptation des conseils de régiment.

12. Une note ministérielle du 3 juillet 1889 règle comme suit la situation de ces rengagés spéciaux au point de vue de l'obtention des grades et de l'application de la loi du 18 mars à leur nouvel état :

Aux termes de l'article 4 de la loi du 18 mars 1889, les sous-officiers peuvent être admis à se rengager dans une autre arme, mais comme soldats seulement.

Le Ministre, consulté sur la question de savoir si ces militaires sont susceptibles d'être pourvus, immédiatement après leur arrivée dans leur nouveau corps, de l'emploi qu'ils occupaient au moment de leur changement d'arme, a décidé le 27 juin que les chefs de corps pourraient, après constatation préalable de leur aptitude, soit les nommer caporaux ou brigadiers, soit les réintégrer dans leur ancien grade, par application de l'article 24 de l'ordonnance du 16 mars 1838.

Toutefois, ils ne devront pas, au moment de leur réintégration dans le grade de sous-officier, être admis à jouir des avantages pécuniaires prévus par la loi du 18 mars 1889. Ils ne deviendront susceptibles de participer à ces avantages qu'après avoir contracté un nouveau rengagement.

On comprend parfaitement qu'ils se sont placés eux-mêmes en dehors de l'application de la loi sur les sous-officiers, mais il paraît certain qu'il devra toujours leur être accordé les avantages donnés par la loi sur le recrutement aux simples rengagés.

ARTICLE 5.

Les autorisations de rengagement ou les commissions ne peuvent être refusées aux sous-officiers, dans les limites de nombre fixées par le Ministre, qu'en cas d'avis défavorable du conseil de régiment, composé comme l'indique le tableau **A** annexé à la présente loi. La demande est transmise hiérarchiquement au commandant de corps d'armée, qui statue et qui, pour le premier rengagement, délivre au sous-officier un titre formant brevet.

13.

TABLEAU A.

Composition des conseils de régiment.

(Application des articles 5 et 6 du projet de loi sur le rengagement des sous-officiers.)

DÉSIGNATION des CORPS.	COLONEL.	LIEUTENANT-COLONEL.	COMMANDANT.	CAPITAINE commandant les compagnies, escadrons ou batteries.	LIEUTENANT DE LA COMPAGNIE.	OBSERVATIONS.
Régiments ...	1	1	2 (3)	4 (4)	»	(1) Le commandant du bataillon est président.
Bataillons formant corps (1).	»	»	1	3 (4)	»	(2) L'officier supérieur président et un capitaine sont pris dans d'autres corps de troupe.
Compagnies formant corps (2)	»	»	1	2	1	(3) Dont le commandant du bataillon auquel appartient le sous-officier.
Ecoles militaires	Le commandant de l'école et trois officiers, dont le commandant en second, s'il y en a un.					(4) Dont le commandant de la compagnie à laquelle appartient le sous-officier. Si le capitaine est absent, il est remplacé par l'officier commandant la compagnie.

NOTA. — Le président du conseil a voix prépondérante en cas de partage égal des votes. — Pour les conseils d'enquête, le commandant du corps d'armée adjoindra deux sous-officiers si le conseil se compose de plus de cinq membres, et un seul dans le cas contraire.

L'application de l'article 5, sous lequel doit se placer l'exposé de toutes les formalités relatives aux rengagements, est déterminée comme suit par la circulaire du 20 mai :

14. Le conseil de régiment siège à la portion principale du corps.

Chacune des demandes de rengagement, établie dans la forme ci-dessus indiquée, sera l'objet d'une délibération spéciale du conseil. Le vote sera secret, et il sera procédé dans les formes adoptées pour les conseils d'enquête ; mais, en cas de partage des voix, celle du président sera prépondérante.

15. Pour les bataillons détachés dans une région autre que celle où se trouve le colonel, les demandes seront examinées par un conseil composé comme celui des bataillons formant corps.

16. Dans les sections de secrétaires d'état-major, les sections de commis et ouvriers d'administration, les sections d'infirmiers, le conseil sera composé comme suit :

Sections de secrétaires. — Président : le commandant de recrutement commandant la section. Membres : trois capitaines, dont deux faisant partie de l'état-major du corps d'armée, et un pris dans les corps de troupe.

17. *Sections d'administration.* — Président : le sous-intendant militaire chargé de la surveillance administrative de la section. Membres : l'officier d'administration commandant la section et deux capitaines pris dans les corps de troupe.

18. *Sections d'infirmiers.* — Président : le sous-intendant militaire ou un officier supérieur pris dans les corps de troupe. Membres : un capitaine pris dans les corps de troupe, un médecin-major de 2e classe et l'officier d'administration commandant la section.

19. Dans les compagnies d'ouvriers d'artillerie, les compagnies d'artificiers et les compagnies du génie détachées d'une manière permanente, la présidence du conseil sera exercée :

Pour les compagnies d'ouvriers d'artillerie et les compagnies d'artificiers, par le directeur de l'artillerie ou par le chef de l'établissement auquel la compagnie est attachée ;

Et, pour les compagnies du génie, par le directeur du génie.

Le conseil sera, dans ces compagnies, composé comme pour les compagnies formant corps.

20. En Algérie ou en Tunisie :

Pour les batteries d'artillerie, il est formé dans la province un conseil ayant la même composition que celui qui est prévu pour les bataillons formant corps. L'officier supérieur commandant les batteries de la province en sera président; les trois capitaines seront pris dans les mêmes batteries, et, au besoin, dans les établissements de l'artillerie.

Pour les compagnies du train des équipages militaires, le conseil sera formé au moyen des officiers de l'arme appartenant aux compagnies détachées dans la province; l'officier supérieur commandant ces compagnies en sera président; un des trois capitaines pourra, au besoin, être remplacé par un lieutenant.

Pour les compagnies du génie, la composition du conseil sera la même que pour les compagnies formant corps; la présidence sera exercée par l'officier supérieur commandant les troupes du génie de la province. Les deux capitaines seront : l'un, celui qui commande la compagnie, et l'autre, un capitaine de l'état-major particulier du génie.

21. Les demandes de rengagement doivent être inscrites et signées par les pétitionnaires.

22. Les demandes des sous-officiers présents dans les corps de troupe sont remises par eux à leur commandant de compagnie. Celui-ci, après avoir inscrit son avis sur la demande, l'adresse, accompagnée de l'état signalétique et de services du sous-officier, du relevé de ses punitions, et d'un certificat d'aptitude délivré par le médecin du corps, au commandant du bataillon, qui y inscrit également son avis, et fait parvenir le tout au chef de corps.

23. Les demandes de rengagement des sous-officiers renvoyés dans leurs foyers sont adressées au commandant du bureau de recrutement du domicile ou de la résidence. Cet officier supérieur les transmet au chef du corps pour lequel le sous-officier désire se rengager. Il y joint :

1° Un certificat délivré par lui, constatant l'aptitude physique du sous-officier et attestant qu'il se trouve dans les conditions de service exigées par la loi du 18 mars 1889;

2° L'état signalétique et des services et le relevé des punitions. Il réclame, le cas échéant, ces deux pièces au corps dans lequel le sous-officier est inscrit, soit comme réserviste, soit comme appartenant à l'armée territoriale;

3° Si le sous-officier a quitté le corps depuis plus de trois mois, un certificat conforme au modèle n° 8 annexé à l'instruction du 30 novembre 1872, constatant qu'il a tenu une bonne conduite depuis son départ du corps.

Un bordereau nominatif en double expédition accompagne l'envoi de ces pièces; une expédition revêtue du récépissé du chef de corps est renvoyée au commandant du bureau de recrutement.

24. Avis des rengagements autorisés par les conseils ci-dessus indiqués sera immédiatement donné au chef de corps.

Le résultat de la délibération du conseil est consigné sur un mémoire de proposition dont le modèle (n° 1) est annexé à la présente instruction.

Ce mémoire de proposition est adressé par la voie hiérarchique, avec les pièces à l'appui, au général commandant le corps d'armée auquel appartient la portion principale du corps, lors même que cette portion serait stationnée au dehors de la région, sauf pour les troupes stationnée en Algérie ou en Tunisie, qui le font parvenir, suivant le cas, au général commandant le 19ᵉ corps d'armée ou au général commandant la brigade d'occupation à Tunis.

25. L'article 5 de la loi disposant d'une manière absolue que les autorisations ne peuvent être refusées aux sous-officiers qu'en cas d'avis défavorable du conseil, les généraux de brigade et de division transmettront purement et simplement les mémoires de proposition, approuvés par le conseil, au général commandant le corps d'armée.

En cas d'avis défavorable du conseil, les généraux de brigade et de division conservent le droit d'apprécier le bien ou le mal fondé du refus de rengagement et inscrivent leur avis sur le mémoire de proposition, sur les conclusions duquel le général commandant le corps d'armée statue en dernier ressort.

Le mémoire de proposition est, dans l'un et l'autre cas, renvoyé au corps pour y être conservé.

26. Lorsque le sous-officier demande à se rengager pour un autre corps de la même arme, le conseil de régiment après avoir consigné le résultat de la délibération sur le mémoire de proposition, envoie ce mémoire, avec les pièces à l'appui, au chef du corps dans lequel le candidat sollicite son admission.

Ce chef de corps soumet la demande à son conseil de régiment et opère, pour la transmission du dossier à l'approbation du général commandant le corps d'armée dont il relève, comme s'il s'agissait d'un sous-officier du corps.

Le général commandant le corps d'armée statue sur la demande de rengagement et notifie sa décision au corps de troupe où se trouve le candidat.

27. ͤ CORPS D'ARMÉE.

(1) Désignation du corps.

MODÈLE Nᵒ 1.
annexé à la circulaire
du 20 mai 1889.

(1)

MÉMOIRE DE PROPOSITION

concernant le sieur .... *, sous-officier, qui demande*
l'autorisation de contracter un rengagement.

NOTA. — Ce mémoire doit être accompagné des pièces suivantes :

1ᵒ Demande de l'intéressé ;
2ᵒ Etat signalétique et des services ;
3ᵒ Relevé des punitions ;
4ᵒ Certificat d'aptitude au service.

NUMÉRO matricule.	NOM ET PRÉNOMS.	GRADE. — DATE de la nomination au grade de sous-officier.	DATE de l'entrée au service. — TITRE sous lequel il sert.	CLASSE à laquelle il appartient par son âge.

Avis { du général de brigade. / du général de division.

PUNITIONS (Nombre de jours).					DÉLIBÉRATION du conseil de régiment.
Cachot.	Salle de police.	Prison.	Cellule de correction.	TOTAL.	(Indiquer la date à laquelle elle a été prise, le nombre de voix, et, en cas de partage, si celle du président est ou non favorable au sous-officier.) (1) Signature des membres du conseil.

(1)

Le Président,

DÉCISION

DU GÉNÉRAL COMMANDANT LE ___ ° CORPS D'ARMÉE.

28.   Le sous-officier autorisé à se rengager se présente devant le sous-intendant militaire, muni de l'attestation délivrée par le chef de corps et sur laquelle est mentionnée la date de la décision du général commandant le corps d'armée.

29.   Les actes de rengagement souscrits dans les conditions de la loi du 18 mars 1889 seront conformes au modèle n° 2 annexé à la présente instruction.

(Art. 5.)

Modèle nᵒ 2
annexé à la circulaire
du 20 mai 1889.

ACTE DE RENGAGEMENT

DANS LES CONDITIONS DE LA LOI DU 18 MARS 1889.

L'an mil huit cent   , le   , à
heures d   , s'est présenté devant nous, sous-
intendant militaire, résidant à   département d

(1) Nom, prénoms, grade et corps du sous-officier.

Le sieur (1)
né le   , à   , département de   , fils d   et
de   , domiciliés à   , canton
d   , département d   , che-
veux   , sourcils   , front   , yeux   , nez

(2) Indiquer ici les marques particulières.

    , bouche   , menton   , visage   , (2)
taille d'un mètre   centimètres.
Lequel, assisté des sieurs (3)

(3) Nom, prénoms, profession et résidence des deux témoins.

appelés comme témoins conformément à la loi, nous a
déclaré vouloir contracter un rengagement de
ans pour servir dans le (4)

(4) Désigner le corps au titre duquel est souscrit le rengagement.

Et, à cet effet, nous a présenté :

1ᵒ Une attestation délivrée par (5)

(5) Nom, grade et corps de l'officier signataire de l'attestation (cette pièce est délivrée par le chef du corps pour lequel le rengagement doit être contracté).

indiquant qu'à la date du   le général commandant le   ᵒ corps d'armée a autorisé le rengagement du sieur   comme sous-officier ;

2ᵒ Un état signalétique constatant qu'il se trouve
dans les conditions de service exigées par la loi du
18 mars 1889 ;

(6) Nom et grade du médecin signataire du certificat.

3ᵒ Un certificat d'aptitude physique délivré par (6)

(A)

Nous, sous-intendant militaire, après avoir reconnu
la régularité des pièces produites par le sieur (7)
lui avons donné lecture des articles 1, 2, 3, 4, 5, 6, 7,
14 et 21 de la loi du 18 mars 1889.

(A) Dans le cas où le sous-officier se trouve dans ses foyers depuis plus de trois mois, mentionner ici le certificat de moralité délivré par le maire.

En suite de quoi nous avons reçu le rengagement du
sieur (7)   , lequel a promis
de continuer à servir avec fidélité et honneur et de
rester sous les drapeaux pendant l'espace de   ans,
à compter du

(7) Nom et prénoms du sous-officier.

Lecture faite audit sieur (7)
et aux deux témoins ci-dessus dénommés du présent
acte, ils ont signé avec nous.

30. Lorsque le sous-officier signe un premier rengagement, quelle qu'en soit la durée, il est établi à son nom un titre formant brevet (modèle n° 3).

Ce titre lui est remis immédiatement s'il est présent au corps, ou dès son arrivée au corps s'il s'agit d'un sous-officier rengagé après avoir quitté les drapeaux.

31.

(1) Nom, prénoms, grade et indication du corps.

MODÈLE N° 3
annexé à la circulaire
du 20 mai 1889.

RÉPUBLIQUE FRANÇAISE.

En exécution de l'article 5 de la loi du 18 mars 1889,

NOUS, Général commandant le   e corps d'armée,

délivrons au sieur (1)

rengagé le   pour   ans, le présent titre

formant brevet, et constatant qu'il ne peut être dépossédé de son grade que

dans les formes et sous les conditions déterminées par l'article 6 de la loi

du 18 mars 1889.

A   , le   18   .

ARTICLE 6.

La rétrogradation ou la cassation du sous-officier rengagé, la révocation ou la mise à la retraite d'office du commissionné ne peuvent être prononcées que par le commandant du corps d'armée, sur l'avis conforme du conseil de régiment auquel sont adjoints, avec voix délibérative, deux sous-officiers, si le conseil se compose de plus de cinq membres, et un seul dans le cas contraire.

La procédure est réglée par décret, d'après les formes en usage pour les conseils d'enquête concernant les officiers.

Le sous-officier remis caporal ou brigadier, ou cassé, perd ses droits à la gratification annuelle et à la haute paye de sous-officier prévus par les articles 7 et 9, ainsi que ceux prévus à l'article 14 ci-après. Toutefois, ces droits lui sont de nouveau acquis s'il est ultérieurement renommé sous-officier.

Le sous-officier commissionné dont la révocation a été prononcée reste soumis, comme soldat, aux obligations de la classe à laquelle il appartient.

Le sous-officier rengagé, remis caporal ou brigadier, ou simple soldat sur sa demande, rétrogradé ou cassé, reçoit en quittant le corps une partie de la prime de rengagement proportionnelle au temps de service qu'il a accompli comme sous-officier depuis le jour où compte son rengagement effectif. Toutefois, s'il redevient sous-officier avant sa libération, il a droit à une nouvelle part de la prime de rengagement proportionnelle au temps de service accompli depuis la dernière nomination.

32. L'article 6, qui détermine les formalités nécessaires pour la rétrogradation ou la cassation des rengagés ou commissionnés et les conséquences de cette déchéance, est suffisamment explicite.

CHAPITRE II.

AVANTAGES PÉCUNIAIRES, EMPLOIS CIVILS OU MILITAIRES

ARTICLE 7.

Les sous-officiers qui contractent un rengagement de deux, trois ou cinq ans ont droit à une première mise d'entretien et à une prime de rengagement dont le montant varie suivant la durée du rengagement.

La première mise d'entretien est payée aux sous-officier

immédiatement après la signature de l'acte de rengagement. Si elle n'est réclamée que partiellement, le restant est placé à la caisse d'épargne et le livret est remis au sous-officier.

La prime de rengagement est payée au moment où le sous-officier quitte les drapeaux. Il lui est payé, en outre, une gratification annuelle.

Toutefois, si le sous-officier est autorisé à se marier, la prime de rengagement, lorsqu'elle lui est acquise, ou la part proportionnelle à laquelle il a droit, est mise à sa disposition, sur sa demande, à dater du jour de son mariage.

Les sous-officiers qui, ayant contracté un rengagement de moins de cinq ans, en contractent un nouveau avant l'expiration du premier, de manière à parfaire cinq ans de rengagement, ont droit à un complément de première mise d'entretien et de prime de rengagement, payable dans les conditions indiquées aux paragraphes 2, 3 et 4 ci-dessus.

Les sous-officiers qui, après avoir servi cinq ans comme rengagés, sont admis à contracter de nouveaux rengagements de deux, trois ou cinq ans, n'ont droit qu'à une première mise d'entretien, payable ainsi qu'il est dit au paragraphe 2 du présent article, et à la gratification annuelle.

Ceux d'entre eux qui, ayant contracté un rengagement de moins de cinq ans, en contractent un nouveau avant l'expiration du premier, de manière à parfaire dix ans de rengagement, ont droit à un complément de première mise d'entretien payable dans les conditions spécifiées au paragraphe 2 ci-dessus.

Les rengagements contractés au delà de dix ans ne donnent droit qu'à la haute paye et à la gratification annuelle.

Le montant des premières mises d'entretien, des gratifications annuelles et des primes de rengagement est fixé par le tarif n° 2 annexé à la présente loi.

33.

TARIF N° 2.

Premières mises, gratifications annuelles et primes applicables aux rengagements des sous-officiers.

(Application de l'article 7 de la loi.)

Première mise d'entretien payable au moment où le sous-officier contracte un rengagement............	Avant 5 ans de rengagement..............	Pour 2 ans.	240 fr.
		Pour 3 ans.	360
		Pour 5 ans,	600
	Après 5 ans de rengagement..............	Pour 2 ans.	200
		Pour 3 ans.	300
		Pour 5 ans.	500
Gratification annuelle...			200
Primes de rengagement applicables à des rengagements de.................................		2 ans......	600
		3 ans......	900
		5 ans......	1.500

34.   L'article 7 détermine très nettement les avantages accordés aux rengagés comme primes et gratifications.

35.   Quelques questions d'application assez délicates relatives à la gratification annuelle se sont posées dès l'abord et ont été résolues comme suit, par une circulaire du Ministre de la guerre, en date du 27 juillet 1889 :

3° — D'après quelles règles devra être perçue et payée la gratification annuelle de 200 francs qui est due aux sous-officiers rengagés conformément aux termes de l'article 7 de la loi du 18 mars 1889 ?

3° — La gratification annuelle de 200 francs devra être payée comme l'étaient les intérêts de l'ancienne indemnité de rengagement, c'est-à-dire par fraction égale de 50 francs par trimestre et à terme échu. Le montant en sera compris en un article distinct sur l'état de solde des officiers.

Si la période pour laquelle le sous-officier a droit à la gratification annuelle est moindre d'un trimestre, on appliquera également par analogie les règles suivies anciennement pour les intérêts de l'indemnité. Conséquemment, la gratification sera décomptée pour le nombre effectif de jours dont se compose ladite période et calculée à raison de 200 francs par année de 365 ou de 366 jours, selon le cas.

4° — Les sous-officiers actuellement rengagés sous l'empire de la loi du 23 juillet 1881 et qui demanderont à être commissionnés à l'expiration de leur dernier rengagement, auront-ils droit encore à la gratification annuelle de 200 fr. pendant le temps qu'ils serviront comme commissionnés ?

De même, ladite gratification sera-t-elle due au sous-officier qui, ayant accompli dix ans de service, demandera à être commissionné à l'expiration de son premier rengagement de cinq ans ?

4° — Réponse négative. — La gratification annuelle de 200 fr. ne s'applique qu'aux seuls sous-officiers rengagés (art. 7 de la loi du 18 mars 1889 et tarif n° 2 annexé à ladite loi).

En fait d'allocations spéciales, les sous-officiers commissionnés sous l'empire de la nouvelle loi n'ont droit qu'à la haute paye d'ancienneté, et, s'ils sont mariés et autorisés à loger en ville, à l'indemnité de logement.

Comme conséquence, ceux de ces sous-officiers dont la commission a commencé à recevoir son effet et qui n'auraient pas encore touché l'indemnité de rengagement à laquelle ils ont droit, recevront immédiatement cette indemnité.

Elle sera payée à ceux qui seront commissionnés ultérieurement, dès que leur commission commencera à rece-voir son effet.

Il demeure bien entendu que les sous-officiers commissionnés antérieu-rement à la promulgation de la loi pré-citée du 18 mars 1889 et qui n'auraient pas reçu le montant de leur indemnité de rengagement, devront continuer à être traités d'après les dispositions de l'article 176 du règlement du 8 juin 1883 et recevoir l'intérêt à 5 p. 100 de la prime conservée par l'Etat.

6° — Le sous-officier lié actuel-lement au service en vertu d'un premier rengagement de cinq ans souscrit sous l'empire de la loi du 23 juillet 1881, et qui contracte ensuite un deuxième rengagement dans les conditions de la loi du 18 mars 1889, a-t-il droit à la fois :

1° A l'intérêt 5 p. 100 de l'in-demnité de rengagement de 2,000 fr. ;

2° A la gratification annuelle de 200 fr. pour le second rengage-ment ?

6° — La loi du 18 mars 1889 ayant fait disparaître la disposition ancienne relative à l'intérêt à 5 p. 100 du mon-tant de l'indemnité de rengagement, cette indemnité doit cesser de porter intérêt dès que le sous-officier, primi-tivement rengagé en vertu de la loi de 1881, entre dans la période du nouveau rengagement qu'il a contracté dans les conditions de la loi du 18 mars 1889.

Ce sous-officier a droit alors à la gra-tification annuelle de 200 fr.

7° — Le sous-officier rengagé qui, étant marié, a reçu, à l'expi-ration de son premier rengagement de cinq ans, tout ou partie de l'in-demnité qui lui était acquise, par application de l'article 8 de la loi du 23 juillet 1881 et de la dépêche ministérielle du 11 juin 1887, peut-il néanmoins continuer ensuite à recevoir la gratification annuelle de 200 fr., malgré ce paiement total ou partiel ?

7° — Réponse affirmative. — La gratification annuelle est, en effet un avantage spécial fait par la nouvelle loi aux sous-officiers ; le paiement en est complètement indépendant de celui de la prime de rengagement, de même que le chiffre de la gratification invariable (200 fr.) n'a aucune relation avec celui de la prime de rengagement qui varie suivant la durée du rengagement.

36. Par une note en date du 14 avril 1889, le Ministre a décidé que la gratification pouvait être déléguée comme l'indemnité de logement.

L'indemnité de logement, qui est maintenue aux sous-officiers rengagés ou commissionnés, lorsqu'ils sont appelés à faire campa-gne (art. 160 du règlement du 8 juin 1883) rentrant, au même titre que la haute paye et les intérêts de l'indemnité de rengagement, dans la catégorie des avantages pécuniaires que la loi attribue aux sous-officiers rengagés, peut, comme ces allocations, être déléguée par les intéressés, par application du principe posé par le décret du 9 février 1889.

Pour le même motif, les sous-officiers rengagés dans les conditions de la loi du 18 mars 1889 pourront déléguer leur gratification annuelle, laquelle tient lieu, pour la durée des rengagements, des intérêts de l'indemnité de rengagement attribués sous l'empire des lois des 22 juin 1878 et 23 juillet 1881.

37. On voit par l'article 7 que les sous-officiers rengagés ou commissionnés peuvent être autorisés à se marier.

38. En ce cas, la prime de rengagement est mise immédiatement à leur disposition; mais il était nécessaire d'arrêter, pour cette catégorie de sous-officiers, des règles spéciales de conduite et de discipline.

39. Une décision ministérielle, en date du 1er juillet 1889, répond comme suit à certaines questions les concernant :

1re QUESTION.

D. — Le sous-officier rengagé ou commissionné, marié et autorisé à loger en ville, doit-il avoir ses armes et ses effets à son domicile particulier ?

R. — Ce sous-officier peut avoir à son domicile tous les effets d'habillement, de petit équipement et de linge et chaussure, ainsi que les effets de grand équipement et l'armement (épée, sabre ou épée-baïonnette) qui lui sont nécessaires pour sortir en tenue du jour. Les autres effets de grand équipement, de l'armement (fusil ou revolver) et les munitions devront être déposés à la caserne dans une chambre de sous-officier et entretenus sous la responsabilité des détenteurs.

2e QUESTION.

D. — Peut-il faire ses punitions chez lui ?

R. — Il peut subir à son domicile les punitions de consigne au quartier et de consigne à la chambre. Toutefois, le chef de corps aura toujours le droit de spécifier, *pour quelque motif que ce soit*, que la punition sera subie au quartier. Un contrôle vigilant devra être exercé sur les punitions qui sont subies en ville.

Les punitions de prison sont toujours subies, soit dans les locaux disciplinaires, soit à la prison militaire de la place.

3e QUESTION.

D. — Lorsqu'il est malade, peut-il être soigné à son domicile ?

R. — Le sous-officier autorisé à loger en ville, malade, devra se présenter à la visite à la caserne, si son état de santé le lui permet. S'il ne peut sortir, il sera, sur sa demande, visité et soigné par un médecin du corps. Dans ce cas, il sera soumis aux dispositions du règlement intérieur concernant les officiers et tenu de garder la chambre au moins vingt-quatre heures.

Les médicaments lui seront fournis par les soins de l'infirmerie régimentaire; mais, en cas de maladie quelque peu sérieuse ou prolongée, il devra être envoyé à l'infirmerie ou à l'hôpital.

40. Une décision présidentielle du 20 mars 1889 les autorise à demander la substitution d'une allocation en deniers aux denrées en nature. A cet effet, l'article 170 du règlement du 8 juin 1883 a été complété comme suit :

« ARTICLE 170.

« Hors le cas de force majeure, aucune indemnité en remplacement de vivres ne doit être allouée sans une décision spéciale du Ministre de la guerre. Si la concession en est faite par un général commandant de corps d'armée, il doit en rendre compte immédiatement au Ministre.

» Toutefois, les sous-officiers rengagés ou commissionnés qui, étant mariés ou veufs avec enfants, sont autorisés à vivre individuellement, peuvent, sur leur demande, percevoir, au lieu et place de toutes les prestations de vivres auxquelles ils ont droit, des indemnités représentatives en argent.

» En Algérie, les sous-officiers ou assimilés, mariés ou veufs avec enfants, qui ont droit à l'indemnité de résidence dont l'allocation est prévue par le tarif n° 44 du 25 décembre 1875, peuvent percevoir, comme les autres sous-officiers autorisés à vivre individuellement, des indemnités représentatives en remplacement de vivres en nature; mais, en ce cas, l'indemnité dite de résidence se confond avec les indemnités précitées et ces dernières sont seules perçues.

» La demande tendant à la perception des indemnités dont il s'agit doit être faite par les intéressés au commencement d'un mois au conseil d'administration, ou au chef de détachement, ou au sous-intendant militaire pour ceux qui n'appartiennent pas à un corps.

» La cessation de la perception des indemnités représentatives a lieu dans les mêmes conditions. »

ARTICLE 8.

Les caporaux ou brigadiers rengagés qui, un an au moins avant l'expiration de leur premier rengagement, sont nommés sous-officiers, ont droit, le jour de leur nomination :

1° A une première mise d'entretien et à une prime de rengagement calculées d'après le temps de service qu'il sont à faire ;
Ces première mise et prime sont payables dans les conditions stipulées à l'article précédent ;
2° A la gratification annuelle et à tous les avantages accordés par la présente loi aux sous-officiers rengagés.

41.   L'article 8 règle la situation des rengagés de la loi de recrutement qui deviennent sous-officiers pendant la durée de leur rengagement.

ARTICLE 9.

Les sous-officiers rengagés reçoivent une solde spéciale déterminée par les tarifs de solde. Ils ont droit à une haute paye à partir du jour où le rengagement commence à courir.
La haute paye est augmentée après chaque période de cinq années de rengagement.
Les sous-officiers mariés et logés en ville reçoivent une indemnité de logement payable par mois.
Les hautes payes et l'indemnité de logement sont fixées par le tarif n° 3 annexé à la présente loi.
Les dispositions du présent article sont applicables aux sous-officiers commissionnés ; toutefois, à l'expiration de la quinzième année de service effectif, la haute paye n'est plus augmentée.

42.   TARIF N° 3.

Hautes payes et indemnités de logement applicables aux sous-officiers rengagés ou commissionnés.

(Application de l'article 9 de la loi.)

Haute paye mensuelle... {	Dans les 5 premières années de rengagement...............................	9 fr.
	De 5 à 10 ans de rengagement.........	15
	Après 10 ans de rengagement.........	21
Indemnité mensuelle de logement applicable aux sous-officiers mariés et logés en ville....................................		15

43. L'article 9 détermine les avantages accordés aux rengagés quant à la solde et à la haute paye.

44. La haute paye est fixée par le tarif n° 3 ci-dessus.

Quant à la solde, elle est établie comme suit par le décret et les tarifs du 16 août 1889 :

Sous-officiers rengagés ou commissionnés.

La solde spéciale à allouer aux sous-officiers rengagés ou commissionnés, en exécution de l'article 9 de la loi du 18 mars 1889, serait uniformément de 0 fr. 25 supérieure à celle de leurs collègues de la même arme. J'estime que cette augmentation répond bien au vœu du législateur et à la situation que les sous-officiers rengagés doivent avoir dans l'armée.

Solde des sous-officiers rengagés ou commissionnés.

Art. 8. Il est attribué aux sous-officiers rengagés ou commissionnés une solde spéciale supérieure à celle des autres sous-officiers non rengagés du même grade. Cette solde, qui est déterminée par le tarif, s'applique à tous les sous-officiers rengagés ou commissionnés, quelle que soit la loi sous l'empire de laquelle a eu lieu le rengagement ou la commission.

SOLDE A PIED

CORPS D'INFANTERIE — (Militaires indigènes des régiments de tirailleurs algériens exceptés.) — Sections diverses.	CORPS de L'ARTILLERIE.	RÉGIMENTS du GÉNIE.	SOLDE PAR JOUR			OBSERVATIONS.
			de présence.		d'absence.	
			Rengagés ou commissionnés.	Non rengagés.	Rengagés ou commissionnés.	
Adjudant.............	»	»	2 90	2 65	1 45	Les militaires indigènes des régiments de tirailleurs algériens conservent le droit à la solde fixée par l'ancien tarif.
Adjudant élève d'administration......	»	»				
Sous-chef de musique.	»	»	1 80	1 55	0 90	
Tambour-major.......	»	»				
Sergent-major clairon ou chef de fanfare.	»	»	1 50	1 25	0 75	
Sergent-major........	»	»				
Sergent et sergent-fourrier.........	»	»	1 20	0 95	0 60	La solde d'absence n'est due qu'aux sous-officiers rengagés ou commissionnés.

SOLDE A CHEVAL.

CORPS DE CAVALERIE. (Régiments de spahis algériens exceptés et les militaires indigènes du 4e régiment de spahis en Tunisie.)	CORPS de L'ARTILLERIE.	RÉGIMENTS du GÉNIE.	ESCADRONS du train des équipages militaires.	SOLDE PAR JOUR			OBSERVATIONS.
				de présence.		d'absence.	
				Rengagés ou commissionnés.	Non rengagés ou non commissionnés.	Rengagés ou commissionnés.	
Adjudant........	Adjudant. Sous-chef de musique.	Adjudant. Sous-chef de musique.	Adjudant.	3 05	2 80	1 53	Les militaires gradés des bataillons d'artillerie de forteresse, des compagnies d'ouvriers d'artillerie, des compagnies d'artificiers, des régiments du génie (compagnies de sapeurs-mineurs) et les musiciens après dix ans de fonctions, bien que figurant dans ce tarif, n'ont droit qu'à la prime de la masse d'habillement fixée pour les hommes à pied.
Maréchal des logis. Trompette-major.	»	Tambour-major.	»	1 80	1 55	0 90	
Maréchal des logis chef.	Chef artificier. Maréchal des logis chef. Maréchal des logis chef : Maître charpentier. Maître forgeron. Maître cordier.	Sergent-major. Maréchal des logis chef.	Maréchal des logis chef.	1 65	1 40	0 83	Les militaires français et indigènes des trois premiers régiments de spahis en Algérie continuent d'avoir droit à la solde fixée par les tarifs actuellement en vigueur, sauf les maréchaux des logis chefs et les maréchaux des logis français rengagés, qui prennent la solde nouvelle. Les indigènes du 4e régiment de spahis en Tunisie conservent leur solde actuelle. Les militaires français de ce régiment doivent être traités d'après le présent tarif.
Maréchal des logis et maréchal des logis fourrier.	Maréchal des logis fourrier. Maréchal des logis trompette. Sous-chef artificier.	Sergent et sergent fourrier. Maréchal des logis et maréchal des logis fourrier.	Maréchal des logis et maréchal des logis fourrier.	1 35	1 10	0 68	La solde d'absence n'est due qu'aux sous-officiers rengagés ou commissionnés.

45. La question se posait de savoir à quel moment le rengagé avait droit à la solde spéciale ci-dessus.

Le Ministre l'a résolue comme suit par une note en date du 2 octobre 1889 :

Mon cher Général, j'ai été consulté sur la question de savoir si la solde spéciale prévue pour les sous-officiers rengagés, par les tarifs annexés au décret du 16 août 1889, applicables à partir du 1er octobre, doit être attribuée aux intéressés à compter du jour de la signature de l'acte de rengagement, ou seulement du jour où le rengagement commence à courir.

L'article 9 de la loi du 18 mars 1889 n'a fait que poser le principe, pour les sous-officiers rengagés, d'une solde spéciale qui serait déterminée par les tarifs de solde et le décret du 16 août suivant, qui règle les conditions dans lesquelles les tarifs nouveaux devront être appliqués, a laissé subsister quelques doutes en ce qui concerne l'entrée en jouissance de cette solde spéciale.

Mais comme les autres avantages pécuniaires attachés au rengagement des sous-officiers (gratifications annuelles, primes, hautes payes) ne sont accordés qu'à partir du jour où le rengagement commence à courir, il est logique et rationnel d'appliquer le même principe en ce qui concerne la solde spéciale qui est également un des avantages attribués au rengagement.

Les sous-officiers rengagés ne devront donc, après le 1er octobre, être mis en possession de la solde spéciale qui leur est attribuée par les tarifs du 16 août 1889, qu'à partir de la date à laquelle leur rengagement commencera à courir ; les sous-officiers commissionnés ne devront non plus recevoir cette solde qu'à partir du jour où leur commission commencera à recevoir son effet.

46. Le Ministre a également résolu deux questions relatives à la haute paye par sa circulaire du 27 juillet 1889.

QUESTIONS POSÉES.	SOLUTIONS.
1° — Aux termes de l'article 9 de la loi, les sous-officiers rengagés ont droit à la haute paye d'ancienneté à partir du jour où leur rengagement commence à courir. Convient-il d'appliquer cette disposition dans son sens absolu, ou faut-il considérer les sous-officiers rengagés comme entrant dans	1° — Les dispositions de l'article 9 précité sont formelles : c'est seulement à partir du jour où le rengagement commence à courir que la haute paye est due. Sans doute ces dispositions ne sont pas les mêmes que celles de l'article 6 de la loi du 23 juillet 1881 portant que la haute paye est due au sous-officier

la période de leur rengagement le jour du renvoi dans ses foyers de la classe de recrutement à laquelle ils appartiennent ?

2° — La haute paye d'ancienneté étant aujourd'hui, non plus une allocation journalière comme autrefois, mais bien une allocation mensuelle d'après le tarif n° 3 annexé à la loi du 18 mars 1889, comment devra-t-elle être perçue et payée ?

rengagé à partir du renvoi de sa classe ou à partir du jour de son rengagement si cette date est postérieure à celle du renvoi de sa classe. Mais ces dispositions sont expressément abrogés par la loi du 18 mars (art. 34) et, d'ailleurs, l'article 9 ci-dessus ne laisse place à aucune interprétation pour les nouveaux rengagés.

2° — La haute paye d'ancienneté devra, comme l'indemnité de logement mensuelle attribuée aux sous-officiers rengagés, être comprise en un article distinct sur l'état de solde des officiers.

De même que l'indemnité de logement, elle sera payée par mois et à terme échu aux sous-officiers rengagés sous l'empire de la nouvelle loi.

ARTICLE 10.

Le sous-officier rengagé passant dans la gendarmerie ou appelé à l'un des emplois militaires prévus par les lois ou règlements, reçoit, sur la prime de rengagement, une part proportionnelle au temps de service qu'il a accompli depuis le jour où compte son rengagement effectif.

Ce sous-officier nommé officier a droit à cette part proportionnelle.

47. L'article 10 règle la répartition de la prime de rengagement quand le sous-officier rengagé ne va pas au bout de son rengagement par changement d'emploi; il touche alors une part proportionnelle à la période de rengagement courue.

La circulaire du 20 mai 1889 place dans la même catégorie les sous-officiers stagiaires du génie.

Les sous-officiers stagiaires du génie sont, aux termes de la loi du 13 mars 1875, mis hors cadre et remplacés à leur corps. Ils rentrent dans les catégories prévues par l'article 10 de la loi du 18 mars 1889, et reçoivent sur la prime de rengagement une part proportionnelle dans les conditions spécifiées audit article. Ils n'en demeurent pas moins liés au service en vertu de leur rengagement, jusqu'à leur nomination au grade d'adjoint du génie de 3ᵉ classe, et si cette nomination n'arrive pas avant l'expiration de la durée du rengagement, ils sont tenus d'en signer un nouveau qui n'est reçu que dans les conditions de la loi sur le recrutement.

Il n'en est pas de même pour les sous-officiers nommés dans le service de la justice militaire. Appelés à un emploi militaire, ils bénéficient de l'article 10; mais ils conservent le bénéfice de leur rengagement jusqu'à l'expiration du stage de six mois fixé par la circulaire du 16 mai 1879, ainsi que l'indique la circulaire du 20 mai 1889.

Les sous-officiers rengagés qui sont nommés dans le service de la justice militaire conservent le bénéfice de leur rengagement jusqu'à l'expiration du stage de six mois fixé par la circulaire du 16 mai 1879 (*Bureau de la Justice militaire*).

ARTICLE 11.

Le sous-officier rengagé qui est retraité ou réformé, soit pour blessures reçues dans un service commandé, soit pour infirmités contractées dans l'armée (congé de réforme n° 1), à une époque quelconque de son rengagement, reçoit intégralement la prime de rengagement.

En cas de décès sous les drapeaux dans les circonstances indiquées à l'article 19 de la loi du 11 avril 1831, cette somme est attribuée à sa veuve et, à défaut de veuve, à ses héritiers.

Toutefois, la veuve séparée de corps ne peut réclamer ces droits lorsque la séparation a été prononcée contre elle.

48. L'article 11 fait exception à l'article 10 en faveur des sous-officiers retraités ou réformés par congé de réforme n° 1. Ceux-là reçoivent intégralement la prime de rengagement.

49. Cette prime est aussi intégralement attribuée à la veuve et à défaut aux héritiers du sous-officier décédé sous les drapeaux dans les circonstances indiquées à l'article 19 de la loi du 11 avril 1831.

Ces circonstances sont les suivantes :

1° Militaires tués sur le champ de bataille, ou dans un service commandé;

2° Militaires qui ont péri à l'armée ou hors d'Europe, et dont la mort a été causée soit par des événements de guerre, soit par des maladies contagieuses ou endémiques aux influences desquelles ils ont été soumis par les obligations de leur service ;

3° Militaires morts des suites de blessures reçues, soit sur le champ de bataille, soit dans un service commandé, pourvu que le mariage soit antérieur à ces blessures.

50. Dans tous les cas, le mariage contracté par le sous-officier n'ouvrira de droit à l'attribution de la prime à sa veuve et à ses enfants qu'autant qu'il aura été autorisé dans les formes prescrites par le décret du 16 juin 1808, relatif aux autorisations de mariage imposées aux militaires en activité de service.

ARTICLE 12.

Tout sous-officier rengagé qui est réformé, soit pour blessures reçues hors du service, soit pour infirmités contractées hors de l'armée (congé de réforme n° 2), reçoit en quittant le corps une partie de la prime de rengagement proportionnelle au temps de service accompli depuis le jour où compte son rengagement effectif.

Dans le cas de décès, dans les circonstances autres que celles prévues à l'article précédent, la partie de la prime de rengagement correspondant au service accompli est attribuée à la veuve et, à défaut de veuve, aux héritiers.

Toutefois, la veuve séparée de corps ne peut réclamer ces droits lorsque la séparation a été prononcée contre elle.

51. L'article 12 applique aux autres cas de réforme ou de décès la règle du paiement proportionnel à la période écoulée.

52. Il faut remarquer, comme dans l'article précédent, la déchéance infligée à la veuve séparée lorsque la séparation a été prononcée contre elle.

ARTICLE 13.

Les sous-officiers quittant les drapeaux après quinze ans de service effectif ont droit à une pension proportionnelle à la durée de leur service ; après vingt-cinq ans de service, ils ont droit à une pension de retraite.

Ceux qui jouiront de ces pensions seront, pendant cinq ans, à la disposition du Ministre de la guerre pour le service de l'armée territoriale et pour celui de l'instruction militaire préparatoire.

Le taux des pensions proportionnelles et de retraite est décompté d'après les dispositions contenues dans les articles non abrogés de la loi du 11 avril 1831, et d'après les lois des 25 juin 1861, 18 août 1879 et le tarif n° 1 annexé à la présente loi. Ce tarif remplace celui qui est joint à la loi du 23 juillet 1881 (2).

La pension se règle sur l'emploi dont le sous-officier est titulaire, s'il en est investi depuis deux années consécutives, et sur l'emploi et le grade inférieur dans le cas contraire.

Elle s'ajoute au traitement afférent à l'emploi civil dont le pensionnaire peut être pourvu aux termes de l'article 14 ci-après.

53.

TARIF N° 1

Remplaçant le tarif annexé à la loi du 23 juillet 1881 sur les pensions des sous-officiers, caporaux ou brigadiers et soldats de l'armée de terre.

(Application de l'article 66 du projet de loi sur le recrutement de l'armée et des articles 13 et 30 de la loi relative au rengagement dessous-officiers.)

GRADES.	PENSION proportionnelle à 15 ans de service.	ACCROISSEMENT annuel de 15 à 25 ans de service.	PENSION d'ancienneté à 25 ans de service.	ACCROISSEMENT annuel de 25 à 45 ans de service.	MAXIMUM à 45 ans de service campagnes comprises.	MAJORATION spéciale à l'arme de la gendarmerie.	VEUVES ET ORPHELINS.	
							1re catégorie 1/2	2e catégorie 3/4
Adjudant.......	455	54 50	(1) 1.000	15 »	(1) 1.300	18	650	975
Sergent-major..	395	50 50	900	15 »	1.200	18	600	900
Sergent........	365	43 50	800	15 »	1.100	18	550	825
Caporal........	347	35 30	700	10 »	900	18	450	675
Soldat.........	335	26 50	600	7 50	750	15	375	563

54.   L'article 13 stipule les avantages accordés aux rengagés ou commissionnés au point de vue des pensions proportionnelles et de la retraite.

55.   Le Ministre de la guerre a réglé comme suit, dans une instruction en date du 7 juillet 1889, les règles de la justification des titres à la pension proportionnelle :

Art. 2. Tous les sous-officiers, caporaux ou brigadiers et soldats, qui comptent au moins quinze ans de service effectif, ont droit à une pension proportionnelle (art. 32 de la loi du 18 mars 1889), mais sous réserve des conditions rappelées aux articles 3 à 7 ci-après, que la nouvelle loi n'a pas modifiés.

Art. 3. La loi du 18 mars 1889, comme celle du 23 juillet 1881, est exclusivement applicable aux militaires français d'origine ou naturalisés. Par suite, les militaires *indigènes* des régiments de spahis ou de tirailleurs algériens, dont les engagements et rengagements sont soumis à une réglementation spéciale, ne sont pas en droit de réclamer une pension avant vingt-cinq ans de service effectif.

Art. 4. Aucune disposition légale n'autorise à comprendre le temps passé dans les services civils pour le décompte des pensions proportionnelles.

Art. 5. Tout militaire qui obtient d'être commissionné *après une interruption de service* doit rester de nouveau sous les drapeaux pendant cinq années *consécutives* en cette dernière qualité avant de pouvoir réclamer une pension proportionnelle (art. 35 de la loi du 13 mars-15 décembre 1875).

Il en est de même du militaire qui, d'abord admis à la pension proportionnelle *comme rengagé*, puis commissionné après interruption de service, réclame la revision de sa pension avant d'avoir acquis le droit à la retraite pour ancienneté. Mais celui qui a obtenu une pension proportionnelle *comme commissionné* peut en demander la revision sans condition de durée de service.

56.   Art. 6. Le service effectif compte pour la pension.

1° Pour les appelés, du jour de la mise en route ;

2° Pour les engagés et rengagés, du jour de la signature de l'acte, même lorsque le rengagement a été autorisé avec effet rétroactif, à moins qu'il n'y ait lieu de faire application de l'article 8 de la loi du 10 juillet 1874 ;

3° Pour les commissionnés, de la date de la nomination.

Dans tous les cas, l'intéressé doit avoir atteint l'âge où la loi permet de contracter un engagement volontaire.

57.   Art. 7. Il ne suffit pas, pour qu'un sous-officier rengagé soit admis à la pension proportionnelle, qu'il ait accompli quinze ans de service effectif ; il faut encore qu'il ne soit plus lié au service par son engagement.

Avant de proposer pour la pension proportionnelle un sous-officier rengagé qui se trouverait définitivement dans l'impossibilité absolue de servir par suite d'infirmités n'ouvrant pas par elles-mêmes le droit à la retraite, il y a lieu, si l'intéressé n'a pas terminé son rengagement, de faire prononcer sa réforme.

Un sous-officier rengagé ne saurait être proposé d'office pour la pension proportionnelle par mesure de discipline avant l'expiration de son rengagement.

Art. 9. En principe, un sous-officier rengagé ne doit pas être proposé pour la pension proportionnelle avant l'expiration de son rengagement. Toutefois, s'il déclare vouloir attendre chez lui sa nomination à l'emploi qu'il a sollicité, le mémoire de proposition est établi deux mois avant l'expiration du rengagement. L'intéressé pourra ainsi être mis en possession de la pension et de l'indemnité journalière presque immédiatement après son arrivée dans ses foyers.

Afin d'éviter tout retard, *le jour même* où le sous-officier quitte le corps, le conseil d'administration adresse au sous-intendant militaire du département où il a déclaré se retirer tous les renseignements qui seront nécessaires à ce fonctionnaire pour l'établissement du certificat de cessation de paiement.

Si, après l'envoi du mémoire de proposition, le sous-officier venait à être l'objet de poursuites pouvant entraîner une rétrogradation, le Ministre en serait aussitôt informé, par la voie la plus rapide, sous le timbre du service intérieur (1er *Bureau*).

58. Art. 10. Le mémoire de proposition doit toujours faire connaître exactement, par une mention portée dans la case destinée à recevoir les observations suggérées par l'instruction :

Si l'intéressé restera au corps jusqu'à la notification de sa pension, ou la date précise à laquelle il est parti, ou partira en congé, en permission ou après libération ;

2° S'il a été classé pour un emploi, en spécifiant la nature de l'emploi et le numéro de la liste de classement ;

3° **S'il demande l'indemnité journalière.**

Art. 11. Le relevé de services joint au mémoire de proposition indique toujours avec le plus grand soin :

1° La date et le motif de l'incorporation ;

2° La date et la durée de chaque rengagement ;

3° Les dates de commencement et de fin de chaque campagne.

Pour les militaires de nationalité étrangère ou originaires d'Alsace-Lorraine, il est essentiel de mentionner la date de la naturalisation ou de l'option pour la nationalité française.

Art. 12. Afin d'éviter des retards souvent fort longs, si l'intéressé est né à l'étranger, ou s'il a servi dans l'armée de mer, le conseil d'administration du corps auquel il appartient aura soin de se procurer à l'avance son acte de naissance et, lorsqu'il y aura lieu, un relevé de services *directement émané du ministère de la marine.*

Cette dernière pièce sera jointe, *en original,* au mémoire de proposition.

58
(bis)
Le deuxième paragraphe de l'article 13 impose aux pensionnés et retraités l'obligation de rester pendant cinq ans à la disposition du Ministre de la guerre.

Cette obligation spéciale est indépendante de la durée ordinaire du service et n'a pas été modifiée par la loi du 15 juillet 1889, portant cette durée de vingt à vingt-cinq ans.

C'est ce qui résulte de l'avis du Conseil d'Etat du 20 mai 1890, dont le Ministre de la guerre tire les conséquences qui suivent :

En conséquence, à l'expiration des cinq années pendant lesquelles ils sont à la disposition du Ministre, ces militaires seront rayés des contrôles spéciaux des sous-officiers retraités et ne seront plus soumis qu'aux obligations de leur classe.

Ceux d'entre eux qui auront obtenu un grade d'officier dans l'armée territoriale seront, en outre, rayés des cadres des officiers de ladite armée, à moins qu'une décision spéciale, rendue sur leur demande, ne les maintienne dans leur grade et dans leur emploi.

ARTICLE 14.

Les emplois civils désignés au tableau B, annexé à la présente loi, sont exclusivement attribués, dans la proportion fixée par ledit tableau, d'abord aux sous-officiers ayant quinze ans de service, dont quatre ans avec le grade de sous-officier, et, en second lieu, aux sous-officiers ayant passé dix ans sous les drapeaux dans l'armée active, dont quatre ans avec le grade de sous-officier.

L'acte de rengagement de chaque sous-officier spécifie le droit pour le signataire de bénéficier des dispositions du présent article, à moins qu'à la fin de son rengagement il n'ait dépassé la limite d'âge fixée à l'article 21.

TABLEAU B.

Liste des emplois réservés aux sous-officiers remplissant les conditions imposées par l'article 14 du projet de loi sur le rengagement des sous-officiers.

59. Ce tableau se trouvant aujourd'hui reproduit intégralement dans le décret du 4 juillet 1890 réglant l'aptitude aux différents emplois, nous nous bornerons à renvoyer le lecteur à l'article 16, en faisant cette seule observation que le tableau inséré sous cet article est bien le tableau B de la loi auquel sont ajoutées une colonne pour la catégorie de l'emploi et une colonne pour l'aptitude.

60. L'article 14 stipule la dernière catégorie d'avantages accordés aux rengagés : un emploi civil après l'accomplissement de leur service. Ainsi donc : première mise, prime de rengagement, gratification, solde spéciale, haute paye, pension, emploi civil ; on voit quelle situation exceptionnelle est faite au rengagement.

60 (bis) L'article 14 attribue les emplois civils du tableau B, en premier lieu aux sous-officiers ayant quinze ans de service, et, en second lieu, aux sous-officiers ayant passé dix ans sous les drapeaux dans l'armée active, dont quatre ans avec le grade de sous-officier. Puis, l'article 19 ne parle plus que de sept ans de rengagement ; il s'est posé alors une question que le rapporteur de la loi au Sénat, M. Margaine, résout comme suit :

Les trois années de présence sous les drapeaux et le rengagement de sept ans sont deux conditions exigées simultanément pour avoir droit à jouir du bénéfice de la loi quant aux emplois civils.

Un ajourné deux ans de suite devenu sous-officier après sa première année de service effectif, et ayant accompli sept ans de rengagement, n'a en réalité que huit ans de service effectif.

L'article 19 lui est-il applicable ? On a répondu : Non ! Il faut dix ans de service effectif conformément à l'article 14.

En conséquence de cette règle, une circulaire du 31 janvier 1890, commune à la guerre et à la marine, contient ceci :

La commision de classement des sous-officiers présentés pour des emplois civils ou militaires, et qui a seule qualité pour apprécier les services des intéressés, a décidé que seul compterait pour l'obtention d'un emploi de l'espèce le temps de présence réelle et effective sous les drapeaux à l'exclusion des périodes passées dans la disponibilité de l'armée active et en congé renouvelable.

61. Cette circulaire contient cependant cette atténuation, d'ailleurs transitoire :

Toutefois, la commission de classement a consenti en décembre dernier à conserver le bénéfice des dispositions de la loi du 23 juillet 1881, laquelle n'exige que sept ans de service effectif, aux sous-officiers dont le dernier rengagement est antérieur au 18 mars 1889.

ARTICLE 15.

Tout sous-officier en situation de remplir, à l'expiration de son rengagement, les conditions déterminées en l'article précédent, et qui veut obtenir un des emplois portés au tableau B annexé à la présente loi, en fait, dans les douze mois qui précèdent le terme de son rengagement, la demande par écrit à son chef de corps, en indiquant par ordre de préférence les divers emplois auxquels il pourrait être appelé et les localités dans lesquelles il désire être placé.

62. L'article 15 établit la procédure des demandes d'emploi réservé. Les emplois à demander ne sont pas limités, il suffit qu'ils soient placés dans l'ordre de préférence.

ARTICLE 16.

Un règlement d'administration publique déterminera les matières et le mode de l'examen destiné à constater l'aptitude professionnelle du candidat.

Le chef de corps transmet au Ministre de la guerre la demande du candidat, le résultat de l'examen, dans le cas où l'examen est passé au corps, et ses propres observations.

La demande est classée et transmise immédiatement à la commission établie en exécution de l'article 24.

63. Le règlement prévu par l'article 16 a été délibéré

par le Conseil d'Etat et décrété comme suit, à la date du 4 juillet 1890 :

Art. 1er. Les emplois réservés aux anciens sous-officiers par la loi du 18 mars 1890 sont divisés en quatre catégories, conformément aux indications de l'état annexé au présent décret.

La première comprend des emplois qui exigent des connaissances spéciales dont les candidats doivent justifier en passant l'examen prévu à l'article 8.

La seconde, ceux qui demandent une instruction supérieure à l'enseignement primaire.

La troisième, ceux pour lesquels l'instruction primaire est suffisante.

La quatrième, enfin, les emplois accessibles sans examen à tous les sous-officiers réunissant les conditions fixées par la loi.

Une moralité irréprochable est exigée de tous les candidats.

Art. 2. Les candidats qui expriment le désir de concourir pour ces divers emplois subissent les épreuves indiquées pour chacun de ces emplois.

Art. 3. Une commission est instituée dans chaque corps de troupe et dans chaque service pour examiner les sous-officiers qui, remplissant les conditions fixées par la loi, se présentent pour obtenir les emplois des trois premières catégories.

La composition de cette commission et le mode de nomination de ses membres sont fixés par des arrêtés du Ministre de la guerre et du Ministre de la marine.

Art. 4. Les candidats aux emplois des trois premières catégories en activité de service subissent, en présence de la commission instituée par l'article précédent, aux époques déterminées par des arrêtés des Ministres de la guerre et de la marine, un examen sur les matières indiquées dans le programme de l'enseignement primaire.

Cet examen comprend quatre épreuves écrites, qui sont les suivantes : copie à main posée ; dictée ; rédaction sur un sujet n'exigeant aucune connaissance technique ; problème d'arithmétique, et un interrogatoire durant un quart d'heure au moins sur la grammaire française, l'arithmétique élémentaire et la géographie de la France, de l'Algérie et des colonies.

Le résultat de chaque épreuve et de l'interrogatoire est constaté par un chiffre de 0 à 10 (0 nul — 10 parfait.)

Art. 5. Le chef de corps ou le directeur du service donne aux candidats de toutes les catégories des notes de moralité, de conduite, d'aptitude physique, d'éducation et de tenue d'après son appréciation et l'ensemble des punitions qu'ils ont subies depuis leur entrée au service.

Il adresse, par la voie hiérarchique, au général commandant le corps d'armée, ces notes accompagnées d'un certificat de visite délivré par le médecin attaché au corps ou au service auquel le candidat appartient, de l'état signalétique et des service, du folio des punitions de chaque candidat et des diplômes, brevets et certificats qui ont pu lui être délivrés, ainsi que du procès-verbal de son examen et de ses diverses compositions, lorsque l'emploi qui en est l'objet est rangé dans l'une des trois premières catégories.

Si le sous-officier appartient à l'armée de terre, le général de brigade et le général de division, en transmettant ces pièces, y joignent leurs notes sur le candidat.

S'il appartient à l'armée de mer, les pièces qui le concernent sont transmises par l'intermédiaire du major général et du préfet maritime, qui donnent parallèlement leurs notes au Ministre de la marine, qui adresse les dossiers au Ministre de la guerre.

Art. 6. En outre de l'examen prescrit par l'article 4 du présent décret, les candidats aux emplois des deux premières catégories subissent, soit du 15 au 30 avril, soit du 15 au 30 octobre, des examens sur les matières indiquées pour chaque catégorie d'emplois dans le tableau annexé au présent décret.

Art. 7. Les candidats aux emplois des deux premières catégories subissent ce second examen au chef-lieu du corps d'armée, devant une commission nommée par le général commandant ce corps et composée ainsi qu'il suit :

Un officier général, président ;
Deux officiers ;
Deux fonctionnaires civils présentés par le préfet et appartenant, autant que possible, à l'administration de laquelle dépend l'emploi que sollicite le candidat.

Le président de la commission adresse au général commandant le corps d'armée le procès-verbal de l'examen et les compositions écrites pour les emplois de la deuxième catégorie.

Art. 8. Les candidats aux emplois de la première catégorie font des compositions écrites dont le sujet est donné par le Ministre dans les attributions duquel se trouve l'emploi sollicité et qui portent sur les matières indiquées à l'état annexé au présent décret. Ces compositions sont les mêmes pour toute la France et ont lieu le même jour. Elles sont corrigées par une commission qui, pour chaque catégorie d'emplois, est désignée par le Ministre compétent, après entente avec le Ministre de la guerre.

Le président de la commission adresse au Ministre de la guerre le procès-verbal de l'examen et les compositions des candidats.

Art. 9. Les sous-officiers et officiers mariniers libérés du service qui, réunissant les conditions légales, désirent, par application des articles 18 et 22 de la loi du 18 mars 1889, obtenir un des emplois réservés aux sous-officiers adressent leur demande, avec les pièces à l'appui, au général commandant la subdivision de région dans laquelle ils ont leur domicile, par l'intermédiaire du commandant de la gendarmerie du département où ils résident. Ce commandant, après avoir entendu le candidat et fait une enquête, donne, en transmettant sa demande, des notes sur son aptitude physique, sa tenue, sa moralité et sa conduite depuis sa sortie du service et sur la profession qu'il a exercée.

Art. 10. Les mêmes sous-officiers et officiers mariniers libérés du service, s'ils l'ont quitté sans obtenir le certificat mentionné à l'article 18 de la loi précitée du 18 mars 1889, et s'ils sollicitent un emploi des trois premières catégories, subissent l'examen prescrit par l'article 4 du présent décret devant une des commissions instituées en vertu de l'article 3.

Le général commandant la subdivision dans laquelle le candidat a son domicile désigne la commission qui fera passer l'examen.

S'ils sollicitent un emploi des deux premières catégories, ils subissent en outre les examens prévus par les articles 7 et 8 du présent décret pour les sous-officiers en activité de service.

Art. 11. Quand un sous-officier est nommé à un des emplois réservés par la loi du 18 mars 1889, le Ministre dans les attributions duquel se trouve l'emploi en informe immédiatement le Ministre de la guerre, qui notifie au sous-officier sa nomination.

Art. 12. Chaque semestre, après la fin des examens, le général commandant le corps d'armée transmet au Ministre de la guerre les procès-verbaux des examens subis dans sa région, avec ses notes sur tous les candidats et les pièces qui les concernent.

TABLEAU *annexé au décret du 4 juillet 1890, reproduisant le tableau B de la loi, en y ajoutant la catégorie des divers emplois et les conditions d'aptitude à ces emplois.*

EMPLOIS.	Numéros de catégories des emplois.	CONDITIONS D'APTITUDE. Pour tous les emplois : Bonne conduite et bonne tenue.	PROPORTION réservée aux sous officiers.
Ministère des affaires étrangères.			
Commis expéditionnaires.	3º	Belle écriture. — Instruction primaire complète.	3/4
Gardiens de bureau.	4º		3/4
Courriers-facteurs...	4º		3/4
Ministère de la justice.			
ADMINISTRATION CENTRALE.			
Expéditionnaires....	3º	Belle écriture. — Instruction primaire complète.	3/4
Gardiens de bureau.	4º		3/4
CONSEIL D'ÉTAT ET COUR DE CASSATION.			
Commis expéditionnaires.	3º	Belle écriture. — Instruction primaire complète.	1/2
Gardiens de bureau.	4º		3/4
IMPRIMERIE NATIONALE.			
Commis............	1re	Connaissances typographiques constatées par un examen spécial passé devant une commission désignée par arrêté du Garde des sceaux.	1/4
Gardiens de bureau.	4º		1/4
GRANDE CHANCELLERIE DE LA LÉGION D'HONNEUR.			
Commis............	3º	Belle écriture. — Instruction primaire complète.	1/2
Gardiens de bureau.	4º		Totalité
Portiers des maisons d'éducation.	4º	Marié................................	3/4

EMPLOIS.	Numéros de catégories des emplois.	CONDITIONS D'APTITUDE. ——— Pour tous les emplois : Bonne conduite et bonne tenue.	PROPORTION réservée aux sous-officiers.

Ministère de la justice (*suite*).

ADMINISTRATION DES CULTES.

EMPLOIS.		CONDITIONS D'APTITUDE.	PROPORTION
Expéditionnaires....	3e	Belle écriture. — Instruction primaire complète.	3/4
Gardiens de bureau.	4e		3/4

Ministère de l'intérieur.

ADMINISTRATION CENTRALE.

| Expéditionnaires.... | 3e | Belle écriture. — Instruction primaire complète. | 3/4 |
| Concierges et gardiens de bureau. | 4e | Belle prestance......................... | 3/4 |

PRISONS.

Instituteurs........	1re	Brevet de capacité......................	1/4
Commis aux écritures.	2e	Notions sommaires sur la comptabilité et le service de l'administration pénitentiaire.	1/3
Teneurs de livres....	1re	Examen écrit sur la tenue des livres, la comptabilité, les éléments du droit civil et criminel, l'organisation de l'administration pénitentiaire.	1/3
Commis-greffiers des prisons de la Seine.	1re	Idem.	1/2
Gardiens commis-greffiers dans les établissements pénitentiaires.	2e	Notions sommaires sur la comptabilité et le service de l'administration pénitentiaire.	2/3
Gardiens des maisons centrales et pénitenciers agricoles	3e	Belle écriture. — Instruction primaire complète.	2/3
Gardiens de prisons, maisons cellulaires de courtes peines, prisons en commun.	3e	Idem.	2/3
Surveillants des colonies pénitentiaires et maisons d'éducation pénitentiaires.	3e	Idem.	2/3
Gardiens, portiers et concierges d'établissements pénitentiaires de divers genres.	3e	Idem.	2/3

EMPLOIS.	Numéros de catégories des emplois.	CONDITIONS D'APTITUDE. Pour tous les emplois : Bonne conduite et bonne tenue.	PROPORTION réservée aux sous-officiers.
		Ministère de l'intérieur (*suite*).	
		PRÉFECTURES ET SOUS-PRÉFECTURES.	
Expéditionnaires	3e	Belle écriture. — Instruction primaire complète.	1/4
		SURETÉ PUBLIQUE.	
Commissaires de police dans les départements.	2e	Epreuve écrite sur un sujet donné par le Ministre de l'intérieur et portant sur les attributions confiées aux commissaires de police. — Rédaction d'un procès-verbal ou d'unr apport sur une affaire de service. — Epreuves orales sur les éléments de droit pénal, sur la police municipale, sur les attributions des autorités judiciaires, administratives et militaires.	1/2
Agents de police de l'agglomération lyonnaise.	4e	Santé robuste.........................	5/6
Gardiens de la paix à Lyon à pied et à cheval.	4e	Idem.	1/2
Commissaires spéciaux de la police des chemins de fer.	1re	Epreuve écrite. — Rédaction sur un sujet donné par le Ministre de l'intérieur et portant sur les attributions confiées aux commissaires spéciaux et aux inspecteurs spéciaux de la police des chemins de fer. — Epreuves orales sur les principes de droit pénal, sur le commentaire de la loi de 1845 et de l'ordonnance de 1846 sur la police des chemins de fer et sur les éléments de droit administratif. — Les candidats doivent connaître une langue étrangère parlée dans les territoires limitrophes des frontières de la France.	1/2
Inspecteurs spéciaux de la police des chemins de fer.	1re	Idem.	3/4
		SERVICE SANITAIRE.	
Gardes sanitaires ...	4e		1/2
Capitaines de santé..	2e	Notions sur la législation spéciale au service sanitaire.	1/2

EMPLOIS.	Numéros de catégories des emplois.	CONDITIONS D'APTITUDE. ——— Pour tous les emplois : Bonne conduite et bonne tenue.	PROPORTION réservée aux sous-officiers.

Gouvernement général de l'Algérie.

ADMINISTRATION CENTRALE.

Commis.............	3e	Belle écriture. — Instruction primaire complète.	1/2
Gardiens de bureau.	4e		Totalité

ADMINISTRATION PROVINCIALE, DÉPARTEMENTALE ET COLONIALE.

Commis.............	3e	Belle écriture. — Instruction primaire complète.	1/2
Gardiens de bureau.	4e		Totalité

TÉLÉGRAPHES.

Commis d'exploitation.	2e	Formation d'un tableau conforme à un modèle donné. Examen oral sur les matières suivantes : Arithmétique, 4 règles, fractions décimales et ordinaires ; règle de trois simple et système métrique. — Géographie générale des cinq parties du monde. Grandes divisions politiques. Villes principales. Notions détaillées sur la France et l'Algérie. — Physique et chimie (Notions élémentaires générales). Notions particulières sur l'électricité et la formation du courant dans les piles.	1/3
Chefs surveillants...	3e	Belle écriture. — Instruction primaire complète, un peu de dessin linéaire. (Emplois à réserver de préférence aux sous-officiers de l'artillerie et du génie.)	3/4
Surveillants.........	4e	Aptitude aux travaux de force..........	3/4

ENREGISTREMENT.

Timbreurs, tourne-feuilles.	4e		Totalité

CONTRIBUTIONS DIRECTES.

Répartiteurs........	2e	Dictée. — Connaître la comptabilité du service des contributions directes. — Géographie de la France et de l'Algérie. — Parler l'arabe. — Avoir des notions de géométrie et d'arpentage. (Emplois à réserver, de préférence, à d'anciens sous-officiers de l'artillerie et du génie.)	3/4

EMPLOIS.	Numéros de catégories des emplois.	CONDITIONS D'APTITUDE. Pour tous les emplois : Bonne conduite et bonne tenue.	PROPORTION réservée aux sous-officiers.

Gouvernement général de l'Algérie (*suite*).

POSTES.

Receveurs de bureaux.	3e	Belle écriture. — Instruction primaire complète. — Composition écrite de géographie. — Notions très complètes de géographie, en particulier de la géographie de l'Algérie. — Certificat constatant que le candidat connaît le fonctionnement des appareils télégraphiques. — Cautionnement de 1,000 fr.	1/2
Commis ordinaires..	2e	Tracé d'un tableau conforme à un modèle donné. — Examen oral sur les matières suivantes : Arithmétique, 4 règles, fractions décimales et ordinaires, règle de trois simple et système métrique. — Géographie générale des cinq parties du monde. Grandes divisions politiques. Villes principales. Notions détaillées sur la France et l'Algérie. — Physique et chimie (notions élémentaires générales). — Notions particulières sur l'électricité et la formation du courant dans les piles.	1/2
Brigadiers-facteurs..	3e	Belle écriture. — Instruction primaire complète.	1/2
Facteurs boitiers....	4e	N'être atteint d'aucune infirmité.	2/3

POIDS ET MESURES.

Vérificateurs........	2e	Epreuves orales portant sur les matières suivantes : Arithmétique, quatre règles, fractions, proportions, système décimal. — Géométrie, éléments de statique. — Théorie de la balance. — Notions sur l'oxydation des métaux. — Lois et règlements sur les poids et mesures.	1/3

DOUANES.

Préposés de 1re classe en Algérie.	4e	Santé robuste. — Aucune défectuosité, surtout du côté des organes de la vue et de la marche.	3/4

SERVICE SANITAIRE.

Capitaines de santé.	2e	Notions sur la législation spéciale au service sanitaire.	Totalité
Gardes sanitaires...	4e		Totalité

EMPLOIS.	Numéros de catégories des emplois.	CONDITIONS D'APTITUDE. ——— Pour tous les emplois : Bonne conduite et bonne tenue.	PROPORTION réservée aux sous-officiers.

Gouvernement général de l'Algérie (*suite*).

TRAVAUX PUBLICS.

Conducteurs des ponts et chaussées.	1re	Composition française sur les attributions du service des ponts et chaussées. — Algèbre élémentaire. — Logarithmes. — Géographie élémentaire. — Eléments de mécanique. — Trigonométrie rectiligne. — Géométrie descriptive (ligne droite et plan). — Levés des plans, dessin graphique. — Nivellement. — Notions sur les matériaux, l'entretien des routes et les constructions.	1/2
Agents secondaires (commis).	2e	Notions de géométrie, relatives à la mesure des angles et des surfaces. — Dessin linéaire.	2/3

MINES ET FORAGES.

Gardes-mines	1re	Composition française sur les attributions du service des mines. — Algèbre élémentaire. — Logarithmes. — Géographie élémentaire. — Eléments de mécanique. Trigonométrie rectiligne. — Géométrie descriptive (ligne droite et plan). — Levés de plans. — Dessin graphique. — Nivellement. — Notions sur les principales machines et en particulier sur les machines à vapeur.	1/2

PHARES.

Gardiens de phares et de fanaux.	4e		Totalité

CONTRIBUTIONS DIVERSES.

Commis ordinaires..	3e	Belle écriture. — Instruction primaire complète.	1/2
Gardiens de bureau.	4e		3/4
Porteurs de contrainte.	4e		3/4 (Règlt).

EMPLOIS.	Numéros de catégories des emplois.	CONDITIONS D'APTITUDE. Pour tous les emplois : Bonne conduite et bonne tenue.	PROPORTION réservée aux sous-officiers.

Gouvernement général de l'Algérie (*suite*).

POLICE.

Inspecteurs et sous-inspecteurs de police.	3e	Belle écriture. — Institution primaire complète.	1/2
Agents français.....	4e		1/2
Commissaires de police des communes autres que des chefs-lieux de département et d'arrondissement.	2e	Rédaction d'un procès-verbal ou d'un rapport sur une affaire de service. — Epreuves orales sur les éléments de droit pénal, sur la police municipale, sur les attributions des fonctionnaires judiciaires, administratifs et militaires. — Notions sur l'administration algérienne. — Parler la langue arabe ou la langue kabyle.	1/3

PRISONS D'ALGÉRIE.

Maisons centrales, gardiens - concierges.	3e	Belle écriture. — Instruction primaire complète.	3/4
Gardiens de prisons annexes.	3e	Idem.	2/3

PÊCHE COTIÈRE.

Gardes maritimes...	3e	Etre valide et savoir rédiger un procès-verbal.	1/2

TOPOGRAPHIE.

Commis............	2e	Dessin graphique et lavis. — Géographie de l'Algérie. — Notions de géométrie. — Notions sur les échelles des cartes et plans. (Emplois à donner de préférence à d'anciens sous-officiers du génie et de l'artillerie.)	1/2
Garçons de bureau..	4e		3/4

TRÉSORERIE D'AFRIQUE.

Commis de 5e classe.	1re	Epreuve écrite. — Rédaction sur l'organisation financière de l'Indo-Chine et sur les règlements relatifs au service de la trésorerie d'Afrique. — Epreuve orale sur le régime administratif de l'Algérie et de l'Indo-Chine.	1/2

EMPLOIS.	Numéros de catégories des emplois.	CONDITIONS D'APTITUDE. Pour tous les emplois : Bonne conduite et bonne tenue.	PROPORTION réservée aux sous-officiers.

Gouvernement général de l'Algérie (*suite*).

FORÊTS.

Préposés actifs (gardes domaniaux).	3e	Constitution très robuste. — Savoir rédiger un procès-verbal. (Emplois à donner de préférence aux sous-officiers de troupes à cheval.)	Totalité
Préposés sédentaires (gardes sédentaires).	3e	Belle écriture. — Instruction primaire complète.	Totalité

Ministère des finances.

ADMINISTRATION CENTRALE.

Commis expéditionnaires.	3e	Belle écriture. — Instruction primaire complète.	3/4
Gardiens de bureau, concierges.	4e		3/4

CONTRIBUTIONS DIRECTES.

Perceptions (4e et 5e classes).	1re	Epreuve écrite. — Rédaction sur une question comprise dans les matières suivantes : assiette des impôts directs et des taxes assimilées. — Différence entre les impôts de quotité et les impôts de répartition. — Recouvrement. — Poursuites. — Ecritures de la perception. — Responsabilité des percepteurs. — Comptabilité des communes et des établissements de bienfaisance. — Amendes. — Examen oral sur les mêmes matières.	1/3

DOUANES.

Préposés en France..	4e	Santé robuste. — Aucune défectuosité, surtout du côté des organes de la vue et de la marche.	Totalité
Commis............	3e	Belle écriture. — Instruction primaire complète.	3/4

CONTRIBUTIONS INDIRECTES.

Préposés de 3e et de 2e classe.	3e	Belle écriture. — Instruction primaire complète.	3/4
Receveurs buralistes de 1re classe.	3e	Idem.	3/4

EMPLOIS.	Numéros de catégories des emplois.	CONDITIONS D'APTITUDE. ───── Pour tous les emplois : Bonne conduite et bonne tenue.	PROPORTION réservée aux sous-officiers.

Ministère des finances (*suite*).

MANUFACTURES DE L'ÉTAT.

| Commis de culture .. | 3e | Belle écriture. — Instruction primaire complète. | Totalité |

ENREGISTREMENT. — DOMAINES ET TIMBRE.

| Timbreurs et garçons de magasin. | 4e | Santé robuste......................... | 3/4 |

CAISSE DES DÉPÔTS ET CONSIGNATIONS.

| Commis expéditionnaires. | 3e | Belle écriture. — Instruction primaire complète. | 3/4 |
| Gardiens de bureau . | 4e | | 3/4 |

COUR DES COMPTES.

| Gardiens de bureau . | 4e | | 3/4 |

Ministère de la guerre.

ADMINISTRATION CENTRALE.

Expéditionnaires	3e	Belle écriture. — Instruction primaire complète.	Totalité
Gardiens de bureau..	4e		Totalité
Caserniers en France	4e		Totalité
Caserniers en Algérie et en Tunisie.	4e		Totalité
Concierges des hôtels divisionnaires.	4e		Totalité

ÉCOLES MILITAIRES.

| Commis d'administration. | 3e | Belle écriture. — Instruction primaire complète. — Tracé d'un état. | Totalité |
| Agents subalternes.. | 4e | | Totalité |

SERVICE GÉOGRAPHIQUE DE L'ARMÉE.

| Expéditionnaires .... | 3e | Belle écriture. — Instruction primaire complète. — Tracé d'un état. | Totalité |
| Gardiens de bureau.. | 4e | | Totalité |

POUDRES ET SALPÊTRES.

| Commis du service des poudres et chefs ouvriers. | 3e | Belle écriture. — Instruction primaire complète. | 1/2 |
| Concierges des établissements des poudres. | 4e | | 3/4 |

EMPLOIS.	Numéros de catégories des emplois.	CONDITIONS D'APTITUDE. Pour tous les emplois : Bonne conduite et bonne tenue.	PROPORTION réservée aux sous-officiers.

Ministère de la marine (1).

ADMINISTRATION CENTRALE.

EMPLOIS.			
Commis expédition-naires.	3ᵉ	Belle écriture. — Instruction primaire complète.	3/4
Gardiens de bureau..	4ᵉ		3/4

ADMINISTRATION DU SERVICE HYDROGRAPHIQUE.

Commis expédition-naires.	3ᵉ	Belle écriture. — Instruction primaire complète.	3/4
Gardiens de bureau..	4ᵉ		3/4

AGENTS DU COMMISSARIAT.

Commis.............	3ᵉ	Belle écriture. — Instruction primaire complète.	1/2
Ecrivains..........		(Emploi supprimé par décret du 9 janvier 1889.)	

DIRECTION DES TRAVAUX.

Ecrivains (commis)..	3ᵉ	Belle écriture. — Instruction primaire complète.	3/4

COMPTABLES DES MATIÈRES.

Ecrivains (commis)..	3ᵉ	Belle écriture. — Instruction primaire complète.	3/4

GARDIENNAGE.

Gardiens-concierges.	4ᵉ		Totalité
Gardiens-portiers....	4ᵉ		Totalité

Ministère de l'instruction publique et des beaux-arts.

ADMINISTRATION CENTRALE.

Commis expédition-naires.	3ᵉ	Belle écriture. — Instruction primaire complète.	3/4
Gardiens de bureau et concierges, y compris l'Institut.	4ᵉ		3/4
Employés à l'Institut.	1ʳᵉ	Rapport sur un sujet donné par le ministère de l'instruction publique et portant sur les lois et décrets qui régissent l'Institut ou sur la législation des dons et legs. — Notions étendues d'histoire et de géographie.	1/2

(1) Nota. — Les emplois portés au présent tableau ne sont affectés aux anciens sous-officiers de l'armée de terre ou de mer qu'autant que l'administration de la marine ne dispose pas, pour les occuper, d'un nombre suffisant d'anciens officiers mariniers.

EMPLOIS.	Numéros de catégories des emplois.	CONDITIONS D'APTITUDE. Pour tous les emplois : Bonne conduite et bonne tenue.	PROPORTION réservée aux sous-officiers.
Ministère de l'instruction publique et des beaux-arts (*suite*).			
MUSÉUM D'HISTOIRE NATURELLE.			
Gardiens de ménagerie, inspecteurs, surveillants, employés, garçons de laboratoire, concierges.	4e	Santé robuste.........................	Totalité
BIBLIOTHÈQUES.			
Gardiens-concierges.	4e		Totalité
INSTITUTEURS.			
Instituteurs titulaires.	1re	Brevet supérieur........................	1/4
Instituteurs adjoints.	1re	Brevet simple et certificat d'aptitude pédagogique.	1/4
ADMINISTRATION ACADÉMIQUE.			
Commis............	1re	Rapport sur un sujet donné par le ministère de l'instruction publique et portant sur les lois et décrets qui régissent l'administration académique. — Notions étendues d'histoire et de géographie.	1/3
Commis auxiliaires..	1re	Idem.	1/2
ÉCOLE NORMALE SUPÉRIEURE.			
Agents inférieurs....	4e		3/4
FACULTÉS DE THÉOLOGIE, DE DROIT, DE MÉDECINE, DE SCIENCES ET DE LETTRES. — ÉCOLES SUPÉRIEURES DE PHARMACIE.			
Employés..........	2e	Rédaction française sur un sujet d'histoire emprunté à l'histoire de France. — Belle écriture. — Instruction primaire supérieure.	1/3
Appariteurs	4e		3/4
Gardiens de bureau.	4e		3/4
PALAIS NATIONAUX.			
Surveillants des palais nationaux.	4e	Emplois réservés de préférence aux sous-officiers médaillés.	Totalité
Portiers des palais nationaux	4e		Totalité

EMPLOIS.	Numéros de catégories des emplois.	CONDITIONS D'APTITUDE. Pour tous les emplois : Bonne conduite et bonne tenue.	PROPORTION réservée aux sous-officiers.

Ministère de l'instruction publique et des beaux-arts (*suite*).

MUSÉES.

| Gardiens des musées. | 4e | Santé robuste .... | 1/2 |

MONUMENTS HISTORIQUES.

| Gardiens .... | 4e | | 1/2
(Règlt). |

ACADÉMIE DE MÉDECINE.

| Employés .... | 1re | Rapports sur un sujet donné par le minis-tère de l'instruction publique et portant sur les règlements qui régissent l'acadé-mie de médecine. — Notions étendues d'histoire et de géographie. | 1/2 |
| Gardiens de bureau. | 4e | | 3/4 |

COLLÈGE DE FRANCE.

| Appariteurs .... | 4e | | 3/4 |
| Gardiens de bureau. | 4e | | 3/4 |

ÉCOLES DES CHARTES.

| Appariteurs .... | 4e | | 3/4 |
| Gardiens de bureau. | 4e | | 3/4 |

OBSERVATOIRES.

| Gardiens de bureau. | 4e | | 3/4 |

Ministère de l'agriculture.

ADMINISTRATION CENTRALE.

| Expéditionnaires ...: | 3e | Belle écriture. — Instruction primaire com-plète. | 3/4 |
| Gardiens de bureau. | 4e | | 3/4 |

ÉCOLES VÉTÉRINAIRES.

| Commis............ | 3e | Belle écriture. — Instruction primaire com-plète. — Tracé d'un état. | 1/2 |
| Portiers-consignes... | 4e | | Totalité |

ÉCOLES D'AGRICULTURE.

Commis............	3e	Belle écriture. — Instruction primaire com-plète.	1/2
Surveillants.........	4e		Totalité
Concierges..........	4e		Totalité

EMPLOIS.	Numéros de catégories des emplois.	CONDITIONS D'APTITUDE. Pour tous les emplois : . Bonne conduite et bonne tenue.	PROPORTION réservée aux sous-officiers.

Ministère de l'agriculture (*suite*).

HARAS ET DÉPOTS D'ÉTALONS.

| Palefreniers de 2e cl. | 4e | Sortir d'un corps de troupes à cheval..... | 1/2 |

FORÊTS.

| Gardes domaniaux .. | 3e | Constitution très robuste. — Savoir rédiger un procès-verbal. | 3/4 |
| Gardes forestiers dans le service sédentaire. | 3e | Belle écriture. — Instruction primaire complète. | 3/4 |

Ministère du commerce, de l'industrie et des colonies.

ADMINISTRATION CENTRALE.

| Expéditionnaires .... | 3e | Belle écriture. — Instruction primaire complète. | 3/4 |
| Gardiens de bureau . | 4e | | 3/4 |

CONSERVATOIRE DES ARTS ET MÉTIERS.

| Gardiens des galeries et concierges. | 4e | | Totalité |

ÉCOLE CENTRALE. — ÉCOLE D'HORLOGERIE DE CLUSES. — ÉCOLE D'APPRENTISSAGE DE DELLYS.

| Concierges - surveillants. | 4e | | Totalité |

ÉCOLES D'ARTS ET MÉTIERS.

| Adjudants.......... | 4e | Emplois réservés de préférence aux sous-officiers médaillés. | Totalité |

POIDS ET MESURES.

| Vérificateurs-adjoints. | 2e | Examen oral portant sur les matières suivantes : Arithmétique : quatre règles, fractions, proportions, système décimal. — Géométrie. — Eléments de statique. — Théorie de la balance. — Notions sur l'oxydation des métaux. — Lois et règlements sur les poids et mesures. — Composition française. | 1/3 |

EMPLOIS.	Numéros de catégories des emplois.	CONDITIONS D'APTITUDE. — Pour tous les emplois : Bonne conduite et bonne tenue.	PROPORTION réservée aux sous-officiers.

Ministère du commerce, de l'industrie et des colonies (*suite*).

ADMINISTRATION DES POSTES ET TÉLÉGRAPHES.

Administration centrale.

EMPLOIS.		CONDITIONS D'APTITUDE.	PROPORTION
Expéditionnaires	3e	Belle écriture. — Instruction primaire complète.	Totalité
Gardiens de bureau..	4e		Totalité

Postes et télégraphes.

Facteurs de Paris...	4e	Bonne santé..........................	3/4
Receveurs des départements.	3e	Belle écriture. — Instruction primaire complète. — Composition écrite de géographie. — Notions très complètes de géographie, en particulier de la géographie de la France. — Certificat constatant que le candidat connaît le fonctionnement des appareils télégraphiques.	1/2
Facteurs de ville des départements.	4e	Bonne santé.	3/4

Exploitation.

Commis.............	2e	Formation d'un tableau conforme à un modèle donné. — Examen oral sur les matières suivantes : — Arithmétique : quatre règles, fractions décimales et ordinaires, règle de trois simple et système métrique. — Géographie générale des cinq parties du monde. Grandes divisions politiques. Villes principales. Notions détaillées sur la France. — Physique et chimie (notions élémentaires générales). — Notions particulières sur l'électricité et la formation du courant dans les piles. — Certificat constatant que le candidat connaît le maniement des appareils télégraphiques.	1/3

Télégraphie.

Chefs surveillants...	3e	Belle écriture. — Instruction primaire complète. — Un peu de dessin linéaire (emplois à réserver de préférence aux sous-officiers de l'artillerie et du génie).	3/4
Surveillants.........	4e	Aptitude aux travaux de force	3/4
Facteurs des départements.	4e	Bonne santé	3/4

EMPLOIS.	Numéros de catégories des emplois.	CONDITIONS D'APTITUDE. Pour tous les emplois : Bonne conduite et bonne tenue.	PROPORTION réservée aux sous-officiers.

Ministère du commerce, de l'industrie et des colonies (*suite*).

SOUS-SECRÉTARIAT DES COLONIES.

Expéditionnaires à l'administr. centrale.	3e	Belle écriture. — Instruction primaire complète.	3/4
Commis de 3e classe du commissariat colonial.	3e	Idem.	3/4 (Réglt.)
Gardiens de bureau.	4e		3/4
Employés (Exposition permanente des colonies).	3e	Idem.	3/4
Gardiens de bureau à l'exposition des colonies.	4e		3/4
Agents des vivres et du matériel des colonies, magasiniers de 4e classe.	3e	Belle écriture. — Instruction primaire complète. — Notions sommaires sur la comptabilité du matériel de la marine.	1/2
Commis de comptabilité en Indo-Chine.	2e	Belle écriture. — Instruction primaire complète. — Notions de comptabilité financière et administrative.	1/2
Percepteurs-comptables en Indo-Chine.	2e	Idem.	1/2
Commis des postes et télégraphes en Indo-Chine.	2e	Tracé d'un tableau conforme à un modèle donné. — Examen oral sur les matières suivantes : Arithmétique : quatre règles, fractions décimales et ordinaires, règle de trois simple et système métrique. — Géographie générale des cinq parties du monde. Grandes divisions politiques. Villes principales. Notions détaillées sur la France et les colonies. — Physique et chimie (notions élémentaires générales). — Notions particulières sur l'électricité et la formation du courant dans les piles. — Certificat constatant que le candidat connaît le maniement des appareils télégraphiques.	1/2
Préposés des contributions indirectes en Indo-Chine.	3e	Belle écriture. — Instruction primaire complète.	2/3
Commis de 3e classe à la transportation et à la relégation.	3e	Idem.	1/2

EMPLOIS.	Numéros de catégories des emplois.	CONDITIONS D'APTITUDE. Pour tous les emplois : Bonne conduite et bonne tenue.	PROPORTION réservée aux x sous-officiers.

Ministère du commerce, de l'industrie et des colonies (*suite*).

SOUS-SECRÉTARIAT DES COLONIES (*suite.*)

Commis de 2e classe des directions de l'intérieur.	3e	Instruction primaire très complète. — Eléments de droit administratif, notamment en ce qui concerne l'organisation des colonies.	1/2
Huissiers audienciers	3e	Instruction primaire.....................	1/2
Commis assermentés secrétaires.	2e	Instruction primaire très complète. — Notions sur l'organisation judiciaire de la France et des colonies.	1/2
Expéditionnaires des parquets aux colonies.	3e	Belle écriture. — Instruction primaire complète.	1/2
Surveillants militaires des établissements pénitentiaires.	4e		Totalité
Gardiens-concierges des bâtiments militaires aux colonies.	4e		Totalité

Personnel du Congo.

Ouvriers de diverses professions.	4e	L'aptitude professionnelle de chaque candidat sera constatée sur place.	1/2 (Règlt).
Auxiliaires de 1re classe.	4e	Idem.	1/2 (Règlt).
Auxiliaires de 2e classe.	4e	Idem.	1/2 (Règlt).
Agents de culture...	4e	Idem.	1/2 (Règlt).

Imprimeries du gouvernement dans les colonies autres que l'Indo-Chine.

Ouvriers de 1re classe	4e	L'aptitude professionnelle de chaque candidat sera constatée sur place.	1/2 (Règlt).
Ouvriers de 2e classe	4e	Idem.	Idem.
Ouvriers de 3e classe	4e	Idem.	Idem.
Ouvriers de 4e classe	4e	Idem.	Idem.
Ouvriers de 5e classe	4e	Idem.	Idem.
Ouvriers de 6e classe	4e	Idem.	Idem.
Ouvriers de 7e classe	4e	Idem.	Idem.

EMPLOIS.	Numéros de catégories des emplois.	CONDITIONS D'APTITUDE. Pour tous les emplois : Bonne conduite et bonne tenue.	PROPORTION réservée aux sous-officiers.

Ministère du commerce, de l'industrie et des colonies (*suite*).

Police dans les colonies autres que l'Indo-Chine.

Commissaire de police de 1re classe.	2e	Rédaction d'un procès-verbal ou d'un rapport sur une affaire de service. — Epreuves orales sur les éléments de droit pénal, sur la police municipale, sur les attributions des fonctionnaires judiciaires, administratifs et militaires. — Notions sur l'organisation administrative des colonies.	1/4 (Régt).
Commissaires de police de 2e classe.	2e	Idem.	Idem.
Commissaires de police de 3e classe.	2e	Idem.	Idem.
Commissaires de police de 4e classe.	2e	Idem.	Idem.
Commissaires de police adjoints.	2e	Idem.	Idem.

Ministère des travaux publics.

ADMINISTRATION CENTRALE.

Expéditionnaires	3e	Belle écriture. — Instruction primaire complète.	3/4
Gardiens de bureau et concierges, y compris ceux des écoles des ponts et chaussées et des mines.	4e		3/4

PONTS ET CHAUSSÉES.

Conducteurs.........	1re	Composition faançaise sur les attributions du service des ponts et chaussées. — Algèbre élémentaire. Logarithmes. — Géographie élémentaire. — Eléments de mécanique. — Trigonométrie rectiligne. — Géométrie descriptive (ligne droite et plan). — Levés de plans. — Dessin graphique. — Nivellement. — Notions sur les matériaux, l'entretien des routes et les constructions.	1/4
Commis des ponts et chaussées (agents secondaires).	2e	Notions de géométrie relatives à la mesure des angles et des surfaces. — Dessin linéaire.	2/3

EMPLOIS.	Numéros de catégories des emplois.	CONDITIONS D'APTITUDE. Pour tous les emplois : Bonne conduite et bonne tenue.	PROPORTION réservée aux sous-officiers.
		Ministère des travaux publics (*suite*).	
		MINES.	
Gardes-mines.......	1re	Composition française sur les attributions du service des mines. — Algèbre élémentaire. Logarithmes. — Géographie élémentaire. — Eléments de mécanique. — Trigonométrie rectiligne. — Géométrie descriptive (ligne droite et plan). — Levés de plans. — Dessin graphique. — Nivellement. — Notions sur les principales machines et en particulier sur les machines à vapeur.	1/4
		SERVICES DIVERS.	
Gardes-pêche.......	3e	Instruction primaire. — Savoir rédiger un procès-verbal.	Totalité
Eclusiers et pontiers.	4e		Idem.
Gardes de navigation.	3e	Instruction primaire. — Savoir rédiger un procès-verbal.	Idem.
Maîtres et gardiens de phares.	4e	Bonne vue. (Emplois à réserver de préférence aux officiers mariniers.)	Idem.
		ADMINISTRATION DES CHEMINS DE FER DE L'ÉTAT	
Commis et comptables des services centraux et des inspections principales.	2e	Ecriture régulière et très lisible. — Orthographe très correcte. — Arithmétique jusqu'aux proportions inclusivement. — Système métrique. — Rédaction d'une lettre ou d'un rapport simple. — Eléments de géographie, principalement de la France.	1/2
Commis à la petite vitesse, facteurs enregistrants, employés des télégraphes, distributeurs des magasins.	3e	Ecriture courante et lisible. — Orthographe correcte. — Arithmétique jusqu'aux proportions inclusivement. — Système métrique.	1/2
Gardes-freins, facteurs, aides-préposés, surveillants, gardiens de bureau et concierges.	4e		1/2

EMPLOIS.	Numéros de catégories des emplois.	CONDITIONS D'APTITUDE. Pour tous les emplois : Bonne conduite et bonne tenue.	PROPORTION réservée aux sous-officiers.
		Préfecture de la Seine.	
		ADMINISTRATION CENTRALE.	
Commis expédition-naires.	3e	Belle écriture. — Instruction primaire complète.	1/2
Gardiens de bureau et concierges, y compris ceux de la caisse municipale et des mairies.	4e		3/4
		OCTROIS. — ENTREPÔTS.	
Facteurs, magasiniers, concierges, garçons de bureau.	4e	Santé robuste.........................	3/4
Commis ambulants..	4e	Santé robuste.........................	2/3
		PERCEPTIONS MUNICIPALES.	
Peseurs titulaires....	4e	Santé robuste.........................	Totalité
Surveillants des entrepôts des quais Saint-Bernard et de Bercy.	4e	Santé robuste.........................	Idem.
		MAIRIES.	
Ordonnateurs des pompes funèbres.	3e	Très bonne tenue. — Savoir rédiger un procès-verbal. — Taille minima de 1m,70.	Totalité
Gardes des cimetières	4e	Emplois donnés de préférence aux sous-officiers médaillés.	Idem.
		TRAVAUX DE PARIS.	
Piqueurs............	3e	Écriture. — Orthographe. — Rédaction d'un rapport. — Arithmétique. — Géométrie élémentaire. — Dessin au trait. — Levés de plans.	1/3
Piétons............	4e		Totalité
Gardes des bois de Boulogne et de Vincennes.	4e	Etre médaillé. — Santé robuste.........	Idem.
Gardes des squares.	4e	Santé robuste. (Emplois réservés de préférence aux sous-officiers médaillés.)	Idem.

EMPLOIS.	Numéros de catégories des emplois.	CONDITIONS D'APTITUDE. Pour tous les emplois : Bonne conduite et bonne tenue.	PROPORTION réservée aux sous-officiers.

Préfecture de la Seine (*suite*).

EAUX ET ÉGOUTS.

Piqueurs, fontainiers, gardes-bassins, gardes du canal Saint-Martin.		(Emplois supprimés par suite de la réunion des eaux à la direction des travaux).	
Gagistes du Mont-de-Piété.	4e		1/2
Sergents et brigadiers à la Bourse.	4e	Emplois réservés de préférence aux sous-officiers médaillés.	Totalité
Brigadiers et gardes au Palais de justice.	4e	Idem.	Idem.
Brigadiers et surveillants au tribunal de commerce.	4e	Idem.	Idem.

ASSISTANCE PUBLIQUE.

Expéditionnaires, y compris ceux des bureaux de bienfaisance.	3e	Belle écriture. — Instruction primaire complète.	3/4
Gardiens de bureau, y compris ceux des bureaux de bienfaisance.	4e		3/4

Préfecture de police.

ADMINISTRATION CENTRALE.

Commis............	3e	Belle écriture. — Instruction primaire complète.	1/2
Gardiens de bureau..	4e		3/4

COMMISSARIATS DE POLICE.

Gardiens de bureau.	4e		3/4

EMPLOIS.	Numéros de catégories des emplois.	CONDITIONS D'APTITUDE. ——— Pour tous les emplois : Bonne conduite et bonne tenue.	PROPORTION réservée aux sous-officiers.

Préfecture de police (*suite*).

COMMISSARIATS DE POLICE DANS LA BANLIEUE.

Sergents de ville....	4º	Santé robuste. — Taille minima, 1m,64.	3/4

POLICE MUNICIPALE.

Inspecteurs et gardiens de la paix.	4e	Pour les gardiens de la paix : taille minima, 1m,67 sans chaussures.	4/5

HALLES ET MARCHÉS.

Inspecteurs des ventes en gros.	2e	Dictée. — Rédaction. — Connaissances en arithmétique et en comptabilité.	1/2

BOURSE.

Gardes	4e	Emplois réservés de préférence aux sous-officiers médaillés.	Totalité

NAVIGATION ET PORTS.

Inspecteurs.........	1re	Epreuve écrite : Dictée. — Rédaction sur un sujet administratif (ville de Paris). — Opérations élémentaires d'arithmétique. Système métrique. Proportions. — Epreuve orale sur la géographie de la France, sur le régime des cours d'eau. — Notions très élémentaires de droit administratif concernant la police et la navigation des rivières, des canaux, des ports dans le ressort de la préfecture de police. — Notions élémentaires sur les machines à vapeur.	Totalité

ARTICLE 17.

Lorsque l'emploi demandé exige un surnumérariat, le sous-officier peut être mis en subsistance dans un corps et autorisé à travailler dans un des bureaux de l'administration dans laquelle il a été admis.

Un règlement du Ministre de la guerre détermine les conditions dans lesquelles cette autorisation peut être accordée.

64. L'article 17 règle la situation de l'homme admis à un emploi pour lequel un surnumérariat est nécessaire. Le règlement prévu par cet article n'a pas encore paru.

ARTICLE 18.

Tout sous-officier remplissant les conditions déterminées à l'article 14, qui quitte son corps sans avoir demandé un des emplois portés au tableau B, reçoit, s'il le réclame, un certificat constatant qu'il a fait le temps de service nécessaire pour obtenir un emploi civil.

S'il désire ultérieurement obtenir un de ces emplois, il en adresse la demande au Ministre de la guerre, par l'intermédiaire du commandant de la gendarmerie du département dans lequel il est domicilié. Le sous-officier subit alors l'examen prescrit à l'article 16 et sa demande est classée à sa date.

65. L'article 18 stipule le droit, pour le sous-officier quittant le service après le temps voulu pour obtenir un emploi, de ne pas réclamer cet emploi de suite. Il peut réclamer un certificat constatant son droit comme temps de service et adresser sa demande ultérieurement. (Voir le décret du 4 juillet 1890 sous l'article 16 ci-dessus.)

ARTICLE 19.

Les sous-officiers qui auront sept ans de rengagement et qui seront portés sur les listes de classement, en conformité de l'article 14, pourront être pourvus, dans les six derniers mois de leur service, de l'emploi pour lequel ils ont été désignés (2).

Dans ce cas, ils seront mis en congé et remplacés. Ceux qui n'auraient pas été pourvus de cet emploi au jour de leur libération pourront attendre au corps leur nomination pendant un an au plus.

Dans ce cas, ils continueront à faire leur service et ne seront pas remplacés. Ils seront assimilés aux commissionnés. Ceux qui préféreront attendre dans leurs foyers ne recevront aucune allocation, sauf dans le cas prévu à l'article ci-après.

66. L'article 19 permet de mettre en congé, six mois avant l'expiration de leur service, les sous-officiers qui sont pourvus d'un emploi civil pendant cette période.

67. Si, au contraire, l'emploi se fait attendre après le service terminé, le sous-officier a le choix, ou de rester au corps à faire son service pendant un an au plus, en étant assimilé aux commissionnés, ou d'attendre dans ses foyers, sans allocation, sauf le cas de l'article 20.

ARTICLE 20.

Le sous-officier qui compte quinze ans de service et qui, faute de vacances dans l'un des services civils pour lesquels il aura été reconnu apte, n'aurait pas été nommé à l'un de ces emplois, entrera en jouissance de sa pension proportionnelle. Il recevra, en outre, une indemnité journalière égale au trois cent soixante-cinquième de la différence entre le minimum de la pension de retraite pour ancienneté à vingt-cinq ans de service et la pension proportionnelle, à moins qu'il ne préfère rester au corps en qualité de commissionné jusqu'à la nomination à laquelle il a droit.

68. L'article 20 est exclusivement applicable aux rengagés qui ont quinze ans de service; il détermine leurs droits en cas de non-vacances dans les emplois pour lesquels ils ont été désignés. En outre de leur pension proportionnelle, ils reçoivent une indemnité journalière, ou, s'ils le préfèrent, ils restent au corps en qualité de commissionnés.

69. L'instruction du 7 juillet 1889 règle comme suit la détermination et le paiement de l'indemnité journalière.

INDEMNITÉ JOURNALIÈRE.

Art. 13. Tous les sous-officiers rentrés dans leurs foyers après avoir accompli quinze ans de service effectif peuvent obtenir une indemnité journalière en attendant leur nomination à un emploi civil, *s'ils ont été portés sur les listes de classement pour cet emploi* POSTÉRIEUREMENT *à la promulgation de la loi du* 18 *mars* 1889.

70. Art. 14. Le taux de l'indemnité est calculé sur la différence entre la pension proportionnelle concédée à l'intéressé et le minimum de la pension de retraite du grade qui a servi de base à la liquidation de la pension proportionnelle.

Comme la pension proportionnelle s'accroît, pour chaque année de service effectif, au delà de quinze, et pour chaque campagne, de $1/10^e$ de la différence entre le minimum de la pension proportionnelle et le minimum de la pension de retraite, il s'ensuit que plus le taux de la pension proportionnelle s'élève, plus celui de l'indemnité journalière diminue, si bien qu'un sous-officier qui, par exemple, compterait quinze ans de service effectif et dix camgnes, recevrait une pension proportionnelle égale au minimum de la pension d'ancienneté et n'aurait droit par suite à aucune indemnité journalière.

71. Art. 15. L'entrée en jouissance de l'indemnité est déterminée, comme celle de la pension, d'après les règles posées par la décision présidentielle du 27 décembre 1880.

Toutefois, le sous-officier qui serait porté sur les listes de classement pour un emploi civil postérieurement à la date de sa radiation des contrôles de l'activité, ne recevrait l'indemnité journalière qu'à compter de la date de la liste de classement où il figure.

Art. 16. L'indemnité est payée jusqu'au jour exclu de l'entrée en jouissance du traitement afférent à l'emploi obtenu ou de la radiation des listes de classement pour un emploi.

Le sous-officier mis en subsistance dans un corps, conformément aux dispositions de l'article 17 de la loi du 18 mars 1889, ne reçoit pas l'indemnité journalière.

Art. 17. Les droits à l'indemnité journalière dans le cas prévu par l'article 20 de la loi du 18 mars 1889 sont l'objet d'une liquidation arrêtée après l'approbation par le conseil d'Etat du projet de pension proportionnelle présenté en faveur de l'intéressé.

72. Art. 18. Les bases de la liquidation sont notifiées à l'ayant droit par un titre officiel énonçant le taux de la pension proportionnelle qui lui sera concédée et celui du minimum de la pension de retraite dont la différence sert à déterminer le montant de l'indemnité journalière.

Ce titre est adressé, avec un avis portant notification, pour l'inscription sur les contrôles, à l'intendant militaire directeur du service de l'intendance du corps d'armée ou de la région où l'intéressé a déclaré vouloir toucher sa pension. Il est remis au titulaire après avoir été visé par le directeur du service et par le sous-intendant militaire du département où les paiements seront effectués.

Lors du dernier paiement après nomination à un emploi ou radiation des listes de classement, le titre est retiré par les soins du sous-intendant militaire, qui le renvoie au Ministre, après avoir rempli la dernière case au verso, comme pièce annexe au bordereau des mandats émis dans le mois.

Art. 19. Le sous-intendant militaire inscrit les titulaires de l'indemnité journalière sur un contrôle ouvert à cet effet. Ce contrôle est unique par département et analogue au modèle adopté pour la gratification de réforme renouvelable. L'inscription est opérée d'après l'ordre des arrivées et sans distinction d'armes ni de grades. mais on aura soin de mentionner exactement les nom, prénoms, grade, numéro du contrôle central, taux de l'indemnité, date à partir de laquelle celle-ci a commencé à être payée ainsi que les numéro et date de la liste de classement sur laquelle figure l'intéressé (ces renseignements sont fournis par le titre que le titulaire est tenu de représenter à toute réquisition du sous-intendant militaire).

Art. 20. Si l'intéressé transfère son domicile d'un département dans un autre, il en fait la déclaration devant le sous-intendant militaire du département qu'il quitte et devant celui du département où il vient s'établir.

Le titre est visé, au verso, par chacun des fonctionnaires, qui mentionnent aussitôt la mutation sur leurs contrôles et en informent leur directeur de service.

Art. 21. Si le changement a lieu dans la même région de corps d'armée, l'intendant donne ses instructions de manière à éviter toute interruption dans le paiement de l'indemnité journalière.

Art. 22. Si le changement s'opère d'un corps d'armée dans un autre, l'intendant militaire de la circonscription administrative d'où sort le titulaire transmet la copie de l'avis ministériel mentionné à l'article 18 à l'intendant de la circonscription administrative où passe le titulaire. Ce dernier fonctionnaire pourvoit à la continuation du paiement de l'indemnité.

COMPTABILITÉ.

Art. 23. L'indemnité journalière est payable le 1er de chaque mois, à terme échu, proportionnellement au nombre de journées *effectives*, sur mandats individuels du sous-intendant militaire, imputés sur le chapitre des secours,

Les crédits sont délégués collectivement pour la gratification renouvelable et pour l'indemnité journalière (§§ 3 et 4), mais il en devra être fait emploi distinctement par paragraphe.

Art. 24. Les justifications à fournir à l'appui de cette nature de dépense consistent dans la quittance des parties prenantes apposée sur les mandats qui contiennent, au verso, la formule du certificat de vie exigé de chaque titulaire au moment du paiement.

Les mandats, conformes au modèle n° 20 de la nomenclature annexée au règlement du 3 avril 1869, doivent indiquer avec les mutations, dans la 4° colonne, la date de la décision ministérielle portant concession de l'indemnité.

De plus, le certificat de vie devra mentionner que l'intéressé *n'a pas encore obtenu l'emploi auquel il a été reconnu apte.*

Art. 25. Lors du premier paiement, un extrait de la décision ministérielle de concession est fourni au trésorier-payeur général, ainsi qu'un certificat de cessation de paiement conforme au modèle adopté pour les premiers arrérages de pension.

Les mois suivants, on rappelle sur les mandats le mandat antérieur auquel l'extrait de décision a été joint.

Art. 26. Pour le dernier paiement, dès que le sous-intendant militaire aura été informé officiellement de la nomination à un emploi, il invitera l'intéressé à lui fournir un certificat constatant la date de son entrée en fonctions et délivré par l'administration à laquelle il appartiendra désormais. Ce certificat sera remis au trésorier-payeur général à l'appui du dernier mandat.

En cas de radiation des listes de classement, le certificat d'entrée en fonctions sera remplacé par une copie de la lettre ministérielle notifiant la radiation au directeur du service de l'intendance.

Art. 29. Dans le cas où le titulaire d'une indemnité journalière entre à l'hôpital et y est traité au compte du département de la guerre, il lui est fait application des dispositions prévues au règlement du 28 décembre 1883 sur le service de santé, l'indemnité journalière devant être considérée comme un complément temporaire de pension.

ARTICLE 21.

Les candidats ont le droit d'obtenir, jusqu'à l'âge de 40 ans, leur inscription sur la liste dressée par la commission pour les emplois énumérés au tableau **B** annexé à la présente loi.

73. Nous avons vu, sous l'article 18, que le sous-officier n'est pas tenu de réclamer son emploi dès la sortie du corps; mais l'article 21 fixe une limite pour l'inscription sur la liste; cette limite est l'âge de 40 ans.

ARTICLE 22.

Peuvent profiter des dispositions des articles 14, 18 et 20 de la présente loi, quel que soit le temps passé par eux au service, les sous-officiers et les officiers mariniers réformés ou retraités par suite de leurs blessures ou pour infirmités contractées au service, s'ils remplissent d'ailleurs les conditions d'aptitude et d'âge déterminées par les articles 16 et 21 de la présente loi.

74. L'article 22 accorde l'avantage des emplois civils aux sous-officiers réformés ou retraités par suite de blessures ou pour infirmités contractées au service.

Ils ne sont pas tenus d'avoir un certain temps de service, même pour l'indemnité journalière qui leur est aussi attribuée; ils doivent seulement remplir les conditions d'aptitude exigées pour l'emploi demandé, et n'avoir pas 40 ans. (Voir le décret du 4 juillet 1890 sous l'article 16.)

ARTICLE 23.

Les divers départements ministériels desquels dépendent les emplois portés au tableau B, annexé à la présente loi, transmettent tous les six mois au Ministre de la guerre la liste nominative de tous les agents nommés, pendant le semestre qui vient de s'écouler, dans les services énumérés au tableau B annexé à la présente loi, ainsi qu'un état de prévision faisant connaître les vacances qui pourront se produire dans le semestre qui va commencer.

La liste des nominations est communiquée, au ministère de la guerre, sans déplacement, aux sous-officiers classés par la commission qui en font la demande.

75. L'article 23 prescrit une mesure d'ordre.

Il donne cependant aux sous-officiers classés un droit de communication qui est une garantie pour eux.

ARTICLE 24.

Une commission nommée par décret du Président de la République, sur le rapport du Ministre de la guerre, et composée :

D'un conseiller d'Etat en service ordinaire, président ;
De deux officiers généraux ou supérieurs de l'armée de terre ;
D'un officier général ou supérieur de l'armée de mer ;
D'un membre de l'intendance ;
D'un délégué du ministère de l'intérieur ;
D'un délégué du ministère des finances ;
D'un délégué du ministère des travaux publics ;
Du représentant de l'administration de laquelle dépend l'emploi auquel le sous-officier est candidat ;
Et de deux maîtres des requêtes, secrétaires,

Est chargée de dresser, pour les vacances réservées au fur et à mesure qu'elles se produisent, une liste de candidats. Les emplois doivent être attribués aux sous-officiers dans l'ordre de classement adopté par la commission, toutes les fois que la vacance qui se produit doit être attribuée aux sous-officiers. La liste est insérée au **Journal officiel** et au **Bulletin officiel** du ministère de la guerre, et les sous-officiers sont avisés du rang qu'ils ont obtenu dans le délai de deux mois à partir du jour où la liste a été établie par la commission.

Le Ministre de la guerre transmet, avec toutes les pièces exigées, aux Ministres des départements dans les services desquels ils doivent être placés, les noms des sous-officiers désignés pour les emplois vacants.

Il est fait mention des nominations au **Journal officiel**, et, à la fin de chaque année, il est publié par les soins du Ministre de la guerre, comme annexe du rapport prévu à l'article 27, un état général des emplois attribués aux sous-officiers par chaque ministère, avec indication en regard des vacances qui s'y sont produites.

Les sous-officiers désignés, conformément au paragraphe 2 du présent article, pour être nommés à des emplois vacants et inscrits en ordre utile sur la liste de classement, peuvent porter, devant le conseil d'Etat statuant au contentieux, leurs réclamations contre les décisions des autorités compétentes qui auront nommé des titulaires à des emplois sans tenir compte de leur ordre de classement ou de la proportion exclusivement attribuée à ces sous-officiers par le tableau B annexé à la présente loi.

Ces pourvois sont dispensés de l'intervention d'un avocat au conseil d'Etat.

Le délai du recours ne court qu'à partir de la notification au ministère de la guerre de la liste des nominations prévues à l'article 23.

76. L'article 24 règle la composition de la commission qui dresse la liste des candidats, et la procédure d'application des articles relatifs à l'attribution d'emplois civils. Il est suffisamment explicite et contient les plus larges garanties pour l'exécution de la loi.

ARTICLE 25.

Lorsque la commission mentionnée à l'article précédent fait connaître qu'il ne se trouve pas de sous-officiers susceptibles de remplir les vacances signalées, le Ministre de la guerre en donne avis au Ministre dans le département duquel se sont produites les vacances, et il peut alors y être pourvu directement par le Ministre compétent dans le cas où ces emplois ne sauraient rester trop longtemps vacants sans compromettre le service.

77. L'article 25 restitue aux Ministres compétents les emplois pour lesquels il n'y a pas de candidats.

ARTICLE 26.

Les tableaux détaillés des emplois portés au tableau B sont envoyés aux différents corps des armées de terre et de mer et mis à la disposition de tous les militaires.

Ces tableaux indiquent pour chaque nature d'emploi le traitement fixe, les indemnités ou accessoires, les conditions d'admissibilité ainsi que les moyennes présumées des vacances annuelles réservées aux sous-officiers, conformément aux prescriptions de la présente loi.

78. L'article 26 stipule les renseignements qui doivent être fournis à tous les militaires. Ces renseignements doivent toujours être tenus au courant.

ARTICLE 27.

Chaque année, le président de la commission nommée en exécution de l'article 24 ci-dessus adresse au Ministre de la guerre un rapport faisant connaître le nombre de sous-officiers ayant demandé à profiter des dispositions de la présente loi et les divers emplois auxquels ils auront été appelés pendant l'année précédente.

79. L'article 27 prescrit une mesure d'ordre.

ARTICLE 28.

Des emplois peuvent être ajoutés au tableau B annexé à la présente loi par des règlements d'administration publique qui fixent la proportion dans laquelle ces emplois seront accordés aux sous-officiers et indiquent les conditions à remplir pour obtenir les emplois ajoutés à ceux compris dans le tableau B annexé à la présente loi.

80. L'article 28 autorise l'accroissement du tableau B par des règlements d'administration publique; mais ce tableau ne peut être diminué que par une loi.

ARTICLE 29.

Aucune entreprise industrielle ou commerciale ne pourra à l'avenir obtenir un monopole ou une subvention de l'Etat, du département ou de la commune, qu'à condition de réserver aux anciens sous-officiers un certain nombre d'emplois à déterminer par le cahier des charges.

81. L'article 29 stipule l'obligation pour toute entreprise industrielle ou commerciale voulant obtenir un monopole ou une subvention, de réserver un certain nombre d'emplois aux anciens sous-officiers. Cette mesure ne peut évidemment s'appliquer que dans l'avenir.

CHAPITRE III.

DISPOSITIONS SPÉCIALES A LA GENDARMERIE, A L'ARMÉE DE MER ET AUX TROUPES COLONIALES.

ARTICLE 30.

Les dispositions spéciales aux pensions des militaires de la gendarmerie (titre IV de la loi du 18 août 1879) sont maintenues. Mais le Ministre peut, après avis d'un conseil de discipline, admettre d'office à la retraite proportionnelle les militaires de cette arme.

Sont maintenues les dispositions de l'article 1er de l'ordonnance du 20 janvier 1841, aux termes desquelles les sous-officiers, caporaux et brigadiers de l'armée admis dans la gendarmerie, soit comme brigadiers, soit comme gendarmes, sont considérés pour la retraite comme étant titulaires de leur ancien grade jusqu'à promotion à un grade supérieur à celui-ci dans la gendarmerie.

Sont abrogées les dispositions contenues dans l'article 11 de la loi du 11 avril 1831, spécifiant que la pension de retraite de tout sous-officier, caporal, brigadier ou gendarme ayant douze ans accomplis d'activité dans son grade est augmentée d'un cinquième.

Le taux de la majoration de la pension, établi par l'article 10 de la loi du 18 août 1879, est modifié conformément au tarif n° 1 annexé à la présente loi.

82. L'article 30 maintient les règles relatives aux pensions de la gendarmerie, en donnant seulement au Ministre le droit d'admettre d'office les gendarmes à la retraite proportionnelle, après avis d'un conseil de discipline.

83. Il abroge l'article 11 de la loi du 11 avril 1831, augmentant d'un cinquième la pension de retraite de tout militaire, sous-officier, caporal, brigadier ou gendarme ayant accompli douze ans d'activité dans son grade.

ARTICLE 31.

Les dispositions de la présente loi sont applicables aux troupes coloniales, sous la réserve des modifications indiquées au tarif n° 4 annexé à la présente loi.

Tous les sous-officiers français du cadre des corps indigènes et des corps qui seraient ultérieurement créés dans les colonies peuvent être rengagés ou commissionnés. Les emplois des diverses administrations aux colonies leur sont accordés de préférence, dans les conditions indiquées à l'article 14 de la présente loi.

Les sous-officiers des troupes coloniales qui se retirent après huit ans de service effectif au moins peuvent obtenir des concessions de terrain dans les colonies, suivant les ressources disponibles. Des concessions pourront également être accordées aux caporaux ou brigadiers et soldats desdites troupes.

Les dispositions de la présente loi ne sont pas applicables aux officiers mariniers des équipages de la flotte provenant du recrutement. Ils sont traités, au point de vue des allocations, comme les officiers mariniers provenant de l'inscription maritime, conformément au décret organique des équipages de la flotte. Les tarifs seront établis de façon que les officiers mariniers des deux provenances aient, dans les mêmes conditions de service, une solde au moins égale à la moyenne de celle des sous-officiers de l'armée coloniale rengagés.

84.

TARIF N° 4.

Premières mises, gratifications, hautes payes et primes applicables aux sous-officiers des troupes coloniales.

(Application de l'article 31.)

1re mise d'entretien payable au moment où le sous-officier contracte un rengagement.	Avant 5 ans de rengagement.	Pour 2 ans.	480 fr.
		Pour 3 ans.	720 »
		Pour 5 ans.	1.200 »
	Après 5 ans de rengagement.	Pour 2 ans.	400 »
		Pour 3 ans.	600 »
		Pour 5 ans.	1.000 »
Gratification annuelle...			250 »
Haute paye mensuelle...........	Pendant les 5 premières années de rengagement...............		12 »
	De 5 à 10 ans de rengagement..		18 »
	Après 10 ans de rengagement..		24 »
Primes de rengagement applicables à un rengagement de...	2 ans........		600 »
	3 ans........		900 »
	5 ans........		2.000 »

85. L'article 31 rend la loi applicable aux troupes coloniales. Le Ministre de la marine a, par une circulaire en date du 5 septembre 1889, réglé comme suit l'application de la loi aux troupes de la marine :

Messieurs, vous trouverez reproduite, ci-après, une circulaire de M. le Ministre de la guerre du 20 mai dernier, portant instructions pour l'application de la loi du 18 mars 1889, sur le rengagement des sous-officiers, dont le texte a été publié, le 8 avril, au *Bulletin officiel de la marine*, page 556.

J'ai l'honneur de vous faire connaître que les dispositions contenues dans cette circulaire devront servir de règle pour l'application de ladite loi dans les troupes de la marine, sous la réserve des modifications suivantes, rendues nécessaires par l'organisation spéciale de ces troupes :

1. — Attributions des vice-amiraux commandant en chef, préfets maritimes.

Les attributions dévolues, dans l'armée de terre, par la loi du 18 mars 1889 et par la circulaire du 20 mai suivant, aux généraux commandant les corps d'armée, seront exercées, pour les troupes de la marine, sauf pour les régiments de marche et de tirailleurs tonkinois et annamites stationnés en Indo-Chine, par les vice-amiraux commandant en chef, préfets maritimes ; les majors généraux exerceront celles dévolues aux généraux de division et de brigade.

2. — Notification des décisions des vice-amiraux, préfets maritimes.
Remise des brevets.

La décision du vice-amiral commandant en chef, préfet maritime, autorisant ou refusant le rengagement, sera notifiée aux portions détachées en France ou aux colonies, par les soins du président du conseil de régiment.

Aussitôt qu'un sous-officier aura contracté un rengagement, le chef du corps dans lequel il sert en informera le président du conseil de régiment chargé de faire établir et de soumettre à la signature du vice-amiral commandant en chef, préfet maritime, le titre formant brevet (modèle A, annexé à la présente circulaire), qui devra être renvoyé sans retard à l'intéressé.

3. — Le rengagement peut être autorisé, par exception, malgré l'avis
défavorable du conseil de régiment.

MM. les vice-amiraux commandant en chef, préfets maritimes, peuvent autoriser le rengagement des sous-officiers, lors même que le conseil de régiment aurait émis un avis défavorable. Ces décisions, tout exceptionnelles, devront toujours être motivées.

Dans le cas, au contraire, où le conseil donne un avis favorable au rengagement du sous-officier, le vice-amiral commandant en chef, préfet maritime, doit autoriser le rengagement toutes les fois que la demande est renfermée dans les limites de nombre fixées par le Ministre.

4. — Nombre de rengagements à admettre.

Conformément au premier paragraphe de l'article 3 de la loi du 18 mars 1889, le nombre total des sous-officiers rengagés ou commissionnés ne peut dépasser, dans chaque arme ou service, les deux tiers de l'effectif normal des sous-officiers. Les sous-officiers de l'état-major des régiments ne sont pas compris dans cette proportion.

D'autre part, aux termes du deuxième paragraphe de ladite loi, tous les sous-officiers européens du cadre des corps indigènes sont toujours susceptibles d'être admis, sans limitation de nombre, au bénéfice du rengagement.

5. — Demandes de rengagement formées par d'anciens sous-officiers
en résidence aux colonies.

Les demandes des anciens sous-officiers, en résidence aux

colonies, seront reçues par les chefs des portions de corps de leur arme détachées dans la colonie, et transmises, pour l'instruction réglementaire, au colonel du régiment dont relève la portion de corps.

6. — Transmission des demandes des sous-officiers en service dans les portions secondaires.

Les chefs des portions secondaires aux colonies devront recueillir les demandes de ceux des sous-officiers, placés sous leurs ordres, qui réunissent les conditions voulues. Ils transmettront sans retard ces demandes, accompagnées des pièces exigées, au colonel du régiment où les sous-officiers désirent servir.

Cette transmission se fera par l'intermédiaire de la portion centrale de chaque régiment.

7. — Conseils de régiment dans l'infanterine de marine.

Les portions centrales des régiments d'infanterie de marine opéreront, non seulement pour toutes leurs portions détachées en France et aux colonies, mais aussi pour le corps des disciplinaires des colonies, et la compagnie de discipline de la marine, dont le recrutement des cadres est assuré par elles.

Enfin, les demandes émanant des sous-officiers en service au régiment de tirailleurs sénégalais, aux corps des tirailleurs gabonais et à la compagnie de tirailleurs sakalaves, seront respectivement soumises à l'examen du conseil du régiment, chargé de la matricule du personnel européen de ces corps indigènes.

8. — Conseils de régiment dans l'artillerie de marine.

La portion centrale du régiment d'artillerie de la marine opérera pour toutes les fractions du corps détachées en France et aux colonies, y compris les batteries stationnées en Indo-Chine, ainsi que pour la compagnie de conducteurs d'artillerie sénégalais.

Les compagnies d'ouvriers d'artillerie et la compagnie d'artificiers auront un conseil de régiment composé comme le prévoit le tableau annexé à la loi, pour les compagnies formant corps. Toutefois, les sous-officiers de la 6ᵉ compagnie, ainsi que ceux de la compagnie auxiliaire du Sénégal, compteront, au point de vue des rengagements, soit à la 2ᵉ compagnie d'ouvriers, en ce qui concerne les sous-officiers de dépôt, soit aux compagnies dont ils faisaient antérieurement partie comme sous-officiers, ou comme brigadiers, en ce qui concerne les sous-officiers appartenant aux détachements en service aux colonies. La présidence du conseil sera exercée dans ces compagnies par le directeur de l'artillerie du port auquel chacune d'elles est rattachée.

9. — L'autorisation du Ministre est acquise à tout sous-officier admis au rengagement.

L'autorisation spéciale et individuelle du Ministre, exigée par l'article 25 du décret du 18 juin 1873, pour les militaires de la réserve de l'armée de mer qui demandent à se rengager, sera considérée comme acquise à tout sous-officier qui aura été admis au bénéfice du rengagement.

Le sous-officier autorisé à se rengager se présentera :

Dans les ports militaires et dans les colonies, devant l'officier du commissariat chargé de la surveillance administrative du corps et de la portion du corps ;

Dans les départements, devant le sous-intendant militaire chargé du service du recrutement.

Les rengagements sont reçus, sans distinction de numéro de régiment, pour l'infanterie de marine, de compagnie ou de régiment pour l'artillerie de marine.

Les chefs de corps adresseront à ceux des sous-officiers admis au rengagement qui doivent se présenter au sous-intendant militaire, l'attestation dont il est question dans la circulaire du 20 mai 1889, un état signalétique et des services, ainsi que le certificat d'aptitude physique délivré par le commandant de recrutement.

Pour les sous-officiers accomplissant leur temps de service légal qui se rengageront dans l'année qui précède leur renvoi dans leurs foyers, le rengagement comptera seulement du jour où doit cesser le service auquel ils sont tenus par la loi, soit comme jeunes soldats, soit en vertu d'un acte d'engagement volontaire.

Les rengagements souscrits par des sous-officiers présents sous les drapeaux, en vertu d'un précédent rengagement, auront leur effet à dater du jour où ce rengagement aura pris fin.

Les rengagements contractés en France et aux colonies, par d'anciens sous-officiers, dateront du jour de la signature de l'acte.

Les titres imprimés formant brevets ou commissions et destinés aux sous-officiers qui contractent un premier rengagement, quelle qu'en soit la durée, ou qui sont maintenus ou réadmis sous les drapeaux en qualité de commissionnés, sont conformes aux modèles A et B ci-annexés.

En attendant qu'il soit fait un nouveau tirage de ces documents, les ports continueront à se servir des imprimés actuels sur lesquels on opérera, à la main, les rectifications nécessaires.

Les conseils de régiment des troupes de la marine devront

examiner attentivement la situation des sous-officiers mariés, provenant de l'armée de terre ou de la réserve de l'armée de mer, dont les dossiers leur seraient soumis. Avant d'exprimer un avis sur la question du rengagement, ils mettront les intéressés en demeure de s'engager, par écrit, à ne pas emmener leur famille aux colonies lorsque leur tour de départ les appellera à recevoir une destination coloniale.

14. — Demandes formées par d'anciens sous-officiers de l'armée de terre.

Les demandes de rengagement formées, au titre des troupes de la marine, par d'anciens sous-officiers de l'armée de terre ne doivent pas être soumises à l'acceptation des conseils de régiment des corps où ces sous-officiers ont accompli leur temps de service actif. Elles sont instruites par le nouveau corps sur le simple vu des dossiers établis par les commandants de recrutement des subdivisions dans lesquelles se trouvent les intéressés.

15. — Rétrogradation, cassation des sous-officiers rengagés ; mise à la retraite d'office ou révocation des sous-officiers commissionnés.

Conformément au 1er paragraphe de l'article 6 de la loi du 18 mars 1889, les vice-amiraux commandant en chef, préfets maritimes, sont seuls investis du droit de prononcer, sur l'avis conforme des conseils de régiment, la cassation ou la rétrogradation des sous-officiers rengagés, la révocation ou la mise à la retraite d'office des commissionnés, sauf pour les sous-officiers des corps de l'infanterie de l'armée de mer en Indo-Chine, qui font l'objet des dispositions spéciales prévues au § 16 ci-après.

D'autre part, aux termes de l'article 319 du décret du 28 décembre 1883, le Ministre seul peut prononcer la cassation ou la rétrogradation des sous-officiers décorés de la Légion d'honneur ou de la médaille militaire, sur l'avis conforme du conseil de régiment composé comme il est indiqué au tableau annexé à la loi.

Ainsi que pour les demandes de rengagement, il ne doit y avoir, au point de vue disciplinaire, à l'égard des sous-officiers, qu'un conseil de régiment à la portion centrale de chaque corps.

En conséquence, les demandes de rétrogradation, de cassation, de révocation ou de mise à la retraite d'office concernant les sous-officiers en service dans les portions détachées, au régiment de tirailleurs sénégalais, au corps des tirailleurs gabonais et à la compagnie de tirailleurs sakalaves, devront être instruites sur place et transmises sans retard au chef de corps de la portion centrale pour être soumises par lui à l'examen du conseil de régiment.

Les chefs des portions de corps devront joindre, à l'appui des demandes de rétrogradation, de cassation, etc., non seulement toutes les pièces de nature à éclairer le conseil, mais encore un rapport du capitaine de la compagnie et un procès-verbal relatant les moyens de défense présentés par le sous-officier en cause.

16. — Dispositions particulières aux régiments de marche d'infanterie de marine en Indo-Chine, au régiment de tirailleurs annamites et aux trois premiers régiments de tirailleurs tonkinois.

Les demandes de rengagement formées par les sous-officiers appartenant aux régiments de marche d'infanterie de marine en Indo-Chine, au régiment de tirailleurs annamites et aux trois premiers régiments de tirailleurs tonkinois seront examinées par des conseils de régiment formés dans la colonie.

La présidence du conseil sera exercée par le chef de corps, qu'il soit pourvu du grade de colonel ou de celui de lieutenant-colonel.

La composition des conseils de régiment pour les sous-officiers des corps de troupe de l'infanterie de l'armée de mer stationnés en Indo-Chine, est fixée par le tableau C ci-annexé.

A défaut d'officiers appartenant au corps intéressé et aptes à siéger, les membres du conseil pourront être pris en dehors du corps, parmi les officiers de la garnison de la portion principale du régiment. Ces officiers seront désignés par le général commandant en chef.

En cas de nécessité, les membres absents seront remplacés par des officiers du grade immédiatement inférieur.

Lorsque le commandant de la compagnie du sous-officier intéressé ne sera pas présent à la portion principale, il sera remplacé au conseil par l'officier qu'il aura désigné.

Les demandes de rengagement des sous-officiers et celles de rétrogradation ou de cassation des sous-officiers rengagés. la révocation ou la mise à la retraite d'office de sous-officiers commissionnés seront instruites conformément aux règles tracées par les présentes instructions, combinées avec celles du 20 mai 1889 (guerre).

Les attributions dévolues par lesdites instructions et par les articles 5 et 6 de la loi du 18 mars 1889 aux vice-amiraux commandant en chef, préfets maritimes, et aux généraux commandant les corps d'armée, seront exercées par le général commandant en chef.

86.   L'interdiction portée par l'article 4 aux sous-officiers de se rengager en changeant d'arme, ne s'applique pas au passage dans les troupes de la marine. Voici ce que dit, à cet égard, la circulaire du 20 mai 1889 :

D'après les dispositions concertées avec M. le Ministre de la marine, les sous-officiers de l'infanterie ou de l'artillerie de l'armée de terre pourront être admis à contracter des rengagements avec prime pour l'artillerie ou l'infanterie de la marine, et réciproquement.

Les demandes de rengagement formées dans ces conditions seront l'objet d'une entente entre les départements de la guerre et de la marine, mais elles ne devront être soumises à l'appréciation ministérielle qu'après que les généraux commandant les corps d'armée et les vice-amiraux commandant en chef, préfets maritimes, y auront donné leur acquiescement, sur l'avis conforme, recueilli dans les formes prescrites, des deux conseils de régiment intéressés.

87. L'article 31 prescrit aussi certaines dispositions relatives aux colonies et aux corps indigènes et aux officiers mariniers; il suffit sur ces divers points, de s'en référer au texte même de l'article.

CHAPITRE IV.

DISPOSITIONS GÉNÉRALES.

ARTICLE 32.

L'article 3 de la loi du 18 août 1879, sur les pensions de retraite, est modifié ainsi qu'il suit:

« Ont droit à une pension proportionnelle à la durée de leur service:

» Les sous-officiers, caporaux ou brigadiers et soldats, ainsi que les militaires de tout grade dans la gendarmerie, qui ont été maintenus sous les drapeaux comme rengagés ou commissionnés et qui comptent au moins quinze années et moins de vingt-cinq années de service.

» L'article 19, paragraphe numéroté 4º, de la loi du 11 avril 1831, n'est pas applicable aux veuves des sous-officiers, caporaux, brigadiers et soldats, morts en jouissance de la pension proportionnelle concédée en vertu du présent article ou en possession de droits à cette pension. »

88. L'article 32 est la conséquence de l'article 13 ci-dessus. Nous avons vu sous cet article, ce qui concerne les pensions proportionnelles.

89. Cet article ajoute cependant une clause importante: la pension proportionnelle finit avec le titulaire, sans ouvrir aucun droit à sa veuve.

DISPOSITIONS TRANSITOIRES.

ARTICLE 33.

Les dispositions de la loi du 23 juillet 1881 continueront à être appliquées aux engagements en cours.

90. La circulaire du 7 juillet 1889 applique comme suit cet article :

Art. 8. Par mesure transitoire (art. 33 de la loi du 18 mars 1889), le sous-officier dont le dernier rengagement a été contracté sous le régime de la loi du 23 juillet 1881 peut obtenir une pension proportionnelle après dix ans de rengagement sans être tenu de justifier de quinze ans de service effectif.

Il n'est pas nécessaire que les dix années de rengagement aient été accomplies avec le grade de sous-officier, mais le droit n'existerait pas, avant quinze ans de service effectif, si à l'expiration du rengagement qui a servi à parfaire les dix années de rengagement, l'intéressé n'était plus en possession du grade de sous-officier.

Le Ministre explique également ce qu'il faut entendre par engagement en cours.

5° — Les sous-officiers qui ont contracté un premier rengagement de cinq ans dans les conditions de la loi du 23 juillet 1881, mais dont les effets n'ont commencé à courir qu'après la promulgation de la loi du 18 mars 1889, peuvent-ils être admis à bénéficier des avantages de cette dernière loi (gratification annuelle par exemple)?

5° — Réponse négative. — D'après l'article 33 de la loi du 18 mars, les dispositions de la loi du 23 juillet 1881 doivent continuer d'être appliquées aux rengagements en cours.

Or, c'est le cas pour les rengagements dont il s'agit, puisqu'ils ont reçu un commencement d'exécution par le seul fait que les allocations déterminées par ladite loi ont été, dès le jour de la signature, attribuées aux rengagés.

ARTICLE 34.

Sont et demeurent abrogées :

La loi du 24 juillet 1873 sur les emplois civils réservées aux sous-officiers, et celle du 23 juillet 1881, ainsi que toutes dispositions contraires à la présente loi.

TABLE SOMMAIRE DE L'OUVRAGE

Ire PARTIE.

2e PARTIE.

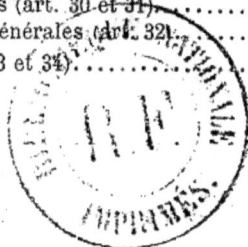

Paris et Limoges. — Imprimerie militaire Henri CHARLES-LAVAUZELLE.

ERRATUM.

Au n° 443. — Après le 1er paragraphe de l'article 2, après les mots : *par le tableau annexé au décret,* faire un renvoi (1) et mettre en note au bas de la page :

(1) Voir le tableau au n° 482.

Ajouter à la page 7 de la table des lois, etc. :

18 août 1890. Circulaire sur la répartition du contingent dans les troupes de la marine 318, 320

A supprimer page 7 :

31 juillet 1889. Circulaire sur la répartition du contingent de l'armée de mer.. 318, 320

A l'Index alphabétique, au mot *Taille,* à la seconde ligne, mettre *engagements* au lieu de *rengagements.*

www.ingramcontent.com/pod-product-compliance
Lightning Source LLC
Chambersburg PA
CBHW060536280326
41932CB00011B/1308